Marketing Kernstof

Hans Vosmer MBA

Drs. John Smal

Achtste druk

Noordhoff Uitgevers Groningen/Houten

Ontwerp omslag: G2K Designers, Groningen/Amsterdam
Omslagillustratie: Stocksy

Eventuele op- en aanmerkingen over deze of andere uitgaven kunt u richten aan: Noordhoff Uitgevers bv, Afdeling Hoger Onderwijs, Antwoordnummer 13, 9700 VB Groningen, e-mail: info@noordhoff.nl

Aan de totstandkoming van deze uitgave is de uiterste zorg besteed. Voor informatie die desondanks onvolledig of onjuist is opgenomen, aanvaarden auteur(s), redactie en uitgever geen aansprakelijkheid. Voor eventuele verbeteringen van de opgenomen gegevens houden zij zich aanbevolen.

© 2016 Noordhoff Uitgevers bv Groningen/Houten, The Netherlands.

Behoudens de in of krachtens de Auteurswet van 1912 gestelde uitzonderingen mag niets uit deze uitgave worden verveelvoudigd, opgeslagen in een geautomatiseerd gegevensbestand of openbaar gemaakt, in enige vorm of op enige wijze, hetzij elektronisch, mechanisch, door fotokopieën, opnamen of enige andere manier, zonder voorafgaande schriftelijke toestemming van de uitgever. Voor zover het maken van reprografische verveelvoudigingen uit deze uitgave is toegestaan op grond van artikel 16h Auteurswet 1912 dient men de daarvoor verschuldigde vergoedingen te voldoen aan Stichting Reprorecht (postbus 3060, 2130 KB Hoofddorp, www.reprorecht.nl).
Voor het overnemen van gedeelte(n) uit deze uitgave in bloemlezingen, readers en andere compilatiewerken (artikel 16 Auteurswet 1912) kan men zich wenden tot Stichting PRO (Stichting Publicatie- en Reproductierechten Organisatie, postbus 3060, 2130 KB Hoofddorp, www.stichting-pro.nl).

All rights reserved. No part of this publication may be reproduced, stored in a retrieval system, or transmitted, in any form or by any means, electronic, mechanical, photocopying, recording, or otherwise, without the prior written permission of the publisher.

ISBN 978-90-01-86289-3
NUR 802

Woord vooraf bij de achtste druk

Marketing Kernstof is het standaardwerk voor de startende marketeer die zich voorbereidt op het NIMA A-examen. Dat kan een hbo-student zijn in een commerciële richting, maar ook iemand die al enige tijd in het bedrijfsleven werkzaam is. Daarnaast is het ook geschikt voor hen die in andere richtingen werkzaam zijn, maar graag meer kennis van marketing zouden willen hebben.

Voor deze laatste groep zou het behalen van het gewaardeerde NIMA-diploma een opstap naar een loopbaan in de marketing kunnen zijn. Voor beide categorieën biedt het boek een introductie in dit interessante vakgebied met de belangrijkste marketingbegrippen, -theorieën en -modellen.

Door de per april 2015 herziene eisen voor het A-examen te volgen, is het boek volledig afgestemd op de stof die onderwerp is van dit examen.
Wilt u dit voor uzelf controleren, ga dan naar de NIMA-site. Op deze site kunt u de actuele exameneisen lezen en downloaden. Verder is kritisch gekeken naar de juistheid van de teksten en zijn deze, waar nodig, aangepast.

In het algemeen gesproken is het boek in een nieuw jasje gestoken. Sommige als lastig ervaren hoofdstukken, bijvoorbeeld die over marktonderzoek en strategie, in de vorige druk al een logischere indeling gekregen. Daarin was ook het taalgebruik al aangepast voor een betere leesbaarheid. Ook nu weer is gepoogd de hoofdstukken te voorzien van relevante, interessante illustraties en teksten uit de actuele marketingpraktijk. Al in de vorige druk werd overgestapt op een eigentijdse lay-out, eigentijdser uitgevoerd in full colour.

Ook het opgavenboek is aangepast: oude opgaven zijn geactualiseerd en er zijn nieuwe toegevoegd. Zoveel als mogelijk is, zijn de praktijkgevallen uit de meest recent beschikbaar gekomen NIMA-examens in het boek opgenomen.
In dit verband is het handig de website www.kernstofnima.noordhoff.nl te raadplegen. Daar treft u de uitwerkingen van de opgaven aan ter voorbereiding op examens. Verder is op deze site een databank met talloze toetsvragen met feedback te vinden, waarmee u als student dan wel examenkandidaat kunt oefenen ter voorbereiding op tentamens en examens.

Groningen, januari 2016
Hans Vosmer en John Smal

Inhoud

Inleiding 12

DEEL 1
Marketing en marketingomgeving 14

1 Marketing en marketingconcept 17

1.1 Marketing als concept 18
1.2 Ontwikkeling van de marketinggedachte 20
1.3 Marketinginstrumenten 24
1.4 Marketing in specifieke situaties 29
Samenvatting 31

2 Marketingomgeving 33

2.1 Soorten omgevingsfactoren 34
2.2 Micro-omgevingsfactoren 34
2.3 Meso-omgevingsfactoren 35
2.4 Macro-omgevingsfactoren 40
Samenvatting 54

3 Markt- en vraagbegrippen 57

3.1 Marktbegrippen 58
3.2 Vraag 60
3.3 Aanbod 65
3.4 Relatie tussen vraag, aanbod en prijs 70
3.5 Marktvormen 74
Samenvatting 77

DEEL 2
Consumentengedrag 80

4 Inleiding tot het consumentengedrag 83

4.1 Definiëring van het consumentengedrag 84
4.2 Toepassing van kennis van en inzicht in het consumentengedrag 87
4.3 Economische visie 89
4.4 Sociologische en psychologische visie 90
Samenvatting 92

5 Interpersoonlijke factoren 95

5.1 Cultuur 96
5.2 Subcultuur 99
5.3 Sociale klasse 100
5.4 Referentiegroepen 102
5.5 Gezin of huishouden 105
5.6 Situationele factoren 107
Samenvatting 109

6 Intrapersoonlijke factoren 111

6.1 Motivatie 112
6.2 Perceptie 114
6.3 Leren en het geheugen 116
6.4 Persoonlijkheid, zelfbeeld en levensstijl 119
6.5 Attitude 121
Samenvatting 124

7 Beslissingsprocessen bij de consument 127

7.1 Algemeen beslissingsmodel 128
7.2 Behoefteherkenning 130
7.3 Zoeken naar informatie 131
7.4 Evaluatiefase 133
7.5 Keuze en koopgedrag 135
7.6 Adoptie en adoptiecategorieën 136
7.7 Koopsituaties en koopgedrag 138
7.8 Gedrag na de koop: cognitieve dissonantie 140
Samenvatting 143

DEEL 3
Marketingplanning en -organisatie 146

8 Strategisch marketingbeleid 149

- 8.1 Planning 150
- 8.2 Strategische marketingplanning – inleiding 156
- 8.3 Strategische marketingplanning – analyse 157
- 8.4 Strategische opties 171
- 8.5 Het marketingplan 175
  Samenvatting 177

9 Marktsegmentatie 179

- 9.1 Betekenis van marktsegmentatie 180
- 9.2 Segmentatiecriteria voor de consumentenmarkt 182
- 9.3 Segmentatieproces 190
- 9.4 Voorwaarden voor de doelgroepkeuze 192
- 9.5 Segmentatiestrategieën 194
- 9.6 Positionering 200
  Samenvatting 202

10 Marketingorganisatie 205

- 10.1 Beginselen van organiseren 206
- 10.2 Organisatiestructuur 208
- 10.3 Marketingfuncties 214
  Samenvatting 217

DEEL 4
Markt- en marketingonderzoek 218

11 Marktonderzoek 221

- 11.1 Waarom marktonderzoek? 222
- 11.2 De marktonderzoeksprobleemstelling 223
- 11.3 De marktonderzoeksdoelgroep 223
- 11.4 Het marktonderzoeksproces en -plan 224
- 11.5 Vormen van marktonderzoek 225
- 11.6 Methoden van marktonderzoek 231
- 11.7 Analyse en rapportage 234
- 11.8 Marktonderzoek uitbesteden 235
  Samenvatting 236

12 Marktonderzoekmethoden 239

- 12.1 Observatie en registratie 240
- 12.2 Ondervraging 244
- 12.3 Experiment 253
- Samenvatting 255

13 Statistische onderzoektechnieken 257

- 13.1 Statistiek 258
- 13.2 Tabellen en grafieken 259
- 13.3 Centrummaten 271
- 13.4 Spreidingsmaatstaven 276
- 13.5 Normale verdeling 277
- 13.6 Steekproefonderzoek 278
- 13.7 Methoden van steekproeftrekking 284
- Samenvatting 290

DEEL 5
Product 292

14 Producttypologieën 295

- 14.1 Betekenis van het productbeleid 296
- 14.2 Wat is een product? 297
- 14.3 Soorten producten 301
- 14.4 Consumentenproducten 305
- 14.5 Industriële producten 307
- Samenvatting 308

15 Productattributen 311

- 15.1 Assortiment 312
- 15.2 Assortimentsstrategieën 315
- 15.3 Wat is een merk? 318
- 15.4 Merkstrategieën 320
- 15.5 Merkenrecht 328
- 15.6 Overige productbeslissingen 329
- Samenvatting 334

16 Productontwikkeling 337

- 16.1 Productlevenscyclus 338
- 16.2 Betekenis van productontwikkeling 345
- 16.3 Productontwikkelingsproces 347
- Samenvatting 353

DEEL 6
Prijs 356

17 Prijselementen en -doelstellingen 359

17.1 Functies van de prijs 360
17.2 Strategische en operationele prijsdoelstellingen 361
17.3 Prijsveranderingen en elasticiteiten 365
17.4 Prijsveranderingen en winst 372
Samenvatting 374

18 Vaststellen van de prijs 377

18.1 Kosten, kostprijs en winst 378
18.2 Kostengeoriënteerde prijsstelling 382
18.3 Concurrentiegeoriënteerde prijsstelling 384
18.4 Vraaggeoriënteerde prijsstelling 386
18.5 Break-evenanalyse 392
Samenvatting 397

19 Randvoorwaarden, enkele specifieke prijsbeslissingen 401

19.1 Onderscheidend prijsbeleid 402
19.2 Marktvormen en prijsstelling 403
19.3 Juridische aspecten van het prijsbeleid 404
19.4 De prijs van nieuwe producten 407
19.5 Assortimentsprijsbeleid 408
19.6 Kortingenbeleid 410
Samenvatting 413

DEEL 7
Distributie 414

20 Distributiestructuur 417

20.1 Van oerproducent naar consument 418
20.2 Groothandel 423
20.3 Groothandelsvormen 425
20.4 Detailhandel 428
20.5 Integratie van groothandel en detailhandel 433
20.6 Ontwikkelingen in de bedrijfskolom 436
Samenvatting 438

21 Distributiebeleid 441

- 21.1 Keuze van het kanaal 442
- 21.2 Distributie-intensiteit 443
- 21.3 Machtsverhoudingen in het kanaal 444
- 21.4 Keuze van het type distribuant 448
- 21.5 Distributiekengetallen 449
- 21.6 Logistiek 455
  Samenvatting 460

DEEL 8
Communicatie 462

22 Communicatie en communicatiemix 465

- 22.1 Communicatieproces 466
- 22.2 Communicatietheorieën en -modellen 467
- 22.3 Communicatiemix 472
  Samenvatting 475

23 Persoonlijke verkoop en reclame 477

- 23.1 Persoonlijke verkoop 478
- 23.2 Reclameplanning 480
- 23.3 Informatie over het product en de markt 482
- 23.4 Beschrijving van de doelgroep 484
- 23.5 Reclamedoelstellingen 484
- 23.6 Propositie 485
- 23.7 Richtlijnen voor teksten en vormgeving 489
- 23.8 Mediavoorkeur 490
- 23.9 Mediabudget 496
- 23.10 Wet- en regelgeving 498
  Samenvatting 501

24 Sales promotion, sponsoring en public relations 505

- 24.1 Actiemix 506
- 24.2 Doelstellingen en doelgroepen 506
- 24.3 Sales promotion-technieken 509
- 24.4 Wettelijke regelingen 511
- 24.5 Sponsoring 511
- 24.6 Public relations 513
- 24.7 Communicatie geïntegreerd 516
  Samenvatting 517

25 Direct marketing 521

25.1 Wat is direct marketing? 522
25.2 Ontstaan en ontwikkeling van direct marketing 524
25.3 Vormen van direct marketing 524
25.4 Adressenbeheer 529
25.5 Wettelijke regelingen en zelfregulering 530
25.6 Financiële analyse 532
Samenvatting 533

26 Internetmanagement 535

26.1 De nieuwe economie 536
26.2 E-business 537
26.3 E-marketing 545
26.4 E-commerce 550
Samenvatting 552

DEEL 9
Enkele specifieke toepassingsgebieden 554

27 Business marketing 557

27.1 Karakteristieken van de businessmarkt 558
27.2 Industrieel koopproces 562
Samenvatting 565

28 Dienstenmarketing en non-profitmarketing 567

28.1 Kenmerken van diensten 568
28.2 Dienstverleningsproces 571
28.3 Classificaties van diensten 571
28.4 Marketingbeleid voor diensten 573
28.5 Non-profitmarketing 576
28.6 Classificatie van organisaties 580
Samenvatting 581

29 Internationale marketing 585

29.1 Van gelegenheidsexport naar globalisering 586
29.2 Internationale macro-omgevingsfactoren 591
29.3 Interculturele aspecten 595
29.4 Entreestrategieën 598
29.5 Internationaal communicatiebeleid 603
Samenvatting 604

Register 606

Illustratieverantwoording 620

Inleiding

Het NIMA A-diploma is nog steeds een door het bedrijfsleven zeer gewaardeerd diploma. Veel bedrijven en wervings- en selectiebureaus vragen in hun vacatures voor commerciële functies om dit diploma. Het behalen van het diploma is echter niet zo eenvoudig, wat blijkt uit het feit dat lang niet alle kandidaten slagen.
De uitgebreide leerstof en de moeilijkheidsgraad van sommige onderdelen ervan verklaren waarom ongeveer een op de drie kandidaten niet slaagt. Ook onderschatting van de NIMA-eisen en het niet hebben van de juiste leermiddelen spelen een rol. Een goede examenvoorbereiding staat of valt dus met de door de kandidaat geleverde inspanning voor de studie. Goede leermiddelen en ondersteuning door een goed opleidingsinstituut of goede docent kunnen de kans van slagen aanmerkelijk verhogen.

Bij de ontwikkeling van *Marketing Kernstof* is uitgegaan van contactextensief onderwijs. Dit betekent dat de hierbij gebruikte leermiddelen de leerstof op een duidelijke, volledige en aantrekkelijke manier moeten aanbieden.
Bij het bepalen van de inhoud van deze methode is uitgegaan van de meest recente exameneisen zoals door het NIMA vastgesteld (in april 2015, van toepassing op de examens na januari 2016) voor de Marketing-A1 Marketing Medewerker-module en Marketing-A2 specialisatiemodule Marketing Medewerker. Voor de Marketing-A2 specialisatiemodule Online Marketeer wordt verwezen naar het *Basisboek Online Marketing*. Verder is vooral rekening gehouden met de examenpraktijk. Bij enkele onderwerpen is er gekozen voor een wat uitvoerigere behandeling van de leerstof dan uit de exameneisen en -praktijk kan worden afgeleid.

Marketing Kernstof is het centrale boek wanneer het om marketing op uitvoerend niveau gaat. Het bevat alle theorie die nodig is om het NIMA Marketing-A-diploma te kunnen behalen. Behalve aan de theorie is aandacht besteed aan examenvoorbereiding. Vandaar dat het *Opgavenboek* deel uitmaakt van het pakket. Voor degenen die moeite hebben met de vele rekenkundige opgaven in het NIMA Marketing-A-examen is er het boek *Commerciële calculaties I*. Ook dit boek is volledig op het examen toegesneden en bevat, naast een heldere uitleg van de verschillende typen sommen, ruim 280 oefenopgaven met uitwerkingen.

DEEL 1
Marketing en marketingomgeving

1 Marketing en marketingconcept 17
2 Marketingomgeving 33
3 Markt- en vraagbegrippen 57

Ieder van ons is een consument. Als consument kopen we veel producten en diensten, in een grote verscheidenheid. De Nederlandse consument koopt in 2016 naar schatting voor zo'n €280 miljard aan goederen en diensten. Kopen doen we meestal in een winkelcentrum dat niet te ver uit de buurt ligt en waar het merendeel van de boodschappen gedaan kan worden. In een supermarkt, bijvoorbeeld van Albert Heijn, kunnen we een keuze maken uit een veelheid van producten, variërend van tientallen smaken yoghurtdesserts tot een groot aantal merken waspoeder in uiteenlopende verpakkingen. In de etalages van modewinkels worden we geattendeerd op de nieuwe modellen in vrolijke kleuren en tegen prijzen die voor vrijwel iedere beurs betaalbaar zijn. In de straat met veel horecagelegenheden zien we een vrachtwagen van Heineken-bier uitladen. Bij een bushalte vertellen posters ons dat Campina-koeien een beetje maf zijn, maar wel de grondstof leveren voor zuivelproducten en dat Nike-sportschoenen de beste zijn. In het warenhuis krijgen we extra Air Miles-punten bij de aankoop van een nieuw tv-apparaat. We kijken 's avonds naar de STER- of IP-reclame, waarna in het journaal verteld wordt dat nu bijna alle Nederlanders een televisietoestel met digitale ontvangst hebben. In de bioscoop, tijdens een avondje uit, komt de nieuwste iPhone langs op het witte doek en prijzen de plaatselijke winkeliers op dia's hun producten aan.

Deze communicatie - uitingen zijn niet toevallig tot stand gekomen. Ze zijn planmatig opgezet en systematisch uitgewerkt en hebben te maken met de toepassing van de diverse deelgebieden die we in de marketing kunnen onderscheiden. Hier is alleen beschreven wat voor de uiteindelijke afnemer zichtbaar is. Er is echter een groot aantal marketingactiviteiten dat niet direct zichtbaar is. Die marketingactiviteiten treffen we zowel op de consumentenmarkt aan als op de businessmarkt, waar bedrijven (industriële) goederen en diensten aan andere bedrijven en non-profitorganisaties leveren.

In dit deel maken we in hoofdstuk 1 kennis met de inhoud van het begrip marketing en gaan we in hoofdstuk 2 in op de factoren die daarop van invloed kunnen zijn en waarmee we dus bij het uitstippelen van ons marketingbeleid rekening moeten houden. Omdat goederen en diensten op markten worden afgezet, zullen we ten slotte in hoofdstuk 3 een beschrijving geven van de belangrijkste markt- en vraagbegrippen waarmee de ondernemer wordt geconfronteerd.

1
Marketing en marketingconcept

1.1 Marketing als concept
1.2 Ontwikkeling van de marketinggedachte
1.3 Marketinginstrumenten
1.4 Marketing in specifieke situaties

In dit eerste hoofdstuk maken we kennis met een aantal belangrijke basisbegrippen.
Centraal staat het marketingconcept, dat het uitgangspunt moet zijn van elke commerciële handeling. In het kader daarvan belichten we in paragraaf 1.1 de plaats van de marketing in onze samenleving (macromarketing), in een branche of bedrijfskolom (mesomarketing) en in een bedrijf of organisatie (micromarketing). Hierop volgt in paragraaf 1.2 een uitstapje in de geschiedenis, waarin we een beeld geven van de ontwikkeling van de marketinggedachte.
Omdat de nadruk in deze studie ligt op de toepassing van micromarketing, wordt in paragraaf 1.3 kort ingegaan op de onderdelen waaruit de marketing is opgebouwd: de marketinginstrumenten. Ten slotte komen in paragraaf 1.4 nog enkele specifieke situaties in de marketing aan de orde.

1.1 Marketing als concept

Marketing wordt door het Nederlands Instituut voor Marketing (NIMA) gedefinieerd als volgt:

Definitie marketing

> Marketing is alle activiteiten verricht door ruilsubjecten, die erop gericht zijn om ruiltransacties te bevorderen, te vergemakkelijken en te bespoedigen.

Het gaat dus om ruil van goederen of diensten en om personen of instanties – vragers en aanbieders – die aan die ruil deelnemen. In verreweg de meeste gevallen worden de hiervoor genoemde marketingactiviteiten, met als doel ruil, verricht door aanbieders. Marketing kan daarom ook wat eenvoudiger worden omschreven als het verwerven en behouden van afnemers. Iedere marketeer houdt zich op een of andere manier hiermee bezig. De activiteiten van de marketeer zullen het meest doeltreffend zijn als een uitgangspunt wordt gekozen dat we het marketingconcept noemen.
Dit concept zou de grondslag moeten zijn van elke commerciële handeling.

Definitie marketingconcept

> Het marketingconcept is de wijze waarop invulling kan worden gegeven aan de marktbenadering, waarbij ervan uitgegaan wordt dat ruiltransacties het best tot stand komen door de behoeften van de afnemers als uitgangspunt te nemen bij de activiteiten van de organisatie.

Rekening houden met de wensen van de consument

Dit houdt in dat we alleen dan een product succesvol op de markt kunnen brengen en houden als het door de consument geaccepteerd wordt. Met andere woorden: alleen als er bij het ontwikkelen en aanbieden van het product rekening gehouden wordt met de behoeften en de wensen van de consument, bestaat er een kans dat het product op de markt een 'blijvertje' is.

Het toepassen van dit concept heeft vergaande gevolgen voor de opbouw en de werkwijze van de gehele organisatie. Als een drukkerij een klantengroep wil bedienen die op korte termijn kwalitatief goed drukwerk wil hebben, zal het bedrijf moeten beschikken over een flexibel planningssysteem.
De inkoper zal drukinkt, papier enzovoort van optimale kwaliteit moeten inkopen. De productiemiddelen moeten enige overcapaciteit hebben om in staat te zijn spoedorders te verwerken. De afdeling personeelszaken mag uitsluitend vakbekwaam personeel aantrekken. Ook de instructies aan de chauffeur van de pakketdienst dienen gericht te zijn op het zorgvuldig afleveren van het drukwerk bij de klant. De telefoniste moet de binnenkomende telefoontjes snel en zakelijk aannemen en doorverbinden. Alleen op deze manier ervaart de klant dat hij snel een kwalitatief goed product krijgt en is hij bereid daarvoor een redelijke prijs te betalen.

Als we als buitenstaander de diverse marketingactiviteiten bestuderen, bijvoorbeeld om na te gaan welke activiteiten worden ondernomen en wat de effecten daarvan zijn, kunnen we ons op drie verschillende niveaus richten. Deze studieniveaus worden respectievelijk macromarketing, mesomarketing en micromarketing genoemd.

Macromarketing

Macromarketing omvat alle activiteiten die de stroom van goederen en diensten besturen van producent naar consument. We kijken dus niet naar een bepaalde groep van aanbieders en afnemers, maar naar de rol van marketing in onze samenleving. In de loop der eeuwen is binnen elke samenleving een systeem opgebouwd waarin de overdracht van goederen en diensten, de ruiltransacties, tussen aanbieder en gebruiker kon plaatsvinden. Een centrale vraag hierbij is, hoe dit systeem bijdraagt aan de verdeling van de schaarse goederen en diensten over de samenleving.

Rol van marketing in de samenleving

Een directe ruilhuishouding ontstaat wanneer de producent een overschot in natura gaat ruilen tegen overschotten van een ander. Dit wordt ook wel bartering genoemd. Deze ruilmethode kent haar beperkingen. Want het zal zelden voorkomen dat een ruilpartij precies datgene aanbiedt wat de ander nodig heeft, en omgekeerd. Bartering komt dan ook voornamelijk voor in ontwikkelingslanden met een gebrekkig monetair systeem. Dan worden nog geen marketingtechnieken toegepast, omdat de aanbieder door zijn rechtstreekse contacten de exacte wensen van zijn afnemer kent. In een ontwikkelde economie worden deze contacten verbroken door tussenkomst van de handel, die voor een efficiënte doorstroming zorgt. Incidenteel zal bartering ook in een ontwikkeld land als Nederland voorkomen. Zo kan de plaatselijke bakker wel eens in natura betalen voor de kleine reparatie van zijn bestelauto.

Bartering

Mesomarketing

Mesomarketing omvat alle activiteiten die de stroom van goederen en diensten sturen van producent naar consument binnen een bepaalde bedrijfskolom of bedrijfstak. Mesomarketing is dus de toepassing van het marketingconcept door organisaties die samenwerken binnen een bedrijfskolom of bedrijfstak. Het gaat dan om afspraken over de voortbrenging van bepaalde productcategorieën (zoals bloembollen, melk, brood) of om de gezamenlijke activiteiten van organisaties die in een bepaalde sector werkzaam zijn (zoals horeca-exploitanten, touroperators, banken, verzekeringsmaatschappijen) of om organisaties die een gemeenschappelijk belang hebben (zoals winkelcentra).

Rol van marketing op bedrijfskolom of bedrijfstakniveau

Het gemeenschappelijke optreden uit zich op verschillende deelterreinen van de marketing. Zo werken de bloementelers, gecoördineerd door de bloemenveilingen, gezamenlijk aan productontwikkeling door het zoeken naar nieuwe variëteiten. Op het gebied van de communicatie werken detaillisten bijvoorbeeld samen om het eigen winkelcentrum onder de aandacht van potentiële klanten te brengen. Vele jaren lang werd de consument door de Nederlandse zuivelproducenten op een indringende wijze benaderd met collectieve campagnes. Die rond 'De Melkbrigade', 'Joris Driepinter' en 'Kaas uit het vuistje' behoren tot de reclame klassiekers. Een dergelijke samenwerking kan alleen tot stand komen als de productie of de afzet geografisch gebonden is en als de aanbieders op de een of andere wijze georganiseerd zijn.

Micromarketing

Als het marketingconcept door een individuele onderneming of instelling toegepast wordt, spreken we van micromarketing. Micromarketing omvat alle activiteiten die gericht zijn op het opsporen, aantrekken en behouden

Rol van marketing in een individuele onderneming

van potentiële afnemers, door de bevrediging van hun behoeften met goederen en diensten, teneinde de doelstelling van de onderneming te realiseren. Dit geldt voor elke organisatie die een goed of dienst aanbiedt: een groot of klein bedrijf, een handelsfirma of een non-profitinstelling, zoals een overheidsorganisatie. De klanten kunnen consumenten (finale afnemers) zijn, maar ook industriële afnemers, zoals productiebedrijven, handelsondernemingen of overheidsinstellingen.

1.2 Ontwikkeling van de marketinggedachte

Bepaalde aspecten van de marketing werden al in het verre verleden fragmentarisch toegepast. Immers, in een directe of indirecte ruilhuishouding moest er een tegenpartij gevonden worden, er moest een prijs worden vastgesteld en de overdracht of distributie van de koopwaar moest geregeld worden. Deze activiteiten werden echter niet planmatig uitgevoerd. In een ontwikkelde economie kan een aantal fasen worden onderscheiden waarin de noodzaak van het toepassen van marketing steeds groter wordt. Tabel 1.1 geeft hiervan een beeld.

De in tabel 1.1 weergegeven ontwikkeling laat een duidelijk onderscheid zien in de verschillende marktbenaderingswijzen die in de loop van de tijd werden gehanteerd. In dit verband wordt ook vaak van verschillende oriëntaties gesproken. Zo worden de productieoriëntatie, de conceptoriëntatie, de verkooporiëntatie, de marketingoriëntatie (marketingconcept) en de maatschappelijke marketingoriëntatie onderscheiden.

TABEL 1.1 Ontwikkeling van marketingmanagement

	Periode	Focus	Macht	Voorbeeld
Productoriëntatie	500 -	productkwaliteit (prestaties, functies)	verkopersmarkt	eerste auto's (o.a. Mercedes Benz)
Productieoriëntatie	1900 -	beschikbaarheid, betaalbaarheid	verkopersmarkt	massaproductie van T-Ford
Verkooporiëntatie	1950 -	afzetvergroting (distributie, promotie)	verkopers-/kopersmarkt	allerlei nieuwe merken (Volkswagen, Simca, Peugeot, enz.)
Marketingoriëntatie	1960 -	afnemersbehoeften en -wensen	kopersmarkt	allerlei nieuwe modellen (Peugeot 106, 205, enz.)
Sociale marketingoriëntatie	1970 -	afnemersbehoeften en -wensen + effecten op samenleving	kopersmarkt	auto's met katalysator, loodvrije benzine, enz.
Global marketingoriëntatie	1980 -	aandacht voor opkomende markten (Oost-Europa, Azië, Afrika, Zuid-Amerika)	kopersmarkt	vestiging van importeur- en dealerschappen in nieuwe markten
Totale marketingoriëntatie	1995 -	communicatie via offline en online media	kopersmarkt	geïntegreerde communicatie over auto's (nu ook via internet/mobiele telefonie)

Productoriëntatie

Vooral als een product nieuw is, is er vaak sprake van een productgerichte benadering door de onderneming. Carl Friedrich Benz maakt in 1885 zijn eerste driewielauto en daarmee de eerste auto in de wereld. De auto had een maximumsnelheid van 15 km per uur. Niet alleen qua snelheid maar ook in andere technische opzichten moest er nog veel aan verbeterd worden. Als in een onderneming sprake is van de productoriëntatie, horen we daar nogal eens de opvatting 'een goed product verkoopt zichzelf'. Een voorbeeld hiervan na de Tweede Wereldoorlog is het bedrijfsbeleid van Rolls Royce, dat in de beginjaren gericht was op kwaliteitsverbetering van het product. Pas later is deze automobielfabrikant het marketingconcept gaan hanteren, door alleen die kwaliteitsverbeteringen toe te passen, die de topklasse-autokopers wensen. Deze selecte groep is zeer gering in aantal, maar bereid enorme prijzen voor het product te betalen.

> Bij de productoriëntatie wordt ervan uitgegaan dat ruiltransacties het best tot stand komen door veel aandacht te besteden aan kwaliteitsverbeteringen van het product. Deze oriëntatie wordt gekenmerkt door een grote mate van interne gerichtheid.

Definitie productie-oriëntatie

Productieoriëntatie

In de fase van mechanisering wordt het productieproces gestandaardiseerd. Dit betekent dat een groot aantal volkomen gelijkvormige eindproducten voor de consument wordt vervaardigd. Henry Ford was de eerste die dit principe in 1908 met veel succes toepaste bij de productie van de befaamde T-Ford.

Standaardisatie van het productieproces

Door de productie op grote schaal daalt de kostprijs (economies of scale), zodat verwacht mag worden dat veel consumenten het product nu tegen de lagere, betaalbare prijs zullen aanschaffen. Aan de vraagzijde zijn voorlopig geen problemen te verwachten. De producent moet er wel voor zorgen dat de stroom van producten bij deze afnemers terechtkomt. Voor dit distributieprobleem schakelt hij de tussenhandel in.

Alle managementaandacht van de fabrikant is in de fase van mechanisering gericht op de technische gang van zaken. Hij probeert het product zo te ontwerpen dat machinale bewerking mogelijk is. Daarvoor gebruikt hij waar mogelijk standaardonderdelen. En biedt hij zo min mogelijk productvarianten aan om de productie van grote series te bevorderen. De opeenvolgende fasen in het productieproces zal hij optimaal plannen, opdat onderbezetting van de ingeschakelde productiemiddelen (mensen, machines, gebouwen en kapitaal) minimaal is. Als deze werkwijze wordt toegepast, is er sprake van een productieoriëntatie.

> Bij de productieoriëntatie wordt ervan uitgegaan dat ruiltransacties het best tot stand komen door de efficiëntie en de capaciteit van de productie en de distributie te vergroten. Het concept wordt gekenmerkt door een grote mate van interne gerichtheid.

Definitie productoriëntatie

Het hanteren van een product- of productiegeoriënteerd ondernemingsbeleid was mogelijk, doordat er sprake was van een verkopersmarkt (sellers' market). Dit is het geval bij een schaarste-economie, waarbij de vraag naar goederen en diensten het aanbod overtreft. De verkoper heeft het dan als het ware voor het zeggen. Zijn belangrijkste zorg is het vergroten van zijn productie.

Van een verkopersmarkt naar een kopersmarkt

Wanneer de schaarste langzamerhand plaatsmaakt voor een overvloed, kost het bedrijven veel meer moeite hun producten af te zetten. Het aanbod gaat de vraag naar goederen of diensten overtreffen. We spreken dan van een kopersmarkt (buyers' market). De koper heeft het dan als het ware voor het zeggen, terwijl de belangrijkste zorg van de verkoper de verkoop van zijn goederen of diensten is. Geleidelijk aan werd een verkoop- en marketinggeoriënteerd ondernemingsbeleid toegepast. Tegenwoordig is in de meeste markten, althans in Nederland, sprake van een kopersmarkt.

Verkooporiëntatie

Door een voortgaande verbetering van de productie en het steeds groter wordende aanbod van concurrenten treedt op veel markten verzadiging op. Bovendien wordt de consument kritisch(er). Omdat de afzet nu niet meer automatisch verloopt, moet de verkoop van de geproduceerde goederen gestimuleerd worden om te voorkomen dat te grote voorraden ontstaan. Dit kan worden bereikt door het inzetten van meer verkopers of door vaker gebruik te maken van promotiemiddelen. Wanneer ook de concurrentie deze werkwijze volgt, ligt het voor de hand dat steeds agressievere reclame- en verkooptechnieken (zoals telefonische verkoop) worden toegepast.

Definitie verkooporiëntatie

> Bij de verkooporiëntatie wordt ervan uitgegaan dat ruiltransacties het best tot stand komen door de nadruk te leggen op communicatie- en distributie-inspanningen.

Marketingoriëntatie

Het aanbieden van goederen en diensten op een op de verkoop georiënteerde wijze kan niet eindeloos doorgaan. Het soms overdreven positief aanprijzen van producten die niet op de afnemer zijn afgestemd, moet immers tot teleurstelling bij de klanten leiden, waardoor herhalingsaankopen uitblijven. Vooral de aanbieders van massaconsumptiegoederen zagen de noodzaak in van een markt- of marketinggeoriënteerd beleid. Door de automatisering is het mogelijk geworden tegen acceptabele kosten diverse productvarianten op de markt te brengen. In principe zou een aanbieder zijn aanbod per individu willen aanpassen. Meestal is dat om bedrijfseconomische redenen niet mogelijk, zodat klantengroepen worden gezocht met gelijkgerichte wensen.

Na marktonderzoek naar de behoeften en verlangens van de afnemer wordt het product daarop afgestemd. Ook de wijze waarop het product wordt aangeboden – zoals de verpakking, de distributiepunten en de media die voor de communicatie gebruikt worden – is gebaseerd op het gedrag van de afnemer. Zelfs de prijs wordt afgestemd op het niveau dat de afnemer bereid is te betalen. Deze zorgvuldige afstemming op de afnemers wordt klantgerichtheid genoemd.

We zullen nog zien dat het invoeren van een marketinggericht beleid grote veranderingen in de werkwijze van alle afdelingen en in alle geledingen van de onderneming tot gevolg heeft.

De marketingoriëntatie (het marketingconcept) werd al in paragraaf 1.1 gedefinieerd.

Marketingconcept in de dienstensector

In de dienstverlenende sector is het marketingconcept veel later geïntroduceerd dan in de productiesector. Tegenwoordig bestaat een veel groter deel van onze consumptie uit die van diensten dan vroeger het geval was. Banken, energiemaatschappijen, bedrijven in de recreatie en andere zakelijke dienstverleners kunnen dan ook niet meer zonder het marketingconcept.

Marketingconcept in de non-profitsector

Sinds het eind van de vorige eeuw is het klantgericht denken ook in de non-profitsector doorgedrongen. Instellingen zoals de Nederlandse

Hartstichting, het Concertgebouworkest, de Consumentenbond en (semi-) overheidsdiensten zoals de energiebedrijven en de Nederlandse Spoorwegen kunnen door een klantgerichte benadering hun doelstellingen beter bereiken. De laatste jaren is dit nog een grotere noodzaak geworden, nu de overheid dit soort instellingen minder subsidieert.

Maatschappelijke marketingoriëntatie
Op het eerste gezicht lijkt het ideaal wanneer een bedrijf het marketingconcept toepast. Zowel de klantengroep als het bedrijf is tevreden. De klant krijgt waar voor zijn geld en het bedrijf kan rekenen op regelmatige herhalingsaankopen. Behoeften van de consument zijn echter vaak gericht op de korte termijn en zijn individueel van aard. Als gevolg hiervan zal een aantal behoeften strijdig zijn met zijn belangen op langere termijn, alsmede met het maatschappelijk welzijn. Het gemak van de weggooibatterij is een verspilling van grondstoffen en op een later tijdstip zelfs verwoestend voor het milieu. Het spannende 'sportieve' autorijden gaat zowel ten koste van het milieu als van de verkeersveiligheid.

> De maatschappelijke marketingoriëntatie is een aanvulling op het marketingconcept waarbij ook rekening wordt gehouden met neveneffecten van de ruilprocessen op langere termijn.

Definitie maatschappelijke marketingoriëntatie

Het toepassen van deze vorm van marketingoriëntatie, ook wel het societal marketingconcept genoemd, is in het belang van zowel de onderneming als van de consument.
Tegenwoordig wordt overigens steeds vaker van maatschappelijk verantwoord ondernemen (mvo) gesproken. In een SER-advies (eind 2000) wordt dit omschreven als: het bewust richten van de ondernemingsactiviteiten op waardecreatie in drie dimensies – profit, people, planet – en daarmee op de bijdrage aan de maatschappelijke welvaart op de lange termijn.

Maatschappelijk verantwoord ondernemen (mvo)

● www.autogespot.nl

Nederland nog altijd koploper in autorecycling

In Nederland wordt ruim 95% van iedere afgedankte auto gerecycled tot bruikbare grondstoffen. Daarmee behoort ons land tot de koplopers in Europa. De recycling van autowrakken wordt mogelijk gemaakt met de recyclingbijdrage van €45 die kopers van nieuwe auto's betalen. Recent onderzoek laat zien dat maar een klein deel van de autokopers op de hoogte is van het feit dat ze een bijdrage betalen en wat daarmee gebeurt.

95% van oude auto's recyclen tot bruikbaar restmateriaal is een prestatie waarop niet alleen de autobranche maar ook de Nederlandse consument trots kan zijn. In Nederland vormen de inzamelbedrijven, autodemontagebedrijven, recyclingbedrijven en shredderbedrijven een sterke keten. Daarnaast slagen we er in om met behulp van technologie de laatste (moeilijke) procenten nog te recyclen in een PST-fabriek in Tiel. In deze Post Shredder Technologie fabriek wordt het laatste restant van de auto – het shredderafval – gescheiden in bruikbare materiaalstromen.

Niet alleen kunnen we een groot percentage van de auto recyclen, we recyclen ook een groot deel van de auto's die ieder jaar afgedankt worden. Per jaar gaat het om zo'n 200.000 oude auto's. Terwijl er 450.000 nieuw worden gekocht. En we halen er veel kilo's aan nuttige materialen uit. Wat te denken van gemiddeld 14 kilo vloeistoffen, 55 kilo textiel & vezels, 65 kilo zand, 30 kilo banden, 35 kilo aluminium, 4 kilo olie en 55 kilo plastic per auto. Deze grondstoffen kunnen weer gebruikt worden in producten. Denk bijvoorbeeld aan kunstgrasvelden die opgevuld worden met korrels uit oude autobanden of straatnaamborden die gemaakt worden van mineralen uit oude auto's.

1.3 Marketinginstrumenten

Om het marketingconcept te kunnen toepassen beschikt het management van een onderneming over een viertal instrumenten: het product, de prijs, de distributie (plaats) en de promotie (communicatie). Bij dienstenmarketing komt daar nog een vijfde instrument bij: het personeel.

Definitie marketinginstrument

Een marketinginstrument is een middel dat kan worden ingezet bij het bevorderen, vergemakkelijken en bespoedigen van ruiltransacties.

Deze instrumenten worden wel de (vier) P's genoemd en vormen samen de elementen waarmee de aanbieder zijn aanbod aan de potentiële afnemer samenstelt. Heeft de aanbieder deze P's eenmaal concreet ingevuld, dan wordt dat de marketingmix genoemd.

> De marketingmix is de combinatie en afstemming van de door een organisatie gehanteerde marketinginstrumenten die gericht zijn op één of meer doelgroepen binnen een bepaalde markt. Een doelgroep is een verzameling (potentiële) afnemers waarop de organisatie zich richt en waarvoor zij specifieke marketingactiviteiten onderneemt.

Definitie marketingmix

Doelgroep

Het spreekt vanzelf dat deze marketinginstrumenten op de wensen van de consument afgestemd moeten zijn, omdat de afnemer anders kiest voor de aanbieding van de concurrent. Elk instrument is opgebouwd uit een aantal subelementen die vermeld worden in figuur 1.1 en hierna kort worden toegelicht.

In de hoofdstukken over dienstenmarketing en distributie zullen overigens nog enkele specifieke marketinginstrumenten (P's) worden toegevoegd.

FIGUUR 1.1 De opbouw van de elementen van de marketingmix

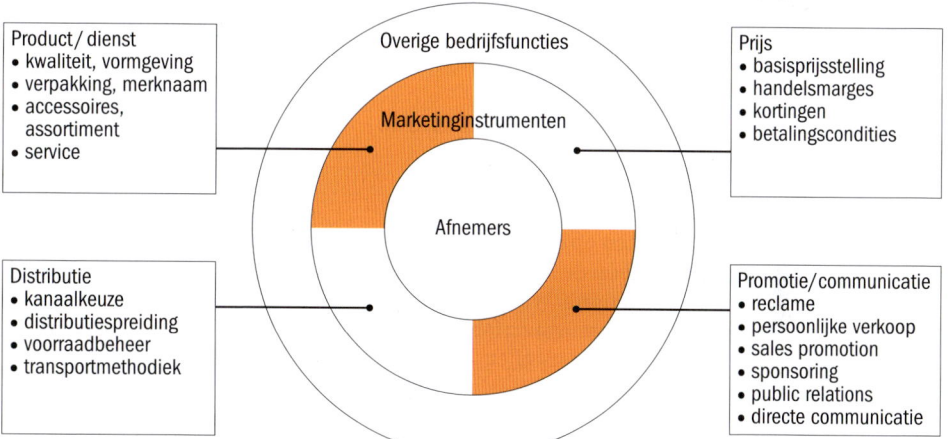

Hoewel het toepassen van het marketingconcept eenvoudig lijkt, valt dit in de praktijk nogal tegen. Immers, het ontwikkelen en op elkaar afstemmen van de marketinginstrumenten is nogal gecompliceerd, waarvan de voorbereiding en uitvoering veel tijd in beslag nemen en waarbij op verschillende tijdstippen een groot aantal personen en instellingen betrokken is. Het geheel dient systematisch en planmatig te worden benaderd. Hieraan wordt in deel 3 aandacht besteed.

Productmix

Het gaat bij de productmix niet alleen om fysieke producten, maar ook om diensten. Binnen de productmix kunnen de volgende elementen of productattributen worden onderscheiden:

Productattributen

- kwaliteit
- vormgeving
- verpakking
- merknaam
- accessoires
- assortiment
- service
- garantie
- handleiding

De *kwaliteit en vormgeving* worden voornamelijk bepaald door het ontwerp en de gebruikte materialen. De *verpakking*, die in veel gevallen de vormgeving bepaalt, moet enerzijds gericht zijn op de tussenhandel (bescherming tegen breuk en bederf, opslagmogelijkheden) en anderzijds op de consument (gemakkelijke herkenbaarheid van het product, gebruiksgemak). Dit betekent dat de verpakking ook een duidelijke communicatiefunctie heeft.

Dit laatste geldt ook voor de *merknaam*. Bij een aantal producten is het gebruikelijk de merknaam of het beeldmerk (logo of vignet) duidelijk op het product te vermelden, zoals bij auto's, poloshirts, horloges en audio-apparatuur. Een leverancier van draaibanken of computers zal weinig zaken doen als hij geen *accessoires* of bijproducten kan leveren. Een cosmetica-merk wordt door een modebewuste vrouw meestal gekozen op grond van het complete modieuze *assortiment*. Tot slot spelen voor diverse product-categorieën de *service-elementen* een belangrijke rol. Een badgeiser is pas waardevol voor de consument als het apparaat geïnstalleerd is. In deel 5 wordt uitvoerig op de productmix ingegaan.

Prijsmix
De prijsmix bestaat uit de volgende elementen:
- prijzen
- leverings- en betalingsvoorwaarden
- marges
- kortingen

Prijs is de enige opbrengstvariabele

De prijs heeft ten opzichte van de andere marketinginstrumenten de meest directe invloed op de hoogte van de omzet en dus ook op het rendement van de onderneming. We kunnen ook zeggen dat de prijs voor de ondernemer de enige opbrengstvariabele is. Voor elk goed of elke dienst zal hij een *basisprijs* moeten vaststellen. Dat is de prijs die bijvoorbeeld op de tarieflijst wordt vermeld of die als adviesprijs wordt gehanteerd. Daarnaast moet de fabrikant de *handelsmarges* voor de tussenpersonen, zoals grossier en detaillisten, vaststellen. De andere elementen van de prijs bestaan uit de overige handelskortingen, eventuele consumentenkortingen en betalingscondities. In het laatste geval kunnen we denken aan al of niet verplichte, geheel of gedeeltelijke vooruitbetaling, het betalen à contant of het eventueel verlenen van krediet of een leasecontract. De prijsmix wordt in deel 6 nader uitgewerkt.

Distributiemix (plaats)
Onder de distributiemix vallen alle onderdelen die te maken hebben met het beschikbaar stellen van de goederen aan de afnemers:
- distributiekana(a)l(en)
- distributie-intensiteit
- distribuanten
- logistiek

Soms eist de consument een verkooppunt dicht bij huis, zoals in het geval van kruidenierswaren en bakkerijproducten. Voor andere producten is hij bereid een grotere afstand af te leggen (auto's, juwelen, meubelen enzovoort). Daar een fabrikant lange tijd nodig heeft om een goede positie te verwerven in de voor hem aantrekkelijke verkooppunten, spreken we ook wel van het instrument van de langere termijn.

Distributie is instrument van de langere termijn

De elementen van de distributiemix zijn de kanaalkeuze (dit is het soort distributiepunt), de distributie-intensiteit (ofwel het aantal distributiepunten), het voorraadbeheer en de transportmethoden. De eerste twee elementen zijn gebaseerd op het feit dat ieder product op verschillende manieren gedistribueerd kan worden. Misdaadromans kunnen aangeboden worden via de gespecialiseerde boekhandel, via de stationskiosk, de supermarkt en het warenhuis, maar ook via de boekenclub. Daar het niet altijd mogelijk is van alle kanalen gebruik te maken, moet de aanbieder dat kanaal kiezen waarmee hij binnen zijn verkoopgebied voldoende distributie-intensiteit bereikt. Dat wil zeggen, dat hij moet kiezen voor een kanaal met een voldoende groot aantal verkooppunten. De distributiemix wordt in deel 7 nader behandeld.

Promotiemix (communicatie)
De promotiemix bestaat uit de volgende subinstrumenten:
- reclame
- persoonlijke verkoop
- sales promotion
- beurzen en congressen
- sponsoring
- direct marketing
- public relations

Deze subinstrumenten omvatten alle persoonlijke en niet-persoonlijke communicatie van de aanbieder om de potentiële klant te overtuigen van zijn aanbod gebruik te maken.

- *Reclame* komt in vele vormen voor, waarbij van verschillende media gebruikgemaakt kan worden. Naast persreclame onderscheiden we bijvoorbeeld ether-, bioscoop-, buiten- en winkelreclame en tegenwoordig ook internetreclame.

  Reclame

- Bij *persoonlijke verkoop* wordt gebruikgemaakt van verkopers (winkelverkoop), vertegenwoordigers, accountmanagers of agenten. Buiten de winkelverkoop wordt persoonlijke verkoop vooral in de businessmarkt toegepast.

  Persoonlijke verkoop

- *Sales promotion* omvat alle activiteiten die gericht zijn op een tijdelijke verbetering van de prijs - waardeverhouding van een goed of dienst, opdat er tijdelijk een extra omzet wordt gerealiseerd. Te denken valt aan acties als 'drie halen, twee betalen' of 'nu met gratis sleutelhanger'.

  Sales promotion

- Bekende vormen van *sponsoring* zijn sportsponsoring en kunstsponsoring. In beide gevallen gaat het om het verkrijgen van commerciële publiciteit die vooral gericht is op het bevorderen van de naamsbekendheid van een organisatie of een merk, en/of het creëren van een gunstig beeld in de ogen van de consument.

  Sponsoring

- Onder *public relations* vallen alle activiteiten die gericht zijn op het onderhouden van positieve contacten met doelgroepen die voor de onderneming van belang zijn. We kunnen denken aan een bedrijf dat een open dag

  Public relations

organiseert opdat de buurtbewoners wat meer begrip kunnen opbrengen voor eventuele geluidsoverlast. Ook het informeren van de financiële pers over de goede bedrijfsresultaten opdat beleggers een positieve indruk van het bedrijf verkrijgen, behoort tot het terrein van de public relations.

- **Beurzen en tentoonstellingen** Ook op *beurzen en tentoonstellingen* is bijna altijd sprake van persoonlijke verkoop. Beurzen en tentoonstellingen zijn tijdelijke, veelal periodiek georganiseerde evenementen, waarbij exposanten tegen betaling een standruimte huren om hun producten aan belangstellenden, consumenten (publieksbeurzen) of organisaties (vakbeurzen) te tonen. Soms vindt daarbij directe verkoop plaats.
- **Direct marketing** *Direct marketing* is gericht op het tot stand komen van een specifieke transactie en/of het verkrijgen van een duurzame, structurele, directe relatie tussen een aanbieder en afnemers. Kenmerkend voor direct marketing zijn de directe communicatie met de afnemers en de directe levering, dus buiten de handel om. Er kunnen diverse communicatiemedia voor dit doel worden ingezet, zoals direct mail, telemarketing en tegenwoordig vooral e-marketing. Onder dit laatste begrip, ook wel internet- of online marketing genoemd, verstaan we de marketing van goederen of diensten via internet. De verkoop van producten via een eigen website is hier een voorbeeld van.

De promotiemix komt in deel 8 uitgebreid aan de orde.

Driemaal 'R'
In veel branches wordt het marketingconcept toegepast en hebben de aanbieders de vier P's goed afgestemd op de afnemers. Een individueel bedrijf kan zich alleen onderscheiden ten opzichte van zijn concurrenten door het creëren van een duurzame relatie met zijn klanten: de *ruil* komt tot stand als er een *relatie* is opgebouwd met de (potentiële) koper. Onder ruil verstaan we de vrijwillige uitwisseling van ruilobjecten – bijvoorbeeld een goed, dienst of geld – tussen ten minste twee partijen. De gezamenlijke interacties gedurende langere tijd tussen twee partijen noemen we een relatie. Deze relatie komt pas tot stand als de *reputatie* van het product of de onderneming in overeenstemming is met de wensen van de potentiële koper. De reputatie is een reeks van eigenschappen die spontaan met een persoon, organisatie of product geassocieerd worden. Gaat het hoofdzakelijk om negatieve eigenschappen, dan is er sprake van een slechte of kwade reputatie; gaat het daarentegen om overwegend positieve eigenschappen, dan is de reputatie goed.

De marketing gericht op het opbouwen, onderhouden en commercialiseren van relaties, zodanig dat de doelstellingen van beide partijen worden gerealiseerd, wordt relatiemarketing (relationship marketing) genoemd.

Dus als er aan het product, de verpakking, de service, de wijze van distributie of de prijs - kwaliteitverhouding iets niet in orde is, wordt de reputatie geschaad, zodat de relatie verstoord wordt en er daardoor geen ruil of herhalingsaankoop plaatsvindt.

● www.adformatie.nl

Spaans

Toyota doet erg zijn best om Spaanssprekende autorijders in de Verenigde Staten weer voor zich te winnen. Het automerk worstelt met een beschadigde reputatie nadat auto's als gevolg van productiefouten teruggeroepen moesten worden. De Spaanstalige divisie Conill kwam met een actie om deze specifieke doelgroep te bereiken. Het merk deelt nu 259.000 stickers uit met de tekst 'We zijn met vele Mexicanen. We zijn met vele Toyota-rijders.' Er zijn ook versies voor Puerto Ricanen, Argentijnen, enzovoort. 'Niemand zegt "Ik hou van Toyota". Maar iemands afkomst bindt de Spaanssprekenden in de VS', aldus een woordvoerder.
Aan de actie is een Facebook-pagina verbonden.

25 november 2011

1.4 Marketing in specifieke situaties

Zoals we eerder zagen, kan marketing kort worden omschreven als het verwerven en behouden van afnemers. Er is hierbij dus sprake van een aanbieder, een bepaald aanbod en uiteraard ook van een of meer afnemers. In alle gevallen is daarbij het marketingconcept – kruipen in de huid van de afnemer – het meest effectieve uitgangspunt. In alle gevallen zal er dan ook gezocht dienen te worden naar een marketingmix die zo nauw mogelijk aansluit bij de behoeften van de potentiële afnemers. Dit geldt in principe altijd – onafhankelijk van het soort product, onafhankelijk van het soort afnemer en zelfs onafhankelijk van het soort aanbieder.

Aanvankelijk was marketing vooral een zaak van fabrikanten, die zich dus bezighielden met consumentenmarketing. Dit zijn de marketingactiviteiten van een organisatie gericht op particulieren (consumenten). Mede als ge-

Consumenten-marketing

volg van de concentratietendens nam de concurrentie in de detailhandel in de laatste decennia van de vorige eeuw sterk toe. De detailhandel, zoals de supermarkten, namen een steeds zelfstandiger positie in. Zij gingen over tot een actievere commerciële benadering van de consument en begonnen met detailhandelsmarketing. Door de sterkere positie van de detailhandel werd deze een tweede belangrijke doelgroep voor fabrikanten. Deze begonnen daarop met speciek op de detailhandel gerichte activiteiten, detaillisten-marketing, en met groothandels- en detaillistenmarketing gericht op de eerste schakel in de distributie. Beide vormen van marketing samen worden handels- of trade marketing genoemd.

Detailhandels-marketing

Groothandels- en detaillisten-marketing

Handels- of trade marketing

Een van de pijlers onder het marketingconcept is het streven naar het bevredigen van de doelstellingen van beide partijen. Een belangrijke drijfveer voor bedrijven is het streven naar winst. De marketing van bedrijven wordt dan ook commerciële marketing genoemd.
Dit winstoogmerk ontbreekt bij non-profitmarketing, een vorm van marketing die in hoofdstuk 28 wordt behandeld.

Commerciële marketing

Die verschillende vormen van marketing laten we in tabel 1.2 zien.

TABEL 1.2 Verschillende vormen van marketing

Aanbieder	Doelgroep	Vorm van marketing/aard van product
• fabrikant van consumentenproduct	• detail- en groothandel	• handelsmarketing (trade marketing)

	• consument	• consumentenmarketing
		  – goederenmarketing
		  – dienstenmarketing

• fabrikant van industrieel product	• organisaties	• business marketing
• groothandel	• detailhandel	• groothandelsmarketing (wholesalemarketing)

• detailhandel	• consument	• detailhandelsmarketing (retailmarketing)
		  – goederenmarketing
		  – dienstenmarketing

• not-for-profitorganisaties	• burgers en organisaties	• not-for-profitmarketing
• overheid	• burgers en organisaties	• overheidsmarketing

Wel is er, afhankelijk van de verschillende soorten aanbieders, producten of afnemers, in de dagelijkse marketingpraktijk sprake van accentverschillen. Een aanbieder die een goed (koffie, auto's) verkoopt, zal bijvoorbeeld anders communiceren met zijn markt dan een aanbieder van een dienst (haren knippen, verzekering). In verband met deze accentverschillen zijn er verschillende termen in zwang voor verschillende vormen van marketing. Bedenk hierbij, dat de hier genoemde soorten marketing elkaar kunnen overlappen:

een advocatenkantoor, gespecialiseerd in fusies tussen grote bedrijven, bedrijft zowel diensten- als business marketing.
Enkele van de in het schema genoemde vormen van marketing worden behandeld in deel 9.

Samenvatting

- *Marketing* kan worden omschreven als het verwerven en behouden van afnemers.
- Het *marketingconcept* houdt in dat de organisatie de behoeften van de afnemers als uitgangspunt neemt.
- We onderscheiden *macromarketing, mesomarketing* en *micromarketing*.
- Ruil in natura heet *bartering*.
- Ontwikkeling van de marketinggedachte: *productieoriëntatie, productoriëntatie, verkooporiëntatie, marketingoriëntatie, maatschappelijke marketingoriëntatie global marketing oriëntatie en totale marketing oriëntatie.*
- Tegenwoordig vaak ook: maatschappelijk verantwoord ondernemen (mvo). In dat kader de drie P's: *people, profit* en *planet*.
- We onderscheiden diverse *marketinginstrumenten*, in eerste instantie de *vier P's*: product, prijs, distributie (plaats) en promotie; samen vormen zij de *marketingmix*.
- Naast een goede invulling van de vier P's moet een bedrijf ook rekening houden met de drie R's: *reputatie, relatie* en *ruil*.
- Er worden verschillende vormen van marketing onderscheiden, zoals *non-profitmarketing, dienstenmarketing, business marketing* en *detailhandelsmarketing*.

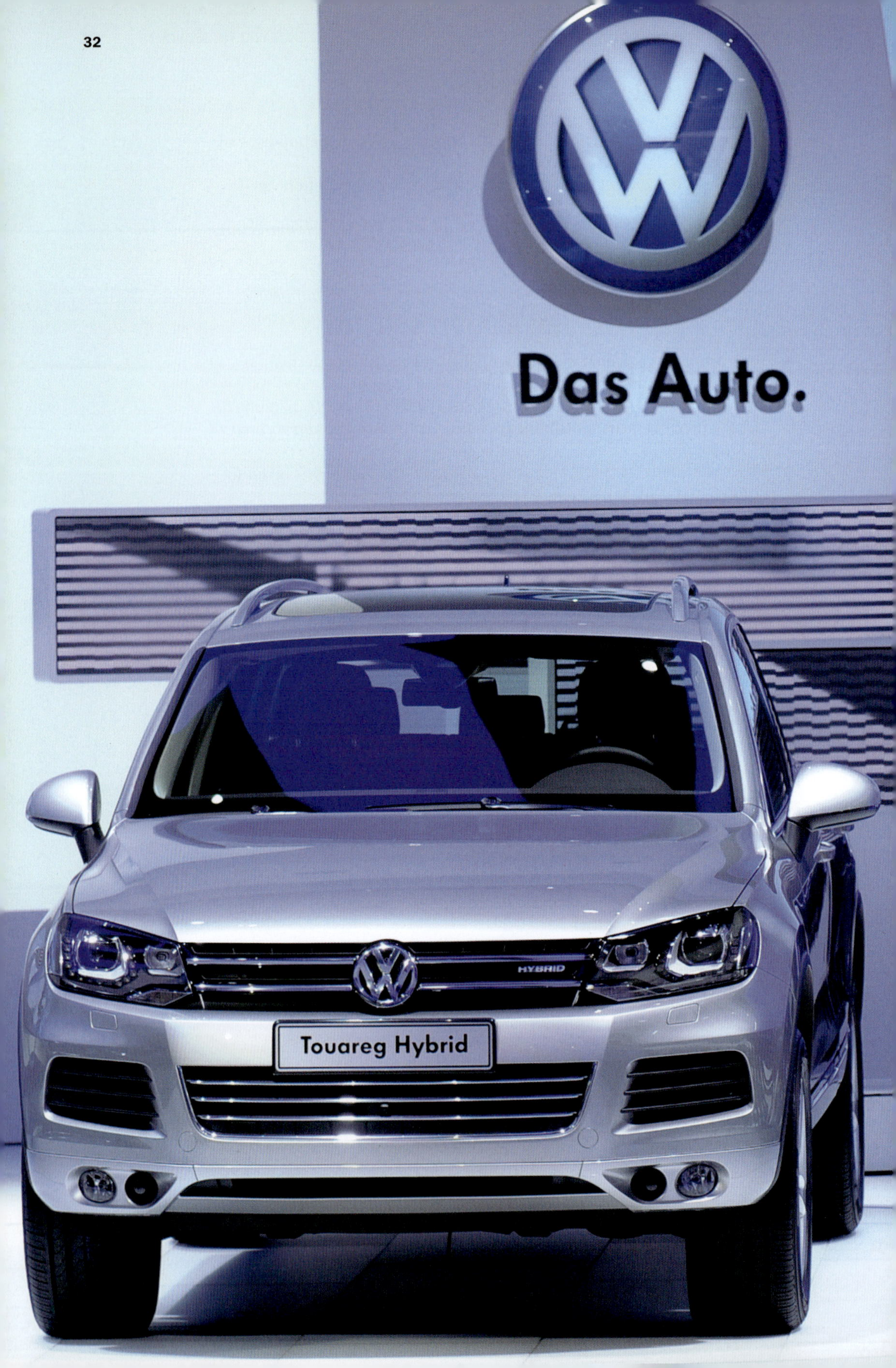
Das Auto.
HYBRID
Touareg Hybrid

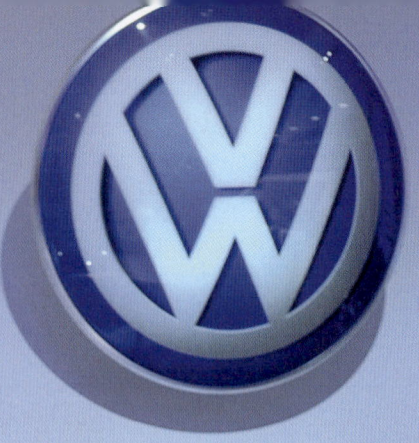

2
Marketingomgeving

2.1 Soorten omgevingsfactoren
2.2 Micro-omgevingsfactoren
2.3 Meso-omgevingsfactoren
2.4 Macro-omgevingsfactoren

Elke organisatie en elke marketeer heeft te maken met een groot aantal omgevingsfactoren, ook wel omgevingsvariabelen genoemd. Dat zijn factoren, situaties of ontwikkelingen waarop de organisatie of marketeer niet of nauwelijks invloed heeft, maar die wel van grote invloed kunnen zijn op de mate waarin een organisatie in staat is afnemers te verwerven of te behouden. Een luierfabrikant krijgt minder klanten als het aantal geboorten afneemt, een paraplufabrikant doet goede zaken als er een langdurige regenperiode is en een projectontwikkelaar juicht als een bepaald bestemmingsplan eindelijk is goedgekeurd. We zullen bij het opstellen van het marketingbeleid dan ook – voor zover dit mogelijk is – met deze factoren rekening moeten houden. In paragraaf 2.1 maken we onderscheid tussen drie soorten omgevingsfactoren. De micro-omgevingsfactoren, de meso-omgevingsfactoren en de macro-omgevingsfactoren worden respectievelijk in de paragrafen 2.2 tot en met 2.4 besproken. Hoe er met de in dit hoofdstuk besproken factoren bij het formuleren van het marketingbeleid rekening gehouden kan worden, wordt verder besproken in hoofdstuk 8.

2.1 Soorten omgevingsfactoren

Het aantal factoren dat invloed heeft of kan hebben op het succes van het marketingbeleid, is zeer groot en divers. Veel ontwikkelingen zijn voor de ene organisatie van groot belang, maar voor de andere volstrekt irrelevant. Dat het steeds vaker regent, is voor een paraplufabrikant een belangrijk gegeven, maar het zal een luierfabrikant niet interesseren. Ook kan het zijn, dat een bepaalde ontwikkeling voor de ene organisatie bijdraagt aan het succes, dus een welkome factor is, terwijl een andere organisatie er alleen maar last van heeft. Als consumenten steeds minder varkensvlees willen eten, is dat slecht voor de varkensfokkers, maar goed voor de aanbieders van andere vleessoorten. Iedere organisatie zal dus allereerst moeten bepalen welke van dat grote aantal factoren voor de eigen organisatie van belang zijn en de moeite waard – of zelfs noodzakelijk – om te monitoren en te analyseren. Daarbij gaan we in het algemeen systematisch te werk, waarbij we onderscheid maken in micro-, meso- en macrofactoren.

Micro-omgevingsfactoren

Micro-omgevingsfactoren zijn alle variabelen die vanuit de organisatie zelf komen en het marketingbeleid kunnen beïnvloeden. Daar deze factoren – of omgevingsvariabelen – vanuit de organisatie zelf komen, worden ze ook wel interne omgevingsfactoren genoemd. Op dergelijke factoren heeft de organisatie in principe invloed, in ieder geval op langere termijn. Daarom worden ze ook wel beïnvloedbare omgevingsfactoren genoemd.

Meso-omgevingsfactoren

Meso-omgevingsfactoren zijn voor het beleid van een organisatie relevante, onbeheersbare en beperkt beïnvloedbare externe omgevingsfactoren, die hun oorsprong vinden in de bedrijfstak of de branche waartoe de organisatie behoort.

Macro-omgevingsfactoren

Macro-omgevingsfactoren zijn voor een individuele organisatie externe, onbeheersbare invloeden vanuit de maatschappij.

2.2 Micro-omgevingsfactoren

Ondernemingsfuncties

In figuur 2.1 is de onderneming in de vorm van een driehoek weergegeven, waarbij verschillende ondernemingsfuncties worden onderscheiden (inkoop, productie, marketing, personeel en financiën).

In principe functioneren alle organisaties op dezelfde wijze. Een eenmanszaak, een profit- of non-profitorganisatie, een handelsonderneming of dienstverlenend bedrijf, alle moeten kapitaalgoederen, grond- en hulpstoffen inkopen opdat productie kan plaatsvinden, waarna het product op de markt gebracht kan worden. Als het goed is, heeft de organisatie hiermee

Meerwaarde

meerwaarde (toegevoegde waarde) gecreëerd: het eindproduct is voor de afnemers meer waard dan wat de vervaardiging van dat eindproduct in totaal gekost heeft.

De financieel-economische functie registreert de inkomsten en uitgaven. Deze cijfers kunnen gebruikt worden als basis voor toekomstige beslissingen van het management. De personeelsfunctie zorgt voor de bemanning van de diverse afdelingen in de organisatie. Het topmanagement moet de vijf ondernemingsfuncties op elkaar afstemmen.

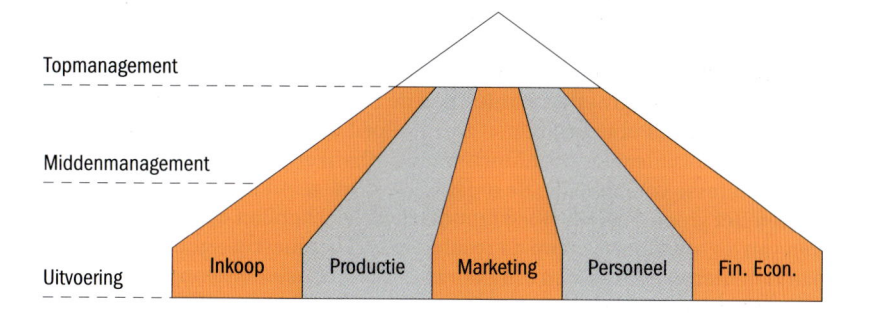

FIGUUR 2.1 Ondernemingsfuncties

Topmanagement

Middenmanagement

Uitvoering | Inkoop | Productie | Marketing | Personeel | Fin. Econ.

De aard en de omvang van het bedrijf bepalen het belang van de verschillende ondernemingsfuncties. Voor een dienstverlener, zoals een adviesbureau, is de inkoopfunctie uiterst beperkt, maar voor een grossier van vitale betekenis. De productie van een handelsonderneming is moeilijk vast te stellen. Deze bestaat in feite uit het op voorraad houden en distribueren van producten. De personeelsfunctie in een eenmanszaak is beperkt en bestaat alleen op het moment waarop de eigenaar zich bezighoudt met het verdelen van zijn tijd over de verschillende ondernemingsfuncties. Het lijkt of bepaalde noodzakelijke activiteiten geen plaats hebben gekregen in figuur 2.1, zoals productontwikkeling, onderzoek en voorraadbeheer. Bij kleinere ondernemingen zullen deze activiteiten ondergebracht zijn in een van de vijf genoemde functies. Bij grotere ondernemingen zijn hiervoor meestal aparte afdelingen geformeerd. De wijze waarop de activiteiten van de ondernemingsfuncties georganiseerd worden over afdelingen en personen en over verantwoordelijkheden en bevoegdheden, wordt nog uitvoerig besproken in deel 3.

Belang ondernemersfunctie hangt samen met soort bedrijf

De interne omgevingsfactoren voor een marketingmanager bestaan dus uit de mogelijkheden maar ook uit de onmogelijkheden die voortkomen uit de vijf ondernemingsfuncties. Zo ontvangt de marketingmanager richtlijnen voor de te behalen omzet, het kostenniveau enzovoort. De samenhang tussen de diverse ondernemingsfuncties en het belang van de micro-omgevingsvariabelen blijkt uit de volgende voorbeelden:
- Als de afdeling inkoop geen mogelijkheden heeft om grondstoffen van hoge kwaliteit in te kopen, is het niet mogelijk als kwaliteitsaanbieder te opereren.
- Als de productie op maximale capaciteit draait, is het niet zinvol met een sales promotion-actie de afzet te stimuleren.
- Als het bedrijf liquide middelen moet gebruiken voor de aanschaf van machines enzovoort, kan de marketingmanager geen investering doen in een langlopende reclamecampagne om de naamsbekendheid te verbeteren.

Micro-omgevingsfactoren als randvoorwaarden

2.3 Meso-omgevingsfactoren

De onderneming wordt omgeven en beïnvloed door diverse marktpartijen. Marktpartijen zijn alle personen en instellingen binnen de bedrijfskolom die zich bezighouden met het voortstuwingsproces van de goederen van oerproducent naar finale gebruiker. Dat kan een consument of een organisatie zijn.

Marktpartijen

Daar deze partijen belang hebben bij het reilen en zeilen van de onderneming en daar dus soms invloed op proberen uit te oefenen, worden ze ook wel belangengroepen (stakeholders) genoemd. Onder de belangengroepen worden overigens ook nog andere partijen gerekend, zoals het personeel, vakbonden, financiers (waaronder aandeelhouders) en overheden. Naast de belangengroepen worden ook de zogenoemde publieksgroepen onderscheiden. Publieksgroepen zijn groepen uit het algemene publiek van wie de organisatie voor haar functioneren afhankelijk is en die zijn gevormd door interesse voor een aan de organisatie gerelateerd thema. Ook hier betreft het groepen die invloed (zouden kunnen) hebben op het functioneren van de organisatie en op de resultaten van het marketingbeleid. We kunnen hierbij denken aan milieuorganisaties, consumentenorganisaties, journalisten en omwonenden. Vanwege het belang van goede relaties met dergelijke groepen hebben veel grotere organisaties de functie public relations in het leven geroepen.

Enkele van de hier genoemde meso-omgevingsfactoren worden nu nader belicht.

Marktpartijen
Tot de marktpartijen rekenen we: concurrenten, handelsschakels en consumenten.

Leveranciers
Een bedrijf heeft grond- en hulpstoffen, componenten, halffabricaten, kapitaalgoederen (bijvoorbeeld een machine) of diensten (bijvoorbeeld ondersteuning door een accountant) nodig om zelf goederen en diensten voort te brengen. De afnemer van deze producten bevindt zich dus op de inkoopmarkt en hoeft in het algemeen niet zoveel inspanning te verrichten om de juiste hoeveelheid en kwaliteit te verkrijgen. De leverancier doet immers al het mogelijke om zijn klant tevreden te stellen, in de hoop dat deze vaste klant wordt of blijft. Echter, in tijden van schaarste zal de ondernemer moeten beschikken over voldoende gegevens en inzicht in de inkoopmarkt om ervoor te zorgen dat zijn voorraden op tijd worden aangevuld.

Mede onder invloed van de succesvolle Japanse managementmethoden verandert de relatie tussen leverancier en afnemer. Vroeger bestelde het productiebedrijf een hoeveelheid grondstof van een bepaalde kwaliteit en werd vooral over de prijs onderhandeld. Tegenwoordig is een just-in-time-levering (JIT) veel aantrekkelijker, omdat de hoge voorraadkosten daarmee kunnen worden teruggebracht. Ook is het tegenwoordig in veel bedrijfstakken normaal dat de leverancier over specifieke kennis beschikt. Autofabrikanten werken nauw samen met specialisten op het gebied van de auto-elektronica, uitlaat- en katalysatorsystemen, banden enzovoort. Bovendien zien we in een groot aantal branches dat het aandeel van de leveranciers in het uiteindelijke product steeds groter wordt. In de fietsenbranche bijvoorbeeld worden door de meeste fietsfabrikanten alleen nog maar de frames geproduceerd, terwijl alle andere fietsonderdelen door vooral buitenlandse toeleveranciers worden aangeleverd en door de fabrikant geassembleerd.

Concurrenten
Het spreekt vanzelf dat het management een nauwkeurig beeld moet hebben van de concurrentie. Concurrenten zijn alle aanbieders die zich op dezelfde groep potentiële afnemers richten. Ieder die in staat is de afnemer een beter aanbod te doen, vormt voor het management een grote bedreiging.

Het is dan ook van belang te weten wie wel en wie niet tot de concurrentie gerekend moeten worden. Een producent van sportfietsen en mountainbikes heeft bijvoorbeeld geen gevaar te duchten van een fietsenproducent die zich heeft toegelegd op kinderfietsjes, maar moet zich meer zorgen maken om de acties van fabrikanten van surfplanken.

We onderscheiden vier concurrentieniveaus. Door deze indeling krijgen we een beter inzicht in de concurrentieverhoudingen. Er is sprake van: merkconcurrentie, productvormconcurrentie, generieke concurrentie en behoefteconcurrentie.

<small>Concurrentieniveaus</small>

- *Merkconcurrentie* is de concurrentie tussen verschillende merken van een bepaald product die elkaars substituten zijn. Dit betekent dat verschillende aanbieders dezelfde specifieke doelgroep voor ogen hebben en zich onder meer door merkimago en de verdere invulling van de marketingmix van de ander trachten te onderscheiden. Zo heeft de Volkswagen Touareg, binnen de productvorm van de zogenaamde Sports Utility Vehicles, concurrentie van de BMW X5, Jeep Compass, Nissan Quashqai, Volvo XC90, Porsche Cayenne en andere SUV's. <small>Merkconcurrentie</small>
- *Productvormconcurrentie* is de concurrentie tussen verschillende technische verschijningsvormen van eenzelfde product. Binnen het personenautosegment concurreren onder meer de productvormen sedan (auto met kofferbak), hatchback (met grote achterklep), stationwagon en SUV met elkaar. Dus de Volkswagen Touareg heeft last van concurrentie van elke andere auto buiten de eigen productvorm, de al genoemde SUV's. Meestal zullen dit merken en typen auto's zijn die in dezelfde prijsklasse zitten. Voor de Volkswagen Touareg zou dit bijvoorbeeld de BMW 5 (een sedan) of de Volvo V70 (een stationwagen) kunnen zijn. Maar ook zouden dit Volkswagen-modellen kunnen zijn zoals bijvoorbeeld de Volkswagen Passat. Meestal is productvormconcurrentie minder belangrijk. Weliswaar is deze groep van concurrenten in aantal zeer groot, maar kopers hebben vaak al besloten om hun keuze tot één productgroep te beperken, in dit geval de SUV's. <small>Productvormconcurrentie</small>
- *Generieke concurrentie* is de concurrentie tussen (aanbieders van) verschillende soorten producten die in eenzelfde behoefte van een bepaalde afnemer kunnen voorzien. Deze afnemer kan een bepaalde behoefte op zeer uiteenlopende manieren bevredigen. Zo kan onze Volkswagen Touareg-rijder besluiten zijn auto van de hand te doen en voortaan met openbaar vervoer te gaan of een taxi te nemen. Uiteraard is dit een tamelijk ingrijpende beslissing die niet zo snel genomen wordt. Deze vorm van concurrentie is dan ook vaak minder relevant. <small>Generieke concurrentie</small>
- *Behoefteconcurrentie* is de concurrentie tussen verschillende behoeften van een bepaalde afnemer. Het is de strijd om de consumenteneuro. Een afnemer kan niet tegelijkertijd aan alle behoeften tijd besteden of middelen ter beschikking stellen. Zo kan onze Volkswagen Touareg-rijder voor de keuze staan een nieuwe auto aan te schaffen of met vakantie te gaan of zijn huis te verbouwen. De autodealer concurreert dus in dit geval met de touroperator en de aannemer of bouwmarkt. <small>Behoefteconcurrentie</small>

Handelsschakels

Het blijkt dat de consument bereid is meer producten te kopen of een hogere prijs te betalen, als deze op een gemakkelijke of aantrekkelijke manier ter beschikking worden gesteld. Daartoe heeft zich een complexe distributiestructuur ontwikkeld. De fabrikant tracht veelal zoveel mogelijk

De Volkswagen Touareg ondervindt concurrentie op bijna alle niveaus

verkooppunten te verkrijgen. Daar de bevoorrading van elk punt kosten met zich meebrengt, moet de fabrikant kennis van en inzicht hebben in de structuur van de distributie. Hij moet er immers voor zorgen dat zijn producten op die plaatsen worden aangeboden waar zijn doelgroep dat wenst.

In de praktijk blijkt dat de kanalen in veel branches vol zijn. In bijvoorbeeld cosmetica en waspoeders worden zoveel merken aangeboden, dat er voor een nieuwkomer nog nauwelijks plaats is op het schap van de supermarkt of drogisterij/parfumerie. Enkele bedrijven hebben zich los kunnen maken van de bestaande distributiestructuur. Bijvoorbeeld postorderbedrijven (Wehkamp, Otto) en Tupperware (huishoudelijke artikelen), die de finale afnemer bereiken buiten de traditionele winkels om. De postorderbedrijven verkopen niet meer via catalogi, maar via het internet; Tupperware organiseert niet meer alleen demonstraties en workshops bij mensen thuis (partyverkoop of party selling), maar verkoopt steeds meer via het internet.

Consumenten
Voor een aanbieder die het marketingconcept toepast, is de consument de belangrijkste marktpartij. De marketingmanager zal veel gegevens over zijn huidige en potentiële afnemers moeten verzamelen. Zo moet hij eerst een beeld van de totale markt verkrijgen, zoals het aantal consumenten, de verdeling van die consumenten naar regio, de hoeveelheid producten die zij kopen en de prijs die daarvoor betaald wordt. Daarna tracht hij die totale markt te verdelen in segmenten. Een marktsegment is een afnemersgroep met bepaalde gelijke kenmerken, die op eenzelfde wijze reageert op het aanbod van een producent. De aanbieder beschikt over kennis van behoeftepatronen, communicatiegewoonten, koop- en gebruiksgedrag van zijn doelgroep en kan op basis daarvan zijn beleid vaststellen. Hij kan dus zijn marketinginstrumenten aanpassen aan de wensen van zijn doelgroep.

> **Consumenten zijn de belangrijkste marktpartij**

In de hoofdstukken 4 tot en met 7 wordt een afzonderlijke module aan de consument gewijd. Marktsegmentatie komt aan de orde in hoofdstuk 9.

Publieksgroepen
Hierna passeren enkele publieksgroepen de revue: media, overheid en belangenorganisaties.

Media
De persmedia (zoals dagbladen) en de ethermedia (radio en televisie) kunnen de marktpartijen beïnvloeden door hun berichtgeving. Een kritisch artikel over een product of bedrijf kan in de gehele branche een stagnerende omzet veroorzaken. Regelmatig verschijnen in de pers berichten over producten die niet aan de daaraan te stellen kwaliteitseisen voldoen en door fabrikanten uit de markt worden gehaald. Een bekend voorbeeld is het uitstel van de introductie van de kleine Mercedes A-klasse. Die kantelde bij het uitvoeren van de Zweedse elandtest, een snelle uitwijkmanoeuvre. Na een vertraging van vele maanden werd de auto met een verbeterd onderstel op de markt gebracht. Deze affaire heeft zeer veel, voor Mercedes negatieve, media-aandacht gekregen.

Overheid
Niet alleen de Europese Unie ('Brussel') en de nationale overheid, maar ook de provinciale en gemeentelijke overheden kunnen enorme invloed op een onderneming uitoefenen. Zo kunnen het verstrekken van een milieuvergunning, het bereikbaar maken van een industrieterrein of het instellen van een koopavond een belangrijke stempel drukken op het marketingbeleid van een onderneming.

Belangengroepen
In ons land is een groot aantal belangenorganisaties en actiegroepen actief. We noemen als voorbeelden: ANWB, Greenpeace, Consumentenbond, Milieudefensie, Proefdiervrij en Wakker Dier. Alle vakbonden zijn belangenorganisaties, evenals alle consumenten- en patiëntenorganisaties. Met hun acties kunnen dergelijke organisaties soms een belangrijke invloed uitoefenen op een bedrijf of zelfs op een hele branche. Bij de planning van marketingactiviteiten zal daarom met het bestaan van dit soort organisaties terdege rekening moeten worden gehouden.

Aantrekkelijkheid van de markt

Het is voor een aanbieder van goederen of diensten belangrijk vast te stellen of de markt waar hij in gaat of zich in bevindt aantrekkelijk is. Kort gezegd, of hij in staat is of zal zijn om een goed rendement te behalen. Dit wordt grotendeels bepaald door de concurrentiesituatie in de markt. Praktisch iedere aanbieder heeft met concurrentie te maken. Het is dan ook zaak deze omgevingsvariabele nauwgezet te analyseren. Dat kan op een systematische manier. De Amerikaanse hoogleraar Michael Porter onderscheidt hiertoe vijf zogenoemde concurrentiekrachten. Dat zijn krachten die de aard en de mate van concurrentie in een bepaalde bedrijfstak beïnvloeden en daarmee ook de winstgevendheid. Mede afhankelijk van deze krachten zal een aanbieder zijn concurrentiestrategie moeten bepalen (zie hoofdstuk 8).

Concurrentiekrachten van Porter

De volgende concurrentiekrachten worden door Porter onderscheiden:
- *De macht van de concurrentie*. Een branche met heftige concurrentie, waar vooral met prijskortingen wordt gevochten, zal weinig winstgevend zijn.
- *De macht van de leveranciers*. In bijvoorbeeld de petrochemische industrie hebben enkele zeer grote aanbieders van grondstoffen een sterke onderhandelingsmacht, zodat de grondstofgebruikers bij de inkoop weinig voordeel kunnen behalen.
- *De macht van de afnemers*. Producenten van levensmiddelen hebben in Nederland te maken met enkele zeer machtige afnemers. Denk aan supermarktketens met soms meer dan 750 verkooppunten: Albert Heijn, Jumbo, Aldi. Deze distribuanten bepalen de inkoopvoorwaarden.
- *De dreiging van nieuwe toetreders*. Deze nieuwkomers kunnen bestaande ondernemingen zijn die voor het eerst in de markt stappen of startende ondernemers. Zij krijgen te maken met entreebarrières. Branches waar grote investeringen (bijvoorbeeld de staalindustrie) of waar specifieke knowhow (zoals die van elektronische procesbesturingssystemen) vereist zijn, zullen weinig last hebben van nieuwkomers. Daarentegen is de managementadvieswereld typisch een branche waar iemand in korte tijd zonder investeringen en andere belemmeringen een bureau kan starten. Meer aanbieders betekent doorgaans meer concurrentie.
- *De dreiging van substituutproducten*. In de colamarkt liggen veel substituutproducten op de loer, denk maar eens aan de sportdranken, de vele variaties vruchtendranken, mineraalwaters en de varianten van zuiveldranken. In de markt voor parketvloeren zijn de substituten alleen tapijten en plavuizen. In deze branche is er dus minder kans omzet te verliezen.

2.4 Macro-omgevingsfactoren

Zelfs wanneer de marktpartijen een samenwerking aangaan in een branchevereniging, zoals de RAI voor de autobranche of het Nederlands Verpakkingscentrum voor de verpakkingsindustrie, kan er geen beslissende invloed op de macro-omgevingsfactoren worden uitgeoefend. Evenals de mesovariabelen bestaan de macrovariabelen uit een complexe samenhang van factoren die elkaar onderling kunnen beïnvloeden. Meestal veranderen ze langzaam, zoals de bevolkingssamenstelling, maar een enkele keer ontstaan ze van het ene op het andere moment, zoals de economische crisis die met de kredietcrisis van eind 2007 begon.

De enige manier om een beeld te krijgen van kansen en bedreigingen op de markt is het systematisch en planmatig verzamelen van dit soort gegevens. Daarom wordt vaak een onderscheid gemaakt in de volgende macro-omgevingsfactoren:
- demografische omgevingsfactoren
- economische omgevingsfactoren
- sociaal-culturele omgevingsfactoren
- technologische omgevingsfactoren
- ecologische omgevingsfactoren
- politiek-juridische omgevingsfactoren.

Deze macrofactoren worden ook wel kortweg de DESTEP-factoren genoemd. Deze term is afgeleid van de beginletters van bovenstaande factoren.

Demografische omgevingsfactoren

Demografische omgevingsfactoren hebben betrekking op de omvang en samenstelling van de bevolking. Een onderneming moet beschikken over gegevens van haar doelgroep (het aantal, de verdeling naar leeftijd, geslacht, regio enzovoort). Op grond van deze gegevens kan zij een schatting maken van haar afzet, de distributieplannen enzovoort. Op de ontwikkeling van de demografische variabelen heeft het bedrijf geen invloed, maar het kan wel trachten hierin inzicht te verkrijgen.

Een van de belangrijkste bronnen voor demografische gegevens is het Centraal Bureau voor de Statistiek (CBS). Het CBS verzamelt en verwerkt jaarlijks veel cijfers over de omvang en samenstelling van de bevolking.

De bevolkingsomvang is meestal het uitgangspunt voor het berekenen van de afzetmogelijkheden. Dit cijfer kan uitgesplitst worden naar leeftijd, geslacht, burgerlijke staat, maar ook naar provincie, urbanisatiegraad (platteland, dorp, stad enzovoort), inkomenscategorie en nog verschillende andere criteria. Veranderingen in deze cijfers, zoals bijvoorbeeld aangegeven in onderstaande tabel, kunnen aanleiding zijn het bedrijfsbeleid aan te passen.

Bevolkings-
omvang

TABEL 2.1 Kerncijfers bevolking 2000–2014

	2000	2014
Bevolkingsomvang	15.863.950	16.829.289
• waarvan man / vrouw	49,5% / 50,5%	49,5% / 50,5%
• waarvan < 20 jaar	24,4%	22,9%
• waarvan 20 - ≤ 40 jaar	30,0%	24,5%
• waarvan 40 - ≤ 65 jaar	32,0%	35,3%
• waarvan 65 jaar - ≤ 80 jaar	10,4%	13,1%
• waarvan > 80 jaar	3,2%	4,3%
• waarvan gehuwd	44,6%	40,1%
• waarvan autochtoon / allochtoon	82,5% / 17,5%	78,6% / 21,4%

Bron: CBS Stat line

Een veelgebruikte weergave is de bevolkingspiramide. Daarin wordt de bevolkingsopbouw naar leeftijd en geslacht grafisch weergegeven. In figuur 2.2 is dat duidelijk af te lezen. Ook kunnen we aan de vorm van de piramide zien of de bevolking zich uitbreidt of niet.

Bevolkings-
piramide

FIGUUR 2.2 Bevolkingspiramide

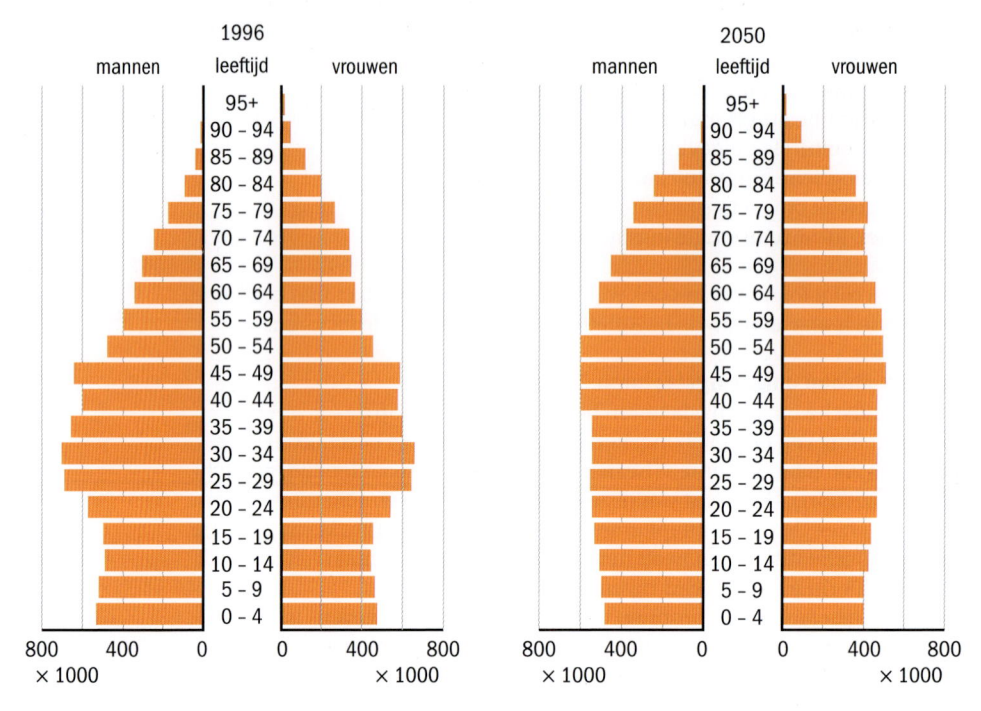

Bron: CBS

Zoals uit de figuur is op te maken, verandert de leeftijdsopbouw van de bevolking in de komende decennia drastisch als gevolg van een combinatie van ontgroening en vergrijzing. Ontgroening volgt op de daling van het gemiddelde kindertal per vrouw. Waar gezinnen in de jaren vijftig en zestig van de vorige eeuw gemiddeld vier kinderen hadden, telt het gemiddelde gezin sinds de jaren zeventig gekrompen tot gemiddeld minder dan twee kinderen.

De daling in vruchtbaarheid aan het einde van de jaren zestig hangt samen met de emancipatiebeweging en de invoering van de anticonceptiepil. Vergrijzing ontstaat doordat Nederlanders steeds langer leven. Uit een publicatie van het CBS (november 2011) blijkt, dat tussen 2000 en 2010 de resterende levensverwachting voor 65-jarige mannen toenam van 15,3 jaar naar 17,6 jaar. Voor 65-jarige vrouwen was dat van 19,2 naar 20,8 jaar (als voorbeeld: een vrouw die in 2010 65 jaar was zou naar (statistische) verwachting 85,8 jaar worden). Door de ontgroening krimpt de Nederlandse beroepsbevolking in de periode tot 2040. Door vergrijzing stijgt het aantal ouderen. Deze twee ontwikkelingen hebben belangrijke gevolgen voor de overheidsfinanciën, omdat Nederlanders tussen 20 en 65 jaar via belastingen en premies per saldo bijdragen aan de overheidsbegroting.

Wellicht de grootste demografische verandering in Nederland is de verandering in het aantal huishoudens. Het modale gezin van de jaren zestig van de vorige eeuw heeft plaatsgemaakt voor een- en tweepersoonshuishoudingen. Een huishouden bestond in 2011 gemiddeld uit 2,2 personen. De komende tien jaar zal de gemiddelde grootte afnemen tot 2,1 persoon, om vervolgens tot 2050 ongeveer constant te blijven. Deze afname van de gemiddelde huishoudengrootte komt door de relatief sterkere toename van het aantal eenpersoonshuishoudens. In 2011 had Nederland bijna 7,5 miljoen huishoudens. Daarvan was 37% een eenpersoons- en 32% een tweepersoonshuishouden. Dat de individualisering zich blijft doorzetten blijkt ook uit de bevolkingssamenstelling. In 2050 zal het aandeel van de eenpersoonshuishoudens opgelopen zijn tot 44% en bestaat iets minder dan 30% van de huishoudens uit twee personen. De gevolgen hiervan voor het marketingbeleid zijn duidelijk: de uitgaven per gezinshuishouding zullen dalen en er zal meer vraag zijn naar producten in kleinverpakking, maar ook naar duurzame gebruiksgoederen. Immers, elk zelfstandig huishouden wil beschikken over een koelkast, audiovisuele apparatuur enzovoort.

Economische omgevingsfactoren
Economische omgevingsfactoren omvatten alle elementen die het inkomen en de koopkracht van de consument beïnvloeden.

● www.dvhn.nl

Groeiende kloof stad en land

Kennis en economische macht concentreren zich in 2040 in de stad Den Haag. Het economische verschil tussen stad en platteland wordt groter. Kennis is de enige toegang tot toekomstig succes. Het draagvlak voor sociale voorzieningen neemt af en de inkomensongelijkheid neemt toe. Dat staat in de langetermijnstudie The Netherlands of 2040 van het Centraal Planbureau (CPB).
De economische toekomst wordt bepaald door de technologische ontwikkeling, aldus de studie waarin het CPB voorspelt hoe en waar de Nederlander in 2040 zijn geld verdient. In alle vier de toekomstscenario's neemt het belang van de stad toe en werkt die als een magneet voor het achterland. Nog meer dan nu het geval is wordt het geld in de steden verdiend. Daar concentreert zich alle kennis en economische macht.
De vraag is of deze concentratie plaats heeft in meerdere middelgrote steden tussen de honderd- en vijfhonderdduizend inwoners verspreid over het land, of dat er in Nederland één of enkele grote stedelijke gebieden komen met miljoenen inwoners. Dat is afhankelijk van de technologische ontwikkelingen, schrijft het CPB.
Kennis is in alle gevallen de drijvende kracht achter de economische ontwikkeling in Nederland.
Als werknemers zich ontwikkelen tot hoogwaardige specialisten, ontstaan middelgrote technologische steden, zoals Eindhoven. Ook Groningen probeert zich hieronder te scharen. Indien werknemers hoogopgeleid en breed inzetbaar zijn, verwacht het CPB grote kleurrijke stedelijke gebieden van miljoenen inwoners die gemakkelijk van de ene baan naar de andere baan overstappen.
Door de economische ontwikkeling verwacht het CPB dat de verschillen tussen hoogopgeleiden en laagopgeleiden, rijk en arm, fors toenemen.
Omdat kennis in de toekomst breed en internationaal inzetbaar is, neemt onder hoogopgeleide werknemers het draagvlak af om inkomen in te leveren voor sociale voorzieningen.
Vooral laagopgeleiden en mensen die niet werken zijn hiervan de dupe.

23 juni 2010

Er kan hierbij nog onderscheid worden gemaakt tussen zuiver economische en sociaal-economische factoren. Bij zuiver economische factoren gaat het om bijvoorbeeld de stand van de conjunctuur, het niveau van besparingen en investeringen, het bruto nationaal inkomen, inflatie, wisselkoersen, rentestand enzovoort. Bij sociaal-economische factoren denken we bijvoorbeeld aan inkomensverdeling, sociale voorzieningen en het socialezekerheidsstelsel.

Het uitgavenpatroon van een consument wordt uiteraard in grote mate bepaald door de hoogte van zijn inkomen. Overigens geldt ook andersom, dat iemands inkomen mede bepaald kan worden door zijn (gewenste) uitgavenpatroon. Hoeveel scholieren nemen geen bijbaantje omdat ze bijvoorbeeld graag een nieuw mobieltje of een nieuwe bromfiets willen kopen?

Besteedbaar inkomen

Het bedrag dat iemand na aftrek van premies en belastingen beschikbaar heeft, globaal dus iemands nettosalaris plus eventueel ontvangen rente en dergelijke, noemen we het besteedbaar inkomen. Een deel van dit besteedbaar inkomen wordt gebruikt voor uitgaven ten behoeve van het primaire levensonderhoud, zoals voedsel, kleding, huisvesting (huur of hypotheekrente en -aflossing) en diverse verzekeringen. Het moment en de richting van deze bestedingen liggen vast, want er wordt dagelijks brood en melk gekocht en elke maand moet de huur betaald worden. De ontwikkeling van het besteedbaar inkomen is vooral interessant voor aanbieders van kleding, schoeisel, voedsel enzovoort.

Discretionair inkomen

Het deel van het persoonlijk inkomen dat overblijft na aftrek van het bedrag dat door een consument noodzakelijk wordt geacht om een acceptabele levensstandaard te handhaven, wordt het discretionair inkomen genoemd. Dat kan worden gespaard, maar bijvoorbeeld ook worden uitgegeven aan duurzame consumptiegoederen (meubelen, auto, audioapparatuur) of aan ontspanning (uitgaan, vakantie, hobby's). Als consumenten vertrouwen hebben in de economische ontwikkeling zullen ze eerder geneigd zijn het discretionair inkomen daadwerkelijk te besteden en niet op te sparen. Dit wordt wel de koopbereidheid genoemd. Deze koopbereidheid wordt in tal van landen regelmatig gemeten, bij ons door het Centraal Bureau voor de Statistiek, onder andere omdat de conjunctuurbewegingen hiermee voor een deel kunnen worden verklaard en voorspeld. Op grond van dit onderzoek wordt onder andere ook steeds de index van consumentenvertrouwen berekend (zie ook paragraaf 4.2).

Inflatie en deflatie

De inflatie is een andere belangrijke macro-economische omgevingsvariabele. Inflatie is een stijging van het algemeen prijsniveau en dus een vermindering van de koopkracht van de geldeenheid. Vaak worden prijsstijgingen gecompenseerd met loonsverhogingen door de zogenaamde inflatiecorrectie. De koopkracht van de werknemers blijft dan behouden. Het tegenovergestelde van inflatie is deflatie. Dit verschijnsel komt tegenwoordig zelden voor.

Werkgelegenheid

Ook de werkgelegenheid is een belangrijke macro-economische omgevingsvariabele, omdat ze invloed heeft op de koopkracht van de consument. Immers, een werkloosheidsuitkering is lager dan het voorheen verdiende loon.

Rentepeil

Het rentepeil is een andere macro-economische omgevingsvariabele die voor sommige aanbieders een zeer belangrijke rol speelt. Rente is de vergoeding

die betaald moet worden voor het lenen van geld. Als bijvoorbeeld de Europese Centrale Bank (ECB) de rentevoet verhoogt, zullen de banken deze hogere rente doorberekenen aan de ondernemingen en particulieren. Het aantrekken van vreemd vermogen door ondernemers wordt dan duurder. De hogere rentekosten zullen doorberekend worden in de verkoopprijzen. De consument betaalt dus meer voor zijn boodschappen.
Ook zal de hoogte van de rentevoet invloed hebben op de goederen en diensten die de consument op krediet koopt. Bij een lage hypotheekrente zullen mensen eerder een huis kunnen kopen of eerder geneigd zijn de overwaarde van hun huis te benutten voor bijvoorbeeld de aanschaf van een boot of nieuwe keuken.

Veel producten worden geïmporteerd. Als betaald moet worden in de valuta van het exporterende land, dan moet rekening worden gehouden met de wisselende verhouding tussen de waarde van de vreemde valuta en de waarde van de eigen geldeenheid. Die verhouding komt tot uitdrukking in de wisselkoers. Daar de prijzen van veel producten op de wereldmarkt genoteerd worden in Amerikaanse dollars en de afrekening dus ook in dollars moet plaatsvinden, is het vooral belangrijk een goed beeld te krijgen van het vrij grillige koersverloop van deze munteenheid. Sinds de invoering van de euro is het wisselkoersrisico tussen de landen in de eurozone verdwenen. **Wisselkoers**

Elke organisatie wordt beïnvloed door de conjunctuur. De conjunctuur is een min of meer regelmatig optredende wisseling in de mate van economische groei in een land of regio. Dit wordt het economisch klimaat genoemd. Dit klimaat kent een aantal objectieve meetpunten. We noemen er enkele: de hoogte van het nationaal inkomen, het aantal werklozen, het koersverloop van en het aantal transacties in aandelen op de effectenbeurs, en de hoogte van de investeringen in de afgelopen periode. **Conjunctuur**
De economische stemming kan ook in beeld gebracht worden door bijvoorbeeld de ondernemers te vragen naar de bereidheid tot investeren of de consumenten te vragen naar hun vertrouwen in de economische toekomst en naar hun koopbereidheid.

● www.nos.nl

Ook de consument is weer motor voor de economie

Niet alleen de export zorgt voor groei van onze economie, ook de consument draagt daar steeds meer aan bij. ABN Amro noemt de consument die weer geld uitgeeft "de belangrijkste verandering".
Het consumentenvertrouwen heeft inmiddels het hoogste niveau in acht jaar bereikt, zeggen economen van de bank. Het optimisme wordt verder aangezwengeld door de lage inflatie die goed is voor de koopkracht, en de huizenmarkt die uit het dal klimt.

"Ook de investeringen trekken aan door het groeiende vertrouwen van ondernemers. De lage rente zorgt voor lage financieringslasten."

> De export doet het al langere tijd goed, maar krijgt door de lage koers van de euro een extra zetje in de rug. "Dat is vooral gunstig voor de agrarische sector, de industrie en transport. Alle seinen staan daarmee op groen voor de Nederlandse economie", aldus de bank.
>
> **Verwachting**
> ABN Amro verwacht dat de groei dit jaar op twee procent uitkomt; in veel sectoren de hoogste groei in jaren. Het Centraal Planbureau was eerder dit jaar wat voorzichtiger en voorzag een groei van 1,7 of 1,8 procent.
>
> De bank waarschuwt overigens ook dat in bepaalde sectoren de problemen blijven, bijvoorbeeld bij de winkels. "Door de opkomst van internet zijn er gewoon te veel winkels. Fysieke winkels moeten ondanks de huidige omzetgroei naar andere concepten zoeken voor een duurzame winstgevendheid."
>
> 29 april 2015

Sociaal-culturele omgevingsfactoren

Sociaal-culturele omgevingsfactoren zijn voor het beleid van een organisatie relevante, onbeheersbare en onbeïnvloedbare externe omgevingsfactoren die hun oorsprong vinden in ontwikkelingen in de sociologische en/of culturele situatie van de bevolking. Het gaat hierbij om waarden, normen, opvattingen, die in het algemeen grote invloed hebben op het menselijke (markt-)gedrag. Veel van de behoeften waarvoor mensen via goederen of diensten een oplossing zoeken, worden door sociaal-culturele omgevingsfactoren bepaald. Mensen willen bijvoorbeeld graag bij bepaalde groepen horen en dat tonen in hun kleding en uitgaansgedrag; ze willen gezond leven en kopen dus de daarbij passende producten en ze boeken sportieve vakantiereizen. Anders dan bijvoorbeeld demografische factoren zijn sommige sociaal-culturele waarden, normen en opvattingen aan relatief snelle verandering onderhevig. Denk hierbij onder andere aan de mode of muziekvoorkeuren. Het is voor ondernemers in bepaalde branches dan ook een halszaak om dergelijke ontwikkelingen op de voet te volgen. Niet voor niets is trendwatching een nieuw specialisme geworden. Overigens vormen sociaal-culturele omgevingsfactoren ook voor de overheid een belangrijk gegeven. Veelal leiden veranderende opvattingen tot nieuwe of aangepaste wetgeving. De Winkeltijdenwet en de Wet bescherming persoonsgegevens zijn hier voorbeelden van.

Een samenleving bestaat niet uit één homogene groep mensen. Er zijn veel subgroepen die, elk voor zich, waarden en normen ontwikkelen.

Onder jongeren onderscheiden we vele subculturen, zoals erno's, alto's, skinheads, skaters, die zich kenmerken door eigen kleding, gedrag, taalgebruik enzovoort. In de gedragspatronen tussen mensen in het algemeen zijn in de afgelopen decennia grote veranderingen waar te nemen. Toch constateerde Theodore Levitt dat consumentengroepen over de gehele wereld in gedrag steeds meer overeenkomsten vertonen. Naarmate de voorkeuren van de consument samensmelten, zullen producten en de manieren waarop ze worden aangeboden, steeds meer op elkaar gaan lijken. Duidelijke voorbeelden zijn de Marlboro- en Gillette-producten, die overal ter wereld

● www.cbs.nl

Steeds meer jongeren volgen hoger onderwijs

Het aantal jongeren tussen de 18 en 25 jaar dat een hbo- of wo-opleiding volgt, is de laatste jaren gegroeid. Dat blijkt uit maandag gepubliceerde cijfers van het Centraal Bureau voor de Statistiek (CBS).

In het afgelopen collegejaar volgde ongeveer een derde van de 1,4 miljoen jongeren tussen de 18 en 25 jaar een opleiding in het hoger onderwijs, zo meldt het CBS. Het aandeel steeg van 29 naar 33 procent. Het zijn met name vrouwen en niet-westerse allochtonen die vaker een hbo- of wo-studie volgen. Er zitten meer vrouwen dan mannen op het hoger onderwijs en het verschil is de afgelopen jaren licht toegenomen. Bij het mbo is dat precies andersom.
Hoewel het aandeel niet-westerse allochtonen relatief gering is op het hbo of de universiteiten, neemt dat de laatste jaren wel toe. Toch volgen nog steeds meer niet-westerse allochtonen een mbo-opleiding.
Het aantal jongeren dat een mbo-opleiding volgt, is de laatste jaren redelijk stabiel rond de 22 procent.

Schoolverlaters
Het aantal voortijdig schoolverlaters tussen de 18 en 25 jaar is de afgelopen tien jaar gedaald van 15 naar 10 procent, zo blijkt uit cijfers van het CBS. Nederland voldoet daarmee aan de Europees gestelde norm. De scherpere, zelfgestelde norm van 8 procent schoolverlaters in 2010 is niet gehaald. Nederland zit Europees gezien nu in de middenmoot qua aantal schoolverlaters, samen met Ierland, Denemarken, Zweden en Finland. Tsjechië en Slowakije scoren het best met slechts 5 procent van de jongeren die zonder diploma van school af gaat. Het grootste aandeel voortijdig schoolverlaters zit in Spanje, Portugal en Malta.

27 juni 2011

op dezelfde wijze worden aangeboden. En denk bijvoorbeeld aan de BigMac van McDonald's, die zo'n beetje de hele wereld lijkt te hebben veroverd. Daar waar de cultuurverschillen te groot zijn, zal de aanbieder zich moeten aanpassen, zoals in de advertenties van Palmolive-lichaamsverzorgingsproducten. In de westerse wereld stoort niemand zich aan fluweelzachte armen en benen. In Azië en het Midden-Oosten is het ongepast blote ledematen te tonen.

In de hoofdstukken over consumentengedrag zullen we nog uitgebreid aandacht besteden aan de sociaal-culturele omgevingsfactoren en hun betekenis voor het marketingbeleid. Zoals we al eerder aangaven, rekenen we maatschappelijke stromingen ook tot de sociaal-culturele omgevingsfactoren. We zullen daar nu kort enkele van bespreken.

Een maatschappelijke stroming is een ontwikkeling in de samenleving die zichzelf oplost nadat zij veranderingen in de overige macro-omgevingsfactoren heeft veroorzaakt. Een stroming ontstaat meestal doordat een kleine groep activisten een bepaald idee propageert. Als het onderwerp bij een groot aantal mensen in de samenleving aanslaat, zullen er veranderingen worden doorgevoerd in de andere macro-omgevingsfactoren in de vorm van een wetsaanpassing of economische maatregelen. Tamelijk recente voorbeelden zijn de wetgeving rond het homohuwelijk en euthanasie. Belangrijke stromingen zijn de emancipatie, gericht op gelijke rechten voor man en vrouw, en het nationalisme: het denken en handelen, gericht op het bevoordelen van een bepaalde bevolkingsgroep en gepaard gaand met een afkeer van het vreemde.

Eén stroming, het consumentisme, zullen we wat uitvoeriger belichten.

Consumentisme
Het consumentisme is een stroming onder consumenten met als belangrijkste doel het waarborgen en verbeteren van de rechten van de consument en het versterken van zijn positie als marktpartij.
Ook deze stroming heeft een belangrijke invloed. In 1963 werden in de Verenigde Staten door president Kennedy de grondrechten van de consument opgesteld. Die grondrechten omvatten:

Grondrechten van de consument

- *Het recht op veiligheid.* Dit betekent dat de fabrikant geen producten mag aanbieden die de gezondheid kunnen schaden, zoals kinderspeelgoed met giftige loodhoudende verf, gebruiksartikelen met scherpe randen of zonder duidelijke gebruiksaanwijzing.
- *Het recht op informatie.* Hierdoor kan de consument een verantwoorde keuze maken, dat wil zeggen: geen misleidende handelspraktijken, wel informatie over de ingrediënten van het product.
- *Het recht op vrije keuze.* Dit betekent dat er verschillende concurrerende producten aangeboden moeten worden, zodat de consument kan kiezen. Een monopolist zal dan geen misbruik van zijn positie kunnen maken.
- *Het recht op vertegenwoordiging.* Hierdoor wordt de klacht van de consument gehoord en is het mogelijk die op een eerlijke manier af te handelen.

Inmiddels zijn ook in Nederland veel van de hiervoor genoemde punten geaccepteerd en gerealiseerd. De overheid ziet de bescherming van de consument als een van haar taken. Vandaar bijvoorbeeld de Wet misleidende reclame, de Reclame Code Commissie, de Warenwet, de Wet op het consumentenkrediet, de Wet productaansprakelijkheid, de Mededingingswet en de ACM (Autoriteit Consument en Markt). Belangrijke consumentenorganisaties zijn de Consumentenbond, de ANWB en de KNAC.

Technologische omgevingsfactoren
Technologische omgevingsfactoren zijn voor het beleid van een organisatie relevante, onbeheersbare en onbeïnvloedbare externe omgevingsfactoren die hun oorsprong vinden in technische en technologische ontwikkelingen. We kunnen hierbij denken aan nieuwe of vernieuwde producten, methoden en systemen die in de organisatie toegepast kunnen worden.

Een nieuw product veroorzaakt grote veranderingen voor het innoverende bedrijf. Het productieproces moet op gang gebracht worden, een marketingplan moet opgesteld en uitgevoerd worden enzovoort. Extern veroorzaakt het nieuwe product reacties bij de concurrentie, in de distributiekanalen en bij de finale afnemers. Een product als de magnetron veroorzaakt zelfs in andere branches de nodige veranderingen. Het biedt de producenten van voedingsmiddelen de mogelijkheid met kant-en-klare magnetronmaaltijden te komen, terwijl de foliefabrikanten de verpakking voor deze producten leveren.

Nieuwe productiemethoden en werksystemen kunnen binnen een bedrijf worden toegepast, zoals het invoeren van een lopendebandsysteem, waardoor de kostprijs per eenheid product daalt. Er kan ook sprake zijn van externe vernieuwingen, zoals het verbeteren van de infrastructuur van een land of regio. Nieuwe wegen, een beter telecommunicatiesysteem enzovoort maken het dan mogelijk afnemers sneller te bereiken.

Een sprekend voorbeeld is de snelle opmars van de informatie- en communicatietechnologie (ict), die zo ingrijpend wordt geacht dat zelfs van New Economy werd gesproken. Zeker voor de marketeer is deze ontwikkeling van groot belang, omdat hierdoor nieuwe mogelijkheden zijn ontstaan en nog zullen ontstaan in praktisch het gehele marketingtraject. Diverse elders in dit boek besproken marketingtechnieken of -instrumenten zijn pas door de ontwikkeling van de ict mogelijk geworden of hebben door deze ontwikkeling een sterke impuls gekregen. Als voorbeelden uit een lange reeks noemen we direct marketing, databasemarketing, telemarketing, one-to-one marketing, internet, e-commerce, marketing of verkoopinformatiesystemen, scanning, cati (computer assisted telephone interviewing), datawarehousing, datamining, edi (electronic data interchange), ecr (efficient consumer response), jit (just-in-time), crm (customer relationship management) en robotgestuurde productie.

Ict

Bieden technologische ontwikkelingen vaak nieuwe mogelijkheden, de keerzijde van de medaille is dat door diezelfde ontwikkelingen de levenscyclus van veel producten wordt verkort. Hierdoor wordt de *time-to-market* – de tijd die verstrijkt tussen het moment van een nieuw productidee en het moment waarop dit nieuwe product uiteindelijk op de markt wordt gebracht – steeds belangrijker en moeten de vaak hoge ontwikkelingskosten sneller worden terugverdiend.

Time-to-market

● www.regiotwente.nl

Twente, de meest ondernemende hightech regio van Nederland

Ondernemen Twente heeft een belangrijke taak in de StartupDelta. Als meest ondernemende hightech regio is Twente niet alleen een broedplaats voor talent en een incubator voor start-ups, maar ook een populaire vestigingslocatie voor internationale bedrijven en hun R&D.

Denk bijvoorbeeld aan Apollo Vredestein en Demcon, maar ook aan een multinational als Boeing die samen met Fokker en TenCate research center TPRC opzette in Twente. Ruim 2.000 start-ups en spin-offs van Saxion en Universiteit Twente starten hun onderneming in Twente zoals booking.com, thuisbezorgd.nl en recent Athom (Homey) en Clear Flight Solutions.

Homey, je digitale huisgenoot

Homey is misschien wel de bekendste Twentse innovatie van het afgelopen jaar. Het lukte Stefan Witkamp en Emile Nijssen, studenten Creative Technology aan de Universiteit Twente, een recordbedrag te verzamelen op Kickstarter om de 'digitale huisgenoot' te ontwikkelen. Een tijdje geleden sprak Twente.com met Stefan, de commerciële man van het tweetal. In deze editie gaan we langs voor een update.

Het Homey team, dat vorig jaar van start ging met de twee bedenkers bestaat nu uit 15 man; experts op het gebied van elektronica, interface, software development en kunstmatige intelligentie. Stefan: "We zijn de afgelopen maanden druk bezig geweest met de ontwikkeling van het systeem en de hardware. Zowel de elektronica als de behuizing van Homey worden lokaal geproduceerd, hier in Twente. Homey is dus echt een 'Twents product'. We streven ernaar om de eerste Homeys deze zomer naar de Kickstarter donateurs te versturen. Daarna gaan we de Homey versturen naar de mensen die via onze website een bestelling hebben geplaatst. En dat aantal is gegroeid, zeker na de vele media aandacht die de Homey kreeg." Athom, zoals Emile en Stefan hun bedrijf genoemd hebben, won de eerste prijs in de Europese 'Idea Challenge' van EIT ICT Labs en werd ING Starter of the Year. Ze behaalden in meerdere categorieën een Top 5 positie tijdens de Accenture Innovation Awards en zijn genomineerd voor een Tweakers Award. "Als alles goed gaat ligt de Homey in september in winkels in heel Nederland. Daarna gaan we de internationale mogelijkheden bekijken en willen we de software van de Homey blijven doorontwikkelen. We gaan ook onderzoeken hoe we nog meer met andere bedrijven kunnen samenwerken."

Miljoeneninvestering voor UT-spin-off
Een robot die de vlucht van een slechtvalk levensecht kan nabootsen. Het Cottonwood Euro Technology Fund voorziet een marktleiderspositie op het gebied van vogelregulering en investeerde 1,6 miljoen in UT spin-off Clear Flight Solutions.

Het drone bedrijf maakt robirds die zo realistisch bewegen, dat vogels geloven dat hun natuurlijke vijand in het gebied aanwezig is. Deze aanpak speelt in op de angst van de vogels, waardoor er van gewenning, een groot probleem dat zich voordoet bij bestaande oplossingen, geen sprake meer is. De schade die vogels toebrengen op vliegvelden wereldwijd wordt geschat op miljarden en bestaat niet alleen uit materiële schade. De overlast door vogels leidt soms ook tot dodelijke ongelukken. Daarnaast zorgen vogels wereldwijd voor miljarden aan schade in de agrarische sector, bij afvalverwerkingsbedrijven, havens en in de olie- en gasindustrie.

Demcon broedplaats voor start-ups en doorgroeiers
Met bijna 900 start-ups heeft Twente de reputatie opgebouwd van ondernemende hightech regio. Spin-offs die voortkomen uit de Universiteit Twente of bedrijfjes die daarbuiten worden opgericht, kunnen al jaren gebruik maken van de vele faciliteiten op het Kennispark. Ook profiteren de starters van de kennis van de vele hightech bedrijven in de regio. Zo richtte Demcon (ontwikkelaar en producent van mechatronische sytemen en producten voor hightechsystems en medical devices) een Incubate-programma op voor starters en doorgroeiers.

Met 'Incubate' creëert DEMCON, zelf in 1993 gestart als spin-off van de Universiteit Twente, een broedplaats waar hightech bedrijven de optimale omstandigheden voor ontwikkeling en groei vinden. Concreet kan DEMCON ontwerpondersteuning, huisvesting en lab- en productiefaciliteiten verzorgen, aanvullende diensten bieden en desgewenst een financiële injectie geven in de vorm van een participatie. Op hun beurt bieden de deelnemers DEMCON nieuwe kennis en mogelijke ingangen op nieuwe markten. De eerste bedrijven hebben inmiddels hun intrek genomen in het hoofdkantoor van DEMCON, het voormalige Ericsson-pand op het Business & Science Park dat in 2013 werd betrokken.

Ecologische en geografische omgevingsfactoren

Onder ecologische of fysieke factoren verstaan we factoren die van invloed zijn op het beleid van organisaties zoals bijvoorbeeld de beschikbaarheid van grondstoffen, de infrastructuur, oogstfluctuaties, lucht-, water- en bodemverontreiniging en geluidsoverlast.

In de jaren zestig van de vorige eeuw bestond er grote bezorgdheid over kernwapens en kernenergie. Hieruit kwamen groepen voort als bijvoorbeeld Greenpeace die direct actie voerden tegen milieuvernietiging. Mede hierdoor is de publieke opinie gevormd en het milieubewustzijn onder de mensheid vergroot. In 1972 werd het rapport van de Club van Rome gepubliceerd, gevolgd door een bijeenkomst in Stockholm georganiseerd door de Verenigde Naties rond de toenemende milieuproblemen. Het was de eerste keer dat het milieu een belangrijk punt van discussie was op internationaal niveau. Zowel de ontwikkelde landen als de ontwikkelingslanden begonnen in te zien dat er behoefte bestond aan een gemeenschappelijke visie en aanpak tot het behoud en de verbetering van het menselijk milieu. In de jaren daarna ontstond het besef dat de milieuproblematiek sterk verbonden was met de maatschappij en hoe we ons daarin gedragen.

Het milieu is van steeds meer betekenis voor bepaalde bedrijven

Het milieu is dus een factor die van steeds meer betekenis is voor bepaalde bedrijven of bedrijfstakken. De wereldolievoorraad is binnen niet al te lange tijd uitgeput. Door een sterke daling van de visstand is er in bepaalde gebieden en perioden sprake van vangstbeperking of zelfs vangstverbod. De kap van hardhout is aan steeds meer beperkingen onderhevig.

De term duurzaam wordt steeds vaker gehoord en toegepast (bijvoorbeeld duurzaam bouwen). Vanwege gaten in de ozonlaag wordt het gebruik van spuitbussen beperkt. De stijging van de zeespiegel baart steeds meer wetenschappers zorgen. Het lijdt geen twijfel dat steeds meer bedrijven met dergelijke ecologische omgevingsfactoren rekening zullen moeten houden – vrijwillig of gedwongen – bij de ontwikkeling en distributie van hun goederen en diensten.

De vervuiler betaalt

Inmiddels hanteren de politici het uitgangspunt dat 'de vervuiler betaalt'. Op basis van dit principe zijn wetten gemaakt om grond-, water- en luchtverontreiniging tegen te gaan. In de rijksbegroting worden tegenwoordig gelden uitgetrokken voor milieubewaking en -verbetering en door de strenge wetgeving moeten bedrijven investeren in 'schone' productiemiddelen. Een ander voorbeeld van een reactie vanuit de politiek op deze maatschappelijke stroming is de door de overheid georganiseerde maatschappelijke discussie over genetisch gemanipuleerde producten. Ook eist de overheid van de consument dat deze een verwijderingsbijdrage betaalt naast de prijs van een gekocht apparaat. De bijdrage is bedoeld om oude apparaten zodanig te verwerken dat ze het milieu zo min mogelijk belasten.

In diverse branches zijn er inmiddels milieuvriendelijke producten ontwikkeld en op de markt gebracht, zoals de oplaadbare batterij en verf op waterbasis. In enkele gevallen is er een nieuwe industriële bedrijfstak ontstaan dan wel tot grote bloei gekomen, zoals de recyclingindustrie. Veel bedrijven prijzen inmiddels hun producten aan als milieuvriendelijk (auto's), groen (wasmiddelen) of onschadelijk voor de ozonlaag (spuitbussen).

Onder *geografische factoren* verstaan we macro-omgevingsfactoren die van invloed zijn op het beleid van organisaties in een bepaald gebied, bijvoorbeeld geografische ligging, natuurlijke gesteldheid, klimaat, bevolkingsdichtheid, infrastructuur en de telecommunicatie-infrastructuur. Voorbeelden hiervan zijn de opwarming van de aarde (stijging van gemiddelde temperatuur die op aarde wordt waargenomen), de aanleg van de Kanaaltunnel (spoorwegtunnel tussen Frankrijk en Engeland) en de aanleg van de Noord/Zuidlijn (metroverbinding tussen Amsterdam-Noord en -Zuid).

Politiek-juridische en institutionele omgevingsfactoren

Politiek-juridische omgevingsfactoren omvatten alle politieke maatregelen en juridische voorschriften die invloed op een organisatie kunnen uitoefenen. In een parlementaire democratie wordt getracht de samenleving te reguleren door wetgeving. Daarbij kan het gaan om stimulerende maatregelen – bijvoorbeeld overheidshulp bij innovatieprojecten – of om remmende maatregelen, zoals een verbod op tabaksreclame.

De marketingmanager krijgt bij het inzetten van de verschillende marketinginstrumenten te maken met veel wetten, voorschriften en verordeningen. In het kader van de productmix gaat het om de Warenwet, het Besluit Verpakkingen, de Octrooiwet enzovoort. De prijsmix wordt voornamelijk beheerst door de Prijzenwet, maar ook door de Mededingingswet die prijskartels en economische machtsvorming moet voorkomen. In de distributiemix speelt bijvoorbeeld de Colportagewet een rol. Bij de communicatiemix is de consumentenbeschermingswetgeving van belang, zoals de Wet bescherming persoonsgegevens en de Wet op de kansspelen.

We onderscheiden wetten, richtlijnen en gedragsregels op vier niveaus, te weten: gemeentelijke, provinciale, landelijke en Europese wetgeving. Op landelijk niveau worden wetsvoorstellen door een minister of Kamerlid ingediend, waarna de Tweede Kamer al of niet voorzien van amendementen (aanvullingen of veranderingen) dit voorstel kan goedkeuren. Daarna wordt het voorgelegd aan de leden van de Eerste Kamer, die het wetsvoorstel alleen maar kunnen goedkeuren of afwijzen. Na bekrachtiging door de koning treedt de wet in werking.

Wetten, richtlijnen en gedragsregels op vier niveaus

● www.gezondheidsnet.nl

Steeds meer mensen zijn te zwaar. En dat terwijl het een aandoening is waar je niet te lichtzinnig over moet denken. Overgewicht brengt allerlei gezondheidsrisico's met zich mee, zoals suikerziekte en hartkwalen. Voorkom deze ellende door gezond en gematigd te eten.
Een groot probleem is dat we steeds minder bewegen, maar onze magen wel blijven vullen met veel en energierijk eten. Jaarlijks eten we met elkaar naar schatting 532 miljoen kilogram aan snacks en zoetigheid. Dat is bijna 33 kilogram per hoofd van de bevolking.

29 april 2015

Op Europees niveau wordt een min of meer gelijke procedure gevolgd. Een zeer ingrijpende maatregel op Europees niveau was de invoering van de euro in 1999. Als de wet er eenmaal is, zorgt de uitvoerende macht voor invoering en handhaving. Het is duidelijk dat alle marktpartijen hierdoor beïnvloed kunnen worden.

Ook politieke uitspraken of daden kunnen hun invloed hebben. Zo kan een minister die op werkbezoek een bepaald bedrijf bezichtigt, voor de nodige publiciteit zorgen. Overigens kunnen politieke beslissingen ook resulteren in belangrijke opdrachten aan het bedrijfsleven. Dat geldt bijvoorbeeld voor recente grote infrastructurele projecten, zoals de hoge snelheidslijn (hsl) en de Betuwelijn.

We krijgen wel eens de indruk dat de Europese Unie (EU) zich voornamelijk bezighoudt met de regulering van de sectoren landbouw en visserij. Dat is ten onrechte, want de EU is ook op andere terreinen binnen onze samenleving actief. De EU houdt zich onder meer bezig met de regulering van reclame-uitingen. Zo is vergelijkende reclame toegestaan, mits aan een aantal voorwaarden is voldaan, en wordt getracht de reclame voor tabak en tabaksartikelen sterk te beperken. Een dergelijke ingreep heeft directe gevolgen voor de tabaksverwerkende industrie. Bovendien zullen de reclame- en uitgeversbranche de advertentieopdrachten voor de vele sigarettenmerken missen. Steeds vaker is onze eigen nationale wetgeving afgeleid van wetgeving op Europees niveau. Dat betekent ook, dat de lidstaten steeds min-

EU-regelgeving

der mogelijkheden hebben om zelfstandig politieke beslissingen te nemen. Tijdens de MKZ-crisis (mond- en klauwzeer) werd dat pijnlijk duidelijk, maar ook staatssteun aan bijvoorbeeld de KLM was op grond van Europese regelgeving niet toegestaan.

Institutionele factoren zijn factoren die de aanwezigheid en het belang van verschillende soorten instellingen betreffen, zoals financiële instellingen (banken enzovoort), overheids- en publiekrechtelijke bedrijfsorganisaties (bedrijfs- en productschappen), werkgevers- en werknemersorganisaties (FNV enzovoort), branche- en beroepsverenigingen (branchevereniging kinderopvang), en zakelijke en industriële dienstverleners.

Een organisatie kan er behoefte aan hebben om bij een bank geld te lenen, via een beurs geld aan te trekken, voor een moeilijk transport een verzekering af te sluiten, een merk te registreren, met een betrouwbare en niet-corrupte overheid zaken te regelen, een zaak voor de rechter te brengen, voor het innen van een vordering een deurwaarder in te schakelen, de gegevens van een potentiële klant na te trekken enzovoort. Voor al dit soort zaken zal een organisatie moeten kunnen terugvallen op bepaalde instituties, ofwel de institutionele omgeving. Naarmate die institutionele omgeving volwaardiger is, zal een organisatie in het algemeen efficiënter en effectiever kunnen werken.

Samenvatting

- Bij de *omgevingsvariabelen* wordt onderscheid gemaakt tussen beïnvloedbare factoren (*micro-omgeving*) en onbeheersbare factoren (*meso-omgeving* en *macro-omgeving*).
- In de *meso-omgeving* onderscheiden we onder meer *publieksgroepen*.
- Tot de *marktpartijen* rekenen we bijvoorbeeld leveranciers, concurrenten, handelsschakels en consumenten.
- *Concurrentie* kan zich op vier niveaus afspelen: merkconcurrentie, productvormconcurrentie, generieke concurrentie en behoefteconcurrentie.
- Bij de *macro-omgevingsfactoren* onderscheiden we de DESTEP-factoren: de demografische, economische, sociaal-culturele, technologische, ecologische en geografische, politiek/juridische en institutionele factoren.

56

3
Markt- en vraagbegrippen

3.1 **Marktbegrippen**
3.2 **Vraag**
3.3 **Aanbod**
3.4 **Relatie tussen vraag, aanbod en prijs**
3.5 **Marktvormen**

De klassieke economen leerden ons al dat vragers en aanbieders op de markt tezamen komen en daar het prijsniveau bepalen. De marktprijs komt tot stand op het punt waar gevraagde en aangeboden hoeveelheid aan elkaar gelijk zijn. Deze theorie geldt nog steeds.
Om daarin meer inzicht te verkrijgen, laten we in dit hoofdstuk in paragraaf 3.1 een aantal marktbegrippen de revue passeren. Vervolgens besteden we, in de paragrafen 3.2 en 3.3, respectievelijk aandacht aan de (markt)vraag en het (markt)aanbod en de concurrentie.
De gevraagde hoeveelheid van een bepaald product hangt onder andere samen met de vraagprijs. Een dergelijke relatie is er ook tussen marktprijs en aangeboden hoeveelheid.
Beide relaties worden besproken in paragraaf 3.4.
De wijze waarop een bedrijf in een markt opereert, is sterk afhankelijk van de aard van het product, het aantal concurrenten en het aantal afnemers. Daarom bespreken we in paragraaf 3.5 enkele veelvoorkomende marktvormen.

3.1 Marktbegrippen

Bij markten denken we misschien onwillekeurig aan het plaatselijke dorps- of marktplein waar marktkooplieden regelmatig hun waren in kraampjes uitstallen en te koop aanbieden. Een markt kan echter op verschillende manieren worden beschreven. Een belangrijk onderscheid is dat tussen concrete en abstracte markten. Als een marketeer het over een markt heeft, bedoelt hij daar meestal een bepaalde verzameling afnemers mee.

Concrete markten

Als een markt gezien wordt als een geografisch bepaalde plaats waar kopers en verkopers elkaar ontmoeten en waar de goederen in natura aanwezig zijn, spreken we van een concrete markt (ook wel *technische markt* genoemd). De concrete markt kan gericht zijn op de consument. Daar worden dan groente, fruit, bloemen, textiel enzovoort verhandeld. We spreken ook van een concrete markt wanneer producenten, handelaren en detaillisten elkaar op een bepaalde geografische plaats ontmoeten, waarbij goederen voor productieve doeleinden worden verhandeld. Voorbeelden van deze producentenmarkten zijn de veemarkten (Leeuwarden, Purmerend, Utrecht), de kaasmarkten (Alkmaar, Edam, Gouda, Hoorn en Woerden) en de paardenmarkt (Zuidlaren). Ook veilingen en beurzen rekenen we in het algemeen tot de concrete markten, hoewel er tegenwoordig ook online veilingen worden gehouden zoals bijvoorbeeld vakantieveilingen.

Een veiling is een openbare verkoping van roerende of onroerende zaken met eenzijdige concurrentie tussen de kopers. Op de veiling staan vele kopers tegenover één verkoper, die wordt vertegenwoordigd door een veilingmeester of een mechanische of elektronische prijsklok. Hij houdt de prijs waartegen hij wenst te verkopen, veelal geheim. Soms maakt hij alleen zijn minimumprijs bekend. Al naar gelang de aard van de aangeboden goederen vinden veilingen op geregelde of ongeregelde tijdstippen plaats. Voorbeelden van veilingen zijn de groente- en fruitveiling, de bloemenveiling, de antiekveiling en de huizenveiling.

Veilingtechnieken

Bij veilingen kunnen drie technieken worden gehanteerd: de veiling bij opbod, die bij afslag en de veiling bij opbod en afslag.

Bij de *veiling bij opbod* begint de veilingmeester met het noemen van een lage prijs. Omdat er bij deze prijs veel kopers zijn, bieden deze tegen elkaar op tot er nog maar één bieder overblijft. De partij goederen wordt dus verkocht aan deze hoogste bieder. Deze veilingtechniek wordt veel toegepast bij antiek- en inboedelveilingen.

Bij de *veiling bij afslag* begint de veilingmeester met het noemen van een zeer hoge prijs. Die is dermate hoog, dat er voor die prijs geen enkele koper is. Daarna noemt hij een lagere prijs, totdat iemand 'mijn' roept. Dit wordt ook wel *afmijnen* genoemd. De eerste die 'mijn' roept is de koper van de partij. Deze veilingtechniek treffen we aan bij groente- en fruitveilingen, bloemenveilingen en de visafslag. Bij deze veilingtechniek wordt veelvuldig gebruikgemaakt van een veilingklok. Door een druk op de knop kan een koper de veilingklok stilzetten bij de prijs waarvoor hij de partij wil kopen.

De *veiling bij opbod en afslag* is een combinatie van de veiling bij opbod en de veiling bij afslag. De verkoper tracht op twee manieren de hoogste opbrengst te verkrijgen. Eerst via het opbodsysteem, waarbij het hoogste bod wordt vastgesteld. Daarna via het afslagsysteem, waarbij de veilingmeester een hogere prijs inzet dan bij het opbodsysteem was bereikt. Degene die nu als eerste 'mijn' roept is de koper. Deze veilingtechniek wordt veel toegepast bij huizenveilingen.

Een *beurs* is een op geregelde tijden en vaste plaatsen gehouden samenkomst van een groot aantal kooplieden, waar goederen verhandeld worden die niet in natura aanwezig zijn, maar in de vorm van monsters. Een voorbeeld hiervan is de graanbeurs. Hoewel de goederen zelf niet aanwezig zijn, is er toch sprake van concrete goederen, omdat de handel betrekking heeft op goederen die ergens aanwezig zijn, bijvoorbeeld in een pakhuis of een schip.

Beurs

Abstracte markten

Wanneer economen het over een markt hebben, spreken zij van een samenkomen van vraag en aanbod waarbij de marktprijs tot stand komt. Daarbij is het niet noodzakelijk dat de goederen op een bepaalde plaats aanwezig zijn of dat de vragers en aanbieders elkaar daadwerkelijk ontmoeten. Voorwaarde is wel dat de condities en de omstandigheden waaronder gehandeld wordt, bij vragers en aanbieders bekend zijn. We zeggen dan dat een markt doorzichtig (transparant) dient te zijn. Daartoe wordt gebruikgemaakt van moderne telecommunicatiemiddelen. Voorbeelden van abstracte markten zijn de kapitaalmarkt, de vrachtenmarkt en de rubbermarkt. De New York Stock Exchange is een voorbeeld van een fysieke aandelenbeurs, de NASDAQ is daarentegen een virtuele, die voor het overige vrijwel hetzelfde functioneert. Op het internet is eBay de grootste veilingsite ter wereld voor het aanbieden van nieuwe en tweedehands spullen. Marktplaats is een vergelijkbare virtuele markt, die ook gebruikt wordt voor diensten als huizenverkoop en reizen.

Transparante markt

Markt als verzameling afnemers

In de marketing wordt in het algemeen een andere betekenis aan het marktbegrip gegeven. Daarbij wordt de markt beschreven vanuit de optiek van de aanbieder. De in de marketing gehanteerde definitie luidt dan ook:

Definitie markt
> De markt is het geheel van vragende partijen naar bepaalde goederen of diensten of een bepaald goed of bepaalde dienst.

In de ogen van de marketeer geldt dus: 'markets are people'. Voorbeelden daarvan zijn de jongerenmarkt, de seniorenmarkt, de markt van eigenhuisbezitters, de markt van autobezitters, de markt van cosmeticagebruiksters in de leeftijd van 18 tot en met 24 jaar enzovoort.

Afzet en omzet

De grootte van de markt kan uitgedrukt worden in hoeveelheden (aantallen, gewicht, liters), in geld en in het aantal afnemers. De marktomvang uitgedrukt in aantallen (gewicht, liters), wordt ook wel afzet genoemd. De geldomvang, dus de hoeveelheid maal de prijs per eenheid product, wordt de omzet genoemd. Wanneer de omvang uitgedrukt wordt in het aantal afnemers, spreken we bijvoorbeeld over de groep jongeren van 20 tot 24 jaar, het aantal huishoudingen of het aantal verf- en behangzaken (840 in 2011). Als we het gemiddelde verbruik per afnemer kennen, kunnen we de afzet berekenen.

3.2 Vraag

Het begrip vraag hangt nauw samen met het begrip markt. De grootte van de vraag naar producten en diensten kan worden uitgedrukt in hoeveelheden product, in geld of in aantallen afnemers. Daarnaast moeten ook het gebied (meestal de geografische grenzen) en de periode (meestal een jaar) worden aangegeven.

Definitie vraag
> De vraag is het totaal aan goederen of diensten dat op een bepaalde markt op een bepaald moment of gedurende een bepaalde periode wordt gevraagd. Ook wel: de behoefte en het verlangen van een groep afnemers naar specifieke goederen, diensten of merken, tot uitdrukking komend in de wens en de mogelijkheid dat goed, die dienst of dat merk te kopen.

In de marketing onderscheiden we onder meer de volgende vraagbegrippen:
- de generieke, primaire, secundaire en selectieve vraag
- de finale en afgeleide vraag
- de actuele en potentiële vraag
- de initiële, additionele en vervangingsvraag.

Deze begrippen worden hierna besproken. In samenhang met deze begrippen behandelen we ook de termen *marktpotentieel* en *penetratiegraad*.

Generieke, primaire, secundaire en selectieve vraag

Generieke vraag
De generieke vraag is de vraag naar goederen of diensten die gericht zijn op het bevredigen van een bepaalde behoefte. We kunnen in dit verband denken aan de vraag naar vervoer, onderwijs, amusement enzovoort.

De primaire vraag is de vraag van de consument naar een bepaalde productsoort. Dit wordt ook wel de autonome, totale of oorspronkelijke vraag genoemd. Gaat het om de vraag naar een consumentenproduct, dan spreken we ook wel van de finale vraag. Voorbeelden hiervan zijn de vraag naar personenauto's en de vraag naar koelkasten in Nederland in 2016.

Primaire vraag

De secundaire vraag is de vraag van de finale afnemer naar een bepaald type product. Bijvoorbeeld de vraag naar sportauto's of de vraag naar tafelmodelkoelkasten in 2016. In plaats van de vraag naar een bepaald type product verstaan we onder de secundaire vraag ook wel de vraag naar een bepaald merk, bijvoorbeeld de vraag naar koelkasten van het merk Bosch of de vraag naar sportauto's van het merk Ferrari.

Secundaire vraag

We spreken van selectieve vraag (ook wel specifieke of relatieve vraag genoemd), wanneer het gaat om de verhouding tussen de secundaire en de primaire vraag. Met andere woorden: de selectieve vraag is hetzelfde als het marktaandeel en wordt daarom niet in eenheden, maar in een percentage van de primaire vraag uitgedrukt.

Selectieve vraag

Finale en afgeleide vraag
Hiervoor zagen we dat de finale vraag de vraag naar een consumentenproduct inhoudt. De afgeleide vraag is de vraag naar een industrieel product waarvan de omvang wordt bepaald door de finale vraag naar artikelen die ermee geproduceerd worden. Een detaillist koopt alleen koelkasten in als er voldoende consumenten zijn die een koelkast willen aanschaffen. Een koelkastenfabrikant koopt alleen elektromotoren, kunststof panelen enzovoort in, als hij weet dat er voldoende afzet van koelkasten is. Als de vraag naar vliegvakanties stijgt, zal ook de afgeleide vraag naar vliegtuigen stijgen. De vraag naar grondstoffen, materialen en halffabricaten voor de productie van vliegtuigen is dus een afgeleide van de vraag van consumenten naar vliegvakanties.

Afgeleide vraag is afhankelijk van primaire vraag

● www.nrc.nl

Meer omzet en winst voor chipmachinefabrikant ASML

Chipmachinefabrikant ASML heeft in het eerste kwartaal meer omzet en meer winst geboekt. Het bedrijf uit Veldhoven profiteert van de zwakke euro, waardoor de machines van het bedrijf goedkoop zijn voor de klanten die veelal uit de Verenigde Staten en Azië komen.

Dit blijkt uit de vandaag gepubliceerde kwartaalcijfers. De totale verkopen in het eerste kwartaal bedroegen 1,65 miljard euro, tegen 1,40 miljard euro een jaar eerder.

Per euro omzet hield de fabrikant uit Veldhoven ook meer winst over. De nettowinstmarge bedroeg in het eerste kwartaal 24,4 procent. Een jaar eerder was dat 17,8 procent. Door de margestijging en de hogere omzet kwam de winst uit op 403 miljoen euro, ruim zestig procent meer dan een jaar eerder.

De omzetstijging kwam overeen met wat ASML verwachtte. Voor het lopende tweede kwartaal voorziet ASML een omzet te behalen van ongeveer 1,6 miljard euro, net iets minder dan in het tweede kwartaal van 2014. Het aandeel ASML opende daardoor op de Amsterdamse beurs vandaag 2,6 procent lager.

Elektronikafabrikanten
ASML maakt machines waarmee chips worden gemaakt voor elektronicafabrikanten. In totaal verkocht het bedrijf 47 van dat soort systemen in het afgelopen kwartaal. Een derde daarvan werd verscheept naar Zuid-Korea, waar onder meer aandeelhouder en investeerder Samsung is gevestigd. Fabrikanten hebben nog voor een bedrag van 2,6 miljard euro aan bestellingen bij ASML uit staan.

Met een marktaandeel van rond de 80 procent is ASML's werelds grootste producent van zogenoemde 'lithografiemachines'. Het bedrijf profiteerde afgelopen kwartalen van de zwakke euro, waardoor klanten de machines relatief goedkoop kunnen krijgen.

Intel
Het bedrijf is verder sterk afhankelijk van hoe de elektronicafabrikanten het doen. Grootaandeelhouder Intel, leverancier van chips, maakte gisteravond ook cijfers bekend. De grootste fabrikant ter wereld van chips behaalde een vrijwel even hoge omzet in het vierde kwartaal van 12,8 miljard dollar (12 miljard euro). De nettowinst steeg iets naar 2 miljard dollar.

In maart stelde de fabrikant de verwachtingen al wel bij, vanwege de sterker dan verwachte zwakte op de pc-markt. Kenners verwachten dat het bedrijf de komende tijd juist weer gaat profiteren van meer vraag naar dataservers en laptops.

15 april 2015

Actuele en potentiële vraag
De *actuele vraag*, ook wel effectieve vraag genoemd, is de vraag die daadwerkelijk wordt uitgeoefend. Het betreft dus de vraag van de consument die tot aankoop van bijvoorbeeld een personenauto is overgegaan. Zo werden volgens de Bovag-RAI in 2011 in Nederland 60.881 Volkswagens verkocht. Daarvan waren er 24.840 van het type Polo, het meest verkochte type in de Nederlandse automarkt. De genoemde aantallen geven dus de actuele vraag weer naar Volkswagens, respectievelijk de Volkswagen Polo in dat jaar.

Potentiële vraag De potentiële vraag is de maximale vraag die in een bepaalde periode uitgeoefend kan worden door alle afnemers die voor het product in aanmerking komen, verminderd met de actuele vraag in die periode. We kunnen ook zeggen dat de potentiële vraag gelijk is aan het verschil tussen het marktpotentieel (zie hierna) en de gerealiseerde vraag. In ons voorbeeld komen alle zelfstandige huishoudens voor een koelkast in aanmerking voor zover zij daarover nog niet beschikken.

Initiële, additionele en vervangingsvraag
Initiële vraag De initiële vraag is de vraag van afnemers die het product voor de eerste keer aanschaffen, zoals de koelkast die een student koopt als hij op kamers

gaat wonen of een wasautomaat die het pasgetrouwde stel voor de eerste keer aanschaft. De eerste aankoop van verbruiksartikelen, bijvoorbeeld van BlueBand-halvarine, heeft vaak het karakter van een probeeraankoop (trial) om de bruikbaarheid of smaak ervan te testen.

De additionele vraag is de extra vraag van afnemers die al in het bezit zijn van het product en daarnaast nog een (tweede enzovoort) exemplaar aanschaffen, zoals de koelkast die voor het vakantiehuisje wordt gekocht of het tv-toestel voor de slaapkamer, de tweede auto en het tweede huis.

Additionele vraag

De vervangingsvraag is de vraag van afnemers naar een vervangend product. In het geval van duurzame gebruiksartikelen wordt ook van remplacevraag gesproken. Na tien jaar, als er problemen met de thermostaat zijn, wordt een nieuwe koelkast gekocht en de oude aan de milieudienst meegegeven. Bij niet-duurzame verbruiksartikelen spreken we meestal van een herhalingsaankoop (repeat), bijvoorbeeld als de smaak van de BlueBand-halvarine ons bevalt en we dit product opnieuw kopen.

Vervangingsvraag

De uitbreidingsvraag bestaat uit de initiële vraag plus de additionele vraag. In beide gevallen neemt het aantal in gebruik zijnde producten immers toe (de zogenoemde installed base).

Uitbreidingsvraag

Marktpotentieel

Om aan te geven hoe groot een bepaalde markt voor een product is, wordt het begrip marktpotentieel of ook wel potentiële markt gebruikt. Dat is dat deel van alle afnemers, bijvoorbeeld van de totale bevolking, dat interesse heeft in het desbetreffende product en waarvan het niet uitgesloten is dat deze groep in de toekomst dit product zal aanschaffen, bijvoorbeeld bij lagere prijzen, bij een grotere bekendheid of bij een grotere verkrijgbaarheid van dat product, of bij een toeneming van het budget. Zo bestaat het marktpotentieel voor auto's uit personen van 18 jaar en ouder, in het bezit van een rijbewijs en voldoende geld.

Uit figuur 3.1 blijkt dat het marktpotentieel in de loop van de tijd toeneemt als gevolg van veranderingen in de macro-omgeving, zoals een toename van het aantal huishoudens of een stijging van de koopkracht, zodat er bijvoorbeeld meer koelkasten gevraagd zullen worden. Ook ontwikkelingen in de meso-omgeving kunnen een stijging van het marktpotentieel tot gevolg hebben. Productverbetering, prijsdaling, uitbreiding van het aantal verkooppunten of een intensieve reclamecampagne van een van de aanbieders kan ervoor zorgen dat meer mensen een koelkast als noodzakelijk artikel ervaren.

Marktpotentieel is geen constante

Figuur 3.1 geeft de omzet van de productsoort weer. Op tijdstip t_0 wordt het product door een bepaald bedrijf gelanceerd. Op tijdstip t_1 slaat het product aan en waarschijnlijk zullen er diverse merken en verschillende uitvoeringen worden aangeboden. De kopers van het eerste uur zijn op tijdstip t_2 toe aan vervanging van het product, terwijl op tijdstip t_3 kopers besluiten om naast het huidige artikel een tweede exemplaar aan te schaffen. De omvang van de initiële vraag zal in de loop der jaren afnemen.

Merk op dat in figuur 3.1 het begrip marktpotentieel wordt gehanteerd in de betekenis van de totale vraag die door de potentiële markt wordt (kan worden) uitgeoefend.

FIGUUR 3.1 Vraagsoorten

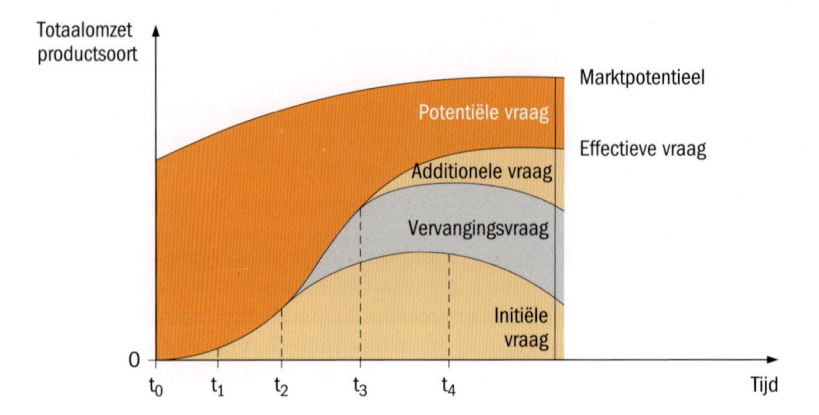

Grafiek met op de y-as "Totaalomzet productsoort" en op de x-as "Tijd" met tijdstippen t_0, t_1, t_2, t_3, t_4. De grafiek toont de verschillende vraagsoorten: Marktpotentieel, Potentiële vraag, Effectieve vraag, Additionele vraag, Vervangingsvraag en Initiële vraag.

Penetratiegraad

De relatie tussen de actuele vraag en het marktpotentieel wordt penetratiegraad genoemd. Het begrip penetratiegraad kan op twee manieren worden gedefinieerd, afhankelijk van het soort product. Voor niet-duurzame consumptiegoederen, ook wel verbruiksartikelen genoemd, wordt de penetratiegraad als volgt bepaald:

$$\frac{\text{aantal afnemers van het product in een bepaalde periode}}{\text{potentieel aantal afnemers}} \times 100\,\%$$

Definitie penetratiegraad van niet-duurzame goederen

De penetratiegraad van niet-duurzame goederen is het kengetal waarmee het aantal afnemers in verhouding tot het marktpotentieel wordt aangegeven, dat een bepaald niet-duurzaam product of merk in een bepaalde periode ten minste één keer heeft gekocht.

Stel bijvoorbeeld dat we geïnteresseerd zijn in de penetratie van een bepaald type Mars-repen in een bepaald marktgebied in een bepaalde maand. We moeten dan nagaan hoeveel personen in dat gebied in die maand minstens één keer zo'n Mars-reep hebben gekocht. Dat aantal personen delen we vervolgens door het totaal aantal personen (marktpotentieel) in dat marktgebied. Omdat we gedurende een maand als het ware elke nieuwe koper weer optellen bij het aantal dat we al hadden, wordt wel gesproken van cumulatieve penetratie. De cumulatieve penetratiegraad speelt een belangrijke rol bij de Parfitt & Collins-analyse (zie paragraaf 3.3).

Cumulatieve penetratie

Bij duurzame consumptiegoederen, ofwel gebruiksartikelen, spreken we niet van kopers maar van bezitters, omdat deze producten gedurende lange tijd gebruikt kunnen worden en de aanschaf ervan minder frequent is. De penetratiegraad, in dit geval vaak ook bezitsgraad genoemd, wordt nu als volgt berekend:

$$\frac{\text{aantal afnemers dat het product bezit}}{\text{potentieel aantal afnemers}} \times 100\,\%$$

> De penetratiegraad van duurzame goederen (bezitsgraad) is het kengetal waarmee het werkelijke aantal afnemers in relatie tot het potentiële aantal afnemers wordt weergegeven, dat ten minste één exemplaar van een bepaald duurzaam product of merk op een bepaald moment of in een bepaalde periode in gebruik of in bezit heeft.

Definitie penetratiegraad van duurzame goederen

De penetratiegraad van gebruiksartikelen kan zowel betrekking hebben op personen als op huishoudingen. Zo wordt bijvoorbeeld de penetratiegraad van flatscreen-tv's uitgedrukt in een percentage van het aantal huishoudingen in Nederland. Maar bijvoorbeeld bij mobiele telefoons gaat het om het relatieve aantal individuele personen vanaf een bepaalde leeftijd dat zo'n apparaat bezit.

3.3 Aanbod

> Het aanbod is het totaal aan producten dat in een bepaald geografisch gebied op een bepaald moment of gedurende een bepaalde periode wordt aangeboden.

Definitie aanbod

De aanbodzijde van de markt wordt bepaald door het aantal aanbieders, de soorten producten en de hoeveelheid producten die zij aanbieden. Elk bedrijf wil zich een beeld vormen van de positie die het in de markt inneemt. Het begrip penetratiegraad geeft daarop slechts ten dele antwoord. Beter kunnen we een directe vergelijking maken met de concurrentie door het bepalen van het marktaandeel. Dit marktaandeel kan als volgt worden berekend:

Marktaandeel

$$\text{Marktaandeel} = \frac{\text{afzet of omzet van merk X in periode T}}{\text{afzet of omzet van de productsoort in periode T}} \times 100\%$$

Wanneer de afzet van home video sets van merk X in een bepaald jaar 40.000 bedraagt, terwijl de totale afzet een omvang heeft van 400.000 stuks, is het marktaandeel (40.000 : 400.000) × 100% = 10%. We kunnen dit als volgt in een algemene formule weergeven:

$$\text{Marktaandeel} = \frac{\text{secundaire vraag (vraag naar het merk)}}{\text{primaire vraag (vraag naar het product)}} \times 100\%$$

Dit marktaandeel is voor een ondernemer een belangrijk kengetal, dat hij onder meer kan gebruiken bij het omschrijven van zijn marketingdoelstelling(en).

Het marktaandeel van een onderneming krijgt meer betekenis als er een relatie wordt gelegd met het aantal concurrenten. Immers, een bedrijf met een marktaandeel van 20% in een markt met vier concurrenten die ook een marktaandeel van 20% hebben, heeft minder invloed dan een onderneming met 20% marktaandeel die te maken heeft met zo'n 15 concurrenten met elk een marktaandeel van rond de 5%.

Concentratiegraad concurrentie

> De concentratiegraad is de mate waarin het aantal onafhankelijke aanbieders op de markt voor een bepaald product beperkt is, dan wel de mate waarin de marktaandelen over de verschillende medeaanbieders zijn verdeeld.

Definitie concentratiegraad

C4-index

Een veelgebruikte indicator voor de concentratiegraad is de C4-index. Dat is het totale (gezamenlijke) marktaandeel van de vier grootste aanbieders op een bepaalde markt. Een markt met een hoge C4-index betekent dus een markt met een hoge concentratiegraad. Een markt met een C4-index van 65% of hoger wordt als een oligopolie beschouwd, dus zeer geconcentreerd.

Parfitt en Collins-analyse

Parfitt en Collins ontwikkelden een formule waarmee het mogelijk is reeds in een vroeg stadium na de introductie van een niet-duurzaam (verbruiks)artikel of in testmarkt een schatting te maken van het uiteindelijk te behalen marktaandeel. Hierbij worden drie indicatoren onderscheiden, te weten:
- cumulatieve penetratiegraad
- percentage herhalingsaankopen
- verbruiksintensiteitsindex

De verbruiksintensiteitsindex is het gemiddeld verbruik van een afnemer van een bepaald niet-duurzaam goed in relatie tot het gemiddeld verbruik van alle afnemers van dat goed in een bepaalde periode. Als de koffiedrinkers die een bepaald merk koffie drinken, per maand 150 koppen koffie drinken, terwijl dat voor alle koffiedrinkers 120 koppen is, dan is de verbruiksintensiteitsindex 150/120 = 1,25.

Door deze drie indicatoren met elkaar te vermenigvuldigen, ontstaat een schatting van het uiteindelijke marktaandeel. Dus:

$$\text{Toekomstig marktaandeel} = \text{cumulatieve penetratiegraad} \times \text{herhalingsaankoop} \times \text{verbruiksintensiteit}$$

Stel nu, dat op een testmarkt een nieuw soort drop wordt geïntroduceerd. Die testmarkt heeft 60.000 inwoners. Een maand na introductie kan het volgende worden vastgesteld: er zijn 3.000 personen die deze nieuwe drop minstens één keer hebben gekocht; van die 3.000 personen zijn er 1.200 die de nieuwe drop blijven kopen; deze nieuwe kopers verbruiken 25% méér drop dan de gemiddelde dropkoper. De cumulatieve penetratie is dan (3.000/60.000) × 100% = 5%. Het percentage herhalingsaankopen is (1.200/3.000) × 100% = 40%. De verbruiksintensiteitsindex is in dit geval 1,25. Het te verwachten marktaandeel is dan: 5% × 40% × 1,25, is 2,5%.

Concurrentiegedrag

In paragraaf 2.3 zijn de vier concurrentieniveaus besproken, te weten merk-, productvorm-, generieke en behoefteconcurrentie. Aanbieders kunnen proberen hun marktpositie te verbeteren door te kiezen voor een bepaald type concurrentiegedrag: marktleider, marktuitdager, marktvolger of marktnicher.

Marktleider
In elke branche is het mogelijk een onderneming aan te wijzen die de leidersrol op zich neemt. Meestal is dat het bedrijf met de grootste omzet of het grootste marktaandeel. Deze marktleider neemt de initiatieven die door de andere aanbieders vroeg of laat gevolgd worden. Zo is in ons land Albert Heijn marktleider onder supermarktketens, Procter & Gamble op het gebied van wasmiddelen en Shell in de verkoop van benzine. Een marktleider kan initiatieven nemen op het gebied van productinnovatie, prijsverandering, distributiekanaalwijziging of het gebruik van nieuwe communicatievormen.

Marktleider beschermt marktaandeel

De strategie van de marktleider is gericht op de bescherming van zijn marktaandeel. Het is voor hem aantrekkelijk te proberen de totale markt te vergroten door potentiële klanten te veranderen in actuele klanten. Gezien zijn grote marktaandeel zullen immers de meeste nieuwe klanten het merk van de marktleider kopen.

Marktuitdagers
Ondernemingen die de machtspositie van de leider aanvallen, zijn de marktuitdagers. De aanvallen kunnen frontaal worden uitgevoerd door een prijsverlaging of door een overname van kleinere aanbieders. Alleen kapitaalkrachtige bedrijven zijn hiertoe in staat. Meestal worden er flankaanvallen uitgevoerd door zich te richten op een deelmarkt, zoals Bavaria en Grolsch de alcoholvrije biermarkt veroverden voordat biermarktleider Heineken in actie kwam.
Andere uitdaagstrategieën richten zich bijvoorbeeld op het ontwikkelen van een alternatief distributiekanaal. Zo verkoopt drogisterijketen Kruidvat verzekeringen en doorlopende kredieten. Een andere strategie is het ontwikkelen van alternatieve manieren van merkpromotie. Bavaria deed dit door Bavariababes in oranje voetbaljurkjes in stadions te laten verschijnen (guerrillamarketing), maar ook door zogenaamde beer trainers op zijn website.

Marktvolgers
Marktvolgers zijn de bedrijven die niet over voldoende middelen beschikken om een onafhankelijke strategie te voeren. Te weinig financiële middelen of gebrek aan managementknowhow zijn meestal de redenen waarom er weinig aan bijvoorbeeld productontwikkeling of reclame wordt uitgegeven. Het volgen van de marktleider is dan de veiligste marktstrategie. In de supermarktwereld kan Plusmarkt als een marktvolger worden beschouwd.

Marktnissers
Marktnissers zijn meestal kleinere bedrijven die zich op een klein, maar winstgevend segment richten. Ze worden nissers genoemd, omdat zij een nis van de markt bedienen waarvoor grote bedrijven geen interesse hebben. Voorbeelden hiervan zijn Porsche, Rolls Royce, Ferrari en Maserati, die kleine klantengroepen beter kunnen bedienen dan Ford of General Motors (Opel). Het risico voor de marktnissers is dat er een te sterke groei van het segment optreedt, waardoor hun handel ook voor de grote bedrijven interessant wordt. Daarnaast moet het kleine bedrijf zeer goed inspelen op de specifieke wensen van de doelgroep om deze als klant te behouden.

● www.nu.nl

AF-KLM bezorgd over omzet en marktaandeel

Air France-KLM verwacht ook dit jaar veel last te hebben van de stevige concurrentie in de luchtvaartbranche.
Het marktaandeel dreigt daardoor te krimpen, waarschuwt topman Alexandre de Juniac vrijdag bij een bijeenkomst op het KLM-hoofdkantoor in Amstelveen.

De Juniac verwacht dat de omzet van Air France-KLM dit jaar "zeer sterk" onder druk komt te staan. De Frans-Nederlandse luchtvaartcombinatie houdt daarbij vooral last van de concurrentie van prijsvechters en van de opkomst van grote luchtvaartmaatschappijen uit de Golfstaten.

De markt als geheel biedt volgens De Juniac voldoende groeimogelijkheden, zowel in passagiersvervoer als in vliegtuigonderhoud, maar daar kan Air France-KLM alleen van meeprofiteren als de concurrentiepositie flink wordt verbeterd. Dat betekent dat de kosten verder omlaag moeten.

Hoe en in welke mate dat gaat gebeuren, laat De Juniac evenwel nog in het midden. Berichten dat Air France-KLM als geheel nog eens 2 miljard euro wil bezuinigen, wil hij bevestigen noch ontkennen. Binnen het bestuur van het concern worden "binnenkort" knopen doorgehakt, wil hij wel kwijt.

Omzet
"Wij hebben in juni een nieuwe strategie bepaald", zegt De Juniac. "Daarna zijn wij, met onze concurrenten, verrast door een plotselinge terugval van de omzet. Hoewel dat ons ertoe dwingt sneller maatregelen te nemen, doen wij dat zorgvuldig. Het gaat wel over onze mensen", aldus de bestuursvoorzitter.

KLM heeft al wel een concreet besparingsdoel genoemd: 700 miljoen euro in de komende vijf jaar. Hoe die bezuinigingen er precies uit komen te zien, kon directeur Pieter Elbers nog niet vertellen. Duidelijk is wel dat van het personeel meer productiviteit wordt gevraagd.

De werknemers begrijpen de ernst van de situatie en willen graag meedenken over manieren om efficiënter te werken, zegt Elbers. Hij benadrukte ook dat personeelskosten maar een deel van het verhaal zijn. "Ook onderhandelingen met onze toeleveranciers zouden we best wat steviger kunnen voeren", aldus de KLM-directeur.

16 januari 2015

Samenwerkingsvormen
Concurrenten hoeven elkaar niet altijd te bestrijden. Het blijkt effectiever te zijn om het marktpotentieel gezamenlijk te veroveren dan dat ieder voor zich daartoe een poging onderneemt. Enkele samenwerkingsvormen worden hierna behandeld. Andere samenwerkingsvormen zoals franchising en de inkoopcombinatie komen nog aan de orde in hoofdstuk 21.

Overname — De meest ingrijpende vorm is de overname, waarbij een sterk bedrijf een zwakkere concurrent opkoopt. De naam van het zwakke bedrijf verdwijnt dan meestal. Een voorbeeld van een overname is de overname van een aantal Super de Boer-filialen door Jumbo. Deze winkels werden omgebouwd tot Jumbo's. Een ander voorbeeld zijn de overnames van Kruidvat, Trekpleister en ICI Paris door Watsons, 's werelds grootste health- en beauty-retailer.

Fusie — Een fusie is het samengaan van twee meer gelijkwaardige partners, waarbij een nieuwe onderneming ontstaat met een nieuwe naam. In 2003 fuseerden Air France en KLM. In 2008 fuseerde Friesland Foods met Campina tot FrieslandCampina. Een fusie wordt ook wel *horizontale integratie* genoemd. Zie ook de groeistrategieën in hoofdstuk 8.

● www.nu.nl

Winkeliers willen oneerlijke concurrentie aanpakken

Gemeenten moeten meer optreden tegen oneerlijke concurrentie in de detailhandel. Die oproep doet Detailhandel Nederland vrijdag. Volgens de belangenorganisatie voor winkeliers zijn er tientallen bedrijven die zich niet aan de regels houden.

Het gaat om bijvoorbeeld webshops die zonder toestemming op industrieterreinen goederen verkopen, tijdelijke verkooppunten vanuit hotels of partycentra en groothandels die aan particulieren verkopen.

"Gemeenten gedogen in toenemende mate winkels op een bestemming in het bestemmingsplan anders dan detailhandel. Het moet afgelopen zijn met gedogen", stelt secretaris van Detailhandel Nederland Jildau Schuilenburg in een verklaring.

Gratis parkeren
Volgens de winkeliers kunnen consumenten op een bedrijventerrein vaak gratis parkeren, ondernemers betalen daar een veel lagere huur en dit gedogen leidt tot omzetderving voor de winkeliers die zich wel aan de regels houden.

"Juist in deze economische situatie moet meer dan ooit sprake zijn van een eerlijk speelveld", aldus Schuilenberg. Ze vreest dat oneerlijke concurrentie de 'nekslag' kan betekenen voor de winkeliers die zich wel aan de regels houden.

Detailhandel Nederland heeft inmiddels ruim 500 meldingen gekregen van het probleem, maar denkt dat dit slechts het topje van de ijsberg is.

De organisatie heeft daarom een speciale website gelanceerd waarop gedupeerde ondernemers voorbeeldbrieven kunnen downloaden. Daarmee kunnen zij hun gemeente oproepen om maatregelen te nemen. Mocht dat niet helpen dan overweegt de branchevereniging om naar de rechter te stappen.

19 juli 2013

In de auto-industrie treffen we veel joint ventures aan. Dit is een samenwerking van twee of meer onafhankelijke bedrijven die alleen op een bepaald gebied samenwerken en daartoe een nieuwe onderneming oprichten door geld, knowhow of goederen in te brengen. Een voorbeeld van een joint venture is die tussen Sony Ericsson en ABN AMRO. Deze verkoopt verzekeringen voor mobiele telefoons.

Joint venture

Kartels zijn afspraken tussen ondernemingen (zoals overeenkomsten of besluiten) of onderling afgestemde gedragingen die de concurrentie op (een deel van) de markt beperken. In Nederland zijn kartels verboden, zie hierover ook hoofdstuk 18.

> • www.nrc.nl
>
> ## Elf bedrijven beboet om levensmiddelenkartel
>
> Unilever moet 172,5 miljoen euro betalen vanwege afspraken die het bedrijf met rivalen maakte. Het is al de tweede kartelboete sinds 2011.
>
> De mededingingsautoriteit in Frankrijk heeft Unilever en tien andere levensmiddelenconcerns beboet wegens prijsafspraken rond schoonmaakmiddelen en verzorgingsproducten. Gezamenlijk moeten de bedrijven 1,1 miljard euro betalen. De boete voor het Brits-Nederlandse Unilever bedraagt in de twee verschillende zaken 172,5 miljoen euro.
>
> 19 december 2014

3.4 Relatie tussen vraag, aanbod en prijs

Op de markt ontmoet de ondernemer zijn concurrenten (het aanbod) en zijn afnemers (de vraag) en daar wordt in principe het prijsniveau vastgesteld. Hij moet dus inzicht hebben in het verloop van de vraag- en aanbodcurve in zijn markt(segment). Vraag en aanbod samen bepalen de marktprijs.

Vraagcurve
De vraagcurve naar een bepaald product is als volgt te definiëren:

Definitie vraagcurve

> De vraagcurve is de grafische weergave van de verschillende hoeveelheden van een bepaald product of een bepaalde productgroep, die bij verschillende prijzen op een bepaald moment of gedurende een bepaalde periode op een bepaalde markt (door een bepaalde groep potentiële kopers) gevraagd (zullen) worden, ceteris paribus.

Ceteris paribus

'Ceteris paribus' betekent dat we aannemen dat alle andere omstandigheden die mogelijk van invloed kunnen zijn, onveranderd blijven. Bij de vraagcurve gaat het dus om de invloed van de prijs op de gevraagde hoeveelheid, waarbij we ervan uitgaan dat alle andere factoren gelijk blijven.

Verschuiven langs de vraagcurve

In figuur 3.2 is het verloop van de vraagcurve (VV) getekend. Langs de x-as wordt de gevraagde hoeveelheid aangegeven, langs de y-as de prijs. Het verloop van een vraagcurve is meestal dalend. Dat wil zeggen dat bij een verhoging van de prijs (van p_1 naar p_2) de gevraagde hoeveelheid zal afnemen (van q_1 naar q_2). Dit noemen we verschuiven *langs* de vraagcurve. Dit verband tussen prijs en gevraagde hoeveelheid kan overigens op verschillende niveaus getekend worden. De grafiek kan betrekking hebben op een productsoort, bijvoorbeeld bier, maar bijvoorbeeld ook op een bepaald merk, bijvoorbeeld Grolsch. Gaat het om een productsoort, dan wordt deze curve ook wel de collectieve vraagcurve genoemd. Gaat het om een bepaald merk, dan spreken we van een afzetcurve. In het algemeen kunnen we stellen dat de afzetcurve een gedeelte is van de collectieve vraagcurve en wel een kleiner deel naarmate het aantal aanbieders groter is. Anders gezegd: de collectieve vraagcurve is de som van alle individuele afzetcurven.

Collectieve vraagcurve

Afzetcurve

FIGUUR 3.2 Vraagcurve; bij prijsverhoging daalt afzet

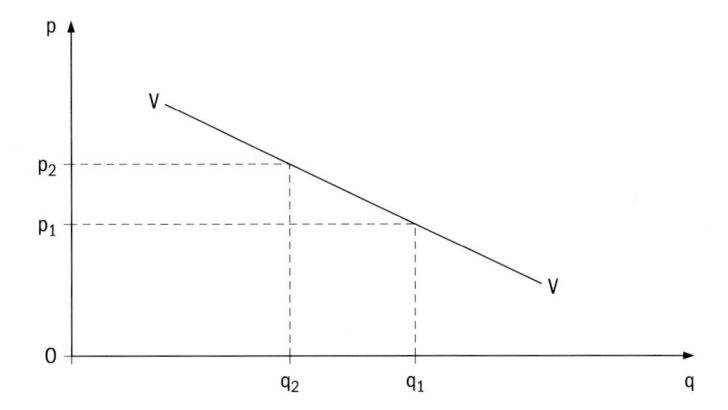

In het voorafgaande werd gesproken over 'vraag' en 'gevraagde hoeveelheid'. Het is belangrijk deze begrippen goed uit elkaar te houden.
- De vraag is het theoretisch geheel van alle mogelijke prijzen met de bij elk van die prijzen behorende gevraagde hoeveelheden. De vraag wordt weergegeven door de totale vraagcurve.
- De gevraagde hoeveelheid is een concrete, meetbare hoeveelheid die hoort bij één bepaalde prijs. Deze hoeveelheid wordt weergegeven door een punt op de vraagcurve.

Het verschil tussen deze twee begrippen komt sterk tot uiting in de twee volgende uitspraken:
- 'Als de vraag stijgt, stijgt de prijs.'
- 'Als de prijs stijgt, daalt de gevraagde hoeveelheid.'

De eerste uitspraak slaat op een verschuiving van de vraagcurve, de tweede heeft betrekking op een beweging langs de vraagcurve. Zie figuur 3.3.

Vraag versus gevraagde hoeveelheid

FIGUUR 3.3 Verschuiving van de vraagcurve

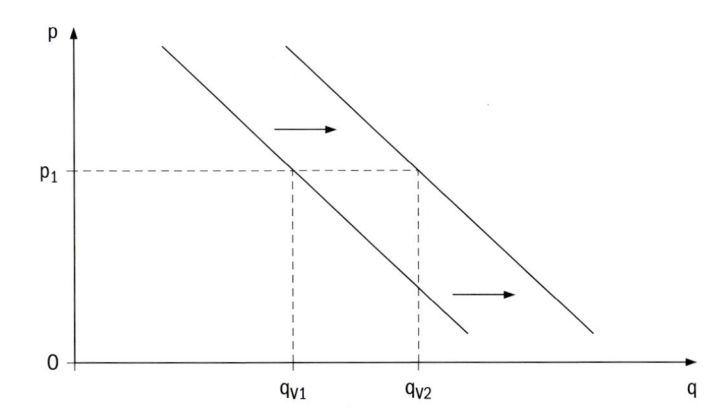

Verschuiven van de vraagcurve

Voor een aanbieder is het in het algemeen plezierig als de vraag toeneemt, dus als de vraagcurve naar rechts verschuift. Voor een deel heeft hij op deze verschuiving geen invloed. Als het warm weer is zal er meer bier, ijs en frisdrank verkocht worden. Als er meer kinderen geboren worden, neemt de vraag naar luiers toe. Als de belastingwetgeving ingrijpend wijzigt, neemt de vraag naar fiscale adviezen toe. In al deze gevallen verschuift de vraagcurve naar rechts. Maar zelf kan een aanbieder ook proberen een dergelijke vraagtoename te bevorderen. Bijvoorbeeld door meer reclame te maken, door intensievere distributie waardoor de contactkans met zijn product toeneemt, of door nieuwe afnemersgroepen aan te boren, verschuift zijn afzetcurve naar rechts. Ook een branche kan de collectieve vraagcurve naar rechts proberen te verschuiven, bijvoorbeeld door de inzet van collectieve reclame ('Kip. 't Meest veelzijdige stukje vlees.'). Ook kan het voorkomen dat de vraagcurve naar links verschuift. De sterk teruggelopen vraag naar huizen ten opzichte van enkele jaren geleden is daarvan een voorbeeld.

Aanbodcurve

De relatie tussen de prijs en de aangeboden (aan te bieden) hoeveelheid komt tot uiting in de collectieve aanbodcurve.

Definitie aanbodcurve

> De aanbodcurve is de grafische weergave van de hoeveelheden van een bepaald product, die op een bepaald moment of gedurende een bepaalde periode door de gezamenlijke aanbieders bij verschillende prijzen (zouden kunnen) worden aangeboden, onder gelijkblijvende overige omstandigheden.

Figuur 3.4 geeft de aanbodcurve van een product weer.

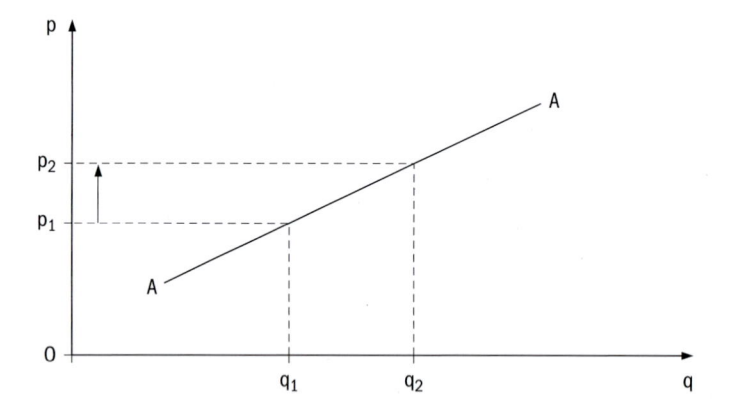

FIGUUR 3.4 Aanbodcurve van een product

Bij een hogere marktprijs voor een bepaald product zal in het algemeen een grotere hoeveelheid van dat product worden aangeboden. Al bestaande aanbieders verhogen hun aanbod, wellicht treden ook nieuwe aanbieders toe. De aanbodcurve loopt daarom in het algemeen schuin omhoog.

De steilheid (de helling) van de aanbodcurve zegt iets over de mate waarin de aangeboden hoeveelheid reageert op een verandering van de prijs.

Keren we terug naar de definitie van de aanbodcurve. Daarin werd gesteld 'gedurende een bepaalde periode' en 'onder gelijkblijvende omstandigheden' (ceteris paribus). Soms wordt vergeten te vermelden dat q^a een hoeveelheid *per periode* is. Strikt genomen is de uitdrukking: 'Bij een prijs van €10 worden er 50 eenheden aangeboden' niet correct. Immers, betreft dit 50 eenheden per uur, per dag, per week of per welke andere periode? Zonder die aanvullende informatie zegt dit gegeven helemaal niets.

De definitie vermeldt ook de ceteris paribus-clausule. Dat wil in dit geval zeggen: alle overige factoren (dan de prijs) die de aangeboden hoeveelheid beïnvloeden worden constant verondersteld.

Ceteris paribus-clausule

Het onderscheid tussen de begrippen aanbod en aangeboden hoeveelheid kan na het eerder behandelde verschil in vraag en gevraagde hoeveelheid kort duidelijk gemaakt worden:

Aanbod versus aangeboden hoeveelheid

- Het aanbod (de aanbodcurve) is het theoretisch geheel van alle aangeboden hoeveelheden, met de daarbij behorende prijzen ceteris paribus. Het is een gedachteconstructie.
- De aangeboden hoeveelheid is een concreet meetbare hoeveelheid die hoort bij één bepaalde prijs.

Ontmoeting van vraag en aanbod: de marktprijs

Gegeven de vraag naar en het aanbod van een bepaald product, zal bij een vrije, onbelemmerde werking van het prijsmechanisme de marktprijs tenderen naar de evenwichtsprijs (p_e), die ligt op het snijpunt van de vraag- en de aanbodcurve (zie figuur 3.5).

Prijsmechanisme

FIGUUR 3.5 Vraag en aanbod bepalen de marktprijs

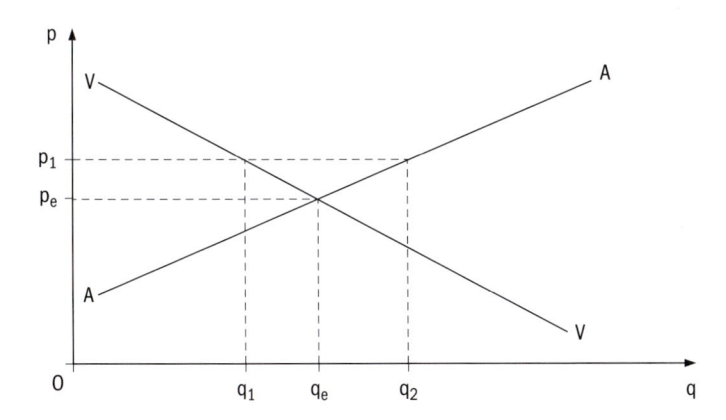

Het prijsmechanisme zorgt ervoor dat de marktprijs tendeert naar de evenwichtsprijs. In werkelijkheid is een markt nooit 'in ruste' (in evenwicht) en zullen de marktkrachten een beweging van de prijs naar het niveau p_e uitlokken. Stel, dat in een bepaalde periode de actuele marktprijs p_1 is. De gevraagde en de aangeboden hoeveelheid zijn duidelijk niet aan elkaar gelijk; er is sprake van een *aanbodoverschot* ter grootte van ($q_2 - q_1$), zie figuur 3.5. Welke krachten gaan er nu werken? Enige aanbieders zien dat hun aanbod niet afgenomen is. Bij p_1 bieden zij (gezamenlijk) q_2 eenheden aan, maar zij

Evenwichtsprijs

kunnen slechts q_1 eenheden afzetten. Om in een volgende periode niet weer met zo'n overschot geconfronteerd te worden, verlagen zij in de volgende periode hun productie en/of hun prijs: door concurrentie gaan de aanbieders onderbieden. Als de prijs verlaagd wordt, zullen de consumenten de gevraagde hoeveelheid vergroten. Er ontstaat dus een proces waarbij door daling van p en q_a en stijging van q_v de prijs beweegt naar de evenwichtsprijs p_e. Is deze prijs bereikt, dan geldt $q_v = q_a$ en hebben noch de consumenten, noch de aanbieders reden (ceteris paribus) om in een volgende periode de gevraagde respectievelijk aangeboden hoeveelheid te veranderen: de markt is in evenwicht.

3.5 Marktvormen

Het verloop van de vraag- en de aanbodcurve wordt in belangrijke mate bepaald door de marktvorm, te weten: het aantal vragers, het aantal aanbieders en de aard van het product. Om daarvan een beeld te krijgen, behandelen we achtereenvolgens de marktvormen monopolie, oligopolie, monopolistische concurrentie en volledige mededinging.

De marktvorm waarin een bepaalde aanbieder opereert, bepaalt voor een groot deel zijn speelruimte voor wat betreft het marketinginstrument prijs. De relatie tussen marktvorm en prijs bespreken we verder in hoofdstuk 19.

Bij één marktvorm, het monopolie (zie hierna), valt per definitie de afzetcurve samen met de collectieve vraagcurve: er is immers maar één aanbieder. Wat hij kan afzetten wordt dan bepaald dan wel valt samen met wat alle consumenten samen bereid zijn te vragen.

Monopolie
Bij een monopolie is slechts één aanbieder van een bepaald product in de markt. Daarbij onderscheiden we drie vormen: natuurlijk monopolie, overheidsmonopolie en feitelijk monopolie.

Natuurlijk monopolie
Het natuurlijk monopolie komt in de praktijk niet of nauwelijks voor. Het zou betekenen dat één aanbieder het gehele aanbod van een bepaald product in handen heeft. Als diamant alleen gewonnen zou worden in Zuid-Afrika, zou de onderneming die daar alle diamantmijnen exploiteert een natuurlijk monopolie bezitten.

Overheidsmonopolie
Het overheidsmonopolie komt veel voor. Het is gebaseerd op wettelijke regelingen of op door de overheid verleende concessies. Voorbeelden zijn:
- Een vervoersonderneming verkrijgt tegen betaling van concessierechten het recht om als enige het openbaar vervoer op bepaalde trajecten in een bepaalde regio te verzorgen.
- De verkoop van paspoorten in ons land is voorbehouden aan de Nederlandse gemeenten.
- Ook het Kadaster en de Kamers van Koophandel zijn, op bepaalde gebieden, monopolist.

Feitelijk monopolie
We spreken van een feitelijk monopolie als het voor andere producenten feitelijk onmogelijk is een marktaandeel te verwerven. Die praktische onmogelijkheid kan bestaan uit gebrek aan kennis van het productieproces en/of de marktsituatie. Tijdelijk zou dit het geval kunnen zijn als het een geheel nieuw product betreft, dat internationaal beschermd wordt door octrooiwetten.

Feitelijke monopolies komen weinig voor: de (supra)nationale overheden doen er alles aan om deze te vermijden. Zowel nationaal (Authoriteit Consument en Markt) als internationaal (Europese Unie) wordt effectieve concurrentie voor de levering van goederen en diensten nagestreefd. Volgens Europese wetgeving misbruikte Microsoft zijn bijna-monopoliepositie, onder andere door producten tegen te hoge prijzen aan te bieden.

Oligopolie
Bij een oligopolie zijn er slechts weinig aanbieders. Daarbij moeten we denken aan de auto-industrie, de oliemaatschappijen, de belangrijke bierbrouwerijen, de staalindustrie en de banken.
Door het geringe aantal aanbieders zijn acties van de één duidelijk voelbaar voor de anderen. Daardoor hebben de aanbieders op een oligopolistische markt, anders dan bij de nog te behandelen monopolistische concurrentie, de neiging op elkaars acties te reageren. Oligopolies zijn te vinden in de markten waarmee grote kapitalen of diepgaande kennis gemoeid zijn. Voorbeelden zijn de staalindustrie, het bankwezen, de computermarkt, de vliegtuigindustrie, de oliemarkt, energie, onderwijs, huisvesting, media, telefonie en internet.

We kunnen een onderscheid maken tussen het homogeen en het heterogeen oligopolie. In het geval van een homogeen oligopolie biedt een relatief beperkt aantal concurrerende aanbieders volkomen identieke producten (homogene producten) aan. In het geval van een heterogeen oligopolie biedt een beperkt aantal concurrerende aanbieders binnen een bepaalde productcategorie elk een variant van een bepaald product (heterogeen product) aan. Of de producten homogeen of heterogeen zijn, hangt in hoofdzaak af van hoe de consumenten het product beoordelen. Voor veel automobilisten is motorolie motorolie; hoezeer de oliemaatschappijen ook hun best doen om de aparte kwaliteiten en eigenschappen van hun eigen motorolie als de beste aan te prijzen, voor de bedoelde automobilisten is het een homogeen product. Hoewel Heineken-bier en Amstel-bier uit dezelfde brouwerij komen, zijn er heel wat bierdrinkers die beweren dat zij het verschil tussen beide biermerken duidelijk kunnen proeven, zeker als dat proeven niet 'blind' gebeurt. Voor dergelijke consumenten zijn deze producten dus heterogeen.

Homogeen en heterogeen oligopolie

De afzetcurve van de oligopolist vertoont een knik, we spreken over een geknikte afzetcurve (zie figuur 3.6).

Geknikte afzetcurve

Ter toelichting bij deze figuur het volgende: als de oligopolistische ondernemer een omzetstijging wil, dan verlaagt hij zijn prijs van p_0 naar p_1. De reactie van de andere aanbieders is redelijk voorspelbaar. Ze zijn bang afzet te verliezen en zullen de prijsverlaging meteen volgen. Op dat moment wordt de ceteris paribus-clausule doorbroken en verandert zijn afzetcurve. In feite verschuift zijn afzetcurve naar links: bij een bepaalde prijs kan hij nu minder afzetten dan voorheen, omdat de concurrentiesituatie is gewijzigd. Deze verschuiving van de vraagcurve naar links manifesteert zich in de knik in zijn afzetcurve. Als de oligopolist zijn prijs verhoogt van p_0 naar p_2, is de kans zeer groot dat de concurrentie niet volgt. Het bovenste gedeelte van de afzetcurve blijft dus nog gelden. De ondernemer zal met deze actie veel klanten verliezen, zeker als het om een homogeen oligopolie gaat.

FIGUUR 3.6 De geknikte afzetcurve van een oligopolist

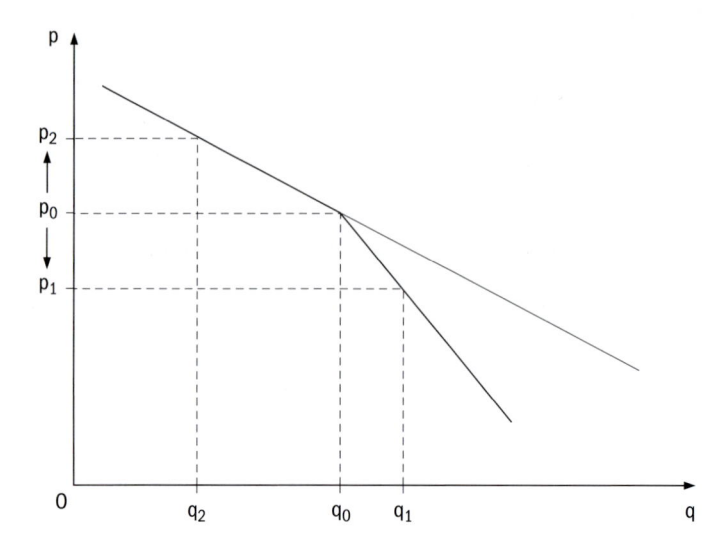

Volledige mededinging

Bij volledige mededinging, ook wel volkomen concurrentie genoemd, moeten we vooral denken aan de veiling van agrarische producten. Er zijn veel aanbieders en het goed is homogeen: tarwekorrels zijn voor het blote oog onderling identiek; aardappelen van een bepaalde soort zijn niet zozeer identiek, maar hiervoor geldt dat we aan het product niet kunnen zien wie de producent is. In principe is de toetreding vrij en de markt transparant, dat wil zeggen dat de kopers en de verkopers van elkaars wensen op de hoogte zijn. Zij kunnen dus precies volgen hoe de prijs tot stand komt en welke hoeveelheden er worden aangeboden en gevraagd.

De aanbieders in markten met volledige mededinging worden hoeveelheidsaanpassers genoemd. Voor deze ondernemers is de prijs een datum, een vast gegeven en zij kunnen daarop alleen maar inspelen door de aan te bieden hoeveelheid aan te passen. Aangezien de markt de verkoopprijs dicteert, kan een aantrekkelijke marge alleen verkregen worden door zo efficiënt mogelijk en dus tegen lage kostprijs te produceren.

Monopolistische concurrentie

Bij monopolistische concurrentie zijn er veel aanbieders; het goed is heterogeen. Ieder van die aanbieders heeft een eigen klantenkring gevormd, of tracht die te vormen. Door het relatief grote aantal aanbieders merkt een individuele aanbieder nauwelijks iets van eventuele acties van een van de andere aanbieders. Er is dus, anders dan bij het oligopolie, geen sprake van reacties op de concurrentie.

Er is sprake van productdifferentiatie. Soms zijn de goederen bij vergelijking identiek, maar door de randvoorwaarden verschillen ze toch. Die randvoorwaarden kunnen bestaan uit een beter assortiment, betere bereikbaarheid van de zaak, prettiger bediening, mogelijkheden voor kopen op krediet, aftersalesservice.

In tabel 3.1 zijn de kenmerken van de diverse marktvormen nog eens schematisch weergegeven.

TABEL 3.1 Kenmerken van de marktvormen

Marktvorm	Kenmerken			
	Aantal aanbieders	Aantal vragers	Product	Prijs
Monopolie	één	veel	één uitvoering	controle door overheid
Homogeen oligopolie	enkele	veel	variatie in uitvoering	beheersbaar binnen grenzen
Heterogeen oligopolie	enkele	veel	één uitvoering	star door reactie van concurrenten
Volledige mededinging	veel	veel	één uitvoering	vast gegeven
Monopolistische concurrentie	veel	veel	variatie in uitvoering	beheersbaar binnen grenzen

Kopers- en verkopersmarkt

Welke van de hiervoor beschreven marktvormen ook van toepassing is, over het algemeen is het aanbod groter dan de vraag en moet de aanbieder moeite doen om zijn producten of diensten te verkopen. Er is dan sprake van een zogenaamde *kopersmarkt* (buyers' market). In deze marktsituatie hebben de afnemers een sterkere positie dan de aanbieders, omdat de aangeboden hoeveelheid de gevraagde hoeveelheid overtreft. Is iemand bijvoorbeeld in de markt voor een televisietoestel, dan zal hij zich in diverse winkels oriënteren en over de prijs kunnen onderhandelen.

Een heel andere situatie doet zich voor als de vraag het aanbod overtreft. De aanbieders hebben dan een sterkere positie dan de afnemers. We noemen dit een *verkopersmarkt* (sellers' market). Een voorbeeld zien we bij de belangrijke voetbalwedstrijden, waarbij de vraag naar toegangskaarten zoveel groter is dan het aanbod, zodat ze 'zwart' voor misschien wel tien keer de oorspronkelijke prijs van de hand gaan. Een verkopersmarkt ontstaat bijvoorbeeld vaak ook als een gemeente aan particulieren een beperkt aantal bouwkavels uitgeeft: 'Er wordt om gevochten.' Je zou een veiling, bijvoorbeeld van kunst, kunnen zien als een middel om een verkopersmarkt te creëren.

Kopersmarkt

Verkopersmarkt

Samenvatting

- We onderscheiden *concrete markten* en *abstracte markten*.
- Voor een marketeer is een markt een *verzameling afnemers* of een ander woord voor *vraag*. Het begrip vraag wordt op diverse manieren onderscheiden:
    - generieke, primaire, secundaire en selectieve (specifieke, relatieve) vraag
    - finale vraag en afgeleide vraag; actuele en potentiële vraag; zie echter ook marktpotentieel (= potentiële markt)
    - initiële vraag, additionele vraag (samen: uitbreidingsvraag) en vervangingsvraag.
- We kennen twee vormen van *penetratiegraad*:
    - bij niet-duurzame goederen: het aantal afnemers dat dit product in een bepaalde periode minstens één keer gekocht heeft, gedeeld door het potentiële aantal afnemers.

- bij duurzame consumptiegoederen: het aantal bezitters gedeeld door het potentiële aantal bezitters (afnemers) op een bepaald moment. Dit heet ook: *bezitsgraad*.
- *Cumulatieve penetratiegraad*: het aantal gebruikers/bezitters dat ooit het product gekocht/bezeten heeft gedeeld door het potentiële aantal gebruikers/bezitters.
- Het *marktaandeel* van een product is: de afzet of omzet van dat product gedeeld door de afzet of omzet van die productsoort. Ook: de secundaire vraag gedeeld door de primaire vraag.
- Berekening verwacht marktaandeel met de *Parfitt en Collins-formule*: cumulatieve penetratiegraad × percentage herhalingsaankopen × de verbruiksintensiteitsindex.
- *Verbruiksintensiteitsindex*: het gemiddelde verbruik van de afnemers van dit product gedeeld door het gemiddelde verbruik van de afnemers van deze productsoort.
- *Concentratiegraad*: de mate waarin de marktaandelen over de verschillende medeaanbieders zijn verdeeld. Indicator voor de concentratiegraad: *C4-index*. De som van de marktaandelen van de vier grootste aanbieders op een bepaalde markt.
- Op basis van hun marktpositie en *concurrentiegedrag* worden onderscheiden: marktleider, marktuitdager, marktvolger en marktnicher (of: marktnisser).
- Enkele *samenwerkingsvormen* zijn: overname, fusie (horizontale integratie), joint venture en kartel.
- De relatie tussen prijs en vraag (beter: de *gevraagde hoeveelheid*) wordt weergegeven in een *vraagcurve*. Deze kan op twee niveaus worden getekend: voor de productsoort (ook genoemd: de *collectieve vraagcurve*) en voor een specifiek product of merk (ook genoemd: de *afzetcurve*).
- Als de prijs stijgt, daalt de gevraagde hoeveelheid. Dit heet *verschuiven langs de vraagcurve*.
- De relatie tussen prijs en vraag geldt alleen zolang alle andere factoren gelijk blijven. Als in een van die factoren iets verandert, zal er sprake zijn van *verschuiving van de vraagcurve* (of afzetcurve).
- De *aanbodcurve* laat de relatie zien tussen prijs en aangeboden hoeveelheid. Door ontmoeting van vraag en aanbod komt de uiteindelijke marktprijs tot stand (snijpunt van vraag- en aanbodcurve).
- Afhankelijk van het aantal vragers en het soort product (homogeen of heterogeen) onderscheiden we zogenaamde *marktvormen*: monopolie, homogeen of heterogeen oligopolie, volledige mededinging (heet ook: volkomen concurrentie) en monopolistische concurrentie. Daarnaast onderscheiden we de kopers- en verkopersmarkt.

DEEL 2
Consumentengedrag

4　Inleiding tot het consumentengedrag 83
5　Interpersoonlijke factoren 95
6　Intrapersoonlijke factoren 111
7　Beslissingsprocessen bij de consument 127

Volgens het marketingconcept gaat een aanbieder uit van de behoeften en wensen van de afnemer. Dit betekent dat de marketeer zich hierin moet verdiepen. Kennis van het afnemersgedrag leidt tot een betere marketingstrategie. Immers, op grond van een analyse van dat gedrag weet hij welke producten zullen aanslaan, via welke media hij de consument het beste op de hoogte kan stellen van het nieuwe product, welke prijs deze bereid is voor het nieuwe product te betalen of via welke distributiepunten dit het beste verkocht kan worden. Het analyseren van het afnemersgedrag is ook vaak nodig om na te gaan waarom een marketingstrategie niet succesvol is of hoe deze verbeterd kan worden. Afnemers kunnen consumenten of organisaties zijn. In deze module beperken we ons tot de consument, de eindgebruiker. In hoofdstuk 27 over business marketing komt het koopgedrag van organisaties aan de orde. In dit deel wordt in hoofdstuk 4 aandacht besteed aan de vraag wat onder consumentengedrag wordt verstaan en welke vormen er worden onderscheiden. Vervolgens wordt in de hoofdstukken 5 en 6 ingegaan op de factoren die vanuit de consument en vanuit zijn omgeving een rol kunnen spelen. Van groot belang zijn in dat verband de motieven die tot een koop leiden en de perceptie van producten, merken en de promotionele prikkels die op de consument inwerken.

We zouden het ook anders kunnen formuleren: in de hoofdstukken 4 tot en met 6 gaan we na waar de consumentenbehoeften vandaan komen. Op een gegeven moment zal de consument die behoeften willen bevredigen en dus bereid zijn tot een aankoop. Hierbij moet hij soms een groot aantal beslissingen nemen. Consumentengedrag kan dan ook gezien worden als een beslissingsproces. De consument moet beslissen hoeveel geld hij zal sparen en hoeveel hij zal uitgeven. Ook dient hij te beslissen aan welke goederen of diensten hij het geld wil uitgeven, omdat dit hem in staat stelt de koopbeslissing in zijn voordeel te laten uitvallen.

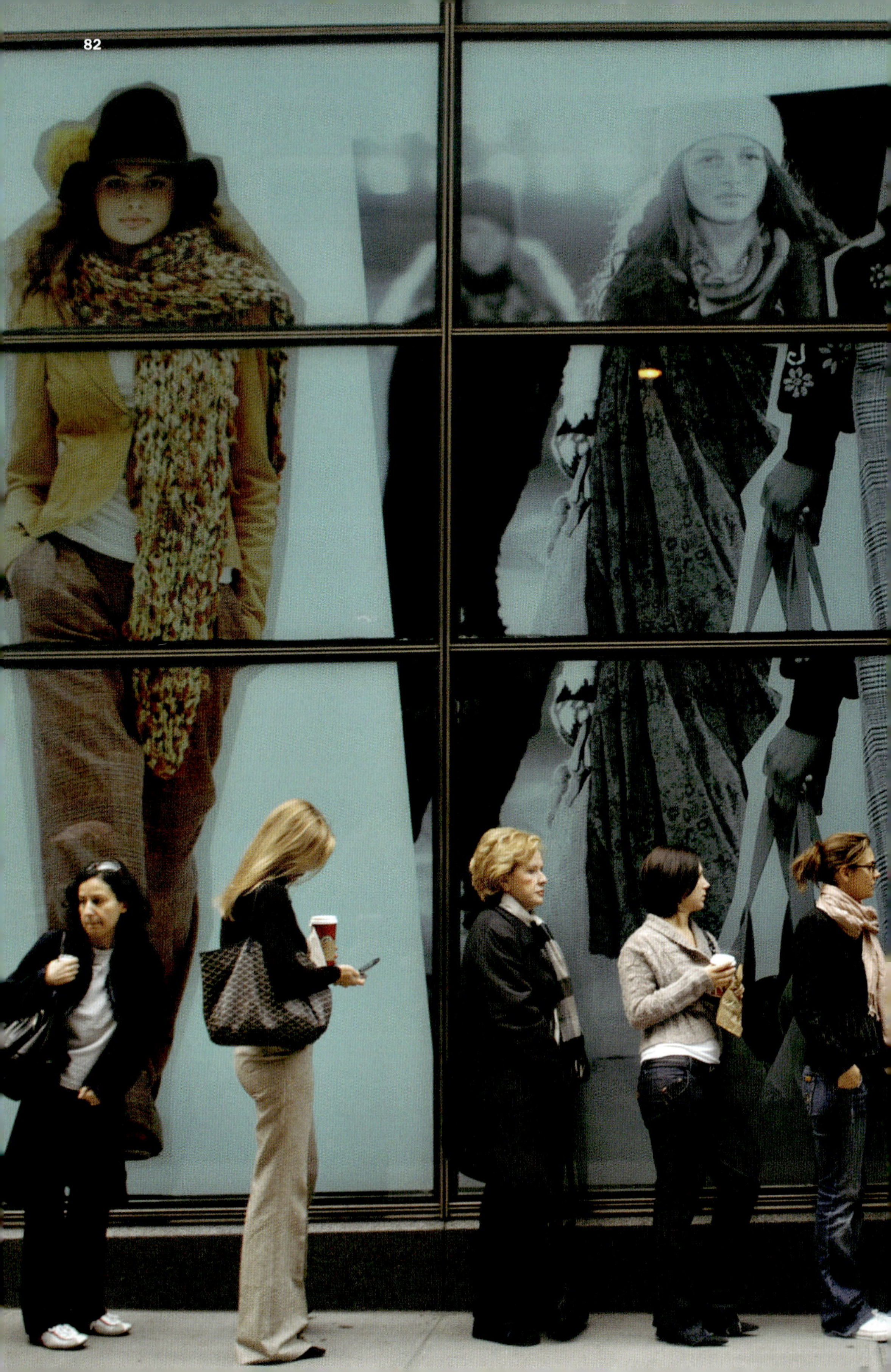

4
Inleiding tot het consumentengedrag

4.1 **Definiëring van het consumentengedrag**
4.2 **Toepassing van kennis van en inzicht in het consumentengedrag**
4.3 **Economische visie**
4.4 **Sociologische en psychologische visie**

Daar het marketingconcept de consument centraal stelt, dient de marketeer bij het formuleren van zijn marketingbeleid inzicht te hebben in het vaak complexe gedrag van die consument. We gaan in paragraaf 4.1 eerst in op de vraag wat onder consumentengedrag moet worden verstaan. Daarna zullen we in paragraaf 4.2 nagaan waarvoor kennis van en inzicht in dit gedrag belangwekkende informatie kunnen opleveren. We besteden vervolgens, in de paragrafen 4.3 en 4.4, aandacht aan de economische, sociologische en psychologische aspecten van het consumentengedrag. Daarbij komen ook de externe en interne factoren die van invloed kunnen zijn op het koopproces aan de orde.

4.1 Definiëring van het consumentengedrag

Het uitgangspunt in de marketing is goederen of diensten op de markt brengen die in de behoeften van consumenten voorzien. De marketeer dient zich dus af te vragen of de consument daarvoor wel belangstelling heeft. Hij moet evenwel ook weten hoe hij de consument kan wijzen op zijn interessante aanbod, waar de consument zijn producten kan kopen en hoe het product, in verband met mogelijke herhalingsaankopen, door de consument wordt gebruikt. Het consumentengedrag heeft dus betrekking op een uiteenlopend aantal activiteiten.

Definitie consumentengedrag

> Het consumentengedrag omvat alle activiteiten die direct samenhangen met het verkrijgen, het gebruiken en het afdanken van producten, met inbegrip van de informatieverwerkings- en beslissingsprocessen die voorafgaan aan en volgen op deze activiteiten.

Het verkrijgen geeft aan hoe de consument aan het product komt. Hij kan bijvoorbeeld in een advertentie in de krant gelezen hebben dat zijn favoriete merk spijkerbroek met een grote korting te koop is. Hij spoedt zich naar de kledingzaak in zijn buurt en koopt daar, na het passen van een paar broeken, een zwarte spijkerbroek. Hij draagt de spijkerbroek eerst in zijn vrije tijd en nadat deze wat vaal geworden is, alleen nog als hij in de tuin werkt. Na vier jaar wordt de broek, samen met andere afgedragen kleding, afgedankt.

Bij het consumentengedrag gaat het niet alleen om waarneembare gedragingen. De consument doet informatie op over producten. Deze informatie verwerkt hij en onthoudt hij geheel of gedeeltelijk. Deze verwerkte informatie beïnvloedt zijn koopbeslissing. Hoe de consument informatie over een product verwerkt en hoe de beslissing verloopt, is niet direct waarneembaar. Het speelt zich allemaal af in het brein van de consument. Deze psychologische processen worden ook wel mentale processen genoemd. Daarbij onderscheiden we cognitieve en affectieve processen.

Cognitieve en affectieve processen

Bij de *cognitieve processen* gaat het om verstandelijke, rationele denkoperaties. Een consument weet bijvoorbeeld wat de prijs van een product is of hoe hij met het product moet omgaan. Bij *affectieve processen* gaat het om gevoelsmatige, emotionele reacties. Een consument heeft bijvoorbeeld een hekel aan een product of is er juist enthousiast over. Deze mentale processen spelen een rol bij de beslissingsprocessen van de consument. Inzicht in deze beslissingsprocessen is voor de marketeer van elementaire betekenis, omdat hij deze graag ten gunste van zijn product of merk wil beïnvloeden.

Mentale processen en uiterlijk waarneembare gedragingen staan in een bepaalde relatie tot elkaar. Mentale processen kunnen voorafgaan aan een bepaald gedrag. Een consument neemt bijvoorbeeld een beslissing voordat hij naar de winkel gaat. Gedrag en mentale activiteit zijn ook direct aan elkaar gekoppeld. Een consument dineert bijvoorbeeld, maar vindt tegelijkertijd het eten niet lekker. Mentale reacties kunnen ook volgen op een bepaald gedrag. Bijvoorbeeld na het kopen van een product gaan we er pas echt van genieten.

Uit het voorbeeld van de spijkerbroek kunnen we afleiden dat in het consumentengedrag vier soorten gedragingen zijn te onderscheiden: communicatiegedrag, aankoopgedrag, gebruiksgedrag en afdankgedrag.

Communicatiegedrag

Communicatiegedrag heeft betrekking op de manier waarop individuen informatie tot zich nemen, verwerken en eventueel weer doorgeven aan anderen. Hierbij is het van belang na te gaan welke informatiebronnen de consument gebruikt, zoals buren, kennissen, familieleden, reclame en consumentengidsen. Daarnaast kan ook de inhoud van het communicatiegedrag bestudeerd worden. De communicatie kan bijvoorbeeld betrekking hebben op merken, eigenschappen van merken of op winkels.

Communicatiegedrag

Het winkelgedrag

Mede door de aanschaf van goederen en diensten verschaft de consument zich een eigen identiteit of eigenheid. Dit is het beeld dat iemand van zichzelf heeft, ook wel zelfbeeld of zelfconcept genoemd. Er zijn verschillende soorten van het begrip identiteit te onderscheiden, zoals persoonlijke, genetische, sociale, culturele en nationale identiteit. De persoonlijke identiteit bestaat uit drie elkaar beïnvloedende componenten:

Identiteit

- de *cognitieve component* waarmee zelfwaarneming kan worden toegepast
- de *affectieve component* waarmee wordt waargenomen en gevoeld en zelfevaluatie mogelijk wordt, en
- de *conatieve component* waarmee het handelen tot stand komt.

● www.studiostt.nl

Hoe reclame werkt zonder dat we het doorhebben

Mensen geven het niet graag toe, maar de invloed van reclame voltrekt zich grotendeels buiten ons bewustzijn. Niet gek ook, want dagelijks worden we bestookt met ontelbare prikkels en keuzes die we onmogelijk rationeel kunnen verwerken. Slenterend door de winkel laten consumenten hun koopgedrag dan ook lekker de vrije loop, aangestuurd door automatische processen zoals gevoel, gewoontes en toevallige omgevingstriggers. Rationaliseren? Dat kan achteraf nog wel.

Effectieve reclames haken met slimme psychologische technieken in op deze vorm van mindlessness. Denk eens aan slogans zoals "Gilette, the best a man can get," "Je hebt bier, en je hebt Grolsch," tot mijn persoonlijke favoriet "Als het aan de kat lag, kocht ze Whiskas." Stuk voor stuk reclameclaims die linea recta in het onzinlaatje van ons brein belanden. Tenminste, zolang we ons hoofd erbij houden. Maar wat als we afgeleid zijn? Dan blijken die – soms absurde – claims zonder pardon voor waar te worden aangenomen. Tijdens het verwerken van de reclames merk je daar helemaal niets van, totdat we de supermarkt uitlopen met een blik Whiskas, een doosje Gilette en een krat Grolsch.

Succesvolle reclames spinnen garen bij dit psychologische effect door de consument doelbewust af te leiden van de reclameclaims die het onder een kritische blik niet zouden overleven. Klinkt contra-intuïtief – de aandacht afleiden – maar het werkt.

Als een consument winkelt, kunnen zich dan ook de volgende processen voordoen:

Cognitieve processen
- aandacht schenken aan een verpakking
- zich herinneren dat het brood op is
- begrijpen dat de kaas deze week goedkoper is
- overwegen of kaas of worst gekocht moet worden.

Affectieve processen
- de verpakking van een zoutje mooi vinden
- zich ergeren aan de slechte bediening
- enthousiast zijn over de aanwezigheid van het nieuwe biermerk
- een hekel krijgen aan de winkelmuziek.

Gedragingen
- in een winkel lopen
- verpakkingen bekijken
- boodschappen in het winkelwagentje laden
- een ons worst bestellen.

Aankoopgedrag
Aankoopgedrag heeft betrekking op de feitelijke aankoop van producten en de plaats waar en de frequentie waarmee de producten worden gekocht. De consument krijgt het product of de dienst in ruil voor zijn geld, tijd en/of inspanning. Het aankoopgedrag is onder meer afhankelijk van het soort en type product dat wordt gekocht, de motivatie en betrokkenheid die de koper heeft bij de aankoop van een bepaald product en de ervaringen die de koper heeft met het gebruik en de aankoop van dat specifieke product. Er is geen duidelijke, afgebakende grens te trekken tussen communicatie- en koopgedrag. Immers, tijdens het winkelen kan de consument zich ook oriënteren, informatie opdoen en uitwisselen. Het gaat erom waarop het accent ligt. Bij koopgedrag is dat de waardenuitwisseling en de beslissing die daarvan het gevolg is.

Gebruiksgedrag
Gebruiksgedrag heeft betrekking op alle handelingen van een afnemer die samenhangen met het consumeren en/of gebruiken van een product. Bij het kopen van een spijkerbroek kan de marketeer zich bijvoorbeeld afvragen hoe vaak en bij welke gelegenheden een consument deze draagt en hoe vaak de spijkerbroek gewassen wordt. Bij de bestudering van het gebruiksgedrag van ingewikkelde apparaten kan onderzocht worden of de consument moeite heeft met het installeren, hoe het instructieboekje wordt gebruikt, hoe het product wordt onderhouden en welke onderdelen het eerst stuk gaan. Op grond van hun gebruiksgedrag worden consumenten vaak ingedeeld in non-users, light users en heavy users. Bij marktsegmentatie, zie hoofdstuk 9, wordt daar soms gebruik van gemaakt.

Afdankgedrag

Afdankgedrag
Afdankgedrag heeft betrekking op het moment en de manier waarop een afnemer een einde maakt aan het gebruik van het duurzame product. Afhankelijk van het soort goed kunnen we een product bijvoorbeeld naar een

afvalstortplaats brengen, het op zolder opbergen, weggeven of als tweedehands goed verkopen.

Het bestuderen van het communicatiegedrag en het koopgedrag komt het meeste voor. Dat is ook logisch, omdat de marketeer wil weten wat de keuze van de consument is en hoe hij deze keuze voor hem zo gunstig mogelijk kan beïnvloeden. Gebruiksgedrag en afdankgedrag worden nog niet zo intensief bestudeerd. Toch is ook deze kennis voor de marketeer zeker interessant. Het kan hem antwoord geven op vragen als: wanneer zal de herhalingsvraag komen, in hoeverre is de consument merktrouw, welk soort service moet verleend worden, welke bijdrage moet worden geleverd in het kader van het milieu enzovoort.

Van consumentengedrag is niet alleen sprake bij de koop van tastbare producten, zoals levensmiddelen of meubelen, maar ook bij het gebruik van diensten als haarverzorging, vervoer en juridische bijstand.

4.2 Toepassing van kennis van en inzicht in het consumentengedrag

Kennis van en inzicht in het consumentengedrag zijn vooral nodig om een zo goed mogelijk op de consument afgestemd beleid te kunnen voeren. We behandelen in de volgende subparagrafen kort een aantal beleidsgebieden waar kennis en begrip van het consumentengedrag zinvol kunnen zijn: het macro-economisch beleid, het marketingbeleid en het consumentenbeleid.

Macro-economisch beleid
Voor het beleid van de overheid is het belangrijk te weten welk deel van het inkomen aan consumeren of sparen wordt besteed. De overheid kan dit met haar economisch beleid beïnvloeden. Ook kan de overheid kijken naar de verhouding tussen de consumptie van particuliere goederen (auto's, koelkasten, enzovoort) en publieke diensten (politie, openbaar vervoer, onderwijs enzovoort). De overheid kan waar nodig maatregelen nemen om de kwaliteit van publieke diensten te verbeteren.

Het is, voor het toekomstig gedrag van consumenten, van belang te weten wat hun kijk is op de economische situatie en wat hun verwachtingen zijn met betrekking tot hun eigen, toekomstige koopgedrag. In Nederland wordt dit elke maand gemeten door middel van de Index van het Consumentenvertrouwen (ICV). De ICV geeft de mate van vertrouwen aan dat de consument heeft in de economische situatie. Deze index wordt gebruikt voor het voorspellen van de bestedingen en het spaargedrag, omdat de beleving van de consument zijn koopgedrag beïnvloedt. Als de consument optimistisch is, zal hij zijn discretionair inkomen eerder besteden – zie paragraaf 2.4 – en als hij pessimistisch is, zal hij geneigd zijn meer te sparen.

Index van het Consumentenvertrouwen

Marketingbeleid
Een marketeer wil graag een goed op de markt brengen of een dienst die zo goed mogelijk aansluit bij de wensen en voorkeuren van de consument. Daartoe dient hij inzicht in het gedrag van de consument te hebben. Hij kan onderzoeken welke motieven bij de keuze een rol spelen, welke persoonlijke

Betekenis van de studie van het consumentengedrag voor de marketeer

kenmerken consumenten hebben en hoe het beslissingsproces bij de aanschaf van zijn producten verloopt.

De studie van het consumentengedrag kan de marketeer helpen bij:
- De *analyse van de marktkansen*. De marketeer zoekt naar informatie over marktontwikkelingen en trends met als doel het ontdekken van consumentenbehoeften die nog niet of nog niet helemaal bevredigd zijn. Denk bijvoorbeeld aan de light-frisdranken in het kader van gezond en sportief leven of het aanbieden van diensten voor actieve 55+'ers.
- De *marktsegmentatie*. De marketeer richt zich hierbij bijvoorbeeld op een bepaald gedeelte van de markt, bijvoorbeeld alleen op mensen met een hoog inkomen. Studie van het consumentengedrag kan duidelijk maken wat de motieven, opvattingen en andere kenmerken van deze specifieke groep consumenten zijn.
- De *vaststelling of verbetering van de marketingmix of elementen daarvan*. Hierbij kan gedacht worden aan het samenstellen van de gewenste producteigenschappen, de prijsstelling, de keuze van de plaats waar de consument het product kan kopen en de manier waarop er promotie voor het product wordt gemaakt. Onderzoek kan bijvoorbeeld uitwijzen dat het beter is het product duurder te maken, omdat het dan de status van de consument verhoogt.

Het consumentengedrag en het marketingbeleid beïnvloeden elkaar wederzijds. De marketingstrategie wordt gebaseerd op het gedrag van de consument. Deze strategie wordt omgezet in een marketingtactiek die, gebruikmakend van een bepaalde marketingmix, de consument probeert te beïnvloeden. Als marktonderzoek bijvoorbeeld heeft uitgewezen dat er belangstelling bestaat voor een nieuw product, zal de marketeer door promotionele inspanningen trachten de consument over te halen tot een daadwerkelijke aankoop.

Consumentenbeleid

Organisaties die goederen en diensten aanbieden, kunnen profijt hebben van inzicht in het consumentengedrag. Zij kunnen zich afvragen hoe de consument het beste is over te halen iets aan te schaffen. Het kan echter in het belang van de consument zijn, zich te verweren tegen marketinginspanningen en in bepaalde gevallen geen product of een ander merk te kopen. Hierbij kan gedacht worden aan de acties tegen het dragen van bont, maar ook aan het overschakelen op een andere energieleverancier als reactie op de buitensporige beloning van de Essent-directie. Consumentenonderzoek kan ook een bijdrage leveren aan de verbetering van de beslissing van de consument.

Overheid en consumentenorganisaties houden zich bezig met de bescherming, voorlichting en opvoeding van de consument. Ook zij hebben baat bij een beter begrip van het consumentengedrag.

We dienen wel te bedenken dat bestudering van het consumentengedrag niet leidt tot een volmaakt inzicht in dat gedrag en niet altijd garant staat voor een succesvol beleid. Ondanks uitgebreid vooronderzoek kan blijken dat het nieuwe product niet aanslaat of dat de reclameaanpak de mensen nauwelijks heeft beïnvloed. Er is nog veel in het menselijk gedrag waarin we onvoldoende inzicht hebben. De begrippen, theorieën en methoden die vanuit diverse wetenschappen worden aangereikt, dienen we als een instrumentarium te beschouwen waarmee we proberen meer greep op het consumentengedrag te krijgen.

Consumentengedrag omvat een groot aantal uiteenlopende activiteiten, en consumenten worden beïnvloed door diverse factoren die vaak elkaar ook wederzijds beïnvloeden. Het is dan ook niet verwonderlijk dat vanuit verschillende wetenschappen het consumentengedrag benaderd is. Begrippen, theorieën en methoden zijn voornamelijk afkomstig uit de:

- *economie*, de studie van de productie, uitwisseling en consumptie van schaarse goederen en diensten.
- *sociologie*, de studie van het gedrag van mensen in groepen en grotere collectiviteiten.
- *psychologie*, de studie van het gedrag van het individu. Hiertoe rekenen we ook de gevoels- en denkwereld van het individu.

Benadering van het consumentengedrag vanuit verschillende wetenschappen

We zullen in de volgende paragrafen aandacht besteden aan de visie van de economen, de sociologen en de psychologen op het gedrag van consumenten.

4.3 Economische visie

Economen zien economisch-rationele factoren als belangrijkste verklaringsfactor voor het gedrag van consumenten, zoals het nut dat de consument van een goed verwacht, de prijs die hij ervoor betaalt en het inkomen waarover hij beschikt. In dit verband besteden we aandacht aan de Wet van Engel, die betrekking heeft op de relatie tussen de hoogte van het inkomen en de aankoop van goederen, waarna we ingaan op de theorie omtrent het nutsstreven van de consument.

Wet van Engel
De Wet van Engel bevat een van de oudste economische stellingen over het consumentengedrag. Ernst Engel was een Duits statisticus die de aankoop van goederen bij verschillende inkomensniveaus onderzocht. Hij constateerde dat, naarmate het inkomen stijgt:
- het percentage dat aan voedsel wordt besteed, daalt.
- het percentage dat aan wonen en huishoudelijke artikelen wordt besteed, gelijk blijft.
- het percentage dat aan kleding, vervoer, recreatie, gezondheid en opleiding besteed wordt, toeneemt.

> De Wet van Engel is een wet waarin gesteld wordt dat naarmate het inkomen stijgt, het percentage van het inkomen dat wordt besteed aan noodzakelijke goederen (voor primair levensonderhoud) afneemt.

Definitie Wet van Engel

Het omgekeerde van de genoemde stelling hoeft niet altijd het geval te zijn. Zo bleek tijdens de economische crisis die in 2007 begon, dat bij een daling van het inkomen het aandeel dat aan voedingsmiddelen wordt besteed niet toenam. De consument bezuinigde op eerste levensbehoeften door óf in goedkopere winkels te kopen (discounters) óf goedkopere merken aan te schaffen (B-merken of het huismerk van de winkelier). Dit betekent dat bij een dalend inkomen het percentage van het inkomen besteed aan voeding, gelijk zou kunnen blijven of zelfs verder zou kunnen dalen.

Nutsstreven van de consument

Het uitgangspunt van de micro-economische theorie, de theorie die zich bezighoudt met de verhouding tussen het aanbod van goederen en de vraag van consumenten, is dat de consument streeft naar het realiseren van zo veel mogelijk nut met behulp van een goed of een combinatie van goederen. We spreken dan van nutsmaximalisatie. Hij vertoont *maximaliserend gedrag*. Dit hoeft echter niet altijd het geval te zijn. Het is ook mogelijk dat de consument een product koopt waarbij hij net tevreden is. Hier is sprake van *tevredenstellend gedrag*. Denk aan iemand die niet de beste auto wil voor het budget waarover hij beschikt, maar een auto die het tot aan het einde van de vakantie uithoudt.

Nuts-maximalisatie

Tevredenstellend gedrag

In de micro-economie wordt er ook van uitgegaan dat de consument *onbeperkt rationeel handelt*. Hij beschikt over alle informatie en kan perfect aangeven welk goed of welke combinatie van goederen hij wenst. In de praktijk beschikt de consument niet altijd over alle informatie en heeft hij niet altijd de mogelijkheden en voldoende tijd om rustig alle alternatieven te overzien. Bovendien is het mogelijk dat hij niet handelt overeenkomstig zijn voorkeuren, maar in een opwelling iets anders koopt. Kortom: er is eerder sprake van beperkt rationeel handelen.

Consument handelt beperkt rationeel

4.4 Sociologische en psychologische visie

Beschouwen economen de menselijke behoefte als gegeven, de sociologie en de psychologie proberen die ieder vanuit hun eigen invalshoek te verklaren. In de volgende subparagrafen behandelen we respectievelijk de sociologische en psychologische visie.

Sociologische visie

Sociologen bestuderen het gedrag van mensen in hun maatschappelijke verbanden. Bij deze verbanden worden drie niveaus onderscheiden:
- het *macroniveau*, wat het sociaal handelen binnen een maatschappij of samenleving betreft
- het *mesoniveau*, wat het sociaal handelen binnen organisaties, zoals ondernemingen, verenigingen en kerken, betreft
- het *microniveau*, wat het sociaal handelen binnen en tussen kleine groepen, zoals het gezin of een vriendenkring, betreft.

Raakvlakken met de sociale psychologie

Bij dit laatste niveau bestaan raakvlakken met de sociale psychologie. In de sociale psychologie wordt uitgegaan van het individu en wordt onderzocht hoe zijn gedrag wordt beïnvloed door zijn sociale omgeving. In de sociologie wordt het groepshandelen centraal gesteld, waarbij ook onderzocht kan worden hoe dit door persoonlijke kenmerken van individuen beïnvloed kan worden.

Bij de bestudering van de maatschappelijke verbanden waarin mensen leven, kijken we naar de structuur en de cultuur. Bij de structurele benadering worden in de sociologie de interactieprocessen tussen groepen en tussen personen bestudeerd. Interactie is daarbij de manier waarop de mensen in contacten met elkaar op elkaar reageren. Bij directe interactie zijn mensen in elkaars onmiddellijke nabijheid; ze kunnen elkaar direct horen en zien. Bij indirecte interactie vindt het reageren op elkaar plaats via een medium.

Directe interactie

Indirecte interactie

Een voorbeeld van indirecte interactie is een tv-programma waarin telefonisch vragen gesteld kunnen worden, zoals het consumentenprogramma *Radar*.

Bij de structurele benadering wordt ook aandacht besteed aan de positie die een groep in de maatschappij inneemt en aan de positie die personen in een groep innemen en de rollen die ze daarbinnen vervullen. Zo kan bijvoorbeeld nagegaan worden welke positie ouderen in onze samenleving innemen, of hoe de taken in het moderne gezin onder de gezinsleden zijn verdeeld.

Bij de bestudering van de cultuur richten we ons op de waarden, normen, ideeën en houdingen van mensen en de groepen waarin ze leven. Er wordt dan bijvoorbeeld onderzocht welke politieke opvattingen er in Nederland zijn of hoe de Consumentenbond over het bedrijfsleven denkt.

De consument wordt in zijn gedrag beïnvloed door de maatschappij waarin hij leeft en de groepen waarmee hij omgaat. In de Arabische wereld wordt de boernoes gedragen. De spijkerbroek is uit de Verenigde Staten afkomstig. Er zijn meer jongeren dan ouderen die een spijkerbroek dragen. De marketeer heeft er belang bij inzicht te hebben in de werking van deze factoren, die ook wel *interpersoonlijke factoren* worden genoemd. In hoofdstuk 5 gaan we dieper op deze factoren in.

Interpersoonlijke factoren

Psychologische visie

De psychologie onderzoekt het gedrag van het individu. Daarbij gaat het niet alleen om het bestuderen van direct waarneembare gedragingen, maar ook van wat zich binnen de persoon afspeelt. Dit wordt ook wel de *black box* genoemd. Er zijn allerlei interne factoren die mentale processen bij het individu op gang brengen.

Black box

De begrippen die worden toegekend aan deze interne factoren en processen worden ook wel *theoretische constructen* genoemd. Er worden als het ware benamingen gevormd voor verschijnselen die we niet kunnen waarnemen en waarvan we aannemen dat ze een bepaalde uitwerking op het gedrag hebben. Motivatie en attitude zijn zulke constructen. Als iemand een slechte prestatie levert, gaan we ons afvragen of dat niet aan zijn geringe motivatie ligt. Als iemand een bepaald product niet koopt, wordt onderzocht of dat niet voortkomt uit zijn negatieve houding of attitude ten opzichte van dat merk.

Theoretische constructen

In de psychologie wordt geprobeerd deze constructen zo nauwkeurig mogelijk te omschrijven. Met behulp van psychologische technieken, zoals het observeren van gedragingen, het meten van lichamelijke reacties of het houden van interviews, wordt de werking ervan in kaart gebracht.

Het consumentengedrag vormt een onderdeel van het menselijk gedrag, waarbij dus theorieën en methoden uit de psychologie een zinvolle bijdrage aan de bestudering ervan leveren. Eerder in dit hoofdstuk spraken we over mentale processen. Mentale processen vatten we op als alle inwendige gevoelens, gedachten en beslissingsprocessen.

Daarbij zijn er innerlijke factoren, ook wel intrapersoonlijke factoren genoemd, die deze mentale processen beïnvloeden. Als intrapersoonlijke factoren kunnen worden onderscheiden: motivatie, perceptie, persoonlijkheid enzovoort. In hoofdstuk 6 gaan we nader in op deze factoren.

Intrapersoonlijke factoren

Samenvatting

- Bij het consumentengedrag wordt onderscheid gemaakt tussen communicatiegedrag, aankoopgedrag, gebruiksgedrag en afdankgedrag.
- Het consumentengedrag wordt vanuit verschillende wetenschappen bestudeerd. Economen zien economische, rationele factoren als belangrijkste verklaringsfactor voor het gedrag van consumenten.
- Volgens de Wet van Engel neemt het percentage van het inkomen dat aan noodzakelijke goederen wordt besteed, af naarmate het inkomen stijgt.
- Sociologen bestuderen het gedrag van mensen in hun maatschappelijke verbanden op verschillende niveaus, zoals de totale samenleving (macroniveau), binnen organisaties of verenigingen (mesoniveau), en binnen en tussen kleine groepen (microniveau). Hierbij speelt de interactie tussen mensen een belangrijke rol.
- De sociale psychologie bestudeert hoe het gedrag van een individu wordt beïnvloed door zijn sociale omgeving.
- Psychologen bestuderen het gedrag van het individu, inclusief datgene wat zich binnen de persoon afspeelt (black box). Aan wat zich binnen de persoon afspeelt – niet direct waarneembaar – worden diverse begrippen toegekend, zoals motivatie en attitude.

94

5
Interpersoonlijke factoren

5.1 **Cultuur**
5.2 **Subcultuur**
5.3 **Sociale klasse**
5.4 **Referentiegroepen**
5.5 **Gezin of huishouden**
5.6 **Situationele factoren**

Er zijn verschillende culturele, sociale en situationele factoren die van buitenaf het gedrag van de consument beïnvloeden. Die invloeden vinden plaats op verschillende niveaus, variërend van macro- tot microniveau. Zij kunnen zeer algemeen en globaal zijn, maar ook zeer direct en dagelijks voelbaar. In dit hoofdstuk besteden we in de paragrafen 5.1 tot en met 5.6 aandacht aan respectievelijk de volgende culturele en sociale invloeden: de cultuur en subcultuur, de sociale klasse, de referentiegroep of -persoon, het gezin of het huishouden en situationele factoren (de gezinslevenscyclus).

5.1 Cultuur

Cultuurpatronen

Cultuur omvat het gehele samenstel van zeden, normen, gewoonten, overtuigingen en gebruiken waardoor elke samenleving wordt gekenmerkt. Cultuurpatronen worden vanaf de geboorte gedurende het opvoedingsproces aangeleerd. Ze omvatten een zeer breed spectrum van zaken, uiteenlopend van tafelmanieren tot de wijze waarop we onze dieren verzorgen en van religie tot de wijze waarop man en vrouw met elkaar omgaan.

Bij de cultuuroverdracht van de ene op de volgende generatie kunnen diverse samenwerkingsvormen betrokken zijn, zoals het gezin, vriendengroepen, scholen, verenigingen, kerken en massamedia. Een bepaald cultuurpatroon geeft de mensen een bepaalde identiteit ('Wij Nederlanders') en verschaft het individu vaste, geaccepteerde gedragsregels die zekerheid en houvast bieden.

Abstracte en concrete cultuurelementen

Cultuur omvat zowel abstracte (immateriële) als concrete (materiële) elementen. Abstracte cultuurelementen zijn waarden, normen, attituden, opvattingen en ideeën. Zij geven richting aan het gedrag en beïnvloeden de voorkeuren en keuzes van de mensen binnen een bepaalde cultuur. De concrete cultuurelementen bestaan uit gebouwen, boeken, gereedschappen, televisie en vele vormen van kunstuitingen. Zij kunnen gezien worden als de materiële uitdrukking of neerslag van een cultuur. Marketeers dienen zich in abstracte elementen als waarden en normen te verdiepen, omdat die het koopgedrag beïnvloeden. Er bestaan veel definities van het begrip waarde.

Waarden

In het *NIMA Marketing Lexicon* wordt een waarde omschreven als een relatief duurzaam oordeel (de subjectieve waardering) van een (groep) mens(en) over wat belangrijk is in het leven om na te streven (eindwaarden) of over welk gedrag het meest passend is om de eindwaarden te bereiken (instrumentele waarden).

In de praktijk vinden mensen het heel moeilijk concrete waarden aan te geven. In groepsdiscussies, waarin daarnaar werd gevraagd, werden vrijwel uitsluitend omgangsvormen genoemd. Dat ligt dicht aan tegen normen. Normen zijn geschreven (expliciete) of ongeschreven (impliciete) gedragsregels.

● www.nicklink.nl

Goed voorbeeld doet meer kopen

Kunnen marketeers voor een klant de sociale norm bepalen? Ja, door te suggereren over de sociale norm van anderen. En zo kun je met eenvoudige middelen de inkomsten verhogen. Door een volle collectebus of fooienpot bijvoorbeeld. En via beelden, foto's en teksten. Een online toepassing voor het suggereren van normen voor dit blog is bijvoorbeeld de tekst: bijna alle bezoekers van dit blog nemen de moeite om nog een artikel te lezen...

Waarom je wel of geen afval op de grond gooit
Sociale normen verschillen nauwelijks tussen mensen. Ze verschillen vooral tussen situaties. Het is de omgeving die gedrag bepaalt. Een paar voorbeelden. Veel mensen die normaal geen rotzooi op de grond gooien, doen dat wel op een festival. Of op een andere plaats waar al veel op de grond ligt. Hetzelfde geldt op de weg. Als niemand zich aan maximum snelheid houdt, doe je het zelf waarschijnlijk ook niet. Terwijl je normaal niet te hard rijdt.

Anderen (of marketeers) bepalen jouw sociale norm
De gedachte is simpel. Als de norm voor anderen geldt, dan geldt hij ook voor mij. En daar maken marketeers, verkopers en collectanten gebruik van:
- een volle collectebus geeft het signaal dat anderen geld hebben gegeven, dus doe jij het ook
- een vol schoteltje bij de toiletten laat zien dat anderen betalen, dus doe jij het ook
- als de omgeving schoon is omdat iedereen zijn afval opruimt, doe jij het ook
- als je ziet dat alle mensen een kopje koffie nemen na het eten, doe jij het ook

Het juiste (koop)gedrag door de juiste suggestie
Het (koop)gedrag van (potentiële) klanten beïnvloed je door een norm *te suggereren*. Want de collectant kan met al deels gevulde bus op pad zijn gegaan. De toiletjuffrouw legt hoogstwaarschijnlijk zelf de eerste munten neer. En het afval? De opruimploeg kan ook net langs zijn geweest. Je kunt echter ook dingen suggereren in beeld en tekst:
- toon foto's van mensen die afval in een afvalbak gooien
- plaats de opmerking op de menukaart dat 80% van de mensen na het eten nog een kopje koffie neemt
- en dat velen een fooi geven. En versterk dit door een volle fooienpot op de bar

Of om een online voorbeeld te geven: bijna alle bezoekers van dit blog nemen de moeite om nog een artikel te lezen...

6 januari 2015

Waarden en normen beïnvloeden de koopmotieven, de criteria die consumenten hanteren bij het kiezen van merken en de plaats van aankoop. Consumenten kopen producten waarmee ze één of meer waarden kunnen realiseren en waarbij normen aangeven waarop ze moeten letten. De waarden 'schoon zijn' en 'milieubesef' spelen bijvoorbeeld een rol bij de aankoop van een wasmiddel. De consument zal zich daarbij afvragen of een bepaald wasmiddel zijn kleding ook bij 40° goed schoon wast. Producten en merken vertegenwoordigen niet alleen een waarde, maar geven dus ook aan, aan welke norm(en) zij bij die waarde voldoen. Moeders zijn pas echt zo slank als hun dochters, als ze dat ene merk halvarine kopen met de eigenschappen die ervoor zorgen dat ze niet dik worden. Reclame kan de consument duidelijk maken welke waarde(n) een bepaald product, dienst of merk realiseert. Maar het geeft ook aan dat juist dat ene product voldoet aan de norm(en) die bij die waarde(n) van kracht is (zijn).

Waarden en normen zijn van invloed op koopmotieven

De marketeer moet op de hoogte blijven van culturele veranderingen, omdat deze van betekenis kunnen zijn voor zijn marketingbeleid. Culturele veranderingen kunnen bijvoorbeeld leiden tot de ontwikkeling van nieuwe producten en diensten. Daarnaast is het mogelijk dat bestaande producten moeten worden aangepast en dat reclame en verpakking gewijzigd dienen te worden.

Culturele veranderingen van belang voor het marketingbeleid

Culturele trends

Een aantal culturele trends is:
- *Een grotere aandacht voor het eigen lichaam en de eigen gezondheid.* Denk aan voedingsmiddelen met een geringer vetgehalte, het joggen, de aandacht voor allerlei vormen van extreme sportprestaties zoals de marathon en de triatlon.
- *Een groter milieubesef.* De belangstelling voor organisaties als Greenpeace, de Vereniging Milieudefensie, het kopen van fosfaatvrije wasmiddelen, 'milieuvriendelijker' benzinesoorten enzovoort neemt toe.
- *Een grotere dominantie van oudere generaties.* Het maatschappelijke beeld zal minder worden gedomineerd door de jongeren. De groep van middelbare leeftijd is groter geworden. De actieve levensstijl van de groep van middelbare leeftijd zal centraler komen te staan. Dit geldt ook voor de groep senioren (mensen tussen de 50 en 75 jaar).
- *Meer aandacht voor biologisch verantwoord voedsel.*
- *Meer aandacht voor verantwoord gedrag ten opzichte van dieren.*
- *Intensiever gebruik van mobiele communicatiemiddelen.*

Een marketeer die zijn producten in andere culturen verkoopt of winkels of zelfs winkelketens bezit in verschillende landen, dient na te gaan in hoeverre er culturele verschillen bestaan die leiden tot een ander consumentengedrag. Er kunnen economische en sociale verschillen zijn, taalverschillen (die van belang zijn voor de keuze van merknamen en slogans), verschillen in distributiekanalen, productgebruik en koopmotieven. De resultaten van deze cross-culturele analyse dienen aan te geven hoe groot de culturele verschillen zijn.

Cross-culturele analyse

Om de verschillen in gedrag tussen nationale culturen te verklaren, onderscheidt Geert Hofstede de op waarden gebaseerde zogenoemde cultuurdimensies. Deze vier cultuurdimensies worden in tabel 5.1 weergegeven.

Cultuur-dimensies

TABEL 5.1 Vier cultuurdimensies van Hofstede

Machtsafstand	De mate van ongelijkheid tussen mensen die een volk normaal vindt. In landen met een relatief grote machtsafstand, zoals Frankrijk en België, heeft ieder zijn gerechtvaardigde plaats in de samenleving, waardoor statusproducten en merken waarmee de gebruiker zijn positie demonstreert, van groter belang zijn dan in culturen met een kleine machtsafstand (zoals Nederland, Denemarken en Duitsland).
Individualisme versus collectivisme	De mate waarin mensen in een land meer handelen als individuen dan als leden van een groep. Noord-Europeanen zijn zeer individualistisch, terwijl inwoners van Zuid- en Oost-Europa meer collectivistisch zijn.
Masculiene versus feminiene culturen	De mate waarin 'mannelijke', harde waarden zoals assertiviteit, succes en competitie overheersen, dan wel 'vrouwelijke', zachte waarden zoals de kwaliteit van het leven, persoonlijke verhoudingen, dienstbaarheid en zorg voor de zwakken. Voorbeelden van masculiene culturen zijn de Verenigde Staten, Groot-Brittannië, Duitsland en Italië, terwijl Nederland, de Scandinavische landen en Spanje feminiene culturen zijn.
Onzekerheidsvermijding	De mate waarin mensen structuur prefereren boven ongestructureerde situaties. België, Duitsland en de landen van Zuid-Europa scoren hoog op deze dimensie, Groot-Brittannië en Scandinavië laag.

Op het land afgestemde marketing-programma's

Bij grote culturele verschillen is het aan te raden op het land afgestemde marketingprogramma's op te stellen, wat betekent dat voor elke cultuur een ander marketingbeleid wordt gevoerd. Zijn er zeer grote overeenkomsten en groeien de culturen naar elkaar toe, dan is het mogelijk gebruik te maken van een gestandaardiseerd marketingprogramma. Dit heet ook wel *global marketing*. Hierbij wordt bij de marketingactiviteiten, gericht op doelgroepen die verspreid zijn over een groot aantal landen, gestreefd naar een zo groot mogelijke uniformiteit. Multinationale ondernemingen zoals Unilever, Coca-Cola en Procter & Gamble hanteren marketingprogramma's die sterk gestandaardiseerd zijn. Tussenvormen zijn ook mogelijk, waarbij sommige elementen gestandaardiseerd en andere gelokaliseerd zijn. McDonald's verkoopt hamburgers die overal ter wereld dezelfde kwaliteit hebben, maar de reclame ervoor speelt in op de Nederlandse marktsituatie.

Global marketing

5.2 Subcultuur

Binnen een cultuur zijn vaak subculturen te onderscheiden. Een subcultuur deelt culturele elementen met de hoofdcultuur waarvan zij deel uitmaakt, maar heeft ook haar eigen waarden, normen en gebruiken. Subculturen kunnen onder andere worden onderscheiden op basis van:
- *Leeftijd*. We spreken bijvoorbeeld van jeugdcultuur, omdat jongeren eigen waarden, normen en gebruiken hebben en een eigen taalgebruik kennen.
- *Nationaliteit*. In Nederland wonen tegenwoordig tamelijk veel allochtonen. Dat zijn mensen die afkomstig zijn uit andere landen. Zij hebben niet alleen veelal andere waarden en normen op het gebied van godsdienst en gezin, maar ook andere koopgewoonten. Denk bijvoorbeeld aan de Turkse slagers en het aanbod van andere dan traditionele Nederlandse groenten op de markt.
- *Etnische afkomst*. De Surinamers en Chinezen die in Nederland wonen, kennen bijvoorbeeld vaak andere familieverbanden dan Nederlanders en hebben eigen eetgewoonten. Ook zijn inmiddels Turkse en Surinaamse winkels en eetgelegenheden populair. Sommige etnische groepen communiceren via eigen media.
- *Geografische ligging*. De vlaaien komen uit Limburg. Kaatsen is een Friese sport.
- *Godsdienst*. Religieuze groeperingen hanteren vaak eigen waarden, normen en gebruiken. In streng protestantse kringen mag men op zondag niet zwemmen. Moslims eten geen varkensvlees.

De marketeer moet zich afvragen in hoeverre het onderscheid in subculturen ook gevolgen moet hebben voor de verschillende marketingactiviteiten, zoals:

Subculturen beïnvloeden marketingactiviteiten

- *Marktsegmentatie*. De markt kan ingedeeld worden op basis van subculturen. Subculturen worden dan beschouwd als marktsegmenten met andere waarden, normen en koopgedrag. Een slagerijketen zou bijvoorbeeld islamitische slagerijen kunnen openen.
- *Productontwikkeling*. Marketeers ontwikkelen bijvoorbeeld nieuwe kleding voor jongeren of vakantiereizen en verzekeringen voor ouderen.
- *Promotie*. Er worden promotievormen per subcultuur toegepast, waarbij ook nagegaan wordt wat de meest geschikte media voor bepaalde subculturen zijn.
- *Distributie*. Marketeers maken gebruik van distributievormen die het beste bij een subcultuur passen. Bijvoorbeeld wel of niet via een winkel de goederen aanbieden, de winkelinrichting en de manier van bediening goed overwegen, jongeren benaderen via een aparte boetiek met daarin hen aansprekende popmuziek.

5.3 Sociale klasse

Sociale stratificatie

In veel samenlevingen is er sprake van een sociale stratificatie. Dit houdt in dat in een maatschappij diverse sociale lagen of klassen zijn te onderscheiden die ten opzichte van elkaar hiërarchisch geordend zijn.

Deze hiërarchische rangordening komt tot stand op basis van verschillen in sociale status. De mensen in de verschillende sociale klassen worden ongelijk gewaardeerd en onderscheiden zich ook vaak qua inkomensniveau, opleiding, woonsituatie en levenskansen. Mensen die tot dezelfde sociale klasse behoren, hebben meestal overeenkomstige waarden, normen, levensstijlen en gedragingen en dus ook consumentengedragingen.

Indicatoren voor de sociale klasse

Om de sociale klasse te bepalen kunnen we van verschillende indicatoren gebruikmaken. Vaak wordt daarvoor het beroep gebruikt, omdat beroepen zijn te ordenen naar het sociaal prestige dat ze genieten. Andere indicatoren zijn de hoogte en de bron van het inkomen, de hoogte van de genoten opleiding, de aard van de woonwijk en het type woning.

Indeling in welstandsklassen

In Nederland hanteren we een indeling in welstandsklassen. Deze is gebaseerd op beroep, opleidingsniveau en de mate waarin leiding wordt gegeven. Zie tabel 5.2.

TABEL 5.2 Indeling van de Nederlandse bevolking naar welstandsklasse

Klasse	Omschrijving	% van de bevolking
A	*Welgestelden* Directeuren van grote ondernemingen, hoge ambtenaren en vrije beroepen	14,1
B1	*Bovenlaag middengroep* Directeuren van kleine ondernemingen, grote middenstanders, semi-hoge ambtenaren, hogere managers	18,9
B2	*Onderlaag middengroep* Ambtenaren in middenposities, middengroep middenstanders, middenkader in bedrijven	22,0
C	*Minder welgestelden* Kleine middenstanders, lager kantoorpersoneel, geschoolde arbeiders	34,0
D	*Minst welgestelden* Ongeschoolde werknemers, minima, uitkeringsgerechtigden	11,0

Verschillen in consumentengedrag

Tussen de verschillende sociale klassen bestaan cultuur- en taalverschillen. Denk aan komische televisieseries waarin het verschil in sociale klasse en de botsing tussen andere opvattingen en de manier van leven worden belicht, zoals de Engelse serie *Schone Schijn* ('Keeping Up Appearances'). Verschillen in sociale klasse brengen ook vaak verschillen in consumentengedrag met zich mee. De belangrijkste zullen we kort nader toelichten.

Behoeften en *koopmotieven* kunnen per sociale klasse verschillen. Er zijn verschillen in kleding, woninginrichting, vrijetijdsbesteding enzovoort. Uit Amerikaans onderzoek is gebleken dat mensen uit de lagere sociale klasse zich bij de meubilering van hun woning meer laten leiden door comfort en dat mensen uit de hogere sociale klassen meer op de stijl van het meubilair letten.

Het *mediagebruik* verschilt per sociale klasse. In lagere sociale klassen worden andere kranten en tijdschriften gelezen en wordt naar andere tv-programma's gekeken dan in hogere sociale klassen.

Ook het *zelfvertrouwen* verschilt vaak per sociale klasse en daarmee de mate van risico dat de consument neemt bij het kopen van producten. Uit Amerikaans onderzoek is gebleken dat vrouwen uit de lagere sociale klassen angstig zijn in het omgaan met geld en zich afvragen of hun familieleden wel goed met geld omspringen. Zij lenen niet erg graag. Vrouwen uit de middenklasse lenen veel gemakkelijker en maken zich geen zorgen hoe anderen met geld omgaan. Mensen uit de hogere sociale klassen proberen vaker nieuwe producten uit.

Verschil in sociale klasse kan leiden tot verschillend winkelgedrag. Er zijn winkels die zich op de lagere en winkels die zich op de hogere sociale klassen richten. Denk aan kledingzaken als de Society Shop en Zeeman, die gericht zijn op een verschillend publiek.

● www.wikipedia.nl

De distinctietheorie

Op grond van onder meer een enquête onder ruim 1.200 mensen, concludeerde de Franse socioloog Pierre Bourdieu dat mensen zich met behulp van hun culturele smaak van elkaar onderscheiden. Het gaat hier niet alleen om zaken als muziek, literatuur en beeldende kunst, maar ook om eetvoorkeuren, kleding, interieur en dergelijke. Door hun opvoeding en in mindere mate hun opleiding hebben mensen uit de hogere klassen een habitus ontwikkeld waarin 'hoge cultuur' centraal staat. Het onderscheidt hen van mensen uit lagere klassen, tegen wie ze zich – al dan niet bewust – afzetten. Mensen uit de midden- en arbeidersklasse die hogerop willen, hebben aan hun eventuele hoge opleiding vaak niet genoeg om volledig geaccepteerd te worden door de hoogste klassen. Ze hebben niet genoeg 'cultureel kapitaal', hoge cultuur zit niet in hun wezen. En áls bepaalde groepen een culturele voorkeur van hogere klassen overnemen, beschouwen die hogere klassen het niet meer als exclusief en is het voor hen dus tijd om weer iets nieuws te omarmen.

Tegenwoordig zijn de grenzen tussen de sociale klassen minder strak getrokken dan vroeger, doordat de normen en gewoonten wat losser en minder formeel zijn geworden. Dit betekent dat de invloed van de sociale klasse op het consumptiepatroon is afgenomen. Het gaat meer om nuanceverschillen in stijl en smaak dan om grote contrasten. Het verschil in beloning speelt hierbij geen doorslaggevende rol. Een kantoorklerk (behorende tot de C-klasse) verdient vaak minder dan een arbeider uit de D-klasse. De hoogste uitgaven aan sportartikelen en audiovisuele apparatuur vinden momenteel plaats in de lagere welstandsklasse, terwijl de hogere klassen meer uitgeven aan woninginrichting. Het consumptiegedrag wordt dan ook niet alleen beïnvloed door iemands welstandsniveau, maar mede door de persoonlijke levensstijl. Hierop komen we in het volgende hoofdstuk nog uitgebreid terug.

Invloed van de sociale klasse

5.4 Referentiegroepen

Mensen leven in groepen en deze groepen beïnvloeden veelal de opvattingen, attituden en gedragingen van het individu. Mensen maken deel uit van verschillende groepen.

Definitie referentiegroep

> Een referentiegroep is een groep mensen die een aanzienlijke invloed heeft op de attituden en vooral op het (aankoop)gedrag van een bepaald individu, omdat deze zich met die groep associeert of vergelijkt.

Socialisatie

Referentiegroepen en -individuen vervullen voor het individu drie functies. Ten eerste zorgen zij voor de socialisatie van het individu. Ouders voeden hun kinderen op en leren hen daarbij de waarden en gewenste gedragingen van de maatschappij waarvan het gezin deel uitmaakt. Daarnaast hebben referentiegroepen invloed op de ontwikkeling van het zelfbeeld van iemand.

Zelfbeeld

Ook hier zal het gezin een belangrijke rol spelen, alhoewel de omgang met vrienden en de mening van onderwijzend personeel vaak ook van betekenis zijn. Ten slotte zorgt de groep ervoor dat het individu zich aanpast aan de groepsnormen. Voor het consumentengedrag betekent dit dat een consument duidelijk gemaakt wordt waarop hij bij de koop moet letten en hoe hij bij het gebruik moet handelen. Vooral bij de jeugd is het van belang het juiste merk sportschoenen te dragen of het juiste merk spijkerbroek.

Groepsnormen

Op basis van de relatie die een persoon met verschillende groepen kan hebben, worden de volgende soorten groepen onderscheiden: primaire en secundaire groepen, formele en informele groepen, associatieve en dissociatieve groepen.

Primaire en secundaire groepen
In primaire groepen hebben de leden regelmatig direct (face-to-face) contact met elkaar. De leden hebben meestal een sterk wij-gevoel. Het gezin en een groep vrienden zijn voorbeelden van primaire groepen.
In secundaire groepen zijn er weinig of geen face-to-face-contacten. De interactie verloopt meestal via gezagsniveaus of communicatiemiddelen. De leden hebben zich aangesloten om een weloverwogen doel te realiseren. Voorbeelden van secundaire groepen zijn vakbonden, omroeporganisaties en consumentenorganisaties.

Formele en informele groepen
Van een formele groep kunnen we lid worden via een procedure. Er is een duidelijke groepsstructuur en er zijn duidelijk omschreven groepsdoelen. De leden functioneren volgens bepaalde reglementen. Voorbeelden van formele groepen zijn sportverenigingen, politieke partijen, kerkgenootschappen en werknemersorganisaties, maar ook een organisatie als de Hell's Angels.
Bij informele groepen zijn er geen officiële eisen en is sprake van een losse structuur. De leden maken er meestal deel van uit omdat ze zich tot elkaar voelen aangetrokken. Een kennissenkring en een vriendengroep zijn voorbeelden van informele groepen. Informele groepen hebben vaak een grotere invloed op het consumentengedrag dan formele groepen.

● www.marketingonline.nl

Top of flop: George Clooney & Nespresso

Hoe goed werkt George Clooney nog voor Nespresso? In de Tijdschrift voor Marketing-rubriek Top of Flop is deze keer onderzocht of de acteur en Nespresso nog steeds een goede combinatie zijn.

George Clooney is wereldberoemd en geliefd, bij vrouwen maar ook bij veel mannen. Daarnaast is zijn gedrag onbesproken (in dat opzicht is Clooney eigenlijk geschikt voor meer merken). De Nespressocommunicatie weet dit alles uitstekend te benutten. Maar de reclames zijn vooral zo succesvol omdat er een goede match is tussen Nespresso en George Clooney, want de acteur belichaamt exact de merkwaarden van Nespresso.

De eerste commercial, een aantal jaar geleden, communiceerde dit uitstekend. We zagen in deze spot George Clooney een 'Nespresso-boutique' binnenkomen. Twee dames in die winkel noemden een reeks van eigenschappen op: 'dark', 'very intens', 'balanced', 'unique', 'mysterious', 'delicate & smooth', 'with a strong character', 'rich, very rich', et cetera. De kijker dacht in eerste instantie dat het over Clooney ging, maar de dames bleken het over Nespresso te hebben. De link was gelegd.

De eerste commercial en het product werden een groot succes, en het merk en de acteur werken nog steeds samen. Voor Top of Flop werd de meest recente commercial getest. Die test moet uitwijzen of Clooney en Nespresso nog steeds zo goed bij elkaar passen en deze communicatievorm nog effectief is.

Hoe scoort deze spot?
Ook de laatste spot van Nespresso scoort uitstekend. De spot is bij ruim 50 procent van de doelgroep effectief. Deze consumenten zijn zowel gegrepen door de executie (vorm en uitvoering van de commercial) als door de boodschap.

Wat maakt deze spot succesvol?
De spot heeft een hoge attentiewaarde. Consumenten vinden de spot sympathiek, leuk/grappig en George Clooney krijgt nog steeds zeer hoge rapportcijfers. Daarnaast is de verhaallijn duidelijk, simpel en aansprekend. Consumenten spelen ook terug dat ze het leuk vinden dat er weer een nieuwe commercial is en dat ze de spots nog steeds leuk vinden. De commercial is ook goed in staat om merkgevoelens te bevestigen en te versterken.

De penetratie van Nespresso is de afgelopen jaren sterk gegroeid. Toch lijkt er nog steeds ruimte voor verdere groei en deze commercial gaat daar zeker bij helpen.

13 februari 2012

Associatieve en dissociatieve groepen

Lidmaatschapsgroepen

Aspiratiegroepen

Van associatieve groepen (ook wel lidmaatschapsgroepen genoemd) maakt een individu deel uit of hij zou er graag toe willen behoren (dat worden aspiratiegroepen genoemd). Zo wordt soms in advertenties geappelleerd aan de aspiraties van de lezers om tot de culturele of managerselite te behoren. Van een dissociatieve groep wil het individu juist geen lid worden; het wil er zich tegen afzetten. Een traditionele corpsstudent wil bijvoorbeeld niet graag tot de punkjeugd gerekend worden. Een dissociatieve groep kan fungeren als een negatieve referentiegroep, omdat zij voor het individu kan aangeven wat deze nu juist niet wil.

Uit de voorbeelden is af te leiden dat groepen op basis van verschillende dimensies zijn te onderscheiden. Het gezin kan bijvoorbeeld gezien worden als een primaire en als een informele groep. Dat geldt ook voor de vriendengroep. Een werknemersorganisatie of een consumentenorganisatie is een formele en een secundaire groep.

De keuze van producten en merken komt vaak tot stand door de invloed van referentiegroepen en -personen. De aard van deze invloed kan verschillen. Een groep of een persoon kan invloed uitoefenen omdat deze als deskundig wordt beschouwd. Voor de aanschaf van een koelkast kan een consument bijvoorbeeld het koopadvies van de Consumentenbond volgen. De referentiepersoon kan als een ideale persoon gezien worden. Hij of zij oefent invloed uit op het zelfbeeld van de consument. Hij koopt dan de sportkleding die zijn favoriete tennisser draagt.

De consument kan ook producten of merken kopen vanwege de normatieve druk uit de directe omgeving. Hij past zich dan aan de wens van anderen aan om niet negatief beoordeeld te worden of geen ruzie te krijgen. Hij koopt bijvoorbeeld een bepaald kostuum omdat dat binnen zijn werkkring hoort, of geeft gehoor aan de wens van de kinderen bij het kopen van speelgoed.

Van referentie-invloed zal vooral sprake zijn bij goederen die als statusproducten beschouwd worden. Dit zijn goederen waarmee we naar buiten toe kunnen demonstreren wie we zijn en/of welke status we willen uitdrukken. Dit wordt wel consumptie als statussymbool genoemd.

Consumptie als statussymbool

Voorbeelden van dergelijke goederen zijn parfums, sigaretten en duurzame artikelen als kleding, meubelen en auto's. De invloed van referentiegroepen is geringer bij goederen die om praktische redenen worden aangeschaft, zoals stofzuigers, lucifers of toiletpapier.

Manieren om bij promotie van referentie-invloed gebruik te maken

Bij de promotie van producten of merken kan op verschillende manieren gebruikgemaakt worden van referentiegroepsinvloeden. Aan bepaalde personen die als opinieleider voor een bepaalde doelgroep worden beschouwd, kunnen producten gratis of tegen een korting gegeven worden. Als zij positief oordelen over het product, zal de verkoop dankzij hun referentie-invloed gemakkelijker verlopen. Critici van literaire boeken of detectives krijgen gratis boeken ter beoordeling. Een marketeer die zich met zijn product op goed opgeleide jongeren richt, zou bijvoorbeeld bestuursleden van studentenverenigingen het product tijdelijk gratis kunnen laten gebruiken.
Sommige bedrijven, zoals Procter & Gamble (fabrikant van Pampers) en Oracle (fabrikant van software), richten clubs op voor de kopers en gebruikers van deze merken. Via sites, forums enzovoort wordt gebruikgemaakt

van de referentiegroepswerking. In reclame wordt nogal eens gebruikgemaakt van referentiepersonen. Topfokkers bevelen in commercials een bepaald merk hondenvoer aan. Bekende voetballers en basketballers figureren in commercials van Nike, een bekend merk van sportspullen en -uitrustingen. Bekende filmacteurs worden gebruikt in commercials voor Nespresso. Als wordt gekozen voor een bekende persoon, is de keuze aan de ene kant afhankelijk van de populariteit en aan de andere kant van de geloofwaardigheid. Ook kan gekozen worden voor onbekende personen, maar deze moeten dan wel vaak de ideale eigenschappen bezitten die de doelgroep zou willen hebben. Dan worden bijvoorbeeld slanke, goedgebruinde jongeren getoond bij reclame voor een zonnebrandproduct of een frisdrank. Of een ideaaltypisch gezin is te zien dat een keuze maakt voor de juiste vakantieaanbieder of de juiste verzekeringsmaatschappij. Het gebruikmaken van referentiepersonen in reclame-uitingen zal vooral voorkomen bij producten waarbij objectieve eigenschappen niet zo belangrijk zijn of bij merken die op grond van deze eigenschappen moeilijk van elkaar te onderscheiden zijn. Het onderscheid moet dan vooral tot stand komen door zich te richten op de ideale persoonlijke eigenschappen van de doelgroep.

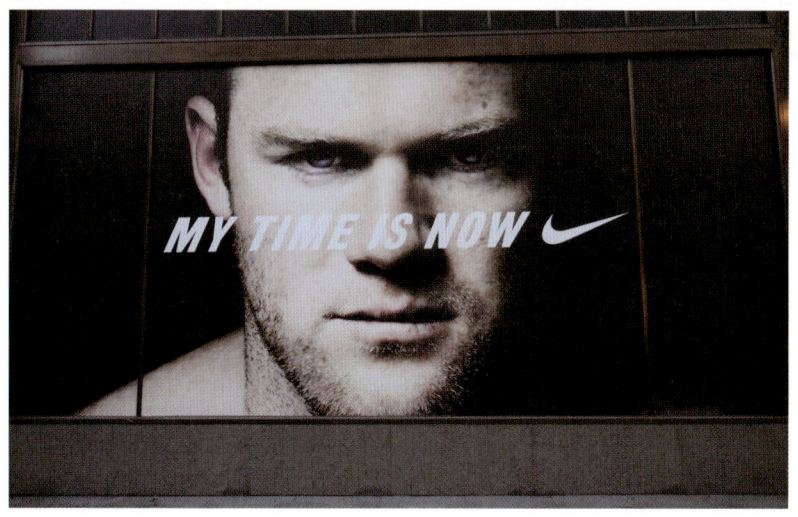

Nike Rooney My time is now

5.5 Gezin of huishouden

Het huishouden is een referentiegroep die aparte aandacht verdient. Het huishouden is een groep waarvan de leden met elkaar samenwonen en daardoor vaak hun meningen en gevoelens met elkaar uitwisselen. Het vormt ook een economische eenheid, waarin zowel geproduceerd als geconsumeerd wordt. Er worden diensten voor elkaar verricht: eten koken, de tuin verzorgen enzovoort. Goederen worden niet alleen gekocht om te consumeren (zoals eten), maar ook om te produceren: een stofzuiger om het huis schoon te houden, een naaimachine om kleding te maken.
Het huishouden kent verschillende vormen. Het gezin van een met elkaar getrouwde of samenwonende man en vrouw, eventueel met kinderen, komt het meeste voor. In het gezin zijn de rollen niet zo vanzelfsprekend meer verdeeld als vroeger. Het komt steeds vaker voor dat de vrouw in deeltijd of

voltijd werkt. Mannen nemen meer taken in het huishouden en in de opvoeding van de kinderen op zich. Het aantal eenpersoonshuishoudens neemt de laatste jaren sterk toe, evenals het aantal eenoudergezinnen met één of meer kinderen. Mede dankzij deze ontwikkelingen is in ons land de gemiddelde gezinsgrootte sterk gedaald.

SOCIALISATIE, EEN VAN DE BASISFUNCTIES VAN HET GEZIN

De socialisatie van vooral de kinderen in een gezin is een van de belangrijkste functies van het gezin. Socialisatie wil zeggen dat kinderen fundamentele waarden en normen voor gedrag leren. Waarden en normen die in overeenstemming zijn met de cultuur van de maatschappij waarvan het gezin deel uitmaakt. Marketeers maken van het proces van socialisatie gebruik door ouders hulpmiddelen aan te reiken.

Bijvoorbeeld 'My First Sony'. Dit was een speciale lijn van radiootjes en cassetterecorders voor kinderen tot een jaar of zes. Kinderen leerden om te gaan met deze apparaten en ouders die dat op prijs stelden vonden in Sony een 'helpende' fabrikant.

Dat geldt ook voor zang- en dansscholen. Alles staat in het teken van een 'juiste' opvoeding en wat ouders niet zelf kunnen doen, kan een ondernemende marketeer hen bieden. Kinderen leren door hun jaren in het gezin niet alleen algemene dingen, maar ook zaken die te maken hebben met consumentengedrag: wat eet je bijvoorbeeld op een heel speciale feestdag? Als we deze socialisatie tot consument nader definiëren, dan luidt de omschrijving als volgt: 'Het proces waarin kinderen de kennis, vaardigheid en houding opdoen die het hen mogelijk maakt om als een zelfstandige consument te functioneren.'

Koorollen

In het huishouden of het gezin worden veel producten gezamenlijk geconsumeerd. Maar de koop wordt vaak door één gezinslid gedaan.

Andere gezinsleden of zelfs buitenstaanders kunnen invloed op deze koop uitoefenen. De kinderen willen bijvoorbeeld een bepaald merk pindakaas. Of de buurman of een collega op het werk beveelt een bepaald type auto aan. In het koopgedrag zijn dus verschillende rollen te onderscheiden. Aan elke rol is een bepaald gedrag verbonden, dat moet voldoen aan bepaalde verwachtingen en normen. In een gezin kan bijvoorbeeld vrij traditioneel van de vrouw verwacht worden dat zij het eten verzorgt en dat zij daarbij altijd verse groenten gebruikt.

Bij de kooprollen onderscheiden we:
- *De initiator*. Dit is degene die de aanzet geeft voor de koopoverweging.
- *De beïnvloeder*. Dit is degene die met informatie en argumentatie een bepaalde beslissing beïnvloedt.
- *De beslisser*. Dit is degene die beslist wat, hoe, waar en wanneer gekocht wordt.
- *De koper*. Dit is degene die in de winkel of via de telefoon de bestelling doet.
- *De gebruiker*. Dit is degene die het product of de dienst gebruikt.

> **DE INVLOED VAN HET KIND OP DE BOODSCHAPPENKAR**
> Volgens onderzoekbureau IPM Kidwise krijgen kinderen steeds meer invloed op het gedrag van hun ouders. Er wordt met kinderen vaker overlegd, ook over de inhoud van de boodschappenkar. De inhoud van de boodschappenkar van degenen met kinderen ziet er dan ook anders uit dan die van degenen zonder kinderen. Fabrikanten reageren hier beter op dan supermarkten. Albert Heijn ontkent dat zij speciale aandacht heeft voor de wensen van kinderen. De supermarkt blijft zich specifiek op de ouders richten omdat zij uiteindelijk toch degenen zijn die de inkopen doen.

Eén persoon kan verschillende rollen vervullen. Kinderen zijn vaak de gebruiker, maar als iets op is, spelen ze ook de rol van initiator en in de winkel beïnvloeden ze hun ouder(s) bij de merkkeuze. Beslissingen kunnen door man en vrouw gezamenlijk genomen worden (de vakantie, het nieuwe meubilair enzovoort). Er zijn beslissingen waarbij de man dominant is (bijvoorbeeld bij de keuze van de auto of de verzekeringen) en er zijn beslissingen waarbij de vrouw dominant is (bijvoorbeeld bij de keuze van levensmiddelen). Voor een goed marketingbeleid is het van belang te weten, hoe de rolverdeling in de verschillende fasen van het besluitvormingsproces is.

5.6 Situationele factoren

In de vorige paragrafen hebben we diverse omgevingsvariabelen besproken, die invloed kunnen uitoefenen op de behoeften van een bepaald individu en daarmee vaak ook op de producten en diensten die dat individu zal willen aanschaffen. Grotendeels betrof dat omgevingsvariabelen die iemands situatie beschrijven. In deze laatste paragraaf behandelen we nog enkele andere situationele factoren, ook wel persoonlijke factoren genoemd, die meestal van invloed zijn op iemands behoeften en dus op de 'boodschappenlijst' waarmee die persoon de markt betreedt.

We behandelen achtereenvolgens: de gezinslevenscyclus, de leeftijd, de eigen economische situatie, het beroep en het 'moment'.

De gezinslevenscyclus
Het gezin verandert in de loop van zijn bestaan van samenstelling en karakter. De gezinslevenscyclus geeft aan welke stadia achtereenvolgens worden doorlopen. De indeling is gebaseerd op een combinatie van samenlevingsvorm, inkomen en leeftijd. Gewoonlijk worden hierbij de volgende stadia onderscheiden:
- vrijgezellenfase, eenpersoonshuishoudens
- gehuwde of samenwonende paren, zonder kinderen
- gehuwde paren met kinderen (jongste kind jonger dan zes jaar)
- gehuwde paren met kinderen (jongste kind zes jaar of ouder)
- gehuwde paren met oudere kinderen
- gehuwde paren, kinderen uit huis, man gepensioneerd
- weduwe/weduwnaar, doorgaans gepensioneerd
- alle andere huishoudens (restcategorie).

Eenoudergezinnen (onder meer als gevolg van echtscheidingen), samenwonende homofiele paren en alleenstaanden op middelbare leeftijd zijn categorieën die moeilijk ingepast kunnen worden in de traditionele gezinslevenscyclus.

Betekenis gezinslevenscyclus voor marketing

Hoewel we een dergelijke levenscyclus voorzichtig moeten hanteren, is deze voor de marketing toch van belang:
- Elk stadium kunnen we als een marktsegment beschouwen, waarvan we, zij het met de nodige voorzichtigheid, de omvang kunnen berekenen. Bovendien is het mogelijk met behulp van gegevens over demografische ontwikkelingen te bepalen hoe groot de segmenten zijn wanneer groepen in een volgende fase komen.
- Het beschikbare inkomen en vermogen verschilt per fase. Pasgetrouwden hebben een geringer inkomen en een kleiner vermogen dan paren bij wie de kinderen zelfstandig zijn en de hypotheek bijna afgelost is.
- De behoeften verschillen per fase. Jonge gezinnen besteden hun geld aan het inrichten van het huis en het kopen van baby- en kinderkleren enzovoort.
- Koopmotieven verschillen per fase. Bij de keuze in de vrijgezellenfase zal meer aandacht besteed worden aan de wijze waarop we eruitzien (aantrekkelijkheid), ouders zullen meer letten op degelijkheid en senioren hechten meer waarde aan stijl en comfort.
- Ook de koopervaring en koopgewoonte verschillen per periode. Naarmate we ouder zijn hebben we meer koopervaring en zullen we er andere koopgewoonte op nahouden, bijvoorbeeld een grotere mate van merktrouw.

De leeftijd

Leeftijd

Leeftijd is in twee opzichten van belang. In de eerste plaats is het duidelijk dat iemand van 18 jaar €100 op een heel andere manier zal besteden dan iemand van 80 jaar. We hebben hiervoor gezien dat ook de met de leeftijd samenhangende gezinslevenscyclus daarbij een rol speelt. Maar daarnaast is het van belang acht te slaan op zogenoemde leeftijdscohorten. Onder een leeftijdscohort wordt een groep mensen verstaan die allen in dezelfde periode zijn geboren. Bijvoorbeeld 'alle mensen geboren in de Tweede Wereldoorlog' kunnen we beschouwen als een leeftijdscohort. Van belang is nu, dat elk cohort zijn eigen 'geschiedenis' doormaakt en daardoor in het consumptiegedrag wordt beïnvloed.

Leeftijdscohorten

De eigen economische situatie

Inkomen

Ook iemands persoonlijke economische situatie (inkomen, vermogen) en vooruitzichten hebben invloed op de besteding van het inkomen of op de keuze voor lenen, sparen of beleggen. Het discretionair inkomen (zie paragraaf 2.4) van de ene consument kan veel groter zijn dan dat van de ander. Volgens de Wet van Engel (zie paragraaf 4.3) zal iemand met een ruim inkomen niet alleen meer, maar ook andere producten kopen dan iemand die financieel minder armslag heeft.

Productbezit

Ook de producten die iemand bezit kunnen zelf weer nieuwe behoeften en dus vraag uitlokken. Bij een dvd-speler koopt de consument nieuwe dvd's, een computer vraagt steeds nieuwe randapparatuur en software en bij een Voordeelurenabonnement probeert de NS reizen naar aantrekkelijke bestemmingen te verkopen.

Het beroep

Beroep

Iemands beroepssituatie is niet alleen van invloed op zijn inkomensniveau, maar bijvoorbeeld ook op de hoeveelheid vrije tijd die hij ter beschikking heeft. Iemand met weinig vrije tijd zal bijvoorbeeld allerlei diensten vragen, die hem of haar in de thuissituatie ontlasten: boodschappenservice, kant-en-klaarmaaltijden, naschoolse kinderopvang enzovoort. Andersom zullen bijvoorbeeld gepensioneerden over genoeg tijd – en steeds vaker ook over genoeg geld – beschikken om vaak en lang op vakantie te gaan.

Het 'moment'
Bij situatieafhankelijke factoren moeten we vooral denken aan tijd- en plaatsgebonden factoren. Bijvoorbeeld: de consument is met vakantie (hij gedraagt zich in de winkel op zijn vakantieplek heel anders dan thuis!), of het loopt tegen Kerstmis (cadeaus). Maar ook de koopreden of iemands stemming is van invloed op het koopgedrag: als je voor iemand anders een cadeau koopt, is het koopgedrag anders dan wanneer het voor jezelf is. Er zijn producten, bijvoorbeeld een elektrisch mes of een ballonvaart, die in de meeste gevallen als cadeau worden gekocht. Hebben de tijdgebonden factoren betrekking op een relatief korte tijdsduur, dan wordt wel gesproken van de momentconsument: iemand die zich als consument het ene moment heel anders gedraagt dan het andere moment. Bijvoorbeeld uitgevers van tijdschriften spelen hierop in; zij spreken dan bijvoorbeeld over verwenmomenten.

Moment-consument

Samenvatting

- Consumentenbehoeften komen vaak voort uit de relatie tussen het individu en zijn 'omgeving'. Belangrijk daarbij is de *cultuur* en als onderdeel daarvan *waarden* en *normen*. Daarbinnen vaak *subculturen*.
- In die omgeving spelen ook de *sociale klasse* en de *welstandsklasse* waartoe de consument behoort, een rol. Daarnaast ook *referentiegroepen*, waarbij nog onderscheiden worden: primaire en secundaire groepen, formele en informele groepen, en aspiratiegroepen en dissociatiegroepen.
- Soms wordt via *opinieleiders* van referentiegroepen gebruikgemaakt.
- De meest dichtbije omgeving is het *gezin* waartoe de consument behoort.
- Bij huishoudens of gezinnen worden diverse *kooprollen* onderscheiden: initiator, beïnvloeder, beslisser, koper en gebruiker.
- Ook de *situatie* waarin een individu zich bevindt kan invloed hebben op de koopmotieven. Bijvoorbeeld de gezinslevenscyclus, leeftijd, inkomen of vermogen (inclusief productbezit), beroep en het 'moment'.

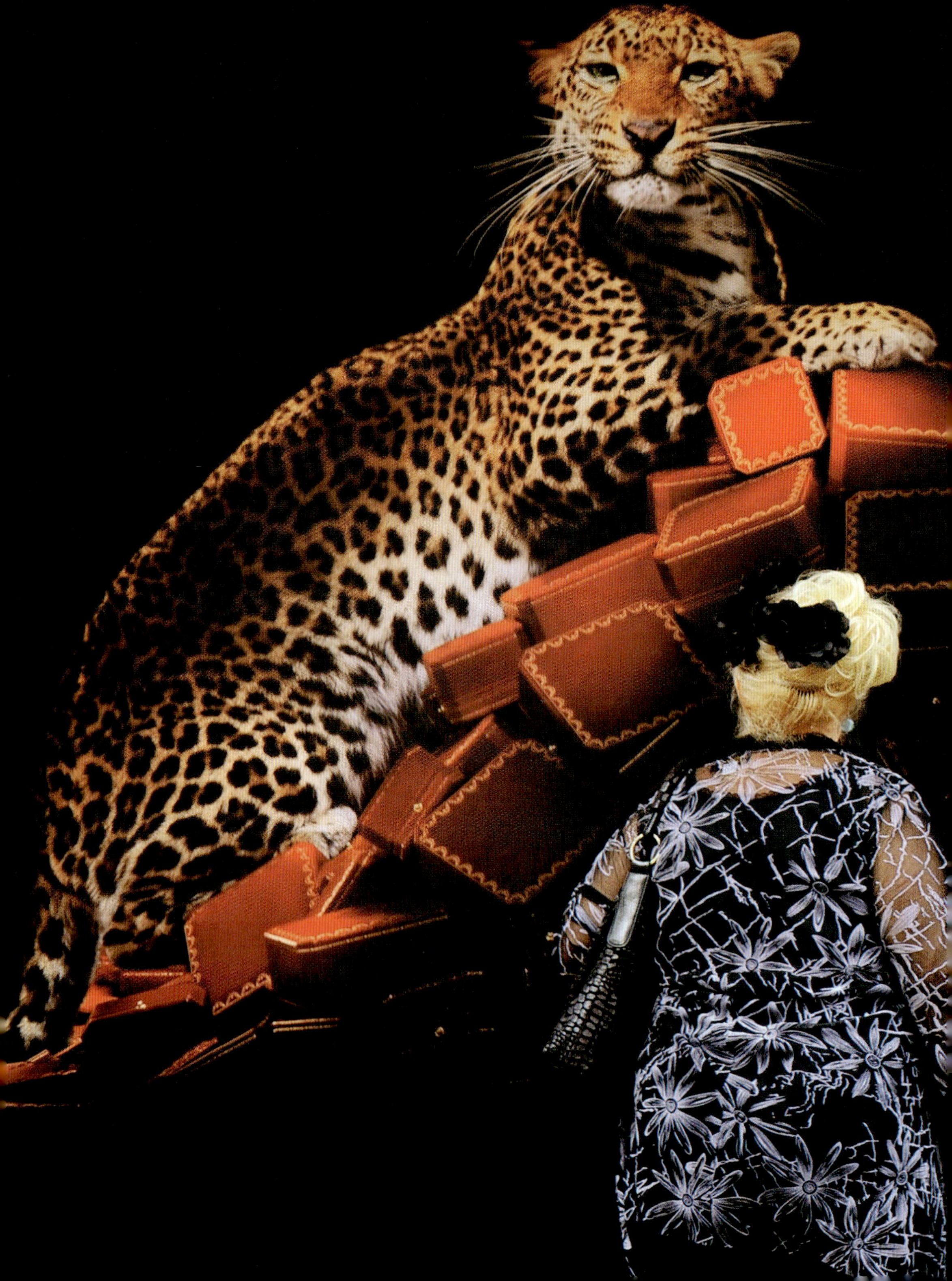

6
Intrapersoonlijke factoren

6.1 **Motivatie**
6.2 **Perceptie**
6.3 **Leren en het geheugen**
6.4 **Persoonlijkheid, zelfbeeld en levensstijl**
6.5 **Attitude**

Na de behandeling van de factoren in de sociale omgeving gaan we in dit hoofdstuk in op een aantal factoren die binnen de consument zelf actief zijn. Ook hierbij gaat het om factoren die als constructen moeten worden opgevat. Het zijn dus begrippen of concepten voor verschijnselen in de menselijke psyche die we niet kunnen waarnemen. De belangrijkste constructen die hier aan de orde komen zijn: motivatie (paragraaf 6.1), perceptie (paragraaf 6.2), leren en het geheugen (paragraaf 6.3), persoonlijkheid, zelfbeeld en levensstijl (paragraaf 6.4) en attitude (paragraaf 6.5).

6.1 Motivatie

Bij de studie van de motivatie proberen we het waarom van het gedrag te begrijpen. Wat brengt bijvoorbeeld de ene consument ertoe in zijn vakantie een verre reis te ondernemen, terwijl een andere zijn vakantie thuis doorbrengt?

Definitie motivatie

> Motivatie is (zijn) de bij een individu bestaande drijvende kracht(en) achter het handelen gericht op de behoeftebevrediging.

Bij het consumentengedrag gaat het om de beweegreden(en) van de consument voor een daadwerkelijke aankoop.

De drijvende kracht ontstaat uit de behoefte van het individu het ongewenste verschil tussen de actuele en de gewenste situatie op te heffen. Een goed gevulde maag is de gewenste situatie voor een hongerig persoon. Een leuk stel vrienden is dat voor iemand die zich eenzaam voelt. Kenmerkend voor het motivatieproces is dat het activerend werkt en doelgericht is. De behoefte zorgt voor energie, die leidt tot actie om aan de ongewenste situatie een einde te maken. De activiteiten zijn gericht op het realiseren van het doel dat leidt tot de bevrediging. Wanneer het doel bereikt is, neemt de motivatie voor dat doel (tijdelijk) af. Een ander motief komt dan naar voren om vervuld te worden.

Motivatie activeert en is doelgericht

Bij de doelen die een consument nastreeft kunnen twee niveaus worden onderscheiden. Algemene, abstracte doeleinden zijn fysiologisch of psychologisch van aard, zoals voedsel, drinken, seks, vriendschap, status. Daarnaast zijn er concrete, specifieke doeleinden.
Er zijn talloze voedingsmiddelen om de honger te stillen; voor sociaal contact kunnen we naar een café gaan of ons aansluiten bij een sportvereniging enzovoort. De specifieke doeleinden van een individu zijn afhankelijk van de cultuur waarin hij opgroeit, de opvoeding die hij geniet en de situatie waarmee hij wordt geconfronteerd. Een Nederlandse consument drinkt bijvoorbeeld nooit een glaasje ouzo tijdens een gezellig samenzijn, maar hij doet dat wel tijdens zijn vakantie in Griekenland.

Abstracte doeleinden
Specifieke doeleinden

Op de vraag welke krachten of drijfveren het gedrag sturen is moeilijk een antwoord te geven, doordat de motivatie niet direct bestudeerd kan worden. De motivatie kan alleen worden afgeleid uit het gedrag. Bij het zoeken naar de basismotieven voor het menselijk gedrag zijn er dan ook verschillende theorieën. Een van de bekendste theorieën die uitgaat van interne krachten is de theorie van Maslow. Daar gaan we nu kort op in. Daarna zullen we nog enkele opmerkingen maken over de relatie tussen marketing en consumentenbehoeften.

Behoeftehiërarchie van Maslow

De Amerikaanse klinisch-psycholoog Abraham Maslow ging ervan uit dat de mens een aantal basisbehoeften heeft. Hij onderscheidde er vijf, die hiërarchisch gerangordend zijn.
De indeling ziet er als volgt uit:
- *fysiologische behoeften*, de behoeften aan zuurstof, drinken, voeding, slaap enzovoort
- *veiligheidsbehoeften*, de behoeften aan bescherming, zekerheid en geborgenheid

- *sociale behoeften*, de behoeften aan vriendschap, liefde en genegenheid
- *behoeften aan waardering*, de behoeften aan erkenning, succes en status
- *behoeften aan zelfverwezenlijking*, de behoeften aan kennis, inzicht, zich ontwikkelen en ontplooiing.

Deze hiërarchie wordt vaak in de vorm van een piramide weergegeven met bovenaan de zelfverwezenlijking (zie figuur 6.1). Volgens Maslow zijn mensen gericht op persoonlijke groei, waarbij de zelfverwezenlijking of *zelfactualisatie* het ideaal is.

Zelfverwezenlijking het ultieme doel

FIGUUR 6.1 De behoeftepiramide van Maslow

(piramide met van boven naar beneden: Zelfverwezenlijking; Behoefte aan zelfrespect; Behoefte aan liefde en genegenheid; Behoefte aan veiligheid; Fysiologische behoeften)

Hoewel de theorie van Maslow gebaseerd is op zijn klinisch-psychologische ervaring en haar beperkingen kent, is ze toch bruikbaar voor de studie van het consumentengedrag. Binnen de marketing kan de marketeer zich afvragen op welke behoeftecategorie hij zich met zijn producten en de bijbehorende communicatie dient te richten. In de westerse maatschappij kunnen we ons gemakkelijk in de basisbehoeften voorzien. Vandaar dat bij reclame voor de meeste voedingsmiddelen niet geappelleerd wordt aan biologische motieven, maar aan sociale motieven, zoals gezelligheid of status als we iets uitzonderlijks eten. Bij de verkoop van auto's kan men wijzen op de grote veiligheid van de constructie, maar ook op het feit dat men met deze auto voorligt op anderen (status) of dat deze auto geheel overeenkomstig de eigen wensen geleverd kan worden en ook milieuvriendelijk is (zelfverwezenlijking). De hiërarchie is ook een bruikbaar hulpmiddel bij het segmenteren van de markt en het ontwikkelen van een reclamecampagne.

Marketing en consumentenbehoeften

Behoeften verschillen in de manier waarop de consument zich ervan bewust is. We spreken van manifeste behoeften als de consument zich bewust is van zijn behoefte. De behoefte leidt dan tot een concrete vraag. Dorst leidt tot de manifeste behoefte aan een drank; de behoefte aan vervoer leidt tot de vraag welk vervoermiddel het beste is.

Manifeste behoeften

Onder latente behoeften verstaan we behoeften waarvan de consument zich niet bewust is. Het zijn behoeften die sluimerend aanwezig zijn. Door

Latente behoeften

bepaalde gebeurtenissen in het leven van de consument kan een latente behoefte manifest worden. Iemand die nooit ziek is geweest, heeft misschien nooit de behoefte gevoeld een goede ziektekostenverzekering af te sluiten. Tot het moment dat hij ernstig ziek wordt en erachter komt dat hij alle kosten zelf moet betalen. De mate waarin de consument zich bewust is van bepaalde behoeften en de intensiteit waarin ze zich doen gelden, is sterk verschillend. Een consument die een tijdlang geen film gezien heeft, kan ineens zin hebben om naar de bioscoop te gaan of zich voornemen dat binnenkort eens te gaan doen. Of hij denkt helemaal niet aan eten tot hij een heerlijke etensgeur ruikt. Reclame kan sluimerende behoeften activeren. Mensen die werken voor een gezin kunnen via reclame gewezen worden op het nut van een levensverzekering. In de koude of natte wintertijd kan reclame over een mooie zomervakantie de consument ertoe brengen een zomervakantie te regelen.

6.2 Perceptie

Informatie over producten komt op verschillende manieren en via verschillende media op de consument af. Denk alleen maar eens aan de reclame: advertenties in kranten en tijdschriften, commercials op radio en televisie, berichten op onze e-mail, etalages van winkels, displays, verpakkingen en wat verkopers over producten zeggen. Al dit soort informatie komt niet zomaar passief bij de consument naar binnen. Het in ontvangst nemen van die informatie is een actief proces dat *perceptie* wordt genoemd.

Definitie perceptie

> Perceptie is de mentale activiteit waarbij een individu sensorische prikkels selecteert, verwerkt en integreert tot een ervaring of een betekenisvol en samenhangend beeld van een bepaald object of een actie.

De informatie die het individu op deze wijze verwerkt, wordt geheel of gedeeltelijk in het geheugen opgenomen.

Perceptieproces is selectief en subjectief

Het perceptieproces is selectief en subjectief. We nemen niet alles waar, al was het alleen maar omdat onze zintuigen en ons zenuwstelsel die overstelpende hoeveelheid stimuli niet aankunnen. De perceptie is subjectief omdat deze wordt beïnvloed door onze wensen, voorkeuren en verwachtingen. Iemand die met een hongergevoel op straat loopt, let meer op bakkerswinkels dan iemand die net heeft gegeten. Onze perceptie wordt dus door *interne factoren* beïnvloed. Daarnaast wordt onze perceptie door *externe factoren* beïnvloed, zoals paginagrote advertenties, schreeuwende kleuren en indringende geuren. De context waarin de stimuli worden aangeboden, speelt ook een rol: te midden van grote advertenties met veel tekst kan juist die kleine advertentie met weinig tekst opvallen.

Stimuli

Perceptie begint met stimuli. Stimuli zijn prikkels die van buitenaf de zintuigen prikkelen. Ze kunnen afkomstig zijn van vrienden, collega's, verkopers, reclamefolders, tv-commercials, advertenties, het product zelf of de verpakking ervan.

In het perceptieproces worden de volgende stadia onderscheiden: blootstelling (exposure), aandacht, begrip (interpretatie).

www.welingelichtekringen.nl

Lichaamsgewicht kleurt de perceptie van competentie

Mensen die kampen met overgewicht hebben vaak te maken met discriminatie in verschillende stadia van hun carrière. In vergelijking met hun slankere collega's hebben mensen met overgewicht minder kans om te worden ingehuurd, minder kans om promotie te maken, en uiteindelijk meer kans om lagere lonen te verdienen.

Een nieuwe studie suggereert dat deze vooringenomenheid op basis van gewicht zelfs kan uitgebreid worden tot oordelen over bekwaamheid. Emma Levine en Maurice Schweitzer, psychologen van de Wharton School van de University of Pennsylvania vonden dat men aan mensen met overgewicht lagere scores voor competentie gaf, ongeacht hun kwalificaties of prestaties.

Levine en Schweitzer schrijven: 'We laten zien dat obesitas onlosmakelijk verbonden is met de perceptie van lage competentie en dat dit verband niet alleen een voorkeur weerspiegelt, maar ook interpersoonlijke reacties triggert die veel genuanceerder zijn dan eerder onderzoek heeft aangetoond.' Levine en Schweitzer beweren dat deze negatieve bias gebaseerd kan zijn op de overtuiging van mensen dat zwaarlijvige mensen lui zijn of zelfbeheersing missen. Mensen kunnen obesitas zien als een karakterfout of een keuze en dat leidt hen ertoe obesitas op een oneerlijke wijze te associëren met een lage competentie.

Blootstelling (selective exposure)
Bij blootstelling gaat het om het contact of de confrontatie van onze zintuigen (ogen, oren, smaak-, gevoels- en tastzintuigen) met stimuli. We spreken van actieve blootstelling, wanneer de consument uit zichzelf op zoek gaat naar informatie om een consumptieprobleem op te lossen. In dit geval is er sprake van *selectieve blootstelling* (*selective exposure*): de consument selecteert zelf actief de bronnen die hij wil raadplegen. Hij wil bijvoorbeeld een nieuwe koelkast, raadpleegt daartoe een *Consumentengids* waarin verschillende merken worden beoordeeld en kijkt dan in de eigen krant naar voordelige aanbiedingen van de merken waaruit hij een keuze wil maken.

Selectieve blootstelling

Er is echter vaker sprake van passieve, onvrijwillige exposure. Dagelijks worden we geconfronteerd met allerlei reclame-uitingen voor producten die we op dat moment niet nodig hebben. Deze informatie zal vaak niet tot de consument doordringen of vluchtig verwerkt worden. Mediaplanners zoeken naar de meest geschikte media om de doelgroepen zo goed mogelijk met reclame te confronteren.

Exposure vaak passief, onvrijwillig

Aandacht (selective attention)
De aandacht die een consument aan de diverse stimuli besteedt, kan sterk variëren. Hij gaat daarin selectief te werk. We spreken daarom van *selectieve aandacht*. Consumenten kunnen bijvoorbeeld tijdens de tv-reclame de krant lezen of met elkaar praten. Of een stimulus aandacht krijgt, is afhankelijk van stimulus- en persoonlijke factoren van de consument.

Selectieve aandacht

Stimulusfactoren

Bij de stimulusfactoren gaat het erom dat ze eigenschappen bezitten waardoor ze gemakkelijk de aandacht trekken. De marketeer kan gebruikmaken van grote advertenties, van doordringende geluiden, van advertenties in kleur of van een afwijkende vormgeving.

Persoonlijke factoren

De stimulusfactoren kunnen daarbij gestuurd worden, maar niet de persoonlijke factoren van de consument. Behoeften, motivaties, interesses en attituden zijn persoonlijke factoren die invloed hebben op zaken waaraan de consument aandacht besteedt. Iemand die honger heeft, zal veel meer aandacht schenken aan voedselstimuli. Staan we negatief tegenover bepaalde zaken, dan schenken we daar niet zo snel aandacht aan. Als in een stad affiches hangen die wijzen op de gevaren van het roken, zullen rokers deze affiches minder zijn opgevallen dan niet-rokers.

Begrip (selective distortion)
In de begripsfase worden de binnenkomende indrukken geïdentificeerd en in een bepaald patroon geplaatst. Tevens wordt er een cognitieve en emotionele betekenis aan toegekend. Stel, een vaag bewegende massa trekt de aandacht. Dan wordt het bewegende voorwerp bijvoorbeeld geïnterpreteerd als een auto, waarvan de consument meent dat deze snel is en er mooi uitziet.

Betekenis-toekenning

Mensen beoordelen de nieuwe informatie vanuit hun al bestaande kennis en (voor)oordelen. Prijzen worden beoordeeld op basis van een bepaald prijsbeeld dat de consument van een product heeft. Iemand die meent dat stofzuigers €115 kosten, zal een stofzuiger die hij in een winkel ziet voor een prijs van €135 duur vinden. Een consument met een prijsbeeld van €160 zal deze stofzuiger daarentegen goedkoop vinden. Een consument met een negatieve houding ten opzichte van Italiaanse auto's zal ook de nieuwe modellen wantrouwend tegemoet treden. Consumenten die zeggen dat Heineken lekkerder is dan Grolsch, vallen vaak bij zogenoemde blinde smaaktests door de mand. Ze proeven dan vaak het verschil niet. Hun voorkeur wordt eerder bepaald

Selectieve interpretatie

door het merkbeeld, opgebouwd door marketinginspanningen, dan door de smaak van het bier. Dit wordt *selectieve interpretatie* genoemd.

Selectieve herinnering

Naast selectieve blootstelling, selectieve aandacht en selectieve interpretatie kennen we ook nog *herinnering (selective retention)*. Dit betekent dat iemand bepaalde informatie beter onthoudt dan andere informatie. Er treedt een soort (subjectieve) filtering op van datgene wat iemand kan of wenst te onthouden. Het gaat dan bijvoorbeeld om zaken die prettig zijn om te onthouden, die in bestaande attituden passen of die een bijzondere indruk hebben achtergelaten.

6.3 Leren en het geheugen

Bij het leren speelt het geheugen een belangrijke rol. Vandaar dat we na de bespreking van twee leertheorieën ook aan het geheugen aandacht besteden.

Leren

Op basis van allerlei ervaringen veranderen mensen vaak hun attituden, vooral kennis of gedrag. Dit proces wordt *leerproces* genoemd, of kortweg leren. Het betreft niet alleen waarneembare gedragingen, zoals leren fietsen, maar ook veranderingen in de mentale processen, zoals het leren van nieuwe begrippen, het oplossen van problemen of het ontwikkelen van standpunten en attituden.

We kunnen ons bewust voornemen iets te gaan leren, zoals het nemen van autorijlessen om het rijbewijs te halen. Dit heet intentioneel leren. Ook is het mogelijk toevallig, terloops, zonder veel moeite iets te leren. Dit wordt incidenteel leren genoemd. In het consumentengedrag komt het incidenteel leren regelmatig voor. We horen toevallig iets nieuws van een vriend of zien toevallig een commercial voor een nieuw merk op de televisie.

Intentioneel leren
Incidenteel leren

We bespreken nu twee leertheorieën: associatief leren en instrumenteel leren.

Associatief leren
De basis voor associatief leren (klassiek conditioneren) werd gelegd door de Russische fysioloog Ivan Pavlov. Hij onderzocht voor het eerst uitvoerig de relatie tussen een stimulus en een respons. Hij is bekend geworden door zijn experimenten met honden. Bij het zien van eten vindt er bij een hond speekselafscheiding plaats. Het eten wordt de *ongeconditioneerde stimulus* genoemd en de speekselafscheiding de *ongeconditioneerde respons*. Pavlov liet op het moment dat de hond eten kreeg, een bel luiden. Na dit enige keren gedaan te hebben, scheidde de hond ook speeksel af bij alleen het horen van het belgeluid. De honden associeerden als het ware het belgeluid met het voedsel. Het belgeluid wordt nu aangeduid als de *geconditioneerde stimulus* en de speekselafscheiding als de *geconditioneerde respons*. Schematisch kan dit proces worden weergegeven als in figuur 6.2.

Pavlov: relatie tussen stimuli en responses

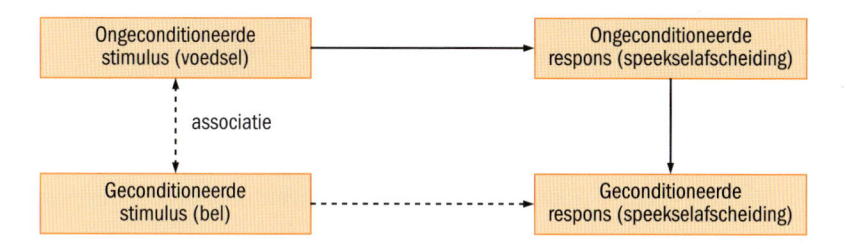

FIGUUR 6.2 Een schematische weergave van het associatief leren

```
┌─────────────────────┐           ┌─────────────────────────────┐
│  Ongeconditioneerde │──────────▶│  Ongeconditioneerde         │
│  stimulus (voedsel) │           │  respons (speekselafscheiding)│
└─────────────────────┘           └─────────────────────────────┘
           ▲                                     │
           ┊ associatie                          │
           ▼                                     ▼
┌─────────────────────┐           ┌─────────────────────────────┐
│  Geconditioneerde   │- - - - - ▶│  Geconditioneerde           │
│  stimulus (bel)     │           │  respons (speekselafscheiding)│
└─────────────────────┘           └─────────────────────────────┘
```

Bij het associatief leren wordt uitgegaan van een reeds aanwezige stimulus-responsverbinding. Getracht wordt nu eenzelfde of een ongeveer gelijke respons te verkrijgen bij een nieuwe stimulus. Essentieel is dat er een associatie tussen de oorspronkelijke stimulus en de nieuwe, aanvankelijk neutrale, stimulus wordt gelegd. Pas dan zal de hond, alleen al bij het horen van de bel, ook speeksel afscheiden. De associatie ontstaat onder twee voorwaarden. Ten eerste dient de nieuwe stimulus in de nabijheid van de oorspronkelijke stimulus gebracht te worden. In het hondenexperiment betekent dit dat het vlees en het belgeluid tegelijkertijd moeten worden aangeboden. Ten tweede moet het tegelijk aanbieden van de stimuli herhaald worden. Een hond zal niet op de bel reageren als beide stimuli maar één of twee keer tegelijk worden aangeboden.

Associatief leren komt regelmatig in het consumentengedrag voor. Marketeers gaan uit van een situatie die mensen als plezierig of als leuk ervaren. Door associatie van die plezierige situatie met een bepaald product, een bepaalde dienst of een bepaald merk hoopt de marketeer een gunstige reactie te creëren. Zo horen bij gezellige, drukke feesten de sauzen van Calvé en past bij huiselijke of familiegezelligheid de koffie van Douwe Egberts.
Bij associatief leren gaat het vaak om halfbewuste, automatische, meer reflexmatige reacties. Consumenten reageren vaak automatisch op stimuli, zoals bepaalde bekende reclames, merknamen of slogans. Bij de slogan 'Even Apeldoorn bellen', die al sinds 1986 wordt gebruikt, zullen velen direct aan Centraal Beheer Achmea denken. Ook het laten klinken van achtergrondmuziek in winkels of winkelgalerijen is een toepassing van associatief leren of klassiek conditioneren. Het horen van deze muziek brengt de consument in een positieve stemming die een gunstig effect kan hebben op de koopneiging.

Instrumenteel leren
Bij het associatief leren wordt het individu als passief voorgesteld. Het reageert op zijn omgeving. Het uitgangspunt bij het instrumenteel of operant conditioneren is dat het individu actief in zijn omgeving opereert. Het experimenteert zoals een klein kind dat doet, met allerlei gedragingen om in zijn behoeften te voorzien. Op deze wijze heeft het kind na veel pogingen zijn schoenveters leren vastknopen of op de juiste wijze met een computerprogramma leren omgaan. Het handhaaft die gedragingen die beloond worden of een gunstige uitkomst hebben. Gedragingen die bestraft worden of geen gunstig effect hebben, zullen uit zijn gedrag verdwijnen. We kunnen spreken van 'trial and error'.

Positieve bekrachtiging

Gewenste gedragingen worden door *positieve bekrachtiging* (reinforcement) versterkt. Dit kan bestaan uit een materiële beloning of uit een psychologische beloning, zoals een compliment, instemming of statusverhoging. Iemand die een compliment krijgt over de wijze waarop hij of zij eruitziet, zal gemakkelijk besluiten bij de zaak te blijven waar de kleding gekocht werd.

Menselijk gedrag verandert in de loop van de jaren als gevolg van alle opgedane ervaringen en de vastlegging daarvan in het geheugen. Niet voor niets proberen steeds meer aanbieders van goederen of diensten hun afnemers een positieve ervaring te laten meemaken, bijvoorbeeld door het organiseren van een groots feest, om hen daarmee sterker aan hun product te binden.

Geheugen
De kennis die de consument heeft opgedaan via associaties of door het zoeken naar oplossingen voor zijn problemen, wordt geheel of gedeeltelijk in het geheugen opgeslagen. Zo kan het geleerde in een latere situatie worden toegepast. Een deel van de informatie wordt overgebracht naar het langetermijngeheugen. Deze fase in het informatieverwerkingsproces wordt ook wel retentie ('vasthouden') genoemd.

Retentie

Informatie moet vaak herhaald worden om in het langetermijngeheugen terecht te komen. Ook het langetermijngeheugen is selectief. Dit kan een gevolg zijn van fysieke oorzaken, zoals ouderdom. Daarnaast wordt de selectieve herinnering (selective retention) ook veroorzaakt door de instelling van de persoon. We hebben de neiging die informatie te onthouden, die ons het beste uitkomt: de goede prestaties van onszelf en de slechte daden van de ander. Verder herinneren we ons het afwijkende beter dan het normale. Opvallende reclame blijft in het geheugen hangen, maar de doorsneereclame wordt vergeten.

In de reclame wordt gebruikgemaakt van verschillende methoden om de herinnering te bevorderen, bijvoorbeeld door te kiezen voor een gemakkelijk te onthouden merknaam of slogan. Een opvallende vormgeving wordt gehanteerd en de merknaam wordt een aantal keren in een tv-commercial herhaald. Ook de commercials worden vaak een aantal keren herhaald. Het gaat erom dat het merk met alle associaties die het heeft opgeroepen, een gunstige positie in het langetermijngeheugen van de consument inneemt. Op het moment van aankoop moet dit alles geactiveerd worden om tot de aankoop van het merk te leiden. Deze activering kan ondersteund worden door mediareclame en winkelpromoties op elkaar af te stemmen.

Reclame tracht de herinnering te bevorderen

In grote lijnen zijn er twee methoden om de *merkbekendheid* te meten. Merkbekendheid is de mate (uitgedrukt in een percentage) waarin de doelgroep in staat is het merk en/of de eigenschappen van het merk binnen een productklasse te herkennen.
In het ene geval wordt de consument een rijtje merknamen voorgelegd en gevraagd welke hij herkent. Dit wordt *geholpen bekendheid* genoemd. In het andere geval wordt gevraagd enkele merknamen te noemen. Dit heet *spontane bekendheid*. Naast geholpen en spontane (niet-geholpen) merkbekendheid onderscheiden we nog de *top of mind bekendheid*. Deze heeft betrekking op de merken die een respondent als eerste spontaan noemt.

Merkbekendheid

6.4 Persoonlijkheid, zelfbeeld en levensstijl

Uiteraard spelen bij het consumentengedrag ook persoonlijke kenmerken van de consument een rol. Ze zijn van invloed op de media die consumenten gebruiken, de producten en merken die ze kopen en de winkels die ze bezoeken. We behandelen achtereenvolgens drie invalshoeken:

De persoonlijkheid
In de psychologie bestaan verschillende theorieën over de persoonlijkheid en de belangrijkste kenmerken daarvan. We onderscheiden verschillende persoonlijkheidstypen. Zo is er het introverte en het extraverte type. Door psychologen zijn persoonlijkheidstests ontwikkeld om te kunnen bepalen tot welk type iemand gerekend kan worden.
In de marketing is ook een aantal van dit soort tests gebruikt. Daarbij wordt gezocht naar de relatie tussen bepaalde persoonlijkheidskenmerken en de product- en merkenvoorkeur. De mate waarin de consument zuinig, ambitieus, conservatief, gemakzuchtig, onafhankelijk of introvert is, kan bepalend zijn bij zijn voorkeur voor bepaalde producten. Zo richt zich de reclame voor Amstel-bier vooral op mannelijke consumenten die vinden dat ze gezellig zijn.

Het zelfbeeld
Mensen hebben een bepaald beeld van zichzelf. Ze zien zichzelf bijvoorbeeld als jong of juist als oud. Het zelfbeeld of zelfconcept bestaat uit:

> Het totaal aan indrukken, kennis en verwachtingen dat iemand van zichzelf heeft betreffende de persoonlijkheid, de sociale omgeving waarin hij verkeert en de relaties die hij heeft.

Definitie zelfbeeld

Drie zelfconcepten

Het zelfbeeld wordt beïnvloed door referentiepersonen en/of groepen waarmee we omgaan of wensen om te gaan. Er worden drie zelfconcepten onderscheiden:
- hoe de consument zichzelf ziet (het actuele zelfbeeld)
- hoe de consument graag zou willen zijn (het ideale zelfbeeld)
- hoe de consument denkt dat anderen hem zien (het sociale zelfbeeld).

Het zelfbeeld beïnvloedt het consumentengedrag. We zullen ons op een bepaalde manier presenteren, met bepaalde groepen of personen contact zoeken en goederen en diensten kopen die aansluiten op een bepaald zelfconcept en dat daarmee ook bevestigen. Mensen die zichzelf sportief vinden, kopen bijvoorbeeld sportieve kleding en sportieve autotypen. Mensen die zichzelf als stijlvol beschouwen, kopen stijlvolle meubelen. Met een merk kan de gebruiker iets over zichzelf zeggen. Bij de beoordeling van merken zal dus vooral gelet worden op de expressieve eigenschappen van deze merken (wat stralen ze uit?).
In reclame-uitingen van sigaretten zijn stoere, mannelijke typen te zien of jeugdige, sportieve en genietende mensen. Hier wordt dus gebruikgemaakt van een bepaald imago, uitgedrukt in persoonlijke eigenschappen die appelleren aan het zelfbeeld van de doelgroep waarop de marketeer zich richt.

De levensstijl
In de marketing is in de jaren zestig van de vorige eeuw het theoretisch concept van de levensstijl (lifestyle) ontwikkeld om een relatie tussen persoonlijke kenmerken en koopgedrag te leggen. De levensstijl is een gedurende een bepaalde tijd redelijk consistente en kenmerkende manier van leven van een bepaald individu of een bepaalde groep individuen op grond van ontwikkelde waarden (core values), normen en gedragingen. De gedachte is dat onderzoek hiernaar vooral meer inzicht in het waarom en de achtergronden van het consumentengedrag oplevert. Mensen met hetzelfde inkomen of dezelfde opleiding kunnen qua levensstijl sterk verschillen. Men voert psychografisch of levensstijlonderzoek uit naar activiteiten, interesses en opinies (de zogenoemde AIO-variabelen) om inzicht te krijgen in de levensstijl van consumenten (zie tabel 6.1). Aan dit onderzoek worden vaak demografische en socio-economische variabelen toegevoegd.

AIO-variabelen

Levensstijlonderzoek kan dan ook voor bepaalde producten een basis vormen voor marktsegmentatie. In hoofdstuk 9 komen we daarop terug.

TABEL 6.1 Een checklist van AIO-variabelen

Activiteiten	Interesses	Opinies
werk	familie	zichzelf
hobby's	huis	maatschappelijke vraagstukken
sociaal verkeer	werk	politiek
vakantie	gemeenschap	zaken
ontspanning	recreatie	economie
clublidmaatschap	mode	onderwijs
winkelen	voeding	producten
sportbeoefening	media	toekomst
binnenshuisactiviteiten	carrière	cultuur
overige vrijetijdsbesteding		technologie

6.5 Attitude

Het begrip attitude kan als volgt worden gedefinieerd:

> Een attitude is een aangeleerde, relatief duurzame houding die iemand inneemt ten opzichte van personen, activiteiten, producten of organisaties.

Definitie attitude

Enkele voorbeelden van uitspraken waaruit we attituden kunnen afleiden, zijn:
- Ik vind dat een leuke reclame.
- De bediening in die winkel is heel erg slecht.
- Blij, dat ik rij.
- Middenstanders zijn conservatieve mensen.
- Zij is tegen de invoering van een 35-urige werkweek.
- Het kopen van merk X is beslist aan te bevelen.

Met deze voorbeelden in gedachten gaan we in op enkele kenmerken van een attitude. In de eerste plaats is een attitude niet tastbaar. Zij heeft betrekking op een mentaal proces binnen een persoon. Attituden zijn dus niet direct toegankelijk. Ze moeten worden afgeleid uit uitspraken of andere gedragingen van een persoon. Daarnaast is een attitude op iets gericht. Dat kan een object zijn, bijvoorbeeld een product of merk, maar zij kan ook gericht zijn op een persoon, een organisatie, een politieke of godsdienstige opvatting.

Attitude niet tastbaar

Een attitude houdt een waardering in van datgene waarop zij zich richt: het attitudeobject. We zijn ergens voor of tegen, beoordelen iets gunstig of ongunstig, met alle nuances daartussen. Attituden zijn dus evaluatief. We verwachten ook dat iemands attitude in verschillende situaties min of meer gelijk blijft. Iemand die een winkel negatief waardeert, zal niet na een week zijn attitude wijzigen. Een attitude geeft daarnaast weer hoe een persoon geneigd is te reageren op het attitudeobject. We verwachten dat iemand overeenkomstig zijn attitude handelt. Attituden beïnvloeden dus het gedrag. Iemand die een hekel heeft aan een winkel, zal daar niet zijn boodschappen doen.

Attitudeobject

Bij attituden worden vaak drie componenten onderscheiden, die hierna worden besproken. Daarna besteden we nog aandacht aan de vraag hoe je attituden kunt beïnvloeden.

Driecomponententheorie

Een van de oudste theoretische benaderingen van het begrip attitude is de gedachte dat zij is opgebouwd uit drie componenten: een cognitieve, een affectieve en een conatieve component. Dit noemen we wel de *driecomponententheorie*.

Driecomponententheorie

De cognitieve component bevat het geheel aan kennis dat iemand over het attitudeobject bezit. Een consument is op de hoogte van diverse eigenschappen van het attitudeobject. Ook weet hij wat personen of groepen van het attitudeobject vinden. Een consument kent bijvoorbeeld bepaalde eigenschappen van een auto. Maar hij hoort ook wat zijn buurman of de dealers van de auto vinden. Dit alles tezamen bepaalt de kennis die hij over die auto bezit. Deze is subjectief: de kennis van de ene consument hoeft niet overeen te komen met die van een andere consument. Daar komt bij dat consumenten in verschillende omgevingen leven.

Cognitieve component: kennis

Affectieve component: emoties en gevoelens

De gevoelens en emoties in relatie tot een attitudeobject vormen de affectieve component. Zij leiden tot een algemene beoordeling of evaluatie. Een consument vindt een bepaalde auto een fijne, comfortabele auto. Dit heeft tot gevolg dat hij positief staat tegenover die auto. Bij de affectieve component spelen twee aspecten een belangrijke rol: de richting en de sterkte van die richting. De richting geeft aan of de consument positief of negatief staat ten opzichte van het attitudeobject. De sterkte, ook wel de mate genoemd, geeft aan hoe sterk de positieve of negatieve houding is (of de consument matig of sterk positief of negatief tegenover een auto staat). De gedachte is dat bij een sterke positieve houding tegenover een bepaald merk, de consument moeilijker is over te halen van merk te veranderen.

Conatieve component: neiging tot actie

De conatieve component verwijst naar de neiging of intentie om tot actie over te gaan op grond van een bepaalde attitude. We zouden kunnen zeggen dat dit de resultante is van de cognitieve en de affectieve component. Iemand met een bepaalde kennis en een positieve houding tegenover een bepaalde auto, zal deze auto gaan kopen. Toch hoeft een gunstige attitude niet altijd tot een koopintentie te leiden. Omstandigheden kunnen de koopdaad verhinderen, bijvoorbeeld gebrek aan geld.

Bij de driecomponententheorie wordt verondersteld dat er een hechte samenhang tussen de verschillende componenten bestaat. Iemand die van een bepaalde winkel meent dat de prijzen hoog zijn en de kassajuffrouw traag is, zal een negatief gevoel bij deze winkel krijgen. Het resultaat is dat hij deze winkel mijdt. Maar volmaakt zal deze samenhang niet zijn. Het is heel goed mogelijk dat de winkel een ruim assortiment heeft en dat kan voor de consument een aantrekkelijk element zijn. Het gaat er dus om hoe de balans tussen negatieve en positieve aspecten doorslaat.

Verder hoeft het gevoel niet altijd in overeenstemming te zijn met de cognitie. Om emotionele redenen kan de consument zich aan een winkel gebonden voelen, terwijl hij of zij toch vindt dat de zaken er slecht worden aangepakt.

Ook het gedrag hoeft niet in overeenstemming te zijn met cognitie en gevoel.
Gedrag zonder veel voorafgaande cognities is bijvoorbeeld: een product kopen waar je weinig van afweet. Van gedrag in tegenspraak met affectie is sprake als het geliefde merk koffie tijdelijk niet op het schap staat en je een ander merk koopt.

Beïnvloeding van attituden

Een attitude geeft aan of een consument gunstig of ongunstig oordeelt over een bedrijf en zijn producten of diensten. De attitude toont dus als het ware wat het beeld of het imago is in de ogen van de consument. Een *imago* (beeld) is het totaal van de al dan niet denkbeeldige, subjectieve voorstellingen, ideeën, gevoelens en ervaringen door een persoon of een groep personen ten aanzien van een bepaald object (merk, product, persoon of organisatie). Het Engelse woord voor imago is *image*. Een bedrijf zal trachten attituden zodanig te beïnvloeden via allerlei commerciële uitingen, dat bij de consument een gunstig imago en dus een positieve attitude zal ontstaan.

Imago

Attitudebeïnvloeding

Attituden wil de marketeer om drie redenen beïnvloeden:
- het ontwikkelen van attituden bij nieuwe producten
- het versterken van bestaande attituden, om het merkbesef en de gunstige attitude op een hoog niveau te houden
- het veranderen van attituden, wanneer het merk in vergelijking met concurrenten een ongunstig imago heeft.

Bij het beïnvloeden van attituden kan het klassieke hiërarchische model worden gehanteerd. Daarbij dient eerst de aandacht van de consument getrokken te worden en vervolgens wordt hem dan informatie over het product of merk gegeven (de cognitieve component). Op basis van deze informatie komt de consument tot een oordeel (de affectieve component). Het oordeel over een merk brengt de consument vervolgens tot een bepaald gedrag (de conatieve component). De term hiërarchisch duidt op de geldende mening dat de genoemde effecten in deze volgorde gerealiseerd dienen te worden om de consument tot een gewenst koopgedrag te brengen.

Klassiek hiërarchisch model

Het klassieke hiërarchische model geldt echter niet voor elke koopsituatie. Dat hangt af van de mate van *betrokkenheid* (*involvement*) van de consument bij het product. We kunnen onderscheid maken tussen *low involvement* en *high involvement*.
Wij komen in het volgende hoofdstuk, bij beslissingsprocessen, nog op dit onderscheid terug.

High involvement

Bij low involvement zal de consument nauwelijks informatie inwinnen en zich niet diepgaand met de diverse producteigenschappen bezighouden. Na kennisname van het product zal hij het zonder veel overweging kopen en vindt de echte beoordeling pas na de aankoop plaats.

Low involvement

Beïnvloeding van attituden en gedrag vereist voor een low-involvementbeslissing dan ook een andere aanpak dan voor een high-involvementbeslissing. Het heeft geen zin veel informatie over het product te geven, omdat de consument daar toch geen aandacht aan schenkt. Alleen het hoofdvoordeel van het merk zal in de reclame, die de aandacht trekt en als leuk ervaren wordt, goed benadrukt worden. De vormgeving van de reclame is dus belangrijk. Vaak zal de marketeer gebruikmaken van humor of van bekende of aantrekkelijke personen of van personen die als deskundig gezien worden, om een positieve houding voor het merk te creëren.

Attituden en koopintenties kunnen ook beïnvloed worden door met de conatieve component te beginnen. De marketeer laat dan de consument eerst ervaring met het product opdoen door gratis proefmonsters uit te delen, het product op zicht te sturen, een proefrit te laten maken enzovoort. Het gebruik leidt dan tot (meer) kennis en tot een positieve attitude of attitudeverandering.

Het veranderen van een attitude ten opzichte van een bedrijf of merk is geen eenvoudige zaak. Dat geldt zeker voor een attitude die voortkomt uit eigen ervaringen, gedeeld wordt door belangrijke referentiepersonen en samenhangt met andere attituden over het bedrijf of over andere merken of winkels waarin het merk te koop is. Met een simpele, kortlopende reclamecampagne zal de marketeer er in veel gevallen niet komen. Er zal vaak veel geld, moeite en geduld geïnvesteerd moeten worden om de gewenste attitude en het gewenste imago te realiseren.

Veranderen van attitude

Samenvatting

- Koopwensen kunnen mede gebaseerd zijn op karakteristieken van de persoon zelf, bijvoorbeeld op zijn *motivatie*: drijvende krachten achter het handelen.
- In de *behoeftehiërarchie* van Maslow worden onderscheiden: fysiologische behoeften, veiligheidsbehoeften, sociale behoeften, behoefte aan waardering, behoefte aan zelfverwezenlijking.
- Behoeften kunnen *manifest* of *latent* zijn.
- *Perceptie* is het selecteren, verwerken en integreren van prikkels (inputs) uit de omgeving. Perceptie is *selectief* en *subjectief*. We maken onderscheid tussen *selectieve blootstelling* (selective exposure), *selectieve aandacht* (selective attention), *selectieve interpretatie* (selective distortion) en *selectieve herinnering* (selective retention).
- Met *leren* wordt hier bedoeld: verandering van gedrag (inclusief standpunten en attituden) op basis van ervaring.
- Een bekende leertheorie betreft het (klassiek) *conditioneren* (Pavlov). Centrale begrippen hierbij zijn: stimulus, respons en bekrachtiging (reinforcement).
- Door leren herinneren we ons producten en merken. We onderscheiden daarbij *top of mind bekendheid*, *spontane bekendheid* en *geholpen bekendheid*.
- Ook *persoonlijkheid* en *zelfbeeld* hebben invloed op koopwensen.
- Belangrijk daarnaast (voor bepaalde goederen of diensten) is iemands *levensstijl* (leefstijl, lifestyle). *Levensstijlonderzoek* (psychografisch onderzoek) richt zich vooral op activiteiten, interesses en opinies (AIO).
- Leerprocessen leiden tot een bepaalde *attitude* (houding) ten opzichte van producten, organisaties, personen en activiteiten. Bij attituden worden drie componenten onderscheiden: *cognitief* (kennis), *affectief* (gevoel) en *conatief* (gedrag). Iemands perceptie wordt uiteraard in belangrijke mate beïnvloed door zijn attituden.

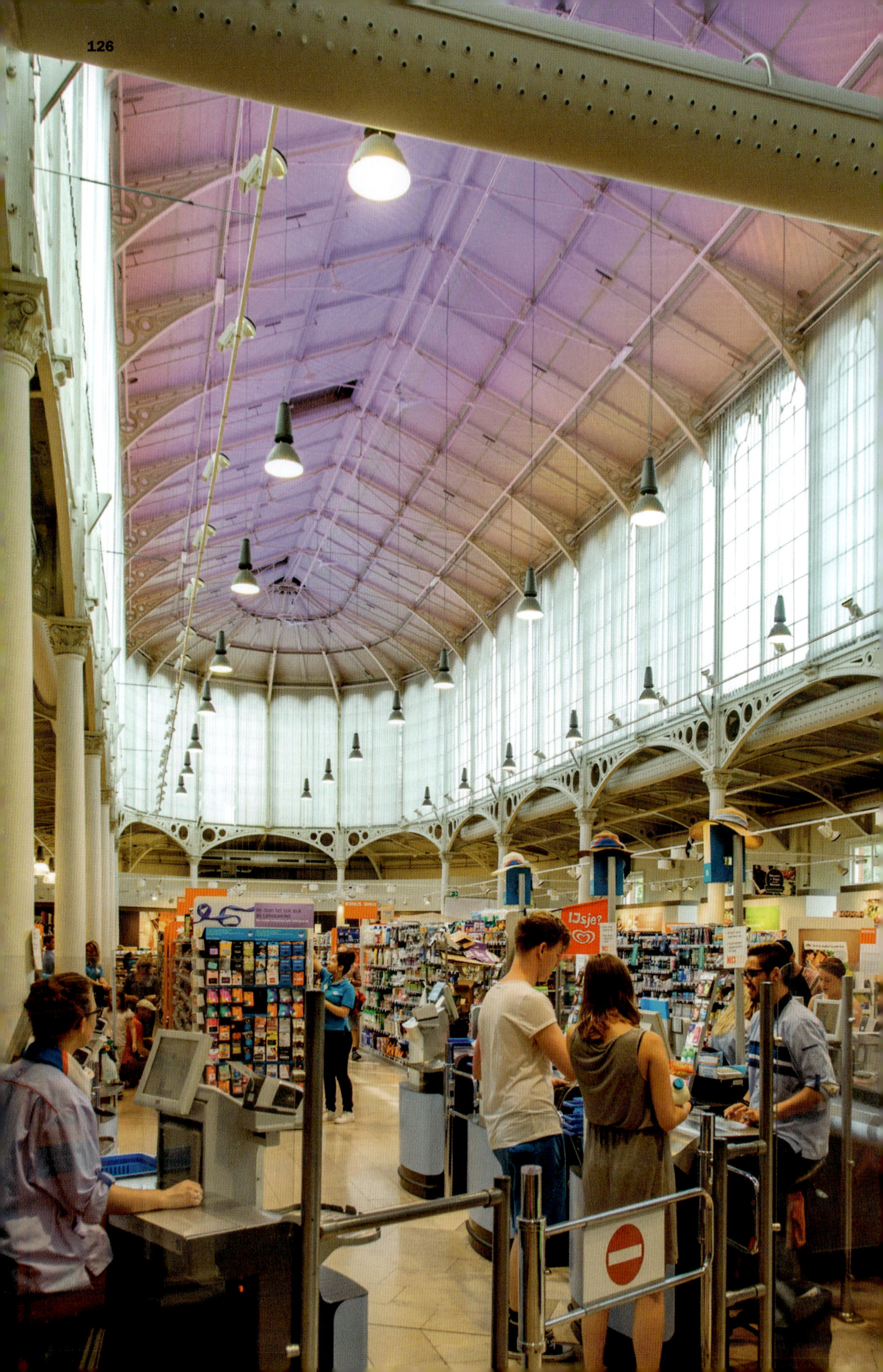
IJsje?

7 Beslissingsprocessen bij de consument

7.1 Algemeen beslissingsmodel
7.2 Behoefteherkenning
7.3 Zoeken naar informatie
7.4 Evaluatiefase
7.5 Keuze en koopgedrag
7.6 Adoptie en adoptiecategorieën
7.7 Koopsituaties en koopgedrag
7.8 Gedrag na de koop: cognitieve dissonantie

We kunnen stellen dat het wezenlijke van het consumentengedrag het beslissen over de aankoop van goederen of diensten is. Een consument doet dat serieus. Hij berekent hoeveel geld hij zal sparen en hoeveel hij zal besteden. Vervolgens bepaalt hij aan welke producten hij zijn geld zal uitgeven en welke informatie hij over de diverse alternatieven zal verzamelen om een verantwoorde keuze te kunnen maken. Na de koop zal zijn gebruikservaring toekomstige koopbeslissingen beïnvloeden.

In dit hoofdstuk staan beslissingsprocessen van de consument centraal. Eerst zullen we een algemeen beslissingsmodel behandelen, waarin diverse fasen worden onderscheiden (paragraaf 7.1). In de paragrafen 7.2 tot en met 7.5 worden vervolgens de fasen behoefteherkenning, het zoeken naar informatie, de evaluatie en het uiteindelijke keuzegedrag behandeld. In paragraaf 7.6 wordt aandacht besteed aan adoptie en de diverse adoptiecategorieën. Dat keuze- en koopgedrag kan sterk verschillen, afhankelijk van de koopsituatie waarin de consument zich bevindt. Verschillende soorten koopsituaties en het daarbij behorende gedrag worden daarom in paragraaf 7.7 besproken. Met de koop is het proces nog niet afgelopen. Er is ook sprake van zogenoemde na-aankoopprocessen ofwel gedrag na de koop (paragraaf 7.8).

7.1 Algemeen beslissingsmodel

Black box

Het beslissingsproces is niet waarneembaar. Het speelt zich af in het brein van een individu. Vandaar dat bij het oudste model de zogenoemde black box centraal staat (zie figuur 7.1). Hierbij speelt het beslissingsproces zich af in een zwarte doos waar de onderzoeker niet in kan kijken. Deze kan alleen waarnemen welke stimuli op het individu afkomen en welk gedrag of welke respons het daarna vertoont.

De term black box is afkomstig uit het behaviorisme, een stroming in de eerste helft van de twintigste eeuw. De aanhangers van deze stroming meenden dat bij wetenschappelijk psychologisch onderzoek naar de relatie tussen stimulus en respons (gedrag) inzicht in de tussenliggende mentale toestand (de black box) overbodig was.

FIGUUR 7.1 Het black box-model

Stimuli, waaronder commerciële boodschappen → Black box → Respons

Toch wilden de onderzoekers meer kunnen zeggen over de interne processen. Ze gingen de black box als het ware invullen. Uit de stimulus-respons-verbindingen werd afgeleid welke processen zich binnen de consument afspelen en welke variabelen daarbij op elkaar inwerken. Daarvan maakten ze vervolgens een model. Daar echter niet direct gecontroleerd kon worden of een model het beslissingsproces goed weergeeft, werden er in de loop van de tijd verschillende modellen ontwikkeld. Deze specifieke koopgedrag-modellen zijn echter alle, in meerdere of mindere mate, gebaseerd op een basismodel. Dit algemeen geaccepteerd model onderscheidt vijf fasen in het koopproces, zie figuur 7.2. Dit basismodel is afkomstig van de Amerikaanse onderzoekers Engel, Blackwell en Miniard.

FIGUUR 7.2 De fasen van het beslissingsproces

- Behoefteherkenning
- Informatiezoekproces
- Evaluatie van de alternatieven
- Keuze: beslissing al of niet te kopen
- Gedrag na de koop (evaluatie na de koop)

Consumentenbeslissingen zullen niet altijd verlopen zoals in figuur 7.2 is afgebeeld. Van groot belang is de *mate van betrokkenheid* van de consument bij een beslissing. Bij de koop van een auto of een huis zal veelal sprake zijn van een grote betrokkenheid (high involvement) en bij de aanschaf van afwasmiddelen of lucifers zal eerder sprake zijn van een geringe betrokkenheid (low involvement).

High involvement

Low involvement

Huis kopen, grote betrokkenheid

> Grote betrokkenheid (high involvement) is de sterke mate waarin een individu een specifiek object (bijvoorbeeld een bepaald product /merk) voor zichzelf relevant acht. Besluitvorming bij grote betrokkenheid (bijvoorbeeld bij producten met een groot risico, zoals personenauto's en stereo-installaties) zorgt voor uitgebreid probleemoplossend aankoopgedrag.

Definitie grote betrokkenheid

> Geringe betrokkenheid (low involvement) is de geringe mate waarin een individu een specifiek object, bijvoorbeeld een bepaald product /merk, voor zichzelf relevant acht. Besluitvorming bij geringe betrokkenheid – bijvoorbeeld bij producten waarvan de alternatieven nauwelijks van elkaar verschillen, zoals de meeste fast moving consumer goods – zorgt voor beperkt probleemoplossend aankoopgedrag of routinematig aankoopgedrag.

Definitie geringe betrokkenheid

In een situatie van grote betrokkenheid zal de consument zorgvuldiger te werk gaan. Hij zal meer informatie inwinnen, meer mogelijkheden vergelijken en diverse criteria gebruiken om tot een keuze te komen.
In een situatie van geringe betrokkenheid zal de consument vrij snel zijn beslissing nemen. Daarbij is het mogelijk dat het stadium van het informatie zoeken wordt overgeslagen. Als er al informatie verwerkt wordt, gebeurt dat passief. Hij beslist op basis van één of hoogstens twee criteria. De echte evaluatie van het product of merk vindt pas plaats na de aankoop, ofwel tijdens het gebruik.

We zullen nu ingaan op de afzonderlijke fasen van het beslissingsproces. Alle vijf hiervoor genoemde hoofdfasen komen voor bij het nemen van een beslissing bij grote betrokkenheid.

7.2 Behoefteherkenning

Het probleem begint als de consument een verschil constateert tussen de huidige situatie en de door hem gewenste ideale situatie. Behoefteherkenning ontstaat in grote lijnen wanneer het product versleten is, de voorraad op is, het uit de mode is of wanneer de consument iets anders wil. Het leidt tot het ontstaan van motieven. Motieven kunnen geactiveerd worden door interne factoren bij de consument, maar ook door externe factoren, zoals de invloed van referentiepersonen en promotionele uitingen. De consument vindt bijvoorbeeld zelf dat hij een ander bankstel moet kopen. Ook is het mogelijk dat vrienden zeggen dat zijn bankstel eigenlijk niet meer kan. Reclame kan laten zien hoe zijn huidige versleten bankstel verschilt van al die mooie bankstellen die er te koop zijn. Welke motieven geactiveerd kunnen worden is afhankelijk van het bij de consument aanwezige motivatiepatroon, dat vaak bepaald wordt door zijn levensstijl.

Youp - Hebben maakt zijn

Ik sta op de Dam en ik kijk. Ik kijk naar de wereld. Dames die met overvolle tassen De Bijenkorf verlaten en van wie ik weet dat ze tegen deze kwaal behandeld zouden moeten worden. Shoppen is officieel een psychische aandoening, een heuse ziekte. Veel mensen lijden eraan. De Bijenkorf in en er niet met lege handen uit kunnen komen. En altijd met te dure dingen. Rare oogschaduwtjes, belachelijke mascara's, debiele rimpelcrèmes en andere overbodige zaken. Te grote speelgoedbeesten voor hun kleinkinderen, te gietijzeren pannen voor hun keuken terwijl ze nog geen kop thee kunnen zetten en te dure kleren die vooral lijken op de kleren van de andere dames op de hockeyclub.
Niet alleen in het veld gaat het om hetzelfde tenue. Ook in het clubhuis. Juist in het clubhuis. Zowel bij de mannen als de vrouwen. En zeker bij de kinderen. Van jongs af aan worden ze door hun ouders in merkkleding gehesen. Het merkje zat vroeger onzichtbaar in de kraag, maar tegenwoordig prijkt het al jaren op de borst. Iedereen een polospelertje. Ooit begon het met een krokodilletje. Daar zijn wat tranen om geplengd.
Het is een ziekte. De Bijenkorf in en de boel niet kunnen laten staan, liggen of hangen. Het moet mee. Aan de ene kant de Kalverstraat in en er aan de andere kant uit als een te zwaar bepakte muilezel. Mee moet het. Mee naar het te dure huis dat het gezin al jaren in een wurggreep houdt. Je wordt iemand in een bepaald stuk katoen. Dan tel je mee. Je bent iemand. Een van de rest. Of je onderscheidt je juist. Hebben maakt zijn.
Onlangs werden rijke mensen bestolen, heel rijke mensen, Breukhovens en Boekhoorns. Er werden kluizen ontvreemd. Bij zowel de een als de ander lagen er voor miljoenen aan horloges in die brandkasten. Dat heet klokkies in die kringen. Je kunt tegen deze ziekte behandeld worden. Nog niet ingeënt,

maar er zijn pillen. Antidepressiva, pillen die de chronische onvrede wegnemen. Die je behoeden om zinloze zaken aan te schaffen. Natuurlijk is het leven zinloos, maar een knuffelgiraffe van een halve meter hoog lost het grote levensraadsel niet op. De pillen zijn gemakkelijk te krijgen. De huisarts geeft ze graag. Al is het maar om van het gezeik af te zijn. Dat die mutsen niet steeds weer in de spreekkamer komen snotteren.
En niet alleen de rijken slikken. Miljoenen mensen werken hun ongeluk op die manier weg. Of ze er minder door gaan shoppen? Ik hoop het niet voor De Bijenkorf. Ze gaan door tot hun creditcard kreunt.
Gisteren las ik dat asielzoekers heel moeilijk aan antidepressiva kunnen komen. Ze krijgen het gewoon niet. Waarom niet? Te duur. Nederlandse reden dus. Terwijl die mensen toch wel aan een tabletje toe zijn, lijkt me. Oorlogje in het hoofd, martelingetje of wat achter de rug, kinderen kwijt, familie verloren, broertje dood en pijnlijke littekens. Medische indicatie, zou ik durven stellen. De meesten hebben geen geld om het ontspannen van zich af te shoppen. Ze dolen ontheemd door een superrijk land. Als ze tenminste mogen dolen. Meestal zitten ze in een kaal asielzoekerscentrum te wachten op allerhande procedures. De wetten van de harde Leersjes. Je zou zeggen: geef die mensen een pilletje tijdens het wachten. Een pilletje tegen die krankzinnige lamlendigheid. Dat ontheemde gevoel, die totale machteloosheid.
Nederlanders surfen over het internet langs de vakantiesites, een vrouw zegt tegen haar man: 'Zullen we dit jaar voor de afwisseling eens naar een democratie gaan? En niet naar Lampedusa. Veels te druk!'
Ik zie een man in de schaduw van het lelijke Monument op de Dam, het monument van de vrijheid, de zwaar bevochten vrijheid, lang, lang geleden. Hij kijkt naar de massa die De Bijenkorf verlaat. Een op de vier slikt pillen tegen de depressie. Hij draait zich om naar een zinloze toerist en vraagt een vuurtje.

NRC handelsblad, 9 april 2011

7.3 Zoeken naar informatie

Als de consument een probleem geconstateerd heeft, zal hij gaan zoeken naar oplossingen. Eerst zal hij bij zichzelf te rade gaan. Hij doet een beroep op de kennis die in zijn geheugen aanwezig is. Dit wordt intern zoekgedrag genoemd. Een consument die constateert dat de koffie op is, weet meestal welk merk hij zal kopen en in welke winkel. Bij gewoonte- of routineaankopen, meestal bij producten waarbij sprake is van een geringe betrokkenheid, volstaat de consument voornamelijk met intern zoeken.

Intern zoekgedrag

Extern zoekgedrag komt vooral voor bij producten waarvoor een grote betrokkenheid geldt. De consument zoekt dan naar informatie wanneer hij weinig van het product afweet, het product ingewikkeld vindt en het aankooprisico zoveel mogelijk wil verkleinen. Ook bij producten die regelmatig veranderen, zal de consument eerder geneigd zijn informatie in te winnen.

Extern zoekgedrag

De consument kan bij verschillende externe bronnen informatie verkrijgen. Onderscheiden kunnen worden:

Commerciële bronnen
- *commerciële bronnen*, zoals advertenties, folders, verpakkingen en persoonlijke informatiebronnen, zoals verkopers

Neutrale bronnen
- *neutrale bronnen*, zoals publicaties van de overheid, redactionele artikelen in kranten en tijdschriften

Sociale bronnen
- *sociale bronnen*, zoals buren, vrienden, collega's en andere referentiepersonen.

Het zoeken naar informatie en het verwerken daarvan kost tijd, geld en moeite. De consument moet bijvoorbeeld reis- of telefoonkosten maken, tijdschriften opzoeken en doorlezen en in de winkel wachten voordat hij geholpen wordt. Deze kosten dienen op te wegen tegen de waarde die hij aan de informatie toekent en de verwachting dat hij daarmee tot een betere beslissing zal komen. Deze kosten-batenafweging is afhankelijk van het **risico dat de consument meent te lopen** (perceived risk).

Voorbeeld van een commerciële bron: folders

Bij een koopbeslissing is de consument er nooit zeker van dat hij een goede beslissing neemt. Hij loopt het risico dat het product toch tegenvalt. Het risico dat de consument meent te lopen, is niet bij elk product even groot. Het is groter bij producten waarbij de consument zich betrokken voelt (high involvement). De consument die veel persoonlijk belang toekent aan zijn auto, zal zich meer zorgen maken bij de aankoop dan een consument die een auto voornamelijk ziet als een vervoermiddel.

De mate waarin de consument risico denkt te lopen, is mede afhankelijk van het aantal alternatieven op de markt en de mate waarin deze alternatieven als gelijkwaardig worden beschouwd. Immers, hoe meer mogelijkheden er zijn en hoe meer ze op elkaar lijken, des te moeilijker de keuze wordt.

Het mogelijke risico kan op de volgende terreinen liggen:
- *financieel risico*, de gevolgen van de keuze als het product niet voldoet en we het geld kwijt zijn of extra kosten moeten maken voor reparatie en onderhoud
- *functioneel risico*, de gevolgen van de keuze als het product niet functioneert zoals het hoort
- *fysiek risico*, de gevolgen van de keuze voor de lichamelijke gezondheid. Dit risico zal voornamelijk optreden bij geneesmiddelen, levensmiddelen, genotmiddelen, medische diensten, vervoermiddelen enzovoort
- *sociaal risico*, de gevolgen voor de sociale relaties en het prestige van de consument. Hoe zullen anderen de keuze waarderen?
- *psychologisch risico*, de gevolgen voor het zelfbeeld en de eigen tevredenheid. Past de keuze wel in het zelfbeeld van de consument? Zal het product op den duur niet gaan vervelen?
- *tijdrisico*, de gevolgen voor de toekomstige tijdsbesteding van de consument. Hoeveel tijd zal hij kwijt zijn aan onderhoud en reparatie als het product niet voldoet?

Soorten risico's

In het algemeen geldt dat de consument het risico kan verminderen door meer informatie in te winnen. Maar er zijn ook andere risicoreductiestrategieën, namelijk:
- hetzelfde merk kopen (merktrouw)
- in dezelfde vertrouwde winkel kopen (winkeltrouw)
- een landelijk zeer bekend merk kopen
- een merk kopen dat getest is en wordt aanbevolen door een neutrale bron
- een merk kopen waarbij een geldteruggarantie geldt
- het duurste merk kopen.

Risicoreductiestrategieën

7.4 Evaluatiefase

In de evaluatiefase beoordeelt de consument de diverse mogelijkheden waarover hij informatie heeft ingewonnen om een keuze te kunnen maken. We besteden hierbij aandacht aan: beoordelingscriteria en de keuze van te beoordelen merken.

Beoordelingscriteria
De consument zal aan de hand van selectiecriteria de verschillende merken beoordelen voordat hij een keuze maakt. Hij let hierbij op één of meer eigenschappen en stelt hiervoor normen op. Hij let bijvoorbeeld op de prijs of de kwaliteit en heeft voor zichzelf bepaald wat hij de ideale kwaliteit of prijs vindt. De eigenschappen waarvoor een consument criteria aanlegt, zijn in twee groepen te verdelen, namelijk:
- instrumentele of functionele eigenschappen waarbij de consument let op de inhoudelijke eigenschappen van het merk, zoals de prijs, het gewicht, de kwaliteit en de service.
- emotionele of expressieve eigenschappen zijn eigenschappen die op grond van psychosociale overwegingen aan producten worden toegekend. Dit zijn eigenschappen als modern, jeugdig, sportief, statusgevend. Zie in dit verband ook paragraaf 14.2.

Instrumentele of functionele eigenschappen

Emotionele of expressieve eigenschappen

Overtuigingen

Aan de hand van de criteria die de consument hanteert, verzamelt hij informatie over de verschillende merken waaruit hij een keuze zal maken. Deze kennis leidt tot bepaalde overtuigingen (beliefs), die hij zich over het product vormt. Deze overtuigingen zijn te zien als de cognitieve elementen in de attitudevorming. De attitudevorming is weer de basis voor de uiteindelijke keuze.

Keuze van de te beoordelen merken

Binnen de productcategorieën bevinden zich vaak verschillende merken waaruit de consument kan kiezen. De potentiële consument kent slechts een klein deel van al die merken. De informatiefase kan zijn merkenkennis vergroten. Binnen de groep van merken die de consument nu kent, zal een groep afvallen die hij niet acceptabel vindt. Hij zal uiteindelijk zijn keuze bepalen uit de overblijvende groep van acceptabele merken. Deze groep wordt ook wel evoked set genoemd. Uit de evoked set wordt het merk gekozen ten opzichte waarvan de consument de meest positieve attitude heeft (zie figuur 7.3).

Evoked set

FIGUUR 7.3 De evoked set in het merkkeuze- of merkafvalproces

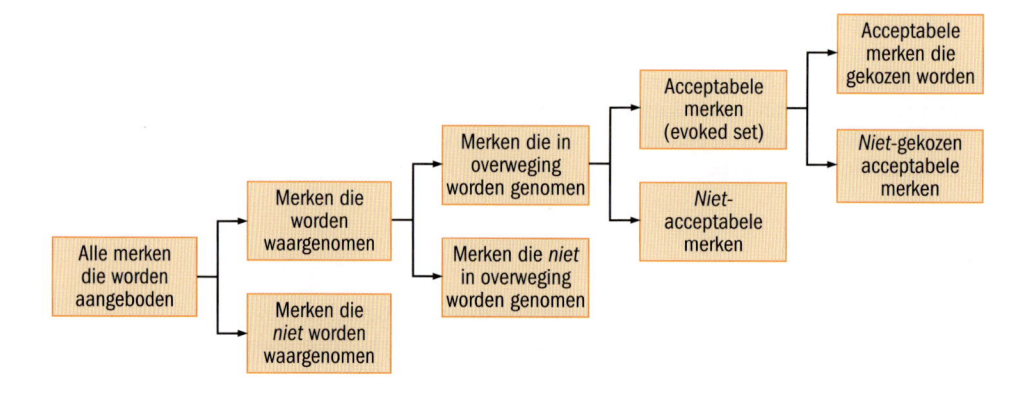

```
Alle merken        Merken die            Merken die in          Acceptabele          Acceptabele
die worden    →    worden           →    overweging        →   merken           →   merken die
aangeboden         waargenomen           worden genomen         (evoked set)         gekozen worden
                                                                                      
                   Merken die            Merken die niet        Niet-                Niet-gekozen
                   niet worden           in overweging          acceptabele          acceptabele
                   waargenomen           worden genomen         merken               merken
```

Consideration set

John Howard en Iagdish Sheth introduceerden de term evoked set om de groep van producten/merken mee aan te duiden die de consument acceptabel vindt voor een volgende aankoop. Tegenwoordig wordt met de evoked set eerder de groep merken bedoeld die bij de consument – spontaan of geholpen – genoemd wordt. De consideration set geeft de groep producten of merken aan die een consument als alternatieven aanvaardbaar acht en waarvan hij de aankoop overweegt. In de praktijk worden de evoked set en de consideration set nogal eens gebruikt voor hetzelfde verschijnsel: acceptabele merken uit de grote hoeveelheid merken die de consument kent.

Choice set

Een andere term is de choice set. Dit is een zeer beperkt aantal van veelal twee of drie alternatieven binnen de consideration set, waaruit een consument de uiteindelijke aankoopkeuze maakt.

Uit onderzoek op het terrein van tandpasta en levensmiddelen is gebleken dat de evoked set uit drie tot vijf merken bestaat. Een merk dient er dus allereerst voor te zorgen tot de evoked set door te dringen.

Een betere mediakeuze en meer of betere reclame-inspanningen kunnen hiertoe bijdragen. Deze dienen dan gebaseerd te zijn op onderzoek naar de percepties en attituden die consumenten ten opzichte van de diverse merken hebben.

● www.distrifood.nl

Action pakt steeds meer supermarktomzet

DONGEN – Non-fooddiscounter Action neemt steeds grotere happen uit de supermarktomzet. De formule verkocht in de afgelopen periode maar liefst 17 procent meer in het traditionele supermarktassortiment. Die toename is vrijwel volledig afkomstig van de traditionele verkopers van dit assortiment.

Het betreft cijfers die betrekking hebben op het voortschrijdende jaar tot en met het tweede kwartaal 2014. Onderzoeksbureau GfK bracht deze recent in kaart voor een presentatie voor foodfabrikanten. Account group manager Bas van Eekelen van GfK: 'Het gaat om productgroepen als zoetwaren, dierenvoeding, wasmiddelen en reinigers, de fast moving consumer goods. Action haalt naar eigen zeggen zo'n 30 procent van zijn omzet uit deze assortimentsgroepen.' Daarmee zou Action voor enkele tientallen miljoenen aan supermarktomzet hebben ingepikt.

17 november 2014

7.5 Keuze en koopgedrag

Aan het eind van de evaluatiefase is duidelijk naar welke mogelijkheid de grootste voorkeur uitgaat. Dan komt het moment van de definitieve keuze: het voornemen moet worden omgezet in een koopdaad. Er kunnen zich onverwachte gebeurtenissen voordoen, waardoor de koopintentie niet wordt gerealiseerd. Het product kan op zijn, de reis is volgeboekt, we hebben te weinig geld bij ons, een bijna net zo goed beoordeeld alternatief heeft een aantrekkelijke prijskorting enzovoort.

Een andere factor die meespeelt, is het al eerder genoemde risico dat de consument meent te lopen. Dit zal het sterkst gevoeld worden op het moment van de definitieve keuze. Het is dan ook niet verwonderlijk dat uit onderzoek is gebleken dat bij ruim 55% van de koopbeslissingen de koopdaad wordt uitgesteld. De aanbieder kan maatregelen nemen om het risico dat de consument meent te lopen, te verkleinen dan wel de aantrekkelijkheid van de gewenste mogelijkheden te vergroten. Hij kan een korting bij contante betaling aanbieden, wijzen op de garantie en de goede service of een probeeraankoop aanbieden, zoals een proefabonnement, een uitgebreide proefrit of tijdelijk huren om ervaring op te doen.

> www.refdag.nl

Huizenprijs beïnvloedt koopgedrag Nederlander

De beweging van de huizenprijs heeft flinke effecten op het uitgeefgedrag van Nederlanders met een eigen woning.

Dat blijkt uit onderzoek van het Centraal Planbureau (CPB) dat maandagmorgen is verschenen.

Dat huizenprijzen en consumptie van huishoudens met elkaar samenhangen is niet nieuw. Sinds het begin van de crisis in 2008 daalden de huizenprijzen met zo'n 20 procent terwijl de consumptie afnam met ruim 4 procent. Omdat echter meerdere factoren zowel huizenprijzen als consumptie beïnvloeden (zoals een daling van het inkomen en onzekerheid over de economie) onderwierp het CPB het vraagstuk aan een nader onderzoek. Het planbureau vond een duidelijk negatieve relatie tussen veranderingen in huizenprijzen en besparingen. Oftewel, huishoudens gaan meer sparen wanneer de huizenprijs daalt. Dit effect bleek het sterkst voor jonge huishoudens die "onder water" staan, wat betekent dat de woningwaarde van hun koophuis lager is dan hun hypotheek.

Andersom constateerde het CPB ook dat als huizenprijzen stijgen, de consumptie juist groeit. Dit effect is zelfs nog groter dan bij dalende woningprijzen. Zo sparen huishoudens die onder water staan gemiddeld 3 euro minder wanneer de huizenprijs met 100 euro stijgt. Voor een prijsdaling van 100 euro gaat hetzelfde huishouden 1 euro extra sparen.

12 januari 2015

7.6 Adoptie en adoptiecategorieën

Adoptiefasen

Bij het eerder beschreven keuzeproces doorlopen consumenten volgens Everett Rogers een aantal zogenoemde *adoptiefasen*, namelijk: bewustwording → belangstelling → evaluatie → probeeraankoop → adoptie (awareness, interest, evaluation, trial, adoption). Onder adoptie verstaan we de beslissing van afnemers/consumenten om een (voor hen) nieuw product te accepteren, door het aan te schaffen en te blijven gebruiken.

Adoptieproces

Het doorlopen van de hier beschreven adoptiefasen wordt ook wel het *adoptieproces* genoemd.
De duur van dit adoptieproces kan tussen consumenten sterk verschillen. Sommige consumenten adopteren bepaalde producten zelfs helemaal nooit.

Adoptie-categorieën

Het adoptiemodel van Rogers onderscheidt op basis van deze verschillen in snelheid vijf *adoptiecategorieën*. Deze categorieën zijn door Rogers zodanig gedefinieerd dat de omvang van elk van de vijf categorieën, als percentage van het totaal aantal personen dat het betreffende product uiteindelijk koopt, vastligt. Hierbij gaat Rogers uit van een zogenoemde normale verdeling, zie hoofdstuk 13. De vijf adoptiecategorieën zijn:

- *innovators* (*innovatoren*), de adoptiecategorie met de hoogste adoptiesnelheid. Hierbij gaat het om de eerste 2,5% afnemers die een bepaalde

innovatie adopteren. Doordat zij als eersten een nieuw product aanschaffen, veroorzaken zij vaak een trend.
- *early adopters* (*vroege kopers*), de adoptiecategorie die direct volgt op de innovators. De adoptiesnelheid is weliswaar hoog, maar niet het allerhoogst. Hierbij gaat het om 13,5% van de afnemers. Deze groep is trendgevoelig, volgt actief nieuwe marktontwikkelingen en is geneigd de innovators snel te volgen. De early adopters nemen echter niet het initiatief bij de acceptatie en implementatie van een bepaald idee of product.
- *early majority* (*vroege meerderheid*), de adoptiecategorie die direct volgt op de innovators en de early adopters. De adoptiesnelheid is nog relatief hoog. Het gaat om zo'n 34% van de afnemersgroep. Zij zijn weliswaar gevoelig voor een bepaalde nieuwe ontwikkeling, maar lopen niet voorop bij de acceptatie en implementatie ervan.
- *late majority* (*late meerderheid*), de adoptiecategorie met op de laggards na de laagste adoptiesnelheid. Het gaat ook hier om zo'n 34% van de afnemersgroep. Deze groep is weinig gevoelig voor een bepaald nieuw idee of product en is traag met de acceptatie en implementatie ervan.
- *laggards* (*achterblijvers*), de adoptiecategorie met de laagste adoptiesnelheid die zo'n 16% van de afnemerspopulatie omvat. De groep is zeer terughoudend als het gaat om de acceptatie en implementatie van een bepaald nieuw idee of product.

Deze indeling geeft dus de acceptatie weer van een nieuw product door diverse categorieën afnemers in de loop van de tijd. Doordat een product wordt geadopteerd, kan het zich in een markt verspreiden. De verspreiding en acceptatie van een product binnen een doelgroep noemen we het *diffusieproces*. Adoptie en diffusie zijn dus twee kanten van dezelfde medaille.

Diffusieproces

De grafische weergave van het adoptieproces wordt de adoptiecurve genoemd (zie figuur 7.4). Deze grafiek geeft het percentage nieuw erbij gekomen kopers (adopters) van een product weer (langs de verticale as; niet getekend), afgezet in de tijd. Merk op dat de grafiek zelf het percentage erbij gekomen kopers weergeeft, terwijl de onder de grafiek vermelde percentages het totaal van de betreffende adoptiecategorie aangeven.

FIGUUR 7.4 Adoptiecurve en adoptiecategorieën

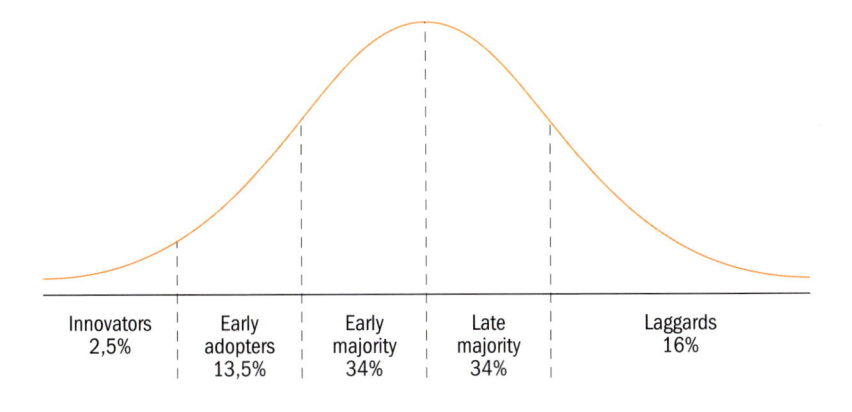

Innovators	Early adopters	Early majority	Late majority	Laggards
2,5%	13,5%	34%	34%	16%

7.7 Koopsituaties en koopgedrag

In deze paragraaf komen de indelingen volgens Howard en Sheth en Assael aan de orde.

Indeling volgens Howard en Sheth

Howard en Sheth onderscheiden drie verschillende situaties in het besluitvormingsproces, afhankelijk van de mate van betrokkenheid (involvement) en ervaring die de koper met de aankoop heeft:

- het uitgebreid probleemoplossend koopgedrag
- het beperkt probleemoplossend koopgedrag
- het routinematig aankoopgedrag.

Betrokkenheid
Ervaring

Uitgebreid probleemoplossend koopgedrag
Uitgebreid probleemoplossend gedrag, ook wel het *UPO-model*, doet zich voor als de consument voor een belangrijke koopbeslissing staat die hij voor het eerst neemt. Het is nieuw voor hem en hij beschikt nog niet over keuzecriteria. Aan de koop zijn veel risico's verbonden. De consument zal dus veel informatie gaan zoeken bij aanbieders en bij referentiepersonen en de koop zorgvuldig verrichten.

UPO-model

Beperkt probleemoplossend koopgedrag
Bij beperkt probleemoplossend gedrag, (het zogenoemde *bpo-model*, bezit de consument een bepaalde mate van kennis van zaken. De koper heeft bijvoorbeeld wel ervaring met de productcategorie, zodat hij weet op welke eigenschappen hij moet letten, maar hij kent het merk niet. De kennis wordt dus aangevuld. De koopbeslissing bestaat vooral uit de evaluatie van al verzamelde kennis en uit een herbeoordeling van reeds eerder gevormde meningen.

Bpo-model

Routinematig aankoopgedrag
Bij routinematig aankoopgedrag, het zogenoemde *rag-model*, heeft de consument zoveel ervaring opgedaan, dat hij meent geen verdere informatie nodig te hebben. Hij denkt weinig of geen risico te lopen, hanteert vaste keuzecriteria en heeft een sterke voorkeur voor één bepaald merk. Er is dus sprake van een grote merktrouw. Als de consument de behoefte voelt, volgt vrijwel direct de aanschaf van het merk van zijn voorkeur.
In tabel 7.1 worden de verschillen tussen de rag-, bpo- en upo-modellen weergegeven.

Rag-model

TABEL 7.1 De rag-, bpo- en upo-modellen

	Routinekoopgedrag (rag)	Beperkte besluitvorming (bpo)	Uitgebreide besluitvorming (upo)
risico	beperkt	redelijk	aanzienlijk
betrokkenheid	gering	gemiddeld	groot
aankoopfrequentie	hoog	normaal	laag
aantal overwogen merken	een	enkele	veel
informatievergaring	weinig	matig	uitgebreid
prijs	laag	redelijk	hoog

Hoewel vaak bij bepaalde goederen sprake is van uitgebreid probleemoplossend gedrag (zoals bij meubelen of auto's), beperkt probleemoplossend gedrag of routinematig aankoopgedrag (zoals bij vele dagelijkse gebruiksartikelen en voedingsmiddelen), hoeft dit niet voor iedereen te gelden. In principe is de mate van betrokkenheid en de mate van uitgebreidheid waarmee een beslissing genomen wordt, een persoonlijke, subjectieve aangelegenheid. Een diabeticus zal bij zijn voedingsaankopen zorgvuldig te werk gaan, evenals iemand die wil afslanken. Er zijn consumenten die vele meubelzaken afgaan en menige slapeloze nacht hebben bij de aanschaf van nieuw meubilair. Er zijn ook mensen die daar erg snel mee klaar zijn. Ze gaan bijvoorbeeld naar de vertrouwde of bekende meubelzaak en gaan geheel af op het oordeel van de verkoper of interieurinrichter. Iemand die jaarlijks een nieuwe auto koopt, zal ook anders beslissen dan iemand die dat voor het eerst doet of één keer in de zes jaar.

Indeling volgens Assael
De indeling in verschillende koopgedragingen van Howard en Sheth heeft overeenkomsten met de high- en low-involvement-indeling die eerder werd behandeld. Hierop wordt door Henry Assael voortgeborduurd. Op basis van betrokkenheid en de mate van verschillen die er zijn tussen merken of producten worden door hem de volgende vier typen koopgedrag onderscheiden, zie tabel 7.2. Deze indeling overlapt die van Howard en Sheth:
- gewoontekoopgedrag (habitual buying behaviour).
- afwisselend koopgedrag (variety seeking buying behaviour)
- dissonantie-reducerend koopgedrag (dissonance reducing buying behaviour)
- complex koopgedrag (complex buying behaviour)

Gewoontekoopgedrag (habitual buying behaviour)
Geringe betrokkenheid en het ontbreken van duidelijke verschillen tussen de merken leidt tot gewoontekoopgedrag (bijvoorbeeld zout). Consumenten ontwikkelen geen sterke attitude ten opzichte van de betreffende merken, maar kopen een merk omdat ze het kennen van de advertenties ('passief leren'). Marketeers van dit soort producten zullen vooral de prijs en sales promotion gebruiken om probeeraankopen uit te lokken. Televisiereclame – als low-involvement-medium geschikt voor 'passief leren' – ligt hier het meest voor de hand, waarbij gebruikgemaakt wordt van korte, eenvoudige, vaak herhaalde spots.

Gewoontekoopgedrag

Afwisselend koopgedrag (variety seeking buying behaviour)
Hier is sprake van geringe betrokkenheid terwijl er duidelijke verschillen zijn tussen de merken of producten (bijvoorbeeld bij koekjes). In een dergelijke situatie is bij consumenten vaak sprake van merkwisseling. De consument wil immers niet altijd hetzelfde op zijn bord. Het risico om iets anders te proberen wordt veelal als gering ervaren. Bovendien is het verschil in instrumentele eigenschappen vaak moeilijk te constateren. Het maakt dus niet zoveel uit wat wordt gekocht. Het merk waarvoor veel of opvallende reclame wordt gemaakt of waarvoor veel aan winkelpromotie wordt gedaan en dat een goede schappositie heeft, heeft dan een grotere kans gekocht te worden.

Afwisselend koopgedrag

Dissonantie-reducerend koopgedrag (dissonance reducing buying behaviour)
Soms is er sprake van grote betrokkenheid maar ziet de consument weinig verschillen tussen de merken (bijvoorbeeld bij tapijten). De consument zal zich in verschillende winkels oriënteren over de beschikbare producten en dan snel een beslissing nemen, vooral op basis van prijs en aankoopgemak. Vanwege de niet-duidelijke verschillen tussen de merken of producten bestaat hier een grotere kans op dissonantie na de aankoop. De aanbieder moet hierop inspelen. Zie ook paragraaf 7.8.

Complex koopgedrag (complex buying behaviour)
Dit koopgedrag speelt vooral als er sprake is van grote betrokkenheid en duidelijke verschillen tussen de alternatieve merken (bijvoorbeeld bij auto's). De koper moet een leerproces doormaken, ontwikkelt een bepaalde attitude ten opzichte van het product en maakt vervolgens een weloverwogen keuze. De aanbieder moet zich dit proces realiseren en de potentiële koper ondersteunen bij zijn proces van verzamelen en evalueren van informatie.

TABEL 7.2 Koopgedragmodel van Assael

Verschil	Betrokkenheid	
	Gering	Groot
Klein	afwisselend koopgedrag	complex koopgedrag
Groot	gewoontekoopgedrag	dissonantie-reducerend koopgedrag

7.8 Gedrag na de koop: cognitieve dissonantie

De consument zal in de meeste gevallen het product of de dienst na de koop gaan gebruiken. Soms komt het voor dat het product ongebruikt wordt opgeborgen. Denk aan modegevoelige artikelen: je wilt het hebben, maar dat is ook alles. Of denk aan cadeaus die je eigenlijk niet had willen hebben. In het algemeen leidt gebruik tot een beoordeling die uitmondt in een tevredenheidsoordeel.

Als de consument tevreden is, worden zijn opvattingen en attitude over het gekochte product bevestigd en versterkt. Bij ontevredenheid zal er in negatieve zin een verandering in de cognitieve elementen (beliefs) en in de attitude optreden. Het proces dat tot een bepaald tevredenheidsoordeel leidt, is een subjectief verlopend proces. Met hetzelfde product kan de ene consument zeer tevreden zijn, terwijl de andere daarover ontevreden is. De tevredenheid is niet alleen gebaseerd op het goed functioneren van een product. Psychologische factoren spelen eveneens een rol. Eén daarvan is cognitieve dissonantie.

De cognitieve-dissonantietheorie is door de Amerikaanse psycholoog Leon Festinger gelanceerd. Deze theorie houdt zich bezig met de cognitieve elementen van het individu. Cognitieve elementen hebben betrekking op kennis, meningen en verwachtingen van iemand over zichzelf en zijn omgeving.

Cognitieve dissonantie is de toestand waarin een consument verkeert wanneer hij beschikt over een set attituden en vooral kenniselementen en gedragingen, die manifest onderling met elkaar in strijd zijn. Deze toestand kan bijvoorbeeld ontstaan wanneer het individu nieuwe informatie over een goed of dienst verkrijgt die strijdig is met percepties en beliefs over dat goed of dienst die hij oorspronkelijk had.

---

www.stevelock.nl

Vredestichters met onszelf

Iedereen die een cursus psychologie of gedragswetenschappen heeft gevolgd kent het begrip wel: cognitieve dissonantie. Het begrip behelst de theorie dat we als mensen ons eigen gedrag rechtvaardigen omdat tegenstrijdige overtuigingen en gevoelens in ons hoofd leiden tot onaangename spanning. Bijvoorbeeld wanneer je nieuw gekochte auto toch meer kuurtjes blijkt te hebben dan je had verwacht, of als het niet lukt om te stoppen met roken. Telkens pas je je overtuigingen aan aan die omstandigheden. "Met een tweedehands was ik nog veel meer aan onderhoud kwijt geweest," denk je dan, of: "mijn opa heeft zijn hele leven gerookt en is er 83 mee geworden."

Met terugwerkende kracht lijk je nog maar eens te beargumenteren dat je gedrag rechtvaardig is – en is geweest. Maar uit onderzoek blijkt dat het gedachteproces eigenlijk andersom verloopt. Onbewust maken mensen vaak eerst een besluit en vormen daarna pas de argumenten. En als een besluit eigenlijk niet helemaal logisch is, buigen we die argumenten er omheen. Want het voelt niet lekker als we ons niet met onszelf kunnen vereenzelvigen.

Als psychologen dit weten, dan weten marketeers het ook. Al jaren wordt de cognitieve dissonantietheorie uitgebuit in reclameland. Een ontzettend interessant kenmerk hierbij is, dat als een klant eenmaal een aankoop heeft gedaan, hij of zij redelijk trouw aan dat product zal blijven, zelfs als het een beetje tegenvalt. Als een product namelijk slecht zou zijn, dan was de aankoop een slecht besluit geweest – en dat tegenstrijdige gevoel wil je tegengaan. Aankoop leidt dan ook tot een zekere vorm van loyaliteit. Denk bijvoorbeeld aan het afwasmiddel dat je gebruikt: hoe vaak ben je in je leven van merk gewisseld?

De centrale gedachte van de cognitieve-dissonantietheorie is dus dat tegenstrijdige, dissonante elementen, spanningen bij het individu oproepen die hij als onplezierig ervaart. Vandaar dat hij tracht deze dissonantie te verminderen, te reduceren. In het consumentengedrag zal cognitieve dissonantie zich vooral voordoen na een keuze. De consument vraagt zich kort na de aankoop af of hij niet beter een ander alternatief had kunnen kopen, dat ook goede eigenschappen bezit.

Niet elke vorm van dissonantie leidt tot *dissonantiereductie*. Tot op zekere hoogte kunnen we leven met dissonantie. We zullen er niet wakker van liggen als we de verpakking van een niet-gekocht tosti-ijzer mooier vinden dan die van het gekochte. Maar met de kleur van een nieuw gekocht bankstel zal dat anders liggen. Waar de grens ligt tussen acceptabele en niet-acceptabele dissonantie is moeilijk aan te geven, omdat dit per persoon, per product en per situatie kan verschillen.

Situaties waarin dissonantie niet meer acceptabel is

Er zijn wel factoren te noemen die aangeven wanneer dissonantie niet meer acceptabel is en de persoon er iets aan wil doen. Wij noemen er enkele:
- *De dissonantie zal eerder optreden of groter zijn als het gekozen product in de beoordeling slechts weinig verschilt van de niet-gekozen alternatieven.* Als een alternatief er zeer duidelijk bovenuit steekt, zal er geen twijfel zijn.
- *Er dient sprake te zijn van betrokkenheid van de consument bij de keuze.* Bij de aankoop van lucifers zal hij zich weinig zorgen maken om dissonante elementen. Maar bij de aanschaf van meubelen en auto's – in het algemeen goederen waarbij hij een groot waargenomen risico ervaart – ligt dat anders.
- Het product of de koopdaad is voor anderen zichtbaar. De anderen weten dat er iets gekocht is. Er kan commentaar op het gekochte komen en men wil in de ogen van anderen liever niet 'afgaan'.

Manieren om dissonantie op te heffen of te verminderen

De consument kan op de volgende manieren proberen de dissonantie op te heffen of te verminderen:
- *Het vermijden van informatie die de keuze ondermijnt.* Confrontatie met deze informatie zal de dissonantie vergroten. Een consument die pas een voor hem belangrijk product heeft gekocht, zal de neiging hebben een negatief krantenbericht te vermijden. Het artikel met negatieve informatie zal de dissonantie alleen maar doen toenemen.
- *Het zoeken naar informatie die de keuze ondersteunt of rechtvaardigt.* Uit onderzoek is gebleken dat mensen die pas een nieuwe auto hadden gekocht en daarbij hadden geaarzeld tussen één of meer merken, na de aankoop aanzienlijk meer advertenties in kranten en tijdschriften lazen over het gekochte merk dan over enig ander merk. In deze advertenties wordt gewoonlijk op de voortreffelijkheden van het merk gewezen. Zo neemt het aantal positieve cognities over het gekochte merk toe en zal de dissonantie afnemen.
- *Het veranderen van attituden ten opzichte van het gekozen product en de verworpen alternatieven.* Dit bestaat uit het opwaarderen van het gekozene en het lager waarderen van het niet-gekozene. Stel, dat een consument lang geaarzeld heeft bij de keuze uit twee broeken die hij even mooi vindt (gelijke positieve attitude). Hij kan er maar één kopen. Na aankoop kan hij toch weer gaan twijfelen of hij misschien de andere niet had moeten kopen. Om deze twijfel kwijt te raken, zal de consument de gekochte broek mooier gaan vinden dan de niet-gekochte broek.
- *Het is ook mogelijk dat iemand zijn gedrag wijzigt en zo consonantie weet te realiseren.* Maar dit is moeilijker. Dit houdt in dat hij moet erkennen dat hij een verkeerde keus heeft gedaan. Dit is des te moeilijker als hij dit ten overstaan van anderen moet doen. Bovendien is het mogelijk dat hij aan zijn keuze vastzit. Het gekochte kan bijvoorbeeld niet meer geruild worden.

Dissonantiereductie vindt eerder plaats door cognities en attituden te veranderen dan door gedragsverandering.

In de marketing kunnen we rekening houden met het ontstaan van dissonantie na de aankoop door maatregelen te treffen die ervoor zorgen dat deze dissonantie vermindert ten gunste van het gekochte product. We helpen als het ware de consument met het reduceren van zijn dissonantie. We noemen de volgende maatregelen:

- *Het samenstellen van een voor de consument begrijpelijk instructieboekje*, dat begint met het nogmaals benadrukken van de voordelen van het product en een gelukwens met de gedane juiste keuze.
- *Het verstrekken van foldermateriaal*. Denk daarbij aan de reactie bij de aankoop van auto's. De koper zoekt immers naar argumenten om zijn koop te rechtvaardigen en om de bezwaren die hij tegenkomt te ontzenuwen of minder erg te maken.
- *Het verlenen van goede service* en het snel en klantvriendelijk afhandelen van klachten.
- *Het opstellen van een duidelijk garantiebewijs*, zonder veel belemmeringen om te reclameren. Een producent die vraagt het garantiebewijs na aankoop op te sturen, krijgt op die manier een adressenbestand dat hij kan gebruiken om de kopers te mailen. Zo kan de koper van een auto eraan herinnerd worden dat de garantietermijn is verstreken of dat het tijd is voor de APK-keuring. De leverancier kan informeren naar het functioneren van het product en wijzen op nieuwe accessoires of nieuwe mogelijkheden.
- *Het instrueren van verkopers om producten niet uitzonderlijk aan te prijzen* of er prestaties aan toe te kennen die het product niet kan waarmaken. Dit leidt tot hoge verwachtingen waarin de koper kan worden teleurgesteld en dus tot sterkere dissonantie.
- *Het plaatsen van advertenties waarin gebruikers vertellen dat ze zo tevreden zijn*, de zogenaamde testimonials. Ook dit kan de twijfel wegnemen.

Testimonials

Samenvatting

- In het *beslissingsproces* van consumenten worden (Engel, Blackwell, Miniard) vijf fasen onderscheiden: behoefteherkenning, informatie zoeken, evaluatie van alternatieven, keuze (ja/nee) en gedrag/evaluatie na de koop.
- Omdat je dat niet rechtstreeks kunt waarnemen, spreken onderzoekers wel van een *black box* (stimulus-responsmodel).
- Wat betreft de betrokkenheid van de consument bij een beslissing worden onderscheiden *geringe betrokkenheid* (low involvement) en *grote betrokkenheid* (high involvement).
- Bij het koopgedrag kan het risico dat de consument denkt te lopen (perceived risk) een belangrijke rol spelen (financieel, functioneel, fysiek, sociaal, psychologisch, tijd).
- De informatieverzameling leidt tot bepaalde *overtuigingen* (beliefs) over het aan te kopen product.
- Bij de keuze uit producten of merken wordt de 'keuzelijst' steeds kleiner: eerst de *evoked set* (is een verouderde term), dan de *consideration set* en vervolgens de *choice set*.
- Consumenten doorlopen bij de aankoop/acceptatie van (nieuwe) producten een *adoptieproces*. Adoptie is de beslissing van consumenten om een (voor hen) nieuw product te accepteren, door het aan te schaffen en te blijven gebruiken.
- Bij dit *adoptieproces* doorlopen afnemers de volgende vijf fasen: bewustwording (awareness), interesse (interest), evaluatie (evaluation), probeeraankoop (trial) en adoptie (adoption). Dit staat ook wel bekend als het *adoptiemodel van Rogers*. Afhankelijk van de snelheid waarmee afnemers

- deze fasen doorlopen, worden vijf *adoptiecategorieën* onderscheiden: innovators, early adopters, early majority, late majority en laggards.
- Omvang en opvolging van de groepen worden gevisualiseerd in de *adoptiecurve*. Dit is (op theoretische gronden) een normale verdeling.
- Hoe een adoptiecurve eruitziet, is mede afhankelijk van het product.
- Howard en Sheth onderscheiden drie verschillende situaties in het besluitvormingsproces, gebaseerd op de *betrokkenheid* en de mate van *ervaring*: upo (*uitgebreid probleemoplossend*), bpo (*beperkt probleemoplossend*) en rag (*routinematig aankoopgedrag*). Hangt van product af, maar ook van de persoon.
- Een andere indeling van het koopgedrag is gebaseerd op *gewoontekoopgedrag* (habitual buying behaviour), *afwisselend koopgedrag* (variety seeking buying behaviour) *dissonantie-reducerend koopgedrag* (dissonance reducing buying behaviour), *betrokkenheid* (involvement; groot/gering) en de mate van *verschillen* (klein/groot) tussen de producten of merken (Assael):, en c*omplex koopgedrag* (complex buying behaviour).
- Na de aankoop kan *cognitieve dissonantie* optreden: strijdigheid tussen latere kennis en gedrag.
- Een individu kan trachten die spanning te verminderen: *dissonantiereductie*. De aanbieder moet met cognitieve dissonantie rekening houden.

DEEL 3
Marketingplanning en -organisatie

8 Strategisch marketingbeleid 149
9 Marktsegmentatie 179
10 Marketingorganisatie 205

Het in hoofdstuk 1 beschreven marketingproces geeft de fasen aan die een marketeer moet doorlopen om met succes een nieuwe markt te veroveren of om zijn positie op een bestaande markt te handhaven. Deze fasen geven ook aan welke activiteiten ontwikkeld moeten worden om het gestelde doel te bereiken. Teneinde voor een onderneming het commerciële beleid te kunnen formuleren, zal de marketeer moeten beschikken over door marktonderzoek verkregen inzichten in de markt. Bovendien zal hij ook een visie moeten hebben over de koers die de onderneming op langere termijn dient te varen. Deze visie is natuurlijk deels gebaseerd op de uitkomsten van de verkregen marktgegevens, maar anderzijds ook bepaald door de mogelijkheden van de onderneming zelf. Het opstellen van dit beleid kan de marketeer doen aan de hand van het in hoofdstuk 8 beschreven strategisch planningsproces.

Een belangrijk onderdeel van het strategisch planningsproces is het formuleren van het te volgen marketingbeleid. Daarbij kan de marketeer er bijvoorbeeld voor kiezen de totale markt met zijn product te bedienen. Maar hij kan ook kiezen voor het benaderen van één of meer segmenten in die markt. In het laatste geval bepaalt hij dus waarop de onderneming haar marketingbeleid in de komende tijd zal gaan richten. We komen daarmee op het terrein van marktsegmentatie. In hoofdstuk 9 wordt ingegaan hoe markten gesegmenteerd kunnen worden.

Uiteraard dienen alle korte- en langetermijnactiviteiten rond het marketingbeleid, die de ontwikkeling, uitvoering, controle en bijsturing ervan betreffen, geïntegreerd te zijn. In hoofdstuk 10 wordt aangegeven hoe bedrijven qua marketing georganiseerd kunnen zijn.

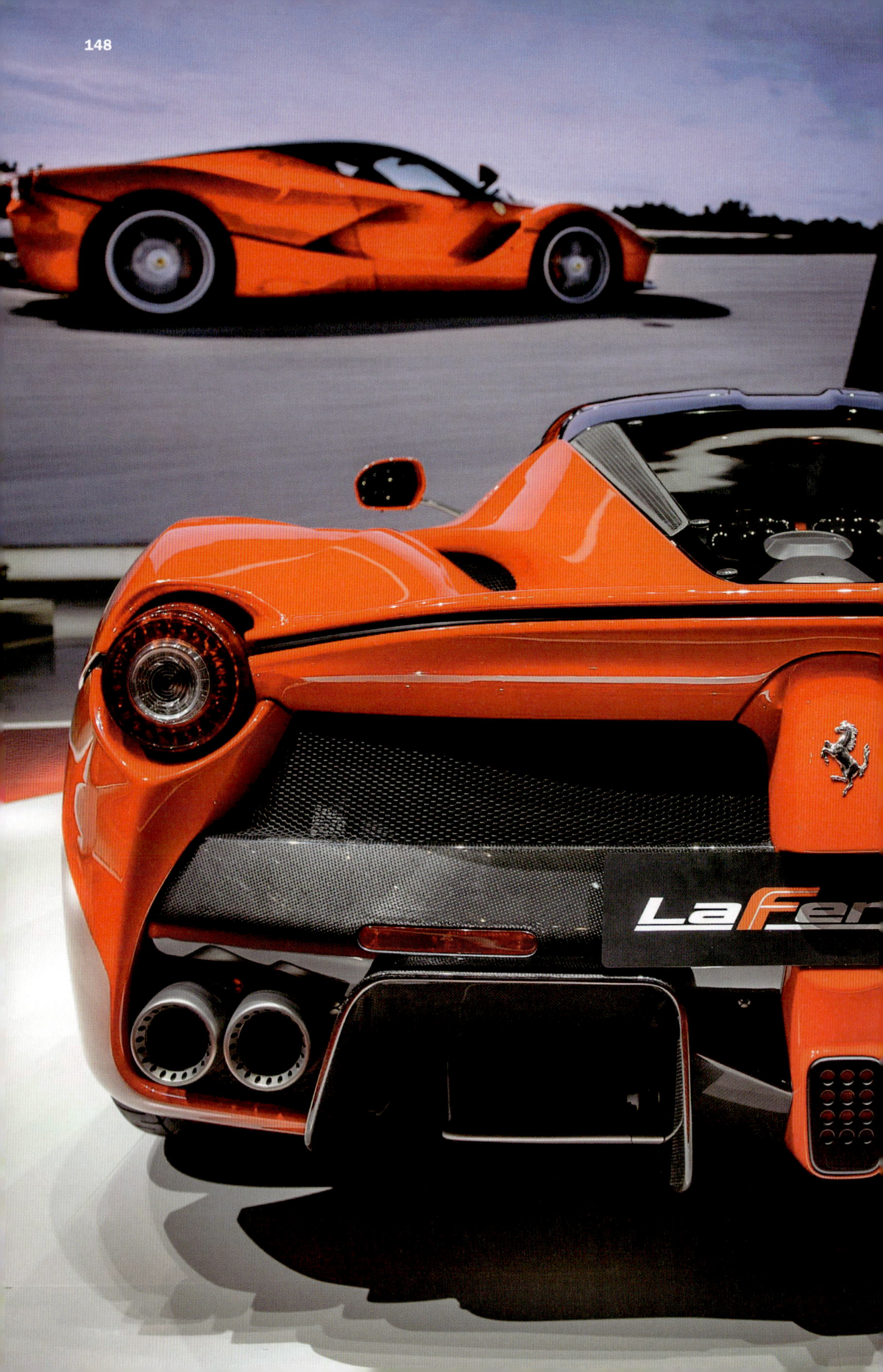

8
Strategisch marketingbeleid

8.1 Planning
8.2 Strategische marketingplanning – inleiding
8.3 Strategische marketingplanning – analyse
8.4 Strategische opties
8.5 Het marketingplan

Een bekend gezegde luidt: 'Regeren is vooruitzien'. Vandaar dat in paragraaf 8.1 het hoe en waarom van planning wordt belicht. Het opzetten van een goede planning is alleen zinvol als de onderneming een specifiek doel voor ogen heeft. De manier om dit te realiseren wordt beschreven bij het strategisch marketingplanningsproces. De paragrafen 8.2 tot en met 8.4 zijn hieraan gewijd. Worden in 8.2 de globale stappen genoemd, in 8.3 komen de diverse analyse-instrumenten en de hulpmiddelen die daarbij beschikbaar zijn aan bod. Uitgangspunt bij het ontwikkelen van een strategisch marketingplan is de definitie van de huidige business aan de hand van één of meer product-marktcombinaties. Belangrijke onderdelen van de strategische analyse zijn verder de externe en interne analyse. Bij de externe analyse wordt nagegaan welke situaties of ontwikkelingen leiden tot kansen dan wel bedreigingen voor de betrokken organisatie. Hulpmiddelen bij de interne analyse zijn onder andere de portfolioanalyse, de waardeketen en analyse van de kernwaarden. De interne analyse mondt uit in de inventarisatie van sterkten en zwakten. Bij genoemde analyses kan een marketinginformatiesysteem (MIS) een belangrijke rol spelen. Kansen en bedreigingen enerzijds en sterkten en zwakten anderzijds worden in samenhang geanalyseerd in een zogenoemde swot-analyse, waarbij een confrontatiematrix vaak een hulpmiddel is. De analyses monden vervolgens uit in de formulering van strategische opties.
Een van die opties is vaak, uit vrije wil of gedwongen, groeien. Verschillende groeistrategieën worden besproken in paragraaf 8.4: die van Ansoff en van Kotler. Ook de generieke concurrentiestrategieën van Porter worden besproken. Het strategisch planningsproces resulteert ten slotte in onder andere een marketingplan. Opzet en inhoud van een dergelijk plan worden in paragraaf 8.5 besproken.

8.1 Planning

Planning zou kunnen worden omschreven als het nemen, vastleggen en uitvoeren van beslissingen over de inzet van mensen en middelen in de tijd, gericht op een bepaald doel. Deze planning omvat ook altijd een tijdsplanning. Bij voorkeur baseren we de beslissingen op een analyse van relevante informatie. Vaak gaat aan planning dan ook onderzoek vooraf. Ook een marketinginformatiesysteem (MIS) kan hierbij een belangrijke rol spelen. Planning is iets anders dan een plan. Planning gaat aan de totstandkoming van een plan vooraf. Het *plan* is een document waarin is vastgelegd wie wat wanneer moet doen om bepaalde doelstellingen te realiseren.

Planning en plan

In deze paragraaf zullen verschillende aspecten van planning aan bod komen:
- de planningsniveaus
- de planningshorizon
- de planningsmethoden
- de voordelen van planning.

Planningsniveaus

Zonder plan

Vooral de beginnende en kleine ondernemingen hebben weinig behoefte aan gedetailleerde langetermijnplannen. De dagelijkse werkzaamheden eisen alle aandacht van de ondernemer op. Door de geringe omvang van zijn organisatie kan hij de verschillende bedrijfsactiviteiten nog goed overzien en snel inspelen op kansen en bedreigingen die zich aandienen. Wanneer een organisatie groeit, de investeringen steeds groter worden en de omgevingsfactoren van grote invloed zijn op de behaalde bedrijfsresultaten, wordt het tijd om te gaan plannen.

Het opzetten en invoeren van een strategisch planningssysteem kost tijd en geld en moet dus voldoende voordelen bieden. Bij de opzet van het strategisch plan wordt het topmanagement gedwongen de ondernemingsdoelstelling onder woorden te brengen en vooral in cijfers en begrippen uit te drukken. Daardoor is de organisatie beter voorbereid op de onzekere toekomst en kan zij beter inspelen op plotselinge kansen en bedreigingen die zich voordoen. Het management wordt ook gedwongen voortijdig de risico's van een plan onder ogen te zien, opdat het alternatieve oplossingen onder betrekkelijk rustige omstandigheden kan overwegen.

Strategisch plan: handleiding voor uitvoering van het beleid

In het strategisch plan worden duidelijk de verantwoordelijkheden en de bevoegdheden van afdelingen en personen vastgelegd. Het is een handleiding voor de uitvoering van het beleid, waarmee het mogelijk is een goede afstemming te verkrijgen tussen de ondernemersfuncties dan wel tussen de verschillende afdelingen van het bedrijf. Door het toevoegen van een budget en een tijdsplan is het mogelijk de voortgang van het proces te controleren. Immers, het doel is duidelijk vastgelegd en daarmee zijn ook de normen vastgesteld die op bepaalde tijdstippen gerealiseerd moeten zijn. Als de uitvoering hiervan afwijkt, kan op een vroeg tijdstip bijgestuurd worden. Het vroegtijdig en geleidelijk bijsturen van een mammoettanker geeft een veiliger koers dan wanneer het roer op het allerlaatste moment wordt omgegooid.

Resumerend kan gesteld worden dat een strategisch plan dient als doelstelling, taakstelling, controlemiddel, afstemmingsmiddel en als budget- en tijdbewaker.

Binnen een onderneming wordt veelal op vier niveaus gepland:
- *concernniveau* – de planning omvat de gehele organisatie. Deze betreft dus het gehele aanbod van de onderneming in alle markten waarin zij opereert. Het gaat dus om alle productgroepen, producten, productvarianten die – vaak onder verschillende merken – worden aangeboden. Philips is zo groot dat haar activiteiten zijn ondergebracht in vier divisies: Lighting, Consumer Lifestyle, Healthcare en innovation, Group & Services. Deze activiteiten vergen een totaal verschillende aanpak. De divisies bestaan op hun beurt weer uit zogenaamde sbu's, strategic business units. Een strategic business unit is een min of meer zelfstandig functionerende organisatie-eenheid, binnen een grote onderneming. Een sbu heeft eigen markten, eigen concurrenten, eigen doelstellingen en strategieën, eigen middelen (bijvoorbeeld fabrieken, personeel). Zo bestaat Consumer Lifestyle weer uit de sbu's gezondheid en welzijn, huishoudelijke apparatuur, koffie en persoonlijke verzorging.

Strategic business unit

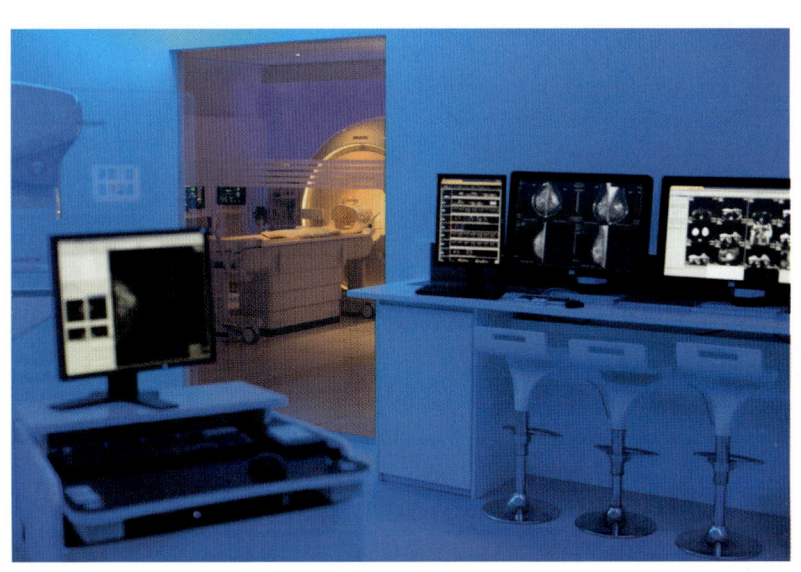

Healthcare, een van de divisies van Philips

Op dit niveau worden uiteraard ondernemingsdoelstellingen geformuleerd. Deze hebben betrekking op de gehele onderneming en kunnen kwalitatief of kwantitatief van aard zijn. Voorbeelden van de eerste categorie zijn continuïteit van de onderneming, welzijn van de consument en maatschappelijk welzijn, weerstandsvermogen enzovoort. Voorbeelden van de tweede categorie zijn doelstellingen op het gebied van omzet, winst, groei enzovoort.

Ondernemingsdoelstellingen

Deze doelstellingen dienen gerealiseerd te worden door middel van de ondernemingsstrategieën. Daarbij staat de missie, die later in deze paragraaf wordt behandeld, centraal. De onderneming maakt daarbij een keuze voor de markten waarin zij actief wil zijn, de sbu's, en welke rol zij

Ondernemingsstrategieën

daarin wil spelen, rekening houdend met haar belanghebbenden en met haar kernwaarden.
- *divisie- of sbu-niveau* – de planning omvat de gehele divisie dan wel de sbu met haar organisatie en middelen. In het laatste geval betreft het dus de productgroepen en de markten die door de sbu worden aangeboden, respectievelijk worden bewerkt. Deze onderdelen van de sbu worden ook wel product-markt-technologiecombinaties genoemd. Daarbij staat de P voor behoeften of problemen, de M voor de marktgroepen en de T voor de verschillende soorten producten.

Product-markt-technologie-combinaties

Definitie product-markt-combinatie

> Een product-marktcombinatie is gedefinieerd als een selectie van ruilobjecten en ruilsubjecten op grond van een strategische keuze van afnemersbehoeften waarin een organisatie wil voorzien en van afnemers(groepen) waarop zij zich wil richten.

In feite gaat het dus om het combineren van een bepaald aanbod en een bepaalde categorie consumenten.

Product-markt-technologie-combinatie

Naast de product-marktcombinatie (pmc) kennen we ook de product-markt-technologiecombinatie (pmt). Dit is een selectie van ruilobjecten, ruilsubjecten en technologieën op grond van een strategische keuze van afnemers(groepen) op wie zij zich wil richten, van afnemersbehoeften waarin een organisatie wil voorzien en op welke wijze (met welke technologie) zij dit wil doen. Voor Philips' sbu persoonlijke verzorging scheerproducten voor mannen (scheerapparaten, stylers, bodygroomers).

SBU-doelstellingen

De ondernemingsdoelstellingen bepalen weer in belangrijke mate de SBU-doelstellingen. Ondanks zijn zelfstandigheid geldt, dat de sbu de doelstellingen van de gehele organisatie moet ondersteunen, in ieder geval niet moet schaden. Voorbeelden van sbu-doelstellingen zijn: omzet, marktaandeel, winst of rendement en andere van de ondernemingsdoelstellingen afgeleide doelstellingen.

SBU-strategieën

SBU-strategieën concentreren zich rond (investerings)beslissingen die over de pmt's genomen moeten worden. Daarbij dient gedacht te worden aan het opstarten, laten groeien, handhaven, passief behandelen of afbouwen van activiteiten. De strategieën betreffen dus het managen van een portfolio van pmt's, een onderwerp dat later in dit hoofdstuk aan de orde komt.

- *marketingniveau* – de planning van concrete producten die op een bepaalde markt worden aangeboden. Zo zal de pmt scheerapparaten voor mannen van Philips weer vele productvarianten omvatten, met de mogelijkheid van droog en nat scheren, bijgeleverde trimmer en andere belangrijke kenmerken of eigenschappen.

Marketing-doelstellingen

De marketingdoelstellingen zijn doelstellingen die het marketingbeleid rond de producten en productvarianten betreffen. Bij marketingdoelstellingen moet dus aan afzet-, omzet- en marktaandeeldoelstellingen gedacht worden of aan het realiseren van een bepaalde marktpositie.

Marketing-strategieën

Om de marketingdoelstelling te realiseren worden marketingstrategieën opgesteld. Een marketingstrategie geeft aan op welke doelgroep(en) het bedrijf zich richt, hoe het zich daarbij positioneert en waar de nadruk ligt in het marketingbeleid. Zo kan Philips ervoor kiezen zich bij de introductie van zijn nieuwste scheerapparaten te richten tot de mannen die van scheermesjes een branderig gevoel en rode huid krijgen, waarbij het zich

positioneert als een voorloper op dit gebied en waarbij het de doelgroep vooral tracht te bereiken via het gebruik van sociale media.
- *instrumentniveau* – de planning van marketingmixaspecten rond bepaalde producten. Voor de pmt scheerapparaten voor mannen van Philips zullen gedetailleerde product-, promotie-, prijs- en distributieplannen ontwikkeld moeten worden.

De marketinginstrumentdoelstellingen zijn specifieke doelstellingen in het kader van de marketingdoelstellingen, die een afzonderlijk marketinginstrument betreffen. Zo kunnen we product-, prijs-, communicatie- en distributiedoelstellingen onderscheiden. Philips zou voor zijn scheerapparaten als prijsdoelstelling kunnen hebben dat de apparaten een goede prijs-kwaliteitverhouding bieden. De instrumentdoelstellingen komen aan de orde in de delen 5 tot en met 8 van dit boek, waarin de marketingmix behandeld wordt.

Marketinginstrumentdoelstellingen

Het spreekt vanzelf dat afhankelijk van de doelstellingen een keuze gemaakt wordt uit de verschillende marketinginstrumentstrategieën. Heeft de Philips-marketeer een goede prijs-kwaliteitverhouding als doel voor de nieuwe scheerapparaten, dan kan ervoor gekozen worden om deze te prijzen op het niveau van de concurrerende marktleider. Alle marketingmixstrategieën worden besproken in de delen 5 tot en met 8.

Marketinginstrumentstrategieën

TABEL 8.1 Planningsniveaus

Niveau/plan	Doelstellingen	Strategie
Concernplan	continuïteit, welzijn consument/maatschappij, weerstandsvermogen, omzet, winst, groei	organisatiestrategieën rond sbu's
Divisie- of sbu-plan	omzet, marktaandeel, winst of rendement	businesstrategieën rond pmt's
Businessplan	afzet, omzet, marktaandeel	marketingstrategieën rond één pmt
Instrumentplan	productkwaliteit, bekendheid, prijsperceptie, marktbereik	marketinginstrumentstrategieën rond een van de marketingmixinstrumenten

Planningshorizon

Marketingplanning omvat alle managementactiviteiten die gericht zijn op het analyseren van de huidige en toekomstige externe en interne omgeving van het bedrijf. Vervolgens worden – zoals we al eerder zagen – een swot-analyse opgesteld, een kernprobleem geformuleerd, doelstellingen en alternatieve oplossingen bedacht. Deze oplossingen worden weer uitgewerkt in een operationeel plan. Dit plan beschrijft – behalve de inzet van de marketinginstrumenten (marketingmix) – de budgetten die vereist zijn voor een effectieve uitvoering en actieschema's.

Marketingplanning

Bovenstaande definitie van marketingplanning geeft al aan dat er twee vormen van bestaan: strategische en operationele planning. Een strategisch marketingplan is een document waarin de strategische marketingplanning is vastgelegd voor een organisatie, divisie of strategische businessunit. Wezenlijk kenmerkend voor een strategisch plan zijn twee zaken:
1. Er wordt altijd rekening gehouden met de *onzekerheden* vanuit de omgeving. Er is altijd een analyse van de huidige en toekomstige externe en interne omgeving van het bedrijf. De onzekerheden komen vooral vanuit

Strategisch marketingplan

de externe omgeving op het bedrijf af. In dit opzicht verschilt strategische planning wezenlijk van tactische/operationele planning, waarbij van zekerheden wordt uitgegaan.

Scenario
Een intern consistente beschrijving van een mogelijke toekomstsituatie waarin een organisatie kan terechtkomen, wordt een scenario genoemd. Daar de toekomst vaak hoogst onzeker is, maken marketeers veelal meerdere scenario's (*best case* en *worst case scenario*).

2 Er is altijd sprake van *langetermijnhorizon*. Strategische planning betreft altijd een langere periode, variërend van drie tot vijftien jaar, afhankelijk van de bedrijfstak en de omvang van de onderneming. Tactische/operationele planning daarentegen gaat meestal van een kortetermijnperspectief uit.

Daarnaast zijn er enkele bijkomende kenmerken. Vanwege het grote belang is het meestal het topmanagement dat verantwoordelijk is voor de strategische plannen, het middel- en lagere management is dat voor de tactische/operationele plannen. *Strategische plannen*, waarbij een ruw beeld van de toekomst geschetst wordt, zijn per definitie in grote lijnen. Tactische/operationele plannen – waar omstandigheden, mensen en middelen bekend zijn – zijn meestal gedetailleerd van aard. Ook zal het duidelijk zijn dat strategische planning aan operationele planning voorafgaat. Als gevolg van de continu veranderende omgeving is strategische planning ook een continu proces, terwijl tactische/operationele planning een regelmatig terugkerend karakter heeft.

Kijken we naar de hierboven geschetste vier niveaus van planning, dan is ook een samenhang tussen planningsniveau en planningshorizon vast te stellen. Concern- en divisie/sbu-plannen zijn altijd strategisch van aard; businessplannen hebben meestal een gemengd strategisch/operationeel karakter en instrumentplannen zijn operationeel van aard.

TABEL 8.2 Verschillen tussen strategische en tactische/operationele planning

Kenmerken	Strategische planning	Tactische/operationele planning
Omgeving	onzeker	zeker
Planningshorizon	3 jaar en langer	1-5 jaar resp. korter dan 1 jaar
Positie in organisatie	topmanagement	midden- resp. lager management
Mate van detaillering	globale informatie, meestal uit externe bronnen	gedetailleerde informatie, meestal uit eigen bedrijf
Frequentie	voortdurend proces	frequent

Operationeel plan
In het planningsproces wordt steeds gesproken over de toekomst. Deze kan variëren van enkele maanden tot vele jaren. De lengte is afhankelijk van het doel waarvoor het plan gebruikt wordt en van de branche waarin het wordt toegepast. Kortetermijnplannen, van enkele maanden tot één jaar, worden bijvoorbeeld gebruikt in de detailhandel. De winkelier van modeartikelen maakt seizoenplannen voor de zomer-, herfst- of wintercollectie. Het kortetermijnplan wordt ook wel operationeel plan genoemd en bevat meestal richtlijnen voor het inschakelen van de marketinginstrumenten en geeft de budgettaire randvoorwaarden.

Volgens Wikipedia is in het management een tactiek een plan voor de inzet van middelen en de wegen om een bepaald doel te bereiken. Er wordt gedetailleerd gekozen uit alternatieven. Tactische beslissingen lopen over een middellange periode, van één tot vijf jaar. De beslissingen die op tactisch niveau genomen worden, moeten bijdragen aan de strategie op langere termijn. Beslissingen over bijvoorbeeld prijzen zijn tactisch, beslissingen over producten strategisch. Een tactiek bestaat op haar beurt weer uit meerdere operationele beslissingen op kortere termijn. Zij bevindt zich dus, qua tijd en omvang, tussen de strategie en de operationele beslissingen in. We zien aldus dat het operationele en tactische niveau op dit maatschappelijk terrein van plaats gewisseld zijn en dat een tactiek hier geen methode is, maar een plan. In een organisatie worden tactische beslissingen vooral genomen in het middenmanagement.

Bedrijven die verbruiksgoederen (fast moving consumer goods) op de markt brengen, hanteren meestal een planningsperiode van drie jaar. Hier wordt de doelstelling vooral omschreven in termen van rendement, groeimogelijkheden en de wijze waarop de product-marktcombinaties veroverd en/of behouden kunnen worden.
Voor elk bedrijf – dus ook voor de winkel in modeartikelen of de producent van autoradio's – is het nuttig op bepaalde momenten de vooruitzichten over een langere periode te bezien: vijf jaar of meer. In enkele branches, vooral bij grondstoffen zoals staal en aardolieproducten, is het een bestaansvoorwaarde om zeer lange perioden vooruit te kijken. Perioden van tien tot vijftien jaar zijn daarbij niet ongebruikelijk. Immers, het bouwen en het in bedrijf nemen van een hoogoven of het opsporen en exploiteren van olievelden vergen grote investeringen en vooral veel tijd. Uiteraard wordt de strategie in deze plannen alleen omschreven in algemene termen met ruime marges en tijdsperioden.

Planningsmethoden
Er bestaan in principe drie planningsmethoden: de top-down-methode, de bottom-up-methode en de goals-down/plans-up-methode (zie figuur 8.1):

FIGUUR 8.1 Methoden van planning

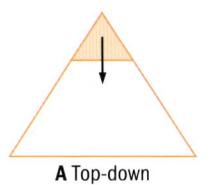

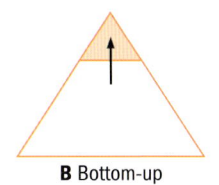

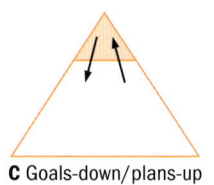

A Top-down **B** Bottom-up **C** Goals-down/plans-up

Top-down-methode
De top-down-planning wordt vastgesteld door de directie. Zij bepaalt de doelstelling en de wijze waarop deze gerealiseerd moet worden. Het uitvoerend niveau in de organisatie heeft dat als opdracht te aanvaarden. Deze methode wordt vooral toegepast in autocratisch geleide bedrijven, maar ook in bedrijven die zich in de pioniersfase bevinden (starters). In deze bedrijven overziet de directie nog de details van de totale bedrijfsvoering.

Definitie top-down-planning

Top-down-planning is een planningsvorm waarbij een hoger hiërarchisch niveau doelen en taken formuleert die op lager niveau moeten worden uitgevoerd. Het hoger management baseert zich bij het bepalen van de doelen en taken onder meer op informatie die door lagere niveaus wordt verstrekt.

Bottom-up-methode

De tegenovergestelde methode is de bottom-up-planning, waarbij elk bedrijfsonderdeel eigen doelstellingen formuleert en een afdelingsplan opstelt, dat ter goedkeuring aan de directie wordt voorgelegd. De directie moet deze deelplannen aaneensmeden tot één harmonieuze ondernemingsstrategie.

Definitie bottom-up-planning

Bottom-up-planning is een planningsvorm waarbij op lagere hiërarchische niveaus in de organisatie doelen en taken worden geformuleerd en ter commentaar, aanpassing en goedkeuring worden aangeboden aan een hoger hiërarchisch niveau. Het hogere niveau beoordeelt de ingediende plannen in het licht van de doelen en taken die door dat niveau zelf worden gesteld.

Goals-down/plans-up-methode

Goals-down/ plans-up-methode

Een realistische tussenvorm is de goals-down/plans-up-methode. Het topmanagement bepaalt de doelstellingen op basis van de sterke en zwakke punten van het bedrijf en de kansen en bedreigingen in de markt. Aan de hand van deze algemene doelstellingen ontwikkelt elke afdeling plannen voor uitvoering. Deze uitgewerkte plannen worden dan met de directie besproken en eventueel bijgesteld. Het voordeel van deze methode is, dat de uitvoerende medewerkers zich sterker betrokken voelen bij de implementatie van het plan.

8.2 Strategische marketingplanning – inleiding

In de vorige paragraaf hebben we ons met het begrip planning beziggehouden. Marketingplanning ligt in het verlengde daarvan. Bij marketingplanning is het doel van de planning: het nu en in de toekomst verwerven en behouden van afnemers. In een strategisch marketingplan wordt aangegeven via welke hoofdlijnen van beleid op langere termijn ruiltransacties gerealiseerd zullen worden, terwijl dit in een operationeel plan meer gedetailleerd en voor de korte termijn wordt uitgewerkt.

Hierna noemen wij de stappen die in het kader van de (strategische) marketingplanning moeten worden gezet. Deze stappen worden in de komende paragrafen verder uitgewerkt.

1 het definiëren van de huidige business en de rol die de organisatie daarin wil spelen (missie)
2 de doelstellingen die de organisatie wil realiseren
3 de externe analyse
4 de interne analyse
5 confrontatie van kansen, bedreigingen, sterkten en zwakten (swot-analyse)
6 formuleren van opties
7 keuze en uitwerking
8 implementatie en evaluatie.

In figuur 8.2 is het marketingplanningsproces schematisch weergegeven.

FIGUUR 8.2 Het marketingplanningsproces

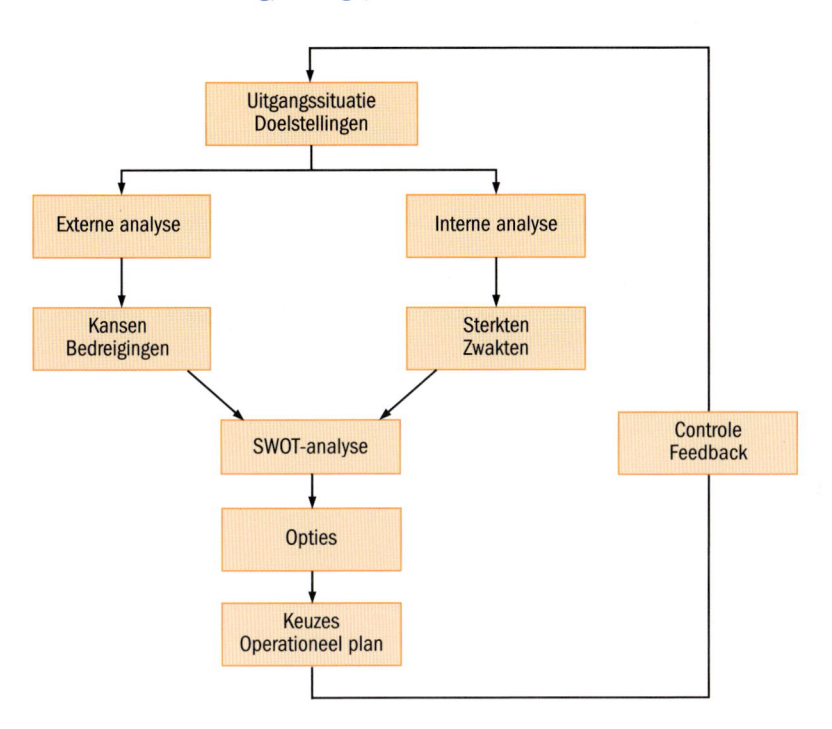

```
                    Uitgangssituatie
                    Doelstellingen
                   /              \
           Externe analyse      Interne analyse
                  ↓                   ↓
           Kansen               Sterkten
           Bedreigingen         Zwakten
                   \            /
                    SWOT-analyse              Controle
                         ↓                    Feedback
                       Opties
                         ↓
                      Keuzes
                   Operationeel plan
```

8.3 Strategische marketingplanning – analyse

Voor zover mogelijk moeten beslissingen over marketingactiviteiten, gericht op het verwerven en behouden van afnemers, zijn gebaseerd op een gedegen analyse van de diverse mogelijkheden en beperkingen. Daarbij spelen de afbakening van het businessdomein, de in- en externe analyse en in het verlengde daarvan de swot-analyse een belangrijke rol. De externe analyse houdt zich bezig met alles wat buiten de organisatie van invloed is – of kan zijn – op de mogelijkheid van de organisatie om haar doelen te verwezenlijken. De interne analyse is gericht op de organisatie zelf. Bij de swot-analyse worden de uitkomsten van de in- en externe analyse met elkaar geconfronteerd.

Missie, visie en businessdefinitie

Elke organisatie (of het nu een ziekenhuis, sportvereniging, supermarkt of politieke partij is) heeft een bepaalde missie, die aan de medewerkers betekenis of zin geeft. In gewoon Nederlands: de missie zegt wat de organisatie wil zijn of 'waar we voor gaan'. In de missie wordt kwalitatief en soms enigszins filosofisch aangegeven wat de organisatie wil betekenen voor haar klanten, medewerkers, aandeelhouders of andere belanghebbenden. Ook maakt de missie duidelijk waarin de organisatie zich onderscheidt van andere, soortgelijke organisaties.

Missie

Onder missie verstaan we dus de gewenste rol en ambities van de organisatie in een door haar afgebakend werkterrein. Die missie omvat:
- de bestaansvraag van de organisatie (purpose)
- de waarden en normen van de organisatie (values)
- de kernwaarden en strategie (strategy)
- de wijze van omgang met de belanghebbenden (behaviour standards).

Mission statement

Vaak wordt de missie verwoord in een zogenoemd mission statement. Dat is de formele omschrijving van de missie van de organisatie. Dit is een belangrijk instrument voor het creëren van een interne ondernemingscultuur en een externe ondernemingsidentiteit en image. Kotler noemt de missie de 'onzichtbare hand', die de vaak geografisch verspreide medewerkers als leidraad dient om onafhankelijk en toch collectief te werken aan het realiseren van de doelstellingen van de organisatie. Microsoft heeft enige tijd geleden een nieuwe missie aangenomen: mensen en bedrijven overal ter wereld in staat stellen om hun volledige potentieel te realiseren.

● www.procter.nl

Over P&G

Onze missie
Procter & Gamble wil producten op de markt brengen van superieure kwaliteit en waarde. Wij willen dat onze producten bijdragen aan het verbeteren van het leven van consumenten over de hele wereld.

Onze waarden
Procter & Gamble wil graag de beste mensen ter wereld in dienst nemen. Want onze mensen zijn ons belangrijkste 'bezit'. Daarbij is wie iemand ís, belangrijker dan wat deze man of vrouw exact heeft gestudeerd.
Onze wereldwijde kernwaarden zijn:
- leadership
- ownership
- integrity
- passion for winning
- trust

Een verdere omschrijving van deze waarden staat omschreven op www.pg.com.

Onze principes
Twee miljard keer per dag spelen de Procter & Gamble merken een belangrijke rol in het leven van miljoenen mensen over de hele wereld. Onze werknemers werken er hard aan om er zeker van te zijn dat deze merken voldoen aan de belofte om het dagelijkse leven van de internationale consument te veraangenamen. Dankzij de hiernavolgende principes weten onze medewerkers hoe zij hun werk volgens Procter & Gamble (wereldwijd) moeten uitvoeren:
- wij tonen respect voor het individu;
- de belangen van de organisatie en het individu zijn onlosmakelijk met elkaar verbonden;

- we focussen ons op ons werk;
- innovatie is de hoeksteen van ons succes;
- we kijken van buiten naar binnen;
- we streven continue persoonlijke groei na;
- we streven ernaar om de beste te zijn.

De visie geeft de manier aan waarop een organisatie naar de toekomst kijkt. **Visie**
De visie is een langetermijnblik die een beeld schetst van een 'ideale wereld' volgens de organisatie. Voor een liefdadigheidsorganisatie die voor armlastigen werkt, zou een visie als volgt kunnen luiden: 'Een wereld zonder armoede'.
Hoewel missie- en visieverklaringen in hun aard veel overeenkomen, is er toch een verschil tussen beide documenten. Een missieverklaring gaat meer over het algehele doel van de onderneming: een eenvoudige verklaring voor haar bestaansrecht. Vaak bevat deze verklaring teksten waarin beloofd wordt een superieur product te leveren.

De visieverklaring daarentegen gaat niet over wat de onderneming nu is, maar wat het bedrijf hoopt te worden. Een visieverklaring kan, bijvoorbeeld, erkennen dat de onderneming al aan bepaalde industrienormen voldoet, maar tegelijkertijd doelen stellen om klantenzorg binnen een bepaalde periode op een hoger niveau te brengen.

Voordat een doelstelling kan worden geformuleerd, dient eerst het werkterrein van de onderneming te worden gedefinieerd, in het Engels de business definition. De vraag luidt derhalve in eerste instantie: 'What business are we in?' Derek Abell beantwoordt die vraag door drie vragen te stellen: wie, wat en hoe? *Wie* betekent een nauwkeurige omschrijving van de afnemersgroepen waarop het bedrijf zich wil richten. Het *wat* is het bepalen van de afnemersfuncties, dus het vaststellen van de behoeften van de doelgroep. Het *hoe* betreft de technologieën, dat wil zeggen: de wijze waarop het bedrijf de afnemersbehoeften tracht te vervullen. **Business definition**

In figuur 8.3 wordt dit getoond voor een fabriek van een fietsfabrikant.

Binnen de marktdefinitie (business definition) wordt vaak nog de corebusiness onderscheiden, ofwel de kernactiviteit van een onderneming. De kernactiviteit is de activiteit waar een onderneming in hoofdzaak mee bezig is. De kernactiviteit van de Nederlandse Spoorwegen is bijvoorbeeld het vervoeren van personen en goederen. Daarnaast worden echter ook andere diensten aangeboden, zoals de verkoop van dagtochten naar diverse attracties, winkelen en uitgaan in grotere Europese steden en draadloos internet. **Kernactiviteit**

Het antwoord op de vraag 'What business are we in?' kan overigens slechts een voorlopige zijn, want juist naar aanleiding van de ex- en interne analyse is een herdefiniëring van deze business vaak een van de mogelijke strategische opties. In de driedimensionele visuele weergave van de pmt betekent dat een verandering (vaak: expansie) op één of meer van de assen van het model.

FIGUUR 8.3 Businessdomein van een fietsenfabrikant

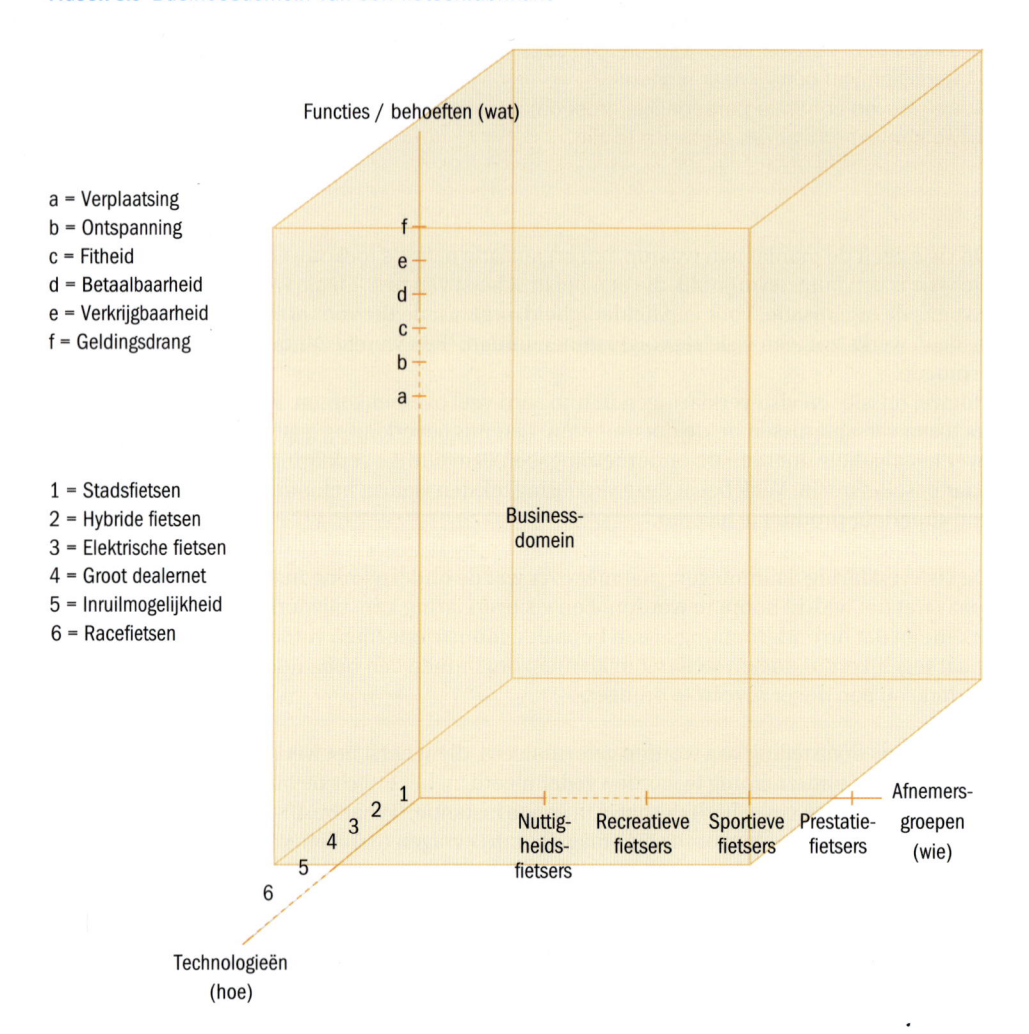

Functies / behoeften (wat)

a = Verplaatsing
b = Ontspanning
c = Fitheid
d = Betaalbaarheid
e = Verkrijgbaarheid
f = Geldingsdrang

1 = Stadsfietsen
2 = Hybride fietsen
3 = Elektrische fietsen
4 = Groot dealernet
5 = Inruilmogelijkheid
6 = Racefietsen

Business-domein

Nuttigheids-fietsers — Recreatieve fietsers — Sportieve fietsers — Prestatie-fietsers — Afnemers-groepen (wie)

Technologieën (hoe)

Externe analyse

In de buitenwereld kunnen zich allerlei situaties en ontwikkelingen voordoen die van invloed (kunnen) zijn op de mate waarin een organisatie haar doelen kan verwezenlijken. Als er bijvoorbeeld veel kinderen worden geboren, is dat voor een luierfabrikant een gunstige ontwikkeling. Het is daarom voor iedere organisatie van belang dergelijke externe factoren in kaart te brengen en na te gaan, in hoeverre ze voor de eigen organisatie kansen of juist bedreigingen vormen. In hoofdstuk 2 hebben we uitgebreid aandacht besteed aan een aantal externe factoren in de meso- en macro-omgeving. Uiteraard is het aantal externe factoren gigantisch groot, dus de organisatie heeft criteria nodig om vast te stellen welke factoren voor de eigen organisatie wel en welke niet relevant zouden kunnen zijn. Want alleen de relevante factoren zijn de moeite waard om te onderzoeken en analyseren. De eerder besproken businessdefinitie biedt bij uitstek die criteria.

Met betrekking tot de kansen en bedreigingen (opportunities/threats) stelt de organisatie zich bijvoorbeeld vragen als:
- Hoe sterk zijn de concurrenten?
- Wat zijn de ontwikkelingen in de distributiekanalen?
- Welke consumentenvoorkeuren veranderen?
- Welke ontwikkelingen doen zich voor op het gebied van de macro-economie, techniek, demografie, wettelijke voorschriften enzovoort?

Interne analyse
De interne analyse kan worden gezien als een inventarisatie van de relatief sterke en zwakke punten van een organisatie. Met relatief bedoelen we: ten opzichte van de concurrenten en de markt. In de interne analyse worden de prestaties van het bedrijf beoordeeld tegen het licht van de externe ontwikkelingen. Daarbij worden deze vanuit drie invalshoeken naar het bedrijf bekeken:
- *Beleid*. Kijkend naar het verleden vragen we ons af: is de missie en visie nog relevant? Zijn de doelstellingen gehaald en hoe goed blijken de strategieën en de tactiek (marketingmix)?
- *Positie*. Kijkend naar het heden vragen we ons af: hoe goed is de positie bij de diverse belanghebbenden (leveranciers, handel, intermediairs, publieksgroepen, overheid)? Hoe presteren we ten opzichte van de concurrentie? Hoe sterk is onze financiële positie?
- *Middelen*. Kijkend naar de toekomst vragen we ons af: zijn onze middelen (management, personeel, faciliteiten, samenwerkingsverbanden, patenten en octrooien) goed genoeg om de strijd met de concurrentie aan te gaan?

Deze analyse van interne omgevingsfactoren mondt uit in sterkten (strengths) en zwakten (weaknesses), die uitsluitend gelden voor de betreffende organisatie. Belangrijke onderdelen van deze analyse zijn de zogenoemde *portfolioanalyse*, de analyse van de *waardeketen* en het vaststellen van de *kernwaarden*.

Portfolioanalyse
De expansie van een onderneming vindt vaak plaats door het ontwikkelen van nieuwe producten, andere merken of andere bedrijfsactiviteiten. Bij de portfolioanalyse wordt gekeken naar de huidige positie van de producten ten opzichte van haar concurrenten en naar de toekomstige ontwikkelingen van iedere product-marktcombinatie. Met behulp van de gegevens over de positie en toekomstige ontwikkeling van het product op een bepaalde markt kan voor elk product en voor iedere activiteit afzonderlijk een strategie worden aangegeven. Daar het hier gaat om vele variabelen die onderling moeten worden afgewogen, is de portfolioanalyse ontwikkeld. In eerste instantie werd deze techniek ontwikkeld door de Boston Consulting Group. Later is deze methode verder uitgewerkt door onder meer General Electric en de Koninklijke Shell Groep.

> De portfolioanalysetechniek is een techniek die gebruikt kan worden bij het formuleren van de strategie voor een organisatie met verschillende Strategic Business Units (sbu's). Bij het tot stand komen van de overall-strategie wordt rekening gehouden met de onderlinge samenhang tussen de investeringsstrategieën van de afzonderlijke sbu's en met de totale investeringsmogelijkheden.

Definitie portfolioanalysetechniek

De BCG-matrix is gebaseerd op enkele vereenvoudigde aannamen. In de eerste plaats wordt ervan uitgegaan, dat een product (of sbu) dat marktleider is altijd beduidend meer opbrengt dan de concurrerende producten in dezelfde markt. In dit verband wordt de term *relatief marktaandeel* gehanteerd. De tweede aanname is, dat in een product (of sbu) in een groeimarkt altijd flink zal moeten worden geïnvesteerd, al was het alleen maar om de groei van de markt te kunnen bijhouden. Bij de BCG-analyse wordt een groeimarkt meestal gedefinieerd als een markt die met meer dan 10% per jaar groeit. Voordeel van deze analyse is, dat een globaal inzicht wordt verkregen in de te verwachten liquiditeitsontwikkelingen. De van cash cows vrijkomende gelden worden in de regel gebruikt om tekorten bij question marks te financieren. Nadeel van de analyse is, dat deze gebaseerd is op nogal grove veronderstellingen. Zo zal het in de praktijk niet zo vaak voorkomen dat een markt met 10% groeit. Ook is het bijvoorbeeld lang niet altijd zo, dat de marktleider beduidend meer verdient dan de tweede en volgende in de markt. Steeds zal dan ook per specifiek product (of sbu) moeten worden nagegaan, in hoeverre de beide aannamen in overeenstemming zijn met de werkelijkheid.

Relatief marktaandeel

Marktgroei

Elk bedrijfsonderdeel, sbu of product(groep) wordt beoordeeld naar de verwachte groeimogelijkheden van de markt en naar het relatieve marktaandeel. De aantrekkelijkheid van de markt wordt weergegeven door de marktgroei. Op de verticale as staat de procentuele marktgroei van de markt in zijn totaliteit. Het betreft uiteraard de markt waarin het desbetreffende product wordt aangeboden of de desbetreffende sbu opereert. De grootte van de omzet wordt aangegeven door de omvang van de cirkel.

De sterkte van het bedrijfsonderdeel in de markt wordt weergegeven door het relatieve marktaandeel, dat op de horizontale as wordt weergegeven. Dit wordt berekend door het eigen marktaandeel te delen door dat van de grootste concurrent. Als het eigen merk een marktaandeel heeft van 40% en de grootste concurrent een marktaandeel van 30%, dan is het relatieve marktaandeel 1,33. Het relatieve marktaandeel van de grootste concurrent is uiteraard 0,75.

Een relatief marktaandeel van 0,2 betekent dat voor het betreffende merk het marktaandeel van de grootste concurrent vijfmaal zo groot is. De schaalverdeling op de as loopt dan van hoog naar laag, met een waarde van 10 tot 0,1. In het midden van de as wordt de waarde 1 gezet. (Op deze as wordt gebruikgemaakt van een logaritmische schaal, wat voor een goed begrip van de portfolioanalyse overigens van minder belang is.) In figuur 8.4 wordt uitgegaan van een bedrijf met vier sbu's.

Bij sbu A, question mark genoemd (*problem child*, *wild cat*), staat het bedrijf voor een moeilijke keuze, omdat de markt gunstige vooruitzichten biedt. Door het kleine marktaandeel vereisen dit soort sbu's echter een relatief zware investering om niet alleen de marktgroei bij te blijven, maar ook om uit te groeien tot star. Deze groei kan alleen gerealiseerd worden als de onderneming over voldoende middelen uit de cash cows beschikt voor de financiering, anders moet besloten worden deze sbu's af te stoten.

Definitie question mark

| Een question mark is een sbu of product(groep) met een klein relatief marktaandeel en een grote marktgroei.

Sbu B bevindt zich in een aantrekkelijke groeimarkt en is marktleider, omdat het marktaandeel groter is dan dat van de grootste concurrent. De marktstrategie moet gericht zijn op het vasthouden van deze zogenaamde star.

> Een star is een sbu (of product) met een groot relatief marktaandeel en een grote marktgroei.

Definitie star

Sbu C bevindt zich in een stagnerende markt, maar levert het bedrijf wel een zeer grote omzet, gezien het grote marktaandeel. Dit bedrijfsonderdeel wordt cash cow genoemd, omdat de kasontvangsten alleen gebruikt hoeven te worden om het marktaandeel op peil te houden. De rest van het kasoverschot kan gebruikt worden om te investeren in andere sbu's. We noemen dit de 'uitmelkstrategie'.

> Een cash cow is een sbu of product(groep) met een relatief marktaandeel groter dan 1 in een markt met een laag groeiniveau.

Definitie cash cow

Een bedrijfsonderdeel in een slecht groeiende markt met een klein marktaandeel, zoals sbu D, wordt een dog genoemd en is onaantrekkelijk. Het bedrijf kan niet profiteren van schaalvoordelen en de marktvooruitzichten zijn van dien aard, dat investeren niet rendabel is. Afbouwen is dan ook meestal de beste strategie: de sbu dient verkocht te worden of, als het niet anders kan, moet de productie gestaakt worden. Dit is echter niet altijd noodzakelijk. Wanneer de concurrentie zich vanwege de kosten terugtrekt, kan het nog altijd een lucratieve nismarkt blijven. Bovendien is het mogelijk dat vaste klanten erop rekenen dat dit product nog geleverd wordt naast andere, meer winstgevende producten!

> Een dog is een sbu (of product) met een klein relatief marktaandeel en een kleine marktgroei.

Definitie dog

In het kader van een portfolioanalyse worden in het algemeen de volgende investeringsstrategieën onderscheiden:

Investeringsstrategieën

- *De groeistrategie* (*build strategy*). Dit is een strategie voor een bedrijfsonderdeel die gericht is op het vergroten van het relatieve marktaandeel, door geld te investeren. Deze strategie wordt vooral toegepast voor question marks.
- *De handhaafstrategie* (*hold strategy*). Dit is een strategie voor een bedrijfsonderdeel waarbij de investeringen een zodanig niveau hebben dat het relatieve marktaandeel wordt behouden. De kasstroom, het verschil tussen inkomende en uitgaande geldstromen, is in dit geval neutraal. De strategie is typisch voor stars.
- *De oogststrategie* (*harvest strategy*). Dit is een strategie voor een bedrijfsonderdeel waarbij de investeringen tot een minimum worden beperkt met als doel het genereren van cashflows. Deze strategie geldt vooral voor cash cows.
- *De desinvesteringsstrategie* (*divest strategy*). Dit is een strategie die gericht is op het elimineren van een slecht presterend bedrijfsonderdeel, dus voor een dog. Wordt het onderdeel niet afgestoten, dan wordt er geld uit gehaald ('melken').

FIGUUR 8.4 De portfoliomatrix

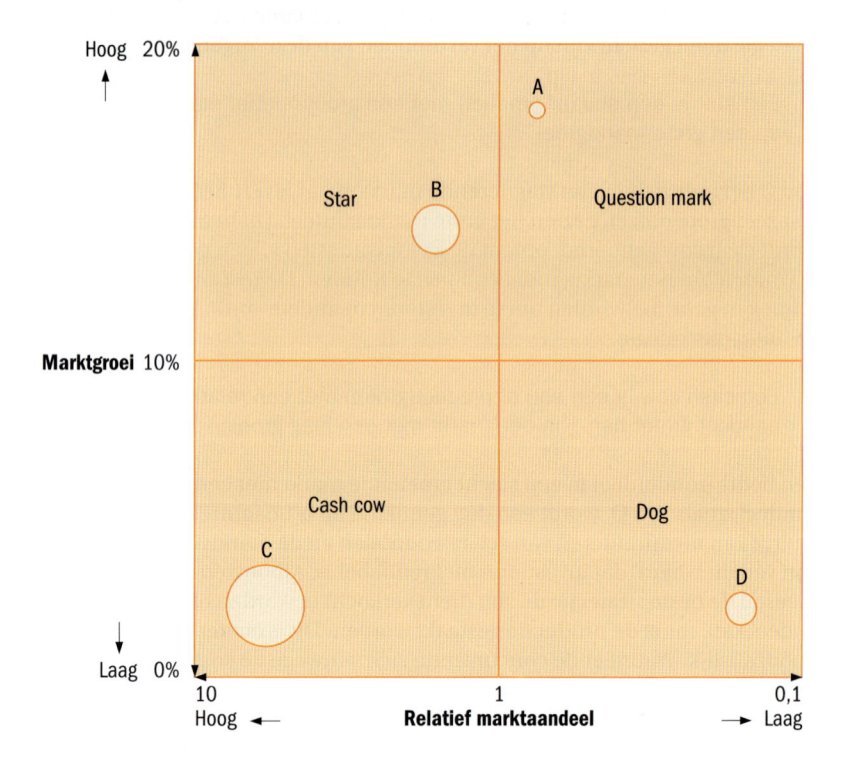

	Star (B)	Question mark (A)
	Cash cow (C)	Dog (D)

Marktgroei: Hoog 20% — 10% — Laag 0%
Relatief marktaandeel: Hoog 10 — 1 — Laag 0,1

Een onderneming met een evenwichtig aanbod zou dus moeten beschikken over enkele cash cows, enkele question marks, enkele stars en bij voorkeur geen dogs. Het management moet daarvoor de toekomstige marktontwikkelingen kennen. De dogs kunnen dan bijtijds (winstgevend) verkocht worden en nieuwe product-marktcombinaties kunnen ontwikkeld worden van question mark tot star. De ontwikkelingskosten hiervoor worden dan gefinancierd met de op dat moment nog gezonde cashflow van de cash cows.

Kernwaarden en de waardeketen

Michael Porter, een autoriteit op het gebied van strategieën, ziet de organisatie als een reeks van opeenvolgende processen die elk een waarde of marge aan het geheel toevoegen. Hij ziet de organisatie dus als een waardegenererend proces. Het mogelijke concurrentievoordeel komt voort uit de verschillende activiteiten die een bedrijf uitvoert op het gebied van het ontwerp, de productie, de marketing, de levering en de ondersteuning van zijn producten. Door het systematisch onderzoeken van deze verschillende bedrijfsactiviteiten komen we tot de kernwaarden die de basis vormen voor (mogelijke) concurrentievoordelen. Het hiervoor door Porter geïntroduceerde basisconcept staat bekend als de waardeketen (value chain).

Definitie waardeketen

De waardeketen is een analysemethode met als doel concurrentievoordelen en -nadelen van een organisatie vast te stellen. Kenmerkend is het onderscheiden van de strategisch belangrijke onderdelen of functionele gebieden van een organisatie, waar belangrijke toegevoegde waarden gerealiseerd kunnen worden.

De waardeketen verdeelt een bedrijf dus in strategisch relevante activiteiten. Het is belangrijk dat vaststeld wordt welke activiteiten voor waarde (lees concurrentie- of kostenvoordelen) zorgen. De onderdelen van de waardeketen worden in figuur 8.5 weergegeven.

In figuur 8.5 worden negen waardeactiviteiten onderscheiden: vijf primaire activiteiten en vier ondersteunende activiteiten. De primaire activiteiten zijn direct verbonden met het voortbrengingsproces van producten en diensten. De ondersteunende activiteiten maken het mogelijk het voortbrengingsproces uit te voeren.

FIGUUR 8.5 De waardeketen (value chain)

Infrastructuur van een organisatie					
Human resources management					
Onderzoek en ontwikkeling					
Verwerving					
Ingaande logistiek	Operaties	Uitgaande logistiek	Marketing & Verkoop	Services	

Marge

Bron: M. Porter, *Competitive advantage*, The Free Press, New York, 1985

Bij de primaire activiteiten gaat het om:
- De *ingaande logistiek*. Hierbij kan gedacht worden aan het transport, de opslag, de controle van inkomende goederen, het voorraadbeheer van grond- en hulpstoffen enzovoort.
- De *operaties met betrekking tot de productie van de goederen of diensten*. Hierbij gaat het om de bewerking of de assemblage van producten, het verpakken, het onderhoud van machines, het verzorgen van drukwerk, facilitaire operaties enzovoort.
- De *uitgaande logistiek*. Dit omvat onder meer de fysieke distributie van het eindproduct, waaronder de orderverwerking, het opslagbeheer en het transport.
- De *marketing en verkoop*. Dit betreft de elementen van de marketingmix.
- De *services*. Dit betreft bijvoorbeeld installatie, reparatie en scholing.

Primaire activiteiten

Bij de ondersteunende activiteiten gaat het om:
- De *infrastructuur van de organisatie*. Hierbij kan gedacht worden aan het algemeen management, de planning, de administratie, de regelgeving, de collectieve arbeidsovereenkomsten (cao), de algemene verkoopvoorwaarden, het kwaliteitsbeheer, de vergunningen enzovoort.
- Het *humanresourcesmanagement*. Hierbij gaat het om de werving, het huren, het opleiden, het coachen en het belonen van het personeel.
- *Onderzoek en ontwikkeling*. Hiertoe behoren de activiteiten om het product en allerlei processen te ontwikkelen of te verbeteren, zoals de mediaplanning, het marktonderzoek, de productontwikkeling, het productie-

Ondersteunende activiteiten

proces, de automatiserings- en informatiseringsprocessen, het design enzovoort.
- De *verwerving*. Hierbij gaat het om het inkopen van de inputs, zoals grond- en hulpstoffen, duurzame productiemiddelen, de inrichting, het marktonderzoek, de diensten van reclamebureaus enzovoort.

Duurzame concurrentievoordelen kunnen op elk niveau van de activiteiten en subactiviteiten worden gecreëerd. Door de disciplines op elkaar af te stemmen wordt de toegevoegde waarde vergroot, mits in dit proces de wensen van de afnemers steeds centraal staan.

Kernwaarden

Naast een analyse van de waardeketen moet in het kader van de interne analyse ook aandacht worden besteed aan de *kernwaarden* (*core competences of kerncompetenties*). Dit is het collectieve leerproces in de organisatie, speciaal met betrekking tot het coördineren van diverse productievaardigheden en het integreren van verschillende technologieën. Het zijn de aspecten van het beleid waar de onderneming goed in is. Een kerncompetentie:
- geeft toegang tot een groot aantal verschillende toepassingsgebieden en markten,
- geeft een duidelijke meerwaarde aan productattributen zoals die door de afnemer worden ervaren (concurrentievoordeel) en
- is moeilijk imiteerbaar door concurrenten.

Een vaardigheid – zoals die van Procter & Gamble in het vermarkten van consumentenproducten – kan een kernwaarde zijn. Maar ook het streven naar innoverende producten door Apple en het grote netwerk van Shell-verkooppunten kunnen als kernwaarde gezien worden.

Marketing Informatie Systeem (MIS)

Bij het vaststellen van zijn marketingbeleid moet de marketeer rekening houden met een groot aantal omgevingsfactoren. De informatie over de ontwikkelingen met betrekking tot al die variabelen leidt tot een omvangrijke stroom van interne en externe gegevens. Deze informatie moet snel, accuraat en relevant zijn. Dat wil zeggen, dat de beleidsbeslisser deze informatie snel ter beschikking dient te krijgen vanuit één centraal punt, zodat hij niet allerlei afdelingen en instellingen hoeft af te lopen voordat hij aan de slag kan. De inhoud moet accuraat zijn, dat wil zeggen: betrouwbaar en up-to-date. Ten slotte moet de beslisser gevoed worden met relevante informatie die overzichtelijk gestructureerd is, zodat deze direct voor zijn beslissing gebruikt kan worden. Daarin mogen geen overtollige gegevens vermeld zijn, omdat deze vervuiling het beslissingsproces verstoort.

Om ervoor te zorgen dat alle informatie die verband houdt met een (marketing)beslissing zo snel en nauwkeurig mogelijk terechtkomt op het bureau van de marketingmanager (of van degene die de beslissing moet nemen), dient een onderneming een Marketing Informatie Systeem (afgekort mis) te ontwikkelen. In het *NIMA Marketing Lexicon* treffen we daarvan de volgende definitie aan:

Definitie marketing-informatie-systeem

Een marketinginformatiesysteem (mis) is een computersysteem waarmee zowel interne als externe gegevens, primaire en secundaire informatie opgeslagen en teruggevonden kan worden (databank).

Het doel van een marketinginformatiesysteem (mis) is het verzamelen, verwerken en zodanig opslaan van gegevens en informatie, dat alleen relevante informatie overzichtelijk en hanteerbaar en op het juiste tijdstip ter beschikking komt van de gebruiker. Het voordeel van toepassing van een mis ligt in de verhoogde efficiëntie van de administratie en in een snellere rapportage.

Bedrijfseconomische resultaten
Het management van de onderneming is natuurlijk als eerste geïnteresseerd in het financiële reilen en zeilen van de onderneming, maatstaf van de prestaties in de markt. Daarnaast stellen ook buitenstaanders daar belang in. Daarbij moeten we denken aan de eigenaren (aandeelhouders), de werknemers, de kredietverschaffers en de fiscus. De wetgever heeft het nodig geacht dat financiële informatie over de onderneming voor iedere geïnteresseerde beschikbaar is. Daarom hebben bepaalde ondernemingen de plicht hun jaarrekening te publiceren. Deze bestaat behalve de balans en de resultatenrekening uit een toelichting. Het doel van de jaarrekening is de geïnteresseerde inzicht te verschaffen in het vermogen en het resultaat van de onderneming.

Onder vermogen verstaan we de waarde van alle bezittingen, verminderd met de waarde van alle schulden. Het vermogen wordt altijd op een zeker moment bepaald: de laatste dag van het boekjaar. Resultaat of winst is het positieve verschil tussen opbrengsten (omzet) en kosten. Is het verschil negatief, dan is er sprake van verlies. Doorgaans wordt de winst over een bepaalde periode gerapporteerd, bijvoorbeeld het boekjaar. Dan spreken we over de jaarwinst, soms wordt ook over de kwartaalwinst gesproken.

Het is voor een onderneming zaak dat – wanneer zij haar activiteiten staakt – de waarde van de bezittingen groter is dan die van de schulden. Winst is een voorwaarde voor de onderneming om op langere termijn te overleven. De winst is nodig voor het in stand houden en/of het uitbreiden van de onderneming zelf. De winst dan wel het verlies wordt dan ook vaak als indicator voor het succes van een onderneming gebruikt en is daarom belangrijk binnen de financiële wereld, bijvoorbeeld om nieuw kapitaal aan te trekken. Voordat we ingaan op de kengetallen waarmee het functioneren van de onderneming wordt beoordeeld, zal de structuur van de balans en de resultatenrekening toegelicht worden. Op een balans staan de bezittingen (activa) aan de linkerzijde, in de vorm van geld, goederen enzovoort. Hoe deze gefinancierd zijn met eigen vermogen of met vreemd vermogen door leningen (passiva) staat aan de rechterkant. Dus een balans is een momentopname van bezittingen en van de manier waarop deze zijn betaald.

Onder vaste activa wordt verstaan de bezittingen van de onderneming waarvan het daarvoor benodigde vermogen voor een periode langer dan een jaar is vastgelegd. Voorbeelden hiervan zijn de gebouwen, inventaris, de machines en installaties, en de transportmiddelen. Het zijn de bezittingen die een bedrijf gebruikt voor de bedrijfsvoering, niet om te verkopen. Vlottende activa zijn die bezittingen van de onderneming waarin het vermogen voor een periode korter dan een jaar is vastgelegd. Binnen een jaar dus moet een vlottend activum omgezet zijn of om te zetten zijn in geld. Voorbeelden van vlottende activa: voorraden (grondstoffen en/of gereed product), debiteuren en liquide middelen (kas, bank).

Marginalia: Doel van mis; Vermogen; Winst; Activa; Passiva; Vaste activa; Vlottende activa

Eigen vermogen

Het eigen vermogen van een onderneming wordt berekend door de schulden van de bezittingen af te trekken (eigen vermogen = bezittingen − schulden). Het eigen vermogen wordt opgebouwd door de inleg van aandeelhouders en door het inhouden van bedrijfswinsten plus de reserves. Het eigen vermogen is als het ware de schuld van de onderneming aan haar eigenaren. Eigen vermogen neemt af wanneer een onderneming verlies lijdt, door het uitbetalen van dividend en door een kapitaalterugstorting/privéonttrekking. Het neemt toe wanneer de onderneming winst maakt en door een kapitaalstorting/privétoevoeging. Het eigen vermogen geeft niet de marktwaarde van een onderneming weer. Een hoog eigen vermogen maakt een onderneming wel meer waard, maar in de marktwaarde spelen ook heel andere factoren een rol, zoals de omzet- en winstverwachtingen. Hieronder is een voorbeeld van een balans voor een denkbeeldige onderneming weergegeven.

TABEL 8.3 Balans onderneming XYZ 2014 (× €1.000)

Activa (debetzijde)			Passiva (creditzijde)		
Duurzame productiemiddelen	560		Aandelenkapitaal	200	
Deelnemingen	120		Reserves	400	
Overige vaste activa	20		**Eigen vermogen**		600
Totaal vaste activa		700	Voorzieningen lang	125	
Voorraden	400		Hypotheek o/g	275	
Handelsdebiteuren	180		**Lang vreemd vermogen**		400
Overige debiteuren	170		Voorzieningen kort	25	
Kas, bank	50		Handelscrediteuren	200	
Totaal vlottende activa		800	Overige crediteuren	100	
			Lening van bank	175	
			Kort vreemd vermogen		500
Totale activa		1.500	**Totale passiva**		1.500

Soms worden posten als kas, bank en giro niet onder vlottende activa geplaatst, maar in de aparte rubriek liquide middelen. Dit wordt gedaan om aan te geven dat deze middelen meer 'liquide' zijn dan andere vlottende activa.

Bedrijfsresultaat

Kijken we nu naar de resultatenrekening. Het bedrijfsresultaat (bedrijfswinst, exploitatieresultaat, ondernemingswinst) is wat er overblijft wanneer de bedrijfskosten van de netto-omzet afgetrokken worden (bedrijfsresultaat = netto-omzet − kosten). De netto-omzet is de bruto-omzet minus de teruggenomen goederen, de schadevergoedingen aan afnemers voor slechte producten en de betalingskortingen aan afnemers voor contante betaling. De bedrijfskosten zijn al die kosten die nodig zijn om de afgeleverde verkochte goederen te maken, plus de overhead, de algemene kosten van de bedrijfsvoering. On-

Totaal resultaat

der totaal resultaat verstaan we het bedrijfsresultaat plus of min diverse baten en lasten (buitengewone resultaten). Bij diverse baten en lasten gaat het om resultaten die van incidentele aard zijn. Te denken valt hierbij aan verzekeringsuitkeringen, winsten of verliezen uit deelnemingen, reorganisatiekosten enzovoort. Wanneer we dit bedrijfsresultaat corrigeren voor rente,

Winst voor aftrek van belasting

dan verkrijgen we de winst voor aftrek van belasting (fiscale winst). Wanneer we hierover belasting betalen, dan resulteert de winst na belasting (econo-

Winst na belasting

mische winst). Hieronder wordt de resultatenrekening van onze fictieve onderneming weergegeven.

TABEL 8.4 Resultatenrekening onderneming XYZ 2014 (× €1.000)

Omzet	3.000
Kosten van de omzet	2.750
Bedrijfsresultaat	250
Diverse baten en lasten	10
Totaal resultaat	240
Betaalde rente	45
Winst voor belasting	195
Belasting	95
Winst na belasting	100

Nu gaan we de onderneming bedrijfseconomisch en financieel analyseren en kijken naar de volgende prestatie-indicatoren:
- *omzet, kosten en winst*. Omzet, kosten en winst zijn bedrijfseconomische prestatie-indicatoren: dit zijn de factoren die aangeven of de handel in producten in het boekjaar winstgevend is geweest. De omzet geeft waarde (prijs × hoeveelheid) van het aantal door een onderneming verkochte producten in een periode weer. Ondernemingen die in deze tijd van hevige concurrentie trachten te overleven zijn de laatste jaren meer winstgericht geworden. Om tot een acceptabele winst voor belasting te komen ('bottom line'), is het noodzakelijk tot een behoorlijke omzet ('top line') te komen. Daarbij zijn niet alleen de cijfers in het huidige boekjaar van belang, maar ook de ontwikkeling in het verleden en zelfs die in de toekomst. Indexcijfers zijn daarbij een belangrijk hulpmiddel om trends vast te stellen. Voor onze onderneming XYZ zouden die gegevens er als volgt uit kunnen zien.

TABEL 8.5 Omzet, kosten en winst onderneming XYZ 2012-2016 (× €1.000). Tussen haakjes de index t.o.v. het voorgaande jaar.

	2012	2013		2014		2015		2016	
Omzet	3.400	3.100	(91)	3.000	(97)	3.200	(107)	3.300	(103)
Kosten	2.500	2.600	(104)	2.750	(106)	2.800	(102)	2.900	(104)
Bedrijfsresultaat	900	500	(56)	250	(50)	400	(160)	400	(100)

- *winstmarge en rendement*. Winstmarge en rendement zijn financiële prestatie-indicatoren. De winstmarge (return on sales) is de verhouding tussen de omzet en de winst. Anders gezegd, hoeveel procent van de omzet blijft over als winst voor de onderneming. Deze ratio wordt ook vaak gebruikt op kleinere schaal, bijvoorbeeld bij de vergelijking van twee investeringsmogelijkheden. Zoals bij zoveel ratio's, is het het beste om naar trends te kijken en deze ratio's te vergelijken met die van andere vergelijkbare ondernemingen. Een toenemende marge geeft aan dat de onderneming efficiënter aan het worden is, terwijl een teruglopende marge een teken kan zijn dat er financiële problemen op de loer liggen. Voor het NIMA A-examen zijn twee winstmarges relevant, te weten: de bruto- en de nettowinstmarge. De brutowinstmarge geeft het percentage aan dat van de omzet overblijft

Winstmarge

Brutowinstmarge

nadat het bedrijf de kosten van de verkopen heeft betaald. Voor bedrijf XYZ zou de brutowinstmarge voor 2014 als volgt berekend worden:

Brutowinstmarge:

$$\frac{\text{omzet} - \text{kosten van de omzet}}{\text{omzet}} \times 100\% = \frac{3.000 - 2.750}{3.000} \times 100\% = 8,3\%$$

Nettowinstmarge De nettowinstmarge geeft het percentage aan dat van de omzet overblijft nadat alle kosten, inclusief belastingen, rentelasten en dividend voor preferente aandelen, zijn afgetrokken. Dit percentage geeft in feite weer hoeveel van de omzet maximaal overblijft voor de gewone aandeelhouders, ervan uitgaande dat er geen winstreservering is. 'Goede' nettowinstmarges verschillen aanzienlijk per branche. Een marge van 1% is bijvoorbeeld niet ongewoon bij een supermarkt, in tegenstelling tot bijvoorbeeld bij een juwelier, waar een marge van 10% als laag gekwalificeerd zou worden. Voor bedrijf XYZ is in 2014 de uitkomst:

Nettowinstmarge:

$$\frac{\text{winst na belastingen}}{\text{omzet}} \times 100\% = \frac{100}{3.000} \times 100\% = 3,3\%$$

Rendement Het rendement (return on investment, rate of return) geeft de verhouding tussen de opbrengst van de investering en de investering zelf aan. Als de investering een verlies oplevert, dan is het rendement een negatief getal. Het rendement van een onderneming kunnen we berekenen door de winst na belastingen te delen door de waarde van de totale activa.
Het rendement van een project kunnen we berekenen door de specifieke opbrengst voor dit project te delen door de specifieke investering. Voor bedrijf XYZ geldt in 2014:

Rendement:

$$\frac{\text{winst na belastingen}}{\text{totale activa}} \times 100\% = \frac{100}{1.500} \times 100\% = 6,7\%$$

Confrontatieanalyse

We bespreken nu de confrontatie van de uitkomsten van de externe en interne analyses in twee stappen. Uit de externe en de interne analyse resulteert enerzijds een lijst met kansen en bedreigingen en anderzijds een lijst met sterkten en zwakten. Deze twee lijsten dienen vervolgens met elkaar te **Swot-analyse** worden geconfronteerd. Dit noemen we een swot-analyse (confrontatie van Strengths, Weaknesses, Opportunities en Threats). In twee opzichten is de confrontatie een belangrijk hulpmiddel. In de eerste plaats kan inzicht worden verkregen in wat de organisatie te wachten staat bij ongewijzigd beleid. In de tweede plaats biedt de confrontatie van kansen en bedreigingen met sterkten en zwakten een belangrijke basis voor de formulering van strategische opties. Strategische opties vormen het onderwerp van de volgende paragraaf.

- De eerste stap in de confrontatieanalyse is het gebruik van de zogenoemde confrontatiematrix, zie tabel 8.6. Hierbij geeft elke cel een combinatie weer van een (externe) kans of bedreiging met een (interne) sterkte of zwakte. De 'kansrijke sterkten' en 'risicovolle zwakten' worden hierdoor zichtbaar.

    Confrontatiematrix

    We zetten de externe en interne factoren concreet op de assen van de matrix, waarna vervolgens een waardeoordeel over de daardoor ontstane combinaties wordt gegeven. Via het plussen en minnen (++, +, 0, -, - -) wordt dus een relatie gelegd. Plussen duiden een potentieel kansrijke situatie aan, minnen een bedreigende. Zo levert een situatie van een markt die openstaat voor innovatie in combinatie met sterke r&d een dubbele plus op. Omgekeerd zorgt toenemende concurrentie samen met matige efficiëntie voor een dreigende situatie.

- De tweede stap is het formuleren van strategische aandachtspunten (strategic issues). Dit zijn combinaties van een externe ontwikkeling met één of meer sterkten en zwakten. Kijken we naar de bovengenoemde voorbeelden. Een markt die openstaat voor innovatie gekoppeld aan de sterke r&d, expertise in marketing maar ook een beperkt marketingbudget, is een positief aandachtspunt (kansveld). De toenemende concurrentie in combinatie met een hoog prijsniveau, een matig marktbereik en de expertise in marketing is dan een negatief aandachtspunt (probleemveld).

    Aandachtspunten

    Uit de soms complexe confrontatiematrix met vele cellen wordt aldus een beperkt aantal punten gedistilleerd, die absoluut de aandacht van het management verdienen. Dit gebeurt via het formuleren van strategische opties. Wat dit zijn en hoe zij moeten worden geformuleerd, komt aan de orde in de volgende paragraaf.

TABEL 8.6 Confrontatiematrix

		Kansen			Bedreigingen		
		K_1	K_2	K_n	B_1	B_2	B_n
Sterkten	S_1	++	++	+	0	-	0
	S_2	++	+	+	0	0	0
	S_n	+	+	+	0	-	0
Zwakten	Z_1	-	-	0	- -	- -	-
	Z_2	0	0	0	- -	- -	-
	Z_n	-	0	0	-	-	-

8.4 Strategische opties

De in de voorgaande paragraaf besproken analyses moeten nu uitmonden in beslissingen, in het maken van keuzes. Deze keuzes hebben globaal betrekking op de volgende onderwerpen:
- de keuze van de te bewerken markten en afnemersgroepen en de positionering op die markten
- de concurrentiestrategie
- de gewenste omvang van de onderneming
- strategische beslissingen ten aanzien van de marketingmix
- organisatie en controle.

De keuze van de te bewerken markten en afnemersgroepen en de positionering op die markten

Vooral de externe maar ook de interne analyse moet onder andere uitmonden in de keuze van de product-marktcombinaties (pmc's) waarop de onderneming zich gaat (blijft) richten en de positie die daarbij ten opzichte van concurrenten moet worden ingenomen. Binnen de gekozen pmc's is er daarbij vaak sprake van marktsegmenten waarop de onderneming specifieke combinaties van de marketinginstrumenten afstemt. Segmentatie en positionering vormen het onderwerp van het volgende hoofdstuk.

In dit kader zal veelal ook gekeken worden naar de plaats in de bedrijfskolom (zie hoofdstuk 20). Daarbij dienen we ons af te vragen of het wenselijk is bepaalde functies af te stoten of juist toe te voegen en of het assortiment producten uitgebreid of juist ingekrompen moet worden. Ten slotte dienen we de afnemers duidelijkheid te verschaffen waar we voor staan, dus hoe we ons positioneren (zie ook paragraaf 9.6).

De concurrentiestrategieën

Lange tijd was de marketing sterk gefocust op de relatie tussen de eigen organisatie en de markt. Dat lag ook voor de hand, omdat het meest essentiële van marketing het marketingconcept is, het denken vanuit de markt (lees: afnemers). Het zich goed richten op de kenmerken en de behoeften van een markt is echter geen waarborg voor succes. Op de meeste markten geldt immers dat veel aanbieders graag een groot marktaandeel behalen en dat bij de meesten van hen het marketingconcept inmiddels ook is geadopteerd. Iedere organisatie zal dan ook op zoek moeten naar een concurrentievoordeel, dat wil zeggen een door de afnemers gewaardeerd aspect waarop de organisatie een houdbaar voordeel heeft ten opzichte van de concurrerende aanbieders. Porter stelt nu dat een bedrijf de concurrentiekrachten (zie hoofdstuk 2) het best het hoofd kan bieden, door een van de volgende zogenoemde *generieke concurrentiestrategieën* te volgen:

Concurrentiestrategieën

Kostenleiderstrategie

- *Kostenleiderstrategie* (*cost leadership*). Bij deze strategie gaat het om een onderneming die met een lage prijs een groot marktaandeel verovert en vervolgens moet streven naar de laagst mogelijke prijs. Een voorbeeld hiervan zijn de aanbieders van de relatief goedkope Koreaanse auto's, zoals Hyundai en Kia. Deze auto's blinken niet uit in geavanceerde technologie.

Differentiatiestrategie

- *Differentiatiestrategie* (*differentiation*). Hierbij gaat het om het veroveren en behouden van de markt doordat de onderneming zich onderscheidt op kwaliteitsaspecten. Toyota en Alfa Romeo onderscheiden zich bijvoorbeeld van concurrenten door respectievelijk het gebruik van hybride motoren en bijzondere vormgeving. Vaak zien we dat innovaties of andere veranderingen snel gekopieerd worden, zodat het concurrentievoordeel tenietgaat.

Focusstrategie

- *Focusstrategie*. Deze strategie is gericht op het aanbieden van het product aan slechts een deel van de markt, bijvoorbeeld een marktsegment. Het bedienen van zo'n marktniche kan zeer winstgevend zijn. Er worden een differentiatie- en een kostenfocusstrategie onderscheiden. Bij differentiatiefocus richt de onderneming zich op een klein deel van de markt, maar biedt daar een concurrentievoordeel voor de afnemer. Bij kostenfocus richt de onderneming zich op een klein deel van de markt en zoekt daar een kostenvoordeel. Ferrari en Rolls Royce passen de eerste strategie toe. Suzuki, dat zich vooral richt op kleinere gezinnen en eenpersoonshuishoudens, volgt de tweede strategie.

Ferrari: differentiatiefocus

Suzuki: kostenfocus

Bedrijven die de 'middle of the road' bewandelen, kunnen zich op de langere termijn niet op de markt handhaven. Zij voeren een onduidelijke combinatie van de eerdergenoemde strategieën. Zij bieden kwalitatief geen voordelen, zijn niet erg goedkoop en richten zich evenmin op een specifieke doelgroep. De afnemers zullen in dit geval voor de concurrent kiezen.

Middle of the road-strategie

De groeistrategieën
Zeer vaak leiden de externe en interne analyse tot de wens dan wel de noodzaak om te groeien. Igor Ansoff heeft een aantal mogelijke groeistrategieën genoemd. We bespreken ze hierna.

Groeistrategieën

Bij het uitzetten van het beleid geeft de groeimatrix van Ansoff de ondernemer een overzicht van zijn groeimogelijkheden (zie tabel 8.7).

TABEL 8.7 Groeimatrix van Ansoff

	Huidige markt	Voor het bedrijf nieuwe markt
Huidig product	marktpenetratie	marktontwikkeling
Voor het bedrijf nieuw product	productontwikkeling	diversificatie

Marktpenetratie

- De eenvoudigste vorm is *marktpenetratie*, omdat het bedrijf met het bestaande assortiment opereert in het marktsegment waarin het reeds lang actief is. Door intensivering van het huidige beleid kan de omzet vergroot worden. Er zijn verschillende mogelijkheden om de gewenste penetratie te bereiken. Zo kunnen we onderscheid maken tussen *marktverdieping* (probeer huidige gebruikers meer te laten gebruiken) en *marktverbreding* (probeer nieuwe gebruikers te vinden). Deze strategie is tamelijk risicoloos en zal niet tot grote groei van omzet en marktaandeel leiden.

Marktontwikkeling

- Het bedrijf dat een omzetverhoging realiseert door het bestaande assortiment te introduceren in nieuwe marktsegmenten, maakt gebruik van *marktontwikkeling*. Als deze nieuwe markt in het buitenland ligt, spreken we van export.

Productontwikkeling

- De omzetverhoging kan ook gerealiseerd worden door de huidige doelgroep nieuwe of verbeterde producten aan te bieden. Past een ondernemer deze strategie toe, dan is er sprake van *productontwikkeling*. Beide laatstgenoemde strategieën zullen risico met zich meebrengen, maar ook tot aanzienlijke verhoging van omzet en marktaandeel kunnen leiden.

Diversificatie

- De meest ingrijpende groeistrategie is *diversificatie*. Daarbij richt het bedrijf zich op het aanbieden van producten waarmee het nog geen ervaring heeft opgedaan. Het tracht daarmee een nieuwe doelgroep te bereiken. Met diversificatie loopt het bedrijf grote risico's. Het begeeft zich op onbekend terrein en zal het werkterrein dus op twee dimensies moeten aanpassen. Gezien de grote risico's waarmee dit gepaard gaat, komt deze strategie niet vaak voor. Om de risico's wat te beperken, komen veel diversificaties tot stand door overname van een bestaand bedrijf, zodat daarmee de nodige technische en commerciële knowhow verkregen wordt.

In deel 5 over het product zullen we uitgebreider op de groeistrategieën van Ansoff ingaan in het kader van het assortiments- en productbeleid.

Strategische beslissingen ten aanzien van de marketingmix
In dit hoofdstuk hebben we ons vooral beziggehouden met de strategische planning op het niveau van een onderneming of divisie. In de volgende paragraaf zullen we aandacht besteden aan de inhoud van het marketingplan voor een individuele pmc. Het marketingplan bevat naast tactische ook strategische keuzes ten aanzien van de verschillende pmc's en marketinginstrumenten. Alhoewel de invulling van deze instrumenten specifiek tot het operationele of tactische deel van de marketing behoort – dat wil zeggen: op korte termijn veranderbaar en aan een veranderende marktsituatie aanpasbaar – worden er wel degelijk ook strategische keuzes gemaakt:

keuzes waarmee de onderneming zich voor langere tijd vastlegt. Dit betreft vaak keuzes ten aanzien van product en distributie (denk bijvoorbeeld aan de lange tijd die vaak met productontwikkeling gemoeid is), maar mogelijk ook promotie en prijs. Vanaf hoofdstuk 14 bespreken wij de concrete invulling van de verschillende marketinginstrumenten.

Organisatie en controle
Bij de uitvoering van een goed geformuleerd strategisch beleidsplan is vooral een soepel functionerende organisatie van belang (zie hoofdstuk 10). Over de controle- en bijsturingsfase wordt vooral in de financieel-economische literatuur veel geschreven, omdat het een administratieve aangelegenheid zou zijn. Voor de marketingmanager is het echter ook van belang voldoende inzicht te hebben in de administratieve organisatie, zodat hij elk marketinginstrument kan beoordelen. Het is ook noodzakelijk inzicht te hebben in de omzet- en kostencijfers per doelgroep. Omdat in elk bedrijf de administratie op een andere wijze is opgezet, kunnen hier niet de details, maar wel de controleterreinen worden behandeld.

Omzet- en kostencontroles zijn kortetermijnactiviteiten. Omzetmetingen in bijvoorbeeld de kruideniersbranche vinden dagelijks en soms zelfs ieder uur plaats. De marketingmanager is van nature geïnteresseerd in de opbrengst. Het gaat echter om de winstgevendheid, zodat hij ook over de kostenkant de nodige informatie moet krijgen. Immers, in veel gevallen verdwijnt de winstmarge van een spoedorder door de extra kosten die daaraan verbonden zijn. Elk jaar worden de omzet- en kostenresultaten duidelijk op de balans en in de verlies- en winstrekening vermeld. *Omzet- en kostencontroles*

Wat minder frequent dient het strategisch beleid van de organisatie beoordeeld te worden (strategische controle). Dat kan in de vorm van een omzetanalyse door per product-marktcombinatie het verloop van de verkopen na te gaan. Het kan ook in de vorm van bijvoorbeeld een attitudemeting van de klanten of door middel van een marktaandeelanalyse. Hierbij wordt een relatie gelegd met de ontwikkeling van de totale markt, die van de concurrent en die van het eigen bedrijf. *Strategische controle*

Perodiek wordt het totale commerciële beleid op systematische wijze doorgelicht met behulp van een marketing audit.

> Een marketing audit is een uitgebreide, systematische, bij voorkeur onafhankelijke en periodiek terugkerende grondige doorlichting en evaluatie van de marketingfunctie en -activiteiten van een organisatie(onderdeel).

Definitie marketing audit

Naast een financiële en een inhoudelijke beoordeling is ook een tijdscontrole noodzakelijk. Veel commerciële activiteiten stranden op coördinatieproblemen. Om een product op de markt te introduceren of om het een goede positie te laten behouden, zijn interne, maar vaak ook externe personen en afdelingen bij de uitvoering betrokken. Zij moeten op het juiste tijdstip hun bijdrage leveren. Is een van de schakels te laat, dan is vertraging van het gehele proces het gevolg. *Tijdscontrole*

8.5 Het marketingplan

Het marketingplan voor een bepaalde product-marktcombinatie omvat de vastlegging van gekozen marketingdoelstellingen en het gekozen marketingbeleid, inclusief de financiële consequenties hiervan. Ook bevat het marketingplan de analyses die tot de keuzes geleid hebben. De marketingdoelstellingen zijn ondergeschikt aan de ondernemingsdoelstellingen. Dit houdt in dat zij niet mogen conflicteren met de ondernemingsdoelstellingen, zoals een bepaald rendement op het geïnvesteerde vermogen, de handhaving van de werkgelegenheid en/of de continuïteit van de onderneming. In feite vindt er een nadere detaillering en invulling van de ondernemingsdoelstellingen plaats op het functionele gebied marketing. De marketingdoelstellingen zullen in het algemeen geformuleerd zijn in termen van omzet, afzet, marktaandeel en eventueel in een brutowinst vóór toerekening van indirecte kosten. Deze doelstellingen dienen SMART geformuleerd te zijn. Dat betekent dat ze specifiek, meetbaar, ambitieus, realistisch en tijdgebonden zijn. Het marketingbeleid zal én in grote lijnen én in meer gedetailleerde vorm geformuleerd moeten worden. Terwijl de marketingdoelstellingen aangeven waar we naartoe willen, zal het marketingbeleid duidelijk moeten maken hoe we daar denken te komen; met andere woorden: op welke wijze mensen en middelen zullen worden ingezet.

Daarbij gaat het vooral om de – onderling consistente – invulling van de individuele marketinginstrumenten. Belangrijk hierbij zijn het tijdsplan en de gedetailleerde budgetten, die in de controlefase gebruikt kunnen worden om te beoordelen of de uitvoering in overeenstemming is met het beleidsplan.

Vaak wordt in dit verband van strategisch beleid en tactisch of operationeel beleid gesproken. Zo zal bijvoorbeeld bij de introductie van een nieuw product eerst op strategisch niveau gekozen moeten worden tussen een beleid waarbij een relatief hoge prijs dan wel een relatief lage prijs gehanteerd gaat worden. Vervolgens moet meer gedetailleerd bepaald worden welke prijs precies gesteld gaat worden.

Met de opname van de financiële consequenties in het marketingplan wordt bereikt dat ook financieel zichtbaar wordt of – onder bepaalde veronderstellingen – het beleid zal leiden tot het bereiken van de financiële doelstellingen, dan wel of het beleid binnen gestelde financiële randvoorwaarden blijft. Dit deel van het marketingplan zal, na goedkeuring, ook duidelijk moeten maken over welke budgetten bij de uitvoering van het beleid beschikt kan worden.

De tijdsperiode waarop het marketingplan betrekking heeft, kan variëren van enkele maanden tot vijf of meer jaren. Bij de introductie van een nieuw product wordt een introductieplan gemaakt dat dan betrekking heeft op een vrij korte periode; het plan bevat meestal veel details. Anderzijds worden wel meer strategische marketingplannen gemaakt die bijvoorbeeld een periode van vijf jaar betreffen en waarbij er geen behoefte is een en ander zeer gedetailleerd uit te werken. Het gaat dan om de hoofdlijn van wat de onderneming zou kunnen (analyses), wenst te realiseren (doelstellingen), hoe zij daar denkt te komen (beleid) en wat de financiële gevolgen zijn. De meest voorkomende marketingplannen zijn echter (operationele) plannen voor een periode van een jaar.

Samenvatting

- *Planning* is het nemen, vastleggen en uitvoeren van beslissingen over de inzet van mensen en middelen, gericht op een bepaald doel. Planning omvat ook altijd een tijdsplanning. Het resultaat van de planning wordt vastgelegd in een *plan*.
- Wat betreft de *planningshorizon* worden onderscheiden: het *strategisch plan* (middellange of lange termijn) en het *operationeel plan* (korte termijn).
- Er zijn *drie planningsmethoden*: top-down-methode, bottom-up-methode en goals-down/plans-up-methode.
- *Strategisch planningsproces*: definiëren van de business en doelstellingen, externe en interne analyse, swot-analyse, prognose (bij ongewijzigd beleid), formulering van opties, beleidskeuze en uitwerking, uitvoering van het beleid, evaluatie en bijsturing.
- *Businessdefinitie* (business definition): wat is eigenlijk ons werkterrein? Abell: 'What business are we in?' Voor wie, wat, hoe? Ook het bepalen van de pmc/pmt.
- *Corebusiness*: de kernactiviteit van een onderneming.
- *Missie* en *mission statement* (welke rol willen wij spelen?).
- Drie soorten *doelstellingen*: de ondernemingsdoelstellingen, de marketingdoelstellingen en de doelstellingen van een bepaald marketinginstrument.
- Interne analyse: welke *sterkten* (strengths) en *zwakten* (weaknesses) binnen het bedrijf?
- *Portfolioanalyse* (*BCG-matrix*). Onderscheiden worden: question mark, star, cash cow en dog.
- Bij interne analyse ook: *kernwaarden* en *waardeketen*.
- Externe analyse (*meso- en macroniveau*): vaststellen van *kansen* (opportunities) en *bedreigingen* (threats).
- Bij externe en interne analyse kan een marketinginformatiesysteem (mis) een rol spelen.
- Externe en interne analyse samen: *swot-analyse*.
- *Confrontatiematrix*: kansen en bedreigingen en de sterkten en zwakten worden met elkaar geconfronteerd.
- *Strategische opties*: toepassing van onder andere de *generieke concurrentiestrategieën* van Porter (*kostenleiderstrategie*, *differentiatiestrategie* en *focusstrategie* (differentiatie- of kostenfocus). *Geen middle-of-the-road.*
- *Groeistrategieën* van Ansoff: *marktpenetratie* (marktverdieping, marktverbreding), *marktontwikkeling*, *productontwikkeling* en *diversificatie*.

ck one

you're the one

9 Marktsegmentatie

9.1 Betekenis van marktsegmentatie
9.2 Segmentatiecriteria voor de consumentenmarkt
9.3 Segmentatieproces
9.4 Voorwaarden voor de doelgroepkeuze
9.5 Segmentatiestrategieën
9.6 Positionering

Een organisatie die een bepaald product of een bepaalde dienst op de markt brengt, stemt haar marketingstrategie af op de voorkeuren en wensen van de consument. Dat is het eenvoudigst als binnen een bepaalde markt iedere consument dezelfde voorkeuren en wensen heeft. De studie van het consumentengedrag leert ons echter, dat consumenten op een groot aantal punten van elkaar kunnen verschillen. De totale markt valt dan ook meestal uiteen in een aantal deelmarkten of segmenten. De ondernemer zoekt nu díe segmenten die hem een zo groot mogelijk resultaat opleveren.
In dit hoofdstuk gaan we eerst in op het ontstaan van marktsegmentatie en de daaraan verbonden voor- en nadelen (paragraaf 9.1). We staan uitvoerig stil bij de criteria op basis waarvan een markt in segmenten kan worden opgedeeld (paragraaf 9.2). Vervolgens komen de verschillende stappen van het segmentatieproces aan de orde (paragraaf 9.3), worden de voorwaarden voor de doelgroepkeuze behandeld (paragraaf 9.4) en gaan we in op de belangrijkste segmentatiestrategieën (paragraaf 9.5). Zijn de doelgroepen eenmaal gekozen, dan zal de aanbieder moeten proberen zich in de gedachten van de (potentiële) afnemers een positie te verwerven ten opzichte van de concurrenten (paragraaf 9.6).

9.1 Betekenis van marktsegmentatie

Massamarketing

Toen bedrijven het marketingconcept nog niet als uitgangspunt voor hun ondernemingsbeleid hanteerden, volgden ze minder klantgerichte marktbewerkingsstrategieën. Veelal werd door product(ie)georiënteerde bedrijven gebruikgemaakt van massamarketing, ook wel ongedifferentieerde marketing genoemd. De producten werden met behulp van massaproductie, massacommunicatie en massadistributie verkocht. De grote voordelen van deze benadering zijn de lage kosten en, als gevolg hiervan, de lage prijzen. Massamarketing kwam vooral op na de introductie van het lopendebandsysteem met de daaraan gekoppelde schaalvoordelen. Bovendien bestond er bij consumenten behoefte aan een groot aantal producten, waarbij zij geen specifieke wensen hadden. Zij wilden gewoon een auto, een radio of een televisie. Onder andere de toename van de welvaart leidde ertoe dat zich binnen de totale groep afnemers subgroepen gingen onderscheiden, met specifieke wensen voor het aan te schaffen product. Deze subgroepen worden ook wel marktsegmenten genoemd. Een aanbieder kan door *marktsegmentatie* op de wensen van deze groepen inspelen.

Definitie marktsegmentatie

> Marktsegmentatie is het opdelen van een markt in verschillende te onderscheiden homogene groepen afnemers, waarvoor het wenselijk kan zijn een specifieke marketingstrategie of marketingmix toe te passen.

Wanneer we het over consumenten van eieren hebben, zijn er die bepaalde smaakeisen hebben of mensen die waarde hechten aan de wijze waarop de eieren geproduceerd worden.

Productdifferentiatie

Marktsegmentatie en productdifferentiatie zijn twee begrippen die met elkaar te maken hebben. Terwijl marktsegmentatie gaat over het opdelen van markten in afnemersgroepen, gaat het bij productdifferentiatie om het opdelen van het aanbod in deelassortimenten. Een bedrijf dat productdifferentiatie toepast, brengt producten op de markt die qua eigenschappen van elkaar verschillen. Denk bijvoorbeeld aan verschillen in kwaliteit, grootte en prijs. Deze strategie wordt toegepast wanneer consumenten variatie willen of van smaak veranderen en ook wanneer de onderneming zich van de concurrentie wil onderscheiden. Zij komt echter niet voort uit de wens zich bewust op bepaalde marktsegmenten te richten en die, met een daarop afgestemde marketingmix, te benaderen. Een voorbeeld is de eierindustrie, waarbij rond 1970 eieren karakteristieken van een ongedifferentieerd product (commodity) begonnen te vertonen. Na een eerste differentiatie op grootte, werd later een onderscheid tussen scharreleieren en batterijeieren gemaakt. Vervolgens heeft ook binnen het scharreleisegment een verdere differentiatie plaatsgevonden en zijn er eieren op de markt gekomen van met mais gevoerde kippen, eieren van scharrelkippen die daadwerkelijk buiten lopen enzovoort.

Bepalen van de marketingstrategie

Bij het bepalen van de marketingstrategie, gebaseerd op marktsegmentatie, zijn drie stappen te onderscheiden:

Segmenteren van de markt

1 *Het segmenteren van de markt.* Het verdelen van grote, heterogene markten in kleinere groepen consumenten (of bedrijven als het gaat om industriële business marketing), waarbij elk segment homogeen is. Dat wil zeggen dat

consumenten binnen zo'n segment gemeenschappelijke kenmerken hebben en op dezelfde wijze reageren op een voor hen ontwikkelde marketingmix. De markt dient dan met behulp van verschillende segmentatiecriteria opgesplitst en beschreven te worden.

2. *Het bepalen van de doelgroep.* Het nagaan welke mogelijkheden de onderscheiden segmenten het bedrijf bieden en het kiezen van de juiste doelgroep. Dit wordt ook wel targeting genoemd. Hierbij komen ook de strategieën aan de orde waaruit de marketingmanager een keuze kan maken. *(Bepalen van de doelgroep)*

3. *Het positioneren.* Het bewust proberen te realiseren van een beeld in het brein van de afnemers voor een bedrijf, merk of product ter onderscheiding van de concurrentie. In de tsunami aan productintroducties is het voor een product nodig dat het een heldere productidentiteit verwerft. Volvo positioneert zich als een auto waarin mensen zich veilig voelen, Toyota als een auto voor mensen die om het milieu geven. *(Positioneren)*

Het segmenteren, bepalen van de doelgroep en positioneren wordt wel samengevat in de term sdp (segmenteren, doelgroep bepalen, posioneren).

Voor- en nadelen van marktsegmentatie

De voordelen van segmentatie zijn gelegen in het beter hanteren van het marketingconcept, wat tot gunstiger bedrijfsresultaten leidt. Segmentatie geeft een goed inzicht in de markt en kan leiden tot een optimale marketingstrategie, het samenstellen van een effectievere marketingmix en een betere verhouding tussen de mixelementen. Het is een instrument dat bijvoorbeeld kan aangeven: *(Voordelen van marktsegmentatie)*

- welke doelgroepen de beste mogelijkheden bezitten.
- welke productvarianten vervaardigd moeten worden.
- welke trends en veranderingen zich in de markt voltrekken.
- hoe het reclamebudget besteed moet worden, zodat segmenten waarvan het meest wordt verwacht op de juiste manier benaderd worden.
- welke argumenten in de reclame gehanteerd moeten worden, gelet op de koopmotieven en de koopcriteria die in deze segmenten gebruikt worden.
- via welke middelen en in welke media gecommuniceerd moet worden, gelet op de effectiviteit en kosten ervan in de diverse segmenten.
- welk verkoopkanaal gekozen moet worden, uitgaande van het koop- en winkelgedrag.

De nadelen hebben betrekking op de kosten die verbonden zijn aan het toepassen van de segmentatiebenadering. Veel van deze kosten zijn het gevolg van het feit dat bij marktsegmentatie minder van schaalvoordelen geprofiteerd kan worden. Daarbij kan gedacht worden aan de kosten van: *(Nadelen van marktsegmentatie)*

- marktonderzoek
- het ontwerpen en produceren van verschillende productvarianten
- het maken van promotie voor de verschillende segmenten
- het houden van voorraad en de administratieve afwikkeling van de diverse producten voor de verschillende segmenten.

Hoe meer marktsegmenten een bedrijf wil bereiken, hoe meer tijd het management moet besteden aan het ontwikkelen van de diverse marketingstrategieën en het begeleiden en controleren van de marketinginspanningen.

Als blijkt dat de kosten zwaarder wegen dan de voordelen, is het wellicht beter van de segmentatiestrategie af te zien of deze beperkt toe te passen.

9.2 Segmentatiecriteria voor de consumentenmarkt

We kunnen consumenten op vele manieren in groepen indelen. Kotler hanteert daarbij een indeling naar:
- geografische criteria
- demografische criteria
- psychografische criteria
- gedragscriteria.

Deze indeling zullen wij hierna in grote lijnen volgen.

Geografische criteria

Bij geografische criteria kunnen we denken aan variabelen als land, streek, provincie, plaats en klimatologisch gebied waarin de consument woont. Geografische segmentatie treffen we bijvoorbeeld in de detailhandel aan bij de keuze van de vestigingsplaats. Ook multinationals maken er gebruik van bij de keuze van een land om aldaar, in het kader van bijvoorbeeld een expansiepolitiek, productie- of distributieactiviteiten te starten. Ook vinden we deze wijze van segmentatie terug bij kranten: regionale versus landelijke dagbladen.

Klimaatverschillen kunnen bij geografische segmentatie ook een rol spelen. Denk maar eens aan de afwijkende eisen die in warme landen gesteld worden aan producten en hun verpakking vergeleken met de landen waar het vaak koud kan zijn. Verschillen op basis van geografische variabelen kunnen ook samengaan met verschillen in socio-economische of (sub)culturele zin. Een voorbeeld is de geografische segmentatie op basis van het postcodesysteem. Mensen in gemeenschappelijke postcodegebieden hebben vaak gemeenschappelijke demografische en socio-economische kenmerken.

POSTCODESEGMENTATIE

In 1978 voerde PTT Post voor consumenten (particuliere adressen) de postcode in om het sorteerproces van de post te verbeteren. Later realiseerden marketeers zich dat aan de postcodes een schat van informatie kan worden gekoppeld: 'Noem mij uw postcode en ik zeg u wie u bent'. Natuurlijk zijn twee buren nooit gelijk, maar in het algemeen lijken twee buren meer op elkaar dan twee willekeurig getrokken Nederlanders. Op grond van dit gegeven proberen steeds meer aanbieders van goederen en diensten na te gaan of hun (direct marketing) communicatie efficiënter en effectiever zou kunnen worden, indien op postcode wordt gesegmenteerd. Afhankelijk van het soort product blijkt men daarin meer of minder succesvol. Nederland telt in totaal 7 miljoen huishoudens die zijn verdeeld over ongeveer 400.000 postcodegebieden. Elk postcodegebied heeft een unieke combinatie van vier cijfers en twee letters. Dit wordt de **zes-positie postcode** genoemd. Zien we af van de letters, dan houden we ongeveer 4.750 vierpositiepostcodegebieden over. In de 400.000 postcodegebieden wonen gemiddeld zestien huishoudens met vaak vergelijkbare kenmerken. De in Nederland beschikbare postcodesegmentatiesystemen beschrijven alle in Nederland voorkomende postcodegebieden aan de hand van gedetailleerde kenmerken van de bebouwing en van de bewoners van die gebieden. Hierbij hanteert iedere aanbieder van zo'n postcodesegmentatiesysteem zijn eigen bronnen en indelingscriteria. De bronnen bestaan in het algemeen uit (zeer) grootschalig marktonderzoek. We noemen hier enkele aanbieders van gegevens op basis van postcodes. Experian (www.experian.nl), dat onder andere gebruikmaakt van

> Mosaic, Wegener (www.wdm.nl) en Cendris (www.cendris.nl). Via de link 'postcodeplein' kan bij Cendris van elke willekeurige postcode achtergrondinformatie worden verkregen, plus een kaartje van dat postcodegebied. De huizensite Funda maakt gebruik van WDM-postcode-informatie. Klik daar op een huis en navigeer naar het tabblad 'Buurt'. Klik vervolgens op 'Buurtinformatie'.

Demografische criteria

Bij demografische criteria kunnen twee subgroepen worden onderscheiden. In de eerste plaats de zuiver demografische variabelen, zoals leeftijd, geslacht, burgerlijke staat, godsdienst, gezinsgrootte, gezinslevenscyclus en etnische afkomst van de consument. Daarnaast de socio-economische variabelen, zoals inkomen, beroep, opleiding, sociale klasse of welstandsklasse. Een demografische indeling geeft bijvoorbeeld aan of een behoefte al of niet aanwezig is (wel of geen babyvoeding), of er sprake is van andere voorkeuren (mannen lezen andere tijdschriften dan vrouwen) of van een andere gebruiksfrequentie (groter medicijngebruik op hogere leeftijd). De leeftijd speelt bijvoorbeeld een rol bij producten als speelgoed, type woning, lees- en studieboeken.

Zuiver demografische variabelen

Socio-economische variabelen

Groepen afnemers in elke fase in de *gezinslevenscyclus* kunnen als een segment worden opgevat. De gezinslevenscyclus als segmentatievariabele dient gecombineerd te worden met andere segmentatievariabelen, zoals inkomen en sociale klasse. Binnen de verschillende levenscyclussegmenten treden veranderingen op. De fase van het overblijvende echtpaar (met uit huis wonende kinderen) wordt bijvoorbeeld langer en mensen hebben naast een AOW-uitkering vaak een pensioen of een lijfrente-uitkering. Deze manier van segmenteren is bijvoorbeeld van belang voor de woningbouw, meubelfabrieken en reisorganisaties.

Gezinslevenscyclus

In Nederland vormen de etnische consumenten, als we alleen al kijken naar hun aantal, een niet onbelangrijke groep. Binnen deze allochtone bevolking zijn weer diverse groepen naar afkomst te onderscheiden. Belangrijke groepen zijn: Mediterranen (vooral Turken en Marokkanen), Surinamers, Antillianen en Molukkers.

De indeling in *sociale klassen* (of *welstandsklassen*) is een indeling van individuen binnen een sociaal systeem in een hiërarchie van onderscheiden statusklassen. Dit geschiedt zodanig dat de individuen binnen een bepaalde klasse ongeveer dezelfde status hebben, maar vergeleken met de individuen van een andere klasse een hogere of lagere status bezitten.

Sociale klassen

De meeste Nederlandse marktonderzoekbureaus hanteren een indeling in vijf klassen:
- *klasse A*: de welgestelden (directeuren van grote ondernemingen, hoge ambtenaren, de bovenlaag van zelfstandige beoefenaars van vrije beroepen enzovoort)
- *klasse B1*: de bovenlaag uit de middengroep (zoals directeuren van middelgrote bedrijven en ambtenaren in semi-hogere posities)
- *klasse B2*: de onderlaag uit de middengroep (zoals directeuren van kleinere ondernemingen, middenkader personeel en ambtenaren)

- *klasse C*: de minder welgestelden (kleine middenstanders, lagere ambtenaren en kantoorpersoneel, geschoolde arbeiders)
- *klasse D*: de minst welgestelden (ongeschoolde arbeiders, niet-werkenden enzovoort).

Inkomen

Ook het *inkomen* wordt vaak als segmentatiecriterium gebruikt, omdat het een indicator is voor de aanwezige koopkracht. Mensen met hoge inkomens hebben bijvoorbeeld vaker grotere, vrijstaande huizen en nemen vaker dure vakanties. Sociale klasse of – zoals in ons land – welstandsklasse is vaak een beter segmentatiecriterium, omdat daarin naast het inkomen ook rekening wordt gehouden met beroep en opleiding. Verschil in voorkeur, status en levensstijl komen hierin beter tot hun recht. Een leraar in het lager onderwijs en een geschoolde arbeider kunnen hetzelfde modale inkomen hebben, maar ze kunnen toch een ander consumentengedrag vertonen bij de aankoop van kleding, boeken en tijdschriften, vakanties enzovoort.

Verschillen in koopgedrag hoeven niet alleen samen te hangen met inkomen of sociale klasse. Ook andere factoren zijn vaak van invloed, zoals verschillen in leeftijd en persoonlijkheid. Verschillen in sociale klasse duiden vaak op verschillende waarden en normenpatronen.

Psychografische criteria

Bij segmentatie op basis van psychografische criteria worden kopers ingedeeld op basis van bijvoorbeeld persoonlijkheidskenmerken, levensstijlen of attituden. Ook hier geldt dat gezocht wordt naar een combinatie met andere, vaak demografische criteria om de kwalitatieve indeling om te zetten in een kwantificeerbare indeling.

Definitie psychografie

> Psychografie is het onderzoek naar de psychologische kenmerken van groepen of individuen die van invloed (kunnen) zijn op het beslissingsproces of het aankoopgedrag.

Demografische en socio-economische kenmerken geven vaak te weinig inzicht in de koopmotieven en de wijze van gebruik. Daarom is vanaf de jaren vijftig van de vorige eeuw gezocht naar relaties tussen persoonlijkheidstrekken en de keuze van de consument. Bij de marketing van sigaretten en cosmetica wordt bijvoorbeeld vaak imagoreclame gehanteerd, waarbij het merkbeeld gebaseerd is op persoonlijkheidskenmerken die bepaalde doelgroepen aanspreken. In de praktijk bleek dat de gebruikte meetinstrumenten voor het vaststellen van de relatie tussen persoonlijkheidskenmerken en consumentengedragingen onvoldoende waren.

Omgeving beïnvloedt het koopgedrag

In de jaren zeventig begrepen marketeers dat naast persoonlijke kenmerken ook de omgeving een grote invloed op het koopgedrag heeft. Dat kwam vooral in de sociale klasse tot uiting. Door de verminderde sociale controle en de tolerante houding van de Nederlandse samenleving, kon de markt niet meer uitsluitend gesegmenteerd worden op basis van de sociale klasse. Het lag voor de hand te kijken naar de levensstijl van de consument. Het begrip levensstijl werd reeds behandeld in hoofdstuk 6.

Definitie levensstijl

> Levensstijl is een gedurende een bepaalde tijd redelijk consistente en kenmerkende manier van leven van een bepaald(e) (groep) individu(en) op grond van ontwikkelde waarden (core values), normen en gedragingen.

In het levensstijlonderzoek wordt gewerkt met uitgebreide vragenlijsten. Bij het analyseren van de uitkomsten probeert de onderzoeker groepen met een verschillende levensstijl te onderscheiden. Bij elke groep typeert deze de levensstijl, geeft aan wat de belangrijkste kenmerken ervan zijn en hoe groot deze groep is.

Hij onderzoekt dan bijvoorbeeld welke media worden gebruikt, hoe vaak ze worden gebruikt, welke koopmotieven er zijn en de mate van merktrouw. Er wordt hierbij gezocht naar de relatie tussen levensstijl en specifieke koopvoordelen of benefits, die verschillende segmenten kunnen bevatten. Alhoewel de meningen over het toepassen van de levensstijlbenadering bij segmentatie verschillen, kan deze benadering zeker gebruikt worden in de marketing. Product- en merkgebruik hangen veelal samen met levensstijl. Maar dat geldt zeker niet voor elk product of merk. De onderzoeker dient dus na te gaan of die samenhang van toepassing is op de marketing van het product of merk. Anders dient vooral de marketeer na te gaan hoe de consument ervan overtuigd kan worden dat met het product of merk de levensstijl tot uitdrukking kan worden gebracht.

Op basis van levensstijlonderzoek kan de marketeer:
- producten of merken ontwikkelen die beter bij de levensstijl van een bepaalde groep passen.
- merken gaan positioneren of herpositioneren. De marketeer kan nagaan of de expressieve eigenschappen van het merk goed in de positionering terugkomen. Het biedt mogelijkheden de juiste eigenschappen naar voren te brengen en kan een leidraad zijn voor de inhoudsbepaling, vormgeving en toonzetting van de reclame. Denk aan de levensstijlreclame van Becel of de reclameaanpak van Amstel.
- tot een goede mediakeuze en -planning komen. Mensen met een verschillende levensstijl zullen ook verschillende media gebruiken. Hierbij is het mogelijk een typologie van de gebruikers te geven. Het EO-lid verschilt van het VPRO-lid; de *Avenue*-lezeres is anders dan de *Viva*-lezeres.

● www.motivaction.nl

Mentality™-model

Mentality™ is het unieke waarden- en leefstijlonderzoek van Motivaction dat een effectieve kijk geeft op doelgroepenindeling en -benadering. Door onderzoek naar de belevingswereld van mensen, krijgen onze klanten meer inzicht in wat hun doelgroepen beweegt, hoe trends ontstaan en in welke bredere context zij opereren. Mentality™ heeft zich bewezen als een beter middel om geslacht, opleiding en inkomen. Daarmee biedt deze onderzoekmethode u een zeer effectieve input voor marketing- en communicatiestraegie.

Sociale milieus
Met het Mentality™-model groepeert Motivaction mensen naar hun levensinstelling. Nederland kent acht sociale milieus:
- **traditionele burgerij** – de moralistische, plichtsgetrouwe en op de status-quo gerichte burgerij die vasthoudt aan tradities en materiële bezittingen.

- **moderne burgerij** – de conformistische, statusgevoelige burgerij die het evenwicht zoekt tussen traditie en moderne waarden als consumeren en genieten.
- **nieuwe conservatieven** – de liberaal-conservatieve maatschappelijke bovenlaag die technologische ontwikkeling omarmt en zich verzet tegen sociale en culturele vernieuwing.
- **postmaterialisten** – de maatschappijkritische idealisten die zichzelf willen ontplooien, stelling nemen tegen sociaal onrecht en opkomen voor het milieu.
- **postmoderne hedonisten** – de pioniers van de beleveniscultuur, waarin experiment en het breken met morele en sociale conventies doelen op zichzelf zijn geworden.
- **gemaksgeoriënteerden** – de impulsieve en passieve consument die streeft naar een onbezorgd, plezierig en comfortabel leven.
- **Opwaarts mobielen** – de carrièregerichte individualisten met een uitgesproken fascinatie voor sociale status, nieuwe technologie, risico en spanning.
- **Kosmopolieten** – kritische wereldburgers die postmoderne waarden als ontplooien en beleven integreren met moderne waarden als succes, materialisme en genieten.

FIGUUR Mentality-milieus

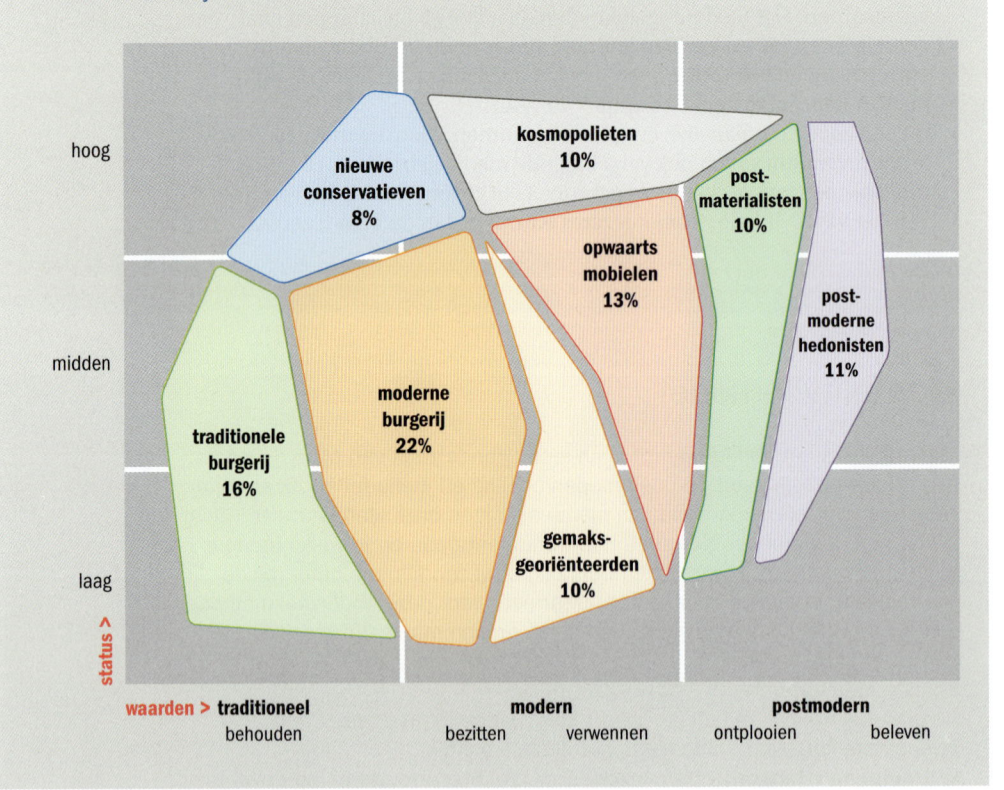

status \ waarden	traditioneel (behouden)	modern (bezitten / verwennen)	postmodern (ontplooien / beleven)
hoog		nieuwe conservatieven 8%	kosmopolieten 10% · postmaterialisten 10%
midden	traditionele burgerij 16%	moderne burgerij 22% · opwaarts mobielen 13%	postmoderne hedonisten 11%
laag		gemaksgeoriënteerden 10%	

> We definiëren deze sociale milieus op basis van persoonlijke opvattingen en waarden die aan de levensstijl van mensen ten grondslag liggen. De mensen uit hetzelfde sociale milieu delen waarden ten aanzien van werk, vrije tijd en politiek, en tonen overeenkomstige ambities en aspiraties.
> Ieder milieu heeft een eigen leefstijl en consumptiepatroon, die tot uiting komen in concreet gedrag. Op basis van meer dan één decennium aan empirisch onderzoek is gebleken dat de sociale milieus een stabiele, consistente en praktisch bruikbare segmentatie vormen.

Gedragscriteria

Segmentatie van een markt is eveneens mogelijk door naar het gedrag van de consument te kijken. De redenen waarom en de manier waarop iets wordt gekocht en de wijze van gebruik, kunnen van klant tot klant verschillen. Bij deze gedragscriteria zullen we achtereenvolgens aandacht besteden aan:
- gezocht nut (benefit)
- adoptiesnelheid
- merken/winkeltrouw
- wijze/mate van gebruik

Gezocht nut
Bij benefitsegmentatie worden groepen afnemers onderscheiden op grond van hun overeenkomst in termen van wat zij als voordeel of belangrijke functie zoeken bij het kopen van een product.

> Een gezocht nut (benefit) is een attribuut of toevoeging aan een product of merk, waardoor de afnemer meer voordeel ontleent aan het product, dat daardoor beter voorziet in zijn behoefte(n).

Definitie gezocht nut

Segmenten verschillen dan in het belang dat aan bepaalde producteigenschappen wordt toegekend. Eerst wordt nagegaan welke betekenis consumenten geven aan de verschillende eigenschappen of attributen van het product. Als blijkt dat er groepen zijn die duidelijk verschillen qua gewenste producteigenschappen of koopmotieven, wordt vervolgens onderzocht of deze segmenten ook verschillen op basis van andere, meer objectief meetbare variabelen, zoals regio, beroep en opleiding.
Benefitsegmentatie kunnen we zien als een psychografische segmentatie, omdat het gaat om psychologische variabelen die in dit geval gericht zijn op een specifieke markt- of koopsituatie. De marketeer kan ook van andere situatiegebonden psychografische variabelen gebruikmaken om te segmenteren. Consumenten kunnen worden ingedeeld naar de bekendheid met het product, de houding ten opzichte van merken, de koopintentie enzovoort. Daarbij dienen deze segmenten ook steeds op andere variabelen goed te identificeren en te bereiken te zijn.

Adoptiesnelheid
In hoofdstuk 7 hebben we al gezien dat de snelheid waarmee consumenten een nieuw product in hun armen sluiten sterk kan verschillen. Op basis van deze verschillen in snelheid worden vijf adoptiecategorieën onderscheiden: innovators, early adopters, early majority, late majority en laggards.

> **BENEFITSEGMENTATIE IN DE TANDPASTAMARKT**
>
> De markt voor tandpasta kan gesegmenteerd worden op basis van vier producteigenschappen: het voorkomen van tandbederf, de prijs, de smaak van de tandpasta en het krijgen van witte tanden. Amerikaans onderzoek heeft uitgewezen, dat over het algemeen jonge mensen veel belang hechten aan witte tanden. Zij willen ook meer sociale contacten dan anderen. Bovendien maakt deze groep zich zorgen om de teeraanslag op hun tanden. Macleans en Ultra Brite zijn de merken voor deze groep.
>
> De doelgroepen van Everclean en Zendium zijn degenen die op de prijs en de bestrijding van tandbederf letten. Een merk als Signal appelleert aan smaak en het uiterlijk van de tandpasta.
> Elk benefitsegment vereist een andere product- en promotiestrategie.

Early adopters

Early adopters zijn voor de marketing vaak van groot belang. Als zij gunstig op het nieuwe product reageren, is de kans groot dat ook de andere segmenten zullen volgen. De algemene omschrijving van deze groep schiet echter nogal eens tekort. Iemand die een early adopter is voor een nieuwe wasmachine, hoeft dat niet te zijn voor een nieuw soort alpineski. Het is dan ook vaak beter te segmenteren aan de hand van meer specifieke, situatiegebonden kenmerken. Wel zijn per groep gemeenschappelijke kenmerken in het sociale gedrag waar te nemen. Zo hebben early adopters bijvoorbeeld meer sociale contacten dan andere groepen. Segmentatie op basis van adoptiesnelheid is zinvol bij producten die voor de consument een grote mate van nieuwheid bezitten en waarbij aan de koop een risico verbonden is, bijvoorbeeld nieuwe producten op het terrein van computers of audiovisuele apparatuur.

Merk- en winkeltrouw
Er zijn consumenten die een duidelijke voorkeur voor een bepaald merk hebben en alleen dat merk kopen. Daarnaast zijn er consumenten die vaak van merk wisselen. Consumenten die een bepaald product of merk gekocht hebben, kunnen verschillen in de mate van binding die zij met dat merk hebben. Consumenten die zo'n product of merk niet gekocht hebben, kunnen ook verschillen in de sterkte van afwijzing. Consumenten zouden we dus kunnen segmenteren naar de mate van binding en de sterkte in afwijzing.

Via onderzoek kan bepaald worden tot welk segment een consument hoort, hoe groot deze segmenten zijn en waar zich verschuivingen in deze segmenten voordoen. Op grond hiervan kan gerichter communicatie- of ander marketingbeleid worden gevoerd uitgaande van deze segmentatie.
Als we nieuwe kopers zoeken, dienen we ons uiteraard te richten op consumenten die in mindere mate merktrouw zijn. Merktrouwe kopers zijn niet zo gauw over te halen een ander merk te kopen. Vaak is het voor de marketeer een probleem hoe hij deze minder merktrouwe consumenten aan zijn merk kan binden. Merktrouw kan bij de eigen klanten bevorderd worden door goed in te spelen op de behoeften en wensen van deze groep. Kennis van dit segment is daarbij een noodzakelijke voorwaarde.

Definitie merktrouw

> Merktrouw is de mate van loyaliteit van afnemers aan een bepaald merk. Dat wil zeggen: de intentie waarmee of de mate waarin een afnemer het betreffende merk wil of blijft kopen, ongeacht eventuele veranderingen die zich voordoen bij het betreffende merk en (wijzigingen van) concurrerende producten of merken.

De voornaamste indicatoren die voor merktrouw gebruikt worden, zijn:
- het aantal keren dat een afnemer bij opeenvolgende aankopen het betreffende merk koopt
- de kans dat een afnemer het betreffende merk bij de volgende aankoop opnieuw zal kopen na een prijs- of productverandering.

Consumenten kunnen ook verschillen in de frequentie waarmee ze winkels bezoeken en in de mate van winkeltrouw. Het is mogelijk dat de winkeltrouw groter is dan de merktrouw. Dat kan blijken als de winkelier op een ander merk overstapt en de meeste klanten daar geen problemen mee hebben. Een grotere winkeltrouw geeft de detailhandel de mogelijkheid een eigen winkelmerk te ontwikkelen, wat ook weer een bijdrage levert aan een grotere binding aan de winkel. Zeker als dit winkelbezoek ook nog beloond wordt door een winkelspaarsysteem. Naast merktrouw en winkeltrouw kennen we ook de zogenaamde *klantentrouw* (customer loyalty). Hierbij gaat het om de trouw of loyaliteit van een afnemer aan een bepaald product, merk, leverancier of producent. Teneinde afnemers te behouden, is er bij aanbieders sprake van een voortdurend streven de klantentrouw te verhogen.

Winkeltrouw

Klantentrouw

Bedrijven die klantgericht zijn, kunnen regelmatig onderzoek doen naar de tevredenheid van hun klanten. Zo kan na de installatie van een nieuw apparaat via een telefonische enquête gevraagd worden, hoe het de koper bevalt. Uiteraard is de mogelijkheid aanwezig dit soort onderzoek periodiek onder klanten te laten uitvoeren. De gedachte hierbij is, dat interesse in de klant de tevredenheid, loyaliteit of trouw van de klant zal bevorderen. Bovendien biedt het de mogelijkheid andere, bijvoorbeeld aanvullende, producten te verkopen. Andere middelen om de klantentrouw te bevorderen zijn het invoeren van spaarsystemen (Air Miles) en klantenkaarten (de bonuskaart van Albert Heijn), die voor de marketeer het voordeel bieden een beter inzicht te verkrijgen in het koopgedrag van zijn vaste klanten.

● www.fd.nl

Klantentrouw? Zelfs bij Harley en Apple niet

Klanten zijn helemaal niet trouw aan merken. Ze zien niet eens veel verschil tussen het ene en het andere merk. Wie kijkt naar de feiten, zo concludeert het Ehrenberg-Bass Institute for Marketing Science na analyse van marktgegevens over tientallen jaren, kan niet anders dan concluderen dat veel oude marketingwetten bij het oud vuil kunnen.

Mythes
Marketeers geloven in mythes. Dat hield Wiemer Snijders, verbonden aan het Australische instituut, vorige week Nederlandse marketingdirecteuren voor bij kennisinstituut Nima. Merkbouwers roepen dat hun merken zich van andere moeten onderscheiden, zich op bepaalde doelgroep richten en relaties opbouwen met klanten.

Verspilling
Dat is een verspilling van geld en tijd. Doelgroepdenken en loyaliteitsprogramma's werken niet, zegt althans Snijders. Het bewijs voor die heilige

huisjes, opgetrokken door marketinggoeroes als Philip Kotler, David Aaker en door McKinsey, is flinterdun. Dat blijkt uit meer dan vijftig jaar onderzoek door het instituut van de Universiteit van Zuid-Australië.

Het bewijs is overweldigend dat klantentrouw van rivaliserende merken onderling weinig verschilt, zegt Byron Sharp, de hoogleraar die nu het instituut leidt. 'Toch worden kapitalen uitgegeven aan klantenbinding. Dat komt omdat marketeers vaak vallen voor aantrekkelijke, vaag-logische theorieën. Vergeet niet dat ook artsen tweeduizend jaar lang aderlatingen deden.'

Harley-Davidson
De lange rij fans bij de opening van een nieuwe winkel suggereert dat trouwe klanten voor Apple heel belangrijk zijn, zegt Snijders. Ze zijn dat volgens hem eigenlijk alleen, omdat ze voor extra publiciteit en zichtbaarheid zorgen. Voor de kassa zijn ze minder van belang. Zoiets geldt ook voor het roemruchte Amerikaanse motormerk Harley-Davidson, waar de trouwste klanten slechts goed zijn voor 3,5% van de omzet.

Overstap
Evenmin heeft Apple veel meer trouwe klanten dan andere computermerken. Het bedrijf mag zichzelf lang hebben aangeprezen als 'different', gebruikers vinden Apple helemaal niet zo anders. De helft van de kopers van een Apple-laptop stapt vervolgens over op een pc. Bij Dell kloppen kopers vaker een tweede keer aan dan klanten bij Apple.

16 maart 2015

Wijze/mate van gebruik

Mate van het gebruik

Bij de mate van gebruik onderscheiden we drie segmenten: de zware gebruikers (heavy users), de lichte gebruikers (light users) en de niet-gebruikers (non-users). Er zijn auteurs die ook nog een groep medium-users onderscheiden. De zware gebruikers vormen een interessante markt, omdat zij vaak volgens een bekende marketingregel 70 tot 80% van het totale gebruik voor hun rekening nemen. De marketeer kan zich dus op dat segment richten en ze tot merktrouw trachten te bewegen. De marketeer kan ook proberen tot een betere verkoop onder de beide andere segmenten te komen. Dan is een grotere kennis van deze segmenten onontbeerlijk. Het is mogelijk dat de drie segmenten andere productwensen hebben en andere demografische en socio-economische kenmerken bezitten. Segmentatie naar gebruik heeft alleen zin wanneer er op de zojuist genoemde kenmerken verschillen tussen de diverse gebruikersgroepen bestaan.

9.3 Segmentatieproces

Nu de gereedschappen voor het segmenteren van markten bekend zijn, gaan we na op welke wijze de segmentatie tot stand kan komen. Een kant-en-klaar segmentatierecept bestaat niet, omdat verschillende factoren een rol kunnen spelen, die elkaar ook nog wederzijds kunnen beïnvloeden.

Hiervoor is duidelijk geworden dat consumenten naar vele criteria zijn in te delen. Daarnaast dienen we rekening te houden met macro-omgevingsfactoren en bedrijfsinterne variabelen.

De macro-omgevingsfactoren zijn de randvoorwaarden die aangeven of we bepaalde segmenten kunnen onderscheiden. Zo bepalen economische factoren – vooral de koopkracht – in grote mate de aard en de omvang van het segment van extreem dure, luxueuze goederen. De grootte van een stad heeft invloed op het aantal winkels dat zich specialiseert op een bepaald deel van de bevolking.

Invloed van de macro-omgeving

Bedrijfsinterne variabelen, zoals financiële, personele en technische mogelijkheden, maar ook het huidige marketingbeleid, bepalen welke segmentatie mogelijk is. Bovendien is ook de wijze waarop de concurrentie op de markt opereert van belang voor de wijze waarop de markt gesegmenteerd kan worden.

Bedrijfsinterne invloed

Om de markt globaal in kaart te brengen, hanteren we in navolging van de Amerikaanse marketingdeskundige Jerome McCarthy een zevenstappenprocedure. Dit proces laat in opeenvolgende fasen zien waar en wanneer nadere marktinformatie moet worden ingewonnen. De wijze waarop deze gegevens verzameld kunnen worden, wordt behandeld in deel 4 (Markt- en marketingonderzoek). Als voorbeeld nemen we mensen die zich met de fiets willen verplaatsen

Zevenstappenprocedure van McCarthy

Stap 1: Het afbakenen van de markt

Een aanbieder die zijn markt wil segmenteren, zal allereerst de grenzen van zijn toekomstige activiteiten moeten vaststellen. Dit komt sterk overeen met het formuleren van een algemene doelstelling. Hierbij moet ook rekening gehouden worden met toekomstige groeimogelijkheden. Dat wil zeggen, dat de markt niet te eng, maar ook niet te ruim gedefinieerd mag worden, omdat het segmentatieproces dan onrealistisch wordt. Een potloodfabrikant kan met een groots gebaar zeggen dat hij in de communicatiemarkt opereert tussen de grote elektronicaconcerns en de papierproducenten. Het opdelen van deze markt is voor hem echter niet zinvol, omdat hij zijn markt te breed opvat. Beter kan hij die consumenten tot zijn markt rekenen die eigenhandig iets op papier willen zetten. In producttermen houdt dit in dat hij de markt van 'schrijftechnieken' kan afbakenen. Daarin heeft hij realistische groeimogelijkheden: kleurpotloden, balpennen, viltstiften, fijnschrijvers, vulpennen enzovoort. Zo zal een fabrikant van fietsen zich concentreren op de tweewielermarkt en eventueel op de gemotoriseerde tweewielermarkt.

Stap 2: De behoefteverzameling

Door brainstorming of via vraaggesprekken kan inzicht verkregen worden in de behoeften van de potentiële kopers in de afgebakende markt.

Stap 3: De voorlopige segmentindeling

Door ervan uit te gaan dat de potentiële klanten verschillende redenen hebben om het product te kopen, wordt de lijst met koop- en gebruiksmotieven aan een groot aantal personen voorgelegd. Daarbij moet gelet worden op een brede samenstelling van de ondervraagden naar leeftijd, geslacht, welstand, woonplaats, beroep enzovoort. Ieder geeft de motieven aan die bij de aanschaf een belangrijke rol spelen. Nu voegen we de kopers met gelijke motieven bij elkaar, zodat er een aantal voorlopige segmenten ontstaat.

Stap 4: Het elimineren van gelijke kenmerken

De koopmotieven van elk voorlopig segment worden nu beoordeeld en de kenmerken die in alle segmenten voorkomen, worden geschrapt.
Deze zijn immers niet onderscheidend, omdat ze geen verklaring geven voor het verschillende gedrag van de segmenten. In het voorbeeld worden in elk segment de behoeften aan korteafstandvervoer en aan goedkoop vervoer genoemd. Deze geschrapte kenmerken kunnen we als argument hanteren om de niet-gebruikers te attenderen op de goede eigenschappen van de productsoort, dus van de fiets in het algemeen.

Stap 5: Het vaststellen van definitieve segmenten

Nadat alle gemeenschappelijke kenmerken zijn verwijderd, blijven de voor dat segment relevante motieven over. Bij nadere beschouwing blijkt dat bepaalde voorlopige segmenten onderling min of meer gelijke motieven hebben, zoals segment B (de huisvrouw) en segment C (de woon-werkfietser). Deze twee segmenten kunnen worden samengevoegd.

Stap 6: Het verzamelen van aanvullende gegevens

De ontstane segmenten kunnen nu worden aangevuld met al bekende informatie en met nog te verzamelen gegevens over behoeften en gedrag van de personen die tot die segmenten behoren. In ons voorbeeld staat een deel van die informatie al vermeld bij de persoonskenmerken. Om tot een volledige beschrijving van de segmenten en hun gedrag te komen, kunnen alle beschikbare segmentatiecriteria worden gebruikt, zoals die eerder in dit hoofdstuk werden besproken.

Stap 7: Het kwantificeren van de segmenten

Elk segment wordt nu aangevuld met cijfers over het aantal consumenten en de koopkracht. Dit is noodzakelijk om later een verantwoorde beslissing te kunnen nemen bij de doelgroepkeuze.

9.4 Voorwaarden voor de doelgroepkeuze

Als het segmentatieproces uitgevoerd is, kan blijken dat niet elk segment als aparte doelgroep onderscheiden kan worden. Een marktsegment moet voldoen aan een aantal voorwaarden, namelijk:

Voorwaarden voor een marktsegment

- omvang van het segment
- meetbaarheid van het segment
- onderscheid ten opzichte van andere segmenten (intern homogeen, extern heterogeen)
- bereikbaarheid van het segment
- bewerkbaarheid van het segment.

Omvang van het segment

Een segment moet een bepaalde omvang en een bepaalde koopkracht hebben, wil het voor een bedrijf winstgevend zijn. Daarbij wordt niet alleen gekeken naar het aantal consumenten. Immers, een aanbieder van schepen of vliegtuigen heeft voldoende aan relatief weinig afnemers, terwijl een aanbieder van tandpasta zeer veel gebruikers nodig heeft voor een gezonde bedrijfsvoering. Naast het aantal klanten is ook de winstmarge (verkoopprijs minus de kosten) van belang, alsmede de aankoopfrequentie van de afnemers. Ten slotte wordt de aantrekkelijkheid mede bepaald door het aantal concurrenten dat zich op de betreffende doelgroep richt.

Meetbaarheid van het segment
De grootte en koopkracht van een segment kunnen vastgesteld worden aan de hand van de hiervoor behandelde segmentatievariabelen. We dienen ons dus af te vragen welke variabelen we zullen gebruiken om de segmenten te beschrijven en de omvang en koopkracht ervan te meten. Sommige segmentatiecriteria zijn moeilijk of niet meetbaar. Als dat het geval is, moeten we de segmenten anders beschrijven (andere criteria gebruiken). Als een criterium als 'avontuurlijke levensinstelling' moeilijk meetbaar is, zullen we de groep met deze levensinstelling moeten meten aan de hand van andere kenmerken zoals inkomen, leeftijd, beroep enzovoort. Levert dit ook geen meetbaar resultaat op, dan kan overwogen worden niet te segmenteren of een speciaal onderzoek naar de omvang van dergelijke segmenten uit te voeren.

Onderscheid ten opzichte van andere segmenten
Het heeft alleen zin aparte segmenten te definiëren als die duidelijk van elkaar kunnen worden onderscheiden. Met andere woorden: als ze heterogeen zijn.

De segmenten dienen verschillend te reageren op de ontwikkelde marketingmix. Als er geen verschillen zijn, dus geen heterogeniteit bestaat, zijn er eigenlijk geen deelmarkten. Als consumenten geen productverschillen waarnemen en het gebruik ook niet of nauwelijks varieert, kunnen we massamarketing toepassen. Een aanbieder van aardappelen zal niet gebruikmaken van een segmentatiestrategie (zie paragraaf 9.5). Wel zijn er markten zonder veel productdifferentiatie, waarin marktsegmentatiestrategieën worden toegepast die gebaseerd zijn op psychologische differentiatie. De Nederlandse biermarkt bestaat voor 65% uit pils (onderzoek Ruigrok | Netpanel, 2011), alhoewel de laatste jaren het gebruik van andere biersoorten toeneemt (witbier, speciaalbier, bokbier). Uit blinde smaaktests blijkt dat de pilsdrinker, ook de merktrouwe drinker, geen verschil proeft tussen de diverse merken. Het verschil tussen de merken wordt veroorzaakt door imagoreclame, waarbij de nadruk ligt op de expressieve eigenschappen.
In opdracht van de Nederlandse Brouwers deed Ruigrok | Netpanel onderzoek naar de Nederlandse bierdrinker. Niet verrassend is dat pils het meest gewilde bier is (65%), maar dat dit wel een stuk minder is dan in 2010. Toen gaf namelijk 70% aan dat pils het favoriete bier was.
De top 5 favoriete bieren:
1 Pils
2 Witbier
3 Speciaalbier
4 Bokbier
5 Rosébier

Het minst populair zijn lightbiertjes en malt/non-alcoholische bieren.

Binnen een marktsegment moeten de consumenten zoveel mogelijk op dezelfde wijze, zo homogeen mogelijk, reageren op de marketingmix. Als dat niet het geval is, dient de marketeer verder te segmenteren. Deze moet dan uiteraard wel één of meer segmenten overhouden die groot genoeg zijn om winstgevendheid te bewerken.

Bereikbaarheid van het segment
We moeten in staat zijn de één of meer gekozen segmenten te bereiken via communicatiemedia en distributiekanalen. Dit betekent dat onderzocht moet worden wat de beste manier van communiceren en de beste vorm van distributie is. De toegankelijkheid is ideaal als een bepaald segment, bijvoorbeeld jongeren die de 'betere' popmuziek kopen, bepaalde media gebruiken (het muziekblad *Oor*) en in bepaalde winkels (de gespecialiseerde popmuziekwinkel) kopen. Het heeft weinig zin te adverteren in media die maar zo nu en dan door een segment of door een klein gedeelte ervan, gebruikt worden. Dat is verspilling van reclamegeld (waste).

Bewerkbaarheid van het segment
De organisatie moet de beschikking hebben over de middelen en methoden om een geselecteerd segment te kunnen bewerken. Een eenvoudig dorpseethuis zal zich niet zomaar kunnen richten op een segment dat op driesterrenniveau wil dineren.

9.5 Segmentatiestrategieën

Als een markt is ingedeeld in duidelijk herkenbare segmenten, moet er een beleidsbeslissing genomen worden over het aantal te bewerken segmenten en de wijze waarop die zullen worden benaderd. Er dient dus een segmentatiestrategie te worden geformuleerd. In principe is de meest extreme vorm een individuele benadering, dus elke klant afzonderlijk (denk aan one-to-one marketing). Dit betekent dat elk segment uit één klant bestaat.

Hiertegenover staat de al genoemde massabenadering, waarbij de markt niet gesegmenteerd is en alle consumenten op dezelfde wijze worden bewerkt met één gestandaardiseerd marketingbeleid. Hiertussen staat de groepsbenadering, die uitgaat van een markt die opgedeeld is in enkele consumentengroepen met min of meer gelijke en herkenbare behoeften, motieven en kenmerken.

Globaal genomen wordt onderscheid gemaakt tussen de volgende segmentatiestrategieën (zie figuur 9.1):
- ongedifferentieerde marketing
- gedifferentieerde marketing (extreem doorgevoerd: one-to-one marketing)
- geconcentreerde marketing
- countersegmentatie (in geval van een ver doorgevoerde segmentatie).

Ongedifferentieerde marketing

Ongedifferentieerde marketing

Bij ongedifferentieerde marketing (marktaggregatie of mass marketing) worden de verschillen tussen de segmenten verwaarloosd. Kenmerkend voor deze strategie zijn: een standaardproduct, schaalvoordelen, streven naar groot marktaandeel en de gemiddelde consument als doelgroep. Als er toch verschillen in afnemerswensen en -gedrag blijken te zijn, ontstaat het gevaar dat de concurrent zich gaat toeleggen op een bepaald segment. Deze consumentengroep zal door het gerichte aanbod van de concurrent veel beter bevredigd kunnen worden dan met het gemiddelde aanbod van de ongedifferentieerde aanbieder. De nieuwkomer kan op deze wijze een aantrekkelijk marktaandeel veroveren. Bedrijven als Coca-Cola en Pepsi Cola hebben vele jaren een ongedifferentieerde marketingstrategie gevoerd

FIGUUR 9.1 De verschillende segmentatiestrategieën

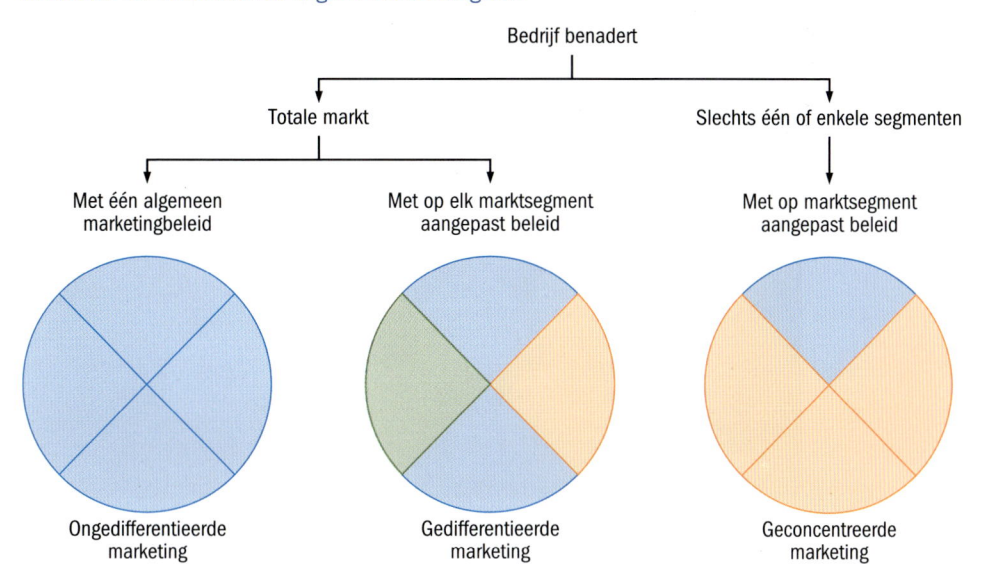

Bedrijf benadert

- Totale markt
  - Met één algemeen marketingbeleid → **Ongedifferentieerde marketing**
  - Met op elk marktsegment aangepast beleid → **Gedifferentieerde marketing**
- Slechts één of enkele segmenten
  - Met op marktsegment aangepast beleid → **Geconcentreerde marketing**

met één smaak, één flesformaat en met een internationale reclamecampagne. Later zijn ze overgegaan op een meer gedifferentieerde aanpak door de gezinsfles, suikervrije, caloriearme, cafeïnevrije en cherry cola op de markt te brengen.

> Ongedifferentieerde marketing is een marktbewerkingsstrategie waarbij de organisatie, veelal uit efficiëntieoverwegingen, ervoor kiest de totale markt met behulp van één marketingmix te benaderen, ongeacht de verschillen die zich tussen afnemers(groepen) voordoen.

Definitie ongedifferentieerde marketing

Ongedifferentieerde marketing wordt toegepast bij producten als suiker en zout of andere producten die we niet of nauwelijks kunnen differentiëren en waarbij maar één enkel nut is te onderscheiden. Zij wordt ook vaak toegepast bij de introductie van nieuwe productsoorten. Denk aan de introductie van de personal computer. Na reacties vanuit de markt en de komst van concurrentie zal de marketeer kiezen voor een gedifferentieerde benadering, als blijkt dat er verschillende segmenten zijn.

Gedifferentieerde marketing
Bij een gedifferentieerde marktbenadering richten we ons op meer marktsegmenten. Elk segment wordt bewerkt met een daarvoor speciaal samengestelde marketingmix. Daar de klanten nu beter worden bediend, zal de marktpenetratie groter zijn en zijn er hogere opbrengsten te verwachten. Hier staan wel hogere kosten tegenover en een ingewikkelder organisatie. We moeten immers aandacht, tijd en geld verdelen over verschillende producten. Kostenfactoren zijn de ontwerp- en productiekosten voor de diverse productvarianten, de voorraad- en administratiekosten en de uitgaven voor reclame en distributie. Een voorbeeld van gedifferentieerde marketing is die van sportartikelenfabrikant Nike. Alleen al in het segment golfers kent deze ten minste drie doelgroepen: pro's, gevorderde amateurs en liefhebbers.

Zo veel mensen, zoveel wensen

Definitie gedifferentieerde marketing

Gedifferentieerde marketing is een marktbewerkingsstrategie waarbij de organisatie zich met verschillende marketingprogramma's (marketingmix) richt op diverse marktsegmenten.

Productdifferentiatie

Het marktbeleid bij een gedifferentieerde aanpak kan sterk variëren. Het hangt af van de marktsituatie en de mogelijkheden van het bedrijf. De marketeer kan zich bijvoorbeeld beperken tot productdifferentiatie, terwijl dezelfde promotie- en distributiestrategie wordt toegepast voor de verschillende segmenten. Het is ook mogelijk product- en promotieverschillen aan te brengen, maar het product via één distributiekanaal aan te bieden.
Een gevaar van gedifferentieerde marketing is, dat de verkoop van nieuwe varianten ten koste gaat van andere producten of merken die het bedrijf verkoopt. Er is dan sprake van kannibalisatie. Dit komt voor als de segmenten toch niet zo heterogeen blijken te zijn als men dacht.

Kannibalisatie

Geconcentreerde marketing

Bij geconcentreerde marketing richt een onderneming zich op slechts één of enkele zorgvuldig gekozen marktsegmenten. Dit is vooral aantrekkelijk voor kleine ondernemingen of nieuwkomers in een markt. Ze beschikken over slechts beperkte middelen, zoals productiecapaciteit, financiële middelen en knowhow. Door zich te richten op één doelgroep die ze op een effectieve wijze weten te bereiken, kunnen ze een duurzame positie op de markt veroveren. Het probleem bij een geconcentreerde strategie is dat het bedrijf kwetsbaar kan zijn door alles op één kaart te zetten. Een aanzienlijke omzetverlaging kan optreden als concurrenten betere aanbiedingen hebben of wanneer niet goed wordt ingespeeld op de veranderende behoeften van consumenten.

Definitie geconcentreerde marketing

Geconcentreerde marketing is een marktbenaderingsstrategie waarbij de organisatie zich met één marketingmix richt op één of enkele marktsegmenten.

Het zich richten op een klein, veelbelovend segment wordt ook wel niche-marketing of nisstrategie genoemd. De marketeer zoekt dan naar een marktnis, een positie in de markt die voor grote bedrijven niet interessant is en die nog niet door de concurrentie wordt bediend. Bekende voorbeelden van succesvolle marktnissers zijn Rolex en Rolls Royce. Het komt ook voor dat een klein bedrijf zich eerst op één segment concentreert en, na verovering van dat segment, het volgende segment gaat bewerken. Deze methode wordt market-by-market-segmentatie genoemd. Op den duur leidt dit tot een gedifferentieerde marketingstrategie. Een voorbeeld in deze categorie is Calvin Klein. Begonnen als aanbieder van mannenondergoed, is het merk nu ook te vinden op vrouwenondergoed, horloges en juwelen, parfums en broeken.

Niche-marketing

Market-by-market-segmentatie

One-to-one marketing

Om bedrijfseconomische redenen is het vaak niet mogelijk een aanbieding geheel op de individuele wensen van een klant af te stemmen. Daarom zoekt de marketeer naar klantengroepen met min of meer dezelfde wensen en probeert deze groepen zo goed mogelijk te bedienen. In de afgelopen jaren hebben zich enkele onstuimige, technologische ontwikkelingen voorgedaan:

- de productieautomatisering; op eenzelfde productielijn kunnen nu zeer veel productvarianten worden gefabriceerd; denk hierbij bijvoorbeeld aan de auto-industrie.
- de vergroting van de computergeheugens, zodat enorme databestanden met consumentengegevens gebruikt kunnen worden.
- de betere bereikbaarheid van de consument door e-fax, het internet, e-mail enzovoort.

Deze ontwikkelingen maken het mogelijk one-to-one marketing toe te passen, ook wel *customization* genoemd. One-to-one marketing kan als de ultieme vorm van marktsegmentatie worden beschouwd.

> One-to-one marketing is het afstemmen van de marketingmix op de individuele behoeften van een consument.

Definitie one-to-one marketing

Enkele voorbeelden laten zien welke grote commerciële mogelijkheden er zijn:

- De *KLM* registreert een groot aantal passagiersgegevens van de zakelijke reizigers, zodat voor elke vlucht hun wensen bekend zijn. Vertragingen worden vroegtijdig doorgegeven, de (zakelijke) klant wordt persoonlijk begroet en kan rekenen op een snelle, probleemloze bagageafhandeling, krijgt automatisch zijn favoriete zitplaats, drankje en maaltijd. Maar ook kunnen huurauto, hotelreserveringen en speciale golf- en watersportarrangementen geregeld worden.
- Met een site-op-maat voor elke unieke bezoeker liggen gouden bergen in het verschiet. Een gepersonaliseerde site kun je op twee manieren bereiken. 'Automatisch' zoals *Amazon*, met behulp van slimme databestanden en marketeers die ondermeer klikgedrag en bekend productbezit analyseren, is er een van. Maar je kunt het je bezoeker ook zelf laten doen, zoals *KPNVandaag*. Dat laatste zal vaak goedkoper te realiseren zijn, maar kan heel wat (usability) hoofdbrekens opleveren. Personalisatie door bezoekers zie je vooral bij contentgerichte websites: nieuws, sport en entertainment. Ook in service omgevingen (na inloggen) is deze

vorm van personalisatie goed toepasbaar. Bij deze vorm van personalisatie kan de gebruiker zelf bepaalde pagina's indelen, de inhoud van de pagina's aanpassen en een eigen kleurenschema kiezen.
Dit alles met de gedachte dat hoe meer je de pagina 'eigen' kan maken, hoe groter de kans is dat de bezoeker het naar zijn zin heeft. Wat weer moet resulteren in een positieve merkbeleving en veel herhaalbezoek.

In tabel 9.1 zijn massamarketing en one-to-one marketing tegenover elkaar gezet.

TABEL 9.1 Massamarketing versus one-to-one marketing

Mass marketing	One-to-one marketing
average customer	individual customer
customer anonymity	customer profile
standard product	customized market offering
mass production	customized production
mass distribution	individualized distribution
mass advertising	individualized message
mass promotion	individualized incentives
one-way message	two-way messages
economies of scale	economies of scope
share of market	share of customer
all customers	profitable customers
customer attraction	customer retention

Bron: Adapted from Don Peppers and Martha Rogers, *The One-to-One Future*, New York: Doubleday/Currency, 1993

Made-to-order

In verband met het begrip one-to-one marketing noemen we nog het begrip *made-to-order*. Dit is een productie- en distributiebenadering waarbij een product pas wordt geproduceerd zodra de klant daarom vraagt en ook volgens de specificaties van de klant. Er zijn bijvoorbeeld diverse autofabrieken die geen auto's meer op voorraad produceren, maar pas met de productie van een auto beginnen als die al besteld is en de gewenste specificaties – over het algemeen via EDI – zijn doorgegeven. Deze benadering is vooral mogelijk gemaakt door de opmars van de informatie- en communicatietechnologie en geautomatiseerde productiesystemen (*robotisering*).

Contrasegmentatie

Hyper-segmentatie

Op sommige markten gingen marketeers steeds verder met segmenteren. Bij sommige levensmiddelen was zelfs sprake van hypersegmentatie, een zeer ver doorgevoerde segmentatie voor zeer kleine segmenten. Als zich echter een economische crisis voordoet, zullen consumenten hun eisen wat minder hoog stellen en in sommige markten meer op het prijsvoordeel letten. In plaats van de markt in nog meer segmenten te verdelen, worden segmenten bij elkaar gevoegd. Dit wordt contrasegmentatie (counter segmentation) genoemd.

www.abnamro.nl

ABN AMRO past segmentatie bedrijfsonderdelen aan

ABN AMRO heeft de klantensegmentatie op een aantal punten aangepast en speelt daarmee in op de veranderende behoeften van de klant. Als gevolg daarvan heeft ABN AMRO de segmentatie van haar bedrijfsonderdelen aangepast, waarmee ook de transparantie wordt verbeterd. Vanaf het derde kwartaal van 2014 rapporteert ABN AMRO over vier segmenten: Retail Banking, Private Banking, Corporate Banking (inclusief informatie over sub-segmenten) en Group Functions. De nieuwe segmentatie heeft geen invloed op de historische groepsresultaten noch op de financiële positie van de bank.

De belangrijkste wijzigingen zijn hieronder vermeld.
- Commercial & Merchant Banking is omgedoopt tot Corporate Banking, waarbij alle zakelijke klanten zullen profiteren van een sectorbenadering. Corporate Banking bestaat uit drie sub-segmenten: Commercial Clients, International Clients en Capital Markets Solutions:
  - Commercial Clients richt zich op zakelijke klanten met een omzet van tussen de EUR 1 miljoen en EUR 250 miljoen, en op klanten die actief zijn in commercieel vastgoed (beursgenoteerde ondernemingen vallen echter onder International Clients). ABN AMRO Lease en Commercial Finance maken ook deel uit van dit sub-segment.
  - International Clients richt zich op zakelijke klanten met een omzet van meer dan EUR 250 miljoen, en op klanten van Energy, Commodities & Transportation (ECT), Diamond & Jewelry Clients, Financial Institutions en Listed Commercial Real Estate.
  - Capital Market Solutions levert producten en diensten die gerelateerd zijn aan de financiële markten. Onder dit sub-segment valt ook ABN AMRO Clearing.

- Diamond & Jewelry Clients, voorheen onderdeel van Private Banking, maakt nu deel uit van International Clients omdat deze klantgroep gelijksoortige producten en diensten afneemt.

- Klanten van YourBusiness Banking (MKB-klanten met een omzet van maximaal EUR 1 miljoen) worden nu bediend door Retail Banking in plaats van door Commercial Clients. De bediening van deze klanten gebeurt grotendeels online waarbij zij gebruik kunnen maken van het uitgebreide internet- en mobiele dienstenplatform van Retail Banking.

- De activiteiten van Securities Financing zijn overgegaan naar ALM/Treasury (onderdeel van Group Functions) met het oog op verbetering van het beheer van liquide effecten (collateral) en versterking van de bankbrede liquiditeit.

5 november 2014

Definitie contra-segmentatie

> Contrasegmentatie is een marktbenadering waarbij een organisatie bewust twee of meer marktsegmenten samenvoegt, waardoor de basis van het marktsegment breder wordt en de marketingmix efficiënter kan worden ingezet.

Het kan ook voorkomen dat de consument het overzicht geheel kwijtraakt of geen zin heeft voor allerlei werkzaamheden steeds andere producten te kopen. Hij prefereert dan een totaalproduct of een alles-in-één-product. Dit heeft zich op de wasmiddelenmarkt voorgedaan. Eerst was er één wasmiddel voor de gehele was. Later ontstonden voorwasmiddelen, hoofdwasmiddelen, wasverzachters, wasmiddelen voor de fijne en de bonte was enzovoort. Nu zijn er weer totaalwasmiddelen. Bij de overweging contrasegmentatie toe te passen, dient de marketeer na te gaan of dit leidt tot lagere marketingkosten, die voor de consument lagere prijzen betekenen. Ook moet nagegaan worden in hoeverre de consument geen bezwaar heeft tegen een beperktere keuze of een wat lagere kwaliteit als dat wordt gecompenseerd door een lagere prijs.

9.6 Positionering

Een belangrijk aspect in de marketing is het zich onderscheiden van de concurrentie, teneinde tussen al die 'grijze' producten voldoende op te vallen. Daarbij proberen merkartikelfabrikanten de pluspunten van het eigen product aan de consumenten op te dringen. Ze kunnen echter beter aansluiten bij de gedachtewereld van de consument en gebruikmaken van wat die belangrijk vindt. Een consument vergelijkt en ordent de producten aan de hand van individuele, subjectieve criteria. Dit dient het uitgangspunt te zijn bij het positioneren van een product (goed of dienst) op de gekozen doelmarkt(en).

Definitie positioneren

> Positioneren is het (door een organisatie) bewust proberen te realiseren van een bepaalde relatieve positie van de organisatie, een sbu, een merk of een product in de perceptie van afnemers, ten opzichte van vergelijkbare concurrenten.

Positioneringselementen
Bij positionering spelen drie elementen een belangrijke rol, namelijk:
- *De consument.* Deze bepaalt welke producteigenschappen hij het belangrijkste vindt en hoe hij die waarneemt. Het gaat dus om de perceptie van de consument van de in zijn ogen belangrijkste productattributen.
- *Het product of het merk.* De consument heeft een oordeel over een product ten opzichte van andere producten of over een merk tegenover andere merken. Bovendien houdt hij er een ideaalbeeld op na, zoals een product of een merk er volgens hem eigenlijk uit zou moeten zien.
- *De concurrent.* De consument heeft een vergelijkend oordeel. Hij vergelijkt producten met elkaar en plakt er sprekende etiketten op: een Volvo is veilig, een BMW snel en sportief, een Volkswagen degelijk en betrouwbaar en een Mercedes heeft een lange levensduur.

Goede positionering door de juiste productattributen

Een goede positionering komt tot stand door het product de juiste attributen mee te geven, deze ook als zodanig naar de consument toe te communiceren en zich daarbij duidelijk van de concurrentie te onderscheiden. Instrumentele producteigenschappen en de gebruiksvoordelen van het product zijn de meest gebruikte criteria om een positionering vorm te geven.

Positioneringsgrafiek

De positioneringsgrafiek is een belangrijk hulpmiddel bij het positioneringsbeleid. Op de assen worden twee of soms meer producteigenschappen afgezet. Een voorbeeld daarvan wordt in figuur 9.2 gegeven.

FIGUUR 9.2 Een voorbeeld van een positioneringsgrafiek of -matrix

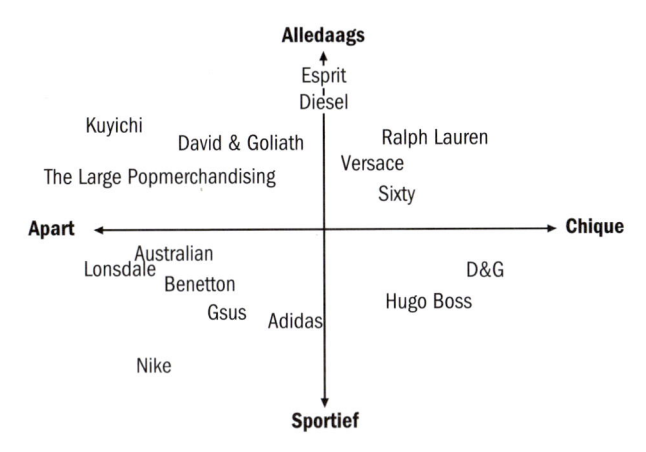

```
                      Alledaags
                         ▲
                       Esprit
                       Diesel
      Kuyichi
           David & Goliath    Ralph Lauren
      The Large Popmerchandising  Versace
                               Sixty
  Apart ◄─────────────────────────────► Chique
              Australian
        Lonsdale              D&G
              Benetton     Hugo Boss
                  Gsus
                      Adidas
              Nike
                         ▼
                      Sportief
```

Bron: www.flickr.com

De scores van de producten op die eigenschappen worden in de grafiek getekend, waardoor de plaats van de verschillende producten bepaald wordt. Ook kunnen we de ideaalpositie van het product bepalen. De marktonderzoekmethode die hiervoor gehanteerd wordt, is meestal *perceptual mapping*. Hierbij proberen we met vragenlijsten en/of voorgelegde afbeeldingen percepties, attituden, preferenties van de ondervraagden zichtbaar te maken om zo producten en merken enzovoort te positioneren. Dat zichtbaar maken gebeurt dan in de positioneringsgrafiek (*perceptual map*).

Natuurlijk wordt op basis van marktonderzoek eerst gekeken naar de huidige positie. Bij de analyse van de uitkomsten wordt nagegaan of er zich op de markt nog mogelijke ideaalposities bevinden waar nog geen of weinig concurrenten actief zijn. We zoeken dus naar een zogenoemd gat in de markt. Daarna wordt gekeken of het bedrijf in staat is zo'n positie in te nemen. Vervolgens wordt op basis van toekomstverwachtingen voor een bepaalde positie gekozen en het beleid daarop afgestemd. Na een jaar kijken we of de gewenste positie is bereikt en of de resultaten zijn verbeterd en de doelstellingen zijn gerealiseerd.

Perceptual mapping

Het zoeken naar een gat in de markt

Herpositionering

Als we bewust proberen de positie te wijzigen, spreken we van herpositionering. Er zijn diverse factoren die het noodzakelijk maken de positie regelmatig te evalueren:
- De concurrentie brengt nieuwe producten op de markt, verbetert haar producten of wijzigt de claim van het product (dat is de producteigenschap die bij het publiek goed scoort). Bavaria introduceerde bijvoorbeeld alcoholvrij bier (Bavaria Malt) op de alcoholarme biermarkt.
- Nieuwe variabelen (producteigenschappen) zijn geïntroduceerd door nieuwe technieken: televisies met led-scherm, autoradio's met motion

sensor, gps-hartslaghorloges, voetbalschoenen met adaptive shieldtechniek voor meer grip. De voorkeuren van de consument veranderen. Ze vinden andere eigenschappen ineens belangrijker. Het zijn andere consumenten, een nieuwe generatie die anders is opgevoed, bij wie computers in huis staan. Hierdoor veranderen de ideaalposities. De jeugd hecht bijvoorbeeld meer waarde aan home video centers dan de huisvader met zijn 8mm projector uit de jaren zestig van de vorige eeuw.

Samenvatting

- *Marktsegmentatie* is het opdelen van een markt in verschillende te onderscheiden groepen afnemers, waarvoor het wenselijk kan zijn een specifieke marketingstrategie of marketingmix toe te passen. *Productdifferentiatie* op zich, zonder expliciete koppeling aan afzonderlijke doelgroepen, is geen marktsegmentatie.
- Marktsegmentatie in *drie stappen*: segmenteren, kiezen uit deze segmenten en positioneren. Hiervoor wordt wel de afkorting *SDP* gehanteerd (segmenteren, doelgroep bepalen en positioneren).
- Belangrijk *voordeel* van segmenteren: betere afstemming van de marketingmix op afzonderlijke doelgroepen. Belangrijk *nadeel*: hogere kosten.
- Vier *segmentatiecriteria*: geografische (inclusief *postcodesegmentatie*), demografische, psychografische en gedragscriteria. Psychografische criteria: *persoonlijkheidskenmerken* en *levensstijl*. Bij gedragssegmentatie onder meer *benefitsegmentatie* (voordelen), *adoptiecategorieën*, *merk-* en *winkeltrouw* en *gebruik* (heavy users, light users, non-users).
- Vier *segmentatievoorwaarden*: omvang, meetbaarheid, intern homogeen/extern heterogeen en bereikbaarheid.
- Drie *segmentatiestrategieën*: ongedifferentieerde marketing, gedifferentieerde marketing en geconcentreerde marketing. Vergaande vorm van gedifferentieerde marketing: *one-to-one marketing*. Eventueel de segmentatie terugdraaien: contrasegmentatie (*counter segmentation*).
- Na segmentatie en doelgroepkeuze volgt de *positionering*. Drie elementen: de consument, het product of merk en de concurrent.
- Relatieve positie van een product of merk vaststellen met behulp van *perceptual mapping*. Op basis daarvan een *positioneringsgrafiek* (positioneringsmatrix).
- Eventueel kunnen we overgaan tot *herpositioneren*.

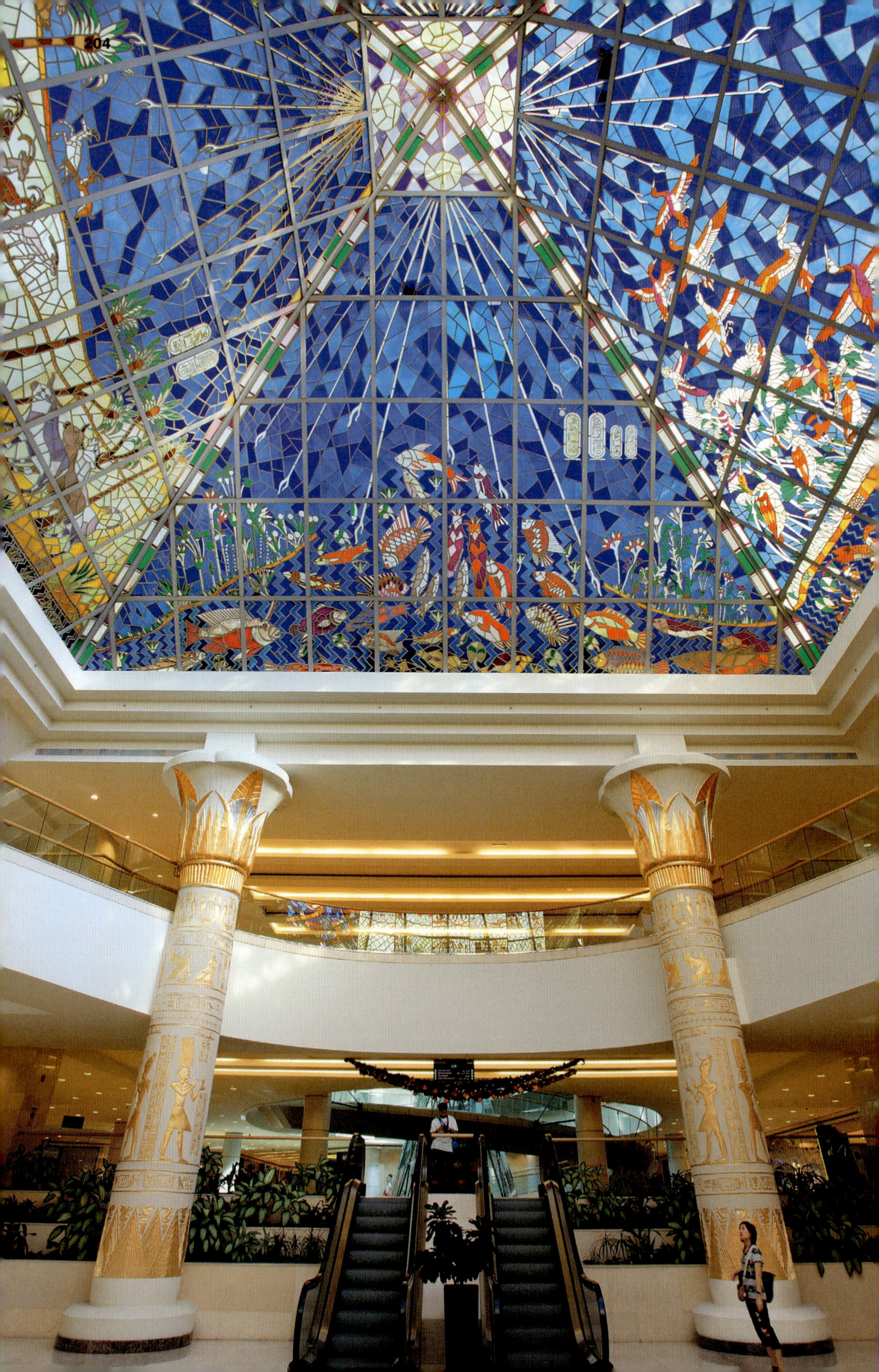

10
Marketingorganisatie

10.1 Beginselen van organiseren
10.2 Organisatiestructuur
10.3 Marketingfuncties

Na het formuleren van het strategisch beleid volgt de uitvoering. Daarvoor is een goede organisatiestructuur nodig, omdat mooie plannen die slecht uitgevoerd worden, veel geld kosten en de onderneming een slechte reputatie bezorgen. In dit hoofdstuk worden eerst enkele algemene organisatiebeginselen behandeld (paragraaf 10.1), waarna de meest voorkomende organisatiestructuren besproken worden (paragraaf 10.2). Daarbij gaat het uitsluitend om de grondvormen. In de praktijk treffen we daarvan meestal combinaties aan. Ten slotte geven we een overzicht van de belangrijkste en meest voorkomende functies van personen die verantwoordelijk zijn voor de uitvoering van het marketingbeleid (paragraaf 10.3).

10.1 Beginselen van organiseren

Organiseren

Al in 1920 formuleerde Henri Fayol, een van de grondleggers van de moderne managementtheorie, de uitgangspunten die voor de moderne managementorganisatie nog steeds bruikbaar zijn. Onder organiseren verstond hij het ontwerpen van een structuur waarin alle werkzaamheden verricht worden die gericht zijn op het realiseren van de ondernemingsdoelstelling(en). Binnen een organisatie spelen zich voortdurend interacties af tussen mensen, productiemiddelen en procedures. Het is dus een dynamisch proces dat voortdurend veranderd moet worden om doelmatig te blijven. Een organisatie die zich statisch opstelt, wordt een *bureaucratie* genoemd en heeft in plaats van een marktgerichte doelstelling, een doelstelling die gericht is op de instandhouding van oude, bestaande werkwijzen en procedures.

Definitie organisatie

> Geheel van mensen, middelen en activiteiten gericht op het nastreven van bepaalde doelstellingen.

Een organisatie is dus een samenwerkingsverband van mensen en middelen om een bepaald doel te bereiken. Organisaties worden wel ingedeeld in:
- *profitorganisaties*, organisaties die naar winst streven (ondernemingen)
- *not-for-profitorganisaties*, ook wel *non-profitorganisaties* genoemd, organisaties die niet naar winst streven, maar naar maatschappelijke, ideële of culturele doelen.

Een goede organisatie wordt gekenmerkt door:
- een goed omschreven ondernemingsdoelstelling die op alle niveaus van de organisatie begrijpelijk is
- duidelijke taakomschrijvingen waarin de verantwoordelijkheden en de bevoegdheden vermeld worden, dat wil zeggen: waarin de gezagsverhoudingen tot uitdrukking komen
- een evenwichtige verdeling van taken over afdelingen en personen
- een goede en vooral snelle communicatie, zodat de informatie kan doorstromen en bij de juiste persoon terechtkomt
- het vermogen tot verandering en aanpassing aan toekomstige ontwikkelingen

In de praktijk blijkt dat deze voorwaarden slechts moeilijk te realiseren zijn. Dat komt onder meer door de tegenstellingen die er tussen verschillende afdelingen bestaan. Deze verschillen worden in tabel 10.1 weergegeven.

Taken van het management

Het opzetten van en het leidinggeven aan een organisatie is de taak van het management. Die taak bestaat uit drie onderdelen, te weten: de constituerende taak, de dirigerende taak en de controlerende taak.

Constituerende taak
Van het management wordt verwacht dat het een kader en een structuur schept waarbinnen uitvoerende of dirigerende besluiten genomen kunnen worden. Tot de constituerende taak behoren onder meer het nemen van beslissingen omtrent de vaststelling van de doelstellingen en de bepaling van het ondernemingsbeleid. Daarbij kan gedacht worden aan het opstellen van een strategisch ondernemingsplan, waarbij voor het uitstippelen van het langetermijnbeleid alle fasen van het managementproces doorlopen moeten worden.

TABEL 10.1 Afdelingstegenstellingen

Doelstellingen van de afdelingen:		
Marketing	*Financiën*	*Productie*
grote voorraad eindproduct i.v.m. service	weinig voorraad i.v.m. kosten	grote voorraad grondstoffen i.v.m. productiecontinuïteit
veel productvarianten i.v.m. klanten	weinig varianten i.v.m. kosten en administratie	weinig varianten om productieonderbrekingen te voorkomen
korte productieseries	lange productieseries betekenen schaalvoordelen	lange productieseries
snelle regionale distributie	goedkoopste distributievormen	centrale distributie met vaste routes
variabele op de klant afgestemde prijzen en marges	vaste prijzen en marges	vaste verrekenprijzen

De Nederlandse Management Stichting (Nemas) geeft de volgende omschrijving van constituerende beslissingen:

> Constituerende beslissingen scheppen een kader waarbinnen uitvoerende of dirigerende beslissingen moeten worden genomen. Deze beslissingen bouwen een min of meer permanente structuur voor gedetailleerde besluiten.

Definitie constituerende beslissingen

Dirigerende taak
Voor de uitvoering van het plan moet het management de beschikbare productiemiddelen inzetten: machines aanschaffen, mensen op de juiste plaats benoemen enzovoort. Daarbij hoort ook het *delegeren* van taken en het *coördineren* van de medewerkers. Vooral in grote organisaties moeten de inspanningen van de medewerkers en de resultaten van de verschillende afdelingen op elkaar afgestemd worden en gericht zijn op de door het constituerend management vastgestelde ondernemingsdoelstelling.

Nemas omschrijft deze beslissingen als volgt:

> Dirigerende beslissingen of operationele beslissingen zetten activiteiten in gang. De werkingsduur van deze beslissingen is beperkt tot de uitvoering van de activiteit.

Definitie dirigerende beslissingen of operationele beslissingen

Het delegeren van taken houdt verband met het omspanningsvermogen van de leiding. Daaronder wordt het aantal ondergeschikten verstaan waaraan een chef maximaal leiding kan geven. Dit is afhankelijk van de capaciteiten van de leider, de aard van de werksituatie en de mate van het eigen initiatief van de ondergeschikten. Door het analyseren van de te verrichten werkzaamheden kan gestreefd worden naar een optimaal omspanningsvermogen van het management.

Omspanningsvermogen

Daarnaast is er het begrip spanwijdte (span of control). Dit is het aantal ondergeschikten aan wie een manager direct leiding geeft. In de ideale situatie is spanwijdte gelijk aan zijn omspanningsvermogen.
Ten slotte is er de spandiepte (depth of control), de mate waarin de opdrachten van het management op lagere hiërarchische niveaus kunnen doordringen. Immers, de orders van de leider ondergaan onbewust (en soms bewust) enige verandering, zodat de uitvoering niet in overeenstemming hoeft te zijn met het gewenste beleid.

Spanwijdte

Spandiepte

Controlerende taak

Het managementproces eindigt met de controle en, waar nodig, bijsturing. Dit controleren en corrigeren is dus ook een managementtaak. Bij het opstellen van het strategisch plan is reeds gesproken over het hanteren van normen en standaarden om zowel gedurende als na de uitvoering de resultaten te kunnen toetsen. De gebruikelijke methoden om normen en prestaties te controleren zijn de tijd- en budgetcontrole. Er kan echter ook op andere punten getoetst worden, bijvoorbeeld of de gewenste naamsbekendheid bereikt is en of de klanten voldoende tevreden zijn.

● www.telegraaf.nl

Bijna half miljoen managers

DEN HAAG (AFN) –
Nederland telt dit jaar bijna een half miljoen managers. Dat betekent dat op een beroepsbevolking van 8.296.000 mensen één op de zeventien werknemers een leidinggevende functie heeft. Het is een flinke daling ten opzichte van vorig jaar, toen nog één op de vijftien werkenden zich manager mocht noemen.

Dat blijkt uit dinsdag gepubliceerde cijfers van het Centraal Bureau voor de Statistiek (CBS). De daling van 8 procent komt vooral door het verzekeringswezen en de financiële dienstverlening. Daar is het afgelopen jaar flink gesnoeid in managementlagen.

Vooral het aantal mannelijke leidinggevenden is flink afgenomen. Bij vrouwen was de daling veel kleiner. Zij zagen hun aandeel in het totale aantal managementfuncties dan ook toenemen, van 24 naar 26 procent.

22 september 2015

10.2 Organisatiestructuur

Organogram

De opbouw van een organisatie wordt weergegeven in een organogram. Hierin zijn op systematische wijze de afdelingen van een onderneming, hun onderlinge verbanden en de hiërarchische verhoudingen afgebeeld. In een organogram worden alleen de formele contacten tussen afdelingen en personen opgenomen. We spreken hier van een formele organisatie.

Definitie formele organisatie

> Een formele organisatie wordt gevormd door de relaties en communicatie, inclusief taken en bevoegdheden binnen een organisatie die formeel zijn vastgelegd.

Een formele organisatie wordt gekenmerkt door onder meer een formele organisatiestructuur, waarbij door de bedrijfsleiding een taakverdeling is opgesteld, aangevuld met functie- en taakomschrijvingen, richtlijnen en procedures.

In de praktijk is naast de formele organisatie echter ook sprake van een informele organisatie, waarbij het gaat om de persoonlijke verbanden, werkwijzen en afspraken, die naast de formele organisatiestructuur plaatsvinden.

> De informele organisatie wordt gevormd door de relaties en communicatie (inclusief taken en bevoegdheden) in een organisatie die niet formeel zijn vastgelegd.

Definitie informele organisatie

De informele organisatie kan:
- gericht zijn op de ondernemingsdoelstelling (bijvoorbeeld het houden van informele brainstormsessies)
- neutraal zijn (zoals de gesprekken tijdens de koffiepauze)
- tegengesteld zijn aan de ondernemingsdoelstellingen (zoals het uitbreken van een wilde staking).

Een onderneming kan kiezen uit verschillende structuren voor haar organisatie. Dit wordt ook wel organisatiestelsel genoemd. Het zijn de hoofdvormen van organisatiestructuren van een bedrijf die we kunnen onderkennen.
De keuze voor een bepaalde organisatiestructuur is afhankelijk van diverse factoren, zoals het aantal medewerkers en de aard van de werkzaamheden.
We onderscheiden de volgende organisatiestructuren:
- lijnorganisatie
- lijn-staforganisatie
- functionele organisatie
- project- en matrixorganisatie.

● www.merkfryslan.nl

Nieuwe marketingorganisatie Merk Frieslân van start

Merk Fryslân is vanaf nu verantwoordelijk voor de brede regiomarketing van de provincie en bouwt de activiteiten van Beleef Fryslân, Fan Fryslân en voormalig Tourist Info Fryslân verder uit. Merk Fryslân werkt aan de toeristische marketing, productontwikkeling en het gastheerschap van Friesland. De Waddeneilanden worden hierbij als apart merk vermarkt. Daarnaast pakt Merk Fryslân de marketing voor Leeuwarden Culturele Hoofdstad op. Verder worden marketingactiviteiten voor onderwerpen wonen, werken en studeren uitgewerkt. Afhankelijk van de context, varieert de rol van Merk Fryslân van initiator, regisseur, tot sparringpartner of ondersteuner.

Strategisch Marketingplan 2015-2018
De koers van Merk Fryslân is beschreven in het strategisch marketingplan 2015 – 2018.
De komende maanden wordt deze strategie verder uitgewerkt in een jaarplan met activiteiten voor 2015. Het marketingplan is geen start- of eindpunt, maar de context. De gedetailleerde uitwerking vindt plaats in overleg en samenwerking met de regio's, ondernemers en andere relevante gesprekspartners. Dit is een belangrijk kenmerk van de werkwijze van Merk Fryslân. Merk Fryslân staat klaar om samen met alle relevante partijen de marketing en promotie van Friesland vorm te geven.

> **Organisatie**
> De organisatie van Merk Fryslân bestaat uit:
> - Loek Hogenhout, directeur
> - Ben Hamimida, projectmanager online marketing
> - Teatske Rienks, projectmanager marketing en communicatie
> - Jant van Dijk, projectmanager met focus op zakelijk toerisme
>
> Hanita van der Schaaf neemt namens Merk Fryslân zitting in het management team van Culturele Hoofdstad 2018 met als verantwoordelijkheid de ontwikkeling van de marketingstrategie en de uitvoering hiervan.
>
> Stichting Merk Fryslân kent een Raad van Toezicht waarin de volgende personen zitting hebben:
> Tom van Mourik (voorzitter), Jennifer Westers en Johannes Boonstra.
>
> 12 februari 2014

Lijnorganisatie

De door Fayol ontwikkelde lijnorganisatie is een van de oudste organisatiestructuren voor een onderneming. Ze wordt gekenmerkt door de verticale lijn van bevelvoering. Het uitgangspunt is de eenhoofdige leiding elke medewerker heeft slechts één chef met relatief veel hiërarchische niveaus. De opdrachten komen vanuit de directie en volgen de hiërarchische weg door de organisatie, zoals blijkt uit figuur 10.1.

Eenhoofdige leiding

FIGUUR 10.1 Lijnorganisatie

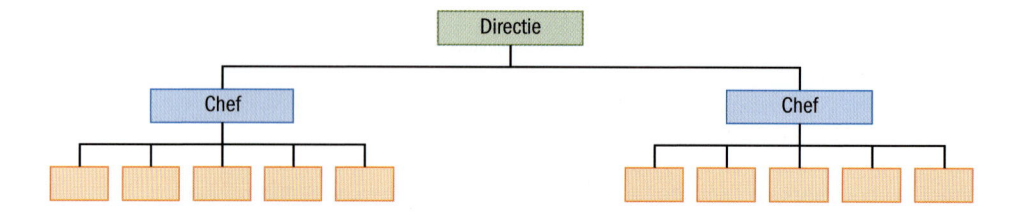

Eenheid van bevel en leiding

Het voordeel van de lijnorganisatie is de eenvoud en de gemakkelijke afbakening van verantwoordelijkheden. We spreken dan ook wel van de eenheid van bevel en leiding. Nadelen zijn de veelal lange bevelroutes, de beperkte mogelijkheid voor specialisatie van de chefs en het gebrek aan coördinatie tussen de horizontale niveaus van de onderneming. In een lijnorganisatie wordt dan ook een brede kennis van de leiding vereist omtrent alle aspecten van de bedrijfsvoering. Daar de lijnorganisatie ontleend is aan de organisatie van het leger, wordt ook wel gesproken van het militaire stelsel of de hiërarchische organisatie.

Lijn-staforganisatie

Als de bedrijfsvoering te complex wordt, wat vooral bij grotere bedrijven het geval is, ligt het voor de hand specialisten als stafmedewerker aan te trekken. We spreken dan van een lijn-staforganisatie (figuur 10.2). Het voordeel van deze organisatievorm is dat de eenvoud van bevelvoering gehandhaafd blijft, maar dat de leidinggevenden niet sterk gespecialiseerd behoeven te zijn. Hun omspanningsvermogen wordt vergroot, doordat de stafmedewerkers op het gebied van technische, commerciële of bedrijfseconomische zaken een voorbereidende of controlerende bevoegdheid krijgen.

Leidinggevenden niet sterk gespecialiseerd

FIGUUR 10.2 Lijn-staforganisatie

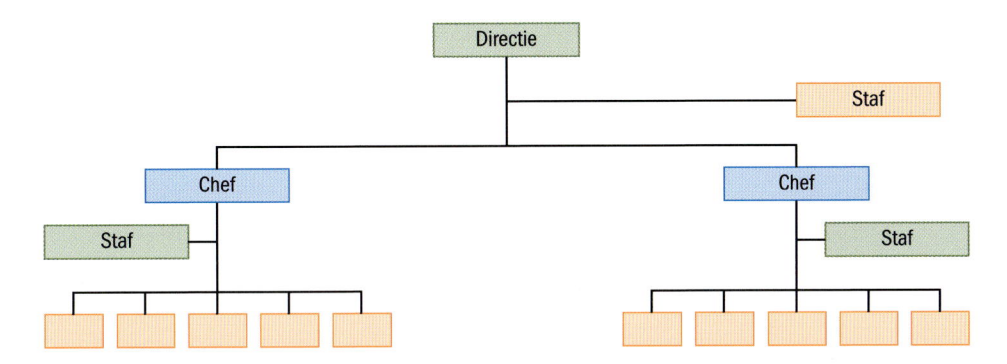

Functionele organisatie

De functionele organisatie werd aan het begin van deze eeuw door Frederick Taylor met succes in Amerikaanse bedrijven geïntroduceerd. In een functionele of F-indeling worden alle gelijksoortige werkzaamheden gebundeld en in afdelingen ondergebracht. Het voordeel ten opzichte van een lijnorganisatie is dat de specialisten nu leidinggeven over hun specifieke vakgebied. In figuur 10.3 is elke ondernemingsfunctie in een aparte afdeling ondergebracht, waarbij de leiding in handen is van een specialist. Zo ook kan de marketingafdeling functioneel georganiseerd worden naar de verschillende marketingfuncties.

Specialisten geven leiding over hun vakgebied

FIGUUR 10.3 Functionele organisatie (F-indeling)

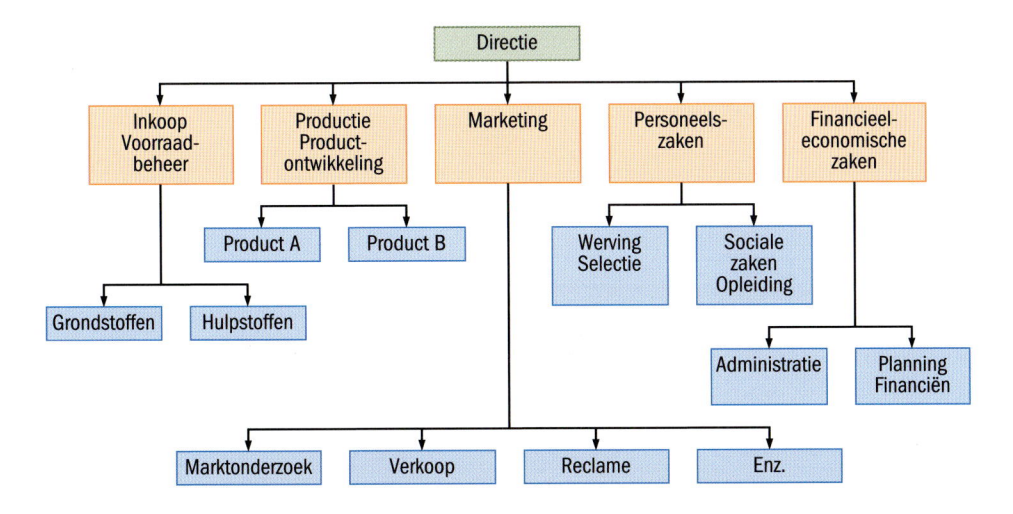

Product- of productgroepgerichte organisatie (P-indeling)

De product- of productgroepgerichte organisatie (de zogenoemde P-indeling) wordt toegepast als de onderneming een groot assortiment op de markt brengt van onderling sterk afwijkende producten. De organisatie wordt dan gebaseerd op het product of op een groep van nauw verwante producten, zoals in figuur 10.4 is weergegeven. In elke productgroep zijn de verschillende marketingactiviteiten afzonderlijk ondergebracht. Hoewel grote organisaties door het gebruik van de P-indeling beter bestuurbaar worden, ontstaan er veel dubbelfuncties die niet bevorderlijk zijn voor de efficiëntie. Zo zullen er voor elke productgroep een productmanager, een prijscalculator, een reclamechef en verkopers benoemd moeten worden.

FIGUUR 10.4 Productgerichte of productgroepgerichte organisatie (P-indeling)

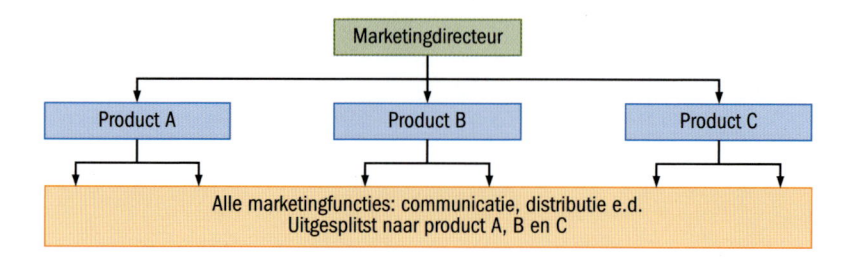

```
                    Marketingdirecteur
         ┌──────────────┼──────────────┐
     Product A      Product B      Product C
         └──────────────┼──────────────┘
      Alle marketingfuncties: communicatie, distributie e.d.
              Uitgesplitst naar product A, B en C
```

Geografisch gerichte organisatie (G-indeling)

Als het afzetgebied van een onderneming groot is, kan een geografische indeling (de zogenoemde G-indeling) worden gehanteerd (figuur 10.5). De grenzen van de afzetgebieden worden daarbij bepaald door het aantal inwoners of de koopkracht binnen een rayon, maar kunnen ook gekozen worden op grond van de bestuurlijke (provinciegrenzen) en geografische indeling (landsgrenzen) of op basis van het taalgebied. Gebruikelijk is dan Nederland en Vlaanderen samen te voegen en Frankrijk, Wallonië en West-Zwitserland als één rayon te beschouwen. Ook in de geografisch ingedeelde marketingorganisatie komen taakdoublures voor. In de praktijk wordt de G-indeling meestal gecombineerd met een P-organisatie of met een afnemersgeoriënteerde organisatie.

FIGUUR 10.5 Geografisch gerichte organisatie (G-indeling)

```
                    Marketingdirecteur
         ┌──────────────┼──────────────┐
      Gebied A       Gebied B       Gebied C
         └──────────────┼──────────────┘
       Alle marketingfuncties uitgesplitst naar gebied A, B en C
```

De onderneming die het marketingconcept toepast en zich richt op afnemersgroepen die onderling grote verschillen vertonen, zal een afnemersgeoriënteerde organisatiestructuur (de zogenoemde A-indeling) kiezen (figuur 10.6). Voor elke afnemersgroep met voldoende omvang en koopkracht wordt een marketingmanager benoemd die voor de doelgroep een specifiek marketingplan ontwikkelt. Zo zal de aanbieder van autobanden zijn markt kunnen indelen naar de segmenten eerste montage (autofabrikanten), grootafnemers (bandenspecialisten zoals KwikFit of autoverhuurbedrijven) en kleinafnemers zoals garagebedrijven.

Afnemersgerichte organisatie (A-indeling)

FIGUUR 10.6 Afnemersgerichte organisatie (A-indeling)

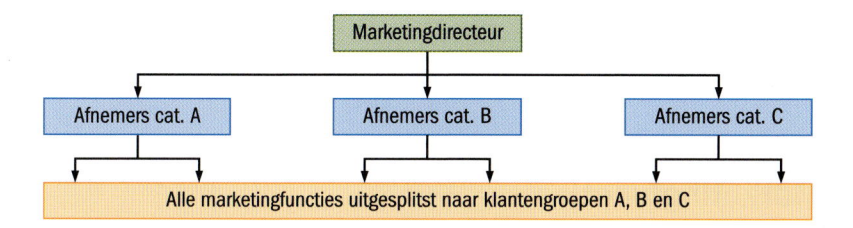

```
                    Marketingdirecteur
           ┌──────────────┼──────────────┐
    Afnemers cat. A   Afnemers cat. B   Afnemers cat. C
       ┌──┴──┐          ┌──┴──┐          ┌──┴──┐
   Alle marketingfuncties uitgesplitst naar klantengroepen A, B en C
```

Project- en matrixorganisatie

Een projectgerichte organisatie kan gebruikt worden door een onderneming die niet-gestandaardiseerde producten of diensten aanbiedt. De technische, economische en commerciële werkzaamheden kunnen niet door één man of afdeling overzien worden, zodat diverse specialisten uit de organisatie samen een projectgroep vormen. De medewerkers van een dergelijke groep staan onder leiding van twee chefs: de projectleider, die verantwoordelijk is voor de voortgang van de werkzaamheden, en het hoofd van de gespecialiseerde afdeling. Een projectorganisatie is meestal een tijdelijk samenwerkingsverband dat na het afronden van het project uiteengaat. Een dergelijke organisatie komt bijvoorbeeld veel voor in de bouw.

Projectorganisatie

De projectorganisatie is in feite een vorm van een *matrixorganisatie* omdat er veelal sprake is van twee chefs (zie figuur 10.7). Een matrixorganisatie kan echter ook een permanent karakter hebben. De manager van productgroep A is verantwoordelijk voor het op de markt brengen van nieuwe producten en het behouden van een goede marktpositie. Daartoe moet een groot aantal specialisten worden ingeschakeld op het gebied van marktonderzoek, productontwikkeling, financiële calculatie, verkoop enzovoort.

Matrixorganisatie

Deze specialisten hebben echter niet alleen te maken met de genoemde manager, maar ook met een functioneel hoofd dat de vakinhoudelijke aspecten van het werk bewaakt.

FIGUUR 10.7 Matrixorganisatie

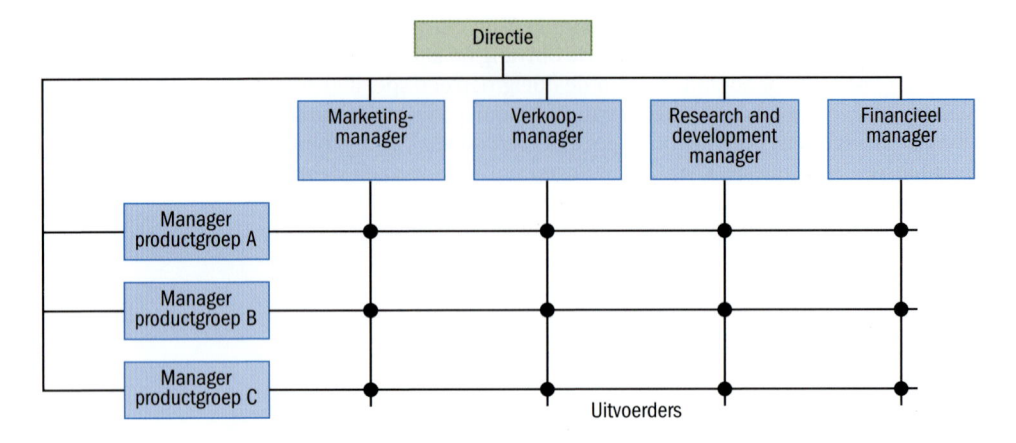

```
                          Directie
           ┌─────────────────┼─────────────────┬─────────────────┐
      Marketing-        Verkoop-         Research and       Financieel
      manager           manager          development        manager
                                         manager
  ┌ Manager ┐───●────────────●────────────●────────────●
  │ productgroep A
  │
  ├ Manager ────●────────────●────────────●────────────●
  │ productgroep B
  │
  └ Manager ────●────────────●────────────●────────────●
    productgroep C
                                    Uitvoerders
```

10.3 Marketingfuncties

In de praktijk worden in bedrijven verschillende functienamen gebruikt, waarbij de inhoud en de daaraan gekoppelde verantwoordelijkheden en bevoegdheden per onderneming verschillen. Hierna volgt een globale schets van de meest voorkomende marketingfunctionarissen. Er kan onderscheid gemaakt worden tussen algemene marketingfuncties (de generalisten) en marketingdeelfuncties (de specialisten). De marketinggeneralisten houden zich bezig met alle aspecten van de marketingmix, terwijl de marketingspecialisten zich wijden aan slechts één van de marketinginstrumenten, bijvoorbeeld de verkoop of reclame.

Algemene marketingfuncties

Commercieel directeur
Binnen het topmanagement is de commercieel directeur verantwoordelijk voor het gehele marketing- en afzetbeleid. Hij houdt zich vooral bezig met het langetermijnbeleid en met het coördineren van de commerciële deelactiviteiten. In de hiërarchie staat de commercieel directeur boven de marketingmanager en de verkoopmanager, maar onder de algemeen directeur.

Marketingmanager
De marketingmanager stelt de commerciële plannen op voor zijn productgroep, afnemerscategorie of marktgebied. Hij is verantwoordelijk voor de analyse, uitvoering en evaluatie van de marketingactiviteiten van de organisatie, een sbu of een productlijn. Hij assisteert de commercieel directeur en geeft leiding aan de productmanagers door het initiëren van nieuwe producten of markten en het aangeven op welke wijze de marketinginstrumenten per product of markt efficiënt ingezet kunnen worden.

Product- (brand) manager
Bedrijven die een breed assortiment op de markt brengen, werken vaak met productmanagers of brandmanagers die verantwoordelijk zijn voor één product of merk. Zij zijn verantwoordelijk voor de analyse, planning, implementatie, controle en evaluatie van de marketingactiviteiten van een bepaald merk. Dat betekent dat zij:
- marktgegevens verzamelen voor onder meer de productie- en verkoopplanning
- ideeën ontwikkelen voor vernieuwde producten, verpakkingen enzovoort
- een productplan opstellen met budget- en tijdsplan

- coördineren tussen de verkoop-, reclame- en salespromotion-afdeling
- contacten onderhouden met directe (grote) afnemers.

De productmanager maakt veel gebruik van interne en externe specialisten, zoals marktonderzoekers, communicatie- en logistieke deskundigen. De belangrijkste voordelen van het productmanagement zijn dat elk product van het bedrijf commerciële aandacht krijgt en dat de productmanager snel kan reageren op veranderingen in de markt.

Voor- en nadelen productmanagement

Daar staat een belangrijk nadeel tegenover: de productmanager is geen expert op het terrein van de productietechniek, marktonderzoek of communicatie. Hij draagt echter wel de verantwoordelijkheid voor het product. Hij zal dus veel tijd moeten besteden aan de coördinatie van de werkzaamheden van anderen.

Boven de productmanager kan een productgroepmanager actief zijn. Deze is dan verantwoordelijk voor de analyse, planning, implementatie, controle en evaluatie van de marketingactiviteiten van een verzameling verwante producten. Die verwantschap tussen de producten kan liggen op het terrein van de behoeftebevrediging, het gebruik, de grondstoffen, het productieproces enzovoort. Zijn taak is de budgetten binnen de productgroep toe te wijzen, de strategie en positionering(en) te bewaken en te arbitreren bij conficten tussen productmanagers of brandmanagers.

Productgroepmanager

Een variant op de productmanagementfunctie is de market- of branchemanager. Deze manager, ook wel market development manager genoemd, kijkt vooral naar de product-marktcombinatie (pmc). Voor elke deelmarkt wordt een marketmanager aangesteld, die de ontwikkelingen van bepaalde marktsegmenten of rayons volgt. Hij is dus verantwoordelijk voor de afzet, de marketingkosten en de winstbijdrage in dat segment. Gaat het daarbij om een buitenlandse markt, dan spreken we van een exportmanager.

Market- of branchemanager

De marketing services manager is degene die leidinggeeft aan de stafafdeling marketing services, die ondersteunend is aan de marketingactiviteiten. De marketing services zijn voornamelijk intern gericht, bijvoorbeeld promoties of marktonderzoek.

Marketing services manager

Als een aanbieder enkele grote afnemers (accounts) heeft, is het zinvol het accountmanagementsysteem toe te passen. De accountmanager onderhoudt de contacten met zijn of haar account en kan zo nodig het marketingbeleid aanpassen en afstemmen op de wensen van de belangrijkste afnemers. Dienstverleners als reclamebureaus werken al lang met dit systeem door belangrijke opdrachtgevers te laten behandelen door account executives (ae's). Ook laten de meeste producenten van (merk)verbruiksartikelen de contacten met grootverbruikers zoals grootwinkelbedrijven en ziekenhuizen, verlopen via een accountmanager.

Accountmanager

Marketingdeelfuncties

Denkend vanuit het marketingconcept, is de verkoop een functioneel onderdeel van de marketing. Toch is de verkoopafdeling in veel bedrijven niet geheel ondergeschikt aan en geïntegreerd binnen de marketingafdeling. Doordat de vertegenwoordigers buiten het bedrijf individueel moeten opereren, heeft deze afdeling een apart karakter waaraan de verkoopleider (sales director) richting moet geven. Hij is verantwoordelijk voor de analyse,

Verkoopleider

planning, uitvoering, controle en evaluatie van alle taken die betrekking hebben op de persoonlijke verkoop door het bedrijf. Zijn werkzaamheden hebben vooral betrekking op managementtaken, zoals werving, selectie, opleiding, motivatie, beloning, rayonering en aansturing.

Salesmanager

De hoogste verkoopfunctionaris in een organisatie is de salesmanager. Hij draagt de eindverantwoordelijkheid voor alle verkoopactiviteiten en maakt deel uit van het managementteam van de organisatie.

Vertegenwoordiger

De vertegenwoordiger is een verkoopfunctionaris die tot taak heeft producten te verkopen en contracten te sluiten. De taken van een vertegenwoordiger zijn onder meer:
- leggen van persoonlijke contacten met nieuwe potentiële afnemers (pionieren)
- onderhouden van contact met bestaande relaties
- geven van voorlichting
- verkopen en noteren van orders
- geven van instructies
- demonstreren van producten
- verlenen van service.

Daarnaast moeten ook de verkoopcijfers en reacties uit de markt gerapporteerd worden, opdat deze gebruikt kunnen worden voor de bijsturing van het marketingbeleid.

Communicatiemanager

Vooral in grote bedrijven met omvangrijke reclamebudgetten komen we de communicatiemanager tegen. Daarbij kan onderscheid gemaakt worden tussen de marketingcommunicatiemanager en de corporate communicatiemanager. Ze zijn verantwoordelijk voor de inhoud en de afstemming van de interne en externe communicatie-uitingen van de gehele organisatie. Daarbij is de marketingcommunicatiemanager verantwoordelijk voor de communicatie op het niveau van de producten en/of merken en de corporate communicatiemanager voor de communicatie op het niveau van de organisatie zelf. Als de organisatie ook het merk is waaronder goederen, diensten of formules worden aangeboden, is er sprake van een gedeelde verantwoordelijkheid.

Marketing controller

De marketing controller is een financieel-economisch deskundige, die verantwoordelijk is voor de controle en evaluatie van de marketinguitgaven en -activiteiten. Hij maakt financiële analyses van marketingplannen en evalueert marketingactiviteiten. Hij treedt op als beïnvloeder bij contractonderhandelingen met de leveranciers van de marketingafdeling. Daarbij kan gedacht worden aan de diensten van een reclamebureau, de afspraken die met de media gemaakt worden (plaatsingskosten), het inschakelen van gespecialiseerde service merchandising bureaus enzovoort.

Zo kunnen ook op andere deelterreinen van de marketing specifieke functionarissen worden ingezet, waarbij we bijvoorbeeld kunnen denken aan marktonderzoekers (zie deel 4) of aan functies die te maken hebben met direct marketing of e-commerce.

Samenvatting

- Een *organisatie* is een samenstel van productiemiddelen (mensen, kapitaal, machines) en procedures, die doelbewust, doelgericht en doelmatig worden samengevoegd om de ondernemingsdoelstelling te realiseren.
- *Organiseren*: het ontwerpen van een structuur, waarin alle werkzaamheden verricht worden die gericht zijn op het realiseren van de ondernemingsdoelstelling(en).
- Drie *taken van het management*: constituerend (kader en structuur scheppen), dirigerend (delegeren en coördineren) en controlerend.
- Een *formele organisatie*: de relaties en communicatie (inclusief taken en bevoegdheden) binnen een organisatie die formeel zijn vastgelegd.
- De *informele organisatie*: de relaties en communicatie (inclusief taken en bevoegdheden) binnen een organisatie die niet formeel zijn vastgelegd.
- In een *organogram* wordt de opbouw (structuur) van een organisatie gevisualiseerd.
- *Lijnorganisatie*: eenhoofdige leiding, verticale lijn van bevelvoering, relatief veel hiërarchische niveaus.
- *Lijn-staforganisatie*: er worden stafdiensten aan de lijn toegevoegd.
- Een *matrixorganisatie* is een organisatievorm waarbij de medewerkers op basis van projecten worden ingedeeld in (tijdelijke) werkgroepen.
- *Functionele organisatie* (de *F-indeling*): alle gelijksoortige werkzaamheden worden gebundeld en in afdelingen ondergebracht.
- *Product- of productgroepgerichte organisatie* (de *P-indeling*): vooral bij een groot assortiment van onderling sterk verschillende producten.
- *Geografische indeling* (de *G-indeling*): als het afzetgebied van een onderneming groot is.
- *Afnemersgeoriënteerde organisatie* (de *A-indeling*): als de onderneming zich richt op afnemersgroepen die onderling grote verschillen vertonen.
- Diverse *marketingfunctionarissen*: marketingmanager, product (brand) manager, marketing services manager, accountmanager, verkoopleider, salesmanager en vertegenwoordiger.

DEEL 4
Markt- en marketingonderzoek

11 Marktonderzoek 221
12 Marktonderzoekmethoden 239
13 Statistische onderzoektechnieken 257

Het marketingproces dat werd beschreven in het eerste hoofdstuk van dit boek, geeft de fasen aan die een marketeer moet volgen om met succes een nieuwe markt te veroveren of om zijn positie op een bestaande markt te handhaven. Deze fasen geven ook aan welke activiteiten ontwikkeld moeten worden om het gestelde doel te bereiken. Zo zal de marketeer zich een beeld moeten vormen van de micro-, meso- en macro-omgevingsfactoren, die in belangrijke mate bepalend zijn voor de op een markt aanwezige mogelijkheden. Deze factoren zijn dus van invloed op het door hem te formuleren marketingbeleid.

Teneinde inzicht te krijgen in de aard en omvang van elk van deze factoren, dient de marketingmanager op een systematische wijze daarover gegevens te verzamelen, ze zo nodig te bewerken en vervolgens te analyseren. Voor het verzamelen van alle relevante informatie kan hij gebruikmaken van marktonderzoek, waarbij het in hoofdstuk 11 beschreven marktonderzoekproces de nodige ondersteuning kan geven.

Naast marktonderzoek onderscheiden we ook wel het marketingonderzoek, waarmee dan gedoeld wordt op het onderzoek dat betrekking heeft op de werking en effectiviteit van de verschillende (combinaties van) ingezette marketinginstrumenten.

Bij het markt- en marketingonderzoek wordt gebruikgemaakt van verschillende onderzoektechnieken. Het gedrag van de consument in bijvoorbeeld een winkel kan geobserveerd worden of zijn aankopen kunnen worden geregistreerd. Consumenten of potentiële consumenten kunnen ook ondervraagd worden over hun gebruik van bepaalde producten en hun gewoonten daarbij. Experimenten geven ten slotte inzicht in hoe consumenten staan tegenover bepaalde producten en de manier waarop ze vermarkt worden. Deze en andere onderzoektechnieken worden in hoofdstuk 12 behandeld. Tot slot wordt in hoofdstuk 13 aandacht besteed aan een aantal voor de marketeer belangrijke statistische technieken, die bij de analyse en interpretatie van onderzoekuitkomsten van nut kunnen zijn.

220

11
Marktonderzoek

11.1 **Waarom marktonderzoek?**
11.2 **De marktonderzoeksprobleemstelling**
11.3 **De marktonderzoeksdoelgroep**
11.4 **Het marktonderzoeksproces en -plan**
11.5 **Vormen van marktonderzoek**
11.6 **Methoden van marktonderzoek**
11.7 **Analyse en rapportage**
11.8 **Marktonderzoek uitbesteden**

Noch in het marketingconcept, noch in de marketingdefinitie is sprake van markt- en marketingonderzoek als directe deelactiviteit. Het is dus geen onderdeel van de marketingmix. Toch neemt dit onderzoek in het marketingproces een voorname plaats in. Het is een belangrijk hulpmiddel in de marketing voor de marketingmanager, waarvan hij frequent gebruikmaakt. Immers, het uitgangspunt van het marketingconcept is het inspelen op de wensen en de behoeften van de afnemer. Voor het opsporen daarvan zijn het markt- en marketingonderzoek onontbeerlijk.
Er is een verschil tussen marktonderzoek en marketingonderzoek. Op grond van marktonderzoek worden over het algemeen strategische beslissingen genomen; op grond van marketingonderzoek worden over het algemeen tactische beslissingen genomen. Marketingonderzoek test en meet dus de effecten van de marketinginstrumenten, de marketingmix (de vier P's).
In paragraaf 11.1 houden we ons eerst bezig met de vraag waarom we marktonderzoek zouden doen. Marktonderzoek kost immers tijd en geld. Uitgangspunt bij marktonderzoek is in principe altijd een bepaalde probleemstelling: de vraag waarop we een antwoord zoeken.
De probleemstelling bespreken we in paragraaf 11.2. In diezelfde paragraaf gaan we na in hoeverre de formulering van de vraagstelling al bepaalde consequenties heeft voor de opzet van het onderzoek. In paragraaf 11.3 wordt ingegaan op de verschillende groepen die onderwerp kunnen zijn van ons onderzoek. Marktonderzoek wordt, als het goed is, systematisch aangepakt. Hoe dit marktonderzoeksproces er over het algemeen uitziet,

zien we in paragraaf 11.4. Enkele onderdelen van dat proces bespreken we in diezelfde paragraaf.

Soms lukt het om een bepaalde onderzoeksvraag te beantwoorden op basis van al beschikbare gegevens, dus door secundair onderzoek of deskresearch. Maar dat geluk heb je lang niet altijd. Dan zul je zelf de benodigde gegevens moeten verzamelen. We spreken dan van primair onderzoek of veldwerk. De verschillende vormen en methoden van marktonderzoek worden besproken in de paragrafen 11.5 en 11.6. Aan bepaalde onderzoeksinstrumenten die bij het veldwerk kunnen worden ingezet, besteden we overigens in hoofdstuk 12 nog uitgebreid aandacht. Uiteindelijk zal het onderzoek moeten leiden tot een antwoord op de oorspronkelijke probleemstelling. Daartoe zullen de gegevens geanalyseerd moeten worden en vertaald moeten worden in aanbevelingen. Dit deel van het marktonderzoeksproces komt aan de orde in paragraaf 11.7. Het kan zinvol zijn het benodigde onderzoek niet zelf uit te voeren, maar het uit te besteden aan gespecialiseerde marktonderzoekbureaus. Een van de voordelen daarbij kan zijn dat onderzoek goedkoper kan worden uitgevoerd door de vragen van diverse opdrachtgevers op een of andere manier te bundelen en zo te profiteren van schaalvoordelen. In paragraaf 11.8 bespreken we enkele mogelijkheden hiertoe.

11.1 Waarom marktonderzoek?

De uitkomsten van het markt- en marketingonderzoek geven de marketingmanager inzicht in de markt en in de variabelen die daarop van invloed zijn. Op basis daarvan kan hij zijn beleidsbeslissingen formuleren, die betrekking kunnen hebben op het verbeteren van bestaande producten, het op een andere wijze invullen van de marketingmix, het introduceren van nieuwe of vernieuwde producten, het gebruiken van andere distributiekanalen enzovoort.

Definitie marktonderzoek

> Marktonderzoek is het systematisch en objectief zoeken naar en het analyseren van gegevens die van belang zijn voor het vaststellen en oplossen van marketingproblemen.

Marktonderzoek is dus een hulpmiddel voor de marketingmanager. Meer kennis en inzicht in interne en externe omgevingsfactoren verminderen de risico's bij het nemen van marketingbeslissingen. Doordat de omgevingsfactoren constant in beweging zijn, kan marktonderzoek de risico's alleen verkleinen en nooit volledig wegnemen. Maar qua planning en kosten heeft marktonderzoek ook nadelen. Het verzamelen van informatie neemt tijd in beslag en is kostbaar. In die tijd kan de concurrent ons een stap voor zijn. Het nut van marktonderzoek moet dan ook in overeenstemming zijn met het tijdstip waarop de gegevens beschikbaar zijn en de gemaakte kosten. De marketingmanager moet zich dus afvragen: 'Hoeveel beter zal de beslissing worden als er onderzoek uitgevoerd wordt?', 'Wat kost me dat en wanneer beschik ik over de gegevens?' Het tijdstip en de kosten zijn meestal redelijk goed in te schatten. Het probleem ligt veeleer bij het voorspellen van de waarde van de verzamelde gegevens.

Planning en kosten van belang bij eventueel marktonderzoek

Een producent van boterhambeleg voert voor €10.000 een onderzoek uit naar het gebruik van zijn producten. Is deze investering wel verantwoord? Als uit het onderzoek blijkt dat de eenpersoonshuishoudens het product niet gebruiken omdat de verpakking te groot is, heeft deze fabrikant de mogelijkheid dit segment te penetreren door het introduceren van een kleinere verpakking. In dit geval zullen de onderzoekskosten al op korte termijn kunnen worden terugverdiend.

In de loop van de jaren zijn de marktonderzoekmethoden en -technieken sterk verbeterd. Daarbij wordt niet alleen gebruikgemaakt van statistische technieken, maar ook van sociologische en psychologische kennis.

11.2 De marktonderzoeksprobleemstelling

De eerste en wellicht belangrijkste stap bij marktonderzoek is het vertalen van het marketingprobleem in een marktonderzoeksprobleem. We kunnen ook zeggen dat in deze fase de doelstellingen van het onderzoek zo nauwkeurig mogelijk moeten worden omschreven. Zo zou het marketingprobleem van een onderneming kunnen bestaan uit het teruglopen van de omzet van een product. Deze marketingprobleemstelling zou vertaald kunnen worden in één of meer marktonderzoeksprobleemstellingen. In dit geval zou onder andere onderzocht kunnen worden:
- hoe consumenten ons product waarderen ten opzichte van dat van de concurrentie
- hoe de marktbewerking voor ons product zich verhoudt tot die voor de concurrerende producten
- hoe de handel staat ten opzichte van ons product ten opzichte van de concurrentie.

Terwijl het marketingprobleem een situatie schetst in de markt, geeft de marktonderzoeksprobleemstelling aan waar kennis en inzicht ontbreken om dit marketingprobleem op te lossen.

Het is essentieel dat het marktonderzoeksprobleem helder en scherp geformuleerd wordt. Een duidelijk geformuleerd probleem is vaak al de halve oplossing. Zo niet, dan worden na veel inspanning wellicht interessante gegevens verkregen, maar dragen deze niet bij tot de oplossing van ons marketingprobleem.
Bovendien kan op basis van de geformuleerde probleemstelling over het algemeen al in grote lijnen worden aangegeven wat voor soort onderzoek hiervoor benodigd is, hoe de gegevens geanalyseerd worden en hoe deze een antwoord geven op de probleemstelling. Deze stappen worden aangeduid als het marktonderzoeksproces en vastgelegd in een marktonderzoeksopzet.

11.3 De marktonderzoeksdoelgroep

Voordat we tot marktonderzoek overgaan, dienen we vast te stellen welke doelgroep onderwerp van ons onderzoek is. Dat kunnen (mogelijke) afnemers, concurrenten, toeleveranciers, handelspartners of andere partijen in de meso- en macro-omgeving zijn. Bij *consumentenonderzoek* vindt het interview plaats bij de finale consument van een bepaald goed of een bepaalde dienst, voor zover hij als huishouding of als persoon optreedt. Daarbij gaat het om vragen als: 'Welk merk wasmiddel gebruikt u voor de bonte

Consumentenonderzoek

was?', 'Waar koopt u over het algemeen uw sigaretten?', 'Wanneer hebt u voor het laatst een dvd gekocht?', 'Wat vindt u van de smaak van deze nieuwe candybar?' enzovoort.

Distributieonderzoek

Distributieonderzoek is onderzoek bij de distributiekanalen waarlangs een product zijn weg vindt naar de afnemer. Een voorbeeld is het vestigingsplaatsonderzoek in de detailhandel. Een ander voorbeeld is het Nielsenonderzoek, waarbij in een groot aantal winkels de verkopen per product en merk gemeten worden. Ook de zogenoemde mystery shopper research (zie paragraaf 12.1) wordt tot het distributieonderzoek gerekend. Hierbij bezoekt een pseudokoper de winkel om bijvoorbeeld na te gaan welke verkoopargumenten worden gehanteerd.

Industrieel onderzoek

Bij *industrieel onderzoek* zijn de respondenten personen die namens hun onderneming (instelling of organisatie) vragen beantwoorden. Hierbij kunnen we denken aan de wijze waarop inkoopbeslissingen worden genomen bij de aanschaf van kapitaalgoederen zoals computers, verpakkingsmachines of aan de eisen waaraan bepaalde grondstoffen of hulpmaterialen dienen te voldoen.

11.4 Het marktonderzoeksproces en -plan

Jaarlijks wordt veel geld en tijd besteed aan onderzoeken die gedoemd zijn te mislukken. Het opzetten en uitvoeren van een onderzoek is complex en vereist een zorgvuldige voorbereiding. Wordt aan deze eis niet voldaan, dan is het niet uitgesloten dat onjuiste vragen worden gesteld, op het verkeerde tijdstip aan personen die niet tot de onderzoeksgroep behoren. Het volgen van het marktonderzoeksproces biedt de mogelijkheid het onderzoeksprobleem op een logische, systematische wijze aan te pakken.

Marktonderzoeksproces

Met het marktonderzoeksproces worden alle fasen in de opzet en uitvoering van marktonderzoek bedoeld. Vaak worden de volgende fasen onderscheiden:
1 formulering van de probleemstelling
2 verzameling van secundaire gegevens
3 exploratief onderzoek
4 verzamelen van primaire gegevens (observatie, ondervraging, experiment)
5 analyse en interpretatie van gegevens
6 rapportage van de onderzoeksresultaten.

De stappen van het marktonderzoeksproces worden in figuur 11.1 weergegeven.

Marktonderzoeksplan

Spreken we over een marktonderzoeksplan dan bevat dat – behalve de bovengenoemde onderdelen – een tijdsplanning, een budget en een opgave van de uitvoerenden.

De probleemstelling is al in paragraaf 11.2 besproken. We hebben gezien dat de geformuleerde probleemstelling bepaalde gevolgen heeft voor de verdere opzet van het onderzoek. Bij het verzamelen van de benodigde gegevens zal over het algemeen eerst de 'goedkope' weg worden bewandeld: zijn er wellicht nu al ergens voldoende gegevens beschikbaar om een adequaat antwoord te vinden op de probleemstelling? Of moeten we echt zelf die gegevens gaan verzamelen? We hebben het dan over het verschil tussen secundaire en primaire gegevens. Hieraan besteden we aandacht in de volgende paragraaf.

Zijn er geen geschikte secundaire gegevens voorhanden, dan zullen we zelf de handen uit de mouwen moeten steken en eigen onderzoek moeten (laten) doen. Vaak komt dat neer op het ontwikkelen en afnemen van een vragenlijst, in welke vorm dan ook. Niet altijd is echter bij voorbaat duidelijk welke vragen en welke antwoordmogelijkheden in zo'n vragenlijst moeten worden opgenomen om voldoende vat te krijgen op de probleemstelling. In een dergelijk geval gaat aan het primaire onderzoek een zogenoemd exploratief onderzoek vooraf. Daaraan besteden we aandacht in paragraaf 11.5.

FIGUUR 11.1 Marktonderzoeksproces

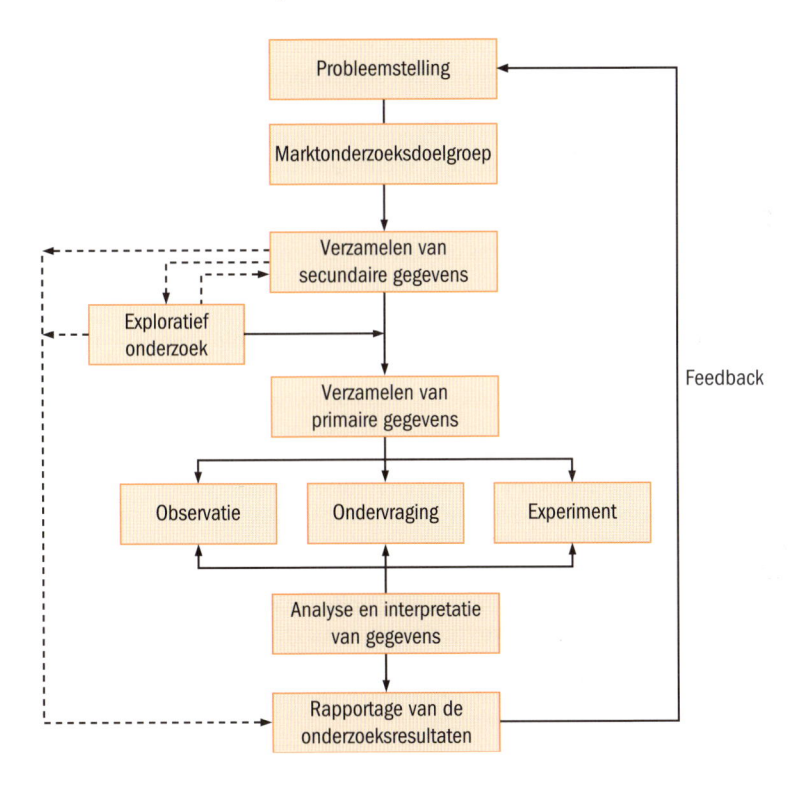

11.5 Vormen van marktonderzoek

Bureauonderzoek en veldwerk

Bureauonderzoek (desk research) is het verzamelen en bestuderen van interne en externe statistische gegevens, om daaruit de vereiste prognoses te kunnen maken. Vaak wordt hierbij gebruikgemaakt van gegevens die geput worden uit bestaande statistieken en statistische publicaties op economisch, demografisch of financieel gebied. Ook het verzamelen van interne gegevens is belangrijk. Het is immers noodzakelijk voor het begin van een marketingoperatie te beschikken over gegevens omtrent de sterke en zwakke punten van de eigen organisatie. Daarbij valt te denken aan de inkooppositie, de

Bureauonderzoek (desk research)

voorraden, de productiecapaciteit, de personele mogelijkheden, de beschikbare knowhow en de financiële mogelijkheden.

De via bureauonderzoek verzamelde gegevens worden *secundaire gegevens* genoemd en we spreken dan ook wel van *secundair onderzoek*. We onderscheiden dus:

Interne gegevens
- *interne gegevens*, gegevens die we binnen de eigen organisatie kunnen verzamelen. Elke afdeling, maar vooral de financieel-economische en de marketingafdeling, beschikt over gegevens die in principe voor marktonderzoek gebruikt kunnen worden.

Externe gegevens
- *externe gegevens*, alle data die buiten het bedrijf verkregen kunnen worden. Bij bibliotheken, onderzoeksinstellingen, voorlichtingsorganisaties en ook bij de afnemers zelf.

Een andere indeling is de volgende:

Primaire gegevens
- *primaire gegevens*, data die specifiek voor het betreffende onderzoek worden verzameld. Deze gegevens zijn alleen door veldwerk, zoals hieronder beschreven, te verkrijgen.

Secundaire gegevens
- *secundaire gegevens*, bestaande gegevens die niet voor het onderhavige onderzoeksdoel verzameld zijn. Secundaire data kunnen zowel interne als externe gegevens betreffen. Voorbeelden zijn vertegenwoordigersrapporten (interne bron), gegevens van het Centraal Bureau voor de Statistiek (CBS) of gegevens uit een consumentenpanel (externe bron).

Bronnen voor secundaire gegevens

In dit boek zijn al verschillende instanties genoemd die over data beschikken die ten behoeve van het marktonderzoek gebruikt kunnen worden. We volstaan hier dan ook met het geven van een korte opsomming van de belangrijkste bronnen:

- Centraal Bureau voor de Statistiek (CBS)
- Centraal Registratiekantoor Detailhandel-Ambacht (CRK)
- Instituut voor het Midden- en Kleinbedrijf (IMK)
- Centraal Plan Bureau (CPB)
- Sociaal en Cultureel Plan Bureau (SCP)
- Centraal Bureau voor Couranten Publiciteit (Cebuco)
- Exportbevorderings- en voorlichtingsdienst (EVD)
- voorlichtingsafdelingen van de verschillende ministeries
- Kamers van Koophandel en Fabrieken (regionaal gespreid)
- branche- en belangenverenigingen
- bibliotheken
- vakbladen, tijdschriften, dagbladen, jaarverslagen, folders, prijslijsten van concurrenten
- ambassades en handelsattachés
- databanken
- de al genoemde aanbieders van postcodesegmentatiesystemen.

De meeste van deze organisaties verstrekken hun gegevens ook via internet.

Soms hebben we geluk en kan het onderzoeksprobleem op basis van de beschikbare secundaire gegevens worden opgelost. Vaker is dat niet het geval, maar geven de beschikbare secundaire gegevens wel aanwijzingen voor het soort gegevens dat aansluitend door primair onderzoek zal moeten worden verzameld.

Het CBS is een belangrijke bron voor het verzamelen van secundaire gegevens

Als de secundaire gegevens niet voldoende informatie opleveren, zullen er dus primaire data verzameld moeten worden. Deze fase kost meer tijd en geld. Het is daarom verstandig op dit moment te beslissen of het onderzoek door medewerkers van het bedrijf zelf of door een extern marktonderzoekbureau zal worden uitgevoerd. Wanneer de resultaten snel op tafel moeten komen of als de specifieke knowhow binnen het bedrijf ontbreekt, ligt het voor de hand een marktonderzoekbureau in te schakelen. Een goede briefing is daarbij onontbeerlijk. We komen hierop terug in paragraaf 11.8.

● www.marketingfacts.nl

Vandaag ontving ik een brief van een onafhankelijk onderzoeksbureau of ik mee wilde werken aan een telefonisch klanttevredenheidsonderzoek. Twee samenwerkende bedrijven waarbij ik als klant op de lijst sta, willen weten wat ik van hun dienstverlening en productportfolio vind. Binnen vier weken wordt er contact met mij opgenomen. Een keus wordt mij niet echt geboden. Ik kan eventueel voor vragen contact opnemen met mijn accountmanager. En na afloop van de vragenlijst kan ik aangeven of ik wel of niet wil dat de bedrijven mijn gegevens ontvangen. De tijd die het onderzoek in beslag zal nemen is "ongeveer" 13 minuten. Dat is goed zaken doen.

De eerste vraag die in me opkomt, is: "What's in it for me?" Klanttevredenheidonderzoek en onderzoek naar de dienstverlening zoals dat al jaren gedaan wordt, is goodwill van mij als klant. Dus vraag ik mezelf af: waarom zou ik minimaal 13 minuten van mijn tijd besteden om informatie te verstrekken over de dienstverlening en productportfolio van deze leveranciers? Krijg ik hiermee invloed op de dienstverlening?

Veel grootschalige onderzoeken zoals deze hebben als functie om op basis van geaggregeerde data een conclusie te kunnen trekken over de dienstverlening en het productportfolio van de leveranciers. Mijn antwoorden gaan in een grote database met alle andere antwoorden en als mijn antwoorden binnen de groep vallen, kunnen de leveranciers hier iets over zeggen.

Ik krijg bijvoorbeeld de volgende vraag over de dienstverlening:
"Op een schaal van 1 tot 10, hoe tevreden bent u over de contact met uw accountmanager?"
Nu heb ik mijn accountmanager nog nooit gezien. Ik heb hem 1 keer aan de telefoon gehad en we hebben een paar keer e-mails uitgewisseld. Ik ga me nu afvragen wat de implicaties van mijn cijfer zijn. Heeft mijn cijfer invloed op de salarishoogte van mijn accountmanager, dan zou ik toch mild moeten zijn? Heeft mijn cijfer invloed op de investering die het bedrijf gaat doen in zijn mensen, dan zou ik een laag cijfer moeten geven?

Omdat ik van de eerste veronderstelling uitga, geef ik een hoog cijfer. Maar hierdoor komen er weer allerlei nieuwe vragen bij me op. Wat als alle klanten deze conclusie zouden trekken en het bedrijf deze antwoorden gebruikt om te beoordelen of er in de talenten van de accountmanagers moet worden geïnvesteerd? Dan zijn deze resultaten niet representatief, waardoor dit cijfer het management legitimiteit geeft om te zeggen dat 'de klant' het accountmanagement als goed ervaart.

Wanneer wordt een onderzoek voor mij als klant interessant?
Waar ik behoefte aan heb, is een verbetering van de service van mijn leverancier en een investering in de accountmanagers en binnendienst om mij goed te woord te kunnen staan en van advies te kunnen voorzien. Voor mij specifiek geldt dan nog, dat ik graag een alles-in-één-contract krijg waarbij alle afspraken uniform vastliggen. Hiermee bespaar ik veel tijd om uit te zoeken hoe de verschillende diensten aangeboden worden. Maar ja, kan ik dat kwijt in het onderzoek? En zo ja, wat gebeurt er na het onderzoek met mijn gegevens?

Ik heb in de 20 jaar dat ik werk één keer meegemaakt dat een bedrijf contact opnam naar aanleiding van mijn opmerkingen in een dergelijk onderzoek. Tevens heb ik nog nooit een terugkoppeling gehad van de acties die een bedrijf heeft ondernomen op basis van de resultaten van een onderzoek. En al helemaal niet van wat deze conclusies/verbeteringen voor mij als klant gaan betekenen.
Ik ben wel erg benieuwd hoe andere klanten hier naar kijken. Wat is jouw mening over klanttevredenheidonderzoeken?

9 maart 2014

Veldwerk (field research)

Veldwerk (field research) is het verzamelen en analyseren van gegevens die specifiek bedoeld zijn voor een bepaald onderzoek. De gegevens verkregen door bureauonderzoek leveren in zo'n geval onvoldoende informatie op voor de desbetreffende probleemstelling en de oplossing daarvan. Het is dan noodzakelijk de ontbrekende informatie te verzamelen 'in het veld' bij de voor het onderzoek belangrijke doelgroep(en). De hiermee verzamelde gegevens worden, zoals we eerder zagen, *primaire gegevens* genoemd en we spreken dan ook wel van *primair onderzoek*. In paragraaf 11.4 komen we hierop terug.

Exploratief, beschrijvend en verklarend onderzoek
De keuze van de vorm van onderzoek heeft te maken met het doel dat we nastreven.

Exploratief onderzoek heeft tot doel inzicht te verkrijgen in de problematiek van het te onderzoeken onderwerp. De essentie van het, in eerste instantie, vaak brede en vage probleem komt op deze manier duidelijker naar voren. Hierdoor kunnen meer precieze probleemstellingen en hypothesen geformuleerd worden. Ook leidt exploratief onderzoek tot een inventarisatie van de relevante variabelen. Dit soort onderzoek wordt vooral gebruikt bij niet-routinematige problemen. Bij exploratief onderzoek wordt veel gebruikgemaakt van kwalitatieve methoden, zoals in de volgende paragraaf worden beschreven (zie ook tabel 11.1). Een veelgebruikt instrument binnen het exploratief onderzoek is bijvoorbeeld de groepsdiscussie. Op basis van de in zo'n groepsdiscussie gemaakte opmerkingen zijn we over het algemeen veel beter in staat een bruikbare en complete vragenlijst op te stellen voor het kwantitatieve vervolgonderzoek.

Exploratief onderzoek

Bij de formulering van de probleemstelling komt onder andere de vraag aan de orde, of er behoefte is aan beschrijvend onderzoek dan wel aan verklarend onderzoek. *Beschrijvend marktonderzoek* (descriptief onderzoek) heeft tot doel gegevens te verzamelen die na analyse een weloverwogen marketingbeslissing mogelijk maken. Dit soort onderzoek begint met het 'neuzen tellen', waarna de met elkaar in verband gebrachte uitkomsten inzicht geven in de samenstelling van de markt of een deel daarvan. Een bekend voorbeeld van beschrijvend onderzoek is het Nielsen-detaillistenpanelonderzoek. Bij dit onderzoek worden voorraden, afzet en verkoopprijzen geregistreerd in levensmiddelenbedrijven, drogisterijen, tabakszaken, slijteren en doe-het-zelfzaken. Voor aanbieders en voor de handel zelf is deze vorm van marktonderzoek van groot belang.

Beschrijvend marktonderzoek (descriptief onderzoek)

Verklarend marktonderzoek (causaal onderzoek) heeft tot doel de causale (kwantitatieve) relaties tussen variabelen te verklaren. De marketingmanager kan bijvoorbeeld veronderstellen dat er bij koud weer meer erwtensoep verkocht zal worden dan bij warm weer. Verklarend onderzoek houdt dan in dat door een vergelijking van buitentemperaturen en erwtensoepverkoop (bijvoorbeeld beschikbaar in een tijdreeks) wordt nagegaan hoe die relatie precies ligt. Zo'n relatie kan bijvoorbeeld luiden: bij elke graad Celsius dat de temperatuur lager is, wordt er 5.000 liter méér erwtensoep verkocht.

Verklarend marktonderzoek (causaal onderzoek)

Kwalitatief versus kwantitatief onderzoek
Naar type uitkomst onderscheiden we kwalitatief en kwantitatief onderzoek. We stellen ons de vraag: is het nodig en mogelijk, gezien de probleemstelling, dat de uitkomsten van het onderzoek in cijfers worden uitgedrukt?

Kwalitatief onderzoek is kleinschalig onderzoek waarvan de uitkomsten alleen als indicatie gebruikt mogen worden. Ze kunnen niet in cijfers worden uitgedrukt en er kunnen geen algemene conclusies uit worden getrokken. Als in bijvoorbeeld een groepsdiscussie met tien personen over een nieuwe verpakking wordt gesproken en twee ondervraagden vinden dat die moeilijk

Kwalitatief onderzoek

te openen is, mag niet gesteld worden dat 20% van de afnemers dit probleem heeft. Kwalitatief onderzoek heeft meer het karakter van een inventarisatie, een probleemverkenning. Daarbij staan veelal de achtergronden centraal, zoals: welke argumenten worden genoemd om op vakantie naar Spanje te gaan en niet naar Griekenland?

Vaak zal op basis van de uitkomsten van dit kleinschalige onderzoek nader onderzoek plaatsvinden om de resultaten te kwantificeren. In dat geval dient het kwalitatief onderzoek als voorbereiding op het kwantitatief onderzoek. Op grond van de uitkomsten van kwalitatief onderzoek wordt een hypothese opgesteld, die dan later door kwantitatief onderzoek al dan niet verworpen wordt. Ook kunnen we op basis van de uitkomsten van kwalitatief onderzoek de vragen en de daarbij behorende voorgecodeerde antwoordcategorieën in het kwantitatieve onderzoek beter formuleren. Soms is de volgorde andersom en dient het kwalitatief onderzoek als hulpmiddel om de resultaten van een kwantitatief onderzoek te analyseren, te interpreteren. De belangrijkste vormen van kwalitatief onderzoek zijn het diepte-interview, de groepsdiscussie en de Delphi-methode. Ook observatie kan als een vorm van kwalitatief onderzoek worden beschouwd. Deze vormen worden later nog besproken.

TABEL 11.1 Kwalitatieve onderzoekmethoden

Methode	Beschrijving	Voordelen	Nadelen
Groepsdiscussie	6 tot 8 personen praten onder leiding van een gespreksleider over een bepaald onderwerp. Hiervoor wordt een licht gestructureerde checklist gebruikt.	Genereert snel veel ideeën, mogelijkheden en alternatieven. Vooral geschikt bij onderzoek naar een nieuw terrein, nieuw product, alternatieven enzovoort.	Weinig gelegenheid gedachten en motieven van de deelnemers uit te diepen. Conclusies mogen niet gegeneraliseerd worden voor de onderzoeksdoelgroep, alleen hypothesevormend.
Diepte-interview	Gesprek tussen interviewer en één respondent. Hiervoor wordt een licht gestructureerde checklist gebruikt.	Vooral geschikt als informatie nodig is over motieven, achtergronden en het uitdiepen van gedachten en ideeën.	Conclusies mogen niet gegeneraliseerd worden voor de onderzoeksdoelgroep, alleen hypothesevormend.

Bron: Website tns-nipo

Kwantitatief onderzoek

Kwantitatief onderzoek geeft cijfermatige uitkomsten die een min of meer betrouwbaar beeld geven van de werkelijkheid. Hierbij staat dus het getal centraal. Om statistisch betrouwbare gegevens te verkrijgen, is het noodzakelijk een groot aantal personen te ondervragen. De resultaten van een kwantitatief onderzoek worden weergegeven in cijfers, tabellen of grafieken, waarmee exact wordt aangegeven hoeveel procent van de ondervraagden problemen heeft met het openen van de verpakking of hoeveel procent op vakantie gaat naar Spanje en waarom enzovoort. Voorbeelden van kwantitatief onderzoek zijn de observatie, de enquête en het experiment, die hierna nog behandeld worden.

Algemeen gesproken kunnen we stellen dat exploratief onderzoek kwalitatief van aard is, beschrijvend onderzoek zowel kwalitatief als kwantitatief kan zijn en causaal onderzoek een kwantitatief karakter heeft. Voorbeelden van kwalitatief onderzoek zijn de brainstormsessie, het expertinterview en de groepsdiscussie. Deze methoden van onderzoek komen later in dit en in het volgende hoofdstuk aan de orde.

Ad hoc- versus continuonderzoek

Kijken we naar het aantal keren dat een bepaald onderzoek wordt uitgevoerd, dan kan onderscheid gemaakt worden tussen ad hoc-onderzoek en continuonderzoek. Ad hoc-onderzoek is eenmalig onderzoek dat voor een specifiek probleem wordt opgezet en uitgevoerd. Per onderzoek wordt dus een op dat onderzoek gerichte nieuwe steekproef van respondenten samengesteld. Een voorbeeld van *ad hoc-onderzoek* is het onderzoek dat een fabrikant laat verrichten naar de reacties van consumenten op een veranderde samenstelling van zijn product. Het is dus een momentopname, waarbij de uitkomsten niet in de tijd vergeleken kunnen worden. Het grootste deel van de marktonderzoekbestedingen heeft betrekking op ad hoc-onderzoek. Ad hoc-onderzoek

Continuonderzoek (*longitudinaal onderzoek*) wordt periodiek in dezelfde vorm herhaald, met als doel veranderingen in de tijd te registreren. Via continuonderzoek worden dan ook van diverse variabelen *tijdreeksen* opgebouwd, die bijvoorbeeld bij verklarend onderzoek een belangrijke rol kunnen spelen. Continuonderzoek (longitudinaal onderzoek)

Om een betrouwbaar inzicht in de ontwikkelingen te verkrijgen moeten de onderzoeksdoelgroep, de opzet en de werkwijze steeds gelijk zijn. Bij longitudinaal onderzoek is het echter niet noodzakelijk dat het onderzoek steeds in dezelfde vorm wordt herhaald. Bij een longitudinaal onderzoek naar het veranderende consumptiegedrag van bijvoorbeeld een groep ouderen zouden we in de loop van de tijd steeds ook nieuwe vragen kunnen stellen. Een voorbeeld van continuonderzoek is het hierboven genoemde Nielsen-panelonderzoek.

11.6 Methoden van marktonderzoek

Observatie, ondervraging en experiment

In principe onderscheiden we bij primair onderzoek (veldwerk) drie onderzoekmethoden: observatie en registratie, ondervraging en het experiment. Ondanks de onderlinge verschillen kunnen deze methoden voor de oplossing van een probleem in combinatie worden toegepast. In hoofdstuk 12 zal dieper op deze drie methoden van informatieverzameling worden ingegaan.

Welke onderzoekmethode toegepast moet worden, is afhankelijk van:
- *Het onderwerp*. Gaat het uitsluitend om registratie van aantallen of willen we meningen en opinies peilen?
- *De respons*. Een persoonlijke benadering zal meer medewerking opleveren dan een schriftelijke.
- *De representativiteit*. Dit is de mate waarin de onderzochte groep dezelfde samenstelling heeft als het universum of de onderzoeksdoelgroep.
- *De tijd*. Sommige onderzoekmethoden vergen veel tijd, zoals een schriftelijke enquête, terwijl andere snel uit te voeren zijn, zoals observatie van het winkelgedrag.
- *De kosten*. Aan elke vorm van onderzoek hangt een prijskaartje. De arbeidsintensieve mondelinge enquête zal hogere kosten met zich meebrengen dan een schriftelijke enquête.

Factoren die de keuze van de onderzoekmethode bepalen

Op de begrippen respons en representativiteit komen we terug in hoofdstuk 13. In hoofdstuk 12 zullen we zien dat de factor tijd een belangrijke rol kan spelen bij de keuze tussen schriftelijke, mondelinge en telefonische ondervraging. In paragraaf 11.8 gaan we zien dat onderzoek in samenwerking met andere opdrachtgevers tot een belangrijke kostenbesparing kan leiden. Eerst bespreken we nog enkele vormen van onderzoek, waarbij de te ondervragen personen op de een of andere manier met elkaar worden geconfronteerd.

Respondenten combineren

Bij het verzamelen van gegevens worden normaliter individuele personen ondervraagd. Denk bijvoorbeeld aan de veelvoorkomende telefonische enquêtes. Het kan echter ook zinvol zijn respondenten op de een of andere manier met elkaar te confronteren, opdat ze hun eigen opvattingen kunnen toetsen of verduidelijken aan de hand van wat ze van anderen horen. We zien hier twee voorbeelden: de groepsdiscussie en de Delphi-methode. Beide zijn overigens voorbeelden van kwalitatief onderzoek.

Groepsdiscussie

De *groepsdiscussie* is een gesprek tussen één interviewer en enkele ondervraagden. Meestal wordt er een gesprek gevoerd over één bepaald probleem en met een groep mensen uit de beoogde doelgroep. Daarom wordt een groepsdiscussie ook wel een *focusgroeponderzoek* genoemd. Het discussie-element kan beperkt worden als erop wordt toegezien dat de te interviewen groep homogeen van samenstelling is, bijvoorbeeld personen van dezelfde leeftijdsklasse of personen die ongeveer in dezelfde maatschappelijke omstandigheden verkeren. De groep moet ook weer niet te homogeen zijn, anders blijft er niets meer te discussiëren over. In panelverband kennen we

Delphi-methode

ook de zogenoemde *Delphi-methode*, zie volgende paragraaf. De naam is ontleend aan het orakel van Delphi uit de Griekse oude geschiedenis. Het panel wordt dan gevormd door een groep van experts. Aan ieder lid van het panel wordt apart zijn mening over het desbetreffende onderwerp gevraagd. Er worden verschillende ronden gehouden en tussen de ronden wordt ieder panellid op de hoogte gebracht van de mening van de anderen. Zij worden dus geconfronteerd met elkaars mening en de daaraan ten grondslag liggende argumenten, opdat ieder panellid de eigen mening eventueel kan bijstellen. Deze methode wordt vooral gebruikt voor het doen van voorspellingen, vandaar de naam.

Expertonderzoek

De Delphi-methode is een specifieke vorm van *expertonderzoek*. Dit laatste is het verzamelen van informatie over een bepaald onderwerp door het ondervragen van experts op dat gebied.

Panelonderzoek

Een bijzondere vorm van continuonderzoek is het panelonderzoek.

Definitie panelonderzoek

> Panelonderzoek is een vorm van marktonderzoek waarbij gebruikgemaakt wordt van een panel, dat wil zeggen een vaste groep eenheden (personen, huishoudens, winkels enzovoort), waarbij vooral onderzoek gedaan wordt naar ontwikkelingen in de tijd.

Bij het panelonderzoek onderscheiden we onder andere consumenten- en detaillistenpanels. Een bekend voorbeeld van een consumentenpanel is de representatieve groep die regelmatig de gegevens levert voor de kijkdichtheid en de waarderingscijfers van televisieprogramma's. Vaak worden bij het panelonderzoek fijnere meetmethoden gebruikt, zoals het werken met een dag-

boekje of registratie met elektronische apparatuur. Bij het detaillistenpanel, zoals van Nielsen, wordt bijvoorbeeld gebruikgemaakt van scanninggegevens van de kassa's. De belangrijkste twee voordelen van panelonderzoek op consumentenniveau zijn:
- het nauwkeuriger kunnen waarnemen van veranderingen in gedrag
- het kunnen analyseren van merkwisseling (brandswitching) op individueel niveau.

Daarnaast wordt bij panelonderzoek ook het gevaar van *overrapportering* voorkomen. Dat is de neiging om meer op te geven dan met de werkelijkheid overeenkomt (als de respondent bijvoorbeeld acht dagen geleden naar de bioscoop is geweest, zal deze geneigd zijn te zeggen dat hij of zij 'in de afgelopen week' naar de bioscoop is geweest).

Overrapportering

Een nadeel van panels is dat ze vaak op langere termijn niet meer typerend zijn en dus niet meer representatief. Panelleden blijken zich op den duur anders te gaan gedragen dan niet-panelleden. Een ander belangrijk nadeel vormen de hoge kosten van het samenstellen en onderhouden van een panel.

Waar ondervragen?

Kijken we bij mondeling onderzoek naar de plaats van ondervraging, dan maken we onderscheid tussen straat- en huisenquêtes. Bij *straatenquêtes* zullen enquêteurs veelal gebruikmaken van korte vragenlijsten, omdat de omstandigheden een uitvoerig gesprek vrijwel onmogelijk maken. Dit soort enquêtes is bijvoorbeeld geschikt om na te gaan hoeveel passanten een bepaald affiche is opgevallen. Soms kunnen ook smaaktests op straat (of bijvoorbeeld in een caravan) worden uitgevoerd.

Straatenquêtes

Bij *huisenquêtes* kan gebruikgemaakt worden van langere vragenlijsten. Deze gesprekken worden meestal onder comfortabelere omstandigheden gevoerd, waarbij het bijvoorbeeld ook mogelijk is gebruik te maken van toonmateriaal (de verpakking van een product, een kaart met antwoordmogelijkheden, een advertentie enzovoort).

Huisenquêtes

11.7 Analyse en rapportage

Uit de gegevens van het marktonderzoek moeten conclusies getrokken worden en aanbevelingen worden gedaan. De rapportage hiervan moet afgestemd zijn op de opdrachtgever of de gebruiker.

Conclusies en aanbevelingen
Als de gegevens uit het secundaire en het primaire onderzoek eenmaal op tafel liggen, moeten daaruit conclusies worden getrokken. Dat kan vooral door de gegevens waar mogelijk met elkaar in verband te brengen. In een goed opgezet marktonderzoekplan is bij voorbaat rekening gehouden met de verwerking van de uitkomsten en met de daarbij behorende analysemogelijkheden. De binnenkomende gegevens worden tegenwoordig meestal met behulp van computerprogramma's verwerkt. Zo bestaan er relatief eenvoudige en praktisch goed bruikbare programma's, zoals SPSS. Naast de directe tellingen geven deze programma's kruistabellen (crossings) en een aantal veelvoorkomende statistische bewerkingen, zoals de significantietoets.

Enkelvoudige cijfers zijn weinig interessant. Het zijn geïsoleerde momentopnamen. Door het combineren van cijfers worden de begrippen klein, weinig, zwak enzovoort versus groot, veel en sterk zichtbaar. Ook kan het verloop van ontwikkelingen in beeld gebracht worden. Veelvoorkomende combinaties en verbanden zijn *cijfervergelijkingen*, zoals:

Cijfervergelijkingen

- in de tijd (omzet 2012, 2013, 2014, 2015)
- per plaats (omzet rayon Randstad, rayon zuid)
- per merk (omzet merk A, merk B)
- per distributiekanaal (omzet via supermarkt, slijterij)
- per segment (omzet horeca, regelmatige particuliere gebruikers, alleen-op-feestdagen-gebruikers).

Aanbevelingen

In deze fase moeten ook de *aanbevelingen* worden gedaan. Als de analyse goed is uitgevoerd, komen min of meer automatisch de mogelijke oplossingen van de probleemstelling naar voren. Elke aanbeveling zal door de marketingmanager beoordeeld moeten worden. Hij gaat na of deze in overeenstemming is met de andere onderdelen van het beleid. Als uit het onderzoek geen aanbevelingen gedaan kunnen worden, is aanvullende informatie noodzakelijk. Alle fasen van het marktonderzoeksproces moeten dan opnieuw worden doorlopen.

Rapportage en evaluatie
Het onderzoeksrapport kan gezien worden als de verpakking van het product en daaraan moet zorg worden besteed. Het moet afgestemd zijn op de opdrachtgever dan wel de gebruiker. Een goed onderzoek dat slecht gepresenteerd wordt, loopt grote kans in de onderste bureaulade te verdwijnen. Een goed rapport is opgebouwd uit drie delen:

Opbouw marktonderzoeksrapport

- *De uitkomsten*. Hierin zijn de conclusies en aanbevelingen opgenomen, alsmede de naam van de opdrachtgever en van het marktonderzoekbureau.
- *Het onderzoek*. Hierin wordt het onderzoeksdoel dan wel de probleemstelling vermeld, alsook de wijze waarop het onderzoek is uitgevoerd. Dat wil zeggen:
    - de onderzoeksdoelgroep (beschrijving van de populatie)
    - de omvang en de wijze van steekproeftrekking

- de non-respons
- de periode waarin het onderzoek is uitgevoerd
- de resultaten die meestal per vraag worden behandeld.
- *De bijlagen.* Hierin zijn opgenomen de originele vragenlijst, de rechte tellingen (frequentietabellen) en een toelichting op de gebruikte statistische technieken.

11.8 Marktonderzoek uitbesteden

Het kan zinvol zijn het benodigde onderzoek niet zelf uit te voeren, maar het uit te besteden aan daarin gespecialiseerde marktonderzoekbureaus. Een van de voordelen daarbij kan zijn dat onderzoek goedkoper kan worden uitgevoerd door de vragen van diverse opdrachtgevers op een of andere manier te bundelen en zo te profiteren van schaalvoordelen.

Uitbesteden of zelf doen?

De marketeer die een antwoord zoekt op een bepaalde probleemstelling, zal voor de keus komen te staan het benodigde onderzoek zelf uit te voeren of uit te besteden aan een daarvoor toegerust marktonderzoekbureau. Overwegingen daarbij zijn vooral tijd, capaciteit (is er een aparte onderzoeksafdeling?), expertise en kosten. Soms wordt bij de kostenafweging een deel van de eigen interne kosten – als het bedrijf het onderzoek zelf zou gaan uitvoeren – bewust of onbewust vergeten. Ook wordt de eigen expertise nog wel eens overschat. Of wordt een nog onervaren stagiair aan de klus gezet. In de praktijk zien we daardoor nogal eens onvolledige vragenlijsten, onbegrijpelijke vragen en andersoortige problemen ontstaan.

Besluit de marketeer het onderzoek uit te besteden, dan zal het marktonderzoekbureau uiteraard uitgebreide informatie over de probleemstelling en alles wat daarbij een rol kan spelen, moeten ontvangen. Dit noemen we de briefing van het marktonderzoekbureau. Een belangrijk voordeel van het uitbesteden van onderzoek is gelegen in de schaalvoordelen die een marktonderzoekbureau kan realiseren door onderzoek van verscheidene opdrachtgevers te combineren. In de volgende subparagraaf zien we daarvan enkele voorbeelden.

Briefing

De briefing voor een marktonderzoekbureau

De bureaukeuze is afhankelijk van het tijdstip waarop de gegevens aangeleverd kunnen worden, de kosten van het onderzoek en de ervaring en specialiteit van het marktonderzoekbureau. Door een briefing wordt het bureau geïnformeerd over de opdracht. Deze briefing valt uiteen in:
- een *algemeen gedeelte*, waarin gegevens worden verstrekt over het bedrijfsbeleid, de markt en het tot nu toe gevoerde marketingbeleid.
- een *specifiek gedeelte* met het doel van het onderzoek. Een doel zou kunnen zijn inzicht te krijgen in het imago van de onderneming, in de manier waarop consumenten producten gebruiken en wat ze ervan vinden, wat ze vinden van een nieuwe reclamecampagne enzovoort.
  Daarnaast wordt de onderzoeksdoelgroep beschreven en wordt inzicht gegeven in de tot nu toe verzamelde data. Ook komen de in het verleden uitgevoerde marktonderzoekrapporten aan de orde.
- een *aanvullend gedeelte* waarin het tijdsplan en het budget worden besproken.

Onderzoek in samenwerking

Met onderzoek zijn vaak stevige budgetten gemoeid, hoewel die over het algemeen slechts een fractie zijn van bijvoorbeeld de reclamebudgetten. Het is mogelijk op onderzoekskosten te besparen door een onderzoek niet alleen te doen (*single-clientonderzoek*) maar het op een of andere manier te combineren met dat van anderen.

We bespreken hier drie verschillende samenwerkingsvormen: omnibusonderzoek, multi-clientonderzoek en pooling.

Omnibusonderzoek wordt door een groot aantal onderzoekbureaus in Nederland verricht, variërend van jaarlijks tot dagelijks. Hierbij stellen verschillende opdrachtgevers ieder hun eigen vragen in één gezamenlijke vragenlijst. Een respondent krijgt bij een omnibusonderzoek dus met een aantal verschillende onderwerpen te maken, bijvoorbeeld eerst vragen over koffie en direct daarna vragen over levensverzekeringen. De kosten van een omnibusonderzoek worden naar rato van het aantal vragen verdeeld over de opdrachtgevers. Iedere opdrachtgever krijgt alleen de resultaten van zijn eigen vragen te zien, plus die van een aantal door het onderzoekbureau toegevoegde algemene vragen, zoals naar leeftijd en geslacht.

Het is ook mogelijk dat eenzelfde onderzoek wordt uitgevoerd voor meer dan één opdrachtgever. In een dergelijk geval stelt het onderzoekbureau zelf de vragenlijst samen en krijgen alle opdrachtgevers in principe hetzelfde rapport. Dit heet *multi-clientonderzoek*. Over het algemeen neemt een onderzoekbureau voor zo'n onderzoek het initiatief en stuurt dan bijvoorbeeld een mailing rond aan mogelijk geïnteresseerde bedrijven, die vervolgens op dat onderzoek kunnen intekenen. Alle afnemers van dat rapport betalen in principe dezelfde prijs. Het is echter mogelijk dat opdrachtgevers soms toch ook nog een beperkt aantal eigen vragen in het onderzoek laten meelopen. Daar moet dan uiteraard extra voor worden betaald.

Pooling is een bijzondere vorm van samenwerking, waarbij een aantal aanbieders op een bepaalde markt afspreekt om hun (omzet)gegevens te verstrekken aan een onafhankelijke derde. Die derde is bijvoorbeeld een notaris, een accountant of een marktonderzoekbureau. Deze telt alle gegevens op en geeft elk van de deelnemers vervolgens alleen de totaalcijfers. De deelnemers krijgen dus geen uitgesplitste gegevens van hun concurrenten. Pooling komt vooral voor op kleinere markten, bijvoorbeeld de markten die te klein zijn om door marktonderzoekbureau Nielsen gevolgd te worden.

Samenvatting

- Afhankelijk van de probleemstelling doen we onder andere *exploratief, beschrijvend* of *verklarend onderzoek*, kwalitatief of kwantitatief onderzoek, ad hoc- of continuonderzoek.
- *Kwalitatief onderzoek* is over het algemeen kleinschalig. Het is niet de bedoeling de uitkomsten te kwantificeren; het gaat om (mogelijke) motieven en achtergronden. *Kwantitatief onderzoek* geeft cijfermatige uitkomsten.
- Onderzoek kan eenmalig worden uitgevoerd (*ad hoc-onderzoek*) of vaker worden herhaald (*continuonderzoek*). In het laatste geval kunnen steeds dezelfde mensen worden ondervraagd (bijvoorbeeld in een

- panel), maar ook steeds andere (bijvoorbeeld bezoekers van Artis). Met continuonderzoek worden over het algemeen *tijdreeksen* opgebouwd.
- Onderzoek kan gericht zijn op consumenten, maar ook bijvoorbeeld op de handel of producenten.
- De normale volgorde bij het *marktonderzoeksproces* is: (marketing) probleemstelling → verzamelen *secundaire gegevens* → (eventueel exploratief onderzoek) → verzamelen en analyseren van *primaire gegevens* (door observatie, ondervraging of experiment) → analyse van gegevens → rapportage van de onderzoeksresultaten → (marketingbeslissingen).
- *Bureauonderzoek* (desk research): het verzamelen van *secundaire gegevens*. Zowel interne als externe gegevens. *Veldwerk* (*field research*): het verzamelen van *primaire gegevens*.
- Belangrijke voordelen van *panelonderzoek* zijn: nauwkeuriger volgen van veranderingen en het analyseren van *merkwisseling* (brand-switching).
- Enkele methoden van kwalitatief onderzoek: *diepte-interview, groepsdiscussie* (of: focusgroeponderzoek) en de *Delphi-methode*. De Delphi methode is een vorm van panelonderzoek, waaraan experts deelnemen.
- De briefing bestaat uit drie delen: *algemeen* (bedrijfsbeleid, markt, marketingbeleid), *specifiek* (onderzoeksdoel en -doelgroep) en *aanvullend gedeelte* (budget, tijdsplan).
- De marketeer staat steeds voor de beslissing: onderzoek zelf doen of uitbesteden. Bij uitbesteden treden er schaalvoordelen (kostenvoordelen) op bij *omnibusonderzoek, multi-clientonderzoek* en *pooling*.

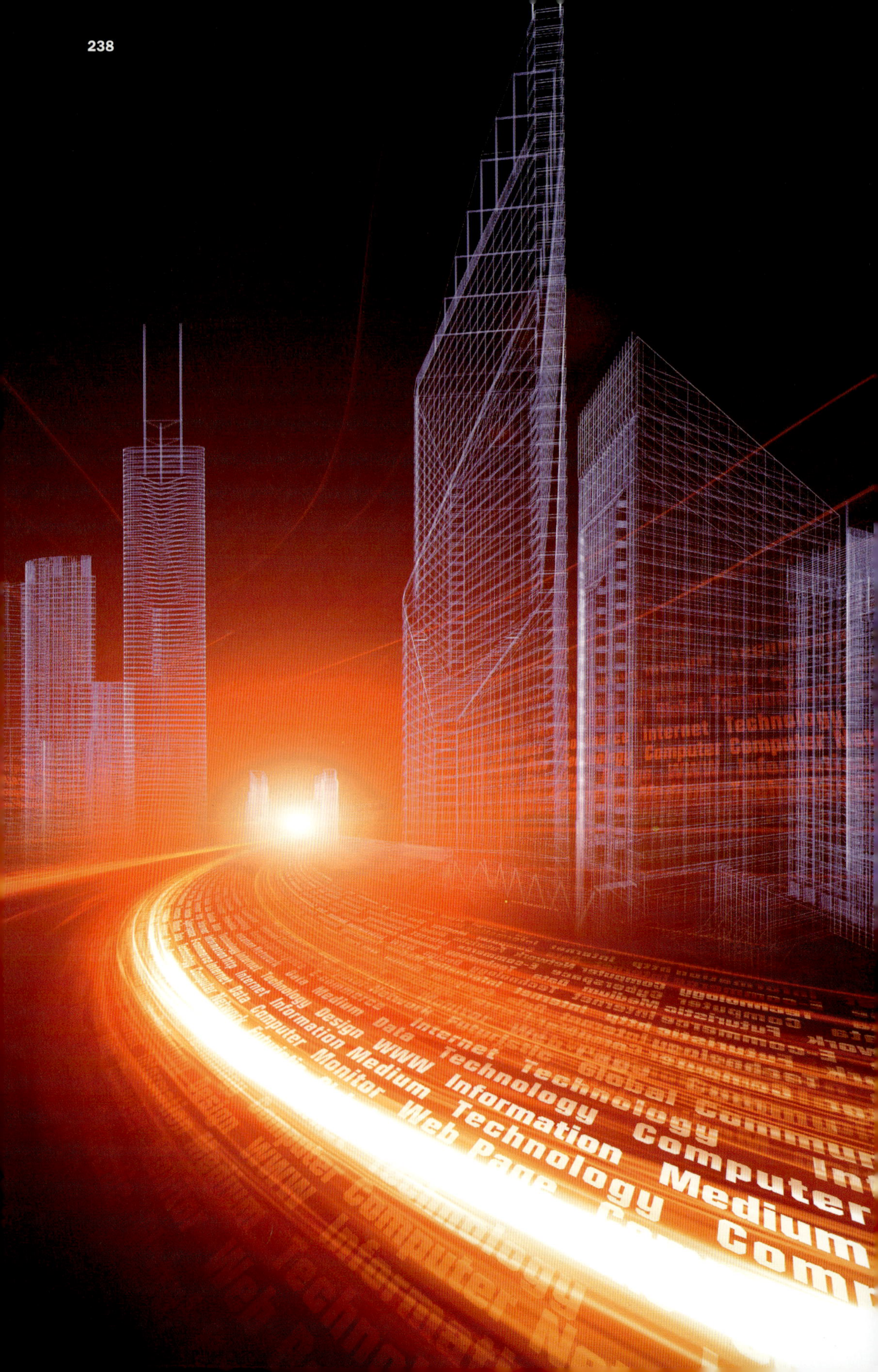

12
Marktonderzoekmethoden

12.1 **Observatie en registratie**
12.2 **Ondervraging**
12.3 **Experiment**

Bij marktonderzoek kan, zoals we in hoofdstuk 11 hebben gezien, een onderscheid gemaakt worden tussen desk research enerzijds en field research anderzijds. In het eerste geval gaat het om het verzamelen van secundaire gegevens en in het tweede geval om het verkrijgen van primaire gegevens. Voor het verzamelen van deze primaire gegevens kan de marktonderzoeker een keuze maken uit drie methoden, waarop we in dit hoofdstuk nader zullen ingaan. Deze onderzoekmethoden zijn: observatie en registratie (paragraaf 12.1), het experiment (paragraaf 12.2) en de ondervraging of enquête (paragraaf 12.3).

12.1 Observatie en registratie

Observeren van personen en materiële zaken

Observatie is het planmatig registreren van waarnemingen bij personen of van materiële zaken.

Zo kunnen we bijvoorbeeld door observatie en registratie nagaan hoeveel procent van degenen die een winkel van C&A bezoeken kijker of koper is. Door registratie kunnen we de omvang van de verkopen of de voorraden vaststellen of de ontwikkeling van de consumentenprijzen volgen.

Observatie is een eenvoudige en objectieve methode. We registreren slechts feitelijke gedragingen of zaken. De observerende persoon blijft buiten schot. In tegenstelling tot een interviewer of een enquêteur kan hij geen invloed uitoefenen op de respondent. De respondent is niet op de hoogte van de observatie en zal zijn gedrag daarom dus niet veranderen. Het nadeel van observatie is dat we wel registreren, maar niet kunnen doordringen tot de motieven die tot een bepaald gedrag leiden. We maken hierbij onderscheid tussen observatie in de detailhandel en bij consumenten.

Observatie in de detailhandel

In de detailhandel wordt op verschillende manieren gebruikgemaakt van observatie en registratie als methode van gegevensverzameling. Hierna zullen we drie belangrijke methoden bespreken: scanning, mystery-shopperonderzoek en Nielsen-onderzoek.

Scanning

Steeds meer winkels maken gebruik van computergestuurde kassasystemen (scanners).

EAN-code
UAC (Uniforme Artikel Codering)
Scanning

Bovendien is het merendeel van de producten inmiddels voorzien van de zogenoemde EAN-code (Europe Anarticle Numbering), ook wel met UAC (Uniforme Artikel Codering). Dit is een algemeen aanvaarde, gestandaardiseerde streepjescode (barcode) op de artikelen. Het inlezen van deze code en de vertaling daarvan in de bijbehorende EAN wordt scanning genoemd. Op deze wijze wordt niet alleen de kassabon vervaardigd, maar kunnen bovendien gegevens verzameld worden over de verkopen, de voorraad per artikel enzovoort.

Deze gegevens kunnen we ook voor marktonderzoekdoeleinden gebruiken. We spreken dan van de scanningmethode. Door het verzamelen van verkoopgegevens van een aantal winkels die scanners gebruiken en het verwerken daarvan kunnen bijvoorbeeld fabrikanten geïnformeerd worden over de afzet, de prijzen enzovoort.

Mystery-shopperonderzoek

Marktonderzoeker als echte klant

Mystery-shopperonderzoek is een vorm van marktonderzoek waarbij de onderzoeker zich voordoet als een echte klant, zonder de verkopende partij van zijn achterliggende bedoeling op de hoogte te stellen. Op basis van vooraf opgestelde gesprekspunten bezoekt een getrainde interviewer (shopper) een winkel en voert een fictief gesprek met een (winkel)verkoper. Daarbij observeert hij de wijze van verkopen en de daarbij gebruikte verkoopargumenten. Deze methode wordt niet alleen gebruikt om het door de verkoper gevoerde verkoopgesprek te beoordelen, maar ook om bijvoorbeeld de kassa-afhandeling te beoordelen, de bedrijfsveiligheid of de eerlijkheid van het winkelpersoneel. Andere termen voor de mystery shopper zijn: mystery man, mystery buyer en mystery guest.

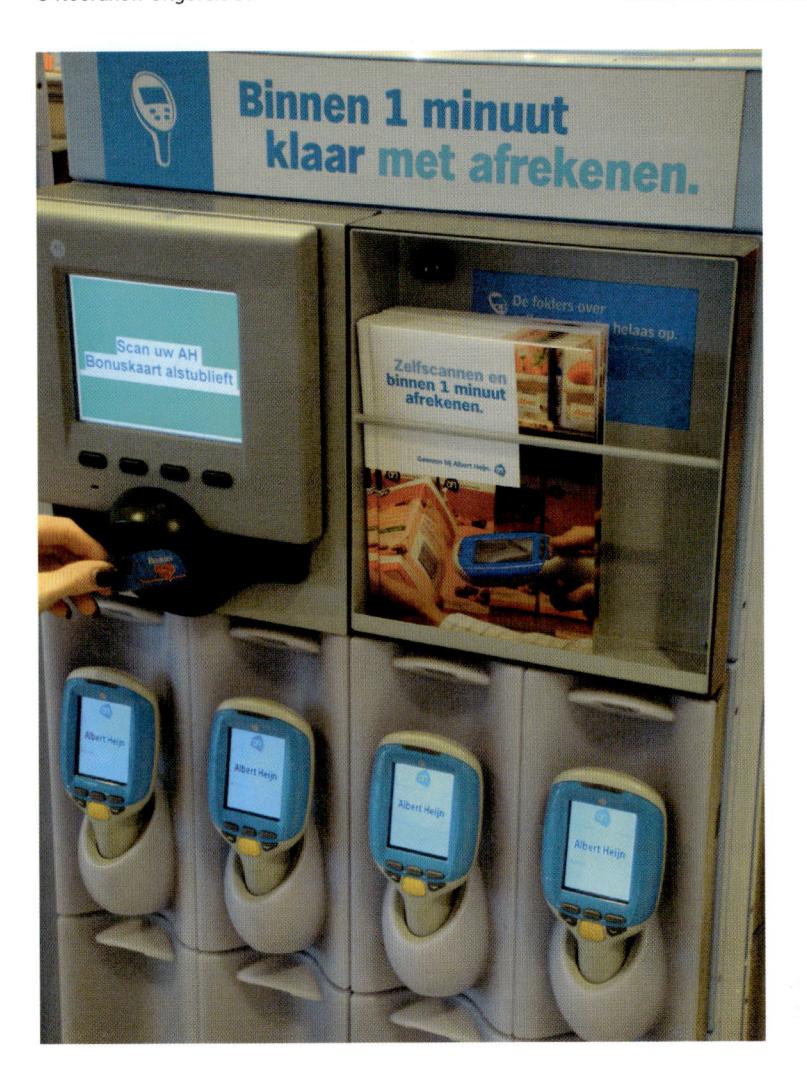

De bekende *Michelin*-gids, met de sterrenindeling van toprestaurants, wordt op basis van de ervaringen van mystery guests samengesteld. Ook worden mystery buyers bijvoorbeeld ingezet om de telefonische bereikbaarheid van een bepaalde organisatie te testen.

Nielsen-onderzoek
Het Nielsen-onderzoek is een voorbeeld van een detaillistenpanel waarin de verkopen in een bepaalde periode worden geregistreerd. In plaats van detaillistenpanel spreken we ook wel van store audit. De basis van het Nielsen-onderzoek wordt gevormd door de Nielsen Retail Index. Dit is een vorm van continuonderzoek dat dé graadmeter geworden is voor de verkopen in de detailhandel en uitgegroeid is tot een spreekwoordelijk begrip. Deze methode van onderzoek is ontstaan uit de wetenschap dat de groei in de winkelverkopen door twee factoren wordt bepaald, namelijk een stijgende omzet per winkel of een toenemende distributie in de winkels, alsmede door de combinatie van deze factoren.

Nielsen-store audit

De methode die Nielsen hanteerde was erop gebaseerd dat speciaal opgeleid personeel iedere twee maanden een aantal geselecteerde winkels

Nielsen-methode

bezocht en daar tellingen verrichtte van de aanwezige voorraden en de inkopen registreerde vanaf de vorige meting. Met deze twee gegevens is het mogelijk de verkopen aan de consument te berekenen volgens de formule:

verkopen = vorige voorraad + inkopen − huidige voorraad

Tegenwoordig wordt dit soort gegevens via scanning verzameld. Onder andere gegevens betreffende distributiespreiding zijn op dit soort onderzoek gebaseerd.

Het onderzoek vindt plaats bij representatieve steekproeven van winkels uit diverse branches, zoals levensmiddelenbedrijven (Food Index), drogistrijen/parfumerieën (Drug Index), benzinestations (Petrol Index), slijterijen/wijnspeciaalzaken (Liquor Index), tabakszaken (Tobacco Index) en dierenspeciaalzaken (Pet Shop Index).

Observatie bij consumenten
Het is ook mogelijk observatie- en registratiemethoden toe te passen bij de consument zelf. Voorbeelden hiervan zijn het luister- en kijkdichtheidsonderzoek en het huishoudpanel van Gfk Panel Services. Hierna zullen we twee andere methoden bespreken, namelijk de pantrycheck en de dustbin-check.

Pantrycheck

Bij de pantrycheck (het zogenaamde provisiekastonderzoek) wordt voor een aantal producten of productgroepen nagegaan welke merken er in welk verpakkingsformaat en in welke hoeveelheid bij een consument thuis aanwezig zijn. Daar de consument van veel gebruiksartikelen geen voorraad houdt, is deze methode dus niet voor alle producten of productgroepen geschikt. Daarbij kunnen we denken aan een groot aantal versproducten. De methode geeft alleen indicaties over het koopgedrag van de consument, omdat er ook consumenten zijn die de op een bepaalde dag gekochte producten nog diezelfde dag consumeren. Dat betekent dat een aanwezige voorraad nog niets zegt over het gebruik of verbruik.

Dustbincheck

De dustbincheck (het zogenoemde vuilnisbakkenonderzoek) is een weinig toegepaste vorm van registratieonderzoek. Daarbij wordt aan de hand van weggegooide verpakkingen het verbruik van bepaalde producten nagegaan, verdeeld naar merk en verpakkingssoort. Deze methode van onderzoek werd wel gehanteerd voor bijvoorbeeld het verbruik van alcoholische dranken. Een meer hygiënische vorm van deze methode is de leden van een huishouden te vragen verpakkingen van bepaalde producten in aparte vuilniszakken of -bakken te deponeren, opdat aan de hand daarvan het verbruik gemeten kan worden.

● www.elsevier.nl

Dit koopt Nederland; Alles wordt geteld (observatie)

Alles wat u doet, wordt bijgehouden. Wat u koopt, leest of slikt: er zijn talloze databanken waarin staat welke producten en diensten in Nederland het

populairst zijn. Je kunt het zo gek niet bedenken of er is wel een organisatie die het turft. Van de populairste hond tot de meest verkochte auto.
Sommige branches houden zelf databanken met populariteitscijfers bij om de verkoop van producten in de gaten te houden, andere databanken worden samengesteld door gespecialiseerde bedrijven. Die verzamelen verkoopcijfers bij fabrikanten, en verkopen die door aan andere fabrikanten; een activiteit waarin miljoenen euro's omgaan en waarmee optelbedrijven als GfK en Gartner groot zijn geworden.
Van veel producten bestaan toptienlijstjes, en vaak zorgt een vermelding daarin voor nog meer verkoop. Ondanks The Long Tail-theorie (dankzij internet kan iedereen precies de producten vinden die zijn afgestemd op zijn of haar behoeften) blijven consumenten vaak trouw aan de bekende, meestverkochte producten. Populariteit leidt vaak tot meer populariteit.
Met elkaar gecombineerd geven de cijfers een mooi overzicht van het koopgedrag van Nederlandse consumenten. Het gaat daarbij niet per se om de modernste, kwalitatief hoogwaardigste of hipste producten, medicijnen of huisdieren, maar om de meestverkochte. Dit zijn de overal zichtbare, alomtegenwoordige en populairste dingen van 2011. Dit koopt Nederland:

Automerken
Aantal verkochte auto's: Volkswagen Polo 24.441, Renault Twingo 20.842, Peugeot 107 20.146

Bron: rai

Medicijnen op recept
Aantal recepten: Omeprazol (maagzuur) 3.490.000, Metoprolol (hoge bloeddruk) 3.480.000, Acetylsalicylzuur (ontstekingen) 3.210.000

Bron: stichting farmaceutische kengetallen

Dagbladen
Dagelijkse oplage: De Telegraaf 616.808, Metro 459.216, Algemeen Dagblad 430.814

Bron: hoi

Boeken
Aantal verkochte exemplaren: *Wij zijn ons Brein* (Dick Swaab) 248.000, *Sonny Boy* (Annejet van der Zijl) 220.000, *Steve Jobs* (Walter Isaacson) 150.000

Bron: Bol.com, uitgevers

Sterke drank
Aantal verkochte liters: Jonge jenever 135.445, Whisky 93.344, Likeur 82.294

Bron: commissie gedistilleerd

Rashond
Aantal geregistreerde nieuwe honden: Labrador retriever 3.285, Duitse herder 2.180, Golden retriever 2.032

Bron: nhsb
31 december 2011

12.2 Ondervraging

Bij de methode van informatieverzameling door ondervraging wordt een onderscheid gemaakt tussen de enquête en het interview. Enquêtes zijn vooral gericht op het verkrijgen van kwantitatieve gegevens. De term interview wordt vooral gehanteerd bij het kleinschaligere, kwalitatieve onderzoek. Interviews kunnen worden onderscheiden naar de mate van gestructureerdheid (ongestructureerd, halfgestructureerd en gestructureerd) en naar de wijze van afname (persoonlijk, schriftelijk, telefonisch). Worden interviews op gestandaardiseerde wijze afgenomen met een gestructureerde of halfgestructureerde vragenlijst, dan wordt dit een *enquête* genoemd.

Enquête

Totale telling?

De eerste vraag bij het houden van een enquête is: 'Moet de gehele populatie geënquêteerd worden of kunnen we volstaan met een representatief deel van de populatie, ofwel met een partiële telling?' De kosten verbonden aan een totale telling (census) leiden er in bijna alle gevallen toe, dat wordt besloten een gedeeltelijke telling te doen in de vorm van een steekproef.

De tweede vraag is: 'Moet de enquête mondeling, schriftelijk of telefonisch plaatsvinden?' Daarbij kan de telefonische enquête gezien worden als een bijzondere vorm van de mondelinge enquête.

Mondelinge (face-to-face-)enquête

Voordelen van een mondelinge (face-to-face-)enquête

Voordelen van een mondelinge (face-to-face-)enquête zijn, dat:
- de gegevens snel binnenkomen
- de vragenlijsten uniform zijn en juist zijn ingevuld (uiteraard alleen dan als de enquêteurs en enquêtrices goed geïnstrueerd zijn)
- een respondent (voor het onderzoek te enquêteren persoon) die weigert, snel kan worden vervangen door een andere kandidaat.

Nadelen van een mondelinge (face-to-face-)enquête

De nadelen van een mondelinge (face-to-face-)enquête zijn, dat:
- de kosten hiervan zeer hoog zijn; immers, iedere kandidaat moet bezocht worden en deze moet de vragenlijst ter plaatse invullen
- de kandidaten meestal het moment waarop de enquête plaatsvindt niet zelf kunnen bepalen, waardoor het aantal weigeringen toeneemt
- het risico bestaat dat de enquêteur of enquêtrice de antwoorden beïnvloedt (interviewer bias) of zelfs de vragenlijst vanuit de eigen fantasie invult.

Schriftelijke enquête

Voordelen van een schriftelijke enquête

Voordelen van een schriftelijke enquête zijn, dat:
- deze minder kostbaar is (voornaamste kosten: drukwerk vragenlijst, porto en retourporto)
- de kandidaten de gegevens kunnen verstrekken (de vragenlijst invullen) op een voor hem of haar geschikt moment
- de anonimiteit van de geënquêteerde personen beter is te handhaven.

Nadelen van een schriftelijke enquête

De nadelen van een schriftelijke enquête zijn, dat:
- de kans op foutieve invulling groter is, waardoor meer tijd en geld voor de controle van de gegevens nodig is
- het moeilijker is om de gegevens binnen te krijgen, waardoor het onderzoek wel eens op een later tijdstip dan gepland gereed zou kunnen komen
- de respons op een schriftelijke enquête vaak (zeer) laag is.

Vooral de beide laatstgenoemde nadelen van schriftelijke enquêtes zijn belangrijk. In de praktijk blijkt dat de respons, het percentage ingevulde en retourontvangen vragenlijsten ten opzichte van het totale aantal uitgezonden vragenlijsten, gering is. Teneinde de kans op non-respons te verkleinen, kunnen we de volgende maatregelen treffen:

Verkleinen van de non-respons

- persoonlijk adresseren met een duidelijke begeleidingsbrief, waarin het doel en het belang van het onderzoek uiteengezet worden en de anonimiteit gewaarborgd wordt
- een gefrankeerde retourenvelop insluiten, bijvoorbeeld via een antwoordadres
- een beloning in het vooruitzicht stellen
- een herhalingsverzoek (reminder) zenden.

● www.milieucentraal.nl

Populariteit zonnepanelen stijgt vanwege halvering prijs
Tien procent van de huishoudens in Nederland is van plan om het komende jaar zonnepanelen te kopen. De intentie tot aanschaffen is bij eigenwoningbezitters groter (14 procent) dan bij huurders (4 procent). Dat blijkt uit onderzoek van voorlichtingsorganisatie Milieu Centraal, uitgevoerd door GfK. "De belangstelling voor zonnepanelen wordt mede veroorzaakt door een enorme kostendaling. In vijf jaar is de prijs gehalveerd", zegt Mariken Stolk van Milieu Centraal.

Ongeveer twee derde van de mensen die van plan zijn zonnepanelen te kopen, wil eerst meer informatie. Voor hen is er de nieuwe website www.portaalzonnepanelen.nl, een gezamenlijk initiatief van Milieu Centraal, DNV GL (voorheen KEMA), Universiteit Utrecht, Stichting Monitoring Zonnestroom, Liander, Solar Insurance & Finance, Qing, Sun Projects, Woonbond en Aedes.

Uit het onderzoek blijkt dat potentiële kopers vooral meer willen weten over de aanschafprijs, de te verwachten besparingen, de mogelijkheden voor subsidie en de kwaliteit van zonnepanelen. De website gaat in op alle aspecten die komen kijken bij de aanschaf van zonnepanelen.

Aanschafkosten onbekend
Consumenten hebben een slecht beeld van de aanschafkosten. Veertig procent van hen overschat deze kosten, en nog eens veertig procent schat de kosten te laag in. Een zonnepanelensysteem van zes panelen kost momenteel inclusief omvormer en installatie ongeveer €2.900. De jaarlijkse opbrengst is bijna 1.300 kWh elektriciteit, ofwel €300 bij de huidige stroomprijs. Milieu Centraal heeft berekend dat het rendement van een investering in zonnepanelen vergelijkbaar is met een rente van zes procent op een spaarrekening.

Zeven procent
Op dit moment heeft naar eigen zeggen zeven procent van de huishoudens in Nederland zonnepanelen. Het aantal panelen per huishouden varieert sterk: van één tot meer dan vijftien. Door de grote spreiding is een gemiddeld aantal niet te berekenen. Vijf jaar geleden had naar schatting één tot twee procent van de huishoudens zonnepanelen.

8 juli 2014

Telefonische enquête

CATI-systeem

Dit brengt ons op de telefonische enquête. Hoe langer hoe meer wordt de persoonlijke (face-to-face-) enquête vervangen door de telefonische enquête en dan voornamelijk door het CATI-systeem (Computer Assisted Telephone Interviewing). Het is een snel systeem en minder kostbaar dan het persoonlijk bezoeken van kandidaten. De met de enquête belaste persoon zit achter een terminal en leest op het beeldscherm het telefoonnummer van de kandidaat af. Op deze monitor verschijnen ook de achtereenvolgens te stellen vragen. De antwoorden hierop worden direct ingetypt en doorgegeven aan de centrale computer, waarop de terminal is aangesloten. Eventuele verschillen, ontdekt door checkvragen, worden onmiddellijk vastgesteld en kunnen leiden tot nadere informatie. Een ander groot voordeel van dit systeem is, dat ook de routing door de vragenlijst aan de hand van de antwoorden door de computer wordt gestuurd. Als een respondent op een vraag antwoordt dat hij geen vrieskist heeft, wordt hem dus ook niet meer gevraagd welk merk dat is.

Bij de keuze van de drie ondervragingsmethoden moeten we de nadelen en de voordelen in het oog houden (zie tabel 12.1).

TABEL 12.1 Vergelijking van kwantitatieve onderzoekmethoden

Methode	Beschrijving	Voordelen	Nadelen
Schriftelijk onderzoek	Aan een steekproef wordt een schriftelijke vragenlijst met een begeleidende brief toegezonden. Om de respons te vergroten is het verstandig een reminder te versturen.	Minder last van sociaal wenselijke antwoorden. Goedkoop. Eenvoudig te organiseren.	Veelal lage respons. Respondent kan de vragenlijst in een andere volgorde invullen dan de onderzoeker wil. Vereist goede lay-out. Alleen eenvoudige doorverwijzingen te gebruiken.
Face-to-face onderzoek (CAPI, Computer Assisted Personal Interviewing)	De enquêteur bezoekt de respondent thuis of op zijn werkplek. Een voorbeeld hiervan is NIPO CAPIbus.	Lange vragenlijsten mogelijk. Gemakkelijk hulpmiddelen te gebruiken, bijv. bij gebruik laptop, digitaal tonen van tv-commercials, logo's, printadvertenties e.d. Enquêteur kan helpen als de respondent de vraag niet begrijpt.	Mogelijke beïnvloeding van de respondent door enquêteur. Relatief duur t.o.v. andere methoden.
Telefonisch onderzoek (CATI, Computer Assisted Telephone Interviewing)	De respondent wordt gebeld vanuit een callcenter. Een voorbeeld hiervan is NIPO CATI.	Relatief snel. Redelijke kosten.	Geen toonmateriaal mogelijk, wel het laten horen van een radiocommercial. Relatief korte vragenlijst. Simpele vragen.
Panelonderzoek	Een vaste groep respondenten wordt periodiek (bijv. maandelijks) geïnterviewd. Een voorbeeld hiervan is het TNS NIPO Telepanel.	Zeer snel. Redelijke kosten. Goed mogelijk ontwikkelingen te volgen.	Panel (leer)effecten.
Computergestuurd onderzoek	Bij het enquêteren wordt gebruikgemaakt van een computergestuurde vragenlijst. Computergestuurde vragenlijsten kunnen ingezet worden bij zowel face-to-face-, telefonisch als panelonderzoek.	Complexe doorverwijzingen mogelijk. Complexe antwoordcategorieën mogelijk. Tonen van logo's, audio- en videomateriaal mogelijk. Sneller en goedkoper.	Hogere investeringen om hard- en software aan te schaffen.
Internetonderzoek	Onderzoek waarbij een computergestuurde vragenlijst op een website gezet wordt.	Goedkoop. Snel. Tonen van logo's, audio- en videomateriaal mogelijk.	Alleen representatief onderzoek mogelijk voor internetgebruikers.

Bron: website tns nipo

Vragenlijst

Een vragenlijst moet, ongeacht voor welke soort enquête hij gebruikt wordt, aan de volgende eisen voldoen:

- De taal moet begrijpelijk zijn.
- Het aantal vragen moet zo klein mogelijk zijn.
- De vragen moeten kort en bondig gesteld zijn.
- De vragen moeten eenduidig zijn, dat wil zeggen: voor slechts één uitleg vatbaar. Dubbelzinnige vragen worden ook wel ambigue vragen genoemd.
- Er mogen geen vragen gesteld worden die een bepaald gewenst antwoord uitlokken, zogenaamde suggestieve vragen.
- Er mogen geen vragen bij zijn waarvan we tevoren kunnen verwachten, dat de kandidaat belang heeft bij een onjuist antwoord of waarbij we de kans lopen, dat hij een vooroordeel kan uitspreken.
- Geen dubbelvragen die elkaars tegengestelde zijn, bijvoorbeeld: 'Wenst u een kwartaal- of een jaarabonnement?' Als daar 'ja' of 'nee' op geantwoord wordt, weten we nog niets.
- Vragen die soms irritatie opwekken, zetten we bij voorkeur aan het einde van de vragenlijst, bijvoorbeeld die over het inkomen en de leeftijd.

Eisen aan de vragenlijst

Ook de vraagvolgorde is uiteraard van belang. Wat dat betreft worden nog openingsvragen ('Mag ik u een paar vragen stellen?'), selectievragen ('Bent u dit jaar met vakantie geweest?') en afsluitvragen ('Mag ik tot slot uw leeftijd weten?') onderscheiden.

Openings-, selectie- en afsluitvragen

Praktisch altijd is bij een enquête sprake van een zogenoemd gestructureerd interview. Dat is een interview waarbij de vragen, de antwoordmogelijkheden en de volgorde van de vragen volledig vastliggen. Een gestructureerd interview bestaat (bijna) uitsluitend uit gesloten vragen.

Gestructureerd interview

Een onderzoek kan mislukken door een onjuist opgestelde vragenlijst. Bij grote onderzoeken wordt daarom vaak een proefenquête (pilot-onderzoek) van beperkte omvang gehouden om de bruikbaarheid van de vragenlijst in de praktijk te toetsen. Het bijkomende voordeel hiervan is, dat ook inzicht wordt verkregen in de tijd die nodig is om een dergelijk vraaggesprek te voeren.

Proefenquête (pilot-onderzoek)

Soorten vragen

In een vragenlijst kunnen we gebruikmaken van verschillende soorten vragen, namelijk: open, gesloten, meerkeuze-, dichotome en meervoudige vragen.

Een voorbeeld van een open vraag is: 'Waarom geeft u de voorkeur aan een auto van het merk Opel?' De geënquêteerde kan daarover een heel verhaal vertellen. Aan de antwoorden moeten we achteraf toch een soort codering geven om ze te kunnen verwerken.

Open vraag

Dit laatste is niet nodig bij gesloten vragen. Daar zijn de antwoordmogelijkheden al gegeven. Het juiste antwoord behoeft slechts te worden aangekruist.

Gesloten vraag

Bij meerkeuzevragen (multiplechoicevragen) zijn er antwoordmogelijkheden gegeven die elkaar uitsluiten. Alleen het relevante antwoord behoeft te worden aangekruist, bijvoorbeeld de klasse van het inkomen. (Bij het

Meerkeuzevragen

NIMA A-examen wordt naast open vragen ook gebruikgemaakt van meerkeuzevragen, waarbij slechts één van de gegeven antwoordmogelijkheden juist is.)

Dichotome vraag

Bij een dichotome vraag zijn er slechts twee antwoordmogelijkheden. Bijvoorbeeld: ja/nee, man/vrouw, klant/geen klant. Overigens zijn alle vragen te dichotomiseren: zijn er in een vraag bijvoorbeeld zes inkomenscategorieën onderscheiden, dan kunnen we die achteraf herleiden tot twee, bijvoorbeeld: 'meer dan €2.500' en 'tot en met €2.500'.

Meervoudige vragen

Bij meervoudige vragen zijn er ook mogelijkheden gegeven, maar nu kan meer dan één antwoord aangekruist worden. Bijvoorbeeld: 'Bezit u:
- een multiroom/draadloos audiosysteem
- een home cinema receiver
- een receiver
- een versterker
- een microsysteem
- luidsprekers

Meetniveaus

De gegevens die we door marktonderzoek trachten te verzamelen worden variabelen genoemd. Een variabele kan daarbij verschillende waarden aannemen. Voorbeelden zijn:

Variabele	Voorbeelden van waarden
• gewicht	• 67 kilo, 89 kilo, 122,37 gram
• aantal televisies in het gezin	• 1, 2, 3
• resultaat van een wedstrijd	• eerste, tweede, derde
• geslacht	• man, vrouw
• godsdienst	• katholiek, hervormd, moslim

We zien dat de waarden die de verschillende variabelen aan kunnen nemen, van elkaar verschillen. In het ene geval is er sprake van een cijfermatige uitkomst (gewicht en aantal televisies in het gezin), in het andere geval van een volgorde (resultaat van een wedstrijd) en in nog een ander geval van slechts één of meer namen (geslacht en godsdienst). We zeggen dan ook dat er verschillende meetniveaus of schaaltypen zijn (ezelsbruggetje: NOIR):

Meetniveaus of schaaltypen

Nominale schaal
- *Nominale schaal.* Hierbij gaat het om kenmerken die als sorteerkenmerk kunnen fungeren. We moeten dan aan het kenmerk een codenummer toekennen. Voorbeelden zijn woonplaats, burgerlijke staat, religie en geslacht.

Ordinale schaal
- *Ordinale schaal.* Hierbij geven de kenmerken slechts een rangorde aan. De verschillende afstanden tussen de mogelijke kenmerken zijn echter niet gelijk. Een typisch voorbeeld vormen de rangen in het leger en de onderverdeling tussen opleidingsniveaus: vmbo, havo, vwo. Andere voorbeelden zijn: de beoordeling met cijfers in het Nederlandse onderwijs, de veelgebruikte 5-puntsschaal bij opiniepeilingen (zeer mee eens - mee eens - neutraal - mee oneens - zeer mee oneens). Bij een ordinale schaal is dus de volgorde duidelijk, maar zijn de verschillen niet interpreteerbaar: 'zeer mee eens' ligt niet noodzakelijk net zo ver boven 'mee eens' als dat 'mee eens' boven 'neutraal' ligt.

- *Intervalschaal.* Hierbij staan de kenmerken ook in een bepaalde volgorde, maar zijn de afstanden tussen de opeenvolgende kenmerken (de intervallen) gelijk. Het enige wat ontbreekt is een echt ('natuurlijk') nulpunt. Dergelijke schalen hebben meestal wel een nulpunt, maar dat is dan een afgesproken nulpunt. In het marktonderzoek, maar ook in de praktijk, komt dit meetniveau nauwelijks voor. Enkele variabelen met interval meetniveau zijn: de jaartelling (het jaar 2016), de tijd (het is nu twaalf uur) en de temperatuur (in graden Celsius).

Intervalschaal

- *Ratioschaal.* Deze schaal is gelijk aan de interval schaal, maar heeft wel een natuurlijk nulpunt. De schaal komt zeer veel voor en heeft betrekking op meetbare kenmerken, zoals gewicht, lengte, afstand, hoeveelheden, bedragen en prijzen.

Ratioschaal

Hierna bespreken we nog twee aspecten van deze verschillende soorten variabelen:
- analyse en meetniveau
- continue en discontinue variabelen.

Analyse en meetniveau
Er zijn drie criteria om de hiervoor besproken meetniveaus van elkaar te onderscheiden: rangorde, vaste afstanden tussen schaalpunten en absoluut ('natuurlijk') nulpunt. We laten dit in tabel 12.2 zien.

TABEL 12.2 Meetniveaus en kenmerken

Meetniveau	Rangorde	Vaste afstanden	Echt nulpunt
Nominaal	–	–	–
Ordinaal	•	–	–
Interval	•	•	–
Ratio	•	•	•

In verband met deze verschillende kenmerken mogen we niet zonder meer bij ieder meetniveau elk kengetal berekenen (zie voor de hier genoemde kengetallen het volgende hoofdstuk). Om een voorbeeld te noemen: bij een nominale variabele is het weinig zinvol om een gemiddelde te berekenen: wat is het gemiddelde van twee koeien en drie paarden? Vooruitlopend op de behandeling van deze kengetallen geven we in tabel 12.3 vast aan welk kengetal we voor welk meetniveau mogen berekenen. We mogen overigens bij een intervalmeetniveau ook geen verhoudingsgetallen berekenen. Het is om 12.00 uur bijvoorbeeld niet 'twee keer zo laat' als om 6.00 uur; maar iemand die €2.000 verdient, verdient wel twee keer zoveel als iemand die €1.000 verdient.

TABEL 12.3 Meetniveaus en kengetallen

Meetniveau	Modus	Mediaan	Gemiddelde	Standaarddeviatie
Nominaal	•	–	–	–
Ordinaal	•	•	–	–
Interval	•	•	•	•
Ratio	•	•	•	•

Continue en discontinue variabelen
Variabelen kunnen niet alleen worden onderscheiden naar meetniveau, maar ook naar het aantal afzonderlijke waarden dat zij kunnen aannemen. Laten we kijken naar de variabele 'godsdienst'. Dit heet een discontinue variabele, omdat deze alleen – één of meer – afzonderlijke waarden kan aannemen. Hetzelfde geldt voor de hiervoor genoemde variabelen 'aantal televisies in het gezin', 'resultaat van een wedstrijd' en 'geslacht'. Met een heel ander soort variabele hebben we te maken als we praten over iemands gewicht of gemiddeld inkomen. Dergelijke variabelen kunnen in feite alle mogelijke waarden aannemen (afhankelijk van het aantal posities achter de komma). Deze variabelen worden daarom continue variabelen genoemd. Nominale en ordinale variabelen zijn altijd discontinu. Interval- of ratiovariabelen kunnen zowel continu als discontinu zijn.

Schaaltechnieken

Schaaltechnieken zijn methoden om een schaal te construeren. Een schaal is een met zorg samengestelde verzameling uitspraken, met als doel een bepaald construct te meten. Dit is een theoretisch begrip of concept dat niet direct observeerbaar is. Met die schaal worden dan subjecten (personen) en/of objecten (dingen) gemeten ('geschaald'). Een voorbeeld uit de psychologie is de meting van de intelligentie met behulp van de iq-test, die samengesteld is uit een groot aantal vragen en opdrachten. De uitspraken, die samen de schaal vormen, worden de schaalitems genoemd.

We behandelen de volgende in het marktonderzoek veelvoorkomende schaaltechnieken: de Likert-schaal en de Osgood-schaal (semantische differentiaal).

De **Likert-schaal** is een instrument (deel van een vragenlijst) dat bestaat uit een aantal verschillende uitspraken waarvan de respondent op een vijfpuntsschaal kan aangeven of hij het er wel of niet mee eens is. Het gaat hierbij dus niet om een vraag, maar om een uitspraak of stelling. Die verschillende uitspraken worden Likert-schaalitems genoemd en worden bij voorkeur extreem positief of negatief geformuleerd, omdat ze dan vaak beter te interpreteren zijn. Het meetniveau is ordinaal. Bij een Likert-schaalitem dient altijd gekozen te worden uit: 'helemaal mee eens', 'enigszins mee eens', 'noch mee eens, noch mee oneens', 'enigszins mee oneens' en 'helemaal mee oneens'. De Likertschaal is uitstekend geschikt voor het meten van attituden en imago's. De schaalconstructie start met het bij elkaar zoeken van relevante uitspraken (items) die betrekking hebben op het onderwerp. Vervolgens wordt een selectie van de krachtigste items gemaakt, items waar het meest verschillend op wordt geantwoord. Vaak wordt per respondent vervolgens de som van de scores op de items berekend. Zie het voorbeeld in figuur 12.1.

FIGUUR 12.1 Likert-schaalitem

A 'Scholieren moeten over snipperdagen kunnen beschikken'

Volledig mee eens | 1 | 2 | 3 | 4 | 5 | Volledig mee oneens

Bij de Osgood-schaal is een aantal tegengestelde woordparen tegenover elkaar gezet, bijvoorbeeld koud en heet, waarbij de respondent op een vijf- of zevenpuntsschaalverdeling kan aangeven in hoeverre hij die woorden bij het onderzochte object vindt passen. Omdat hierbij tegengestelde woordparen worden gebruikt, wordt de Osgood-schaal ook wel een semantische differentiaal genoemd. Zie voor een voorbeeld van een schaalitem figuur 12.2.

Osgood-schaal

FIGUUR 12.2 Osgood-schaalitem

Kip is: Lekker | 1 | 2 | 3 | 4 | 5 | Niet lekker

In principe is de Osgood-schaal ordinaal, maar omdat er boven de keuzehokjes getallen staan, wordt de schaal in de onderzoekpraktijk vaak als een intervalschaal gehanteerd. Er wordt dan bijvoorbeeld een gemiddelde berekend, terwijl dat strikt genomen niet zou mogen.
De Osgood-schaal wordt bijvoorbeeld gebruikt om attituden ten opzichte van producten of merken te meten. De uitkomsten van zo'n onderzoek kunnen we vastleggen in een *profiel*. Vaak worden profielen van verschillende producten of merken in eenzelfde figuur getekend, opdat we ze in samenhang kunnen analyseren (zie figuur 12.3).

FIGUUR 12.3 Semantische differentiaal (Osgood-schaal)

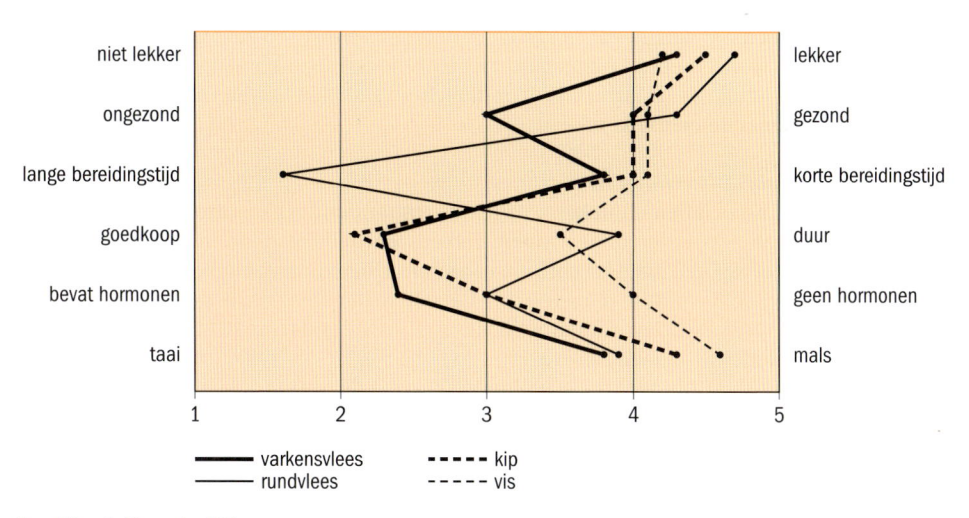

Bron: *Adformatie*, 10 november 1988

Interview
Vooral bij kwalitatief onderzoek wordt gebruikgemaakt van het interview. Een interview is een vraaggesprek tussen een interviewer en een respondent. Interviews kunnen worden opgedeeld naar verschillende aspecten:
- *de wijze van samenwerking van de opdrachtgevers*: omnibus-, multiclient- en poolinginterviews

Interview

- *de wijze van contact met de respondent*: internet-, schriftelijke, telefonische en persoonlijke interviews
- *de plaats waar het interview wordt afgenomen*: op straat, bij de geïnterviewde thuis (in-home-interview) of daar waar het product gebruikt wordt (in-use-interview)
- *de opzet van het interview*: single respondent en (focus) groupinterviews.

Al deze vormen van interviews en de bijbehorende voor- en nadelen kwamen in dit of in het vorige hoofdstuk aan de orde. Daarnaast kunnen interviews nog worden onderscheiden naar:
- *de mate van gestructureerdheid van het interview*: open of halfgestructureerde interviews.

Open interview
- Bij het open interview vindt er een gesprek plaats tussen een goed opgeleide interviewer en één respondent aan de hand van een aantal gesprekspunten. De respondent kan zo vrij mogelijk zijn gedachten uiten. De interviewer heeft tot taak ervoor te zorgen dat alle facetten van het onderwerp aan de orde komen en in voldoende mate worden uitgediept. Deze onderzoeken worden dan ook wel diepte-interviews genoemd. Ze worden vaak gebruikt in de voorbereidingsfase van bijvoorbeeld een enquête.

Halfgestructureerde interview
- Bij het halfgestructureerde interview wordt een vragenlijst gebruikt, die deels gestructureerd en deels ongestructureerd is.

Associatie- en projectietechnieken

Het marktonderzoek is niet alleen gericht op feitenmateriaal, maar vaak ook op de motieven die ten grondslag liggen aan de beslissingen van afnemers. We zijn dan bezig met kwalitatief onderzoek. Het is geen eenvoudige zaak om dit te onderzoeken, want respondenten kunnen of willen hun motieven niet altijd aangeven. Dergelijk onderzoek vereist een zekere deskundigheid en wordt meestal uitgevoerd met technieken die afkomstig zijn uit de psychologie. Daarbij wordt onderscheid gemaakt tussen associatie- en projectietechnieken.

Associatietechnieken
Bij associatietechnieken worden de respondenten geconfronteerd met bepaalde woorden of begrippen. Telkens wordt de respondent een woord, een deel van een zin, een cartoon of andere afbeelding voorgelegd, waarbij deze verzocht wordt te reageren met het eerste het beste dat in gedachten komt. Verondersteld wordt namelijk dat zo'n eerste gedachte het best de werkelijke reactie (associatie) weergeeft.

Cartoontechniek Bij de cartoontechniek (balloontest) krijgt de respondent één plaatje voorgelegd, waarop bijvoorbeeld twee personen een gesprek voeren. De balloon van de ene persoon vermeldt een tekst, de andere balloon is leeg. De respondent moet de lege balloon van een tekst voorzien.

Vrije woordassociatie De vrije woordassociatie is een test waarbij de deskundige een aantal woorden noemt en de respondent telkens andere woorden noemt, die het eerst in gedachten komen.

Zinsaanvulling De zinsaanvulling is een techniek die lijkt op de woordassociatie. De deskundige geeft een zin, waarvan een deel nog door de respondent moet worden ingevuld. Bijvoorbeeld: 'Als ik aan thee denk, dan denk ik het eerst aan.'

Projectietechnieken
Indirecte vraagstelling Er zijn verschillende projectietechnieken. Eén daarvan is de indirecte vraagstelling (ook wel de derdepersoontechniekgenoemd), waarbij een vraag

langs een omweg gesteld wordt. Als iemand rechtstreeks wordt gevraagd of hij of zij bang is per vliegtuig te reizen, zal deze vaak een ontkennend antwoord geven. De respondent houdt zich graag stoer. Wordt gevraagd of de respondent denkt dat veel mensen bang zijn om een vliegreis te maken, dan is er meer kans op een bevestigend antwoord. De respondent projecteert in zo'n geval vaak de eigen angst op de veronderstelde angst van andere mensen.

Bij de photosorttechniek worden foto's gebruikt die de respondent bij een bepaald product of een bepaald merk moet leggen. De foto's betreffen dan bijvoorbeeld bekende personen.

Photosorttechniek

De bij deze techniek gebruikte foto's zijn niet willekeurig. De onderzoeker heeft in voorafgaand onderzoek vastgesteld welke betekenis aan elk van de foto's moet worden gehecht.

12.3 Experiment

Experimenten vinden vooral plaats om de reacties van het publiek vast te stellen. Meestal vinden experimenten in een bepaalde regio of bij een bepaalde groep consumenten plaats. Ze komen in verschillende vormen voor. Ze bestaan vaak uit voordelige aanbiedingen of uit het gratis verstrekken van artikelen aan het publiek, waarbij of waarna de reactie gevraagd wordt.

Experimenten kunnen onderscheiden worden in:
- laboratoriumexperimenten, ook wel experimentele onderzoekmeting genoemd
- veldexperimenten, ook wel natuurlijke onderzoekmeting genoemd.

Dit onderscheid loopt parallel aan het onderscheid in gecontroleerd en ongecontroleerd experiment.

Laboratoriumexperimenten
Een laboratoriumexperiment is gecontroleerd experimenteel onderzoek waarin het effect van de experimentele variabele(n) op de afhankelijke variabele(n) wordt vastgesteld. Om te kunnen concluderen dat de experimentele variabele de enige variabele is die het effect veroorzaakt, wordt de mogelijke invloed van andere variabelen zoveel mogelijk uitgeschakeld. Dit wordt gedaan door het experiment uit te voeren in een stringent gecontroleerde situatie.

Laboratoriumexperimenten worden vaak toegepast bij het testen van producten (product tests). Hoe komen bepaalde eigenschappen van het product bij de proefpersonen over? De testmethoden zijn vaak gebaseerd op smaak, geur, aandacht, herinnering enzovoort.

Het laboratoriumexperiment is een extreme vorm van een *gecontroleerd experiment*. Dat is een experimentele opzet, waarin de onderzoeker controle heeft over wie wanneer aan welke experimentele conditie wordt blootgesteld en wanneer en bij wie de effecten gemeten worden. Een belangrijk kenmerk van een gecontroleerd experiment is het hebben van een experimentele groep en een controlegroep die op basis van toeval zijn samengesteld. Een gecontroleerd experiment kan zowel een laboratorium- als een veldexperiment betreffen.

Gecontroleerd experiment

Veldexperimenten
Een veldexperiment is een vorm van causaal onderzoek waarbij de invloed van de experimentele variabele(n) op de afhankelijke variabele(n) wordt vastgesteld. In tegenstelling tot het laboratoriumexperiment wordt het veldexperiment uitgevoerd in een realistische situatie. Om het effect van de experimentele variabele zo goed mogelijk vast te kunnen stellen, worden mogelijke storende variabelen zoveel mogelijk onder controle gehouden. Er is doorgaans minder controle over deze storende variabelen dan in een laboratoriumexperiment. Er wordt onderscheid gemaakt tussen een aantal soorten veldexperimenten, zoals productuitzettingen, testmarkt en splitrun-test.

Productuitzettingen

Bij productuitzettingen wordt een meestal nieuw product aan een per steekproef bepaalde groep personen verstrekt, met de bedoeling dat zij het product in eigen omgeving uitproberen. Na enige tijd wordt dan naar de ervaringen van deze personen met het product gevraagd. Dit wordt ook wel een in-home-usetest genoemd.

Testmarkt

Bij een testmarkt wordt een product onder normale omstandigheden op een bepaald deel van de markt gebracht. De testmarkt wordt zo gekozen, dat die representatief geacht kan worden voor de totale markt. Het doel is te toetsen of het product wordt geaccepteerd. Dit is vast te stellen door de mate waarin het product wordt gewaardeerd en ook gekocht.

Split-run-test

De split-run-test wordt onder andere gebruikt voor het testen van advertenties, maar bijvoorbeeld ook bij direct mail, om verschillende varianten van een mailing uit te testen. Bij een dergelijk soort test worden verschillende varianten voorgelegd of gestuurd aan twee of meer representatieve subgroepen uit de beoogde doelgroep.

● www.retaildetail.nl

AH to go wordt testmarkt voor Albert Heijn
AH to go wordt een testmarkt voor de reguliere supermarkten van Albert Heijn, schrijft de marktleider in de jongste editie van het personeelsblad Ahá.

Van AH to go naar de AH-wijksuper
In een artikel waarin Albert Heijn de versnelling van het innovatie- en productontwikkelingstraject voor AH to go toelicht, geeft het bedrijf aan dat er bij AH to go voortaan veel sneller zal worden geïntroduceerd en gerouleerd. Via het gemaksconcept wil AH nieuwe, trendy producten supersnel aanbieden: doelstelling is vier weken tussen productidee en het schap.

"Zo snel als er wordt geïntroduceerd, wordt er ook geëvalueerd", aldus het artikel in de Ahá van oktober. "Voldoet een product niet aan de verwachting, dan is het product vier weken later al weer van het schap verdwenen. Slaat een product wel aan, dan ligt distributie-uitbreiding naar de wijkwinkel, naar België en naar Duitsland in het verschiet." Daarmee wordt het gemaksconcept dus een testmarkt voor de reguliere wijksupermarkten van Albert Heijn in Nederland en België, en de AH to go-winkels die de retailer in Duitsland exploiteert.

> **AH: minder dogma, meer dynamiek**
> In september veklaarde Albert Heijn veel sneller te willen innoveren. In de regel duurt het soms wel een jaar voordat een productidee van Albert Heijn uiteindelijk in het schap belandt. Dan wordt zo'n idee eerst aan leveranciers voorgelegd en gaat er veel tijd overheen voordat de leverancier een product heeft dat aan de wensen van Albert Heijn voldoet.
>
> Albert Heijn zal dan ook qua design iets minder kieskeurig worden, om tijd te winnen. De strikte regelgeving over de manier waarop product en verpakking er uit moeten zien, blijken behoorlijk tijdrovend. Die designdogmatiek laat AH to go nu los, ten faveure van de dynamiek in het schap.
>
> 20 oktober 2014

Samenvatting

- Methoden van gegevensverzameling zijn onder meer *observatie* en *registratie*, *ondervraging* en *experiment*.
- Observatie kan zowel kwalitatief als kwantitatief zijn (kwalitatief: *mystery shopper*); voorbeeld van registratie: *scanning*. Bij consumenten: *pantrycheck* of *dustbin-check*.
- Onderscheid tussen *enquête* (kwantitatief onderzoek) en *interview* (kwalitatief onderzoek). Bij enquêtes worden *(half)gestructureerde vragenlijsten* gebruikt.
- De *mondelinge enquête*, de *schriftelijke enquête* en de *telefonische enquête* hebben ieder hun eigen voor- en nadelen.
- Er zijn verschillende typen *vragen*, zoals openings-, selectie- en afsluitvragen, en open en gesloten vragen.
- Variabelen hebben hun eigen *meetniveau*. We onderscheiden: nominaal, ordinaal, interval- en ratiomeetniveau.
- *Continue variabelen* kunnen (binnen een bepaald interval) alle waarden aannemen. *Discontinue variabelen* kunnen slechts een beperkt aantal waarden aannemen.
- Bij de *Likert-schaal* wordt aan de ondervraagden een aantal uitspraken voorgelegd, waarbij gekozen kan worden uit vijf antwoorden, van 'geheel mee eens' tot 'geheel mee oneens'.
- Bij de *Osgood-schaal (semantische differentiaal)* worden tegengestelde woordparen gebruikt.
- Motieven kunnen onder andere onderzocht worden met *associatietechnieken*, zoals de *cartoontechniek*, *woordassociaties* en *zinsaanvulling*. Ook mogelijk: *projectietechnieken*, bijvoorbeeld via de *indirecte vraagstelling* of *photosort*.
- Onderscheiden worden *laboratoriumexperimenten* en *veldexperimenten*, meestal *ongecontroleerde experimenten*. Daarnaast ook het *gecontroleerde experiment*.

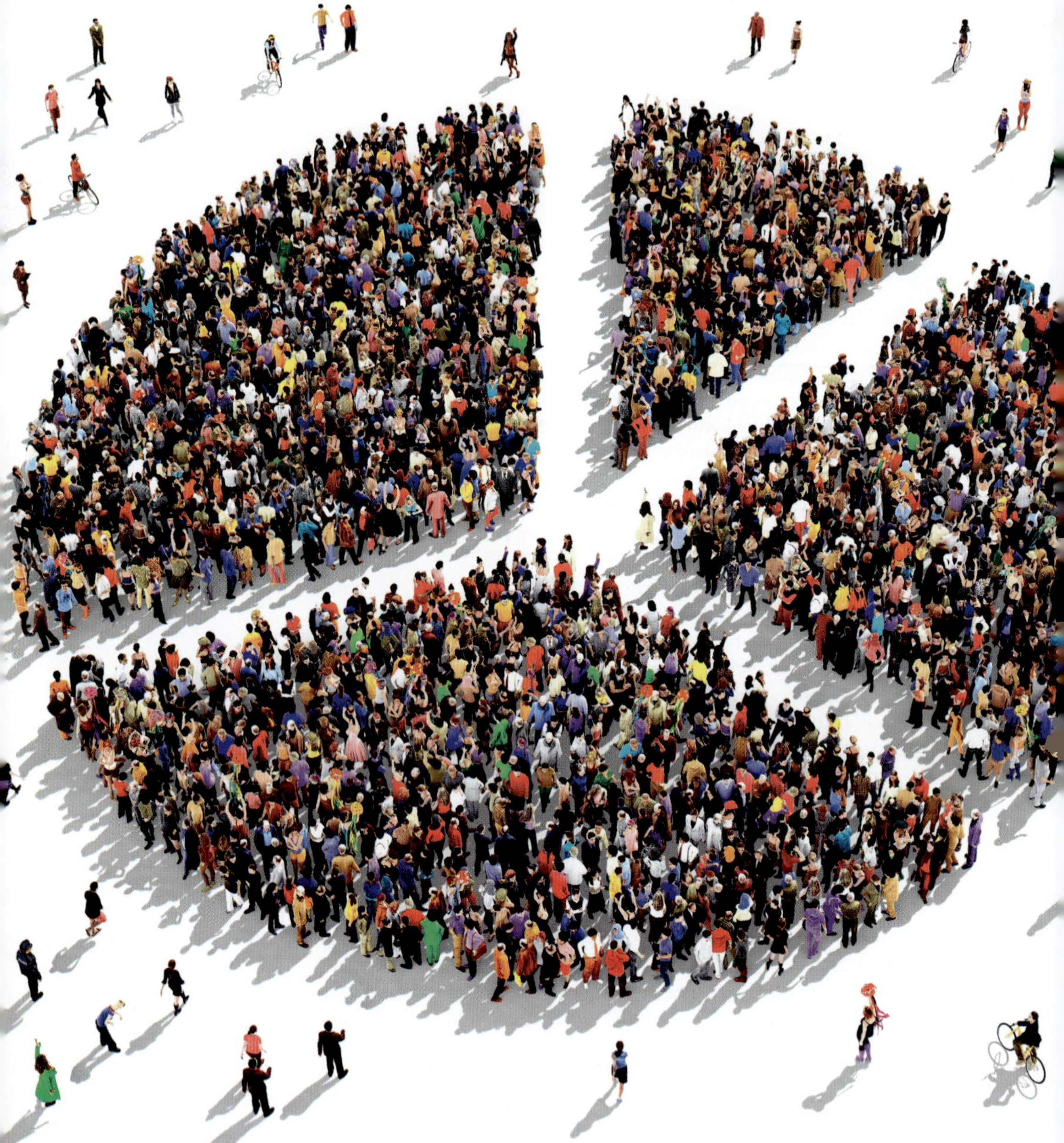

13
Statistische onderzoektechnieken

13.1 **Statistiek**
13.2 **Tabellen en grafieken**
13.3 **Centrummaten**
13.4 **Spreidingsmaatstaven**
13.5 **Normale verdeling**
13.6 **Steekproefonderzoek**
13.7 **Methoden van steekproeftrekking**

In het marktonderzoek wordt door mondelinge, schriftelijke of telefonische enquêtes een grote hoeveelheid gegevens verzameld. Het probleem is echter, dat die gegevens niet direct gebruikt kunnen worden. Wat moeten we immers met een groot aantal ingevulde vragenlijsten? Door het bekijken van alle individueel door de respondenten gegeven antwoorden krijgen we niet meer dan een globale indruk van de uitkomsten. De verkregen antwoorden zullen dus eerst bewerkt moeten worden. Pas dan kan een duidelijk beeld gegeven worden van de resultaten van het onderzoek. In dit hoofdstuk zullen ten behoeve van het verwerken en bewerken van marktonderzoekgegevens enkele belangrijke statistische onderzoektechnieken behandeld worden.
In paragraaf 13.1 maken we eerst enkele opmerkingen over het begrip statistiek. In de daaropvolgende drie paragrafen laten we zien hoe we grote hoeveelheden gegevens overzichtelijk en inzichtelijk kunnen presenteren in tabellen en grafieken. In paragraaf 13.5 behandelen we een bijzondere soort verdeling, de zogenoemde normale verdeling, die in de statistiek een zeer belangrijke rol speelt. De paragrafen 13.6 en 13.7 zijn gewijd aan steekproefonderzoek, aan de vraag hoe we een steekproef kunnen trekken en aan de manier waarop we op basis van steekproefresultaten een schatting kunnen maken voor de totale populatie waaruit de steekproef getrokken is.

13.1 Statistiek

Teneinde een beter inzicht te krijgen, zullen de door marktonderzoek verzamelde gegevens geteld, gegroepeerd en verwerkt moeten worden. Hierbij maken we gebruik van de statistiek. Statistiek kan in dit verband als volgt gedefinieerd worden.

Definitie statistiek

> Statistiek is de wetenschap die zich bezighoudt met het waarnemen, bestuderen en analyseren van massaverschijnselen.

Massaverschijnsel

Een massaverschijnsel is een groep gelijksoortige verschijnselen. Soms gaat het bij een massaverschijnsel inderdaad om een zeer groot aantal, bijvoorbeeld bij volkstellingen. Wanneer er in Nederland nu een volkstelling zou worden gehouden, bestaat de massa uit ongeveer zeventien miljoen personen. Wanneer we 150 vaste klanten hebben en we zouden van die klanten een afzetoverzicht willen samenstellen, bestaat die massa uit maar 150 afnemers. Een massaverschijnsel behoeft dus niet per definitie een massaal verschijnsel te zijn.

● www.telegraaf.nl

Van Gaal geeft 'college' statistiek

Van onze Telesportredactie
Louis van Gaal heeft de Engelse pers dinsdag om de oren geslagen met vier A4'tjes vol statistieken. De manager van United voelde klaarblijkelijk al aan dat hij vragen zou krijgen over de vele lange ballen die zijn ploeg zondag speelde tegen West Ham United (1-1).

Van Gaal wilde het beeld bestrijden dat zijn ploeg leunt op het hanteren van de lange bal. Dat beeld werd zondag na de wedstrijd neergezet door West Ham-coach Sam Allardyce. "Lange bal United". Allardyce omschreef de tactiek van de Mancunians zondag in Upton Park als "ram maar naar voren en kijk wat er gebeurt".

Van Gaal diende de coach dinsdag van repliek. "West Ham speelde 71 procent van de lange ballen richting hun aanvallers. Bij ons was dat maar 49 procent. Het beeld dat United een ploeg is van de lange bal klopt gewoon niet. Bovendien gingen de meeste lange ballen diagonaal over het veld om het spel te verplaatsen. Gedurende zeventig minuten lieten we de bal rondgaan. Toen onze goal maar niet viel, hebben we stijl de wat aangepast met inderdaad meer lange ballen. Daarna scoorden we, dus dat was een goede beslissing."

Van Gaal voordat hij wegbeende: "Ik geef jullie deze statistieken. Jullie mogen een kopie maken en ze voorleggen aan 'Big Sam'. Misschien kan hij jullie een goede interpretatie van deze cijfers geven."

10 februari 2015

13.2 Tabellen en grafieken

Als we honderd willekeurige mensen vragen hoe lang ze zijn, zullen we een uiteenlopend aantal antwoorden krijgen. De ene is misschien 1,65 m en de ander 1,85 m. Als er zich tussen die honderd mensen ook kinderen bevinden, zal een bepaald deel van de antwoorden beneden de 1,65 m liggen. Als we alle antwoorden naast elkaar zetten, zullen we merken dat we daardoor nog geen goed beeld hebben van de lengte van de ondervraagde personen.
We hebben weliswaar honderd waarnemingen, maar die waarnemingen op zichzelf zeggen nog niet zoveel.

VOORBEELD
Stel, een ondernemer heeft de afgelopen week in totaal 120 facturen verzonden. Nu zal elke factuur een heel andere factuurwaarde hebben. De verschillende afleveringen zullen niet allemaal even groot geweest zijn of op dezelfde producten betrekking hebben gehad. Het ene product zal ook duurder zijn geweest dan het andere product.
Stel, dat het gaat om de volgende factuurbedragen, waarbij we de btw buiten beschouwing hebben gelaten.

€15	€40	€32	€44	€49
€37	€50	€41	€65	€34
€51	€19	€56	€21	€76
€30	€13	€15	€77	€65
€69	€40	€55	€43	€22
€86	€55	€39	€74	€49
€42	€31	€24	€21	€38
€61	€51	€49	€55	€83
€37	€29	€10	€43	€46
€57	€63	€52	€73	€54
€29	€42	€26	€34	€33
€62	€70	€71	€53	€57
€24	€45	€52	€68	€46
€47	€64	€35	€26	€60
€69	€50	€59	€59	€47
€35	€27	€42	€71	€60
€ 6	€79	€ 3	€16	€54
€46	€54	€27	€69	€98
€86	€ 4	€19	€38	€ 6
€32	€47	€49	€48	€76
			€50	€47
				€61

Er is dus sprake van een grote variatie aan factuurbedragen. Maar louter een opsomming van factuurbedragen, zoals hiervoor, geeft nog bijzonder weinig informatie. Door de methoden die de statistiek ons biedt, kunnen we voorgaande gegevens meer inzichtelijk maken.

Een van de hulpmiddelen om inzicht in een verzameling elementen te verkrijgen, is de frequentieverdeling.

Definitie frequentieverdeling

> Een frequentieverdeling van een variabele geeft aan hoe vaak elke waarde (of klasse) van de variabele voorkomt.

Een *variabele* is de aanduiding voor een willekeurig element van een verzameling. Een variabele kan verschillende waarden aannemen. Deze waarden kunnen een continuüm vormen (continue variabele) of slechts bepaalde waarden (discontinue variabelen) aannemen. Het gewicht van respondenten is een continue variabele; geslacht en aantal kinderen een discontinue variabele.

Uit het in het voorbeeld genoemde overzicht kunnen we niet zonder meer een indruk krijgen van de verdeling van de verschillende factuurbedragen naar factuurwaarde. Het enige wat we op dit moment weten, is dat het in totaal om 120 factuurbedragen gaat. We kunnen ook zeggen dat we in totaal 120 waarnemingen hebben. Dit wordt de totale frequentie genoemd. Het aantal keren dat een bepaald factuurbedrag (waarneming) voorkomt, noemen we de absolute frequentie van die waarneming. Het aantal inwoners in Nederland bedroeg op 1 januari 2002 bijvoorbeeld ruim 16 miljoen. Als we van al die inwoners de leeftijd weten, is de totale absolute frequentie van die waarnemingen dus ruim 16 miljoen.

Totale frequentie

Absolute frequentie

Samenstellen van een frequentietabel

Teneinde een bepaalde hoeveelheid gegevens inzichtelijker te kunnen maken, zullen we die gegevens op de een of andere manier moeten groeperen en onderbrengen in een tabel. Zo'n tabel noemen we een frequentietabel. Een frequentietabel is niets anders dan de weergave van een frequentieverdeling in tabelvorm. In deze paragraaf zullen we de verschillende stappen bespreken die nodig zijn om tot een goede frequentieverdeling te komen.

Frequentietabel

We gaan eerst kijken wat de hoogste en laagste waarneming is, ofwel wat in ons voorbeeld het hoogste en laagste factuurbedrag is. We noemen dit de variatiebreedte. De variatiebreedte of range is dus het verschil tussen de hoogste en de laagste waarneming. In ons voorbeeld is de laagste factuurwaarde €3 en de hoogste factuurwaarde €98. De variatiebreedte bedraagt dus €98 − €3 = €95.

Variatiebreedte

Deze variatiebreedte op zichzelf zegt natuurlijk nog niets. Het enige wat we nu weten is, dat er een bepaalde spreiding bestaat. Met andere woorden: de factuurwaarden bevinden zich tussen deze twee uitersten. Wat we niet weten is of alle factuurbedragen die tussen deze twee uiterste grenzen liggen, min of meer gelijkelijk zijn verdeeld. Om dat te kunnen bepalen, zullen we de variatiebreedte moeten opsplitsen in een aantal delen. Die delen noemen we klassen.

Klassen

In eerste instantie kunnen we alle delen even groot maken. We zeggen dan dat er sprake is van gelijke klassenbreedten. In ons voorbeeld zouden we bijvoorbeeld klassen krijgen van €0 – < €10, van €10 – < €20, van €20 – < €30 enzovoort. We gaan dus uit van een klassenbreedte van €10. Het gebruikte teken < betekent minder dan of kleiner dan. Vervolgens gaan we na welke facturen tot elk van deze klassen behoren. De diverse factuurwaarden kunnen we in de verschillende klassen onderbrengen door turven. In tabel 13.1 hebben we zo'n turfstaat voor de 120 facturen weergegeven.

Klassenbreedten

Turfstaat

Elke klasse kent een onder- en een bovengrens. We noemen dit de klassengrenzen. De klassengrenzen geven dus de uiterste waarden aan die in een

Klassengrenzen

klasse kunnen voorkomen. In ons voorbeeld is de eerste klasse die van €0 – < €10. Hierin brengen we alle factuurbedragen onder van €0,01 tot en met €9,99. In de tweede klasse worden alle factuurwaarden opgenomen van €10 tot en met €19,99 enzovoort.

Overigens moeten we de klassengrenzen zodanig kiezen, dat één waarneming slechts in één klasse kan worden ondergebracht. Als we bijvoorbeeld een klassenbreedte gekozen hebben van €0 – €10, van €10 – €20 enzovoort, dan zullen we een factuur met een factuurwaarde van €10 zowel in de eerste als in de tweede klasse kunnen onderbrengen. Het teken – betekent in de statistiek namelijk tot en met.

TABEL 13.1 Turfstaat van 120 facturen naar factuurwaarde

Factuurbedrag (in €)	Aantal facturen
0 – < 10	////
10 – < 20	//// ///
20 – < 30	//// //// //
30 – < 40	//// //// //// ////
40 – < 50	//// //// //// //// ////
50 – < 60	//// //// //// //// /
60 – < 70	//// //// ////
70 – < 80	//// ////
80 – < 90	////
90 – < 100	//

Het bepalen van de klassengrenzen is echter niet altijd even gemakkelijk. Als we het aantal klassen namelijk te klein maken, krijgen we maar een beperkt inzicht in de gegevens. Maken we daarentegen het aantal klassen te groot, dan vervallen we weer te veel in details.

VOORBEELD
Zouden we in ons voorbeeld de klassenbreedte terugbrengen van €10 naar €5, dan zou het aantal klassen verdubbelen. Daardoor wordt het beeld aanmerkelijk minder duidelijk dan nu het geval is. Zouden we een klassenbreedte van €20 gebruiken, dan halveren we het aantal klassen, waardoor weer veel informatie verloren dreigt te gaan.

Wel is er een hulpmiddel om de klassenbreedte te bepalen. In het algemeen kan namelijk het aantal klassen globaal worden bepaald door de wortel uit het aantal waarnemingen te nemen, met een maximum van 20 klassen. In dit voorbeeld zou het aantal klassen dus de wortel uit 120 zijn, is afgerond 11. Omdat we dan vervelende klassenbreedten krijgen, gaan we in dit geval liever uit van 10 klassen. De klassenbreedte wordt dan 100 gedeeld door 10, is 10.

Uit de turfstaat van tabel 13.1 kunnen we nu heel gemakkelijk de frequentietabel afleiden. Dat doen we door per klasse het aantal 'turfjes' te tellen. Daardoor ontstaat tabel 13.2.

TABEL 13.2 De frequentietabel van 120 facturen naar factuurwaarde

Factuurbedrag (in €)	Aantal facturen
0 – < 10	4
10 – < 20	8
20 – < 30	12
30 – < 40	19
40 – < 50	25
50 – < 60	21
60 – < 70	15
70 – < 80	10
80 – < 90	4
90 – < 100	2
Totaal	120

Relatieve en cumulatieve frequentie

In een frequentietabel komen we naast de absolute frequentie vaak nog de relatieve en cumulatieve frequentie tegen. De relatieve frequentie wordt gebruikt als verschillende frequentieverdelingen met elkaar moeten worden vergeleken.

Definitie relatieve frequentieverdeling

> De relatieve frequentie is de frequentie van een waarde (of klasse) van een variabele, uitgedrukt in een percentage van het geheel.

Nemen we als voorbeeld een schoenenspeciaalzaak met twee filialen. Beide filialen verkopen zowel heren- als dames- als kinderschoenen. Daar een van beide filialen in een grote stad ligt, worden in dat filiaal veel meer schoenen verkocht dan in het andere. De eigenaar van de schoenenspeciaalzaak wil weten in welk van beide filialen relatief de meeste kinderschoenen worden verkocht. In tabel 13.3 laten we voor de drie categorieën schoenen eerst de absolute aantallen verkochte schoenen zien en daarnaast de relatieve frequenties. Het is duidelijk dat in dit geval aan de absolute aantallen niet zo gemakkelijk is af te lezen in welk van beide filialen relatief meer kinderschoenen worden verkocht. De relatieve frequenties geven dat inzicht echter direct.

TABEL 13.3 Overzicht schoenverkopen in twee filialen naar categorie, 2011

Categorie	In aantal paren		Relatieve frequentie	
	Filiaal in stad	Filiaal in dorp	Filiaal in stad	Filiaal in dorp
Herenschoenen	3.135	760	19,6%	19,0%
Damesschoenen	8.025	1.765	50,2%	44,1%
Kinderschoenen	4.840	1.475	30,2%	36,9%
Totaal	16.000	4.000	100,0%	100,0%

De relatieve frequentie wordt als volgt berekend:

$$\text{Relatieve frequentie} = \frac{\text{Absolute frequentie per klasse}}{\text{Totale absolute frequentie}} \times 100\%$$

Als we naast de absolute frequentie in ons voorbeeld over de facturen ook de relatieve frequentie weergeven, krijgen we tabel 13.4.

TABEL 13.4 De frequentieverdeling van 120 facturen

Factuurbedrag (in €)	Absolute frequentie	Relatieve frequentie (in %)
0 – < 10	4	3,3
10 – < 20	8	6,7
20 – < 30	12	10,0
30 – < 40	19	15,9
40 – < 50	25	20,8
50 – < 60	21	17,5
60 – < 70	15	12,5
70 – < 80	10	8,3
80 – < 90	4	3,3
90 – < 100	2	1,7
Totaal	120	99,9

Merk op, dat het totaal van de relatieve frequenties niet precies op 100% uitkomt. Dit wordt veroorzaakt doordat de relatieve frequenties per klasse werden afgerond tot op één decimaal nauwkeurig. Daardoor ontstaan er afrondingsverschillen.

Afrondingsverschillen

Soms is het nodig om te bepalen hoeveel waarnemingen bij een bepaalde grens liggen. Hiervoor gebruiken we de cumulatieve frequenties. Letterlijk betekent dit het 'gestapelde' aantal waarnemingen.

> De cumulatieve frequentieverdeling geeft de relatie weer tussen de bovengrens van een klasse en het totale aantal waarnemingen beneden die bepaalde bovengrens. De cumulatieve frequentie van een klassengrens wordt berekend door de frequenties onder de klassengrens bij elkaar op te tellen.

Definitie cumulatieve frequentieverdeling

Zowel de absolute als de relatieve frequenties kunnen gecumuleerd worden. Stel, dat we willen weten hoeveel van de in totaal 120 facturen een factuurwaarde hadden van minder dan €50. Daartoe tellen we de absolute frequenties van de eerste vijf klassen van tabel 13.4 bij elkaar op. Dus: 4 + 8 + 12 + 19 + 25 = 68. Zo kan ook berekend worden dat 24 facturen een factuurwaarde hebben van minder dan €30.

Absolute cumulatieve frequentie

Op gelijke wijze kunnen we de relatieve cumulatieve frequentie berekenen. Uit tabel 13.4 blijkt bijvoorbeeld dat 20% van de facturen een factuurwaarde van minder dan €30 heeft. Daartoe tellen we de relatieve frequenties van de eerste drie klassen bij elkaar.

Relatieve cumulatieve frequentie

In tabel 13.5 kunnen we nu de volledige frequentieverdeling van de 120 facturen naar factuurwaarde weergeven. Daarin worden naast de absolute en relatieve frequenties, ook de gecumuleerde absolute en relatieve frequenties weergegeven.

Indexcijfers

In tabellen wordt vaak gebruikgemaakt van (enkelvoudige) *indexcijfers*. Een indexcijfer is de verhouding tussen twee getallen, uitgedrukt als een percentage.

De index kan bijvoorbeeld als maat worden gebruikt voor de grootte van de verandering van een variabele in de tijd. Het indexcijfer wordt voor een reeks getallen berekend door ieder getal te delen door het getal in het basisjaar en vervolgens te vermenigvuldigen met honderd en af te ronden op een geheel getal. Hebben we bijvoorbeeld voor de jaren 2010, 2011 en 2012 te maken met de getallen (bijvoorbeeld winstcijfers) 200, 250 en 285, dan zijn de indexcijfers – met als gekozen basisjaar 2010 – respectievelijk 100, 125 en 143. Indexcijfers kunnen ook worden gebruikt om verschillende getallen die op eenzelfde tijdsperiode betrekking hebben te vergelijken. Heeft een onderneming bijvoorbeeld vijf filialen, dan kan de gemiddelde omzet van alle vijf filialen samen als basis worden genomen waarna de omzet van elk van de vijf filialen in een indexcijfer wordt uitgedrukt.

Grafische weergave van een frequentietabel

De gegevens van een frequentieverdeling kunnen niet alleen weergegeven worden in de vorm van een tabel, maar ook in een grafiek. Het voordeel van een grafiek is, dat we praktisch in één oogopslag een totaaloverzicht krijgen van een bepaald verschijnsel. Daarbij worden diverse mogelijkheden onderscheiden. We behandelen eerst de frequentiepolygoon en het histogram. In beide gevallen worden de klassen op de horizontale as afgezet en de absolute frequenties op de verticale as.

X-as
Y-as

De horizontale as wordt ook wel de x-as genoemd. De verticale as noemen we ook wel de y-as.

TABEL 13.5 De volledige frequentieverdeling van 120 facturen naar factuurwaarde

Factuurbedrag (in €)	Absolute frequentie	Cumulatieve absolute frequentie	Relatieve frequentie (in %)	Cumulatieve relatieve frequentie (in %)
0 – < 10	4	4	3,3	3,3
10 – < 20	8	12	6,7	10,0
20 – < 30	12	24	10,0	20,0
30 – < 40	19	43	15,9	35,8
40 – < 50	25	68	20,8	56,6
50 – < 60	21	89	17,5	74,1
60 – < 70	15	104	12,5	86,6
70 – < 80	10	114	8,3	94,9
80 – < 90	4	118	3,3	98,2
90 – < 100	2	120	1,7	99,9
Totaal	120		99,9	

Frequentie-polygoon

We zullen de gegevens uit tabel 13.2 eerst in een zogenoemde frequentiepolygoon onderbrengen. Hierbij worden de middens van de verschillende klassen door lijnstukken met elkaar verbonden. Waarom nemen we hiervoor de klassenmiddens? Omdat we veronderstellen – als we alleen de frequentietabel hebben weten we niet beter – dat de waarnemingen in elke klasse gelijkelijk over die klasse verdeeld zijn. In dat geval is het gemiddelde van die waarnemingen gelijk aan het klassenmidden.

De factuurwaarden worden op de horizontale as uitgezet. Daarbij staat iedere centimeter voor €10. Op de verticale as staat elke centimeter voor twee facturen. Op deze manier ontstaat de grafiek zoals in figuur 13.1 is weergegeven.

FIGUUR 13.1 De frequentiepolygoon van 120 facturen naar factuurwaarde

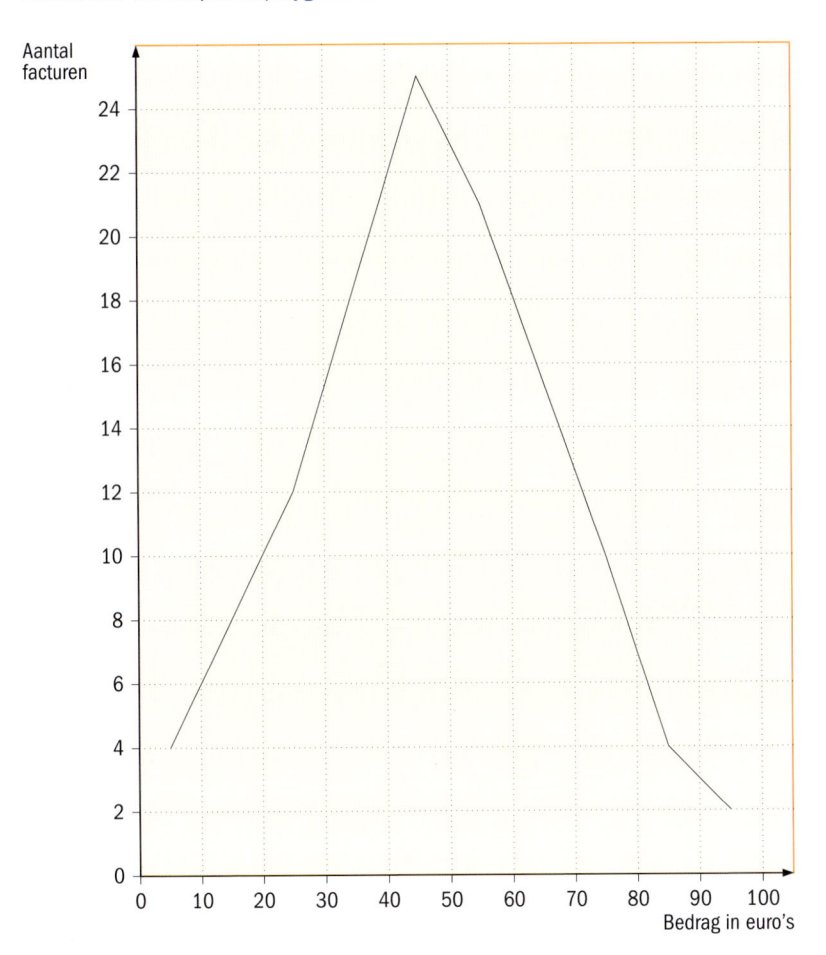

Een grafiek in de vorm van een continue lijn wordt een lijndiagram genoemd of ook wel een kromme of een curve. Meestal beeldt een lijndiagram de relatie tussen twee variabelen uit, waarbij een van de variabelen bijvoorbeeld 'de tijd' kan zijn. Een frequentiepolygoon kan beschouwd worden als een lijndiagram waarin slechts één variabele met de bijbehorende frequenties wordt afgebeeld.

Lijndiagram

Histogram met gelijke klassenbreedten

Het histogram wordt ook wel *kolommendiagram* genoemd. Het is de grafische weergave van een frequentieverdeling, waarbij een aantal kolommen wordt getekend die op elkaar aansluiten. Evenals bij de frequentiepolygoon worden bij het histogram de klassen op de x-as weergegeven en de bijbehorende frequenties op de y-as. In een histogram met gelijke klassenbreedten zijn de frequenties evenredig met de oppervlakten van de kolommen, ofwel met de hoogte van de kolom. Het histogram ziet er voor ons voorbeeld uit als in figuur 13.2 is weergegeven.

FIGUUR 13.2 Het histogram van 120 facturen naar factuurwaarde

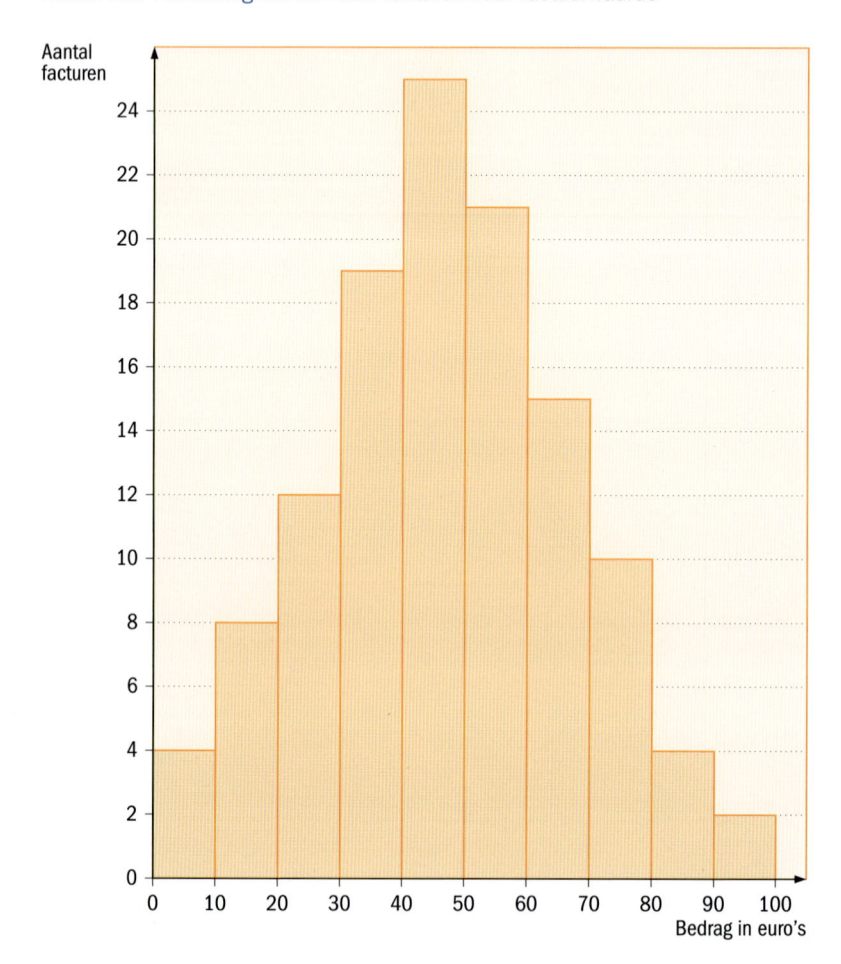

Histogram met ongelijke klassenbreedten

We komen in een frequentietabel ook wel ongelijke klassenbreedten tegen. Stel dat we in ons voorbeeld van de facturen naar factuurwaarde de twee eerste klassen samenvoegen, alsmede de twee laatste klassen. We krijgen dan een histogram met ongelijke klassenbreedten.

In zo'n geval worden de kolomhoogten boven de bredere klassen gecorrigeerd. Aangezien er in dit voorbeeld sprake is van klassen die twee keer zo breed zijn als de overige klassen, worden de frequenties van de beide 'brede' klassen (respectievelijk 0 –< 20 en 80 –< 100) gedeeld door 2 (zie figuur 13.3). Zie in dit verband ook het begrip frequentiedichtheid in paragraaf 13.3.

FIGUUR 13.3 Het histogram van 120 facturen naar factuurwaarde met ongelijke klassenbreedte

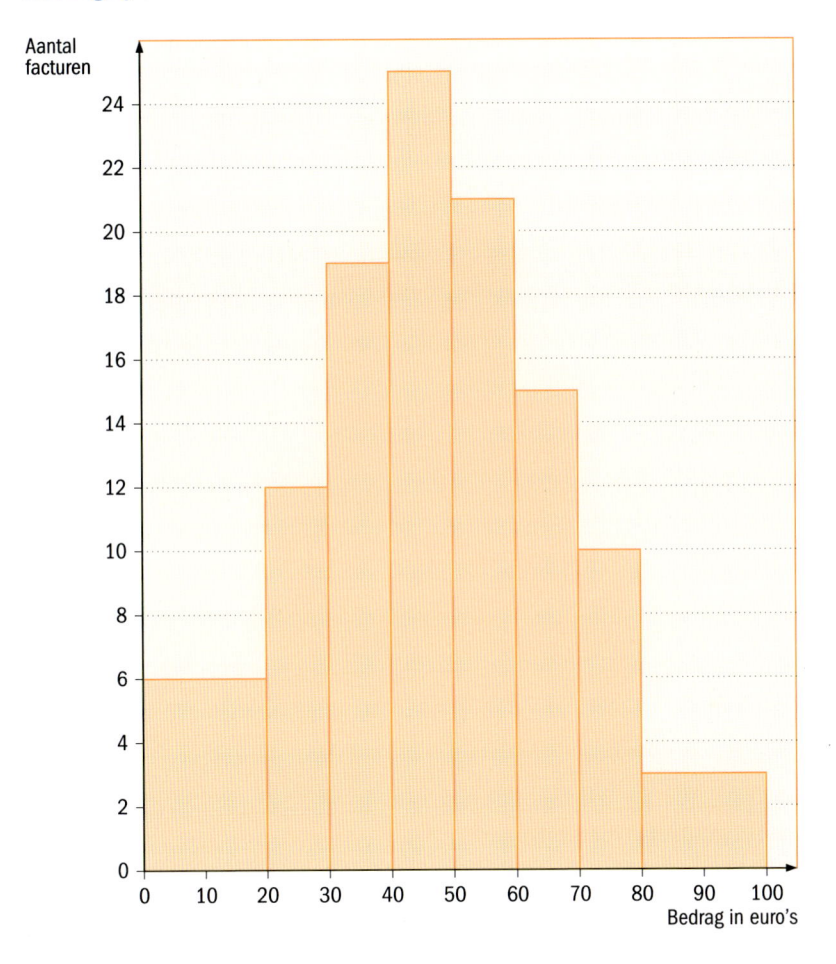

Naast de absolute frequenties kunnen we ook de relatieve frequenties grafisch weergeven. Langs de y-as staat dan niet het aantal facturen (zie figuur 13.3), maar er staan percentages. Als we een grafiek tekenen van de *cumulatieve* frequenties, dan doen we dat in het algemeen in de vorm van een curve. In figuur 13.4 hebben we de cumulatieve relatieve frequenties weergegeven van de 120 factuurbedragen uit ons voorbeeld. Deze gegevens vinden we terug in de laatste kolom van tabel 13.5. Merk op dat in figuur 13.4 de grafiek precies begint bij het bedrag €10 en niet midden tussen €0 en €10. Dat doen we, omdat er sprake is van een cumulatieve verdeling: 3,3% van de facturen heeft een waarde tot €10, 10,0% heeft een waarde tot €20 enzovoort (zie tabel 13.5). We zetten de punten van de grafiek dus niet steeds in het midden van de klasse, zoals in figuur 13.1, maar aan het eind van die klasse. Uit deze curve kunnen we nu bijvoorbeeld aflezen (zie de stippellijnen) dat

45% van de facturen een factuurwaarde heeft tot €45. Dat betekent dus ook, dat 55% van de facturen een factuurwaarde heeft van €45 of meer.

FIGUUR 13.4 De curve van de cumulatieve relatieve frequentie van 120 facturen naar factuurwaarde

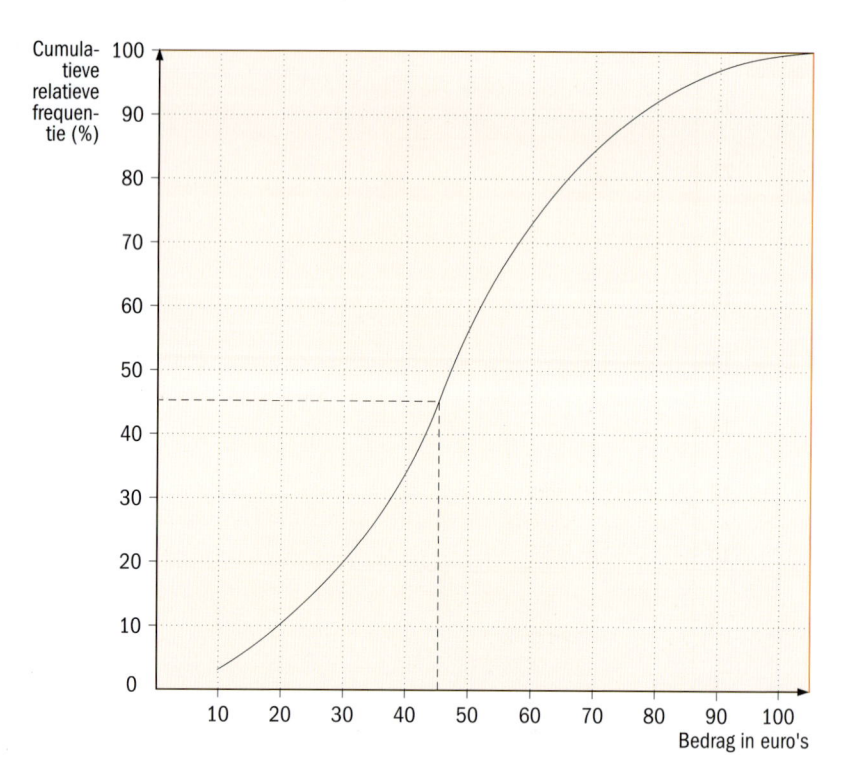

Andere grafische voorstellingen
Naast het lijndiagram en het histogram kunnen nog verscheidene andere grafische voorstellingen worden onderscheiden.

We behandelen hier: het staafdiagram, het cirkeldiagram (pie-chart), de beeldgrafiek (pictogram) en de concentratiecurve.

Het staafdiagram
Een staafdiagram is de grafische weergave van de frequentieverdeling van een discrete variabele. Een discrete variabele is een variabele waarbij slechts bepaalde waarden mogelijk zijn, zoals geslacht (man, vrouw), aantal kinderen (geen, een, twee enzovoort). De hoogte van de staaf geeft de frequentie weer. De staven worden niet tegen elkaar getekend, maar tussen de staven wordt steeds een bepaalde ruimte opengelaten.
Hebben de staven betrekking op een nominale variabele, dan is de volgorde in het algemeen willekeurig. Figuur 13.5 is een voorbeeld van een staafdiagram.

Discrete variabele

FIGUUR 13.5 Staafdiagram van de nieuwverkoop van personenwagens 2013 en 2014

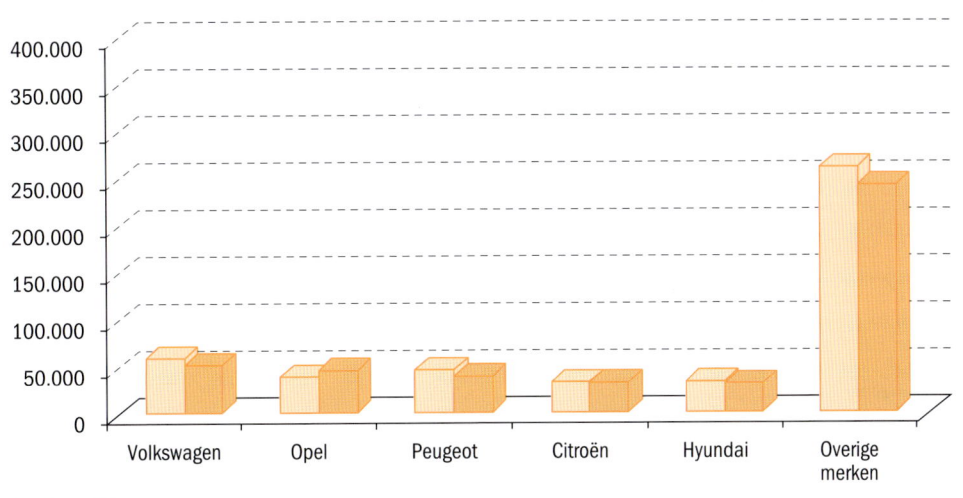

Bron: Bovag / Rai

In het staafdiagram van figuur 13.5 staan de staven rechtop. Steeds vaker zien we dat in publicaties gebruikgemaakt wordt van een zogenoemd liggend staafdiagram. De staven zijn dan niet verticaal getekend, maar horizontaal.

Liggend staafdiagram

Een histogram wordt veel gebruikt bij frequentieverdelingen. Er is dan praktisch altijd sprake van op elkaar aansluitende klassen en daarom staan de kolommen bij het histogram soms ook tegen elkaar aan. De bovengrens van een klasse gaat immers onmiddellijk over in de ondergrens van de volgende klasse.

Verschil tussen staafdiagram en histogram

Bij een staafdiagram heeft de breedte van een staaf geen enkele betekenis. Een staaf is niets anders dan een verdikte verticale lijn. De staven staan los van elkaar.

Het cirkeldiagram (pie-chart)
In figuur 13.6 zijn twee cirkels getekend. Cirkel A betreft de afzet van alle personenauto's over 2013 (totale afzet 416.674) en cirkel B heeft betrekking op de afzet over 2014 (387.835). Dit afzetverschil komt tot uitdrukking in het oppervlak van de beide cirkels. Iedere cirkel is verdeeld in sectoren die de procenten aangeven die elk automerk in de totale afzet uitmaakt. Het oppervlak van de cirkelsectoren is verdeeld in overeenstemming met die verdeling. In publicaties van statistische gegevens komen dit soort cirkeldiagrammen veelvuldig voor. Vaak zijn de diverse cirkelsectoren dan verschillend gekleurd. In plaats van cirkeldiagram spreken we ook wel van pie-chart (taartgrafiek).

Pie-chart

FIGUUR 13.6 Cirkeldiagram van de nieuwverkoop van personenwagens 2013 en 2014

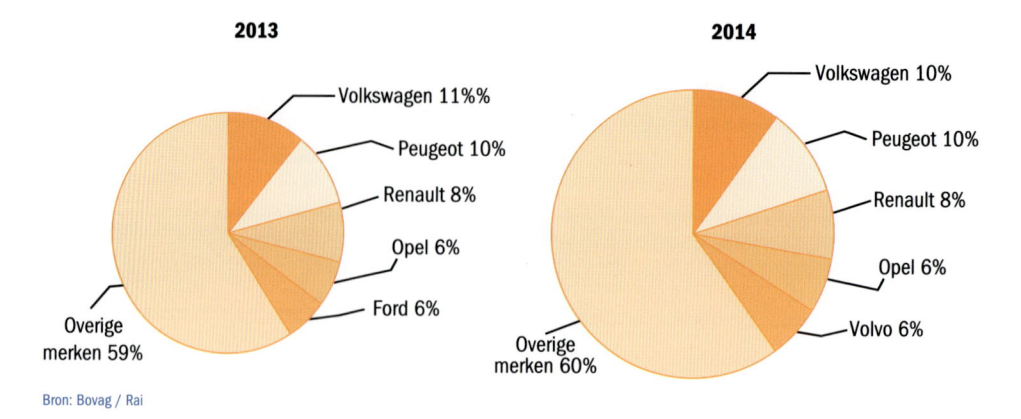

2013
- Volkswagen 11%%
- Peugeot 10%
- Renault 8%
- Opel 6%
- Ford 6%
- Overige merken 59%

2014
- Volkswagen 10%
- Peugeot 10%
- Renault 8%
- Opel 6%
- Volvo 6%
- Overige merken 60%

Bron: Bovag / Rai

Beeldgrafiek

De beeldgrafiek (pictogram)
Een *beeldgrafiek* is een grafische voorstelling van een frequentieverdeling, waarin de absolute frequentie wordt weergegeven door middel van een aansprekend beeld. Er worden bijvoorbeeld symbolische figuren gebruikt, zoals poppetjes of huisjes, waarbij elk poppetje of huisje staat voor een bepaald aantal. Ook een stroomdiagram is een voorbeeld van een beeldgrafiek. In figuur 13.7 is een beeldgrafiek weergegeven betreffende het aantal verkochte nieuwe personenauto's in het vierde kwartaal van 2014. Het is bedoeld als voorbeeld; er zijn slechts enkele automerken opgenomen.

FIGUUR 13.7 Nieuwverkoop enkele merken personenwagens 4e kwartaal 2014

Merk	Aantal (🚗 = 1.000)
Volkswagen	🚗 🚗 🚗 🚗 🚗 🚗 🚗 🚗 🚗 🚗 🚗 🚗 🚗
Renault	🚗 🚗 🚗 🚗 🚗 🚗 🚗 🚗 🚗
Volvo	🚗 🚗 🚗 🚗 🚗 🚗 🚗 🚗
Toyota	🚗 🚗 🚗 🚗 🚗 🚗 🚗
Ford	🚗 🚗 🚗 🚗 🚗

Bron: Bovag / RAI

De concentratiecurve
Kijken we naar de omzet die een bepaald bedrijf bij zijn verschillende afnemers – of met de verschillende producten uit zijn assortiment – realiseert, dan blijkt in zeer veel gevallen die omzet 'scheef' te zijn verdeeld over die afnemers (of over die producten). Dat wil zeggen: sommige afnemers nemen (heel) veel af en andere slechts weinig. Zouden we de afnemers naar omzetgrootte rangschikken, de grootste voorop, dan zouden we bijvoorbeeld zien dat de eerste 10% van die afnemers samen goed zijn voor 50% van de omzet.

Vaak blijkt de 20/80-regel van toepassing: globaal zorgt 20% van de klanten voor 80% van de omzet. Of: 80% van de omzet wordt behaald met 20% van de artikelen. We zouden kunnen zeggen: hoe schever die verdeling, des te meer is de omzet geconcentreerd bij slechts enkele klanten of producten. De grafische uitbeelding hiervan wordt dan ook de concentratiecurve (ook wel: Lorenz-curve) genoemd. Langs de x-as staan de klanten (producten) in volgorde van grootte qua omzet, langs de y-as staat de gecumuleerde omzet.

20/80-Regel

Concentratie-curve

FIGUUR 13.8 Concentratiecurve bieromzet naar percentage klanten

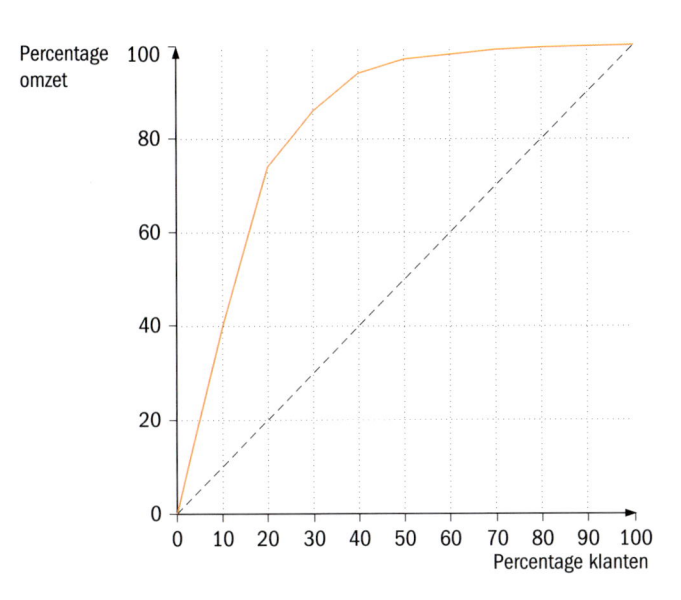

Is de omzet volledig evenredig over de afnemers verdeeld, dan is de concentratiecurve een lijn van 45° uit de oorsprong: 10% van de klanten zorgt voor 10% van de omzet, 20% voor 20% van de omzet, enzovoort. Een voorbeeld van zo'n concentratiecurve zien we in figuur 13.8. We kunnen uit deze grafiek bijvoorbeeld aflezen dat 10% van de klanten voor 40% van de omzet zorgt.

13.3 Centrummaten

Soms is het niet nodig bepaalde waarnemingen in een frequentietabel of een histogram onder te brengen. Wanneer we bijvoorbeeld willen weten of er in Nederland meer kaas gegeten wordt dan in België, kunnen we volstaan met het delen van het totale kaasverbruik in respectievelijk Nederland en België door het aantal inwoners in deze landen. Stel dat dit respectievelijk 18 en 12 kg is. We kunnen dan zeggen dat per hoofd van de bevolking het kaasverbruik in Nederland 50% hoger is dan in België. We hebben hier te maken met de zogenoemde *centrale tendentie* (ook wel centrummaat of locatiemaatstaf genoemd).

> Een centrale tendentie geeft aan rond welk getal de waarnemingen gegroepeerd zijn.

Definitie centrale tendentie

De centrale tendentie geeft dus met één enkel getal een typerend beeld van de totale massa. De totale massa wordt hierdoor met betrekking tot een bepaald verschijnsel gekarakteriseerd. Vaak gebruikte maten voor de centrale tendentie zijn: het rekenkundig gemiddelde, de modus en de mediaan.

Rekenkundig gemiddelde
Het rekenkundig gemiddelde, dat meestal kortweg als gemiddelde wordt aangeduid, is zonder meer de meest voorkomende en gebruikte centrummaat. Het eerdergenoemde gemiddelde kaasverbruik in Nederland en België is daarvan een voorbeeld.

Definitie rekenkundig gemiddelde

> Het rekenkundig gemiddelde is de som van alle waarnemingsuitkomsten, gedeeld door het aantal waarnemingen.

VOORBEELD
Het rekenkundig gemiddelde van de 120 factuurbedragen uit ons eerdere voorbeeld is gelijk aan de som van alle factuurbedragen, gedeeld door de 120 waarnemingen. Wanneer we alle factuurbedragen bij elkaar optellen, komen we op een totale factuurwaarde van €5.590. De gemiddelde factuurwaarde per factuur is dan:

$$\frac{€5.590}{120} = €46{,}58 \text{ (afgerond).}$$

Bij het rekenkundig gemiddelde kan onderscheid gemaakt worden tussen het ongewogen en het gewogen rekenkundig gemiddelde.

Ongewogen rekenkundig gemiddelde
Het hiervoor besproken gemiddelde wordt het ongewogen rekenkundig gemiddelde genoemd. Wanneer we van de getallen 2, 4, 7, 9 en 13 het gemiddelde moeten berekenen, is dat het ongewogen rekenkundig gemiddelde. Eerst worden deze getallen bij elkaar opgeteld (2 + 4 + 7 + 9 + 13 = 35) en vervolgens wordt de uitkomst door het aantal getallen (35 : 5 = 7) gedeeld.

Gewogen rekenkundig gemiddelde
Stel, Casablanca beschikt over een theater met 600 stoelen. Voor een bepaalde voorstelling gelden drie prijzen: €20, €30 en €40. De gemiddelde prijs van een stoel is dus (€20 + €30 + €40)/3 = €30. Het aantal stoelen is echter verschillend: er zijn 100 stoelen met een prijs van €20, 200 stoelen met een prijs van €30 en 300 stoelen met een prijs van €40. Wat is nu de gemiddelde prijs van een te verkopen stoel? Het zal duidelijk zijn dat we dan rekening moeten houden met het aantal stoelen per prijs. De berekening gaat als volgt:

Stoelen à €20   100 × €20 = €2.000
Stoelen à €30   200 × €30 = €6.000
Stoelen à €40   300 × €40 = €12.000
Totaal 600 stoelen, totale prijs €20.000, dus gemiddelde prijs

$$\frac{20.000}{600} \times € 33{,}33.$$

Bij het berekenen van het gemiddelde van €33,33 is rekening gehouden met het aantal stoelen per prijs. We noemen zo'n gemiddelde een gewogen rekenkundig gemiddelde. Er is immers rekening gehouden met de aantallen stoelen. Die aantallen (respectievelijk 100, 200 en 300) worden de *gewichten* of *wegingscoëfficiënten* genoemd. Het gewogen gemiddelde geeft een betere indicatie van de te verwachten recette dan het eerder berekende ongewogen gemiddelde van €30. Immers, als alle stoelen verkocht worden, levert dat geen €18.000 op (600 × €30), maar €20.000 (600 × €33,33).

Wegingscoëfficiënten

> Het gewogen rekenkundig gemiddelde is de som van een aantal waarden, ieder vermenigvuldigd met zijn wegingscoëfficiënt (frequentie), gedeeld door de som van de wegingscoëfficiënten.

Definitie gewogen rekenkundig gemiddelde

Berekening van het gemiddelde uit een frequentietabel
We kunnen het gemiddelde ook uit een gegeven frequentietabel berekenen. Daartoe moeten we per klasse wel eerst het zogenoemde klassenmidden bepalen. Het klassenmidden is de middelste waarde tussen de klassengrenzen. In de in tabel 13.6 weergegeven frequentieverdeling is voor de klasse 0 – < 10 het klassenmidden 5. In werkelijkheid is dat echter een fractie kleiner. Immers, het klassenmidden moet eigenlijk (€0 + €9,99) : 2 = €4,99 zijn. Dit geringe verschil wordt meestal verwaarloosd.

Klassenmidden

Om het gemiddelde uit deze frequentieverdeling te kunnen berekenen, vermenigvuldigen we eerst de klassenmiddens met de frequentie per klasse. Vervolgens tellen we deze uitkomsten bij elkaar op en delen dit door de totale absolute frequentie. In ons voorbeeld krijgen we dan 2.280 : 100 = 22,8.

TABEL 13.6 De berekening van het gemiddelde uit een frequentieverdeling

Klasse	Frequentie	Klassenmidden	Frequentie × klassenmidden
0 – < 10	17	5	85
10 – < 20	21	15	315
20 – < 30	39	25	975
30 – < 40	13	35	455
40 – < 50	10	45	450
Totaal	100		2.280

Modus

We kennen allemaal de termen modaal inkomen en Jan Modaal. De modus is een centrummaat die niet alleen door het CBS, maar ook in de marketingpraktijk veelvuldig wordt gehanteerd. Laten we eerst kijken wat we eronder verstaan.

> De modus is de waarde van een variabele die het meest voorkomt.

Definitie modus

> **VOORBEELD**
> Stel, we hebben de volgende reeks van 15 getallen: 24, 15, 22, 15, 22, 15, 21, 14, 10, 16, 15, 9, 8, 24 en 36.
> De modus is nu die waarde in deze reeks, die het meest voorkomt. In dit geval is dat het getal 15, omdat dit getal viermaal in de reeks voorkomt.

Ook uit een frequentieverdeling kunnen we de modus bepalen. In dat geval is de modus het midden van de zogenoemde modale klasse.

Definitie modale klasse

> De modale klasse is de klasse met de hoogste frequentiedichtheid (bij even grote klassen: met de hoogste frequentie).

Als we naar deze definitie kijken, wordt het duidelijk dat we vaak met het begrip modus geconfronteerd worden. Denk maar eens aan het modale inkomen of aan een in de politiek veelgebruikt begrip als tweemaal modaal, driemaal modaal enzovoort. In tabel 13.6 is de modale klasse dus de klasse van 20 – < 30, omdat die klasse de hoogste frequentie heeft, namelijk 39. Dat betekent, dat de modus gelijk is aan het midden van deze klasse, namelijk 25.

Komen in een frequentieverdeling ongelijke klassenbreedten voor, dan is de modale klasse de klasse met de hoogste frequentiedichtheid.

Definitie frequentiedichtheid

> De frequentiedichtheid van een klasse is de absolute frequentie van de klasse gedeeld door de klassenbreedte.

We zullen dit toelichten aan de hand van tabel 13.7. In deze frequentieverdeling komen ongelijke klassenbreedten voor. De modale klasse is nu de klasse met de hoogste frequentiedichtheid, ofwel de klasse van 30 – < 40. De modus is dan het midden van de modale klasse, ofwel 35.

TABEL 13.7 Een frequentieverdeling met ongelijke klassenbreedten

Klasse	Frequentie	Klassenbreedte	Frequentiedichtheid
0 – < 20	58	20	2,9
20 – < 30	30	10	3
30 – < 40	55	10	5,5
40 – < 50	40	10	4
50 – < 70	25	20	1,25
70 – < 100	10	30	0,33
Totaal	218		

Als op basis van een frequentieverdeling op de juiste wijze een histogram getekend is, dus rekening houdend met eventueel verschillende klassenbreedten, is de modale klasse de klasse met de hoogste staaf (zie ook figuur 13.3).

Mediaan

De laatste centrummaat die we hier bespreken, is de mediaan.

Definitie mediaan

> De mediaan is de middelste waarneming (het middelste getal) nadat alle waarnemingen naar grootte gerangschikt zijn.

VOORBEELD
We gaan weer uit van de reeks getallen die we eerder hebben gegeven, namelijk:
24, 15, 22, 15, 22, 15, 21, 14, 10, 16, 15, 9, 8, 24 en 36.
Wanneer we deze getallen naar grootte rangschikken, ontstaat de volgende reeks:
8, 9, 10, 14, 15, 15, 15, 15, 16, 21, 22, 22, 24, 24 en 36.
Het middelste getal van deze reeks is het achtste getal, namelijk 15.
Dit is dus de mediaan.

In ons voorbeeld is de modus dus gelijk aan de mediaan, maar dat is zeker niet altijd het geval. In het volgende voorbeeld is de modus niet gelijk aan de mediaan.

VOORBEELD
Stel, we hebben de volgende reeks getallen, gerangschikt naar grootte:
5, 6, 6, 8, 8, 9, 10, 10, 14, 15, 15, 15, 15, 16 en 21.
De modus van deze reeks getallen is 15.
De mediaan, de achtste (en middelste) waarneming, is in dit geval echter 10.

Wanneer we spreken van de middelste waarneming betekent dit, dat ten minste 50% van de waarnemingen kleiner is dan of gelijk is aan de mediaan en ten minste 50% groter dan de mediaan.
Als sprake is van een groot aantal waarnemingen, kunnen we gewoon zeggen: de helft is groter en de helft is kleiner dan de mediaan.

Wanneer we een even aantal waarnemingen hebben, bijvoorbeeld 20, dan ligt de middelste waarneming tussen de 10e en de 11e waarneming. Bij een even aantal waarnemingen is de mediaan dan gelijk aan het gemiddelde van de middelste twee waarnemingen.

Even aantal waarnemingen

VOORBEELD
Stel, we hebben de volgende reeks getallen, gerangschikt naar grootte:
5, 6, 6, 9, 10, 14, 15, 16, 21 en 24.
Het gaat hier om tien getallen. Het midden ligt tussen de 5e en 6e waarneming, ofwel tussen 10 en 14. De mediaan is dan gelijk aan (10 + 14) : 2 = 12.

Als we te maken hebben met een (zeer) scheve verdeling geeft de mediaan vaak betere informatie dan het rekenkundig gemiddelde. Extreme waarden hebben namelijk wel een sterke invloed op het gemiddelde, maar niet op de mediaan. Daarom wordt de mediaan bijvoorbeeld door het Centraal Bureau voor de Statistiek veel gebruikt. Stel, dat zich in een groep van twintig cafébezoekers toevallig een topvoetballer ophoudt met een jaarsalaris van €2 miljoen. Alle anderen verdienen €40.000 per jaar. Het gemiddelde jaarsalaris van deze groep is nu (19 × €40.000 + 1 × €2.000.000) / 20, is €138.000. Dit geeft een zeer vertekend beeld. Je kunt in dit geval beter zeggen: het mediane salaris van deze groep bedraagt €40.000.

13.4 Spreidingsmaatstaven

De verschillende maten die we voor de centrale tendentie hanteerden, zeggen nog niets over de vraag, of de diverse waarnemingen veel of weinig van elkaar verschillen. Het gemiddelde van 99 en 101 is 100, maar van 1 en 199 is het gemiddelde ook 100. Naast de maten voor de centrale tendentie hebben we dan ook behoefte aan maten voor de spreiding.

Definitie spreiding

> Spreiding is de mate waarin de individuele waarnemingen afwijken van de centrale tendentie.

Spreidingsmaat

Er zijn verschillende zogenoemde spreidingsmaten. Een spreidingsmaat is een statistisch kengetal dat de spreiding van de waarnemingen karakteriseert.

We zullen in deze paragraaf twee spreidingsmaten bespreken, namelijk: de variatiebreedte en de standaarddeviatie.

De variatiebreedte

Variatiebreedte

De variatiebreedte (ook wel genoemd: range) is het verschil tussen de grootste en de kleinste waarneming. De variatiebreedte wordt sterk beïnvloed door extreme uiterste waarden. In ons vorige voorbeeld van de twee reeksen getallen met hetzelfde rekenkundig gemiddelde (respectievelijk 99 en 101, en 1 en 199), is de variatiebreedte van de eerste reeks 101 – 99 = 2 en van de tweede reeks 199 – 1 = 198. Juist doordat uitschieters naar boven of naar beneden de variatiebreedte sterk kunnen beïnvloeden, is het niet zo'n bruikbare spreidingsmaatstaf.

De standaarddeviatie

Standaarddeviatie

De standaarddeviatie (ook wel genoemd: de standaardafwijking) is een spreidingsmaat, die – anders dan de variatiebreedte – rekening houdt met de waarde van alle individuele waarnemingen. Bij de berekening van de standaarddeviatie wordt eerst de variantie berekend. De wortel daaruit is dan de standaarddeviatie. De berekening gaat aldus:
1 Bepaal eerst het rekenkundig gemiddelde van de waarnemingen.
2 Bepaal per waarneming de afwijking van het berekende rekenkundig gemiddelde.
3 Kwadrateer de berekende afwijking per waarneming.
4 Tel alle gekwadrateerde afwijkingen bij elkaar op.
5 Deel de som van deze gekwadrateerde afwijkingen door het aantal waarnemingen. Dit is het rekenkundig gemiddelde van de gekwadrateerde afwijkingen, ofwel de variantie.
6 Uit de onder 5 verkregen uitkomst de wortel trekken. De uitkomst hiervan is de standaarddeviatie.

We gaan uit van de volgende waarnemingen: 5, 7, 12, 14 en 37. Het gemiddelde hiervan is 15.
De afwijkingen per waarneming zijn: -10, -8, -3, -1, +22. Gekwadrateerd is dat: 100, 64, 9, 1 en 484. De variantie wordt nu: (100 + 64 + 9 + 1 + 484) / 5 = 131,60.

De standaarddeviatie is de wortel hieruit: 11,47. De standaarddeviatie, die een belangrijke rol speelt in de steekproeftheorie, wordt vaak met de Griekse letter s (spreek uit: sigma) aangeduid.

13.5 Normale verdeling

Eerder in dit hoofdstuk hebben we het bij het grafisch weergeven van een frequentieverdeling gehad over de frequentiepolygoon (figuur 13.1). Daarbij ging het slechts om een relatief beperkt aantal waarnemingen, namelijk de factuurbedragen van 120 facturen. Als we een zeer groot aantal verschijnselen grafisch weergeven, zal de frequentiepolygoon in veel gevallen een bijzondere, karakteristieke vorm aannemen. Die vorm noemen we de normale verdeling of de kromme van Gauss. Deze Gauss-kromme of -curve heeft een aantal bijzondere eigenschappen, namelijk: **Kromme van Gauss**

- Hij is ééntoppig.
- Hij is klokvormig.
- Hij is symmetrisch, dat wil zeggen: 50% van de waarnemingen ligt links van het gemiddelde en 50% van de waarnemingen ligt rechts van het gemiddelde. We kunnen ook zeggen dat de linker- en de rechterhelft van de curve exact elkaars spiegelbeeld zijn.
- Het rekenkundig gemiddelde ligt precies in het midden (in het hoogste punt) van de curve.
- Het rekenkundig gemiddelde, de mediaan en de modus zijn aan elkaar gelijk.

De vorm en ligging van de normale verdeling worden volledig bepaald door het gemiddelde en de standaarddeviatie. In figuur 13.9 is zo'n verdeling getekend voor de lengte van de mannelijke bevolking van 18 jaar en ouder in een bepaalde plaats in Nederland. De gemiddelde lengte is 180 cm, de standaarddeviatie is 5 cm.

Langs de x-as zien we verschillende waarden staan. Voor elk van die waarden kunnen we de afstand tot het gemiddelde bepalen. De waarde 190 cm ligt bijvoorbeeld 10 cm van het midden af. We kunnen die afstand echter in plaats van in centimeters ook uitdrukken in het aantal standaarddeviaties dat die waarde van het gemiddelde af ligt. Aangezien de standaarddeviatie 5 cm bedraagt, ligt de waarde 190 dus twee standaarddeviaties – namelijk 10 gedeeld door 5 – van het gemiddelde af. Deze afstand, dus uitgedrukt in standaarddeviaties, heet de z-waarde. De waarde 190 heeft dus een z-waarde **Z-waarde** van 2. Het bijzondere van de normale verdeling is nu, dat aan de z-waarden kansen gekoppeld zijn: als we weten dat een waarneming twee z-waarden van het midden af ligt, weten we ook iets over de kans op die waarde. Er bestaan tabellen waarin dat af te lezen is. We komen later, bij het maken van schattingen op basis van steekproefuitkomsten, nog op deze z-waarden terug.

We hebben overigens in hoofdstuk 7 al een toepassing van een normale verdeling gezien: de adoptiecurve van Rogers. De omvang van de verschillende **Een toepassing:** adoptiecategorieën werd door Rogers op basis van z-waarden bepaald. **de adoptiecurve**

FIGUUR 13.9 De lengte van de mannelijke bevolking van 18 jaar en ouder van plaats X

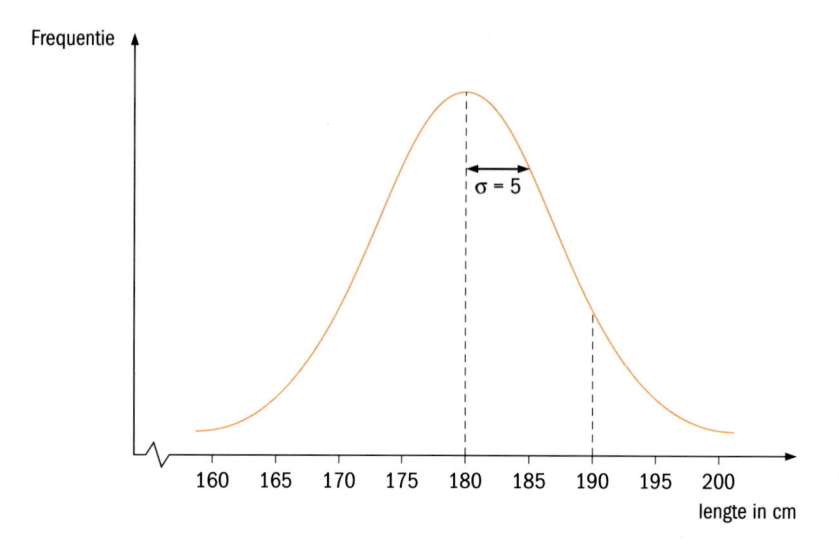

$\sigma = 5$

lengte in cm

13.6 Steekproefonderzoek

In deze paragraaf houden we ons bezig met steekproefonderzoek. Eerst gaan we na wat steekproefonderzoek inhoudt en waarom het zo vaak voorkomt. Vervolgens bespreken we de eisen waaraan een goede steekproef moet voldoen. Daarbij wordt ook expliciet aandacht besteed aan non-respons. Ten slotte geven we aan, hoe op basis van steekproefuitkomsten uitspraken kunnen worden gedaan over de totale populatie met een bepaalde – te berekenen – betrouwbaarheid en nauwkeurigheid.

Waarom een steekproef?
Voor het verzamelen van marketinginformatie kunnen we kiezen voor secundair of primair onderzoek. Als we door secundair onderzoek niet de gewenste informatie kunnen krijgen, zullen we door primair onderzoek moeten proberen die informatie alsnog te verkrijgen. Dat kunnen we op verschillende manieren doen, namelijk door observatietechnieken, gespreks- en ondervragingstechnieken en experimentele technieken. Als we bijvoorbeeld informatie willen hebben over het uitgaansgedrag van de Amsterdammers van 16 jaar of ouder, zouden we in principe alle Amsterdammers van 16 jaar of ouder kunnen ondervragen. Dat is echter zeer tijdrovend en kostbaar. Het is ook helemaal niet nodig, want als we slechts een deel van de Amsterdammers ondervragen, kunnen we met aanzienlijk minder kosten al veel over het uitgaansgedrag te weten komen. We werken daarom vaak met een steekproef.

Definitie steekproef
> Een steekproef is een selectie van een subgroep van elementen uit een grotere verzameling van elementen, de populatie.

De groep waaruit de steekproef getrokken wordt en waarover we willen rapporteren, heet de populatie (ook wel massa of universum). In voorgaand voorbeeld bestaat voor het onderhavige onderzoek de populatie, dus uit 'alle Amsterdammers van 16 jaar of ouder'.

> De populatie is de verzameling elementen waarover we in het kader van een steekproefonderzoek uitspraken willen doen.

Definitie populatie

In de praktijk kan een volledige telling van een populatie soms voorkomen. Bijvoorbeeld als die populatie betrekkelijk klein is, zoals bij een scheepswerf die alle afnemers van de laatste vijf jaar wil ondervragen. Een bekend onderzoek waarbij de totale populatie wordt ondervraagd is de volkstelling. Hiervoor wordt ook de term census gebruikt. Wegens een te hoge verwachte non-respons – veel mensen wilden niet meedoen omdat ze het onderzoek een inbreuk op hun privacy vonden – is overigens in Nederland na 1972 geen volkstelling meer mogelijk geweest.

Census

Het doel van het steekproefonderzoek is het generaliseren ofwel geldig verklaren van de bevindingen uit zo'n onderzoek naar de gehele populatie. Dus door slechts een gering deel van de totale populatie te ondervragen, kunnen we over die totale populatie toch iets zeggen. Niet met honderd procent zekerheid, maar wel met een bepaalde, bekende betrouwbaarheid en nauwkeurigheid. Daarvoor moet de steekproef echter niet te klein zijn. We komen daar nog op terug.

Wanneer we een onderzoek willen (laten) uitvoeren naar het bezit van een encyclopedie in alle Nederlandse huishoudens, rijst de vraag hoe we aan al die namen en adressen moeten komen. Hebben we gekozen voor een telefonisch onderzoek, dan kunnen we gebruikmaken van de telefoonboeken van alle telefoondistricten in Nederland en daaruit een steekproef trekken.

Het enige probleem dat zich hierbij voordoet is, dat in telefoonboeken ook de telefoonnummers van allerlei bedrijven en organisaties zijn opgenomen, terwijl de geheime nummers van particulieren daarin weer ontbreken. Het telefoonboek is een voorbeeld van een zogenoemd steekproefkader (sampling frame).

Steekproefkader

> Het steekproefkader is de concrete lijst van elementen (personen, huishoudens, bedrijven enzovoort) waaruit een steekproef wordt getrokken.

Definitie steekproefkader

Een steekproefkader is dus de administratieve weerspiegeling van de populatie die wordt onderzocht, zoals een telefoonboek, een adressenlijst van bedrijven en een klantenbestand. Welk steekproefkader gebruikt wordt is afhankelijk van het verschijnsel (de massa) dat we willen onderzoeken, alsmede van de methode van onderzoek die gebruikt wordt.
De diverse *Gouden Gidsen* kunnen een uitstekend steekproefkader zijn wanneer we alle autodealers in Nederland willen ondervragen. Veel brancheorganisaties en beroeps- en sportverenigingen bijvoorbeeld beschikken over adreslijsten of adresboeken van bij hen aangesloten leden enzovoort. Bovendien is er in Nederland een aantal bedrijven actief dat dergelijke adressen tegen een bepaalde vergoeding per adres beschikbaar stelt. Voorbeelden van dergelijke adressenleveranciers zijn de NV Databank (Kamers van Koophandel), de Schober group, Cendris en Marktselect. In alle gevallen zullen we ons ervan moeten overtuigen, dat het gebruikte steekproefkader een zo volledig

mogelijke representatie vormt van de populatie waar men iets over te weten wil komen. Een zeer goed uitgevoerd steekproefonderzoek op basis van een slecht steekproefkader levert in feite onbruikbare resultaten op.

Eisen waaraan een steekproef moet voldoen
Bij een steekproefonderzoek is het altijd de bedoeling op basis van de uitkomsten uitspraken te doen over de totale populatie waaruit die steekproef getrokken is. Dat kan echter alleen verantwoord gebeuren, als die steekproef aan bepaalde kwaliteitseisen voldoet:
- de steekproefelementen moeten aselect gekozen zijn met behulp van een correcte steekproefmethode (zie paragraaf 13.7).
- de steekproef moet representatief zijn, dat wil zeggen dat de steekproef op een aantal kenmerken een goede afspiegeling is van de populatie.
- de steekproef moet voldoende groot zijn (zie bij schatten op basis van steekproefuitkomsten verderop in deze paragraaf).

Als vierde eis wordt vaak genoemd, dat de steekproefvragen *valide* moeten zijn. Die eis geldt echter ook voor een census en heeft met een steekproef op zich niets te maken.

Validiteit

Met validiteit bedoelen we dat de uitkomsten van een steekproefonderzoek geldig moeten zijn. De validiteit is dus de mate waarin wat we meten, overeenkomt met wat we beogen te meten. Willen we bijvoorbeeld weten hoeveel vrouwen bier drinken, dan moeten we niet het aantal door hen gekochte kratten bier vaststellen. Het kopen van bier zegt immers nog niets over het feitelijke gebruik ervan.

> **VOORBEELD**
> Als we willen meten hoeveel Nederlandse mannen van 18 jaar en ouder pindakaas eten, kunnen we dat moeilijk vaststellen door het aantal in Nederland verkochte potten pindakaas te tellen. Als we willen weten hoeveel Nederlandse meisjes van 15 tot 19 jaar een eau de toilette van Van Cleef & Arpels gebruiken, kunnen we dat evenmin aflezen uit de aantallen verkochte eenheden van dit exclusieve en dure merk.

Om ervoor te zorgen dat een steekproef representatief is, moet niet alleen de steekproefmethode correct zijn, maar is het ook van groot belang dat een goed steekproefkader gebruikt wordt.
Bovendien kan een hoge non-respons de representativiteit negatief beïnvloeden.

Non-respons
Wil of kan niet meewerken

Onder non-respons verstaan we het aantal of het percentage personen uit de onderzoeksdoelgroep dat niet mee wil of kan werken. De belangrijkste redenen voor non-respons zijn:
- Hij of zij *wil* niet meewerken: er is sprake van weigeringen.
- Hij of zij *kan* niet meewerken: op het moment dat het onderzoek plaatsvindt, is de te ondervragen persoon niet aanwezig of niet te spreken.

De hoogte van de respons hangt samen met karakteristieken van de onderzoekspopulatie, bijvoorbeeld leeftijd en gezinsfase, maar ook met het onderwerp en de opdrachtgever van het onderzoek. Vergelijk bijvoorbeeld een onderzoek naar het gebruik van wasmiddelen met een onderzoek door de eigen sportvereniging.

Bij een hoge non-respons moeten we vraagtekens zetten bij de representativiteit van de gegevens. De onderzoeker moet erop bedacht zijn, dat degenen die niet aan het onderzoek mee hebben gedaan wellicht andere kenmerken hebben dan degenen die wel meededen. Gezinnen met kleine kinderen zijn, in vergelijking met jonge gezinnen zonder kinderen, vaak 's avonds thuis. Als 's avonds een huis-aan-huisenquête wordt gedaan bij honderd willekeurige gezinnen, zullen relatief veel jonge gezinnen thuis zijn, waardoor de steekproef vertekend kan worden en dus niet meer representatief is. Bovendien zullen veel ouderen 's avonds wel thuis zijn, maar de deur niet opendoen. *Non-respons geeft vertekening*

Over het algemeen zullen we trachten de non-respons zo laag mogelijk te houden en nagaan of er een vertekening in de respons kan zijn opgetreden. Dit laatste kunnen we doen door kenmerken van de ondervraagde personen te vergelijken met dezelfde kenmerken van de totale populatie. Zo is bijvoorbeeld het aantal gezinnen met jonge kinderen in Nederland bekend. We kunnen het resultaat van een aselecte steekproef vergelijken met dit gegeven en eventueel de steekproefresultaten herwegen. *Non-respons laag houden*

In het algemeen geldt dat we de medewerking, de respons, aan een mondeling onderzoek kunnen verhogen als we van tevoren een brief sturen, waarin de redenen en het onderwerp van het onderzoek uitgelegd worden. Soms wordt ook een beloning in het vooruitzicht gesteld. De respons op een schriftelijke enquête kunnen we onder meer verhogen door een duidelijke en niet te lange vragenlijst te sturen en er een antwoordenvelop met postzegel bij te voegen. *Respons verhogen*

Schatten op basis van steekproefuitkomsten

Binnen marktonderzoek komen we zeer vaak variabelen tegen, die slechts twee waarden kunnen aannemen: ja of nee. Bijvoorbeeld: 'Bezit u een auto?' of 'Hebt u de afgelopen week jenever gedronken?'. Er zijn dus maar twee mogelijkheden: treedt het verschijnsel op of niet? In termen van statistiek spreken we dan van een binomiale verdeling. De kans dat een verschijnsel zich voordoet, is in dit geval P en de kans dat het verschijnsel zich niet voordoet Q (is 100% − P). Veronderstel bijvoorbeeld, dat 40% van de Nederlanders ouder dan 18 jaar een auto bezit. In dit geval geldt: P = 40% en Q = 60%. Stel u nu voor, dat u een steekproefonderzoek houdt onder alle Nederlanders boven de 18 jaar. In dit onderzoek stelt u de vraag: 'Bezit u een auto?'. Na afloop van dit onderzoek blijkt 43% van de respondenten 'ja' geantwoord te hebben. Als onderzoeker zou u nu dus kunnen rapporteren: 'Uit ons onderzoek blijkt, dat 43% van de Nederlanders boven de 18 jaar een auto bezit.' Die 43% heet dan een puntschatting. Daar genoemde 43% het resultaat is van een steekproef, is het echter helemaal niet zeker dat die 43% ook exact voor de oorspronkelijke populatie geldt. Vandaar dat we zo'n puntschatting in het algemeen niet zo interessant vinden, maar liever iets horen als bijvoorbeeld: 'We hebben in ons steekproefonderzoek een percentage autobezit gevonden van 43%. Wij denken, dat het echte percentage autobezit in de populatie zal liggen tussen de 40% en 46%.' Deze laatste uitspraak bevat een intervalschatting. We gaan hierbij uit van bepaalde marges rondom het in de steekproef gevonden percentage; in dit geval aan beide kanten een marge van 3%. Het *Binomiale verdeling* *Puntschatting* *Intervalschatting* interval, in dit geval van 40% tot 46%, wordt het betrouwbaarheidsinterval of ook wel het schattingsinterval genoemd. De halve breedte van het interval, dus hier 3%, heet de nauwkeurigheid of nauwkeurigheidsmarge.

Formule voor de berekening van het schattingsinterval
Voor de berekening van een interval rondom een in een onderzoek gevonden percentage p hanteren we een betrekkelijk eenvoudige formule:

$$p \pm z \times \sqrt{\frac{p \times q}{n}}$$

Hierbij is p het in de steekproef gevonden percentage en q is 100 min p. De ± betekent in deze formule niet 'ongeveer', maar staat voor 'p plus het getal en p min het getal'. Hiermee krijgen we dus de linker- en rechtergrens van het schattingsinterval. De n staat voor de netto-steekproefomvang (dus het feitelijk aantal respondenten). Al deze getallen zijn bekend, zodra we de formule concreet gaan invullen. Het rechterdeel van de formule, namelijk de wortel uit p maal q gedeeld door n, wordt de **standaardfout** genoemd. Voor z kunnen we zelf een getal kiezen. Zodra we voor z een getal kiezen, ligt daarmee de betrouwbaarheid van het berekende interval vast. In de marketing kiezen we voor z meestal 1,96 of 2. Bij z = 1,96 hoort een betrouwbaarheid van 95%, bij z = 2 hoort een betrouwbaarheid van 95,4%.

Deze **z-waarden** en de bijbehorende **betrouwbaarheid** zijn uiteindelijk afkomstig uit de al eerder besproken normale verdeling. De betrouwbaarheid is de kans, dat de echte p van de populatie inderdaad in het genoemde interval ligt. Merk op, dat de omvang van de populatie waaruit de steekproef getrokken is in de formule geen enkele rol speelt. Het is dus een misverstand, dat uit een grotere populatie ook een grotere steekproef getrokken moet worden!

We zullen nu eerst een voorbeeldberekening geven en daarna terugkomen op het begrip betrouwbaarheid.

Een voorbeeldberekening

We stellen aan 500 aselect gekozen inwoners van Bussum de vraag of zij thuis over een personal computer beschikken. Alle ondervraagden geven antwoord. De uitkomst van de vraag is: 60% van de inwoners beschikt thuis over een personal computer. We gaan nu een interval berekenen rond dit gevonden percentage. Hierbij is p dus 60 en q is 100 min p, is 40. De n is 500. We willen dat het interval een betrouwbaarheid heeft van 95,4%. Dat betekent, dat we z op 2 moeten stellen. We gaan nu de formule invullen:

$$60 \pm 2 \times \sqrt{\frac{60 \times 40}{500}} = 60 \pm 4{,}4 \text{ dus de grenzen zijn: } 55{,}6\% \text{ en } 64{,}4\%.$$

Met andere woorden: het percentage Bussummers dat thuis over een personal computer beschikt ligt tussen de 55,6% en 64,4% met een betrouwbaarheid van 95,4%.

Betrouwbaarheid en nauwkeurigheid
In de voorbeeldberekening werd een uitspraak gedaan, namelijk 'het percentage Bussummers dat thuis over een personal computer beschikt, ligt tussen de 55,6% en 64,4%'. De **nauwkeurigheid** van dit interval – of: van deze schatting – is de halve breedte, dus 4,4%. Omdat voor de z een waarde van 2

gekozen is, is de betrouwbaarheid van die uitspraak 95,4%. Dat kunnen we ook anders formuleren: de kans dat die uitspraak waar is, bedraagt 95,4%. Er is dus ook een kans dat onze uitspraak niet waar is, dus dat het echte percentage kleiner is dan 55,6 of groter dan 64,4. De kans daarop is 100 min de betrouwbaarheid, dus in dit geval 4,6%. Die 4,6% noemen we de overschrijdingskans.

Overschrijdingskans

We zien dat we op grond van hetzelfde onderzoekresultaat, in dit geval 60%, verschillende betrouwbaarheidsintervallen kunnen berekenen door steeds een andere waarde voor z te kiezen.

Bij een grotere z hoort een grotere betrouwbaarheid (er bestaan tabellen om dat af te lezen) en een groter interval. De schatting wordt daarmee echter minder nauwkeurig. Dat betekent dus, dat een grotere betrouwbaarheid ten koste gaat van de nauwkeurigheid en andersom. De marges worden overigens altijd berekend voor de groep ondervraagden, waarover de uitspraak gedaan wordt. Veronderstel bijvoorbeeld dat de 500 respondenten in voorgaand voorbeeld onderverdeeld zouden kunnen worden in 300 vrouwen en 200 mannen. Als we nu apart voor de vrouwen een betrouwbaarheidsinterval willen schatten, moeten we in de formule voor de n 300 invullen en natuurlijk ook de 'eigen' p en dus ook q van de vrouwen.

Gewenste steekproefomvang
De formule waarmee we het betrouwbaarheidsinterval berekenen, kan ook als uitgangspunt dienen als voorafgaand aan een onderzoek de gewenste steekproefomvang bepaald moet worden. Die steekproefomvang kan worden berekend als we – voor een cruciale vraag in de vragenlijst – bepaalde eisen stellen aan de nauwkeurigheid en de betrouwbaarheid.

Laten we weer hetzelfde voorbeeld nemen. We willen in Bussum een onderzoek doen om erachter te komen hoeveel procent van de inwoners thuis de beschikking heeft over een personal computer. We stellen bij voorbaat als eis, dat straks op grond van het onderzoekresultaat een betrouwbaarheidsinterval kan worden berekend met een betrouwbaarheid van 95,4% en een nauwkeurigheid van 3%. Hoe groot moet hiervoor de steekproefomvang (n) zijn?

In de eerdergenoemde formule is het rechterdeel, $z \times \sqrt{\dfrac{p \times q}{n}}$, gelijk aan de nauwkeurigheid.

Die nauwkeurigheid moet 3 zijn. De z kennen we ook: bij de geëiste betrouwbaarheid van 95,4% hoort een z van 2. We zouden nu de vereiste n kunnen berekenen, als we de p kenden. Er zijn dan twee mogelijkheden, met elk hun eigen uitwerking:
- we weten helemaal niets over de p;
- op grond van eerder of vergelijkbaar onderzoek hebben we een idee hoe groot de p ongeveer zal zijn.

Als we helemaal niets over de p weten, vullen we hiervoor, en dus ook voor de q, in de formule 50 in. Er kan worden aangetoond, dat de op grond hiervan berekende n ook bij alle andere p's leidt tot uitspraken die aan de gestelde eisen van betrouwbaarheid en nauwkeurigheid voldoen. De uitwerking is dan als volgt:

$$3 = 2 \times \sqrt{\dfrac{50 \times 50}{n}} \rightarrow 1{,}5 = \sqrt{\dfrac{2.500}{n}} \rightarrow 2{,}25 = \dfrac{2.500}{n} \rightarrow n = \dfrac{2.500}{2{,}25} = 1.112$$

Er moeten dus (netto) 1.112 ondervraagden zijn om bij een p van 50% aan de gestelde eisen van betrouwbaarheid en nauwkeurigheid te voldoen. Merk op, dat de uitkomst van de berekening eigenlijk 1.111,1 is. Bij een n van 1.111 wordt echter net niet aan de eisen voldaan; je moet bij deze berekening dus altijd naar boven afronden.

Laten we nu veronderstellen, dat we wel iets over de p weten. Bijvoorbeeld uit recent onderzoek in Hilversum blijkt, dat 70% van de inwoners daar thuis over een personal computer beschikt. Men neemt aan, dat dat in Bussum wel in dezelfde orde van grootte zal zijn. In dit geval vullen we in de formule voor p 70 in. De q wordt dus 30. We krijgen nu:

$$3 = 2 \times \sqrt{\frac{70 \times 30}{n}} \rightarrow 1{,}5 = \sqrt{\frac{2.100}{n}} \rightarrow 2{,}25 = \frac{2.100}{n} \rightarrow n = \frac{2.100}{2{,}25} = 934$$

In dit geval is een nettosteekproef van 934 personen dus voldoende.

Significantie
Veronderstel weer dat het werkelijke aantal inwoners van Bussum, dat thuis over een personal computer beschikt, 60% is. We weten dat we in een steekproef een percentage zullen vinden dat min of meer van die 60 afwijkt. Datzelfde geldt voor Hilversum. Laten we aannemen, dat we in Bussum uit onderzoek een percentage van 64 kregen en in Hilversum een percentage van 68. Kunnen we nu zeggen, dat er in Hilversum meer inwoners thuis over een personal computer beschikken dan in Bussum? Als we alleen naar deze twee resultaten kijken, kunnen we dat niet zomaar stellen. Het verschil kan immers toevallig zijn. Er bestaat een formule waarmee we op deze vraag een antwoord kunnen geven. Die formule kan tot de conclusie leiden, dat het verschil tussen de twee gevonden percentages te groot is om nog te kunnen veronderstellen dat beide percentages in de populatie 'eigenlijk' gelijk zijn. In dat geval zeggen we: 'het verschil is significant, dus in Hilversum beschikken meer mensen thuis over een personal computer dan in Bussum.' De desbetreffende formule wordt in dit boek niet behandeld.

13.7 Methoden van steekproeftrekking

Er bestaan verschillende manieren om een steekproef uit een massa te trekken. Het belangrijkste onderscheid dat we daarbij kunnen maken, is dat tussen:
- een aselecte steekproef
- een niet-aselecte steekproef.

Aselecte steekproef
Bij een aselecte steekproef heeft elk element uit het steekproefkader, de populatie, een gelijke kans om in de steekproef te worden opgenomen. Het toeval bepaalt dus welke elementen in de steekproef terechtkomen. De aselecte steekproef wordt ook wel toevals- of kanssteekproef genoemd.

Volledig aselecte steekproef
Het trekken van een volledig aselecte steekproef is echter nogal kostbaar en is bovendien vrij ingewikkeld. Er is dan ook gezocht naar methoden die zowel goedkoper als eenvoudiger waren, maar de volledig aselecte steekproef

toch zo goed mogelijk benaderen. Zodoende ontstonden onder meer de volgende methoden om een aselecte steekproef te trekken:
- de systematische steekproef
- de clustersteekproef, met als specifieke vormen de areasteekproef en de startadressenmethode
- de gestratificeerde steekproef.

De systematische steekproef
We spreken van een systematische steekproef, omdat we gebruikmaken van een bepaalde systematiek bij het selecteren van de elementen voor de steekproef (bijvoorbeeld elk vijfde of vijftigste adres).

> Een systematische steekproef is een aselecte steekproef waarbij ieder k'de element uit het steekproefkader wordt getrokken.

Definitie systematische steekproef

In de meeste gevallen worden bij een systematische steekproef alle elementen uit de populatie voorzien van een volgnummer. Het eerste te selecteren adres bepalen we aan de hand van een willekeurig gekozen nummer (het startnummer); er is dus sprake van een aselecte start. Vervolgens bepalen we om de hoeveel nummers (interval) het volgende element voor de samen te stellen steekproef wordt getrokken.

VOORBEELD
De uitgever van het gezinsblad *Famille* wil weten wie er nu eigenlijk op zijn blad zijn geabonneerd. Hij wil dus van zijn abonnees een profielschets hebben. *Famille* heeft in totaal 50.000 abonnees. Daaruit wil hij nu een steekproef trekken van 500 abonnees. Dat betekent dat 1 op de 100 abonnees een kans heeft om in de steekproef te worden opgenomen.
In de administratie heeft elke abonnee een abonneenummer gekregen. Op volstrekt willekeurige wijze trekt de uitgever een nummer onder de 101. Dat is bijvoorbeeld nummer 13. Vervolgens worden nu de abonneenummers 13, 113, 213, 313, 413, 513, 613 enzovoort gekozen voor de steekproef totdat hij in totaal 500 abonnees heeft geselecteerd.

Bij het trekken van een systematische steekproef moeten we er overigens op bedacht zijn dat het steekproefinterval, bijvoorbeeld 'elke vijftigste', niet toevallig overeenkomt met een interval in de lijst waaruit de steekproef getrokken wordt. Veronderstel bijvoorbeeld dat we een lijst met adressen hebben van woningen die allemaal in blokken van vier gebouwd zijn. De volgorde is dus: hoekwoning, tussenwoning, tussenwoning, hoekwoning enzovoort. Als we nu bijvoorbeeld elke vierde woning of elke achtste enzovoort uit deze lijst trekken, krijgen we óf uitsluitend tussenwoningen óf uitsluitend hoekwoningen!
Een systematische steekproef komt vooral in aanmerking als we over een compleet steekproefkader beschikken. Vaak wordt pas een systematische steekproef getrokken in de tweede fase van een steekproeftrekking, waarbij eerst een clustersteekproef wordt getrokken of de populatie wordt onderverdeeld in strata (zie verder).

De clustersteekproef

Een andere manier om een aselecte steekproef te trekken, is de zogenaamde clustersteekproef (ook wel *trossteekproef* genoemd). Deze wijze van steekproeftrekken wordt onder andere toegepast als het rechtstreeks trekken van individuen vanwege het ontbreken van een adequaat steekproefkader niet mogelijk is. Een belangrijke overweging om dit type steekproef toe te passen is ook het beperken van reiskosten, als de enquêtes bij de mensen thuis plaatsvinden.

Definitie clustersteekproef

> Een clustersteekproef is een steekproef waarbij het steekproefkader wordt gesplitst in groepen (clusters), waarna een aselecte steekproef van clusters wordt getrokken.

Bij een clustersteekproef moeten we ernaar streven dat elk cluster een zo getrouw mogelijke afspiegeling is van de totale populatie. Dat zal niet altijd volledig lukken. Bij clustering is er daardoor altijd het risico van verminderde representativiteit. Denk bijvoorbeeld aan postcodegebieden die vaak relatief homogeen van samenstelling zijn (zie hoofdstuk 9). We zullen dus steeds een afweging moeten maken tussen dit nadeel en het voordeel van de kostenbesparing die met deze steekproefmethode kan worden gerealiseerd.

Bij de clustersteekproef kunnen we twee varianten onderscheiden. Wanneer na het opdelen van de populatie in clusters ieder element uit elk van de in de steekproef getrokken clusters wordt ondervraagd, spreken we van een eentrapsclustersteekproef. Het is ook mogelijk dat er na de trekking van een aantal clusters weer een steekproef van elementen uit iedere getrokken cluster wordt getrokken. We spreken dan van een tweetrapsclustersteekproef.

VOORBEELD

Om een steekproef van hbo-studenten te verkrijgen, kunnen we uit het steekproefkader van hbo-scholen – één school is één cluster – een steekproef van één school trekken, waarna we iedere student van die school ondervragen. We spreken dan van een eentrapsclustersteekproef.
Het is ook mogelijk dat we binnen de getrokken hbo-school weer een steekproef van studenten trekken en die ondervragen. We spreken dan van een tweetrapsclustersteekproef.

Gebiedssteekproef

Een bijzondere vorm van de clustersteekproef is de zogenoemde gebiedssteekproef (areasteekproef). Het steekproefkader bestaat hierbij uit een kaart of plattegrond van een gebied, waarbij de clusters gevormd worden door blokken op de kaart. Dat kunnen stadswijken, provincies of regio's zijn. Een andere bijzondere vorm van de clustersteekproef, in combinatie met een soort systematische steekproef, is de zogenoemde startadressenmethode.

Startadressenmethode

Deze wordt ook wel de random-route-steekproef of de random-walk methode genoemd. Hierbij wordt volgens toeval een straat met huisnummers getrokken als startadres. Vervolgens gaat de enquêteur op basis van bepaalde instructies adressen selecteren, bijvoorbeeld het eerste huisnummer plus 15, bij de eerstvolgende straat rechtsaf, bij weigering het eerstkomende huisnummer nemen, enzovoort. Bij telefonisch onderzoek kunnen we ook van deze methode gebruikmaken, door bijvoorbeeld een willekeurig getal als startnummer te gebruiken en vervolgens daar steeds x nummers bij op te tellen voor het volgende telefoonnummer.

De gestratificeerde steekproef
Deze methode van steekproeftrekking wordt ook wel *gelaagde* of *gelede steekproef* genoemd. Evenals bij een clustersteekproef wordt de populatie bij een gestratificeerde steekproef in groepen verdeeld. Deze groepen, strata genoemd, bestaan uit elementen die bepaalde kenmerken gemeen hebben. Eenpersoonshuishoudens hebben met elkaar gemeen dat ze gevormd worden door slechts één individu. Tussen de strata zijn de elementen echter verschillend. Dit is een essentieel verschil met de clustersteekproef. Bij een clustersteekproef zijn de clusters in principe aan elkaar gelijk, bij de gestratificeerde steekproef zijn de strata juist niet aan elkaar gelijk. In het volgende voorbeeld bestaat er dus een verschil tussen een eenpersoonshuishouden en een gezinshuishouden.

VOORBEELD
Stel, u bent fabrikant van borrelnootjes. Deze borrelnootjes brengt u in één verpakking op de markt. U hebt echter het gevoel dat die verpakking voor bepaalde gezinnen wel eens te groot en voor sommige gezinnen wel eens te klein zou kunnen zijn. Om te kunnen nagaan of uw ideeën juist zijn, wilt u dit door een steekproef onderzoeken. Daarbij maakt u eerst een splitsing in de volgende vier strata: niet-gezinshuishoudens, eenpersoonshuishoudens, eenoudergezinnen en gezinshuishoudens. Vervolgens trekt u uit elk van deze strata een aselecte steekproef.

| Een gestratificeerde steekproef is een steekproef waarbij het steekproefkader wordt gesplitst in groepen (strata), waarna uit iedere groep een aselecte steekproef wordt getrokken. | **Definitie gestratificeerde steekproef** |

Het grote voordeel van een gestratificeerde steekproef is dat de steekproef de werkelijkheid beter benadert, omdat de steekproef representatiever is. Dat gaat echter alleen op voor de zogenoemde proportioneel gestratificeerde steekproef.

| Een proportioneel gestratificeerde steekproef is een gestratificeerde steekproef, waarbij de verhoudingen van de strata in de steekproef gelijk zijn aan de verhoudingen van de strata in het steekproefkader. | **Definitie proportioneel gestratificeerde steekproef** |

VOORBEELD
De Nederlandse samenleving kunnen we in vijf sociale klassen verdelen. Deze vijf klassen zijn verschillend van omvang. Wanneer we nu een steekproef van 1.400 personen willen trekken, is het nog maar de vraag of daarin wel 196 personen uit sociale klasse A vertegenwoordigd zullen zijn. Bij een gestratificeerde steekproef wordt dit probleem omzeild door de totale populatie in vijf strata te verdelen en vervolgens uit elke sociale klasse, elk

stratum, het gewenste percentage personen te trekken. De uiteindelijke steekproef wordt dan:

Sociale klasse	Aandeel in de bevolking	Aantal personen in de steekproef
A	14%	196
B1	19%	266
B2	22%	308
C	34%	476
D	11%	154
Totaal	100%	1.400

In dit voorbeeld is sprake van een proportioneel gestratificeerde steekproef. Immers, de verhoudingen binnen het universum komen overeen met de verhoudingen binnen de getrokken steekproef. Wanneer we een steekproef willen trekken onder vrouwen in de leeftijd van 15-24 jaar, dan zullen we er bijvoorbeeld voor moeten zorgen dat 37% van die vrouwen een opleiding heeft genoten op mbo-niveau en 5% op hbo-niveau. Uit cijfers van het CBS blijkt namelijk dat in 2010 van de vrouwen van 15-24 jaar 37% een mbo-opleiding had genoten en 5% een hbo-opleiding.

De tegenhanger van de proportioneel gestratificeerde steekproef is de disproportioneel gestratificeerde steekproef. Hierbij komen de verhoudingen binnen het universum en de steekproef niet met elkaar overeen. Deze steekproef is dus in beginsel niet representatief voor de totale populatie. Zodra we bij een disproportioneel gestratificeerde steekproef toch uitspraken over de totale populatie willen doen, zullen we de resultaten per stratum moeten herwegen.

Definitie disproportioneel gestratificeerde steekproef

Een disproportioneel gestratificeerde steekproef is een gestratificeerde steekproef, waarbij de verhoudingen van de strata in de steekproef ongelijk zijn aan de verhoudingen van de strata in de populatie.

VOORBEELD
Stel, dat we een onderzoek willen doen naar het roken door mannen en vrouwen van 65 jaar en ouder. Stel, dat we uit CBS-cijfers weten, dat in deze leeftijdsgroep 10,4% van de vrouwen en 38,8% van de mannen rookt. Ook weten we dat 5,6% van de vrouwen en 21,7% van de mannen meer dan 10 sigaretten per dag rookt.
In 2011 zijn er in Nederland 1.454.258 vrouwen en 1.140.688 mannen in de leeftijd van 65 jaar en oude . Bij een aselecte steekproef onder 1.000 personen van 65 jaar en ouder zult u dus zo'n 560 vrouwen en 440 mannen aantreffen. Daarvan zullen zo'n 58 vrouwen en 171 mannen roken. Als we vooral geïnteresseerd zijn in de zwaardere rokers, komen we tot respectievelijk 31 vrouwen en 95 mannen. Daar het aantal vrouwen dat tot de groep zwaardere rokers gerekend kan worden in absolute zin nogal klein is om tot betrouwbare resultaten te komen, kunnen we besluiten meer vrouwen in onze

steekproef op te nemen. Zij zullen dan in de steekproef oververtegenwoordigd zijn. Anderzijds zullen de mannen dan ondervertegenwoordigd zijn. Overigens wordt bij een gestratificeerde steekproef uit de verschillende strata vaak een even grote steekproef getrokken, om over elk van de strata uitspraken te kunnen doen met een even grote betrouwbaarheid en nauwkeurigheid. Als de strata niet even groot zijn, leidt dit automatisch tot disproportionele stratificatie.

Niet-aselecte steekproef

In tegenstelling tot de aselecte steekproef speelt het toeval bij een niet-aselecte steekproef geen rol. Hierbij zoeken we naar elementen die een bepaald kenmerk bezitten. De bekendste selecte steekproef is de quotasteekproef.

Selecte steekproef

> De quotasteekproef is een niet-aselecte steekproef waarbij de populatie op basis van de belangrijk geachte variabelen wordt opgedeeld in een aantal strata, waarna uit ieder stratum gericht een bepaald quotum elementen geselecteerd wordt.

Definitie quotasteekproef

De interviewer wordt meegedeeld hoeveel personen hij in een bepaald stratum moet ondervragen, dus het aantal mannen en het aantal vrouwen, het aantal personen met een hoog inkomen enzovoort. De interviewer is vrij in het kiezen van de te ondervragen personen, zolang hij maar aan de quotavereisten voldoet. Vaak zullen we in de steekproef dezelfde proporties van elementen willen hebben als in de populatie.

VOORBEELD

Een onderzoekopdracht luidt dat een interviewer in totaal 200 personen moet ondervragen, namelijk:
- 40 mannen van 20 tot 30 jaar
- 50 mannen van 30 tot 40 jaar
- 60 vrouwen van 17 tot 27 jaar
- 50 vrouwen van 27 tot 37 jaar

De interviewer zal nu steeds eerst naar de leeftijd van de te ondervragen persoon vragen. Is een bepaald quotum vol, dan heeft hij van die groep geen respondenten meer nodig.

Doordat de interviewer binnen de strata vrij is in zijn keuze, is er in feite geen sprake meer van een aselecte steekproef. Daardoor is het riskant vanuit de niet-aselecte steekproef betrouwbare uitspraken te doen over de totale populatie.

In voorgaand voorbeeld is de steekproef dan wel representatief voor de variabelen geslacht en leeftijd, maar de vraag is of dat ook geldt voor de andere in het onderzoek betrokken kenmerken. Omdat de interviewer zelf zijn ondervraagden mag selecteren, worden bijvoorbeeld vooral mensen met blonde haren of mensen in een drukke winkelstraat geïnterviewd.

Samenvatting

- *Tabellen* tonen meer details; *grafieken* geven sneller inzicht in 'de grote lijnen'.
- In tabellen gebruiken we *frequenties*, namelijk absolute frequenties of relatieve frequenties. Het totaal is dan een *frequentieverdeling*. Eventueel een *cumulatieve frequentieverdeling*.
- Meestal worden *klassen* gehanteerd, met *klassengrenzen* en *klassenbreedten*. In dit verband ook de term *frequentiedichtheid*.
- Soms gebruiken we *indexcijfers*. Deze geven de verhouding tussen twee getallen weer.
- Er zijn verschillende soorten *grafieken*, zoals het *lijndiagram* (bijvoorbeeld de *frequentiepolygoon*), het *histogram* (staven aan elkaar), het *staafdiagram* (de staven los) en het *cirkeldiagram*.
- Een bijzondere grafiek is de *concentratiecurve* (of: Lorenzcurve). Hierin zien we vaak (ongeveer) de *20-80 regel* terug.
- Een verzameling getallen kan in principe al door twee kenmerken goed worden beschreven: de *centrale tendentie* en de *spreiding*.
- Voor de centrale tendentie kunnen we hanteren: het *rekenkundig gemiddelde*, het *gewogen rekenkundig gemiddelde*, de *modus* en de *mediaan*.
- Maatstaven voor de spreiding: de *range* of de *standaarddeviatie*.
- Een *normale verdeling* is symmetrisch; gemiddelde, mediaan en modus zijn gelijk.
- Voor de berekening van een *schattingsinterval* (of: *betrouwbaarheidsinterval*) wordt de volgende formule gehanteerd:

$$p \pm z \times \sqrt{\frac{p \times q}{n}}$$

- Met de keuze van z (meestal 1,96 of 2) worden *betrouwbaarheid* (95% respectievelijk 95,4%) en *nauwkeurigheid* van het interval vastgelegd.
- De nauwkeurigheid is de halve breedte van het schattingsinterval.
- De wortel uit p maal q, gedeeld door n, wordt de *standaardfout* genoemd.
- Honderd procent min de betrouwbaarheid heet de *overschrijdingskans*: de kans, dat de 'echte' p van de populatie toch nog buiten het schattingsinterval ligt.
- Met voorgaande formule kan ook de (netto) *omvang van de steekproef* worden berekend, bij een bepaalde vereiste betrouwbaarheid en nauwkeurigheid van het schattingsinterval.
- Om een steekproef te trekken hebben we een *steekproefkader* nodig: idealiter een juiste en volledige representatie van de te onderzoeken populatie.
- Eisen aan de steekproef: *representatief*, *aselect* gekozen met juiste steekproefmethode, en *voldoende groot*. Ook: *valide*, maar dat geldt ook voor een *census*.
- *Non-respons* kan de representativiteit van een steekproef sterk negatief beïnvloeden.
- Methoden van steekproeftrekking: *aselecte steekproef, systematische steekproef, clustersteekproef* en *gestratificeerde steekproef*.
- Bijzondere vormen van de clustersteekproef: *random-route-steekproef* (of: *random-walk-steekproef*) en de *areasteekproef*.

- Bij de gestratificeerde steekproef onderscheid tussen *proportioneel stratificeren* en *disproportioneel stratificeren*.
- De *quota-steekproef* is niet aselect.
- Soms twee steekproeven gecombineerd in een *tweefasensteekproef*. Bijvoorbeeld eerst clustersteekproef en daarna systematische steekproef (ook wel een *tweetrapsclustersteekproef* genoemd).

DEEL 5
Product

14　Producttypologieën　295
15　Productattributen　311
16　Productontwikkeling　337

Het product heeft vrijwel altijd een centrale plaats ingenomen in het ondernemingsbeleid. Dat gold zeker in de periode waarin de meeste bedrijven een product- of productiegeoriënteerde visie hanteerden. Maar ook daarna, in het verkoopgerichte tijdperk, bleef het product een belangrijke plaats innemen. Dat is zelfs nu nog het geval, terwijl toch een groot aantal bedrijven in meerdere of mindere mate is overgestapt op een marktgerichte visie.

Er bestaan toch geen echt slechte auto's meer? Elke margarine heeft toch bijna dezelfde smaak? Elke televisie heeft toch een redelijke kwaliteit en is voorzien van menig technisch snufje? Dit betekent dat de marketeer zich op andere dan uitsluitend de functionele eigenschappen van zijn product dient te onderscheiden van de concurrent. Hij dient dus bij de consument een bepaalde voorkeur voor zijn product te verwerven, bijvoorbeeld door zijn product een bepaalde identiteit te geven.

Elk product heeft een bepaalde levenscyclus, die kort of lang kan zijn. Dit betekent dat een onderneming vrijwel continu bezig moet zijn met het ontwikkelen van nieuwe producten.

Van alle ideeën die zij de revue laat passeren, zullen evenwel slechts enkele succesvol de eindstreep halen.

In dit deel wordt in hoofdstuk 14 nagegaan wat onder een product moet worden verstaan en welke soorten producten kunnen worden onderscheiden. Vervolgens wordt in hoofdstuk 15 ingegaan op de twee belangrijke onderdelen van de productmix: het assortiment en het merk. Bovendien komen daar nog enkele andere productbeslissingen aan de orde, namelijk die betreffende de verpakking, service en garantie en het klachtenbeleid. Ten slotte besteden we in hoofdstuk 16 aandacht aan de levenscyclus van producten en aan de daarmee samenhangende noodzaak steeds weer verbeterde of nieuwe producten op de markt te brengen.

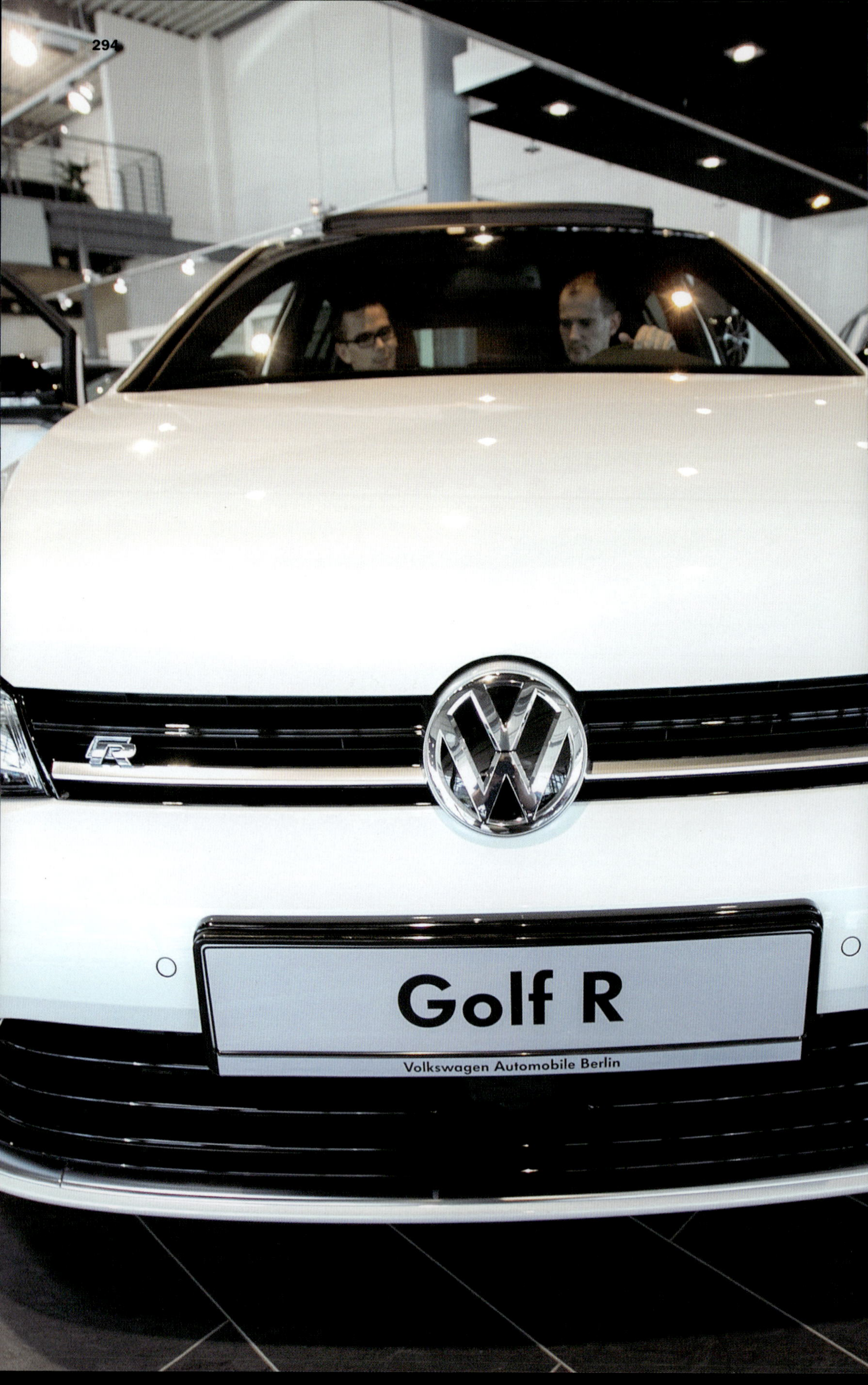
Golf R
Volkswagen Automobile Berlin

14
Producttypologieën

14.1 Betekenis van het productbeleid
14.2 Wat is een product?
14.3 Soorten producten
14.4 Consumentenproducten
14.5 Industriële producten

Marketing is zonder producten – dat kunnen dus goederen, maar ook diensten zijn – ondenkbaar.
Deze zijn namelijk in de ruimste betekenis van het woord het tastbare of ontastbare middel van de ondernemer om de behoeften van consumenten of afnemers te bevredigen. Voor velen is dan ook het product en het daarvoor te ontwikkelen productbeleid, het centrale instrument van de marketingmix. Vandaar dat we in dit hoofdstuk eerst ingaan op de betekenis van het productbeleid (paragraaf 14.1). Vervolgens staan we stil bij het product zelf (paragraaf 14.2), de verschillende kenmerken en soorten (paragraaf 14.3), om ten slotte – voor zowel consumenten- (paragraaf 14.4) als industriële producten (paragraaf 14.5) – in te gaan op de belangrijkste productindelingen.

14.1 Betekenis van het productbeleid

Voor een onderneming staat het productbeleid voorop. Het NIMA definieert het *productbeleid* als: analyse, planning, uitvoering en evaluatie van activiteiten betreffende de productinstrumenten als onderdeel van het marketingbeleid. Zonder product kan een onderneming geen behoeften van consumenten of afnemers bevredigen, en dus ook geen winst maken en zorgen voor de continuïteit van het bedrijf. Het productbeleid wordt dan ook wel gezien als het belangrijkste instrument van de marketingmix, waarvan de drie andere marketinginstrumenten afhankelijk zijn.

Productbeleid belangrijkste marketinginstrument

Productbeleid als strategisch instrument

Het productbeleid heeft in de eerste plaats voor een onderneming gevolgen op langere termijn. Het product is een strategisch instrument, omdat de keuze van het product in al zijn facetten ook de keuze inhoudt voor een bepaalde doelgroep, waaraan het wordt aangeboden. De keuze van de doelgroep en van de relatieve hoogte van de prijs ten opzichte van die van de concurrentie en de daarmee samenhangende kwaliteit, bepalen in belangrijke mate de hoofdkoers van het productbeleid.

Het productbeleid is ook belangrijk voor het karakter van de onderneming, dat wil zeggen: voor de omvang, de organisatie, het productiesysteem, de toegepaste technologie enzovoort. De hele structuur van de onderneming moet afgestemd worden op de gemaakte strategische productkeuzes. Een onderneming die bijvoorbeeld aardolieproducten vervaardigt en verkoopt, kan niet van de ene op de andere dag overgaan op het produceren en verkopen van houten speelgoed. Vergelijk in dit verband ook de businessdefinitie, zoals besproken in paragraaf 8.3.

Productbeleid als onderdeel van de marketingmix

Het productbeleid is geen strategisch instrument op zichzelf. Er is ook sprake van een wisselwerking met de drie andere elementen van de marketingmix: distributie, prijs en promotie.

Product en distributie

Het verkoopsysteem, de aard en het aantal verkooppunten worden beïnvloed door het product. Als het product nieuw is, wordt bij de keuze van een verkoopsysteem de invulling van het productbeleid, bijvoorbeeld het servicebeleid, sterk beperkt door de aanwezige distributiemogelijkheden van de andere producten in het assortiment. Zo zal het voor een aanbieder als Rolex moeilijk zijn bij een introductie van een nieuwe, goedkopere reeks horloges buiten het bestaande netwerk van juweliers te gaan. Anderzijds moet opgemerkt worden, dat steeds meer producten buiten de geijkte distributiekanalen worden verkocht. Dit fenomeen, branchevervaging, wordt in hoofdstuk 20 besproken.

Product en prijs

De relatie tussen product en prijs is vanzelfsprekend. Van een duur product, bijvoorbeeld een BMW personenauto, verwacht de afnemer een hoge kwaliteit en een lange levensduur. Anderzijds leiden kosten voor een hoogwaardig product tot een hogere verkoopprijs dan voor een standaardproduct.

Product en promotie

Door promotie wordt het product vertaald naar de doelgroep toe. Daarbij kan de boodschap bijvoorbeeld aangeven wat de beoogde afnemer aan het product kan hebben en waarom hij het zou willen of moeten kopen. Wat hij van het product mag verwachten, wordt duidelijk gemaakt. Als bijvoorbeeld autofabrikant Citroën ertoe overgaat zijn auto's van zogenaamde dodehoekspiegels te voorzien, zal deze vernieuwing moeten worden aangekondigd in reclameuitingen.

Deelgebieden binnen productbeleid
Zoals we zagen, houdt het productbeleid zich bezig met de inzet van diverse productinstrumenten. Daarbij moeten we natuurlijk in de eerste plaats denken aan het fysieke product zelf, maar daarnaast bijvoorbeeld ook aan assortiment, merknaam, verpakking en service en garantie. Op al deze gebieden moeten concrete keuzes worden gemaakt. Zijn die keuzes eenmaal gemaakt, dan heet dat de *productmix*. Deze is gedefinieerd als de feitelijke inzet, combinatie en afstemming van de productinstrumenten ten behoeve van een specifieke doelgroep door een bepaalde organisatie. In de detailhandelsmarketing wordt het begrip productmix overigens gehanteerd als synoniem voor *assortimentsmix*.

Productmix

Binnen het productbeleid speelt het merkenbeleid een steeds belangrijkere rol, mede als gevolg van de schaalvergroting (europeanisering, globalisering). Denk bijvoorbeeld aan global brands of wereldmerken.
In hoofdstuk 15 wordt ingegaan op het assortiments- en merkenbeleid. In datzelfde hoofdstuk komt ook het verpakkingsbeleid aan de orde.

14.2 Wat is een product?

Dat de vraag 'Wat is een product'? minder eenvoudig te beantwoorden is dan op het eerste gezicht lijkt, blijkt uit het grote aantal definities dat in de loop der jaren is ontstaan. Soms wordt het product gedefinieerd als iets wat een behoefte kan bevredigen. Deze definitie is echter net zo weinigzeggend als een doorsnee reclameslogan: 'Cola is het!' Wat cola is, wordt echter niet verteld. Of: 'Ze smaken zoals ze kraken'. Wel leuk, maar hoe smaakt 'kraak'? De vraag is: wat bevredigt een behoefte? Wat doet cola? Hoe smaakt 'kraak' anders dan beschuit of toast? Een definitie die daarin beter voorziet, treffen we in het *NIMA Marketing Lexicon* aan:

> Een product is het geheel van materiële en immateriële eigenschappen van een goed of dienst. Dit betreft alles wat kan worden aangeboden op een markt, voor consumptie, verbruik, gebruik of attentie, waarmee in een specifieke behoefte kan worden voorzien.

Definitie product

Er wordt ook wel gezegd, dat een product een bundel van behoeftebevredigingselementen is.

Productkenmerken
Een consument koopt een product meestal niet om het product zelf, maar om de voordelen die aan het ge- of verbruik ervan verbonden zijn. Deze voordelen zijn afhankelijk van de specifieke behoeften van de consument.

Een product beschikt dus over attributen (kenmerken, eigenschappen), die de gebruiker een zekere mate van voldoening schenken. Niet iedereen waardeert bepaalde productkenmerken in dezelfde mate. We kunnen een product dus zien als een optelsom, als een pakket bevredigingsmiddelen. Tandpasta kan bijvoorbeeld een combinatie van de volgende eigenschappen

Attributen

bezitten: smaak, antiplak, anti-smoke, antitandbederf, antitandsteen, frisse adem, stralend wit en enzymen voor stevig tandvlees. Daarnaast kan de productvorm bestaan uit poeder, pasta of gelei.

Kwaliteit

Een van de productattributen is de kwaliteit van het product. In de marketing wordt kwaliteit gedefinieerd als het door afnemers ervaren verschil tussen de verwachtingen van en de ervaringen met een product. De kwaliteitsperceptie verbetert naarmate de verwachtingen in hogere mate worden overtroffen. De kwaliteitsbeoordeling is afhankelijk van het soort verwachtingen die afnemers hanteren; een onderscheid kan bijvoorbeeld worden gemaakt in het gewenste niveau van prestatie en een adequaat niveau van prestatie.

Kwaliteit wordt door marketeers dus niet technisch gedefinieerd. Uitgangspunt is niet het product zelf, maar de gebruiker en datgene wat hij of zij van het product verwacht. De marketeer zegt daarom: *quality is fitness for use*. Voor veel bejaarden hebben mobiele telefoons bijvoorbeeld een slechte kwaliteit, ondanks fraaie technische specificaties, omdat deze bejaarden het apparaat niet kunnen bedienen en dus niet kunnen gebruiken.

Centrale waarden

Enkele productattributen komen in hoofdstuk 15 uitgebreider aan de orde, namelijk merk, verpakking en service en garantie. Productattributen worden ook wel aangeduid als centrale waarden. Ze vormen als het ware de ziel van het product en worden op subjectieve wijze bepaald. Hierbij kunnen we het volgende onderscheid maken:

Functionele productwaarden
- De functionele productwaarden, die bestaan uit de zichtbare, specifieke eigenschappen van het product. Hoe ziet het product eruit?

Emotionele productwaarden
- De emotionele productwaarden, die gevormd worden door subjectief toegevoegde meningen (percepties), waardoor het product een bepaalde waarde of een bepaald imago krijgt. Dit kan naar binnen, op de persoon zelf, gericht zijn (bijvoorbeeld het geven van een prettig Zwitserlevengevoel) of op anderen (status, sociale acceptatie). In het eerste geval spreken we van impressieve waarden en in het tweede geval van expressieve waarden.

Waarden worden niet alleen door de fabrikant aan het product toegevoegd, maar ook door de consument en de maatschappij. Zo ontstaan symboolfuncties die aangeven wat sociaal acceptabel of sociaal gewenst is. Het dragen van zwarte kleding kan enerzijds een bepaalde traditionele klederdracht aangeven zoals bijvoorbeeld op Kreta, of anderzijds het vertonen van rouw of het behoren tot een bepaalde jongerensubcultuur.

Instrumentele productfunctie

Naast functionele en emotionele productwaarden spreken we ook wel van de instrumentele en expressieve productfunctie van een product. Bij de instrumentele productfunctie gaat het om het vervullen van functionele, technische behoeften bij de consument of afnemer. Deze functie wordt vervuld door één of meer instrumentele eigenschappen van het product. Zo is de instrumentele functie van een boormachine het maken van gaten in bijvoorbeeld beton, steen, metaal of hout en de instrumentele functie van een scheerapparaat het verwijderen van baardharen.

Expressieve productfunctie

Bij de expressieve productfunctie gaat het om het vervullen van expressieve behoeften bij de consument of afnemer. Deze functie wordt vervuld door één of meer expressieve eigenschappen van het product. Zo kan het design van een stropdas de expressieve functie hebben van het vervullen van de behoefte van de drager om bij een bepaalde groep te horen en kan de vormgeving van een auto de bezitter ervan een bepaalde status verlenen.

Productniveaus van Leeflang
Bij het vaststellen van een optimale productmix is het nuttig binnen het product verschillende niveaus te onderscheiden. Daarbij zijn verschillende benaderingen mogelijk. Leeflang onderscheidt de volgende niveaus: het fysieke product, het uitgebreide product en het totaalproduct (zie figuur 14.1):

FIGUUR 14.1 Eigenschappen van het totale product

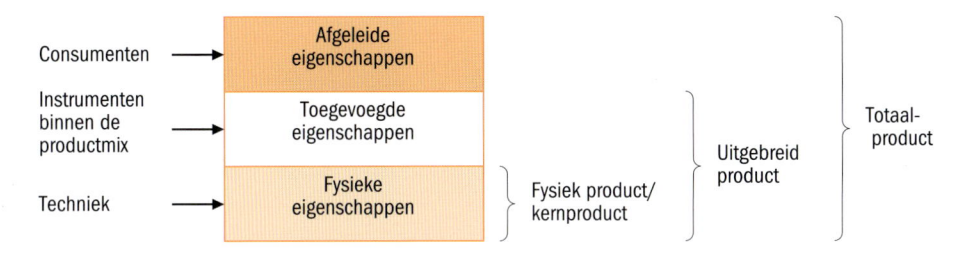

```
Consumenten        →   Afgeleide eigenschappen      ⎫
                                                    ⎪
Instrumenten                                        ⎬  Totaal-
binnen de          →   Toegevoegde eigenschappen    ⎪  product
productmix                                    ⎫     ⎪
                                              ⎬ Uitgebreid
                                              ⎪ product
Techniek           →   Fysieke eigenschappen  ⎬ Fysiek product/
                                              ⎭ kernproduct
```

Het fysieke product
Het fysieke product omvat de eigenschappen die inherent zijn aan het product, zoals afmeting, gewicht, samenstelling, vormgeving, smaak en geur. Dit zijn de functionele en esthetische kenmerken, ook wel primaire eigenschappen genoemd. Deze eigenschappen verschillen tussen de concurrerende producten onderling nauwelijks, mede als gevolg van de toenemende standaardisatie. Elk bier lest dorst, elke mobiele telefoon maakt contact mogelijk. Het fysieke product, wordt ook wel het *kale product* genoemd.

Fysiek product

Het uitgebreide product
Van het uitgebreide product is sprake, als we niet alleen naar het fysieke product kijken, maar ook naar de diverse toegevoegde eigenschappen, zoals verpakking, merknaam, service en garantie. Het uitgebreide product is dus de som van de primaire en de toegevoegde (secundaire) eigenschappen. Door dergelijke eigenschappen aan het product toe te voegen, tracht de ondernemer het een unieker karakter of een USP (Unique Selling Point) te geven.

Uitgebreid product

Het totaalproduct
Het totaalproduct is het uitgebreide product plus de door de consument daaraan toegekende en afgeleide eigenschappen. In feite het totale product waarmee de consument te maken heeft, dus inclusief alle instrumentele en expressieve eigenschappen (zie hoofdstuk 7) en alle bijbehorende elementen, zoals garantie, verpakking, reclame en prijsstelling.

Totaalproduct

Productniveaus van Kotler
Ook Philip Kotler heeft producten naar productniveau ingedeeld. Zijn indeling komt evenwel niet geheel overeen met de hiervoor gegeven indeling. De productindeling van Kotler wordt weergegeven in figuur 14.2.

FIGUUR 14.2 De vijf productniveaus van Kotler

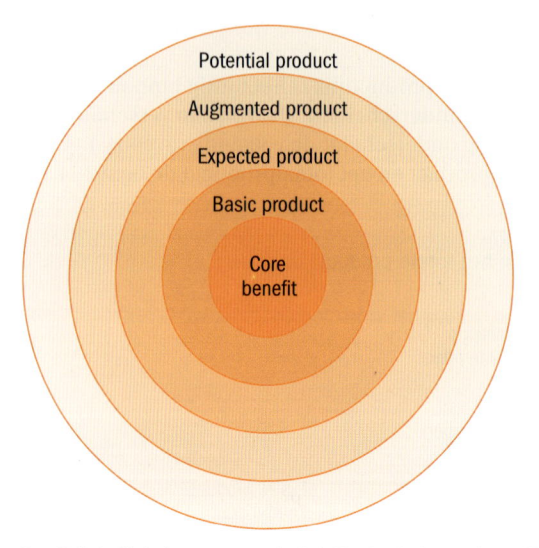

- Potential product
- Augmented product
- Expected product
- Basic product
- Core benefit

Bron: P. Kotler, *Marketing management: Analysis, Planning, Implementation and Control*, Prentice-Hall, Inc., Englewood Cliffs, 1991

Core benefit

Het core benefit of kernproduct is een abstract begrip, dat betrekking heeft op de basisfunctie of -behoefte die een product voor de doelgroep heeft. Dit is volgens Kotler het eerste productniveau. Voor een jonge vrouw kan een bepaald cosmetisch product een middel zijn haar uiterlijke schoonheid te accentueren, maar voor een scholiere kan ditzelfde product een meer functionele waarde hebben ter versterking van haar zelfvertrouwen. In beide gevallen dient derhalve een heel andere marktbenadering te worden gehanteerd.

Basic product

Het tweede niveau is dat van het zogenaamde basic product. Hierbij gaat het om een basisversie van een product. In de woorden van Kotler: 'Thus a hotel consists of a building that has a front desk and rooms to rent.'

Expected product

Het expected product is het derde niveau en bestaat uit een set attributen (eigenschappen) en voorwaarden die een koper normaliter verwacht als hij het onderhavige product koopt. Als iemand een nieuwe auto koopt, gaat hij er tegenwoordig van uit dat er minstens een airbag in zit. Wellicht behoort abs bij een auto ook al tot het expected product.

Augmented product

Het augmented product is het vierde niveau en is het product zoals dat door de aanbieder concreet inhoud is gegeven en waarmee hij met andere producten op de markt concurreert. Het is het basic product met de daaraan toegevoegde eigenschappen, zoals service, betalings- en leveringsvoorwaarden en aan het product verbonden spaar- en loyaliteitsprogramma's.

Potential product

Het vijfde niveau is dat van het potential product. Hierbij gaat het volgens Kotler om 'all of the augmentations and transformations that this product might ultimately undergo in the future. Whereas the augmented product describes what is included in the product today, the potential product points to its possible evolution.'

14.3 Soorten producten

Nu we kennisgemaakt hebben met het product, de verschillende productniveaus, de productwaarden en -eigenschappen, gaan we over tot het indelen van producten in productgroepen. Er ontstaat nu een groot aantal soorten producten, waarbij we ons in deze paragraaf beperken tot productindelingen die op meer algemene kenmerken zijn gebaseerd. In de volgende paragrafen zal specifieker worden ingegaan op de soorten consumenten- en industriële producten die kunnen worden onderscheiden.

Productgroepen

Het indelen van producten in groepen is van belang, omdat producten die tot een bepaalde groep behoren, tot op zekere hoogte overeenkomsten hebben ten aanzien van het te voeren marketingbeleid en het gedrag van de consument. Dit indelen kan op basis van uiteenlopende criteria plaatsvinden, namelijk:
- naar de mate van abstractie
- naar de aard van de bestemming
- naar de mate van duurzaamheid
- naar de mate waarin de afzet reageert op een prijsverandering van andere producten
- naar de mate waarin de afzet reageert op een inkomensverandering.

Indeling naar de mate van abstractie
Naar de mate van abstractie kan onderscheid gemaakt worden in goederen, diensten en ideeën. De laatste twee productsoorten worden gekenmerkt door het feit dat ze abstract, niet tastbaar en vergankelijk zijn (een verlopen bioscoopkaartje, een slecht geheugen, het mooiste doelpunt van Johan Cruijff).

Het totale product behoeft geen fysiek, tastbaar product in te houden. Een dienst kan gezien worden als een hoeveelheid arbeid die gebaseerd is op een bepaalde kundigheid of knowhow, zoals de reparatie van een lekke band door de rijwielhersteller. Het product van kapster Agnes B. omvat het ontwerp, de vormgeving en het knippen. In beide gevallen wordt een behoefte bevredigd en wordt, conform de definitie, een product geleverd.

Producten: goederen en diensten

Er wordt ook wel gesteld dat goederen en diensten een geleidelijke overgang (continuüm) vormen van geheel tastbaar tot geheel abstract. Zuivere goederen bestaan niet, omdat er altijd wel de een of andere vorm van dienstverlening aan te pas komt. Evenmin bestaan er zuivere diensten, omdat er altijd wel van materiële zaken gebruikgemaakt wordt om de dienst te kunnen verlenen. Op grond hiervan heeft Shostack een goederen/dienstencontinuüm ontworpen (zie figuur 14.3). Het belangrijkste element materieel (tastbaar) of immaterieel (ontastbaar) bepaalt of iets gezien kan worden als een goed of als een dienst.

Goederen/dienstencontinuüm

FIGUUR 14.3 Goederen/dienstencontinuüm van Shostack

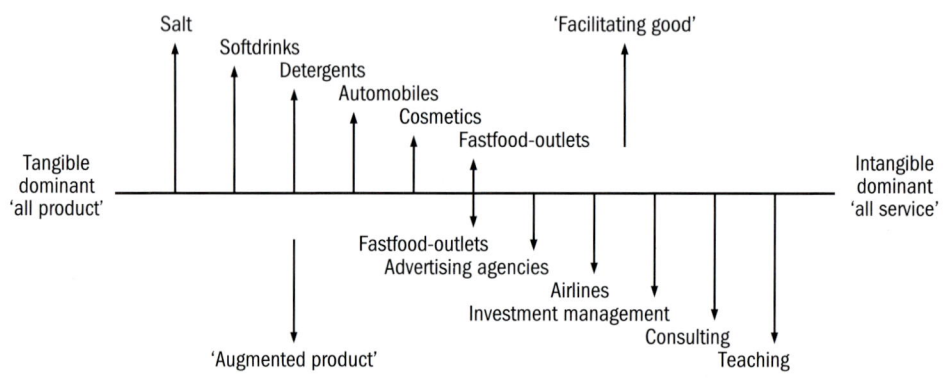

Salt
Softdrinks
Detergents
Automobiles
Cosmetics
Fastfood-outlets
'Facilitating good'

Tangible dominant 'all product'
Intangible dominant 'all service'

'Augmented product'
Fastfood-outlets
Advertising agencies
Airlines
Investment management
Consulting
Teaching

Bron: G.L. Shostack, Breaking free from product marketing, *Journal of Marketing*, april 1977

Een product kan ook een *idee* zijn, een *recht* of een *goed doel*. Ideeën kunnen worden beschermd door bijvoorbeeld de Auteurswet. Licenties kunnen worden gegund. Geld wordt bijeengebracht om daklozen in Indonesië zelf woningen te laten bouwen. Ook een voetbalwedstrijd en een filmvoorstelling zijn producten. We betalen niet alleen voor het biertje, maar ook voor het zitten op het terras (de locatie) en het uitzicht (het Leidseplein) en eventueel zelfs het mooie weer en de afwezigheid van alternatieven.

Indeling naar de aard van de bestem

Producten kunnen ook ingedeeld worden naar de koper of gebruiker ervan. Is dat een consument, dan is sprake van een consumentenproduct. De vraag naar consumentenproducten is de zogenoemde finale vraag, zoals een koel pilsje op een terras op een zonnige dag.

Consumentenproduct en finale vraag

Definitie consumentenproduct

> Een consumentenproduct is een product dat vooral op de consumentenmarkt wordt aangeboden en bedoeld is voor verbruik of gebruik in de privésfeer ter bevrediging van de behoeften van individuen en/of gezinshuishoudingen.

Gaat het om een aankoop door een bedrijf, dan spreken we van een industrieel product. De vraag naar industriële producten noemen we de afgeleide vraag, omdat de vraag naar deze producten afgeleid is van de finale vraag. Denk bijvoorbeeld aan een kopje koffie tijdens de pauze in de bedrijfskantine.

Industriële producten en afgeleide vraag

> Een industrieel product is dat een goed of dienst die door een organisatie wordt gekocht om te gebruiken bij de vervaardiging van een halffabricaat of eindproduct of bij de levering van een dienst.

Definitie industrieel product

Industriële producten worden gebruikt of verbruikt bij het produceren van andere producten. Dezelfde producten kunnen soms zowel in de industriële markt als in de consumentenmarkt gebruikt worden. De afnemer bepaalt door zijn gebruik tot welke categorie het product behoort. Een personal computer die we thuis gebruiken is een consumentenproduct, maar op kantoor is het een industrieel product. We moeten ons goed realiseren dat het verschil maakt of een afnemer van een product eindverbruiker is of dat de computer als een industrieel product wordt gekocht. Beide soorten producten vereisen vaak een totaal andere marketingmix. Vers vlees en sla bijvoorbeeld worden op de consumentenmarkt anders afgezet dan op de businessmarkt. Een restauranthouder gaat niet naar de supermarkt, maar naar de levensmiddelengroothandel.

Indeling naar de mate van duurzaamheid

Een ander criterium is de mate van duurzaamheid. Hoelang gaat een product mee? De consument wil er het liefst zo lang mogelijk plezier van hebben en de gebruikskosten per periode zo laag mogelijk houden. Soms worden producten meer dan één keer gebruikt, zoals een boormachine of een grasmaaier. Andere producten kunnen in een korte periode worden verbruikt, zoals een pak koffie of een vat ruwe olie. Daarom maken we onderscheid tussen duurzame en niet-duurzame producten.

Bij duurzame producten (durables) is het belangrijk te weten wat de levensduur ervan is – in verband met het moment waarop de consument tot vervanging over zal gaan – en hoeveel mensen het product bezitten. Duurzame producten heten ook wel gebruiksgoederen.

Duurzame producten

Bij niet-duurzame producten (fast moving consumer goods, afgekort: fmcg's) is de verbruiksintensiteit van belang en de vraag of de afnemer al dan niet een herhalingsaankoop zal doen. Ze worden ook wel verbruiksgoederen genoemd.

Niet-duurzame producten

Indeling naar de mate waarin de afzet reageert op een prijsverandering

Er zijn producten waarnaar de vraag in een bepaalde mate reageert op prijsveranderingen van andere producten. Als de prijs van een bepaald product stijgt, kunnen we de volgende drie situaties onderscheiden:
- De gevraagde hoeveelheid van een bepaald ander product, dat zelf in prijs gelijk blijft, neemt toe. Dan spreken we over zogenoemde *substitutiegoederen*. Deze zijn in de ogen van de gebruiker (min of meer) uitwisselbaar. Bijvoorbeeld twee merken margarine.

Substitutiegoederen

- De gevraagde hoeveelheid van een bepaald ander product, dat zelf in prijs gelijk blijft, verandert niet of nauwelijks. Dan is er sprake van zogenoemde indifferente goederen. Bijvoorbeeld kaas en stropdassen.

Indifferente goederen

- De gevraagde hoeveelheid van een bepaald ander product, dat zelf in prijs gelijk blijft, daalt. Dit zijn zogenoemde complementaire goederen. Dit zijn goederen (producten) die in aanvulling op elkaar worden gebruikt. Bijvoorbeeld een spelcomputer en de daarbij horende spelletjes.

Complementaire goederen

Complementaire goederen

Voor een verdere kwantitatieve uitwerking van de hier genoemde begrippen verwijzen we naar de behandeling van de prijselasticiteit in paragraaf 17.3.

Indeling naar de mate waarin de afzet reageert op een inkomensverandering

Er zijn producten die sterker, minder sterk of in het geheel niet reageren op een inkomensverandering. Daarbij gaat het om het verschil dat veroorzaakt wordt in de gevraagde hoeveelheid als gevolg van een inkomensverandering. Daarbij kunnen de volgende drie situaties worden onderscheiden:

- *De procentuele stijging van de vraag naar het product is groter dan de procentuele inkomensstijging.* Naarmate het inkomen van de afnemer stijgt, nemen de bestedingen aan dit soort producten sneller toe. We noemen dit **luxegoederen**. Voorbeelden hiervan zijn luxekleding, sieraden en huishoudelijke apparaten.
- *De vraag naar het product stijgt bij een inkomensstijging, maar procentueel minder snel.* We noemen dit **noodzakelijke goederen**. Voorbeelden hiervan kunnen zijn – afhankelijk van de afnemers – aardappelen, benzine en elektriciteit.
- *De vraag naar het product daalt als het inkomen stijgt.* Er zijn ook goederen waaraan minder wordt uitgegeven naarmate het inkomen van de afnemer toeneemt. Deze producten noemen we **inferieure goederen**. Voor sommige mensen kan bijvoorbeeld kamperen een inferieur product zijn. Vaak zal de consument bij een inkomensstijging van goedkopere merken of productvarianten naar duurdere overstappen. In plaats van gewoon brood koopt deze alleen nog maar kadetjes en croissants. De goedkopere merken of varianten zijn in dat geval (voor de desbetreffende consument) inferieur.

Voor een verdere kwantitatieve uitwerking van de hier genoemde begrippen verwijzen we naar paragraaf 17.3 'Inkomenselasticiteit'.

14.4 Consumentenproducten

Consumentenproducten worden door gezinshuishoudingen aangeschaft met geld, dat verkregen is door inkomen uit arbeid, uitkeringen, giften, vermogen of spaartegoeden en die in de privésfeer worden geconsumeerd. De indeling in duurzame en niet-duurzame producten leidt tot een aantal essentiële verschillen in het koopgedrag en in het schatten van de hoogte van de afzet.

Verschillen in koopgedrag

Het koopgedrag bij duurzame consumentenproducten is voornamelijk een uitgebreid en langdurig beslissingsproces. Bij de afzetschatting spelen begrippen als levensduur en bezit een belangrijke rol. Het koopgedrag van consumenten bij niet-duurzame consumentenproducten is meestal routinematig. Daarbij zijn de distributiespreiding, de verbruiksintensiteit en de merkenwissel bepalend voor de afzet. Op basis van de noodzaak of de bereidheid van de afnemers om voor de aankoop van die producten meer of minder inspanningen te verrichten, onderscheidt Copeland verschillende productcategorieën: convenience goods, shopping goods en specialty goods. Later voegde McCarthy daar nog de unsought goods aan toe.

Convenience goods

Convenience goods zijn producten met gewoonlijk een lage waarde per eenheid, die consumenten veelvuldig, snel en met zeer weinig inspanning (willen) kopen. Het zijn voornamelijk de dagelijkse boodschappen, waarbij de consument als het ware nauwelijks hoeft na te denken. Deze zogenoemde gemaksgoederen, ook wel gewoontegoederen genoemd, kunnen worden onderverdeeld in:

Gemaks- of gewoontegoederen

- *stapelgoederen*, producten die zeer regelmatig worden gekocht en waarbij de merktrouw in het beslissingsproces een bepalende factor is (cola, koffie, margarine, wasmiddel, wegwerpluier enzovoort). De consument schrijft 'margarine' op het boodschappenlijstje en koopt bijvoorbeeld Bona. Een andere factor die een rol speelt, is de laagste prijs, wanneer de alternatieven even goed zijn, zoals bij vuilniszakken.

Stapelgoederen

- *impulsgoederen*, producten die minder regelmatig en alleen onder speciale omstandigheden worden gekocht, zonder enige planning vooraf (zoals ijs op een warme dag).

Impulsgoederen

- *emergency goods*, noodzakelijke producten die worden gekocht als de behoefte urgent is (bijvoorbeeld een paraplu bij een plotselinge stortbui of benzine van een vreemd merk, als de tank bijna leeg is).

Emergency goods

Bij impulsgoederen en emergency goods is de prijsgevoeligheid minder groot dan bij stapelgoederen (men heeft nú zin in ijs, de tank moet nú vol).

Voor convenience goods geldt in het algemeen:
- Een intensieve distributie met zoveel mogelijk verkooppunten dicht bij de consument (benzinestations langs de snelweg, ijsventers op een mooie zomerdag).
- Een zwakke merkvoorkeur, zodat gemakkelijk merkwissel kan plaatsvinden. Daarom probeert men klanten te binden, bijvoorbeeld doorspaaracties.
- Een nadruk op een opvallende verpakking, zodat het product direct aanspreekt en gekocht wordt, zoals tijdschriften met een pakkende kop in een kiosk.

Shopping goods

Shopping goods zijn producten die worden gekocht na vergelijking van verschillende alternatieven (meubelen, kleding enzovoort). Hierbij bekijkt en vergelijkt de consument dus diverse mogelijkheden en is bereid enige moeite te doen alvorens tot aanschaf over te gaan. De prijs van shopping goods is relatief hoog en de aankoopfrequentie laag. De keuzemogelijkheden (breed assortiment, productdifferentiatie) zijn bepalend voor het koopgedrag. Het kijken en vergelijken (shopping) is kenmerkend voor het winkelgedrag. De consument kiest die winkel die zijn product aanbiedt.

Shopping goods kunnen weer onderverdeeld worden in homogene en heterogene producten. Van homogene shopping goods is sprake wanneer de koper de producten als volkomen identiek beschouwt en alleen uit is op de laagste prijs, zoals bij een wit sportbroekje voor de gymnastiekles.

Homogene shopping goods

Heterogene shopping goods

Bij heterogene shopping goods wordt het product primair beoordeeld op kwaliteit, geschiktheid, vormgeving enzovoort. De prijs is dan van secundair belang. Bijvoorbeeld een kerstjurk of een sollicitatiepak. Bij aanschaf van een kleurentelevisie wordt eerst gezocht naar de minimaal acceptabele kwaliteit en vervolgens naar de minimale prijs door in winkels te kijken en folders te vergelijken.

Specialty goods

Specialty goods zijn goederen waarvoor een koper bereid is zich een speciale (grote) aankoopinspanning te getroosten. Vaak gaat het om producten waarvoor een grote betrokkenheid geldt, terwijl de consument er nog niet veel informatie over heeft. Denk bijvoorbeeld aan een trouwjurk of een eenmalige vakantie naar de Verenigde Staten.

Unsought goods

Bij unsought goods gaat het om producten die potentiële afnemers nog niet wensen (een latente behoefte) of waarvan ze niet weten dat ze te koop zijn. Ze zoeken er in het geheel niet naar. Waarschijnlijk zullen ze de goederen niet kopen, zelfs niet als ze ertegenaan lopen. Ook dan twijfelen ze nog uit onbekendheid met het product. Mogelijk zullen ze wel tot aankoop overgaan wanneer de waarde van het product via aanvullende reclame wordt getoond.

Het systeem van classificatie van consumentenproducten berust op de wijze waarop mensen goederen waarnemen en kopen. Er zijn duidelijk twee dimensies te onderscheiden: de bereidheid tot winkelen en de productvoorkeur. Zo ontstaat het schema als afgebeeld in figuur 14.4. In het schema is een oplopende (toenemende) mate van abstractie en duurzaamheid waar te nemen. Een convenience good is meestal een fysiek product, dat direct geconsumeerd wordt. Een levensverzekering is een voorbeeld van een unsought good, dat duurzaam en abstract is.

Mass customization

In de consumentenmarkt is nog steeds in overwegende mate sprake van massaproductie, massadistributie en massacommunicatie. Toch zijn er ook tegengestelde bewegingen in de richting van bijvoorbeeld one-to-one-marketing of mass customization (zie ook hoofdstuk 9). In plaats van mass customization wordt ook de term 'maatconfectie' gebruikt. Hierbij wordt de waardeketen zodanig ingericht (zie hoofdstuk 10), dat voor iedere afzonderlijke afnemer in een markt met vele afnemers, toch een uniek, op die afnemer afgestemd product kan worden geleverd. Dat gebeurt dan zonder of tegen een beperkte meerprijs. Voorbeelden hiervan zijn de Dell-computers en Levi's Original Spin-jeans.

FIGUUR 14.4 Classificatie van consumentengoederen

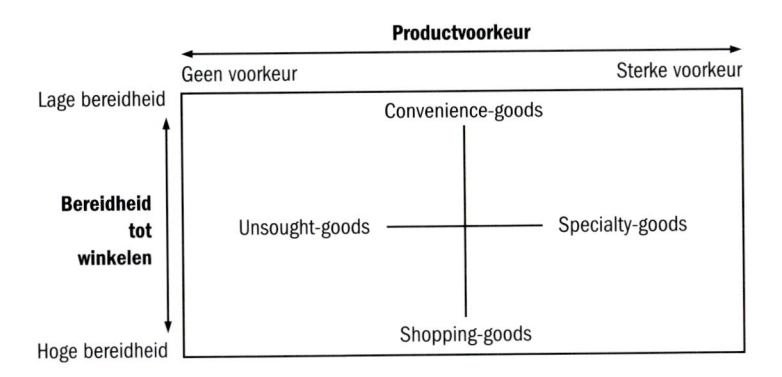

Productvoorkeur

Geen voorkeur — Sterke voorkeur

Lage bereidheid

Convenience-goods

Bereidheid tot winkelen

Unsought-goods — Specialty-goods

Shopping-goods

Hoge bereidheid

14.5 Industriële producten

De classificatie van industriële producten kan niet gemaakt worden op basis van winkelgedrag van de kopende onderneming: producenten winkelen niet zoals consumenten dat doen. In de businessmarkt was over het algemeen sprake van de omgekeerde weg: de verkoper (vertegenwoordiger) kwam bij de (in)koper. De laatste jaren komt daar verandering in en zoekt de *inkoper* steeds vaker de producerende leverancier op, mede in het kader van de integrale logistiek. Deze bedrijfsfunctie houdt zich bezig met de optimale afstemming van de goederenstroom. In dit kader wordt wel eens gezegd: 'van zand tot klant'.

De behoefte aan een classificatie is echter nog sterker dan voor consumentenproducten. De variatie aan industriële producten is immers veel groter dan bij consumentenproducten en bovendien zijn industriële producten vaak ingewikkelder en uitgebreider omschreven. Een voorbeeld hiervan is het zogeheten bestek, waarin de te gebruiken producten en specificaties daarvan worden omschreven en getekend. Op basis van het bestek wordt de offerte (prijsvoorstel) uitgebracht.

Bestek

De classificatie die bij industriële producten gehanteerd wordt, is rationeler dan bij consumentenproducten. De indeling berust op vragen als: hoe benaderen industriële kopers de producten – waarbij het begrip waarde een rol speelt – en hoe en waarvoor worden de producten gebruikt? Een vaak gebruikte indeling van industriële producten is die waarbij vier hoofdproductgroepen worden onderscheiden: industriële uitrusting, grondstoffen en materialen, industriële benodigdheden en industriële diensten.

Industriële uitrusting
Bij de industriële uitrusting (industrial equipment) gaat het om de productiefaciliteiten waarmee geproduceerd wordt. Het betreft dus zo'n beetje alles wat op de balans staat, waarin geïnvesteerd wordt, waarop afgeschreven wordt, wat op het fabrieksterrein blijft als het personeel naar huis is enzovoort. Deze producten zijn statisch van aard en worden onderverdeeld in gebouwen, installaties, hulpapparatuur, werkuitrusting, gereedschappen en instrumenten, en meubilair.

Industriële uitrusting

Industriële grondstoffen en materialen

Industriële grondstoffen en materialen (industrial materials) worden aantoonbaar verwerkt in het eindproduct (en zijn er soms met moeite weer uit te halen) en worden daar een (onder)deel van. Deze 'stromende' categorie bestaat uit ruwe grondstoffen, halffabricaten, fabricaten en fabricagematerialen.

Industriële benodigdheden

Industriële benodigdheden (industrial supplies) vergemakkelijken het productieproces, maar worden niet in het eindproduct verwerkt. Het zijn vaak ongeregelde goederen, die veelal te laat besteld, dan wel ingekocht worden. Ze bestaan uit: verpakkingsmateriaal en reserve- en vervangingsmateriaal voor de industriële uitrusting.

Industriële diensten

Industriële diensten (industrial services) vergemakkelijken eveneens het productie- en verkoopproces, maar op een minder tastbare manier dan de industriële benodigdheden. Daarbij kan onderscheid gemaakt worden in dienstverlening qua uitrusting (onderhoud bijvoorbeeld), qua operatie (uitbesteding van transport bijvoorbeeld) en qua advisering (onderzoek bijvoorbeeld).

Samenvatting

- Voor een marketeer is een product een *probleemoplosser*.
- Een product is opgebouwd uit *attributen* (kenmerken, eigenschappen).
- Een van die productattributen is *kwaliteit*: het door afnemers gepercipieerde verschil tussen verwachting van en ervaring met dat product.
- We onderscheiden *instrumentele*, *expressieve* en *fysieke producteigenschappen*.
- Kotler onderscheidt drie *productniveaus*: *core product, actual product* en *augmented product*.
- Een andere indeling is die van Leeflang: *fysiek product, uitgebreid product* en *totaalproduct*.
- Er zijn diverse productindelingen:
  - naar de *mate van tastbaarheid*: goederen en diensten (continuüm).
  - naar het *type afnemer*: consumentenproducten en industriële producten. De vraag naar industriële producten is de *afgeleide vraag*.
  - naar de duurzaamheid: *fast moving consumer goods* (fmcg) en duurzame producten (*durables*).
  - naar de mate waarin de afzet reageert op een prijsverandering van andere producten: *substitutiegoederen, indifferente goederen* en *complementaire goederen*.
  - naar de mate waarin de afzet reageert op een inkomensverandering: *inferieure producten, noodzakelijke producten* en *luxeproducten*.
- Bij consumentenproducten is er een tendens naar *mass customization* (maatconfectie).
- Consumentenproducten kunnen ook worden ingedeeld naar de inspanning die de consument bij aankoop wil leveren (Copeland): *convenience goods* (impuls, stapel, emergency), *shopping goods* en *specialty goods*. Daarnaast kennen we *unsought goods*.
- Industriële producten zijn er in vier categorieën: *industriële uitrusting, industriële grondstoffen/materialen, industriële benodigdheden* en *industriële diensten*.

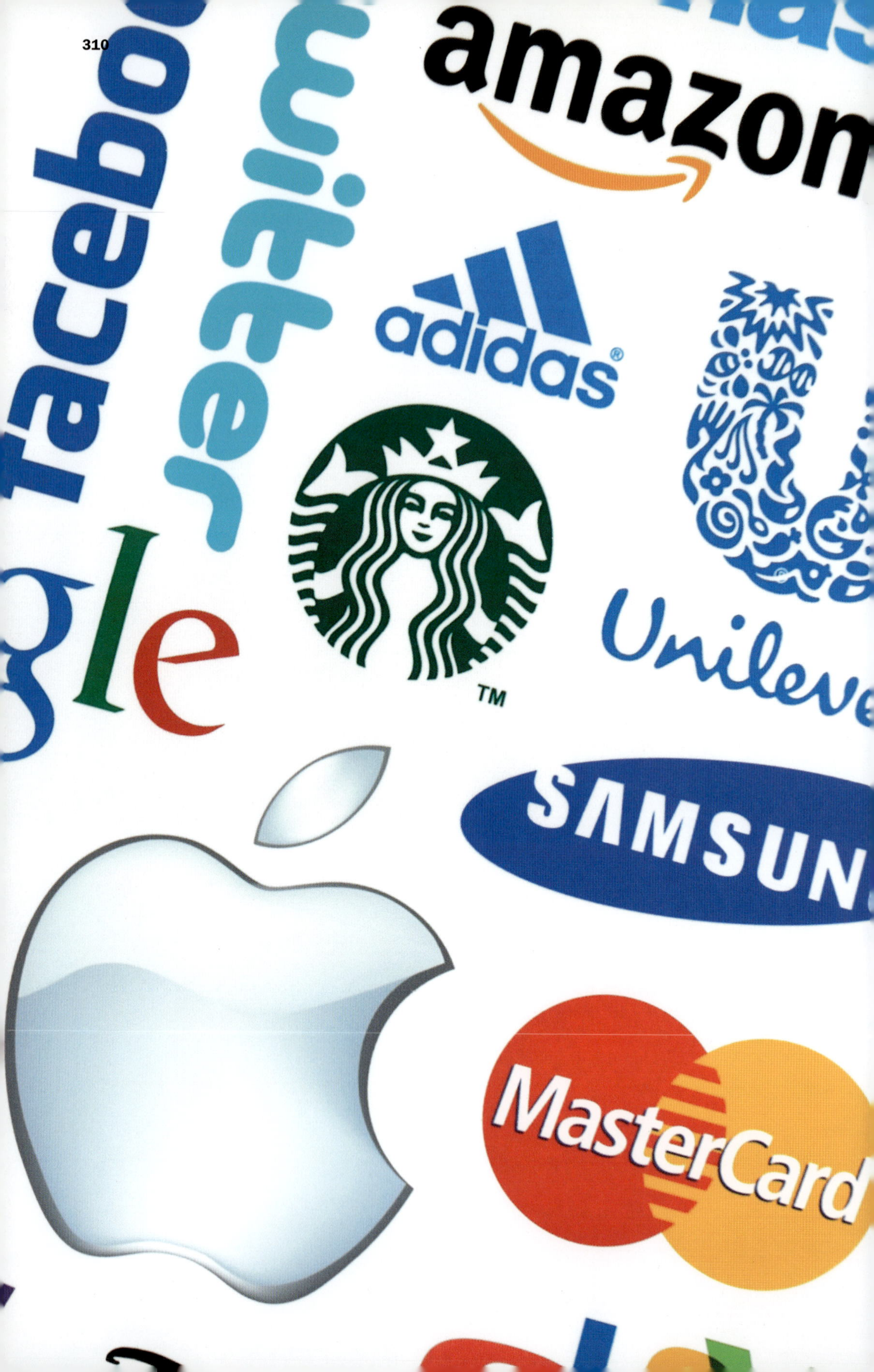
amazon
adidas
MasterCard

15
Productattributen

15.1 **Assortiment**
15.2 **Assortimentsstrategieën**
15.3 **Wat is een merk?**
15.4 **Merkstrategieën**
15.5 **Merkenrecht**
15.6 **Overige productbeslissingen**

In het vorige hoofdstuk werden diverse soorten producten onderscheiden. Nu gaan we in op het assortiments- en merkenbeleid.
Het productbeleid hangt af van het soort product. Gelijksoortige producten, zoals fast moving consumer goods, kunnen meestal op een vergelijkbare wijze op de markt worden gebracht. Eventuele verschillen worden bepaald door de marktsituatie en de gewenste positionering.
In dit hoofdstuk beginnen we met het assortimentsbeleid (paragraaf 15.1). Een product maakt bijna altijd deel uit van een assortiment, een verzameling producten. Dat betreft zowel de fabrikant als het distributiekanaal (paragraaf 15.2). Vervolgens richten we onze aandacht op het merkenbeleid (paragraaf 15.3). Om een product beter te kunnen verkopen, moet het niet een soortnaam, zoals 'Kattenvoer', maar een aansprekende merknaam hebben, zoals 'Mispoes'. Dit is nodig om het product van een merk te voorzien ofwel het van andere te onderscheiden (paragraaf 15.4). Daartoe kan ook nog gebruikgemaakt worden van het merkenrecht (paragraaf 15.5). In paragraaf 15.6 gaan we ten slotte in op enkele andere productbeslissingen, namelijk de verpakking enerzijds en de service en de garantie anderzijds.

15.1 Assortiment

Ondernemingen voeren niet één, maar meer producten, die meestal op de een of andere manier aan elkaar verwant zijn. Eénproductondernemingen komen vrijwel niet meer voor. Calvin Klein startte in 1986 met ondergoed voor mannen. In de jaren tachtig werd dit een hit, mede door zijn revolutionaire advertentiecampagne. Vervolgens werden damesondergoed, jeans en geuren toegevoegd en ontstond een assortiment. Een assortiment wordt ook wel een *assortimentsmix* genoemd.

Definitie assortiment

> Het assortiment is het geheel van productgroepen, producten, productvarianten en merken (al dan niet onder merknaam) dat door een organisatie wordt aangeboden.

Niveaus in het assortiment

In een assortiment kunnen vier niveaus worden onderscheiden: de productklasse, de productgroep, de productvorm en de productvariant.

Productklasse

Productklasse
Het eerste niveau is dat van de productklasse (ook wel productcategorie genoemd). Dit is een verzameling van productgroepen waaruit de afnemer een keuze kan maken om in een bepaalde of vergelijkbare behoefte te voorzien. Zo bestaat de productklasse 'vervoer' (die voorziet in de behoefte aan transport van de afnemers) onder meer uit de productgroepen auto's, motoren, bromfietsen en fietsen, maar ook uit bijvoorbeeld de verschillende mogelijkheden van openbaar vervoer.

Productgroep

Productgroep
Het tweede niveau wordt gevormd door de productgroep. Een productgroep bestaat uit producten die aan elkaar verwant zijn doordat zij het voorzien in dezelfde of vergelijkbare behoeften. Zoals we hierboven al zagen, bestaat er de productgroep auto's met productvormen als sedans, hatchbacks, stationwagens, cabriolets enzovoort.

Productvorm

Productvorm
Een productvorm is een specifieke technische verschijningsvorm van een product. Zo bestaat de productvorm stationwagens weer uit verschillende productvarianten.

Productvariant

Productvariant
Een productvariant is een specifieke aanbodsvorm van een product, binnen een product of productvorm. Productvarianten verschillen op basis van specifieke productattributen. Productvarianten van stationwagens zijn bijvoorbeeld die met een benzinemotor, die met een dieselmotor en de tegenwoordig populaire hybride variant.

Dimensies van het assortiment

Binnen een assortiment onderscheiden we verschillende dimensies, namelijk de breedte, de lengte, de diepte, de hoogte en de consistentie. Figuur 15.1 geeft het een en ander schematisch weer.

FIGUUR 15.1 Samenstelling van een assortiment

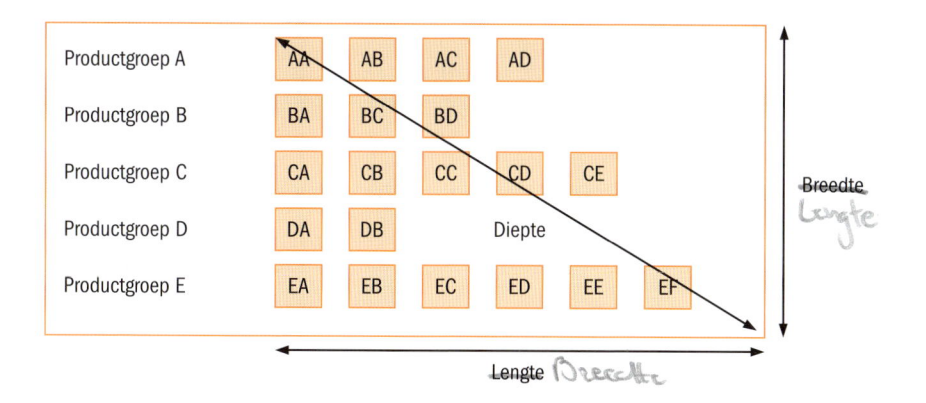

Productgroep A	AA	AB	AC	AD		
Productgroep B	BA	BC	BD			
Productgroep C	CA	CB	CC	CD	CE	
Productgroep D	DA	DB				
Productgroep E	EA	EB	EC	ED	EE	EF

Breedte (Lengte)

Diepte

Lengte (Breedte)

De breedte van het assortiment geeft het aantal verschillende productgroepen aan waaruit het is samengesteld. Philips produceert naast grote huishoudelijke apparaten ook kleine huishoudelijke artikelen, audiovisuele apparatuur, gloeilampen, medische apparatuur enzovoort. In warenhuizen treffen we verschillende productgroepen aan, zoals kleding, speelgoed, cosmetica, sportartikelen, huishoudelijke apparaten en boeken. De breedte van het assortiment in figuur 15.1 is dus 5.

Breedte van het assortiment

De lengte van het assortiment betreft het aantal producten/merken in het assortiment van het bedrijf. Bedrijf ABC heeft vijf productgroepen, met in totaal twintig merken. ABC's assortimentslengte is dus 20. Soms rekenen bedrijven met de gemiddelde assortimentslengte per productgroep. In het bovenstaande geval is de gemiddelde lengte van ABC's assortiment vier.

Lengte van het assortiment

De diepte van het assortiment is het aantal varianten binnen een productgroep. We kunnen hierbij denken aan verschillende smaken, maten, kleuren, modellen, prijzen, kwaliteiten enzovoort. In ons voorbeeld is dat niet gegeven. Wanneer product AA in twee varianten en drie formaten zou komen, zou zijn assortimentsdiepte 6 zijn. Een warenhuis (Vroom & Dreesmann) heeft een minder diep assortiment speelgoed dan een speelgoedspeciaalzaak (Bart Smit).

Diepte van het assortiment

De hoogte van het assortiment is het ongewogen gemiddelde prijsniveau van de productgroepen. Zo zal het gemiddelde prijsniveau van het Chanel-assortiment hoger zijn dan dat van het Miss Helen-assortiment (een cosmeticamerk van de Hema).

Hoogte van het assortiment

Onder de consistentie van het assortiment verstaan we de onderlinge relatie en de mate van samenhang binnen de verschillende productgroepen met betrekking tot het behoeftepatroon, het eindgebruik, de distributiekanalen, de technologie, de research enzovoort. Een consistent assortiment heeft niet alleen voor de afnemers voordelen (zoals duidelijkheid), maar ook voor de aanbieder (deskundigheid op zijn gebied).

Consistentie van het assortiment

TABEL 15.1 Assortimentsbreedte en -lengte consumentenproducten Procter & Gamble Nederland

Assortimentsbreedte

Verzorging & hygiëne		Wassen & reinigen	Gezondheid	Voeding	Batterijen	Dier-voeding	Geuren	
Alldays	Max Factor	Ambi Pur	Clearblue	Pringles	Duracell	Ukebana	AvrilLavigne	Gabriella Sabatini
Always	New Wave	Ariel	Metamucil			Iams	BOSS by Hugo Boss	Gucci
Always	Olaz	Dash	Vicks				Baldesani	HUGO by Hugo Boss
Envive								
Braun	Oral-B	Dreft					Bruno banani	Lacostell
Gilette	Pampers	Dreft afwasmiddel					Christina Aquilera	Naomi Campbell
Gilette	Pantene	Lenor					D & G	Puma
Venus								
Head & Shoulders	Tampax	Swiffer					Dolce & Gabana	Replay
Herbel	Wella Flex						Escada	
Essences								

Assortimentslengte

In tabel 15.1 is het assortiment consumentenproducten van Procter & Gamble Nederland weergegeven. Geconcludeerd kan worden dat de firma een breed assortiment heeft, in sommige productgroepen lang en in sommige minder lang. De range aan Pampers-producten met vele varianten is diep, die van de geuren met meestal maar één of enkele minder diep. Kenmerkend voor het gehele P&G-assortiment van kwaliteitsproducten is, dat zij tamelijk duur zijn. De consistentie van het assortiment (snellopende consumentenproducten, hoge kwaliteit, tamelijk duur) is groot.

In de detailhandel heeft het begrip lengte van het assortiment nog een andere betekenis dan de hierboven genoemde. Hieronder wordt het gemiddelde aantal eenheden verstaan dat in voorraad wordt gehouden. Het zal duidelijk zijn dat de lengte van het assortiment een indicatie is voor de kosten van de winkeloperatie.

Lengte van het assortiment

15.2 Assortimentsstrategieën

Zonder een meerproductenbeleid te voeren, kan een onderneming haar continuïteit niet of slechts met moeite realiseren. Continuïteit, waarvoor het behalen van winst een primaire voorwaarde is, levert werkgelegenheid, groei en mogelijkheden tot uitbreiding op. Het groeiproces komt tot uiting in een afzet- of omzetstijging. Om de continuïteit en de groei te bevorderen, kan een onderneming kiezen uit een aantal strategieën, zoals:
- productdifferentiatie
- trading up en trading down.

Productdifferentiatie
Vroeger dachten ondernemers vooral productgericht. Het product werd als uitgangspunt voor het beleid genomen, wat bij productuitbreiding en groei meestal leidde tot productdifferentiatie. Dit wil zeggen, dat door de producent (geringe) veranderingen worden aangebracht in het basisproduct, waardoor verschillende productvarianten ontstaan. In veel gevallen is het gedrag van de concurrentie daarvoor de aanleiding. Het kan namelijk noodzakelijk worden zich van de concurrent te onderscheiden, al is het alleen maar door het hanteren van een bepaalde kenmerkende kleur of design. Bij productdifferentiatie is er in feite sprake van aanboddifferentiatie. Een goed voorbeeld is het enorme aantal productvarianten waaruit de consument kan kiezen bij de aanschaf van een nieuwe auto. Zo komt de Volkswagen Golf in vier modellen, waarvan het standaardmodel in zeven uitvoeringen. Sommige uitvoeringen zijn verkrijgbaar in wel acht verschillende kleuren en drie verschillende soorten bekleding. Bij een van de uitvoeringen zijn niet minder dan zo'n vijftig verschillende opties te koop, variërend van mistlampen tot een achteruitrijcamera. Tussen qua uitvoering duizenden verschillende auto's zal het voor de trotse bezitter van een nieuwe Golf dan ook niet meevallen om een auto te vinden die identiek is aan de zijne.

Aanboddifferentiatie

Er wordt onderscheid gemaakt tussen horizontale en verticale productdifferentiatie. Bij horizontale productdifferentiatie is er sprake van productvarianten met dezelfde kwaliteit (zoals diverse kleuren verf) en bij verticale productdifferentiatie ontstaat er een range van verschillende kwaliteitsniveaus (zoals motorvermogen). Dat laatste dient meer om het eigen product te onderscheiden tegenover de concurrentie en het bewust maken van de consument van die verschillen.

Horizontale en verticale productdifferentiatie

Trading up en trading down

Er zijn verschillende mogelijkheden om het assortiment uit te breiden. Twee van deze strategieën zijn trading up en trading down. Beide zijn vormen van line stretching, ofwel een uitbreiding van de productlijn door het toevoegen van nieuwe producten binnen dezelfde productgroep, maar buiten de oorspronkelijke productlijn.

Line stretching

Trading up

Bij trading up voegt een fabrikant of distribuant een hoger geprijsd artikel met een betere kwaliteit aan het assortiment toe in de verwachting, dat daardoor de verkoop van de al gevoerde lager geprijsde artikelen toeneemt. De gedachte hierbij is dat de consumenten het hoger geprijsde product als een prestigeproduct zullen gaan beschouwen en dat dit prestige zal afstralen op de andere producten. In de auto-industrie wordt regelmatig gebruikgemaakt van trading up, wanneer een nieuw model aan het assortiment wordt toegevoegd met een betere kwaliteit en in een iets hogere prijsklasse. De lager geprijsde artikelen zullen blijvend worden verkocht totdat de consument in staat is het hoger geprijsde product te kopen. Een andere optie is dat de lager geprijsde artikelen meer zullen worden gekocht vanwege hun verbeterde kwaliteitsimago.

Definitie trading up

> Trading up is het toevoegen aan het assortiment van één of meer artikelen met een in verhouding tot het oorspronkelijke assortiment relatief hoge prijs en/of kwaliteit.

Bij trading up lijkt het assortiment duurder

Een bezwaar van trading up is dat het assortiment niet zozeer een hoger kwaliteitsimago krijgt, maar vooral duurder lijkt. Dit kan tot het afstoten van kopers leiden.

Trading down

Bij trading down voegt een fabrikant of distribuant een lager geprijsd artikel met een lagere kwaliteit aan de bestaande prestigeproductgroep toe, in de hoop dat consumenten die zich dit hoger geprijsde prestigeartikel niet kunnen veroorloven, het nieuwe en lager geprijsde product zullen kopen omdat op dit product iets van het prestigeproduct afstraalt. In de parfumindustrie komt bijvoorbeeld trading down voor. De fabrikanten van dure parfums hebben in de loop der jaren de parfums weten aan te mengen tot eaux de toilette, die onder dezelfde merknaam op de markt worden gebracht met een lagere kwaliteit en tegen een lagere prijs.

Definitie trading down

> Trading down is het toevoegen aan het assortiment van één of meer artikelen met een in verhouding tot het oorspronkelijke assortiment relatief lage prijs en/of kwaliteit.

Bij trading down lijkt het assortiment goedkoop en minder exclusief

Line filling

Een probleem bij trading down is dat het assortiment in de ogen van de huidige afnemers goedkoop en minder exclusief wordt. Zij kunnen zich van het merk afwenden zonder dat er nieuwe kopers worden aangetrokken. Dan wordt wel de strategie van line filling toegepast. Hierbij gaat het om het toevoegen van producten of productvarianten binnen de oorspronkelijke productlijn. Hierbij dient de marketeer er wel voor te waken dat er zich geen kannibalisatie binnen het assortiment voordoet. Dat wil zeggen, dat de huidige afnemers menen een even goed product te kopen als vroeger, maar tegen een lagere prijs. De verkoop van een nieuw product gaat dan dus ten koste van de verkoop van een al bestaand soortgelijk product van dezelfde onderneming. Bij de introductie van de energiezuinige pl- en sl-spaarlampen trad verdringing van de traditionele gloeilamp op. Dit is een vorm van kannibalisatie. Per jaar werden er op den duur minder gloeilampen verkocht.

Om bij assortimentsuitbreiding het nadeel van kannibalisatie te vermijden, kunnen de volgende maatregelen genomen worden:

- Het product kan onder een ander merk op de markt gebracht worden.
- De distributie vindt langs andere kanalen plaats.
- Er wordt gebruikgemaakt van andere promotiemethoden.
- Het product wordt onder speciale condities aan een aparte doelgroep aangeboden (zoals voordeelurenabonnement, CJP, 65+-kortingen).
- In de communicatie worden duidelijk aantoonbare verschillen naar voren gebracht.
- Voor de productie wordt een nieuw bedrijf opgericht of er wordt een bestaand bedrijf overgenomen, dat al een soortgelijk, goedkoper product op de markt brengt.
- Line stretching en line filling zijn allebei vormen van *line extension*. Dit is een merkenstrategie waarbij een merkeigenaar een al gevoerde merknaam gebruikt voor productvarianten in dezelfde productgroep. Dove – eerst een crème, nu ook showergel, badcrèmes, bodylotions, deodorants, gezichtsreinigers, lotions, shampoos en conditioners, en beauty accessoires – met haar uitbreidingen in huidverzorging, is hier een voorbeeld van.

Maatregelen om het nadeel van kannibalisatie te voorkomen

Line extension

Het omgekeerde kan natuurlijk ook: het inkrimpen van het aangeboden assortiment. We noemen dit line pruning (het uitdunnen van het assortiment). Zo kan er in het assortiment wildgroei zijn ontstaan, waardoor er artikelen zijn die niet meer aan de daaraan te stellen winstnormen voldoen.

Line pruning

Wanneer een onderneming slechts een beperkte capaciteit heeft, kan besloten worden zich te concentreren op die artikelen die een hoge winstmarge genereren.

De strategieën van *upgrading* en *downgrading* lijken wel wat op trading up en trading down, maar daarbij wordt niet het aantal producten in het assortiment veranderd, maar de kwaliteit van een product of van het gehele assortiment verhoogd dan wel verlaagd. Downgrading is soms noodzakelijk in een markt met neerwaartse prijsdruk tijdens een recessie, door bijvoorbeeld goedkopere grondstoffen te gebruiken. Downgrading kan ook inhouden dat een product vereenvoudigd wordt tot het kale product, zonder allerlei toeters en bellen. Tijdens de laatste recessie hebben supermarkten de al in 2003 ingezette prijzenoorlog in versterkte mate voortgezet. Ook werd de aandacht nog meer op de winkel- en huismerkassortimenten gericht.

Downgrading

> Downgrading is het bewust verlagen van het service- en/of kwaliteitsniveau van een product, assortiment of winkelformule (verkooppunt), wat veelal gepaard gaat met een prijsverlaging.

Definitie downgrading

Een voorbeeld van upgrading is het aantrekkelijker maken van een city-, winkel- of wijkcentrum, zoals de opknapbeurt van Hoog Catharijne (Utrecht) en de Lijnbaan (Rotterdam). Upgrading kan bijvoorbeeld ook plaatsvinden door het bewust verhogen van het serviceniveau.

Upgrading

Definitie upgrading

> Upgrading is het bewust verhogen van het service- en/of kwaliteitsniveau van een product, productassortiment of winkelformule.

Category management

Overigens wordt tegenwoordig bij het samenstellen van een assortiment minder naar de individuele producten gekeken, maar meer naar het totale aanbod. Dit wordt category management genoemd. Hieronder wordt verstaan: analyse, planning, implementatie en evaluatie van marketingactiviteiten door een organisatie met betrekking tot (deel)assortimenten of productgroepen. Hierbij wordt niet langer gedacht in termen van individuele proucten of merken, maar in termen van complete en samenhangende (deel)assortimenten of productgroepen. Als category management zowel door fabrikanten als detaillisten in een bedrijfskolom wordt gehanteerd, kan dat leiden tot een betere afstemming van de (gezamenlijke) marketingactiviteiten.

15.3 Wat is een merk?

Een product moet bekendgemaakt worden, opvallen en herkend worden. Daarvoor werd in eerste instantie de naam van de fabrikant gebruikt of van de fabriek: Philips, Fiat, Calvé. Later zijn merken een eigen leven gaan leiden en zijn er merken bedacht en ontworpen voor nieuwe producten en fabrieken.

Definitie merk

> Een merk is ieder teken, zoals benamingen, tekeningen, cijfers en vormen, dat in staat is de producten te onderscheiden en dat in materiële dan wel immateriële zin een zekere betekenis kan hebben.

Naast het merk kennen we ook het merkartikel. Het *NIMA Marketing Lexicon* geeft daarvan de volgende definitie:

Definitie merkartikel

> Een merkartikel (brand) is een gemerkt (branded) artikel dat op grond van extrinsieke en/of intrinsieke eigenschappen onderscheidend is van concurrerende artikelen. Het doel van de onderscheidende eigenschappen is het creëren van een bepaalde merkmeerwaarde voor vooral een relatief grote groep afnemers.

Bij het merk onderscheiden we:

Merknaam
- *De merknaam*. Dit is dat deel van het merk dat uitspreekbaar is, bijvoorbeeld Albert Heijn, McDonald's, Coca-Cola, Volkswagen en Philips. Dit wordt ook wel het *woordmerk* genoemd.

Beeldmerk
- *Het beeldmerk of merkteken*. Dit is de visuele uitbeelding van een merk of organisatie met een specifieke vormgeving. Het is een symbool, een vignet, een logo: het BOVAG-embleem (Bond van Auto Garages), het vignet van de Rabobank en het V&D-beeldmerk.

Handelsmerk
- *Het handelsmerk of trade mark*. Dit is het merk of een deel ervan, dat wettelijk beschermd is door inschrijving in een nationaal of internationaal merkenregister. Het beschermt de verkoper als exclusief gebruiker van het merk (naam of beeld). Op veel merkproducten staat een R in een cirkeltje (geregistreerd handelsmerk) achter de merknaam. Hiermee wordt aangegeven dat het merk is ingeschreven.

Collectief merk
- *Het collectief merk*. Dit is een merk dat wordt gebruikt op producten die één of meer kenmerken gemeenschappeljk hebben en die afkomstig zijn

van verschillende ondernemingen. Bijvoorbeeld: Wolmerk, Fleurop. Een collectief merk is niet per definitie een keurmerk (zie hierna).
- *Het keurmerk.* Dit is een collectief merk dat als extra onderscheidingsteken is vermeld op producten. Het is bedoeld om kwaliteitssignalen af te geven en/of maatschappelijke verantwoordelijkheid van producten of productieprocessen te waarborgen. Voorbeelden daarvan zijn merken als KEMA Keur (veiligheid elektrotechnische apparaten), KOMO (gas-, water- en lichtinstallaties), het FSC-keurmerk (hout- en papierproducten) en het energielabel.

Keurmerk

Een automerk bestaat onder meer uit de volgende onderdelen: fabrikantennaam, typeaanduiding, modelaanduiding en een eventuele toevoeging: BMW 525i, Audi A6 enzovoort.

De combinatie van merknaam en beeldmerk komt veelvuldig voor. De merknaam is dan op stilistische wijze in het beeldmerk verwerkt. De volgende afbeelding toont voorbeelden van woord- en beeldmerken.

Voorbeelden van woord-en beeldmerken

Het beeldmerk moet niet verward worden met het merkbeeld. Het merkimago of merkbeeld is het totaal aan indrukken dat afnemers van een merk hebben. Dat kan van invloed zijn op hun gedrag ten aanzien van dat merk. Onderdeel van dit merkbeeld zijn niet alleen alle kenmerken die aan het merk worden toegeschreven, maar ook de eigenschappen die met het product worden geassocieerd en die dus op dat product afstralen. Daarbij kan gedacht worden aan het land van herkomst, de sociale en milieuverantwoordelijkheid van de fabrikant en de reputatie van de onderneming. We zouden kunnen zeggen dat het beeldmerk mede het merkbeeld creëert.

Merkimago of merkbeeld

Beeldmerk creëert merkbeeld

Functies van het merk
In het algemeen geeft een merk aan, dat het product een hoge en constante kwaliteit heeft, bekend en betrouwbaar is, maar veelal ook duurder is dan

merkloze producten. De belangrijkste functies of voordelen van het voeren van een merk zijn:
- Het merk geeft de herkomst van het product aan.
- Het merk zorgt voor onderscheid ten opzichte van de concurrent.
- Het merk straalt een bepaald imago uit.
- Het merk zorgt voor klantenbinding (merkvoorkeur en merktrouw).
- Het merk is een garantie voor kwaliteit.
- Als het merk geregistreerd is, biedt het wettelijke bescherming.

15.4 Merkstrategieën

Aanvankelijk werden producten merkloos op de markt gebracht. Ook tegenwoordig komen we in verschillende branches nog merkloze producten tegen. Een belangrijk voordeel van het aanbieden van merkloze producten is de grote kostenbesparing. Het introduceren en onderhouden van een merk is immers een kostbare zaak. Veelal worden producten als vlees, groente, fruit en bloemen niet onder een merknaam verkocht. Overigens tracht een aantal aanbieders dergelijke producten als merkartikel te positioneren. Voorbeelden daarvan zijn Chiquita-bananen, Del Monte-sinaasappelen en Milner-kaas. Daarbij wordt ervan uitgegaan dat de extra kosten die hiermee gepaard gaan, worden gecompenseerd door hogere verkoopopbrengsten. Wanneer eenmaal besloten is een product onder een merknaam op de markt te brengen, moet uit de volgende mogelijkheden worden gekozen:

Drie mogelijkheden om een merk op de markt te brengen

- Wordt het product als fabrikantenmerk gelanceerd, zodat het duidelijk als product van de fabrikant wordt herkend?
- Wordt het product in grote hoeveelheden aan tussenpersonen verkocht die het van een eigen merk (private label) voorzien?
- Wordt het product deels onder fabrikantenmerk en deels onder distribuantenmerk op de markt gebracht?

Gemengde merkenstrategie

Als een fabrikant het product deels onder fabrikantenmerk en deels onder distribuantenmerk aanbiedt, spreken we van een *gemengde merkenstrategie*. In het laatste geval beconcurreert hij zijn eigen producten. Vaak hebben fabrikanten geen keus. Is een fabrikant sterk afhankelijk van de distribuant, dan kan hij gedwongen worden private labels te produceren. Wanneer een fabrikant een sterk A-merk produceert, is hij minder afhankelijk van de distribuant. Er zijn nog drie andere overwegingen die kunnen leiden tot het produceren van private labels:

- *Concurrentieoverwegingen*: als een concurrerende aanbieder de private labels wel produceert, heeft de aanbieder er nog een concurrent bij. Door zelf ook een private label te produceren verdient de aanbieder er tenminste nog wat aan.
- *Capaciteitsoverwegingen*: het benutten van overcapaciteit door het produceren van een distribuantenmerk geeft een betere rendementspositie.
- *Groeioverwegingen*: is de potentiële extra afzet aanzienlijk, dan is het leveren van distribuantenmerken weinig bezwaarlijk. Deze overweging wordt belangrijker naarmate het fabrikantenmerk minder sterk is.

Fabrikantenmerken

Fabrikantenmerken heten ook wel *fabrieksmerk, F-merk, manufacturer's brand, national brand* of *producer-controlled brand*. Het is het merk dat geïdentificeerd wordt door de naam die de fabrikant eraan heeft gegeven en dat ook diens eigendom is.

Ongeacht de vorm, kent het fabrikantenmerk de volgende voordelen:
- Het fabrikantenmerk heeft een onderscheidend karakter als het merk goed is gekozen.
- Het fabrikantenmerk kan meer kracht aan de reclame geven.
- Het fabrikantenmerk is een van de middelen om een imago aan een onderneming te geven.
- De fabrikant kan grotere druk op de distribuanten uitoefenen. Er kan een zuigkrachteffect optreden, dat wil zeggen, dat de vraag van de consument de detaillist dwingt het artikel in voorraad te nemen (pull-effect). Ook kan een fabrikant gemakkelijker schapruimte bij de detaillist verkrijgen voor een nieuw product onder dezelfde merknaam.

Voordelen van het voeren van een fabrikantenmerk

De fabrikant moet in eerste instantie over twee zaken een beslissing nemen. De eerste is: Hoeveel verschillende merken ga ik hanteren? De tweede: Wat wordt het niveau van mijn merken? Wat betreft het aantal te hanteren merken bespreken we hierna: de individuele merkenstrategie, de familie- of paraplumerkenstrategie en de duale merkenstrategie.

Aansluitend bespreken we het niveau van de merken (A-merk enzovoort).

De individuele merkenstrategie
Wanneer een fabrikant aan elk product een andere merknaam geeft, spreken we van een individueel fabrikantenmerk. Deze merken worden vaak gebruikt voor producten die geschikt zijn voor massaconsumptie en een hoge aankoopfrequentie hebben (fmcg's). Unilever brengt een groot aantal margarines op de markt, zoals Blue Band, Becel, Croma en Zeeuws meisje. Procter & Gamble levert zijn wasmiddelen bijvoorbeeld onder afzonderlijke merknamen, zoals Ariel, Dash en Dreft. De naam van de fabrikant komt meestal niet in de merknaam voor en wordt soms zelfs niet eens op de verpakking vermeld.

De familiemerkenstrategie
Van een paraplumerk of familiemerk is sprake wanneer alle producten van één fabrikant van hetzelfde merk worden voorzien. Hier moeten we onderscheid maken tussen de situatie dat alle producten van een fabrikant onder de fabrikantennaam op de markt worden gebracht en de situatie dat een deelassortiment, een collectie of een productlijn onder één merk wordt aangeboden, dat past bij een bepaalde doelgroep. Zo brengt C&A een aantal kledingmerken, zoals Angelo Litrico, Canda, Clockwise, Palomino en Westbury voor diverse doelgroepen en portemonnees op de markt. Unilever brengt onder de naam Linera een productlijn magere producten en onder de naam Becel een productlijn op de markt die goed zou zijn voor hart en bloedvaten. In deze gevallen zouden we kunnen spreken van een productlijnmerk.

Paraplumerk of familiemerk

In het geval van een familiemerkenstrategie is het paraplumerk het symbool voor de eigenschappen die in alle producten van de fabrikant voorkomen (Philips: 'Innovation and you', 'AEG laat je niet in de steek', 'Miele, er is geen betere'). Naarmate het karakter van de producten onder één merk veelzijdiger is, worden die eigenschappen – gekarakteriseerd door dat merk – veel algemener. Het merk wordt dan geïdentificeerd met het algemene imago van het assortiment of de fabrikant.

Familiemerkenstrategie

● www.unilever.nl

Unilever-logo

Ons logo weerspiegelt Unilevers kernwaarden, waarbij elk symbool een facet van onze onderneming vertegenwoordigt.

> Wij werken aan een betere toekomst, iedere dag, met merken en diensten die mensen helpen zich goed te voelen, er goed uit te zien en meer uit het leven te halen.
>
> De grote blauwe 'U' in ons logo staat natuurlijk voor Unilever, maar als je het logo goed bekijkt dan zie je dat het veel meer omvat dan dat alleen.
>
> Ons logo bevat 25 symbolen die elk staan voor een aspect dat voor Unilever belangrijk is. Van een haarlok die onze shampoomerken symboliseert, tot een lepel, een ijsje, een potje, een theeblaadje, een hand en nog veel meer; elk van de kleine symbolen heeft een eigen betekenis.

In verband met het voorgaande noemen we nog de mogelijkheid van *brand extension*. Dit is een merkenstrategie waarbij de merkeigenaar de merknaam van een bepaald product in een bepaalde productgroep ook in een voor die eigenaar andere productklasse gebruikt. Bijvoorbeeld Bic (oorspronkelijk wegwerppennen, later ook scheermesjes en aanstekers), Dove (eerst een crème, nu ook showergels, badcrèmes, bodylotions, deodorants, gezichtsreinigers, lotions, shampoos en conditioners, en beauty accessoires), Porsche (oorspronkelijk auto's, nu ook aanstekers, zonnebrillen). **Brand extension**

Let op het verschil met line extension: hierbij is er sprake van uitbreiding binnen dezelfde productklasse.

De duale merkenstrategie
Een fabrikant kan ook beslissen een product te voorzien van twee merken. Dit heet dan een *duale merkenstrategie* (dual branding). Bij deze strategie wordt in de communicatie – onder andere op de verpakking – betreffende een bepaald merkartikel gebruikgemaakt van twee namen ter ondersteuning van de positie van dat artikel. We kunnen hierbij twee vormen onderscheiden: endorsement en co-branding. **Duale merkenstrategie (dual branding)**

> www.unilever.nl
>
> ## Partners voor het leven
>
> Met meer dan 400 merken die zich richten op gezondheid en welzijn zijn wij als geen andere onderneming op zo veel verschillende manieren zo nauw betrokken bij het dagelijks leven van mensen.
>
> Onze productenportefeuille varieert van uitgebalanceerde voedingsmiddelen tot verwen-ijs, betaalbare zeep, weldadige shampoos en producten voor de dagelijkse huishoudelijke verzorging. We produceren leidende wereldmerken als Lipton, Knorr, Dove, Axe, Hellmann's en OMO, naast vertrouwde lokale merken als Andrélon, Blue Band en Conimex.

Verantwoord ondernemen
Sinds de oprichting van Lever Brothers door William Hesketh Lever in de jaren 1890 staan merken met een maatschappelijke missie al centraal binnen onze onderneming; tegenwoordig vormt maatschappelijk verantwoord ondernemen de basis van onze strategie.

In november 2010 hebben we het Unilever Sustainable Living Plan geïntroduceerd – een reeks doelstellingen die ons helpen bij het bereiken van ons uiteindelijke doel: de omvang van ons bedrijf verdubbelen en tegelijkertijd onze invloed op het milieu tot een minimum terugdringen.

Om duurzaamheid te verankeren in elke fase van de levenscyclus van onze producten, werken we samen met onze leveranciers aan de ondersteuning van verantwoorde landbouwmethoden. Ook leren we veel van ngo's en andere organisaties, want we realiseren ons dat we geen werkelijk duurzame onderneming kunnen opbouwen zonder deskundig advies.

We vinden dat we als bedrijf een verantwoordelijkheid hebben tegenover onze consumenten en de gemeenschappen waarin we actief zijn. Overal ter wereld investeren we in de lokale economie en ontwikkelen we de vaardigheden van mensen zowel binnen als buiten Unilever. En via onze activiteiten en merken zijn we actief met tal van programma's op het gebied van hygiëne, voeding, empowerment en milieubewustzijn.

Impact en innovatie
We zijn ons ervan bewust dat innovatie essentieel is om te kunnen groeien. Met behulp van de nieuwste wetenschappelijke inzichten passen we onze merken voortdurend aan en verbeteren we hun voedingswaarde, smaak, geur en functionaliteit.

Ieder jaar investeren we circa €1 miljard in onderzoek en ontwikkeling en we hebben overal ter wereld laboratoria waar onze wetenschappers nieuwe ideeën en technieken onderzoeken en hun kennis toepassen op onze producten.

Onderzoek onder consumenten speelt een essentiële rol bij dit proces. Wij hebben een wereldwijd bereik dat door geen ander wordt geëvenaard en dit stelt ons in staat dichter bij consumenten in lokale markten te komen en zo hun uiteenlopende behoeften en prioriteiten te kunnen begrijpen.

Over onze merken
Van vertrouwde merken als Blue Band, OMO en Unox tot nieuwe innovaties zoals de betaalbare Pureit-waterzuiveraar: ons assortiment is net zo divers als onze consumenten overal ter wereld.

Unilever heeft meer dan 400 merken, waarvan er 13 elk een omzet genereren van meer dan €1 miljard per jaar.

Veel van deze merken hebben al van oudsher een sociale missie, zoals de inspanningen van ons zeepmerk Lifebuoy om hygiëne te bevorderen via handenwassen met zeep en Dove's campagne voor echte schoonheid.

Meer informatie op Unilever in vogelvlucht.

In het geval van endorsement wordt naast de merknaam van het merkartikel ook de naam van het bedrijf op de verpakking vermeld of de naam van een ander merkartikel. Deze andere naam fungeert dan als een zogenaamd *endorsement*: een goedkeuring of onderschrijving die in de meeste gevallen kan worden opgevat als een aanbevelingsgarantie. Het merk dat als het ware garant staat voor het merkartikel noemen we de *endorser*. Vaak is dit de naam van de organisatie (fabrikant). Het merkartikel dat de garantie krijgt, wordt het *endorsed merk* genoemd. Het is alleen zinvol een merknaam als endorser te gebruiken als deze naam voor consumenten voldoende betekenis heeft. Voorbeelden van endorser en endorsed merk zijn de hygiënische producten Always en Alldays (Procter & Gamble) en de ontbijtproducten Brinta en Wake Up! (Heinz). Procter & Gamble en Unilever zijn ertoe overgegaan – als een vorm van endorsement – ook hun firmalogo dominanter op de verpakkingen van hun producten te tonen. Zo kan het dus voorkomen dat op een verpakking het logo van de producent (Unilever), dat van het paraplumerk (Becel), en van het keurmerk (Ik kies bewust) voorkomt.

Endorsement

Naast endorsement kan ook sprake zijn van co-branding. Hierbij is volgens Riezebos sprake van een merkalliantie tussen gewoonlijk twee merken, waarbij de alliantie naar consumenten kenbaar gemaakt kan worden. Co-branding kan drie vormen aannemen:

- *Op productniveau*. Op basis van twee merkartikelen (die gewoonlijk afzonderlijk verkocht worden) wordt een nieuw merkartikel gecreëerd. Een voorbeeld hiervan is de Heineken Beertender: een nieuw product bestaande uit Heineken-bier (Heineken) en het tapapparaat (Krups).
- *Op distributieniveau*. Het ene merkartikel wordt (tijdelijk) in combinatie met een ander merkartikel verkocht of ondernemingen distribueren elkaars merkartikelen op markten waar een van beide partijen geen goed distributienetwerk heeft. Een voorbeeld hiervan is de samenwerking van Douwe Egberts koffiepads (Sara Lee) en Senseo koffiezetapparaten (Philips), die los van elkaar, maar wel in combinatie verkocht worden. Een ander voorbeeld is de samenwerking tussen TomTom en Renault, Fiat en Toyota op het gebied van geïntegreerde navigatiesystemen.
- *Op communicatieniveau*. Het ene merkartikel wordt in marketingcommunicatie-uitingen aangeprezen door een ander merk. Finish machinevaatwasmiddel (Reckitt Benckiser), wereldwijd marktleider, wordt aanbevolen door bijna alle fabrikanten van vaatwasmachines (onder andere AEG, Bosch, Whirlpool).

Co-branding

Heeft de fabrikant eenmaal besloten hoeveel merken hij gaat voeren dan moet hij nog een beslissing nemen over het niveau waarop het merk of die merken in de markt gezet gaan worden. We maken daarbij onderscheid tussen A-, B- en C-merken.

Niveau van het merk

Definitie A-merk

> Een A-merk is een (fabrikanten)merkartikel met een grote geografische verkrijgbaarheid, een grote bekendheid en een (constant) hoog ervaren prijs- en kwaliteitsniveau.

Een A-merk wordt ondersteund door een landelijk gevoerde, meestal thematische reclamecampagne. De distributiespreiding is groot: 80% of meer. De landelijke bekendheid is groot (tot 100%), wat leidt tot merkvoorkeur en merktrouw bij een (groot) eigen publiek. Het A-merk heeft een sterke marktpositie die tot uiting komt in een groot marktaandeel. Zo heeft Heineken bijna de helft van de Nederlandse biermarkt in handen. Het A-merk fungeert als het ware als een merkartikel met extra waarde: de merknaam voegt onder meer kwaliteit en status aan het product toe. Een fabrikant van A-merken heeft ook een sterke positie tegenover de distribuanten. Hij kan betere schapruimte en hogere marges bedingen dan de concurrerende niet-A-merken. Voorbeelden van nationale A-merken zijn Chocomel, Hak, Zwan, Zwitsal en Robijn. Voorbeelden van internationale A-merken zijn Del Monte, Coca-Cola, Kodak, Cartier en Samsonite.

Definitie B-merk

> Een B-merk is een (fabrikanten)merkartikel met een beperkte geografische verkrijgbaarheid, een geringe bekendheid met veelal een lager ervaren prijs-en kwaliteitsniveau dan een A-merk.

Voor een B-merk wordt minder reclame gemaakt dan voor een A-merk, zodat het minder bekend is. De distributiespreiding is beperkt en het merk heeft veel minder emotionele meerwaarde. B-merken worden tegen lagere prijzen aangeboden, terwijl de marges voor de fabrikant lager zijn dan bij A-merken. Dit wordt veroorzaakt door de relatief zwakke onderhandelingspositie van de fabrikant met de detaillisten, alsmede door het feit dat hij moet concurreren met de lagere prijs van de winkelmerken. Dit wordt de *battle of the brands* genoemd. Fabrikanten gebruiken deze merken dan ook vooral ter dekking van de onderkant van de markt. Voorbeelden van B-merken zijn Lupack (conserven), Kanis & Gunnink (koffie) en Alfa bier.

Definitie C-merk

> Een C-merk is een gemerkt (fabrikanten)artikel vooral in de sfeer van frequent gekochte consumptiegoederen met een laag ervaren prijs- en kwaliteitsniveau, een geringe naamsbekendheid en een gering marktaandeel in een bepaald geografisch gebied.

De distributiespreiding van deze artikelen in dat gebied is veelal gering.

Een C-merk is dus een onbekend merk, waarvoor de fabrikant geen reclame maakt en waarvan de distributiespreiding zeer gering is. In het algemeen verricht de fabrikant van een C-merk geen marketinginspanningen die primair gericht zijn op de consument, maar draagt hij veelal de marketingverantwoordelijkheid over aan de distribuanten. Ten slotte kennen we ook het zogenoemde *fancymerk*. Dat is een door fabrikant of distribuant ad hoc gekozen merknaam, symbolen, tekens, kleur, vormgeving en/of verpakking voor een product dat eenmalig of slechts voor een korte tijd op de markt is en dat aansluit op de op dat moment heersende trend(s).

Fancymerk

Merktrouw

De indeling in A-, B- en C-merken heeft ook alles te maken met de mate van merktrouw. Onder merktrouw wordt de mate van loyaliteit van afnemers aan een bepaald merk verstaan. Die merktrouw zal in het algemeen groter

zijn bij A-merken dan bij B- of C-merken. De indicatoren voor merktrouw hebben betrekking op:
- het aantal keren dat een afnemer bij opeenvolgende aankopen hetzelfde merk koopt.
- de kans dat een afnemer hetzelfde merk bij een volgende aankoop weer zal kopen, nadat een prijs- of productverandering heeft plaatsgevonden.

Distribuantenmerken
Wanneer een distribuant een eigen merk wil voeren en een fabrikant bereid is dit voor hem te produceren, spreken we van een handelaarsmerk of distribuantenmerk. Een handelaar of combinatie van handelaren, de zogeheten commerciële organisaties, voert een eigen merk om de consument een voordeliger alternatief aan te bieden voor de fabrikantenmerken. De fabrikant wordt anonieme toeleverancier. Zo weet menig consument niet wie AH-bier van Albert Heijn produceert.

In de literatuur komen we een groot aantal synoniemen voor het distribuantenmerk tegen, zoals: *distributor-owned brand*, *eigen merk*, *handelsmerk*, *huismerk* en *winkelmerk*.

Een *private label* is een product dat door een fabrikant voor een winkelorganisatie wordt geproduceerd, dus een distribuantenmerk gezien vanuit het perspectief van de fabrikant.

> Een winkelmerk, ook wel detaillisten- of detailhandelsmerk genoemd, is een distribuantenmerk dat eigendom is van een detailhandelsorganisatie en dat (vrijwel) uitsluitend in die organisatie en de daarbij aangesloten organisaties wordt verkocht.

Definitie winkelmerk

Winkelmerken worden steeds belangrijker: zij winnen terrein ten koste van de fabrikantenmerken. Zo vertegenwoordigden de winkelmerken in 2011 in het levensmiddelenkanaal ongeveer 34% van de omzet. Volgens marktonderzoekbureau Nielsen betekende dat een toename van 10 procentpunten in de laatste tien jaar.

Bij de winkelmerken overheerst het paraplumerk. Hema levert bijvoorbeeld geen enkel fabrikantenmerk, maar elk artikel draagt een Hema-merk. Een collectief winkelmerk is ook wel begrijpelijk, want:
- het merkbeeld kan maar moeilijk worden gevestigd met de beperkte omzet per individueel product binnen het assortiment van de deelnemende winkels;
- het merkbeeld is gebaseerd op de eigenschappen die bij alle producten van het assortiment kunnen worden aangetroffen, zoals de omvang en de kwaliteit van de dienstverlening.

Albert Heijn heeft voor bijna 7.500 artikelen haar AH Huismerk. Soms voert een supermarktketen verschillende huismerken voor verschillende doelgroepen. Naast de genoemde AH Huismerk-producten voert Albert Heijn nog drie huismerken: AH Excellent (inspirerende producten met een eigen verhaal), AH Biologisch (beste biologische producten voor een goede prijs) en AH Basic (kwaliteitsproducten tegen de laagste prijs).

Door de internationalisering en globalisering ontstaan nieuwe merkbegrippen, zoals internationale merken, euromerken en wereldmerken. Een wereldmerk (global brand) is een product dat overal ter wereld onder dat merk

Global brand

verkrijgbaar is, zoals Coca-Cola, Pepsi Cola, McDonald's, Levi's en een aantal benzinemerken. Door de voortgaande globalisering worden deze global brands steeds sterker, met een verdere afzwakking van de positie van nationale en internationale B-merken tot gevolg.

15.5 Merkenrecht

De Europese Commissie krijgt steeds meer invloed op het nationale intellectuele eigendomsrecht, waaronder het merkenrecht. Dit valt onder de industriële eigendom. Merkhouders kunnen een monopolierecht verkrijgen op hun merken op voorwaarde dat het merk in het Benelux-merkenregister staat ingeschreven. De bescherming van het merk kan oneindig worden vernieuwd. In 2006 is het Benelux-verdrag inzake de intellectuele eigendom van kracht geworden. Een merkinschrijving geldt dan voor het gehele Benelux-gebied.

Benelux-Bureau voor de Intellectuele Eigendom (BBIE)

Het uitsluitend recht op een merk, monopolie genoemd, wordt verkregen door het eerste depot, verricht bij het Benelux-Bureau voor de Intellectuele Eigendom (BBIE) in Den Haag of voortvloeiend uit een internationale inschrijving bij het internationale bureau in Genève (het Internationaal Bureau OMPI voor de beschrijving van de industriële eigendom). Er bestaat ook de mogelijkheid om door een depot merkbescherming te krijgen in alle landen van de Europese Unie. Dit wordt een gemeenschapsmerk genoemd. Ook vindt bij depot een vooronderzoek plaats. Het BBIE kan inschrijving weigeren.

Het merkenrecht vervalt bij het verstrijken van de inschrijvingsduur, het niet gebruiken van het merk gedurende vijf jaar, misleiding en door verwording van de merknaam tot soortnaam. Een product waarvan de naam zich ontwikkelt tot soortnaam, is in feite weer een merkloos product geworden. Voorbeelden hiervan zijn de vroegere merknamen linoleum, nylon, vaseline, maizena en aspirine.
Het depot heeft een beschermingsduur van tien jaar en kan elke tien jaar worden verlengd.

● www.z24.nl

De bekende gele Lego-poppetjes zijn een beschermd merk

Dinsdag verwierp de rechtbank van eerste aanleg van het Europees Hof van Justitie een klacht van een concurrent van Lego.

Best Lock, dat soortgelijke speelfiguurtjes maakt, had een zaak aangespannen tegen de beslissing de Lego-figuurtjes te registreren als merk. Volgens Best Lock is de specifieke vorm van het Lego-figuurtje noodzakelijk om ze aan elkaar te koppelen en dus is de vorm niet uniek te noemen.

Het bureau dat de merkbescherming uitschreef, verwierp het bezwaar van Best Lock, waarop deze naar de Europese rechter stapte.

Ook daar ving Best Lock bot. De rechtbank oordeelde dat ,,de kenmerken van de vorm van de betrokken figuren niet noodzakelijk zijn om een technische uitkomst te verkrijgen". De vorm van de poppetjes is dus uniek genoeg om als merk te gelden.

Beroep is nog mogelijk.

In een eerdere zaak ving Lego juist bot bij het EU-hof over zijn bekende blokjes. Het EU-Hof stelde dat een technische functie zoals een bouwsteentje, geen beschermd merk kan zijn.

16 juni 2015

15.6 Overige productbeslissingen

In het productbeleid krijgen het assortiments- en merkenbeleid in het algemeen veruit de meeste aandacht. Dat neemt echter niet weg, dat de productmix nog uit een aantal andere belangrijke elementen bestaat. Een van die zogenaamde productattributen is het verpakkingsbeleid. De verpakking is de laatste jaren een steeds voornamer onderdeel van het product geworden. Verpakkingsdeskundigen hebben het zelfs over de vijfde 'P' (van packaging) binnen de marketingmix. Dat daaraan tegenwoordig meer waarde gehecht wordt, is onder meer een gevolg van de verschuiving van de macht in het distributiekanaal in de richting van de detaillist. Tot slot gaan we in op de rol en functie van verpakkingen.

Soorten verpakkingen

Veel consumentenproducten kennen twee soorten verpakkingen, die we als primaire en secundaire verpakking aanduiden.

De primaire verpakking is essentieel en noodzakelijk om het product bijeen te houden of de kwaliteit ervan te behouden. Hierbij kunnen we denken aan het potje voor de jam of de mosterd, de tube voor de tandpasta of de mayonaise, het doosje voor de hagelslag of de rijst, de fles voor de frisdrank of de slasaus, de vacuümverpakking voor de gemalen koffie en de papieren zak voor het zout of de (losse) suiker.

Primaire verpakking

Een groot aantal consumentenproducten kent daarnaast nog een tweede verpakkingslaag: de secundaire verpakking. Voorbeelden hiervan zijn het vaak fraai uitgevoerde doosje waarin het flesje parfum of eau de toilette zit. De secundaire verpakking is veelal bedoeld om informatie over het product te geven (merknaam of gebruiksaanwijzing) of om de primaire verpakking extra te beschermen.

Secundaire verpakking

Naast de in de tekst genoemde soorten verpakkingen kennen we ook de *vervoersverpakking*. Dit is de verpakking die nodig is voor opslag, identificatie of transport (bijvoorbeeld een omdoos).
Het geven van gedrukte informatie over onder meer de aard en de samenstelling van een product, wordt labeling genoemd. Dit kan plaatsvinden op

Vervoersverpakking

Labeling

zowel de primaire als de secundaire verpakking. Het is ook mogelijk dat naast de primaire of secundaire verpakking een afzonderlijk label is toegevoegd, waarin deze informatie is opgenomen. Hierbij kan gedacht worden aan een los bijgevoegde gebruiksaanwijzing of aan installatievoorschriften.

Daarnaast kunnen nog andere soorten verpakkingen worden onderscheiden. Zo kennen we wegwerpverpakking wanneer de verpakking slechts eenmalig gebruikt kan worden, zoals het blikje voor de frisdrank.

Wegwerpverpakking

Wanneer de verpakking geschikt is voor meermalig gebruik, spreken we van retourverpakking, zoals het krat met een aantal bierflesjes of de statiegeldfles.

Retourverpakking

Soms wordt gebruikgemaakt van een speciale navulverpakking om de dispenser (het doseerapparaat) bij te vullen, bijvoorbeeld met zoetjes, vloeibare handzeep of wasmiddelen.

Navulverpakking

Functies van de verpakking
De verpakking kent diverse functies, die we hierna kort zullen toelichten. Daarbij gaat het om:
- het beschermen van het product
- het ordenen en sorteren van het product
- het (her)gebruiken van het product
- het doen opvallen van het product
- het verstrekken van informatie (inclusief herkenning)
- het oproepen van gevoelens bij de consument.

Beschermen van het product
De beschermende functie komt voort uit de taak van de handel om het verschil in plaats en tijd te overbruggen. Vaak wordt dit als de belangrijkste functie van de verpakking gezien, waardoor producten onbeschadigd over grote afstanden en met diverse transportmiddelen vervoerd kunnen worden. Bovendien is het mogelijk producten te bundelen en te stapelen. De beschermende eigenschappen van de verpakking hebben betrekking op:
- het beschermen tegen beschadiging en breuk door externe, fysieke krachten (stoten, vallen enzovoort)
- het beschermen tegen bederf of kwaliteitsverlies
- het beschermen van goederen die gevaar of schade voor de gezondheid kunnen opleveren (brandbare, explosieve of giftige stoffen, zoals vuurwerk).

Ordenen en sorteren van het product
Deze verpakkingsfunctie vloeit voort uit de ordenings- en sorteerfunctie van de tussenhandel. Verpakkingen houden de goederen in bepaalde hanteerbare volumes, gewichten of aantallen bijeen, afgestemd op de praktische behoeften en eisen van de afnemers. De gewenste hoeveelheid (het aantal colli) is hierdoor snel te identificeren, waardoor de verhandelbaarheid wordt bevorderd. Verder levert de verpakking een bijdrage aan het sorteren van producten naar vorm, kwaliteit, smaak, kleur enzovoort.
De eisen die de detailhandel stelt aan een snel en goedkoop transport van de leverancier naar het winkelmagazijn en van daaruit naar het schap, hebben geleid tot standaarddozen en direct in het schap te plaatsen trays zodat er als het ware gesproken kan worden van 'schapklare brokken': gesorteerde en gestapelde dozen in een minicontainer of op een pallet.

(Her)gebruiken van het product

Afgestemd op de aard van het verpakte product, krijgt de gebruiker door de verpakking de gelegenheid het product op doeltreffende wijze te gebruiken en te bewaren. Denk bijvoorbeeld aan de doseerbare schenkstroop, aan de hals van de wc-eend en aan de easyopening van blikjes. Voor het verbeteren van het gebruiksgemak zijn veel nieuwe verpakkingen ontwikkeld, zoals spuitbussen (aerosols) en margarinekuipjes. Deze functie wordt samen met het transportgemak wel de werkbaarheid genoemd.

Werkbaarheid

Hergebruik van een verpakking is op verschillende manieren mogelijk. Zo zal een blikken trommel met koekjes in eerste instantie opnieuw als koektrommel gebruikt worden. De stopfles daarentegen, waarin oorspronkelijk de instantkoffie was verpakt, kan nadien voor verschillende andere functies worden hergebruikt, bijvoorbeeld als voorraadpot voor suiker, rozijnen en meel, maar ook als bewaarplaats voor andere kleine artikelen (spijkers, klosjes garen). Hergebruik vindt eveneens plaats als gevolg van de statiegeldregeling, zoals glazen potten en flessen en petflessen. Ook zonder statiegeld wordt getracht dit soort materialen zoveel mogelijk te hergebruiken, waartoe we op verschillende plaatsen in onze omgeving glasbakken aantreffen.

Doen opvallen van het product

Door de verpakking wordt ook de opvallendheid vergroot. Het wordt steeds belangrijker dat een product te midden van de concurrerende producten in het oog springt. Door onder meer kleurgebruik, vorm en formaat wordt deze opvallendheid bereikt. Dit wordt ook wel de zichtbaarheid van de verpakking genoemd. Herkenning is ook uiterst belangrijk. Zeker bij convenience goods draagt een snelle herkenning van merk en product ertoe bij dat de vaak zo gehaaste consument snel en efficiënt boodschappen kan doen.

Zichtbaarheid

Verstrekken van informatie

De verpakking moet vertellen wat erin zit en om wat voor soort product het gaat. De verpakking geeft informatie over:
- de samenstelling van het product
- het gebruik van het product (gebruiksaanwijzing)
- de houdbaarheid van het product
- de producent of verpakker van het product.

De informatie over specifieke producteigenschappen wordt gegeven door bedrukking of door het gebruik van een etiket (label) dat onderdeel van de verpakking kan zijn of afzonderlijk aan het product wordt bevestigd. Hierbij kunnen we denken aan het etiket op de wijnfles of op de wijze waarop de Pampers-luierproducten moeten worden omgedaan, en dat in vele talen.

Oproepen van gevoelens bij de consument

Een product moet bij de gebruiker aanslaan, waarbij de wijze van verpakken van bijzondere betekenis is. Bepaalde kenmerken, zoals klassiek, modern, hip, romantisch, vooruitstrevend, luxueus, maar ook goedkoop, kunnen door de verpakking worden uitgedragen. Een duur cadeau laat je toch mooi inpakken? Deze functie wordt wel het emotional appeal genoemd: de emotionele aantrekkingskracht.

Emotional appeal

De verpakking heeft dus zowel technische als commerciële functies. Bij de technische functies kunnen we bijvoorbeeld denken aan het transport, de bescherming van de inhoud en het gebruik. Bij de commerciële functies gaat het om de display en de communicatie in de richting van de consument.

Verpakking: technische en commerciële functies

Service, garantie en klachtenbeleid

Nu het onderscheid in kwaliteit tussen producten steeds kleiner wordt, spelen service en garantie een steeds belangrijkere rol.

Service en garantie

Onder service verstaan we allerlei dienstverleningsactiviteiten rond de levering van een fysiek product. Het kunnen zowel activiteiten zijn vóór de koop (bijvoorbeeld informatie verschaffen en demonstreren) als na de koop (bijvoorbeeld bezorgen, installeren, helpdesk, reparatie en onderhoud). Andere dienstverleningsactiviteiten zijn:
- financiële service: gemakkelijke betaling
- de ruilmogelijkheden
- het teruggeven van geld bij een verkeerde aankoop.

Met garantie bedoelen wij de verzekering van de fabrikant of verkoper dat het product de functie vervult waarvoor de koper het heeft aangekocht. Het verlenen van garantie komt in verschillende vormen voor:
- het laten keuren van het product door een onafhankelijke instantie, zoals Kema of TNO;
- het geven van garantie voor bepaalde onderdelen van het product
- het geven van garantie voor het gehele product
- het geven van garantie op gerepareerde producten.

Terugroepactie

Een onderdeel van service en garantie is ook de terugroepactie (*product recall*). Dit is het terughalen van producten naar de fabriek/distribuant in verband met geconstateerde gebreken. Een terugroepactie kan worden beschouwd als een van de instrumenten van public relations. Zo heeft Toyota, als grootste autofabrikant ter wereld, de laatste jaren grote aantallen auto's moeten terugroepen vanwege defecten van verschillende aard. Dit werd gedaan om het imago als fabrikant van kwaliteitsauto's te beschermen. Steeds meer producenten realiseren zich dat een tijdige en goed georganiseerde terugroepactie positief kan bijdragen aan het imago van de onderneming of het merk.

Productaansprakelijkheid

Verwant aan de begrippen service en garantie zijn wettelijke regelingen op het gebied van productaansprakelijkheid en de wijze waarop aanbieders met klachten omgaan. Als een fabrikant producten op de markt brengt die onveilig zijn, waardoor schade ontstaat, is hij aansprakelijk. Hieraan kan hij zich niet onttrekken met een clausule als: 'De fabrikant stelt zich niet aansprakelijk voor.' Deze aansprakelijkheid geldt voor elke producent. Daaronder vallen ook instanties die de schijn wekken producent te zijn, dus ook de supermarkt die onder een huismerk een product aanbiedt. Een consument heeft daarnaast het recht op grond van productaansprakelijkheid schadevergoeding van de verkoper te vragen als de schade te gering is (minder dan €500) om de producent aan te spreken. De verkoper kan dan weer de producent aanspreken. Bij huishoudelijke apparaten is de productaansprakelijkheid bij de industrie komen te vervallen. Deze ligt nu geheel bij de detailhandel.

● www.rtlnieuws.nl

Terugroepactie Toyota en Nissan om airbags

Toyota en Nissan roepen wereldwijd nog meer auto's terug naar de garage vanwege problemen met de airbags, maakten de autofabrikanten bekend. Het ontstekingsmechanisme in de airbags kan te traag werken, zegt een woordvoerder van Nissan tegen RTL Nieuws.

De recall van Nissan betreft bijna 1,6 miljoen auto's. Bij Toyota gaat het om circa 5 miljoen extra wagens van verschillende modellen. Daarvan rijden er een kleine 1,4 miljoen in Japan.

In Nederland gaat het om meer dan 37.000 Toyota's, gebouwd van 2003 tot en met 2007. Toyota vervangt de ontstekers van de passagiersairbags. Ook wordt van ruim 4700 wagens de bestuurdersairbag preventief gecontroleerd.

Het aantal Nissans dat in ons land moet worden nagelopen in de werkplaats, bedraagt circa 7000. Een woordvoerder van Nissan Nederland zegt dat het meerdere modellen betreft uit de bouwjaren 2004 tot en met 2007. De eigenaren van de auto's worden in juni per brief geïnformeerd, zegt de woordvoerder. Het gaat om de modellen Almera, Almera Tino, Xtrail en de Terrano 2.

De maker van de airbags, Takata, ligt al langer onder vuur. De airbags van dat Japanse bedrijf worden in verband gebracht met tientallen ongelukken, waarvan een aantal met dodelijke afloop. Sinds 2008 riepen autofabrikanten al zo'n 17 miljoen auto's terug vanwege de problemen. De oproepen van vandaag moeten daarbij worden opgeteld.

13 mei 2015

Klachtenbeleid
Veel aanbieders hebben een hekel aan klachten. Toch is het beter een klagende klant te hebben dan een klant die jouw product niet meer zal kopen. Een klacht van een afnemer is een daadwerkelijke/manifeste uiting van onvrede met de geleverde prestatie. Deze klacht kan gericht zijn tot de aanbieder of tot een consumentenorganisatie, in het laatste geval bijvoorbeeld omdat de consument niet weet hoe hij de aanbieder moet bereiken.
Niet iedere ontevreden afnemer is automatisch een klager. De afnemer kan besluiten geen actie te ondernemen. Onzekerheid over de gegrondheid van de klacht kan de afnemer weerhouden om te reageren. Het niet goed kunnen of willen formuleren van een klacht kan ook leiden tot andere uitingen van ontevredenheid dan het klagen. De afnemer kan winkel- dan wel merkontrouw worden of kan zelfs een kwaad gerucht verspreiden. Klachtenbehandeling kan door aanbieders op verschillende wijzen worden georganiseerd. De klachtenbehandeling kan door de marketingafdeling zelf behartigd worden; veelal zien wij dat een aparte afdeling hiermee belast is (afdeling consumentenzaken; klantenservice; serviceafdeling). Klachten kunnen een belangrijke input vormen bij de productontwikkeling.

Samenvatting

- Niveaus binnen het assortiment: *productklasse* (dranken), *productgroep* (frisdranken), *product* (vruchtensap), *productvariant* (appelsap).
- Samenstelling (*dimensies*) van het assortiment: *breedte, lengte, diepte, hoogte* en *consistentie*.
- *Productdifferentiatie* is productgericht.
- Uitbreiding van het assortiment: *line extension*. Hierbij twee mogelijkheden: *line stretching* en *line filling*.
- *Trading up* en *trading down* zijn vormen van line extension.
- Bij *line extension* is er het gevaar van *kannibalisatie*.
- Het assortiment verkleinen heet *line pruning*.
- Bij *upgrading* en *downgrading* gaat het niet in de eerste plaats om het assortiment, maar om het hele niveau van aanbod en winkelformule.
- Kwaliteit is 'fitness for use'.
- *Functies van het merk*: herkomst, onderscheiding, emotional appeal (merklading, merkbeleving en merkpersoonlijkheid).
- Onderscheid tussen: *merknaam, beeldmerk* (niet verwarren met *merkbeeld*), *handelsmerk* (of: trade mark), *collectief merk* en *keurmerk*.
- *Fabrikantenmerken* (A-merk, B-merk, C-merk, fancymerk) versus *distribuantenmerken* (ook wel genoemd: winkelmerk, huismerk, private label).
- A-, B- en C-merken verschillen qua verkrijgbaarheid (distributie), bekendheid en ervaren prijs- en kwaliteitsniveau. Ook qua *merktrouw*.
- Deels fabrikantenmerk en deels distribuantenmerk: *gemengde merkenstrategie*.
- Belangrijke keuze: tussen *familiemerk* (of: *paraplumerk*) of *individueel merk*.
- Ook een *dualistische merkenstrategie* is mogelijk.
- Bij *dual branding* twee vormen mogelijk: endorsement en co-branding.
- *Co-branding* kan plaatsvinden op drie niveaus: product-, distributie- of communicatieniveau.
- *Brand extension*: de merknaam wordt ook in een andere productklasse gebruikt. Niet te verwarren met *line extension* (lijnextensie).
- Hoofdfuncties van de *verpakking*: bescherming, handling, communicatie.
- We kennen de *primaire verpakking*, de *secundaire verpakking* en de *vervoersverpakking*.
- Ook zeer belangrijk: *service* en *garantie* en het *klachtenbeleid*.

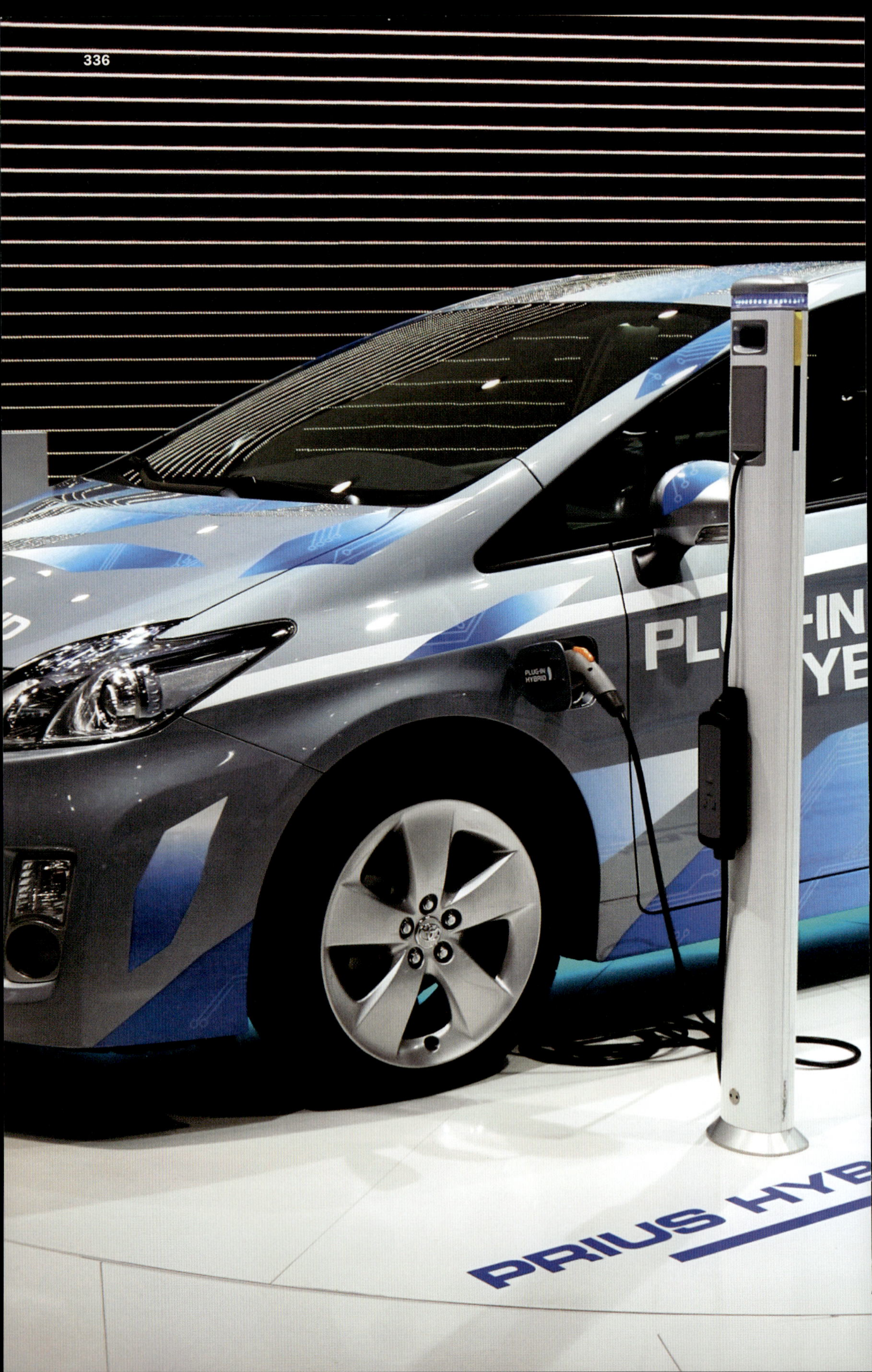
PLUG-IN HYBRID
PRIUS HYB

16
Productontwikkeling

16.1 Productlevenscyclus
16.2 Betekenis van productontwikkeling
16.3 Productontwikkelingsproces

Er wordt niet alleen jaarlijks een groot aantal nieuwe producten, zowel goederen als diensten, op de markt geïntroduceerd, maar elk jaar wordt ook weer een belangrijk aantal daarvan van de markt gehaald. Producten hebben dus niet het eeuwige leven; ze kennen een bepaalde levenscyclus. Voor een onderneming is het dan ook van belang vrijwel continu bezig te zijn met het ontwikkelen van nieuwe producten of van varianten op bestaande producten. Voordat de markt voor het ene product terugloopt, kan de ondernemer zorgen voor de continuïteit van zijn bedrijf door een ander product te introduceren.
In dit hoofdstuk gaan we op deze beide aspecten van het productbeleid in. Daarbij besteden we eerst aandacht aan de productlevenscyclus en de verschillende fasen die daarin kunnen worden onderscheiden (paragraaf 16.1). Vervolgens komt de betekenis van productontwikkeling aan de orde (paragraaf 16.2) en ten slotte het productontwikkelingsproces (paragraaf 16.3).

16.1 Productlevenscyclus

Productlevenscyclus

In de ontwikkeling van de afzet van een (nieuw) product kunnen verschillende fasen worden onderscheiden. Deze fasen vormen de *levenscyclus* van een product, een productsoort of een merk. We spreken ook wel van de productlevenscyclus (product life cycle) of afgekort plc. Deze geeft op basis van de omzet- of afzetontwikkeling als het ware de levensloop van een product weer. Die levensloop begint bij de introductie van het product op de markt en eindigt op het moment dat het weer van de markt wordt gehaald. Het levenscyclusconcept wordt vooral gebruikt bij het ontwikkelen van marketingstrategieën en het voorspellen van afzetontwikkelingen.

Definitie productlevenscyclus

> De productlevenscyclus is (de grafische weergave van) het verloop van de afzet van een bepaald product in de tijd.

Er kan onderscheid gemaakt worden tussen de levenscyclus van een *productklasse* (bijvoorbeeld transportmiddelen), een *productgroep* (bijvoorbeeld personenauto's), van een productvorm (sedans), van een *merk* (zoals Volkswagen Golf) en van een *productvariant van een merk* (de Golf Variant). Het spreekt vanzelf dat de plc van een merk langer is dan die van een model of productvariant. Hoewel de Volkswagen als merk door de introductie van de Kever al in 1947 in Nederland bekend werd, werd het model in 1974 vervangen door de Volkswagen Golf en in 2003 zelfs uit de markt genomen. Dezelfde verhouding geldt voor de plc's van modellen en productvarianten. Terwijl de Golf al bijna dertig jaar op de markt was, duurde het tot 2005 voordat de Golf Plus-variant met meer ruimte op de markt kwam.

Hoewel ook winkelformules, popsongs en mode een levenscyclus kennen, wordt het concept meestal gebruikt voor een merkartikel van een producent. In het algemeen wordt de levenscyclus steeds korter. Er komen steeds sneller nieuwe of verbeterde producten op de markt, zoals nieuwe typen, nieuwe modellen of aangepaste recepturen. Denk aan de mode en de steeds verfijndere audiovisuele apparatuur en aan de wasmiddelen die steeds milieuvriendelijker worden.

Het levenscyclusconcept dankt zijn bestaan aan onder meer de volgende factoren:
- De modeontwikkeling, waarbij door veranderingen in smaak en stijl, die grillig en moeilijk voorspelbaar zijn, producten kunnen verouderen.
- De technologische vooruitgang, waarbij producten met een verouderde technologie worden vervangen door producten met een nieuwe technologie. Denk aan energiezuinige lampen, infraroodafstandsbediening, de vervanging van de grammofoonplaat door de compact disc enzovoort.
- De toename van de welvaart, die steeds meer consumenten in staat stelt meer te besteden aan producten van een hogere kwaliteit, aan beter wonen, avontuurlijker vakanties enzovoort.

Fasen van de levenscyclus

De vijf fasen van een levenscyclus

De levenscyclus van een product bestaat uit vijf opeenvolgende fasen, die meestal worden aangeduid als:
1. introductiefase (*introduction*)
2. (snelle) groeifase (*growth*)
3. rijpheids- of volwassenheidsfase (*maturity*)
4. verzadigingsfase (*saturation*)
5. eind-, neergangs- of vervalfase (*decline*).

Elke fase van de productlevenscyclus heeft specifieke kenmerken en vereist steeds een daarop afgestemd marketingbeleid. Deze kenmerken worden voor wat de ontwikkeling van de winst en de afzet betreft, weergegeven in figuur 16.1.

FIGUUR 16.1 Afzet- en winstontwikkeling gedurende de levenscyclus

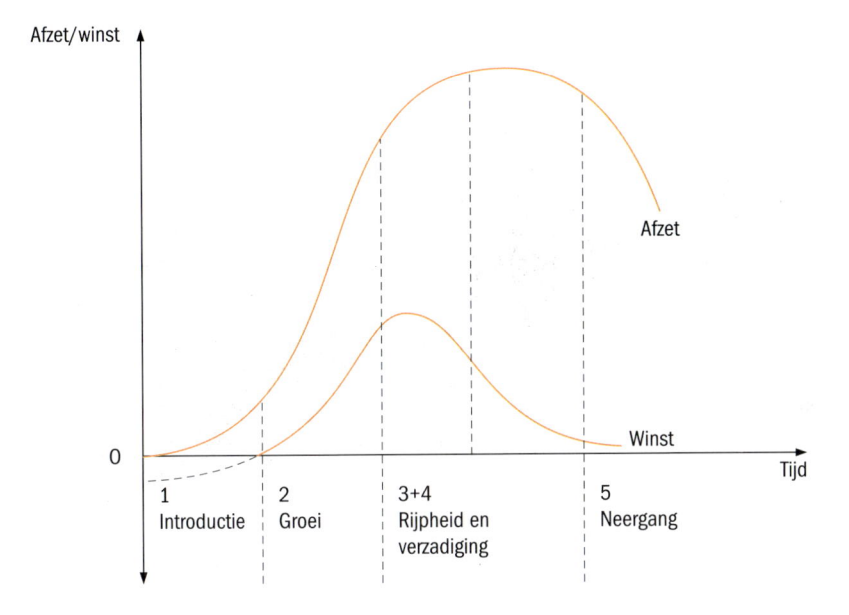

Introductiefase (introduction)
De levenscyclus begint met het op de markt introduceren van een nieuw product. Het gaat er hierbij om dat het nieuwe product aanslaat, geaccepteerd wordt. De afzet groeit slechts langzaam als gevolg van de aanvankelijke koopweerstanden bij het koperspubliek, de geringe bekendheid en de nog beperkte distributie. Door de hoge introductiekosten en de kinderziekten waaraan het product lijdt wordt meestal verlies geleden. De marketingactiviteiten zijn vooral gericht op de innovators en de early adopters.
De introductiedoelstellingen kunnen gericht zijn op het bereiken van een bepaalde marktpenetratie of van een bepaald marktaandeel. Wanneer het echter om een totaal nieuw product gaat, zegt het marktaandeel nog niets over het al of niet succesvol zijn van de introductie. Immers, het concept kan zo nieuw zijn dat het veel moeite kost om consumenten te winnen voor het merk. Dit was in aanvang met Pampers-babyluiers het geval.

Marketing-inspanningen gericht op innovators en early adopters

Voor een succesvolle introductie moet en het bestaan van het nieuwe product, de voordelen ervan en de gebruiksmogelijkheden die het heeft, bekend worden gemaakt. De early adopters moeten door uitgebreide promotionele activiteiten – die veel geld kosten – tot een probeeraankoop (trial) worden aangezet. Alleen op deze manier kan een plaats op de markt veroverd worden. Maar de kans bestaat ook dat de consument of de handel het product niet accepteert en dat het voortijdig uit de markt moet worden genomen.

(Snelle) groeifase (growth)

De (snelle) groeifase begint als de initiële vragers – degenen die als eersten het nieuwe product proberen – tot herhalingsaankopen overgaan. De totale vraag bestaat dan uit twee componenten, namelijk de initiële vraag en de vervangingsvraag. Soms is een tweede promotiecampagne nodig om de eerste kopers opnieuw tot kopen te bewegen. Wanneer het product door de markt geaccepteerd wordt, treedt een duidelijke winstverbetering op, omdat de vraag snel toeneemt door het toetreden van nieuwe kopers. Vaak wordt nu ook het break-evenpunt bereikt: de eerste investeringen zijn terugverdiend en een bepaalde afzet en distributiespreiding zijn gerealiseerd. De productie loopt gesmeerd en de kinderziektes zijn overwonnen.

Totale vraag bestaat uit initiële vraag en vervangingsvraag

Hybryde auto: snelle groei?

Het is nu van belang dat er niet voor het product, maar voor het merk gekozen wordt, want veelal is intussen ook de concurrentie met een nieuw product op de markt gekomen om van de inspanningen van de pionier, die de markt heeft opengebroken, te profiteren. Om zijn voorsprong te behouden, moet de pionier nu een verbeterde versie achter de hand hebben. Ook moet hij ervoor waken dat zijn merknaam tot een soortnaam verwordt, zoals dat bijvoorbeeld het geval was met aspirine van Bayer en het bronwater van Spa.

In de (snelle) groeifase moet de early majority bereikt worden

In de (snelle) groeifase moet de doelgroep van de early majority bereikt worden. Dit zijn de volgers van de early adopters. Zij moeten overtuigd worden van de onderscheidende kwaliteiten van het product door themareclame, consumententests en mond-tot-mondreclame van tevreden gebruikers uit de eerste groep.

De prijzen zullen vrij constant blijven of licht dalen als de vraag snel toeneemt en er meer concurrentie op de markt komt. De uitgaven voor promotie zullen op hetzelfde niveau blijven of iets stijgen vanwege de toegenomen concurrentie. Doordat de verkopen stijgen, zullen de productie- en promotiekosten per eenheid product afnemen, mede als gevolg van de opgedane ervaringen in het productieproces (schaalvoordelen, leercurve). Hierdoor zal ook de brutowinstmarge stijgen, waardoor het break-evenpunt sneller wordt bereikt.

De distributie moet uitgebreid worden om een snelle toename van de afzet te realiseren en daardoor nieuwe marktsegmenten aan te kunnen boren. Door een (tijdelijke) prijsverlaging kan bijvoorbeeld een groep prijskopers bereikt worden. In de reclameboodschap zal het accent minder moeten liggen op bewustwording en het uitproberen van het product en meer op overtuiging, merkvoorkeur en herhalingsaankoop. Een onderneming die één of meer van deze strategieën toepast, zal haar concurrentiepositie weliswaar verbeteren, maar ook meer kosten maken. Hieruit blijkt duidelijk dat het tijdens de (snelle) groeifase niet mogelijk is zowel een hoge winst als een hoog marktaandeel te behalen of te behouden.

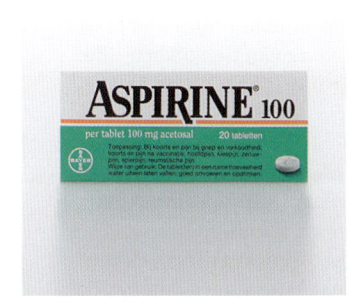

Van merknaam tot soortnaam

Rijpheids- of volwassenheidsfase (maturity)
De rijpheids- of volwassenheidsfase wordt ook wel de fase van de afnemende groei genoemd. De markt blijft weliswaar nog groeien, maar in een langzamer tempo. Kortom: minder meer. De groei van het pioniersmerk zal afnemen door het op de markt komen van concurrerende merken die het product met goedkopere versies imiteren, zodat een hevige strijd om marktaandeel ontbrandt. Nieuwe, verbeterde versies worden op de markt gebracht. Er wordt gestreefd naar een intensievere en soms ook naar directe distributie. Er is een lagere prijs voor het standaardproduct of dezelfde prijs voor een aangekleed product (een open dak voor slechts €250). Er wordt meer themacommunicatie gedaan, gericht op merktrouw en meer actiecommunicatie, gericht op merkwissel door bijvoorbeeld een hoge inruilprijs te bieden. Het merkproduct is nu door de overgrote meerderheid van de potentiële kopers geaccepteerd en de marktpenetratie is maximaal. De winstcurve bereikt in deze fase meestal zijn hoogste punt.

Afnemende groeifase

Verzadigingsfase (saturation)
Als de concurrerende producten hun technische achterstand hebben ingelopen en volledig gelijkwaardig zijn, treedt voor het pioniersmerk de verzadigingsfase in. De concurrentiestrijd richt zich nu vooral op de vervangingsmarkt. Door hogere promotionele uitgaven blijven de afzet en het marktaandeel gelijk. De omzet neemt iets af, maar door de verhoogde inspanning stijgen de kosten, waardoor de winst afneemt. Getracht wordt de winst in stand te houden door de kosten te drukken, onder meer door een efficiënter productieproces. Met doelgerichte actiereclame en nieuwe distributiekanalen wordt geprobeerd de laatste consument op te sporen. In deze fase neemt de marktpenetratie niet meer toe. Bij niet-duurzame producten neemt hooguit

Concurrentiestrijd richt zich vooral op de vervangingsmarkt

In de verzadigingsfase neemt de penetratiegraad niet meer toe

DE GELDERLANDER, 15 MAART 2015

Arnhems koffiemerk gaat concurrentie aan met Nespresso

ARNHEM - Het Arnhemse koffiemerk Peeze gaat met een duurzaam cupje de concurrentie aan met gigant Nespresso.

Duurzame koffiecupje van Peeze populair op Horecava
Koffie gaat steeds meer de kant op van wijn, zegt Timmo Terpstra, directeur van de Arnhemse koffiebrander Peeze. "Er bestaan allerlei melanges, voor de beste cappuccino, de beste espresso. Die ontwikkeling heeft met Nespresso te maken."

Terpstra heeft zich goed verdiept in zijn nieuwe concurrent, bekend van de vrolijk gekleurde aluminium cupjes en de reclames met de charmante George Clooney.

Alternatief
In april brengt de Arnhemse koffiebrander zelf geproduceerde, gepatenteerde koffiecapsules op de markt, naar eigen zeggen het enige echte alternatief voor Nespresso. Lekkere koffie, verpakt in cupjes die niet van milieubelastend aluminium of plastic gemaakt zijn, maar van rietsuikerresidu. Ze kunnen gewoon bij het gft-afval.

Interesse
Wat Nespresso van het duurzame Peeze-cupje vindt, weet directeur Timmo Terpstra niet. Interesse is er duidelijk wel, zag hij in januari op horecavakbeurs Horecava. Een medewerkster van Nespresso stak toen in het voorbijgaan snel een cupje in de zak van haar colbertje.

de verbruiksintensiteit nog toe. Bij duurzame producten kan additionele vraag naar een tweede exemplaar van het product optreden (een tweede tv-toestel), waardoor de markt eerst nog licht groeit. Daarna zijn er al consumenten die afhaken, bijvoorbeeld door over te schakelen op een andere productvorm. We kunnen hierbij denken aan een margarinegebruiker, die eerst eens een kuipje halvarine probeert, dat steeds méér gaat gebruiken, ten slotte geen margarine meer koopt, maar zo nu en dan eens overstapt op calorie-arme margarine, eventueel met cholesterolverlager enzovoort.

Eind-, neergangs- of vervalfase (decline)
De afzet neemt nu zienderogen af en de winst dreigt in verlies om te slaan. Dat is een signaal om te gaan denken aan eliminatie van het product en de wijze waarop dat het beste kan plaatsvinden. De aantrekkingskracht van het product is verdwenen. Er zijn geen nieuwe kopers meer en er zijn geen kopers meer die tot een herhalingsaankoop overgaan. Denk bijvoorbeeld aan wollen ondergoed.

Oorzaken van het ontstaan van verval
Het verval of de neergang ontstaat door verschillende oorzaken:
- Er zijn nieuwe productgroepen en productvormen op de markt gekomen als gevolg van technologische ontwikkelingen (oplaadbare batterijen in plaats van eenmalige) en als gevolg van de veranderingen in het smaakpatroon (steeds minder mensen dragen sandalen).
- Er komen goedkopere, geïmporteerde producten op de binnenlandse markt (bijvoorbeeld audiovisuele apparatuur uit Zuid-Korea).

De reeds aanwezige overcapaciteit en de prijsconcurrentie worden versterkt. In deze situatie zal een aantal bedrijven de markt verlaten en zich op een meer winstgevende sector gaan richten. De overige bedrijven zullen het aantal variëteiten verminderen (saneren) en zich uit marginale segmenten en distributiekanalen terugtrekken. In deze fase zal de marketeer zich de vraag moeten stellen hoelang een verzwakt en verouderd product nog kan worden gehandhaafd. Soms blijft er een restmarkt over.

Restmarkt

Aanbieders zijn geneigd hun vaste relaties – veelal op emotionele gronden – te blijven bedienen. Vaak wordt verwacht dat dan naast de variabele kosten in ieder geval een deel van de overheadkosten gedekt wordt. Dit is moeilijk aan te tonen, omdat niet alle kosten meegenomen kunnen worden, zoals de verborgen kosten. Het zwakke product vergt onevenredig veel tijd van het management en er zijn voortdurend voorraad- en prijsaanpassingen nodig.

Beperkte productieseries vergen veel in- en omsteltijd en dus kosten. Ook bestaat het gevaar dat het imago van de andere, gezonde producten uit het assortiment geschaad wordt door de twijfel bij de consument over de geschiktheid van het zwakke product. Dit leidt tot een negatieve uitstraling op de rest van het assortiment. De aandacht voor promotie en reclame zal ook relatief groot zijn. Die aandacht kan vaak beter besteed worden aan het winstgevender maken van de gezonde producten.

Het niet op het juiste moment elimineren van een zwak product vertraagt het actief zoeken naar nieuwe, vervangende producten. Er dreigt dan een onevenwichtig assortiment te ontstaan, dat bestaat uit te veel yesterday's breadwinners en uit te weinig tomorrow's breadwinners. De winstgevendheid loopt terug, de basis voor de toekomst verzwakt.

Yesterday's (tomorrow's) breadwinners

Samenvattend wordt in figuur 16.2 een overzicht gegeven van de belangrijkste marketinginstrumenten die in de verschillende fasen van de levenscyclus zullen worden gehanteerd.

FIGUUR 16.2 De belangrijkste instrumenten en de levenscyclus

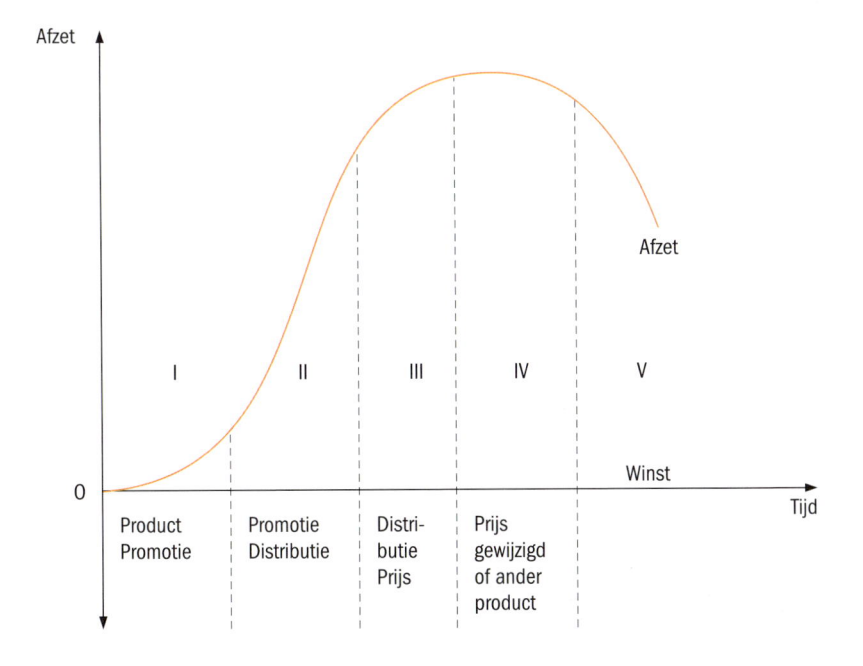

Fase	Instrumenten
I	Product, Promotie
II	Promotie, Distributie
III	Distributie, Prijs
IV	Prijs gewijzigd of ander product
V	

Lengte van de levenscyclus

Factoren van invloed op de lengte van de levenscyclus

Niet voor alle producten is de productlevenscyclus even lang. Deze lengte wordt bepaald door:
- de technologische ontwikkelingen
- de mate waarin het product aan modewisselingen onderhevig is
- de invloed van de toegenomen welvaart
- de mate en de snelheid waarmee men het product imiteert
- de hoogte van het aggregatieniveau
- de aard van het product zelf.

Modegevoelige producten en vooral rageartikelen hebben een zeer korte levenscyclus, die soms maar enkele maanden duurt. Daarentegen zijn er convenience goods die tientallen jaren, soms zelfs langer, meegaan (zie figuur 16.3). We kunnen daarbij denken aan tijdloze producten als (losse) suiker en zout.

Tijdloze producten

FIGUUR 16.3 De levenscyclus voor een 'tijdloos product' (I) en voor een rageartikel (II)

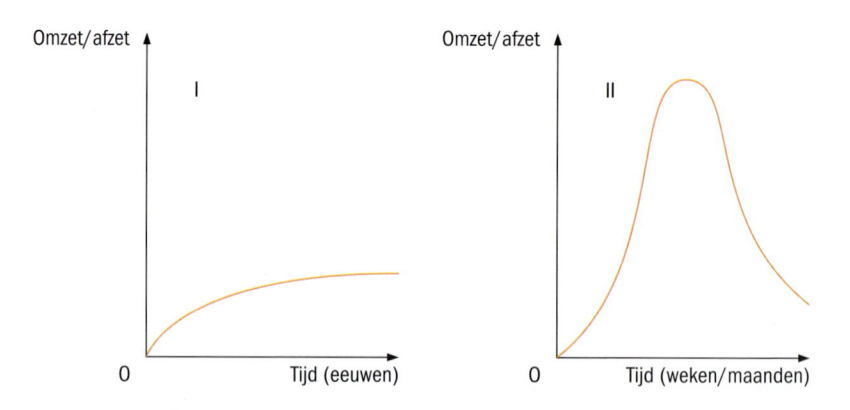

De verkoop van bepaalde boeken, cd's en bioscoopkaartjes voor nieuwe films zou min of meer als een korte of iets langere rage gezien kunnen worden. De film *Harry Potter and the Deathly Hallows* haalde op één dag $1,7 miljoen op en dat was tot dan de hoogste opbrengst ooit voor een Nederlandse premièredag. Marco Borsato verkocht in één week meer cd's van *De bestemming* dan van zijn vorige cd's samen. Omdat er voor deze cd in korte tijd veel reclame werd gemaakt, waren de verwachtingen hoog gespannen en werden er 's nachts al cd's verkocht. Dit wordt ook wel burstmarketing genoemd, in feite een bepaalde aanpak van de promotie. Hierbij is het de bedoeling dat iedereen van de doelgroep het product meteen koopt en de kans kleiner is dat er gekopieerd wordt of dat er na verloop van tijd prijsbederf optreedt. Dit laatste is een vorm van skimming door de handel, die anders immers met onverkoopbare cd's blijft zitten.

Burstmarketing

Verlenging levenscyclus

Er zijn verschillende maatregelen denkbaar om de levenscyclus te verlengen (market stretching):
- *productmodificatie*, een verandering in de productmix, dat wil zeggen een verandering aan de tastbare of niet-tastbare elementen van een product.

Het resultaat is noch fundamenteel nieuw voor de markt, noch fundamenteel nieuw voor de organisatie.
Productmodificaties komen zeer veel voor, vooral op verzadigde markten. We zien dat bijvoorbeeld bij auto's of bij audiovisuele apparatuur. Is het resultaat wel fundamenteel nieuw, dan is er sprake van *productinnovatie* (bijvoorbeeld digitale televisie).
- *marketingmixmodificatie*, een (kleine) aanpassing van de marketingmix met als doel de productlevenscyclus te verlengen.
In principe komt elk van de marketinginstrumenten in aanmerking voor aanpassing, maar meestal zal deze betrekking hebben op het instrument product. In het algemeen vindt marketingmixmodificatie plaats in de volwassenheidsfase van de plc.
- *marktmodificatie*, het aanpassen van de markt voor een bepaald product of merk met als doel de productlevenscyclus van dat product of merk te verlengen.
Marktmodificatie, het aanpassen van de markt, is vooral gericht op het vergroten van het aantal vragers naar het desbetreffende product of merk. Dat kan door niet-gebruikers te veranderen in gebruikers (bijvoorbeeld meer treinreizigers gebruik laten maken van de treintaxi), door nieuwe marktsegmenten aan te boren (de kapper die nu ook heren een coupe soleil aanbeveelt) of door klanten bij de concurrent weg te halen.

Bij het gebruik van de levenscyclus als planningsinstrument kunnen enkele kritische kanttekeningen worden geplaatst.

Kritische kanttekeningen

Om te beginnen is het bepalen van de fase van de plc moeilijk. De grenzen tussen de verschillende fasen van de plc zijn niet scherp te trekken. Indicatoren kunnen zijn: afzetverloop, prijsverloop, aantal aanbieders, aantal merken/varianten, aantal introducties en prijsacties. Vervolgens is het verloop van de levenscyclus mede het resultaat van het marketingbeleid van de aanbieder(s). Er is dus deels sprake van een kip-of-eivraag.
Ten slotte is de plc niet op elk niveau een bruikbaar analyse-instrument. Op het niveau van de productklasse of productgroep is er op korte of middellange termijn vaak nauwelijks sprake van een duidelijke fluctuatie. Op merkniveau is de fluctuatie juist vaak weer te sterk en voor een te groot deel bepaald door toevallige omstandigheden.

16.2 Betekenis van productontwikkeling

In het productlevenscyclusconcept ligt besloten dat verouderde producten het veld moeten ruimen en plaats moeten maken voor vernieuwde of nieuwe producten. Die producten moeten echter eerst ontwikkeld worden. Productontwikkeling is voor veel bedrijven een noodzaak. Niet ieder bedrijf ontwikkelt zijn producten helemaal zelf. Sommige bedrijven doen aan productontwikkeling door producten van concurrenten te imiteren, door innovatieve bedrijven te kopen inclusief hun octrooien of producten van anderen in licentie te vervaardigen. Er bestaat een verband tussen de groei van een onderneming en de mate waarin zij aan productontwikkeling doet. In industrieën met de meeste innovaties heeft ook de grootste groei plaatsgevonden.

Productontwikkeling is noodzaak

KOPLOPERS EN ACHTERBLIJVERS

De overheid heeft als belastingontvanger belang bij een rendabel opererend bedrijfsleven. Om dat te bevorderen, wordt regelmatig onderzoek gedaan naar succesfactoren. Een van die onderzoeken, namelijk 'Koplopers en achterblijvers in de bedrijvenwereld', werd uitgevoerd onder auspiciën van De Nationale Investeringsbank (NIB). Dit onderzoek was erop gericht na te gaan waarom het sommige bedrijven steeds beter gaat, terwijl andere bedrijven in dezelfde bedrijfstak achteruitgaan. Uit het onderzoek kwamen daarvoor twee belangrijke oorzaken naar voren. In de eerste plaats financieren de bedrijven die het beter doen hun investeringen in productontwikkeling met eigen vermogen. In de tweede plaats investeren zij meer in product- en marktontwikkeling. De achterblijvende bedrijven daarentegen investeren meer in de ontwikkeling van productietechnieken.

De betekenis van productontwikkeling kan worden vastgesteld aan de hand van het percentage van het assortiment dat vijf of tien jaar geleden nog niet werd verkocht. Het gaat daarbij niet in de eerste plaats om de productsoort in het algemeen, maar om bepaalde producten en productvarianten. Geluidsversterkers worden nog steeds geproduceerd, maar nu bijvoorbeeld geïntegreerd verkocht in een home cinema systeem. Binnen het assortiment van Philips zijn de traditionele gloeilampen vrijwel verdwenen, maar ook in die productgroep neemt het aantal succesvolle innovaties toe.

Innovatie

Het verbeteren en vernieuwen van producten wordt ook wel innovatie genoemd, alhoewel dit begrip een ruimere betekenis heeft. Om bij te blijven moet een bedrijf niet alleen zijn producten vernieuwen, maar ook zijn manier van produceren, de wijze van administratie voeren, zijn organisatie en natuurlijk zijn marketingbeleid. Een sleutelwoord daarbij is automatisering, zowel van de productieprocessen als van de administratieve handelingen, die nu met computersystemen sneller plaatsvinden dan met de hand. Daardoor veranderen ook de managementtechnieken. Het geheel is nu beter te beheersen en te controleren.

Innovatie bestaat dus uit de externe marktontwikkelingen en de interne product- en organisatieontwikkelingen. Een innovatie is een idee of product dat door potentiële adopters als nieuw wordt beschouwd. Het innovatieproces kunnen we als volgt definiëren:

Definitie innovatieproces

> Het innovatieproces is het proces, waarbij een onderneming vernieuwingen aanbrengt in het totale product om daarmee een betere plaats op de markt te veroveren. Innovatie houdt zich ook bezig met het verbeteren en vernieuwen van productie-, distributie- en managementprocessen.

Een product is niet altijd nieuw als er 'nieuw' op staat. 'Nieuw' kan op verschillende manieren worden gebruikt. Ter wille van de promotie wordt vaak het etiket 'nieuw' op een product geplakt, terwijl er niets essentieels is veranderd. Het gaat hier om de perceptie van de afnemer: een innovatief product is een product dat door potentiële adopters als nieuw wordt beschouwd.

Nieuwe producten worden bijna dagelijks bedacht en op de markt gebracht, zoals zelfklevende postzegels. Ook de euro werd aanvankelijk als een nieuw 'product' gezien; de mensen moesten eraan wennen en de introductie ervan kostte enorm veel geld, moeite en overredingskracht in de deelnemende EU-landen.

● www.productnieuws.nl

Rijstijl-app Flo nu ook beschikbaar op iPhone

Noordwijk, 27 juli 2015 – Vandaag lanceert Decos, het innovatiehuis voor digitalisering, de rijstijl-app Flo voor de iPhone. Flo is een mobiele applicatie die inzicht geeft in iemands rijgedrag op basis van de gps- en bewegingssensoren in de iPhone. Automobilisten kunnen zo veiliger en zuiniger rijden en hun CO_2-uitstoot verminderen. De app geeft tijdens het rijden feedback, waardoor gebruikers direct hun rijgedrag kunnen aanpassen.

Flo maakt gebruik van de gps-locatie en de M7-bewegingssensor van de iPhone en houdt op basis daarvan tijdens het rijden bij hoe goed je optrekt, bochten neemt en remt. Na de rit kan je de hele route met alle beoordelingen op een kaart terugzien. Ook kan je de verschillende ritten vergelijken, om te zien of je vooruitgang boekt in je rijgedrag. Het doel is mensen op een leuke manier bewust te laten autorijden. "Als die bewustwording van het rijgedrag ook maar één verkeersdode per jaar scheelt, zijn wij al blij," aldus Andreas Willemse, productmanager van Flo bij Decos.

Quantified self
"Er zijn al allerlei quantified self apps voor smartphones en smartwatches die zich bezighouden met je gezondheid en beweging, maar nog geen enkele voor autorijden. Dat is raar, want elke dag zitten we gemiddeld 46 minuten in de auto en leggen we behoorlijk wat kilometers af. De weinige applicaties die het rijgedrag in kaart brengen, maken allemaal gebruik van een duur apparaat, dat je los moest kopen en in de auto moest aansluiten. Flo is de eerste app die je rijgedrag analyseert op basis van informatie die volledig van de iPhone afkomstig is."

28 juli 2015

16.3 Productontwikkelingsproces

We gaan nu kijken naar het proces van productontwikkeling in een bedrijf. Het eindresultaat van dat proces is een product dat op de markt wordt gelanceerd en door de doelgroep wordt afgenomen.

Stappen in het productontwikkelingsproces
In dit proces kunnen we de volgende zeven stappen onderscheiden:
1 exploratiefase
2 screeningfase
3 conceptontwikkelingsfase
4 strategieontwikkelingsfase
5 fysieke productontwikkelingsfase
6 testfase
7 productintroductiefase.

Deze stappen worden niet altijd achtereenvolgens doorlopen, in die zin dat de marketingstrategie voltooid moet zijn voordat het testen van de markt plaatsvindt. Een aantal stappen vindt namelijk gelijktijdig plaats en wel zodanig, dat de afsluiting daarvan pas gebeurt op het moment dat de formele beslissing genomen moet worden om al of niet door te gaan, eerst het idee verder te ontwikkelen of het hele proces af te breken.

Exploratiefase

Exploratiefase Het genereren van ideeën (de zogenoemde exploratiefase) kan geschieden vanuit de markt en vanuit de onderneming. Het zoeken dient serieus en systematisch plaats te vinden, bijvoorbeeld aan de hand van rapporten van vertegenwoordigers (problemen met producten, slechter dan de concurrent), door het analyseren van klachten over bestaande producten of door brainstormsessies. Er zijn verschillende bronnen van ideeën: de ideeënbus, marktonderzoek bij consumenten en de tussenhandel, informatie via de contacten van de vertegenwoordigers, agenten of importeurs en natuurlijk uit eigen productonderzoek. Ook het kopen en afkijken van ideeën behoort tot de mogelijkheden.

Screeningfase

Screeningfase Hoe vindt een eerste schifting plaats? De ideeën worden op hun waarde onderzocht, dat wil zeggen op bruikbaarheid en realiseerbaarheid. Twee soorten fouten moeten daarbij worden voorkomen, namelijk:

Drop-error
- een *drop-error* (ook wel *stop-error* genoemd). Een op zich goed idee wordt afgewezen door gebrek aan inzicht in de mogelijkheden. Dit is een uitgelezen kans voor de concurrent en een gevaar dat we daarna te laat op de markt komen met een te gehaast in elkaar gezet product.

Go-error
- een *go-error*. Een slecht idee wordt verder technisch en commercieel uitgewerkt. Dat kost handenvol geld. Van belang is dat slechte ideeën die toch ontwikkeld worden, zo snel mogelijk als zodanig onderkend en alsnog afgewezen worden, aangezien de kosten van productontwikkeling stijgen met elke volgende fase van het proces. Hoewel het emotioneel en financieel pijn doet van het nog-niet-een-product afstand te doen, geldt hier het gezegde: 'Beter ten halve gekeerd, dan ten hele gedwaald'.

Productevaluatiematrix De screening vindt plaats aan de hand van een productevaluatiematrix. Dat is een checklist met een aantal criteria die elk een eigen wegingsfactor hebben. Aan elk criterium wordt voor het idee een cijfer gegeven van 1 tot 10 en vermenigvuldigd met de wegingsfactor. Vervolgens worden alle scores per idee opgeteld tot een totaalscore. Bij vergelijking komen daaruit enkele ideeën naar voren die verder worden ontwikkeld. Deze checklist wordt gedurende de productontwikkeling bijgehouden en aangevuld met nieuwe, meer concrete criteria. De definitieve productevaluatiematrix wordt gebruikt bij de definitieve go/no-go-beslissing (zie verderop in deze paragraaf) en daarbij vergeleken met de bestaande producten die bij invoering van de nieuwe producten van de markt gehaald moeten worden.

Conceptontwikkelingsfase

Conceptontwikkeling De overgebleven ideeën worden nu verder ontwikkeld tot volledige productconcepten uitgewerkt op papier. In dit verband maken we een onderscheid tussen:

Productidee
- *productidee*, een mogelijk product, omschreven in objectieve en functionele termen, dat de onderneming zelf ziet als een aanbod. Bijvoorbeeld vruchtensap in een tetrapak (melkpak).

Productconcept
- *productconcept*, een overzicht van de karakteristieken die aan het nieuwe product zouden kunnen worden meegegeven. Het productconcept geeft aan wat het product voor de consument doet. Eén idee levert vaak meer

dan één productconcept op, bijvoorbeeld diverse vruchtensappen en combinaties daarvan.
- *positionering*, het speciale subjectieve beeld dat consumenten van het product dienen te verkrijgen. Dit onderwerp werd al in hoofdstuk 9 besproken.

<!-- marginalia: Positionering -->

Hierna laat de onderneming één of meer concepten testen. Daarbij worden de concepten voorgelegd aan een relevante groep potentiële afnemers. Uit hun reactie valt dan op te maken welk concept het meeste aanspreekt. Op basis van de aldus gemeten koopbereidheid en een dosis ervaring kan een schatting gemaakt worden van de marktkansen. Het pre-testen van een productconcept is uiteraard goedkoper dan het testen van een prototype in een latere fase.

Strategieontwikkelingsfase
Als het productconcept bij de consument aanslaat, kan de marketingafdeling beginnen met het ontwikkelen van een marketingstrategie. Er is dan een voorlopige doelgroep en een voorlopig productconcept met een voorlopige marketingstrategie voor de introductie van het product. Dit is van belang, omdat het volledige product- en marketingconcept uiteindelijk in de productevaluatiematrix zakelijk beoordeeld moet worden.
De voorlopige marketingstrategie bestaat uit drie delen:
- een omschrijving van de omvang, de structuur en het gedrag van de doelmarkt, de positionering van het nieuwe product in die markt en de doelstellingen met betrekking tot de verkopen, het marktaandeel en de brutowinst in het eerste jaar
- een omschrijving van de voorgenomen verkoopprijs, de promotiestrategie, de distributiestrategie en het marketingbudget voor het eerste jaar
- een omschrijving van de verwachte verkopen en winsten, alsmede van de marketingstrategie op (middel)lange termijn, onder meer om in de volgende fase de terugverdientijd van het product te kunnen inschatten.

<!-- marginalia: Voorlopige marketingstrategie bestaat uit drie delen -->

Fysieke productontwikkelingsfase
De technische ontwikkeling vindt gelijktijdig en in onderlinge afstemming met de vorige fase plaats. Tijdens deze fase komen gegevens beschikbaar over de productiemogelijkheden en -kosten. De technische uitwerking van het concept wordt overgedragen aan de afdeling onderzoek & ontwikkeling (research & development) of de technische afdeling of het laboratorium. Daar dit een grote investering vergt, is hiervoor het groene licht van de directie nodig. Er zullen productiemiddelen ingezet en grondstoffen en componenten ingekocht moeten worden. Het papieren productconcept moet vertaald worden in een technisch en commercieel geschikt product. Er worden één of meer prototypen, fysieke versies (soms op schaal) van het productconcept gemaakt. Denk hierbij aan een bouwtekening en de op basis daarvan gemaakte maquette.

<!-- marginalia: Technische testfase -->

> Een prototype is een eerste proefmodel van een nieuw product, dat alle voorziene technische functies reeds kan uitoefenen.

<!-- marginalia: Definitie prototype -->

De technische ontwikkeling is geslaagd als in ieder geval voldaan wordt aan de volgende drie eisen:
- Consumenten beoordelen het prototype positief, wat inhoudt dat de essentiële eigenschappen van het productconcept aanwezig zijn.

<!-- marginalia: Eisen voor een geslaagde technische ontwikkeling -->

- Het prototype functioneert veilig bij normaal gebruik en onder normale omstandigheden.
- Het prototype kan worden geproduceerd tegen de begrote fabricagekosten.

Ten slotte wordt het prototype marktklaar gemaakt en ontstaat het definitieve productontwerp. Dit is de technische en commerciële invulling, uitwerking en vormgeving van het productconcept. Hierbij wordt rekening gehouden met de mogelijkheden en onmogelijkheden van het productieproces.

Testfase

Commerciële testfase
In deze voorlaatste fase, wanneer het prototype is goedgekeurd en de proefserie is geproduceerd, kan de proefserie worden gebruikt om het product en de marketingstrategie in diverse uitvoeringen in een beperkte testmarkt uit te proberen.

Testmarkt
De keuze van de testmarkt moet voorkomen dat een en ander naar de concurrentie uitlekt, zodat die tegenmaatregelen in de betreffende markt of productgroep zou kunnen nemen. Daarom dient gekozen te worden voor een kleine, afgelegen en afgesloten, maar wel representatieve testmarkt. De duur van een testmarkt ligt tussen de drie maanden en een jaar. Er bestaat een groot aantal tests die op het nieuwe product uitgevoerd kunnen worden.

Gebruikstest
De gebruikstest kan zowel thuis (in home) als op een neutrale plaats (restaurant) of bij de onderneming zelf plaatsvinden. De test is bedoeld om te zien hoe de consument met het product, prototype of eindproduct omgaat en of de gebruiksaanwijzing voldoet. Hierbij worden zowel de technische kanten als de andere onderdelen van het totale product, de productmix, meegenomen.

Een testmarkt kan een schat aan waardevolle gegevens opleveren, zoals betere afzetprognoses. Ook kunnen we de marketingstrategie uittesten en bijstellen. Enkele nadelen zijn echter dat:

Nadelen van een testmarkt
- de testmarkt geld en tijd kost. Daarom brengen sommige ondernemingen een nieuw product vaak meteen op de markt om de concurrentie voor te zijn (met alle risico's van dien).
- de testmarkt kan uitlekken naar de concurrent en die kan roet in het eten gooien door in de testmarkt een sterk actief marketingbeleid te gaan voeren. Zo komen niet de juiste gegevens op tafel.
- de testmarkt niet altijd representatief is. Teneinde bijvoorbeeld de kansen van een zachte Franse kaas te testen, is Zweden niet de beste representatieve testmarkt voor Europa. De kans op uitlekken is natuurlijk aanzienlijk kleiner dan in Nederland. Ons land is overigens een veelgebruikte pilotmarkt, vooral in de muziek.

Productintroductiefase

Go/no-go-beslissing
Als de testmarkt positieve resultaten toont, wordt de go/no-go-beslissing genomen en de datum van introductie vastgesteld, zoals voorgesteld in het marketingplan. In de praktijk komt daar heel wat bij kijken. Het zal de eerste keer niet zijn, dat een aangekondigd product nog niet verkrijgbaar is. Daarom moet er geïnvesteerd worden in productiecapaciteit. Zo nodig worden verkopers bijgeschaafd of opgeleid, wordt de handel voorbewerkt en worden de laatste verbeteringen aan het product aangebracht. Ook de primaire doelgroep, de prospects, moet op basis van de gegevens uit de testmarkt nader worden bepaald en mogelijk apart met direct mail bewerkt worden. Dit gebeurt onder andere bij moeders van pasgeboren baby's door een luierfabrikant. Prospects dienen early adopters en opinieleiders te zijn

en het liefst ook nog heavy users. Ook zouden we ze tegen lage kosten moeten kunnen bereiken.

Bij de introductie dient ook overwogen te worden of met het product op grote schaal de markt gepenetreerd moet worden of dat op een beperkte schaal één of meer markten veroverd moeten worden als bruggenhoofd. Hierdoor worden kosten bespaard en minder risico gelopen. Daarbij spelen kosten- en capaciteitsoverwegingen uiteraard een rol.

DE TELEGRAAF, 24 APRIL 2015

Groen licht voor Volkswagen Golf R 400

AMSTERDAM - Volkswagen heeft groen licht gegeven voor de Golf R 400-uitmonstering. Ontwikkelingsbaas Dr Heinz-Jakob Neusser bevestigt de komst van het model aan het Britse Car Magazine.

"We gaan deze auto bouwen", zegt Neusser. "We zijn momenteel in de ontwikkelingsfase." Een exacte lanceringsdatum kan Neusser nog niet noemen, maar de Duitsers presenteren hem waarschijnlijk in september tijdens de autoshow van Frankfurt, waarna de levering begin volgend jaar start.

Minimaal 400 pk
De productieversie zal nauwelijks afwijken van het studiemodel. Volkswagen maakt gebruik van een 2.0 TFSI viercilinder met minimaal 400 pk. In de Audi TT quattro Sport Concept werd al duidelijk dat de krachtbron meer in zijn mars heeft, te weten 420 pk en 450 Nm koppel. Met behulp van een zestraps DSG-transmissie en vierwielaandrijving kan de Golf R 400 in minder dan vier tellen naar 100 km/h sprinten.

Ondanks alle voorzorgsmaatregelen mislukt toch nog de helft van de op de markt gelanceerde producten. Soms meteen, soms na een paar jaar. Zelfs een product dat bekroond was als de beste introductie van het jaar, moest na een paar jaar het veld ruimen.

Organisatie van het productontwikkelingsproces
Productontwikkeling is niet een eenmalig, maar een continu proces. Er moet voortdurend gewerkt worden aan het verbeteren van de kwaliteit van de bestaande producten en er moeten nieuwe producten op de plank liggen. De productlevenscyclus voor bijvoorbeeld automodellen wordt steeds korter. Van meer dan een halve eeuw, denk aan de Citroën 2CV, tot soms maar tien jaar nu. En modellen veranderen in de loop van de tijd qua techniek en uiterlijk. Zo wordt het huidige Volkswagen Golf-model aangeduid als de vijfde generatie. Dat betekent dat een belangrijk deel van de organisatie als taak heeft de auto van morgen te ontwikkelen.

De tijd die verstrijkt tussen het moment van nieuw productidee en het moment dat dit nieuwe product uiteindelijk op de markt wordt gebracht, wordt aangeduid als de time-to-market. Dit begrip wordt ook gebruikt om de tijd aan te geven die verstrijkt (lead time) tussen het moment van voortbrenging (productie) van een product en de daadwerkelijke verkoop.

Time-to-market

Voor een goed productontwikkelingsproces is het nodig dat de organisatie daarop is ingesteld. Dat betekent, dat er functionarissen zijn met de verantwoordelijkheid voor de productontwikkeling, dat er afspraken worden gemaakt over het ontwikkelingstijdpad, over de beoordelingsmethoden en de beslissingsmomenten, wie in welke fase erbij betrokken wordt enzovoort.

Er zijn verschillende manieren om de organisatie voor een optimaal productontwikkelingsproces in te richten, namelijk:
- het aanstellen van een productmanager/merkontwikkelaar
- het oprichten van een afdeling nieuwe producten
- het vrijstellen van een venture management team
- het uitwisselen van nieuwe informatie met toeleveranciers.

Aanstellen van een productmanager/merkontwikkelaar
Binnen een bestaande productgroep – waar de product/brandmanager verantwoordelijk is – moeten de producten regelmatig aangepast en verbeterd worden. Het is niet verstandig dit alleen aan de productmanager over te laten. Hij heeft het vaak te druk met de operationele activiteiten van het productmanagement en zal geneigd zijn alleen productmodificaties aan te brengen en niet echt structureel te vernieuwen.

New productmanager

Ook wordt wel een new productmanager aangesteld, voor het begeleiden van de ontwikkeling van een bepaald product. Dit is een specialist, met de nodige kundigheden, die als 'lone wolf' weinig invloed op de organisatie heeft.

Instellen van een commissie voor nieuwe producten
In een commissie voor nieuwe producten hebben managers van diverse afdelingen zitting die gezamenlijk verantwoordelijk zijn voor het productontwikkelingsproces, waarover zij regelmatig met elkaar vergaderen. Problemen daarbij zijn onder meer dat het productontwikkelingsproces geen continuproces is en dat het niet altijd de hoogste prioriteit krijgt (de bespreking wordt op de overvolle agenda onderaan geplaatst en vaak weer tot een volgende vergadering uitgesteld).

Oprichten van een afdeling nieuwe producten
Grote bedrijven kunnen zich een (staf)afdeling nieuwe producten of productontwikkeling veroorloven. Daarbij is de steun van het topmanagement onontbeerlijk. De voordelen zijn: deskundigheid, continuïteit en geschiktheid voor alle mogelijke nieuwe productideeën. De afdeling onderhoudt contacten met andere afdelingen, zoals marketing, productie, onderzoek & ontwikkeling en financiële administratie. Daarbij moet wel duidelijk zijn wat de plaats van deze afdeling is.

Vrijstellen van een venture management team
Het venture management team is een groep bekwame en enthousiaste medewerkers die volledig vrijgesteld wordt van de dagelijkse werkzaamheden om een productidee te beoordelen en te begeleiden. Dit komt veel voor op de tijdschriftenmarkt, wanneer een gat in de markt voor een nieuw tijdschrift is ontdekt. Een venture management team heeft, evenals een commissie, een multidisciplinaire samenstelling en richt zich net als een new productmanager uitsluitend op productontwikkeling. Van belang daarbij is dat het team in het product gelooft en de tijd krijgt het te ontwikkelen. Het nadeel van deze methode is, dat zij zeer kostbaar is en dat, omdat het team ruim baan krijgt, het enthousiasme kan ontaarden in productblind-

heid en 'Spielerei'. Het stopzetten van een project is dan sterk demotiverend voor de teamleden.

Uitwisselen van nieuwe informatie met toeleveranciers
Doordat inkopers tegenwoordig bij de leveranciers meer kind aan huis zijn en in het kader van co-makership gezamenlijk nieuwe producten en productiemethoden worden ontwikkeld, is samenwerking met de leverancier ook een manier om productverbetering te bereiken. Denk bijvoorbeeld aan de vervanging van de analoge ovenklok door een digitale elektrische klok.

De keuze voor een van de hiervoor genoemde manieren om het productontwikkelingsproces optimaal te laten verlopen, hangt af van de beschikbare hoeveelheid geld, de aanwezige knowhow (deskundigen), de bedrijfsmentaliteit (innovatiegezindheid), de organisatiestructuur en de omvang van het bedrijf.

Veel nieuwe producten falen en halen hun eerste levensjaar niet. Zijn er nu bepaalde factoren die van invloed zijn op het succes of falen van nieuwe producten? *Succesfactoren* zijn:

- Het betreft een uniek en superieur product (kwaliteit, mogelijkheden, gebruikswaarde enzovoort) dat goed aansluit bij bepaalde behoeften in de markt.
- Er is een nauwkeurig gedefinieerd productconcept en een zorgvuldig omschreven doelmarkt.
- Er is sprake van technologische en/of marketingsynergie.
- Er is sprake van een goede uitvoering in alle stadia van het productontwikkelingsproces.

Succesfactoren

Faalfactoren zijn:

- Er is een gebrek aan belangrijke ideeën betreffende nieuwe producten; de grenzen van wat er uit het product te halen valt, zijn zo'n beetje bereikt.
- Marktfragmentatie: de marktsegmenten zijn te klein om investeringen in nieuwe producten te rechtvaardigen.
- Sociale en overheidsbeperkingen: veiligheidsvoorschriften en milieuvoorschriften kunnen de innovatie van nieuwe producten vertragen of noodzaken tot (te) hoge investeringen.
- Te hoge kosten van het productontwikkelingsproces.
- Tekort aan financiële middelen.
- De benodigde snellere ontwikkelingstijd (om sneller dan de concurrent met het nieuwe product op de markt te kunnen komen).
- Kortere productlevenscycli, waardoor er minder tijd is om de investering terug te verdienen.

Faalfactoren

Samenvatting

- De *productlevenscyclus* (plc) is (de grafische weergave van) het verloop van de *afzet* van een bepaald product in de tijd.
- De plc op verschillende niveaus: productklasse, productvorm, merk, productvariant. Ook de toegepaste *technologie* en de wensen waarop wordt ingespeeld, kunnen veranderen.
- *Vijf fasen in de levenscyclus*: introductie, groei, volwassenheid, verzadiging en eindfase (neergang).

- In de introductiefase groeit de afzet slechts langzaam, geringe bekendheid, beperkte distributie.
- In de (snelle) groeifase gaan initiële vragers over tot herhalingsaankopen, winstverbetering door snelle toename van de afzet.
- In de volwassenheidsfase is er sprake van afnemende groei. Hevige strijd om het marktaandeel.
- In de verzadigingsfase richt de concurrentiestrijd zich vooral op de vervangingsmarkt. De penetratiegraad neemt niet meer toe. Door verhoogde marketinginspanningen stijgen de kosten; de winst neemt daardoor iets af.
- In de eindfase neemt de afzet zienderogen af. De winst dreigt om te slaan in verlies.
- Verlenging van de volwassenheidsfase (*market stretching*) is mogelijk door *productmodificatie*, *marktmodificatie* en *marketingmixmodificatie*.
- Steeds meer noodzaak tot (snelle, efficiënte) *productontwikkeling*.
- In het *productontwikkelingsproces* worden zeven stappen (fasen) onderscheiden: exploratiefase, screeningfase, conceptontwikkelingsfase, analyse- en strategieontwikkeling, productontwikkeling, testfase en commercialisatie.
- De *organisatie van de productontwikkeling* kan op verschillende manieren plaatsvinden: productmanager, new productmanager, new product departments (O&O), new product committee, new product venture team. Daarnaast: uitwisselen van informatie met toeleveranciers en het gebruik van klachten.
- *Succesfactoren* bij de productontwikkeling: uniek en superieur product, nauwkeurig gedefinieerd productconcept met duidelijke doelmarkt, technologische of marketingsynergie en goede implementatie in alle stadia van het ontwikkelingsproces.
- *Faalfactoren*: gebrek aan belangrijke ideeën, de grenzen van het potential product zijn zo'n beetje bereikt, marktfragmentatie, sociale en overheidsbeperkingen, veiligheids- en milieuvoorschriften, te hoge kosten van het productontwikkelingsproces, tekort aan financiële middelen, de benodigde snellere ontwikkelingstijd en kortere productlevenscycli.

DEEL 6
Prijs

17 Prijselementen en -doelstellingen 359
18 Vaststellen van de prijs 377
19 Randvoorwaarden, enkele specifieke prijsbeslissingen 401

De prijs is voor de marketeer een bijzonder instrument. Enerzijds is dit het enige directe middel waarmee hij omzet kan genereren, anderzijds is het ook een van middelen waarmee hij de identiteit van zijn product kan bepalen. De prijs is ook zo bijzonder, omdat zowel externe als interne factoren de hoogte ervan in belangrijke mate kunnen beïnvloeden. Bij de interne factoren kunnen we onder meer denken aan de beschikbare productiecapaciteit. Hoe meer producten van de lopende band rollen, hoe lager de kostprijs kan zijn. Bij de externe factoren kan bijvoorbeeld gedacht worden aan de marktvorm waarin de onderneming opereert en de geldende regelgeving.

De prijs is niet alleen voor de marketeer belangrijk, maar ook voor de handel en de consument. Sommige consumenten zullen zich bij de keuze voor een bepaald product of merk vrijwel uitsluitend door de hoogte van de prijs laten leiden. Anderen daarentegen zullen de prijs gebruiken als indicatie van de kwaliteit van het product. We hebben dus soms te maken met prijskopers en soms met kwaliteitskopers. Bovendien kan een consument voor het ene product een prijskoper en voor het andere een kwaliteitskoper zijn. Die consument hecht weinig waarde aan zijn vervoermiddel en zal een fiets kopen voor een zo laag mogelijke prijs. Daarentegen kan hij veel belang hechten aan hoe hij gekleed gaat en is hij bereid daarvoor een relatief hoge prijs te betalen.

In hoofdstuk 17 wordt eerst nagegaan welke functies de prijs voor de diverse marktpartijen heeft. In aansluiting daarop wordt een aantal mogelijke prijsdoelstellingen genoemd. Vervolgens wordt gekeken naar het effect van prijs- en inkomensveranderingen op de vraag en de winst.

In de hoofdstukken 18 en 19 worden de mogelijkheden besproken die een marketeer heeft om de prijs voor zijn product vast te stellen. Er zal blijken dat daarbij diverse randvoorwaarden een rol kunnen spelen. In hoofdstuk 18 ligt de focus op een drietal oriëntaties: die rond kosten, afnemerswensen en concurrentie. Daaraan voorafgaand worden diverse kostensoorten en manieren van kostprijsberekening besproken. In hoofdstuk 19 ten slotte komen enkele randvoorwaarden aan de orde, namelijk de marktvorm waarin de onderneming opereert en de juridische aspecten van prijsbepaling. Daarna wordt gekeken naar enkele specifieke aandachtsgebieden van prijsbeleid: het assortimentsbeleid, de prijsstelling van nieuwe producten en het kortingenbeleid.

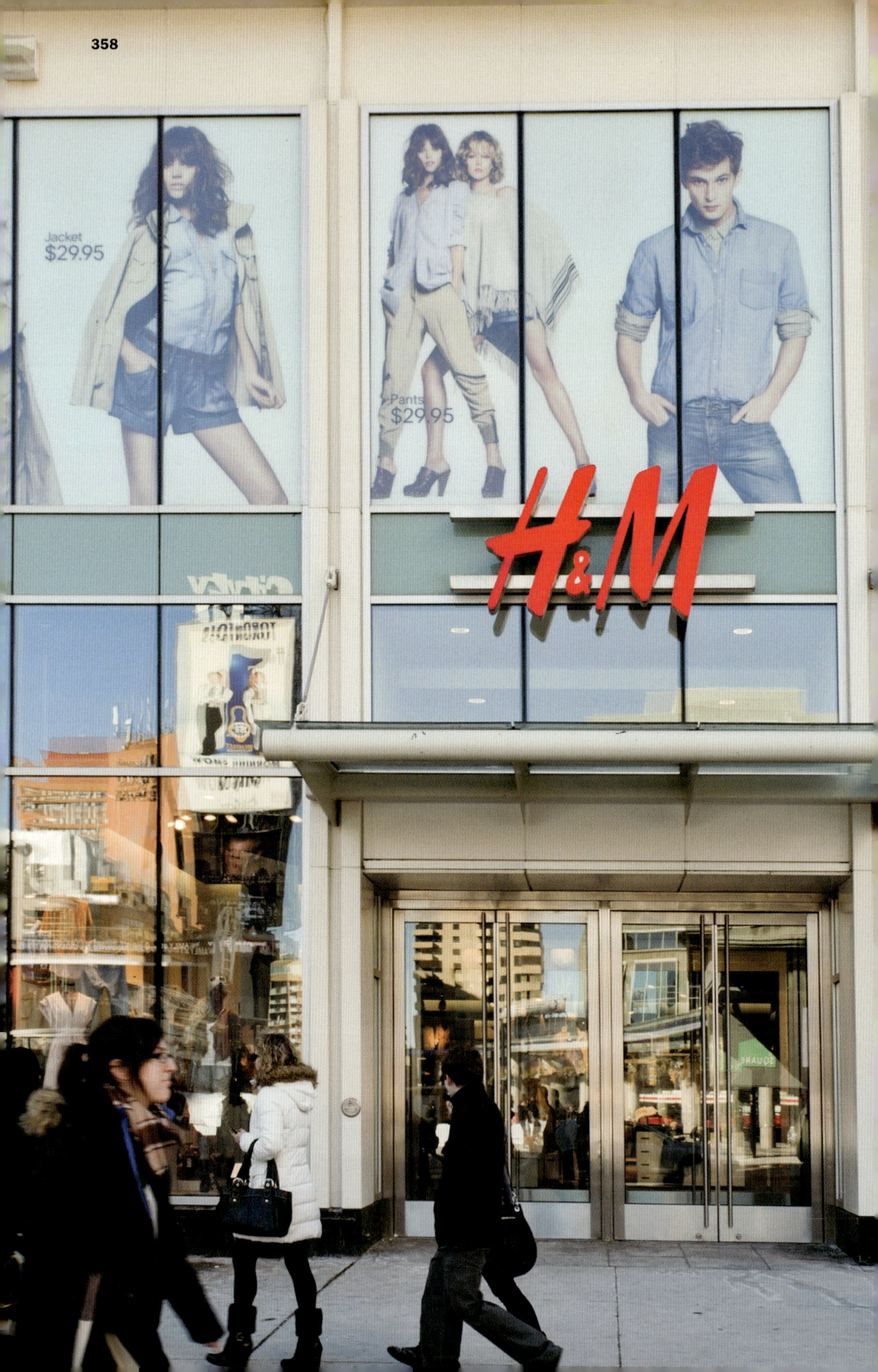
Jacket
$29.95
Pants
$29.95
H&M

17
Prijselementen en -doelstellingen

17.1 Functies van de prijs
17.2 Strategische en operationele prijsdoelstellingen
17.3 Prijsveranderingen en elasticiteiten
17.4 Prijsveranderingen en winst

Van alle marketinginstrumenten waarvan een ondernemer gebruik kan maken, is de prijs de enige opbrengstvariabele. De verkoopprijs is voor hem belangrijk, omdat daardoor in niet geringe mate zijn omzet wordt bepaald. Maar ook voor de consument of de afnemer is de prijs van belang. Op basis van de prijzen van de verschillende goederen en diensten kan een consument immers bepalen wat en hoeveel hij zal kopen en consumeren, gegeven zijn relatief schaarse middelen. Soms heeft de prijs voor hem ook nog andere betekenissen. Door de prijsstelling kan hij een bepaald beeld van de kwaliteit krijgen. Door het kopen van dure producten kan hij daaraan ook een bepaalde status ontlenen.
In dit hoofdstuk kijken we eerst naar de functies die de prijs voor diverse marktpartijen kan hebben. Vervolgens gaan we in op mogelijke strategische en operationele prijsdoelstellingen. Ten slotte kijken we naar de gevolgen van prijsveranderingen en van inkomensveranderingen voor de vraag. Daarbij bespreken we ook het effect van een prijsverandering op de winst.

17.1 Functies van de prijs

Prijzen komen tot stand in voorgenomen ruilprocessen. We ruilen bijvoorbeeld arbeid voor loon of salaris, spaargeld voor rente, investeringen voor kapitaalgoederen om mee te produceren en het verdiende geld om te consumeren. Daarbij wordt de ruilverhouding bepaald door de hoeveelheid die we van het ene (geld) af willen staan voor één eenheid van het andere (goed of dienst). Zo kunnen we ook geld tegen geld ruilen (vreemde valuta). De prijs van een goed is de in geld (euro's) uitgedrukte (ruil)waarde van een goed.

Wisselkoers

Bij vreemd geld spreken we dan van de wisselkoers. In het algemeen wordt de prijs bepaald op de markt, in het vrije krachtenspel van vraag en aanbod.

De prijs heeft voor de ondernemer twee betekenissen

Het instrument prijs heeft voor de ondernemer twee betekenissen. Enerzijds is het een marketinginstrument waarmee hij vertelt hoeveel de consument voor het product moet betalen. Anderzijds is het de hoeveelheid geld die hij ontvangt als tegenprestatie voor het te leveren product. In eerste instantie is een ondernemer meer gericht op de prijs als inkomstenbron dan op de prijs als marketinginstrument, omdat hij uiteindelijk winst nastreeft. Maar hij kan die winst alleen behalen, als hij de consument blijvend tevredenstelt.

De betekenis van de prijs voor de afnemer

Voor de afnemer houdt de prijs in de eerste plaats een geldelijk offer in. Daarnaast is het voor hem ook een kwaliteitsaanduiding en een indicatie voor de waarde van het product. Hierbij spelen psychologische en emotionele factoren, de economische situatie en zijn toekomstverwachtingen een belangrijke rol. Wanneer er sprake is van een hoogconjunctuur, zal de consument in het algemeen optimistisch gestemd zijn en soms bereid zijn een hoge prijs te betalen. Dit geldt vooral als de waarde van het product stijgt. Tijdens een recessie is de afnemer vaak terughoudender. Dat geldt vooral voor de prijzen van onroerend goed, zowel op de markt voor bedrijfsgebouwen als op de particuliere huizenmarkt.

Prijs: bedrag dat consument bereid is te betalen

Wat verstaan we eigenlijk onder een prijs? Vanuit de visie van de consument is de prijs van een product de geldhoeveelheid die hij bereid is voor dat product te betalen. Die bereidheid is onder meer afhankelijk van zijn persoonlijke omstandigheden, zoals de hoogte van zijn inkomen, zijn vermogen en zijn financiële toekomstverwachtingen. Ook de prijzen van vergelijkbare producten zullen invloed hebben op zijn bereidheid het product te kopen. Bovendien zal de prijs, samen met het merk of de naam van de fabrikant, de consument meestal een aanwijzing geven voor de kwaliteit van het product. Bij dit alles is het voor de consument eveneens van belang of er aan het product nog extra waarde wordt toegevoegd, door bijvoorbeeld een sublieme presentatie of een uitstekende bediening. Een goed verzorgde kop cappuccino in een gerenommeerd restaurant heeft voor de meeste consumenten een andere (dus ook meestal hogere) waarde dan een snel geserveerd kopje koffie in een koffieshop. En dus ook een andere prijs.

De prijs is vaak een belemmering, een weerstand in het koopgedrag. Vaak is het product 'te duur'. Dat betekent aan de ene kant, dat de prijs niet past binnen het budget van de consument en aan de andere kant, dat hij het gebodene de gevraagde prijs niet waard vindt. Voor de consument geldt het motto: waar voor je geld (value for money).

Waar voor je geld

De prijs is voor de fabrikant, maar de laatste tijd vooral voor de detailhandel, een populair marketinginstrument. Het is eenvoudig om op korte termijn de prijs te veranderen, zowel naar boven als (tijdelijk) naar beneden. De prijs is dus een flexibel instrument. De aanbieder dient zich bij prijswijzigingen steeds af te vragen hoe de consument en de overheid daarop reageren. Uiteraard dient hij zich diezelfde vraag te stellen ten aanzien van de concurrentie.

De prijs als flexibel marketinginstrument

17.2 Strategische en operationele prijsdoelstellingen

Doelstellingen moeten altijd expliciet worden vermeld, omdat ze bepalend zijn voor het te voeren prijsbeleid. Ze vormen een belangrijk argument voor de te nemen beslissingen en een controlemaatstaf voor de behaalde resultaten.

Vaak wordt onderscheid gemaakt tussen strategische en operationele doelstellingen. De eerste zijn abstract, zoals de doelstelling 'het behalen van maximale winst' of 'het bereiken van prijsstabiliteit'. Ze laten zich goed inbouwen in een wiskundig model, bijvoorbeeld winstmaximalisatie voor een product.
De operationele doelstellingen zijn terug te vinden in boekhoudkundige rekensommen voor planning, budgettering en controle.
De genoemde prijsdoelstellingen zijn voor het merendeel in eerste instantie eigenlijk ondernemingsdoelstellingen. Deze bepalen natuurlijk het kader van de prijsdoelstellingen en op die manier indirect de prijs. Maar de prijs als instrument is niet als enige verantwoordelijk voor de continuïteit van de onderneming. Zelfs met een goede prijs kan een slecht product of een product zonder reclame maar moeilijk verkocht worden.

Onderscheid tussen strategische en operationele prijsdoelstellingen

Strategische prijsdoelstellingen
In de literatuur worden de volgende prijsdoelstellingen aangetroffen: winst- en rentabiliteits-, omzet-, afzet-, marktaandeel-, prijsbelevings- en concurrentiedoelstellingen. We behandelen enkele van deze doelstellingen gedetailleerd.

Winstdoelstelling en rentabiliteitsdoelstelling
Het streven naar winst is de doelstelling van vrijwel elke onderneming. Het eerste probleem hierbij is: hoeveel winst? Moet dit een bepaald streefcijfer zijn, eventueel gebaseerd op vorige resultaten of een streefcijfer uitgedrukt in een bepaald percentage van het geïnvesteerde vermogen of van de omzet? Maximale winst als doelstelling lijkt op het eerste gezicht aardig, maar het kan geen basis zijn voor het nemen van beslissingen of een maatstaf als controlemiddel. Achteraf kan een bedrijf ook nooit aantonen dat het de maximale winst heeft behaald. Ondernemers gaan pragmatisch te werk. Het winstniveau ligt op of boven het ten doel gestelde absolute winstbedrag of winstpercentage, zoals return on investment (roi). Het tweede probleem is: op welke termijn moet er winst gemaakt worden? Op korte of op lange termijn?
De hoogte van de te behalen winst hangt ook samen met de fase van de levenscyclus waarin het product zich bevindt. De winst is in het algemeen het hoogst in de volwassenheidsfase, waarin de early majority het product gaat gebruiken.
De hoogte van de winst als percentage van de investeringen of omzet is ook afhankelijk van de concurrentiepositie en de norm in de bedrijfstak, kortom: wat gegeven de omstandigheden realistisch en haalbaar is.

> www.fd.nl
>
> ## Assen wil koopjesdorp bij TT-circuit ter hoogte van Verkeerspark
>
> De gemeente Assen gaat de mogelijkheden onderzoeken om een zogeheten 'factory outlet center' te realiseren aan het TT-circuit in Assen-Zuid. Volgens regionale media steekt investeringsmaatschappij Revascom achter de investering. Het gaat om een bedrag van zeker €40 mln, aldus het college van B en W. Revascom is ook eigenaar van Batavia Stad in Lelystad en Outlet Roermond.
>
> Het nieuwe outletcenter met circa 200 winkels kan rekenen op ongeveer 1,5 miljoen bezoekers per jaar. Realisering van het centrum levert naar verwachting 500 arbeidsplaatsen op. In het noorden bestaan ook plannen voor de bouw van een outletcenter in Winschoten.
>
> In de outlet zullen bekende A-merken als Hugo Boss en G-Star te koop zijn tegen fors lagere prijzen dan in de reguliere winkels. RTV Drenthe meldde woensdag al dat ondernemers van Assen vrezen voor de effecten van een outletcenter. Volgens het college van B en W kunnen het outletcenter en het koopcentrum in de binnenstad van Assen elkaar juist versterken.
>
> 29 januari 2015

Omzet- en afzetgroei als doelstelling

Omzet- en afzetdoelstelling
Winst als doelstelling van het prijsbeleid is eigenlijk niet realistisch, omdat de prijs van een product wel de afzet en de omzet beïnvloedt, maar allerminst de kosten in de hand kan houden. Ook omzet- en afzetdoelstellingen kunnen niet alleen op het conto van het instrument prijs geschreven worden, omdat ook andere instrumenten zowel de kosten als de afzet beïnvloeden.
Meestal wordt er gestreefd naar groei, zowel in afzetvolume als in geld. Zeker als de markt groeit, is dit nodig om het marktaandeel te handhaven. Altijd zal een onderneming voor een goede analyse van haar positie onderscheid moeten maken tussen de groei van de omzet veroorzaakt door prijsstijging en groei veroorzaakt door afzetstijging.
Het verdient de voorkeur deze doelstelling niet alleen als totaal na te streven, maar ook per marktsegment, per afnemer (individuele detaillist) of per regio. Dit zou tot verschil in prijzen kunnen leiden, vooral wanneer de verkoopkosten per regio onderling sterk verschillen. Het mateloos nastreven van afzetgroei tegen een (te) lage prijs kan leiden tot verlies. Deze vorm van roofbouw op de markt leidt tot voortijdige verzadiging van de markt en tot overcapaciteit van de eigen productiemiddelen.

Marktaandeeldoelstelling
De marktaandeeldoelstelling is een aangepaste, herberekende omzetdoelstelling en geeft de relatieve omvang van de markt aan die de onderneming beheerst. Ook hier geldt dat het eigenlijk een marketingdoelstelling is. De rol van het instrument prijs is echter groter. Maar de concurrentie speelt ook mee of eigenlijk: tegen. We kunnen streven naar marktleiderschap (het grootste marktaandeel) in volume of in omzet.

Prijsbelevingsdoelstelling
Prijsbewustheid is de mate waarin consumenten of afnemers op de hoogte zijn van de geldende marktprijzen voor een bepaald product en vooral de mate waarin ze bij de aankoop op de prijs letten. Volgens het centraal bureau levensmiddelenhandel (cbl) maakte de consument tijdens de economische crisis andere keuzes. Uit *ConsumentenTrends 2014* blijkt dat 58% scherper let op aanbiedingen. 44% kiest vaker voor het huismerk en 47% bekijkt vaker de folders met aanbiedingen.

Prijsperceptie is de subjectieve waardering of beleving van de prijs(hoogte). We zagen in het voorgaande al op verschillende manieren geïllustreerd, dat afnemers een prijs veelal niet objectief beoordelen, maar subjectief beleven. Denk bijvoorbeeld aan de oneven eindprijzen of aan de prijsgrenzen. Deze beleving is echter niet alleen afhankelijk van de prijs. Factoren als inkomen, beroep, afkomst en dergelijke hebben er eveneens invloed op. Ook de ervaring en het bestedingspatroon in het verleden spelen een belangrijke rol. Wat de ene klant duur vindt, kan de andere klant bij dezelfde prijs goedkoop vinden. Bij de invoering van de euro moest deze prijsperceptie overigens opnieuw vorm krijgen: veel consumenten hadden of hebben, ook na meer dan tien jaar, nog steeds moeite een prijs in euro's te beoordelen zonder die eerst om te rekenen naar de gulden: is €1,50 duur voor een kopje koffie in een restaurant?

Voor een aanbieder is het uiteraard van belang vast te stellen in hoeverre afnemers de voor een product gevraagde prijzen als redelijk ervaren. Dit wordt prijsacceptatie genoemd. Het doel van *prijsacceptatieonderzoek* is de hierboven genoemde prijsgrenzen te bepalen waarbinnen het product of merk kan worden verkocht.

De beleving van een product als duur of goedkoop hangt bovendien niet alleen van de prijs af, maar ook – en vooral – van de relatie tussen prijs en product. In dit verband wordt van prijs-prestatieverhouding of prijs-kwaliteitverhouding gesproken. Een bepaald product kan wel een hogere prijs hebben dan een concurrerend product, maar in de ogen van de afnemers toch een betere prijs-prestatieverhouding bieden.

De prijsperceptie is niet alleen een belangrijk gegeven in verband met een bestaand prijsniveau, het is minstens even belangrijk in het kader van prijsveranderingen. Het blijkt, dat prijsveranderingen een bepaalde grootte moeten hebben voordat ze waargenomen worden. Bovendien weten we, dat de reactie op prijsveranderingen sterk beïnvloed wordt door optische factoren als ronde bedragen. Een prijsverlaging van €2 naar €1,95 heeft over het algemeen meer reactie tot gevolg, wordt dus anders ervaren, dan een prijsverlaging van €2,05 naar €2. Laatstgenoemde verandering wordt vaak niet eens waargenomen, eerstgenoemde bijna altijd. In beide gevallen is er objectief sprake van dezelfde prijsafstand. De prijsafstand tussen twee prijzen is het absolute verschil tussen die prijzen.

Consumenten kunnen prijzen heel anders beleven dan zij in werkelijkheid zijn. Een prijs van €2,05 kan als hoog worden ervaren, een prijs van €1,95 als heel redelijk. Het feitelijke prijsverschil is echter gering. Het is voor de marketeer belangrijk het optimale prijsniveau te vinden, dat niveau dat door de consument als acceptabel wordt gezien bij het aanbod dat hem wordt gedaan. De andere marketingmixelementen dienen daarop afgestemd te worden.

Prijsbewustheid

Prijsperceptie

Prijsacceptatie

Prijsbelevings-onderzoek

Het onderzoek naar de prijs van een product zoals die door de consument wordt ervaren, wordt prijsbelevingsonderzoek genoemd. De prijsbeleving kan gemeten worden met de zogenoemde prijsgevoeligheidsmeter (prijsmeter).

● www.nursing.nl

Prijsbewust

'Hoeveel moet het kosten?' Het antwoord op die vraag bepaalt vaak of we iets doen of laten.

Het kopen van een auto, kleding, het boeken van een vakantie: we hebben er bijna een nationale sport van gemaakt om de goedkoopste deal te vinden. Online vechten websites om de gunsten van de koopjesjagers.

Nu denkt de Nationale Ombudsman dat wij ook graag vooraf willen weten hoeveel een behandeling in het ziekenhuis kost. Hij roept de ziekenhuizen op om bij de start van een behandeling de hoogte van de kosten mee te delen. Er zijn ziekenhuizen die dat al lang doen, maar kennelijk kan het nog beter. Zit de patiënt daar echt op te wachten? Boeit het bijvoorbeeld de aan doorbraakpijn lijdende kankerpatiënt als de Fentanyl neusspray die hij gebruikt bij een maximale dagdosering bijna € 1.000 per maand kost (prijsniveau 2011)?!

Afgelopen week heb ik in mijn dienst met een paar cliënten gesproken over dit onderwerp. En allemaal wilden ze wel weten wat iets kost, maar hun algemene mening was dat de hoogte van de kosten niet uitmaakt, als het maar werkt.

Aan diezelfde cliënten heb ik ook voorgerekend wat de zorg van ons VTT-team kost per uur. 'Dat zijn jullie meer dan waard' was het standaard antwoord.

Operationele prijsdoelstellingen

Bij het formuleren van de operationele prijsdoelstellingen moeten de strategische prijsdoelstellingen in het achterhoofd worden gehouden. Immers, de operationele prijsdoelstellingen zijn van de strategische prijsdoelstellingen afgeleid. Ze gelden op korte termijn. Ze zijn ook vaak directer gekoppeld aan de prijsstrategieën.

Enkele operationele prijsdoelstellingen liggen in de kortingensfeer. De bedoeling daarvan kan zijn een (nieuw) product onder de aandacht te brengen, restanten op te ruimen, de opening van een verbouwde zaak te vieren of beperkte partijen ('op = op') van de hand te doen. Het resultaat van dergelijke prijsdoelstellingen is op korte termijn goed meetbaar. Is de partij snel uitverkocht en moet er ook 'nee' verkocht worden, dan was de prijs misschien te laag of had er een grotere partij ingekocht moeten worden. Bij deze prijsacties is het wel zaak voldoende verkoopklare voorraad in huis te hebben. Bij Hema vierden ze de verjaardag van de bekende rookworst met een aanbieding in de trant van: 'twee voor een lagere prijs dan gewoonlijk'. Echter, niet alle filialen waren voorzien van een extra partij, zodat hier en daar zelfs geen halve warme worst meer voorradig was.

17.3 Prijsveranderingen en elasticiteiten

Het begrip elasticiteit heeft betrekking op veranderingen in grootheden, waarvan de ene verandering de *oorzaak* is en de andere verandering daarvan het *gevolg* is. Een bepaalde grootheid (A) verandert, omdat een andere grootheid (B) een wijziging ondergaat. De mate waarin A verandert als gevolg van de verandering van B, kan zeer verschillend zijn.

Elasticiteitsbegrip

De formule voor elasticiteitsberekeningen luidt dus:

$$E = \frac{gevolg}{oorzaak}$$

Elasticiteiten worden gemeten met behulp van zogenoemde elasticiteitscoëfficiënten, waarbij de veranderingen van de grootheden niet gemeten worden in absolute veranderingen, maar in relatieve, dus procentuele veranderingen. De relatieve verandering van grootheid A wordt gerelateerd aan de relatieve verandering van grootheid B. Er ontstaat nu een verhoudingsgetal of breuk, die we de elasticiteitscoëfficiënt noemen. De elasticiteitscoëfficiënt wordt aangeduid met de hoofdletter E.

> De elasticiteitscoëfficiënt geeft de mate weer waarin een bepaalde grootheid reageert (gevolg) op een verandering in een andere grootheid (oorzaak).

Definitie elasticiteitscoëfficiënt

In een algemene formule is de grootte van de elasticiteitscoëfficiënt (E) te berekenen als:

$$E = \frac{\text{procentuele verandering A}}{\text{procentuele verandering B}} = \frac{(\text{nieuw A} - \text{oud A})/\text{oud A}}{(\text{nieuw B} - \text{oud B})/\text{oud B}} \times 100\%$$

Een procentuele verandering wordt normaliter dus berekend door de verandering te delen op de oorspronkelijke waarde en de uitkomst te vermenigvuldigen met 100 procent. Als bijvoorbeeld de afzet van product A eerst 2.000 stuks is en daarna 2.100 stuks, dan is de verandering (het verschil) + 100 stuks en de procentuele verandering (+100 / 2.000) × 100% = +5%.

Prijselasticiteit
In hoofdstuk 3 zagen we dat bij een prijsdaling van een bepaald product de gevraagde hoeveelheid van dat product in het algemeen zal toenemen. De reactie (verandering) van de gevraagde hoeveelheid op een prijswijziging kan worden gemeten met behulp van de *prijselasticiteit*. In plaats hiervan spreken we ook wel van de prijselasticiteit van de vraag of gevraagde hoeveelheid (E_v).

> De prijselasticiteit van de vraag is de procentuele (relatieve) verandering van de gevraagde hoeveelheid (q_v) van een bepaald product in relatie tot (gedeeld door) de procentuele (relatieve) verandering van de prijs voor dat product (p).

Definitie prijselasticiteit

In de vorm van een formule kunnen we dit als volgt schrijven:

$$E_v = \frac{\text{procentuele verandering van de gevraagde hoeveelheid van een product}}{\text{procentuele verandering in de prijs van dat product}}$$

In symbolen:

$$E_v = \frac{(q_n - q_o)/q_o}{(p_n - p_o)/p_o}$$

waarin:
q_o = de gevraagde hoeveelheid bij de oorspronkelijke prijs
q_n = de gevraagde hoeveelheid bij de nieuwe prijs
p_o = de oorspronkelijke prijs
p_n = de nieuwe prijs

Stel, dat de gevraagde hoeveelheid van product A bij een prijs van €10 per stuk 1.000 stuks bedraagt. Als de prijs daalt naar €9, stijgt de gevraagde hoeveelheid tot 1.500 stuks. De E_v kan nu als volgt berekend worden:

$$E_v = \frac{(1.500 - 1.000)/1.000}{(9-10)/10} = \frac{+0,5}{-0,1} = -5$$

Er zijn producten die sterker, minder sterk of in het geheel niet reageren op een prijsverandering. Dat wil dus zeggen dat de waarde van een prijselasticiteit verschillend kan zijn. Dat verschil wordt veroorzaakt door de mate waarin de gevraagde hoeveelheid reageert op een prijsverandering. We onderscheiden vier situaties: een elastische vraag; een inelastische vraag, een volkomen elastische vraag; en een volkomen inelastische vraag.

● www.kvk.nl

De winst was nog nooit zo hoog

Enkele jaren geleden veroorzaakten Michel en Suzan Kagenaar opschudding in de Nederlandse horecawereld toen ze hun Michelinster besloten in te leveren.

'(...) Toen we in 1998 begonnen, was ons restaurant betrekkelijk eenvoudig. Er hing een gemoedelijke sfeer en mensen kwamen bij ons om een gezellige avond uit te zijn. Het liefst wilden we daarnaar terug.' En zo besloten Michel en Suzan begin 2009 hun Michelinster in te leveren. (...) Het gaf het nieuwe restaurant, dat Eten bij Michèl was gedoopt, een vliegende start. De gemiddelde couvertprijs werd gehalveerd van honderd naar vijftig euro en de zaak werd verbouwd zodat er, in plaats van 35 mensen, vijftig mensen konden eten. (...) Hoewel de gerechten minder complex zijn dan voorheen, hebben Michel en Suzan wel extra personeel moeten aannemen. 'We zitten heus niet iedere avond stampvol, maar het is wel heel druk. (...)'. De winst en omzet van het bedrijf zijn nog nooit zo hoog geweest als na het inleveren van de ster. Spijt heeft het echtpaar dan ook geen seconde gehad.

Volkomen inelastische vraag
Van een volkomen inelastische vraag is sprake bij noodzakelijke goederen. Ook al wordt het product – zoals bijvoorbeeld zout – heel erg goedkoop, de consument gaat er geen pak zout meer om kopen. Bij een volkomen inelastische vraag verloopt de vraagcurve verticaal. Bij een volkomen inelastische vraag geldt: $E_v = 0$. Grafisch wordt dit in figuur 17.2 weergegeven.

Volkomen inelastische vraag

Elastische vraag
Bij een elastische vraag reageren de afnemers sterk op relatief kleine prijsveranderingen. Dat wil zeggen: de gevraagde hoeveelheid verandert procentueel (relatief) meer dan de procentuele (relatieve) prijsverandering. Dit betekent dat wanneer de prijs met bijvoorbeeld 10% stijgt, de gevraagde hoeveelheid met meer dan 10% daalt.
Laten wij een voorbeeld nemen. Een bepaalde fiets kost €700. Bij die prijs worden er 100 per maand van verkocht. Nu gaat de prijs omlaag naar €630. Bij deze nieuwe prijs worden er per maand 115 van verkocht. Er zijn geen andere invloeden. In dit voorbeeld is de relatieve prijsverandering gelijk aan −10%. De relatieve afzetverandering is +15%. Dus er is sprake van een elastische vraag: de prijselasticiteit van de vraag bedraagt +15% gedeeld door −10%, is −1,5.
Wat gebeurt er met de omzet? Die was eerst 100 maal €700, is €72.450. Na de prijsverlaging is de omzet 115 maal €630 is €75.900. We zien dus dat de omzet is gestegen. Kortweg gezegd, een sterke marketingactie.
Kijken we nu naar het omgekeerde voorbeeld met dezelfde uitgangssituatie. De fiets kost nog steeds €700. Bij die prijs worden er, zoals we al zagen, 100 stuks per maand van verkocht. Nu gaat de prijs omhoog naar €770. Bij deze nieuwe prijs worden er per maand nog maar 70 van verkocht. Er zijn weer geen andere invloeden. In dit voorbeeld is de relatieve prijsverandering gelijk aan +10%. De relatieve afzetverandering is −30%. Dus er is sprake van een elastische vraag: de prijselasticiteit van de vraag bedraagt +10% gedeeld door −30%, is nu −3.
Wat gebeurt er met de omzet? Die was eerst 100 maal €700, is €70.000. Na de prijsverhoging is de omzet 70 maal €770 is €53.900. We zien dus dat de omzet is gedaald. Kortweg, geen sterke marketingactie.
Bij een elastische vraag geldt: het gevolg (de afzetverandering, positief of negatief) is **groter** dan de oorzaak (de prijsverandering, positief of negatief). De prijselasticiteit van de vraag is dan kleiner dan −1.

Inelastische vraag
Bij een inelastische vraag reageren de afnemers beperkt op relatief grote prijsveranderingen. Dat betekent, dat de gevraagde hoeveelheid procentueel (relatief) minder verandert dan de procentuele (relatieve) prijsverandering. Dit betekent dat, wanneer de prijs met bijvoorbeeld 10% stijgt, de gevraagde hoeveelheid met minder dan 10% daalt.

Laten wij weer ons voorbeeld van de fiets nemen. Deze kost weer €700. Bij die prijs worden er 100 per maand van verkocht. Ook nu gaat de prijs omlaag naar €630. Bij deze nieuwe prijs worden er per maand 105 van verkocht. Er zijn geen andere invloeden. In dit voorbeeld is de relatieve prijsverandering weer gelijk aan −10%. De relatieve afzetverandering is echter maar +5%. Dus er is sprake van een inelastische vraag: de prijselasticiteit van de vraag bedraagt +5% gedeeld door −10%, is −0,5.

Wat gebeurt er met de omzet? Die was eerst 100 maal €700, is €70.000. Na de prijsverlaging is de omzet 105 maal €630 is €66.150. We zien dus dat de omzet is gedaald. Niet zo'n handige zet dus.

Kijken we nu weer naar het omgekeerde voorbeeld met dezelfde uitgangssituatie. De fiets kost nog steeds €700. Bij die prijs worden er weer 100 per maand van verkocht. En ook nu gaat de prijs omhoog naar €770. Bij deze nieuwe prijs worden er per maand toch nog 95 van verkocht. Er zijn weer geen andere invloeden. In dit voorbeeld is de relatieve prijsverandering gelijk aan +10%. De relatieve afzetverandering is -5%. Dus er is sprake van een inelastische vraag: de prijselasticiteit van de vraag bedraagt -5% gedeeld door +10%, is -0,5.

Wat gebeurt er met de omzet? Die was eerst 100 maal €700, is €70.000. Na de prijsverhoging is de omzet 95 maal €770 is €73.150. We zien dus dat de omzet is gestegen. Prima actie!

Bij een inelastische vraag geldt: het gevolg (de afzetverandering, positief of negatief) is in beide gevallen **kleiner** dan de oorzaak (de prijsverandering, positief of negatief). De prijselasticiteit van de vraag is dan tussen -1 en 0.

Volkomen elastische vraag

Volkomen elastische vraag

Van een volkomen elastische vraag is sprake bijvoorbeeld in tijden van schaarste. Dit kan ook het geval zijn bij bijvoorbeeld luxegoederen. De consument is bereid bij een gegeven prijs alles te kopen wat hij krijgen kan. Bij een volkomen elastische vraag verloopt de vraagcurve horizontaal. Bij een volkomen elastische vraag geldt: $E_v = -\infty$ (oneindig). Dit wordt geïllustreerd in figuur 17.1.

FIGUUR 17.1 De vraagcurve bij een volkomen elastische vraag

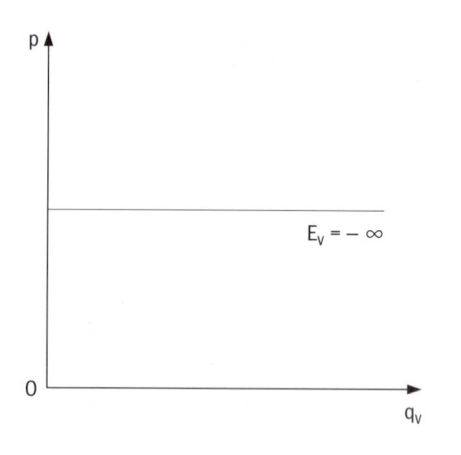

FIGUUR 17.2 De vraagcurve bij een volkomen inelastische vraag

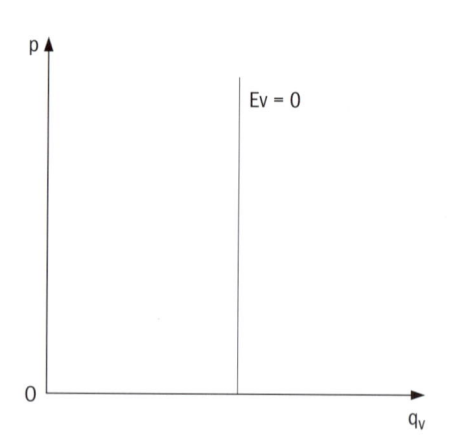

Prijsgevoeligheid

Hoe reageert een klant op een prijsverandering of op een prijsverschil met de concurrent? De prijsgevoeligheid (elasticiteit) van de consument hangt vooral af van de volgende twee factoren:

- *De noodzakelijkheid van het product.* Naarmate een product noodzakelijker is (zout, medicijnen), zal de invloed van de prijs geringer worden. Noodzakelijkheid leidt tot een inelastische vraag.

- *De substitutiemogelijkheden door andere producten.* Naarmate producten in de ogen van de afnemer gemakkelijker kunnen worden vervangen door andere producten, zal de gevraagde hoeveelheid sterker op een prijsverandering reageren. Hier speelt niet alleen de aard van de producten een rol, maar ook de kennis die de afnemer heeft van de eventuele substitutiemogelijkheden. De substitutiemogelijkheden moeten er niet alleen zijn, maar de afnemer moet dat ook weten.

Andere factoren, van invloed op de prijsgevoeligheid van de consument, zijn:
- Is het een grote eenmalige aanschaf of een routineaankoop?
- Is prijsvergelijking gemakkelijk?
- Is productvergelijking eenvoudig?
- Is er een sterke (merk)binding tussen de klant en de onderneming?

Hoe hoger de kwaliteit, hoe geringer de prijsgevoeligheid. Bij een grote aanschaf is de consument in het algemeen prijsgevoeliger. Als de prijs en de kwaliteit vergeleken kunnen worden, is ook de prijsgevoeligheid groter. Bij moeilijk te vergelijken verzekeringen geeft bijvoorbeeld niet de prijs de doorslag, maar bijvoorbeeld het imago van de verzekeraar. In het geval van klantentrouw is er ook weinig prijsgevoeligheid, zolang de prijsverhoudingen binnen de perken blijven. Aanbieders van producten proberen vaak door reclame hun producten zoveel mogelijk als noodzakelijk en onvervangbaar te positioneren, opdat de vraag naar hun producten minder prijsgevoelig wordt. Anders dan in de consumentenmarkt, is in businessmarkten sprake van een geringe prijsgevoeligheid. Dat is logisch: een aannemer gaat bijvoorbeeld niet meer hout kopen als de prijs (tijdelijk) zakt. Hij moet dit allemaal, vaak met hoge kosten, opslaan en kan zijn productie ook niet op korte termijn uitbreiden.

DE VOLKSKRANT, 8 MAART 2011

Elasticiteiten van enkele producten

De elasticiteit van een product zegt iets over de noodzakelijkheid ervan. Luxegoederen zoals televisies reageren heftiger op prijsveranderingen dan noodzakelijke goederen zoals zout. Tv's hebben een elasticiteit van ongeveer 2: als ze 10 procent duurder worden, daalt de vraag ernaar met 20 procent. Zout heeft een geschatte elasticiteit van 0,1: als het 10 procent duurder wordt, daalt de vraag met slechts 1 procent. Benzine zit overduidelijk in de laatste categorie. (...) Al met al geldt voor het minder rijden een elasticiteit van 0,1 tot 0,2. Ofwel: als de benzine 10 procent duurder wordt, gaan we 1 à 2 procent minder rijden.

Kruisprijselasticiteit van de vraag
Behalve de prijs van het product dat we willen kopen, zijn ook de prijzen van andere producten van invloed op de gevraagde hoeveelheid. Stel, de prijs van een pak koffie van 500 gram stijgt van €3,75 naar €4. In het algemeen zal de gevraagde hoeveelheid dan dalen. We kunnen ook zeggen dat als gevolg van deze prijsstijging minder koffie gedronken zal worden. Dat

geringere koffieverbruik zal er ook toe leiden dat er minder koffiecreamers verkocht zullen worden en dat er ook minder koffiefilters nodig zullen zijn. Er is hier dus sprake van een duidelijk verband tussen de prijsstijging van product A (de koffie) en de gevraagde hoeveelheden van product B (de koffiecreamers) en product C (de koffiefilters). Dit effect meten we met behulp van de kruiselasticiteit. Deze kruiselasticiteit, aangeduid als E_k, wordt ook wel de kruisprijselasticiteit van de vraag genoemd of de kruislingse prijselasticiteit.

Definitie kruiselasticiteit

> De kruiselasticiteit is de procentuele (relatieve) verandering van de gevraagde hoeveelheid van een bepaald product in relatie tot (gedeeld door) de procentuele (relatieve) verandering van de prijs van een ander product.

We kunnen dit in de vorm van een formule als volgt weergeven. We passen hetzelfde principe toe als eerder bij de berekening van de (gewone) prijselasticiteit. Dus: elasticiteit (E) = gevolg/oorzaak.

$$E_k = \frac{\text{procentuele verandering van de gevraagde hoeveelheid van product A}}{\text{procentuele verandering van de prijs van product B}}$$

In symbolen:

$$E_k = \frac{(qB_n - qB_o)/qB_o}{(pA_n - pA_o)/pA_o}$$

waarin:
qB_o = de gevraagde hoeveelheid van product B bij de oorspronkelijke prijs van product A
qB_n = de gevraagde hoeveelheid van product B bij de nieuwe prijs van product A
pA_o = de oorspronkelijke prijs van product A
pA_n = de nieuwe prijs van product A

Bij de kruisprijselasticiteit kunnen zich drie situaties voordoen, te weten: een positieve, een negatieve en een neutrale prijskruiselasticiteit. Daarbij worden drie groepen producten onderscheiden: complementaire producten, indifferente producten en substitutiegoederen (ezelsbruggetje: CIS).

Negatieve kruisprijselasticiteit

Complementaire producten

Hierbij daalt de gevraagde hoeveelheid van product A als de prijs van een ander product B stijgt. Er is dan sprake van complementaire producten. Hierbij gaat het dus om producten die elkaar aanvullen (completeren). Denk daarbij aan het hiervoor gegeven voorbeeld van de koffiecreamers en de koffiefilters. Koffie en koffiefilters vullen elkaar aan en zijn dus complementair. Wanneer de prijs van koffie stijgt, zal de gevraagde hoeveelheid koffie afnemen, met als gevolg dat er ook minder koffiecreamers en koffiefilters gevraagd zullen worden. Voor complementaire producten geldt: de kruisprijselasticiteit is kleiner dan 0 ($E_k < 0$).

Neutrale kruisprijselasticiteit

Indifferente producten

Hierbij reageert de gevraagde hoeveelheid van een product (A) niet op een prijsverandering van een ander product (B). Er is dan sprake van indifferente of *onafhankelijke* producten die niets met elkaar te maken hebben. Zo zal een prijsstijging van koffie geen enkele invloed hebben op de gevraagde hoeveelheid sportfietsen. Een forse prijsstijging van papieren luiers zal geen enkele invloed hebben op de gevraagde hoeveelheid margarine. Voor indifferente producten geldt: de kruisprijselasticiteit is gelijk aan 0 ($E_k = 0$).

Positieve kruisprijselasticiteit
Hierbij neemt de gevraagde hoeveelheid van een product (B) toe wanneer de prijs van een ander product (A) toeneemt. Dit doet zich voor in het geval van substitutiegoederen. Als de prijs van koffie fors toeneemt, zal er minder koffie gedronken worden en zal de consument op zoek gaan naar alternatieve (warme) dranken, bijvoorbeeld thee of chocolademelk. De consument vervangt koffie dus door thee of chocolademelk. Daarom noemen we koffie en thee substitutiegoederen. Voor substitutiegoederen geldt: de kruisprijselasticiteit is groter dan 0 ($E_k > 0$).

Substitutie-goederen

Inkomenselasticiteit

Ook het inkomen waarover we kunnen beschikken is van invloed op de gevraagde hoeveelheid van een bepaald product. Hoe hoger het inkomen, hoe meer eenheden we van een bepaald product kunnen kopen. Het is ook mogelijk dat bij een hoger inkomen andere producten gekocht worden dan bij een lager inkomen. Het inkomen geven we weer met de letter y. De relatie tussen de gevraagde hoeveelheid van een bepaald product als gevolg van veranderingen in het inkomen, wordt de inkomenselasticiteit genoemd, aangeduid als E_y.

> De inkomenselasticiteit is de procentuele (relatieve) verandering van de gevraagde hoeveelheid van een bepaald product in relatie tot (gedeeld door) de procentuele (relatieve) verandering van het inkomen.

Definitie inkomens-elasticiteit

We kunnen dit als volgt in een formule weergeven. Ook nu weer delen we gevolg (de relatieve verandering in de afzet van een bepaald product) door de oorzaak (de relatieve verandering in het inkomen).

$$E_y = \frac{\text{procentuele verandering van de gevraagde hoeveelheid van een bepaald product}}{\text{procentuele verandering in het inkomen}}$$

In symbolen:

$$E_y = \frac{(q_n - q_o)/q_o}{(y_n - y_o)/y_o}$$

waarin:
q_o = de gevraagde hoeveelheid vóór de inkomensverandering
q_n = de gevraagde hoeveelheid na de inkomensverandering
y_o = het oorspronkelijke inkomen
y_n = het nieuwe inkomen

Wanneer het inkomen toeneemt, is het effect van die ruimere bestedingsmogelijkheid op de verschillende producten die we kopen niet hetzelfde. Ook bij een verlaging van het inkomen zal het effect op de producten die men koopt niet gelijk zijn. De Duitse statisticus Ernst Engel heeft aangetoond, dat de mate waarin de gevraagde hoeveelheid van een bepaald product reageert op een verandering in het inkomen, afhankelijk is van het soort product. Daarbij onderscheidde hij drie groepen van producten, te weten inferieure, noodzakelijke en luxeproducten. Alle drie reageren verschillend op een verandering van het inkomen (ezelsbruggetje: INL).

We onderscheiden de volgende drie mogelijke inkomenselasticiteiten:

Negatieve inkomenselasticiteit
Hierbij geldt, dat de (relatieve) bestedingen zullen dalen naarmate het inkomen van de afnemers toeneemt. De inkomenselasticiteit van de vraag is dus negatief. We spreken daarom van inferieure producten. Dit zijn producten die de consument eigenlijk niet wil kopen maar, omdat het inkomen relatief laag is, kan hij zich geen betere producten veroorloven. Natuurlijk verschillen inferieure producten van persoon tot persoon. Van degenen die gewend zijn in hun vakantie te gaan kamperen, zullen sommigen bij een inkomensverhoging (eindelijk) naar een hotel gaan. Anderen zullen misschien juist vaker of langer gaan kamperen. Voor inferieure producten geldt: de inkomenselasticiteit van de vraag is negatief ($E_y < 0$).

Inferieure producten

Licht positieve inkomenselasticiteit
Volgens Engel zullen de uitgaven voor bepaalde goederen bij een toenemend inkomen een naar verhouding (relatief) steeds kleiner deel van de uitgaven gaan uitmaken. Dat is vrij logisch. Of we nu veel of weinig verdienen, we zullen daardoor nauwelijks meer koffie gaan drinken of brood gaan eten. Het absolute bedrag aan dit soort uitgaven blijft weliswaar gelijk, maar het aandeel ervan in de totale uitgaven die men met het hogere inkomen kan realiseren, zal dalen. Wanneer de relatieve bestedingen voor producten langzamer toenemen dan de stijging van het inkomen van de afnemers, spreekt men van noodzakelijke goederen. Voor noodzakelijke producten geldt: de inkomenselasticiteit van de vraag is positief, tussen 0 en 1 ($E_y < 1$).

Noodzakelijke goederen

Sterk positieve inkomenselasticiteit
Hierbij gaat het om producten waarvoor geldt dat de (relatieve) bestedingen daaraan snel toenemen, naarmate het inkomen van de afnemers stijgt. Hierbij gaat het om luxeproducten die we kunnen kopen op het moment dat het discretionaire inkomen voldoende groot is. Daar we bij een stijging van het inkomen relatief minder aan noodzakelijke goederen uitgeven, zullen we relatief meer kunnen uitgeven aan luxegoederen, zoals vakantiereizen, auto's en video- en filmapparatuur. Voor luxeproducten geldt: de inkomenselasticiteit van de vraag is zeer positief, groter dan 1 ($E_y > 1$).

Luxeproducten

17.4 Prijsveranderingen en winst

We zagen dat een prijsverandering in het algemeen leidt tot een aanpassing van de afzet en dus ook tot een andere omzet. Maar hoe zit het met de winst? Een lagere afzet betekent immers weliswaar minder omzet, maar vanwege de lagere afzet zijn ook de kosten lager. Per product zou je dus moeten nagaan hoe de winst bij verschillende prijzen uitvalt. Een instrument hiervoor is de zogenoemde *flexibele break-evenberekening*. Hierbij wordt voor verschillende (op het NIMA A-examen: vier) prijzen nagegaan welke afzet daarbij hoort, welke totale kosten en dus welke winst. Met behulp van de flexibele break-evenberekening gaan we na bij welke van de

Flexibele break-evenberekening

gestelde prijzen de winst het hoogst is. Het volgende voorbeeld laat zien hoe deze berekening verloopt.

De samenhang tussen vraagprijs en gevraagde hoeveelheid kan op verschillende manieren gegeven zijn. In het voorbeeld is uit onderzoek de samenhang tussen de vier gegeven prijzen en de bij die prijzen gevraagde hoeveelheden afgeleid. Een andere mogelijkheid is, dat uit onderzoek de vraagcurve zelf is afgeleid. Bijvoorbeeld: q = 19.000 − 100p, waarbij q de gevraagde hoeveelheid is en p de vraagprijs. Als derde mogelijkheid kan de prijselasticiteit van de vraag bekend zijn. Dan is bijvoorbeeld bekend, dat bij een prijs van €150 een gevraagde hoeveelheid van 4.000 stuks behoort. Als dan tevens de prijselasticiteit van de vraag bekend is, kunnen uit beide gegevens andere combinaties van prijs en gevraagde hoeveelheid worden afgeleid. Is de prijselasticiteit van de vraag bijvoorbeeld −2, dan hoort bij een prijs van €135 (is 10% lager) een gevraagde hoeveelheid van 4.800 stuks (20% hoger).

VOORBEELD
Een fabrikant overweegt met zijn product in een nieuwe markt te penetreren. De vaste kosten voor dit product, tot een capaciteit van 9.000 stuks, bedragen €200.000 per jaar. De variabele kosten zijn €80 per stuk. Een onderzoek naar de afzetmogelijkheden bij verschillende prijzen leverde de volgende resultaten op:

Prijs per stuk	Geschatte afzet in stuks
€150	4.000
€130	6.000
€110	9.000
€100	14.000

Als het beslissingscriterium 'de grootst mogelijke totale winst' is, welke van deze vier prijzen zal de fabrikant dan vaststellen?

Uitwerking:
We berekenen achtereenvolgens de omzet, de totale kosten en de winst.

Prijs × €1	Afzet (stuks)	Omzet × €1.000	Kosten × €1.000	Winst × €1.000
150	4.000	600	520	+ 80
130	6.000	780	680	+ 100
110	9.000	990	920	+ 70
100	14.000	1.400	(niet bekend)	–

De hoogste winst wordt dus bereikt bij de prijs van €130. Merk op, dat de totale kosten bij een afzet van 14.000 stuks niet kunnen worden berekend, omdat gegevens over de vaste kosten bij deze capaciteit (meer dan 9.000) ontbreken.
De vaste kosten zijn echter minstens €200.000, dus de totale kosten bij een afzet van 14.000 stuks zijn minstens €1.320.000. De winst kan dan niet meer zijn dan €80.000.

Samenvatting

- Voor een aanbieder is de prijs een inkomstenbron, maar ook een marketinginstrument.
- Voor de afnemer is de prijs een kostenpost, maar ook een kwaliteitsaanduiding.
- *Strategische prijsdoelstellingen* kunnen zijn: winst of rentabiliteit, omzet, afzet, marktaandeel, prijsbeleving, concurrentie.
- *Prijsbewustheid*; hoe goed kent de consument/afnemer de prijzen. *Prijsbeleving* (of: *prijsperceptie*): hoe de prijs van een product bij de afnemer overkomt. Onderdeel daarvan: *prijsacceptatie*.
- *Prijselasticiteit van de vraag*: de procentuele verandering van de gevraagde hoeveelheid van een bepaald product gedeeld door de procentuele verandering van de prijs voor dat product. Vier mogelijkheden:
    - *elastische vraag* (E: <–1)
    - *inelastische vraag* (E: –1 tussen 0)
    - *volkomen elastische vraag* (E: – ∞)
    - *volkomen inelastische vraag* (E: 0).
- De *prijsgevoeligheid* (elasticiteit) hangt vooral af van de *noodzakelijkheid* van het product en de *substitutiemogelijkheden* (in de ogen van de afnemer). Daarnaast speelt ook de vraag of het een eenmalige, grote aanschaf is en of er een sterke (merk)binding tussen klant en onderneming bestaat.
- *Kruisprijselasticiteit van de vraag*: de procentuele verandering van de gevraagde hoeveelheid van product A gedeeld door de procentuele verandering van de prijs van product B. Drie mogelijkheden:
    - *complementaire goederen* (E_k : < 0)
    - *indifferente goederen* (E_k : 0)
    - *substitutiegoederen* (E_k : > 0).
- *Inkomenselasticiteit van de vraag*: de procentuele verandering van de gevraagde hoeveelheid van een bepaald product gedeeld door de procentuele verandering van het inkomen. Drie mogelijkheden:
    - *inferieure goederen* (E_y : < 0)
    - *noodzakelijke goederen* (E_y : < 1)
    - *luxegoederen* (E_y : > 1).
- Bij de *flexibele break-evenanalyse* wordt nagegaan bij welke prijs (van vier gegeven prijzen) de hoogste winst wordt behaald.

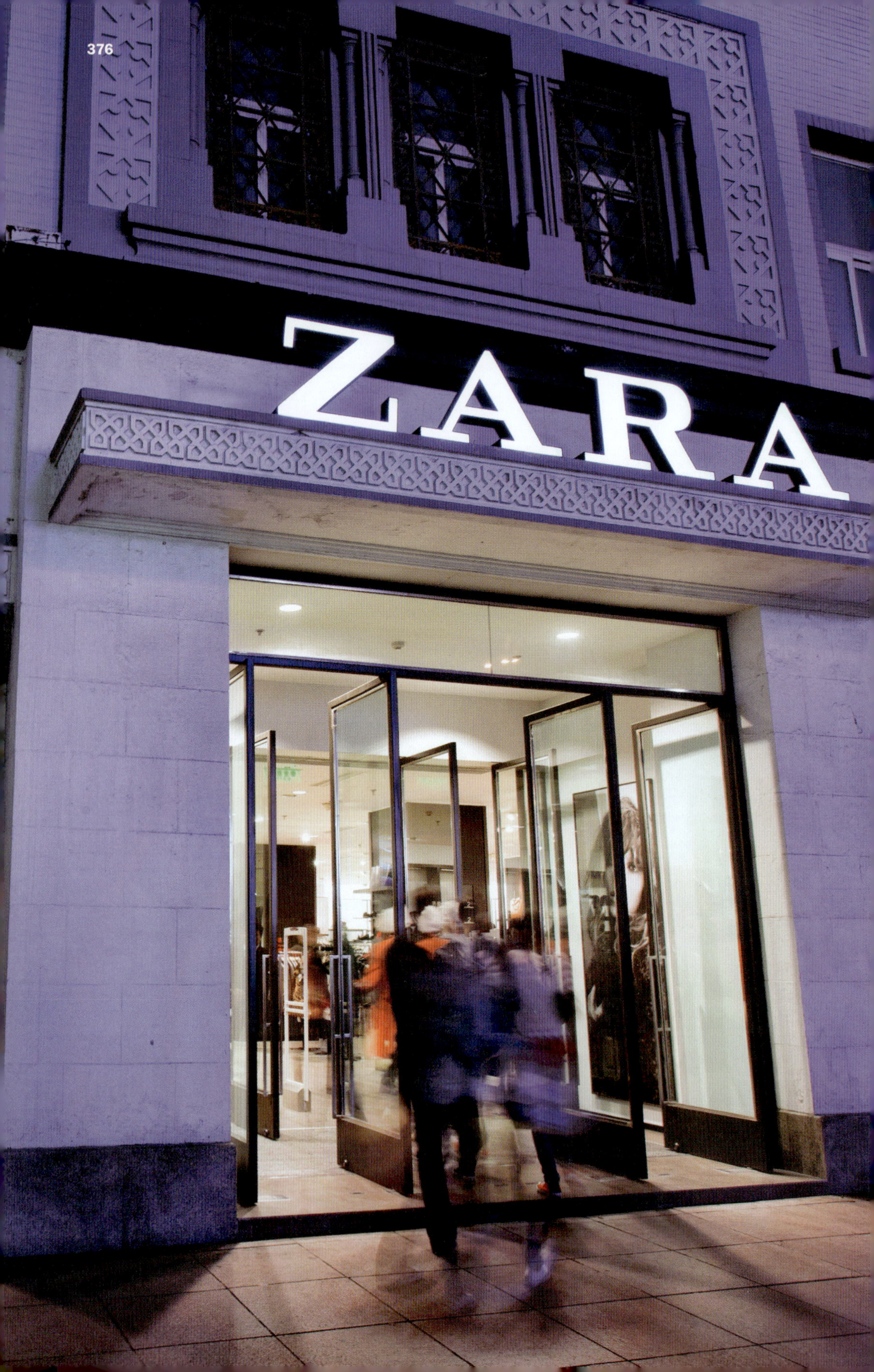
ZARA

18
Vaststellen van de prijs

18.1 Kosten, kostprijs en winst
18.2 Kostengeoriënteerde prijsstelling
18.3 Concurrentiegeoriënteerde prijsstelling
18.4 Vraaggeoriënteerde prijsstelling
18.5 Break-evenanalyse

Een ondernemer heeft verschillende mogelijkheden om de prijs van zijn product te bepalen. Daarbij dient hij natuurlijk wel de ondernemingsdoelstellingen en de daarvan afgeleide prijsdoelstellingen in aanmerking te nemen. Verder moet ook rekening worden gehouden met het bedrag dat de consument bereid is voor het product te betalen. Om een optimale prijs te kunnen vaststellen, moet zo'n beslissing dus van meer dan één kant benaderd worden en niet, zoals vaak het geval is, uitsluitend op basis van de kosten, verhoogd met een opslagpercentage.
In dit hoofdstuk worden drie benaderingen om de prijs vast te stellen nader uitgewerkt, te weten:
- de kostengeoriënteerde prijsstelling (paragraaf 18.2)
- de concurrentiegeoriënteerde prijsstelling (paragraaf 18.3)
- de vraaggeoriënteerde prijsstelling (paragraaf 18.4).

Een combinatie van de genoemde drie benaderingen is in de meeste gevallen de beste optie. We noemen dat een geïntegreerde prijsstelling. Als introductie op de kostengeoriënteerde prijsstelling besteden wij in de eerste paragraaf aandacht aan de begrippen kosten, kostprijs en winst. In paragraaf 18.5 wordt de break-evenanalyse besproken.

18.1 Kosten, kostprijs en winst

In deze paragraaf behandelen wij de begrippen kosten, kostprijs en winst.

Kosten

Een manier om kosten te groeperen is een indeling op basis van de afhankelijkheid van de omvang van de bedrijfsactiviteiten. We onderscheiden hierbij de kosten die wel en niet afhankelijk zijn van de bedrijfsactiviteiten, ofwel de vaste en variabele kosten.

Vaste en variabele kosten

Onder *vaste kosten* verstaan we kosten die niet veranderen met de bedrijfsdrukte. Nemen we als voorbeeld een fietsenfabriek die normaliter 500 fietsen per week maakt. Er komt meer vraag en de productie moet worden uitgebreid naar 700 fietsen per week. In dat geval zullen, ondanks de uitbreiding van de productie, de kosten van het administratief personeel of die van het fabrieksgebouw in vorm van afschrijving niet veranderen. Dat zijn vaste kosten, ook wel *constante kosten* genoemd. Vaste kosten gelden in het algemeen slechts tussen bepaalde grenzen. Mocht in de genoemde fietsenfabriek de productie bijvoorbeeld vertienvoudigen, dan moet het administratief personeel wellicht worden uitgebreid. Dan gaan de vaste kosten eerst met een sprong omhoog, maar blijven daarna weer constant.

Onder *variabele kosten* verstaan we kosten die wel veranderen met de bedrijfsdrukte. Door de productie-uitbreiding in de fietsenfabriek zullen er ongetwijfeld meer onderdelen moeten worden ingekocht. Grondstoffen en materialen zijn typische voorbeelden van variabele kosten.

Proportioneel, progressief en degressief variabele kosten

Variabele kosten kunnen gelijk oplopen met de productieomvang; dan blijven de variabele kosten per eenheid product gelijk. Als in dit geval de productieomvang met tien procent toeneemt, nemen de desbetreffende variabele kosten ook met tien procent toe. We spreken dan van *proportioneel variabele kosten*.

Bij de later in dit hoofdstuk te behandelen break-evenberekeningen gaan we altijd uit van proportioneel variabele kosten. Variabele kosten kunnen ook sneller toenemen dan de productieomvang. Bijvoorbeeld als er in het weekend moet worden overgewerkt, zullen de uurlonen hoger zijn dan normaal. De variabele kosten per eenheid product nemen dan toe. We spreken in zo'n geval van *progressief variabele kosten*. Ten slotte kunnen de variabele kosten ook minder snel toenemen dan de productieomvang. Bijvoorbeeld als er een grotere hoeveelheid onderdelen moet worden ingekocht, kan wellicht kwantumkorting bedongen worden, waardoor de inkoopprijs per stuk daalt. Dit worden dan *degressief variabele kosten* genoemd.

Directe kosten

Daarnaast onderscheiden we nog directe kosten en indirecte kosten. Directe kosten zijn kosten die rechtstreeks aan de productie of verkoop van een bepaald product zijn toe te rekenen.

Indirecte kosten

Indirecte kosten daarentegen zijn kosten die niet of niet eenvoudig aan de vervaardiging of verkoop van een bepaald product zijn toe te wijzen. Zowel directe als indirecte kosten kunnen vast of variabel zijn. Bijvoorbeeld in een fabriek die uitsluitend één soort spijkers maakt, zijn alle vaste en alle variabele kosten directe kosten. Al die kosten kunnen immers worden gerelateerd aan die spijkers.

Kostprijs

Stel, dat de vaste kosten om een bepaald product te vervaardigen €1.000 per jaar bedragen en de variabele kosten €2 per eenheid. Wat is dan de kostprijs per eenheid van dat product? Is dat €1.002? Nee, natuurlijk niet, want er zullen in dat jaar ongetwijfeld meer eenheden worden vervaardigd. De vaste kosten kunnen dan over al die eenheden worden verdeeld. Maar als we aan het begin van een jaar de kostprijs van een bepaald product willen weten – we moeten immers naar buiten een verkoopprijs kunnen afgeven – van hoeveel eenheden moeten we dan in onze berekening uitgaan? Dit dilemma wordt in de praktijk opgelost door uit te gaan van een zogenoemde standaardbezetting. Dat is de hoeveelheid in aantal eenheden die bij een normale bezetting van de productiefaciliteiten in een jaar kan worden geproduceerd. Vandaar dat ook van de normale bezetting wordt gesproken. Vaak wordt daarvoor tachtig procent van de maximale productiecapaciteit genomen.

Op basis van de normale productie en de variabele kosten kan nu de zogenoemde *standaardkostprijs* worden berekend.

De standaardkostprijs wordt bepaald op basis van de formule:

$$StKp = \frac{C}{N} + \frac{V}{W}$$

waarin:
StKp = (standaard)kostprijs per eenheid product
C = de constante (vaste) kosten per periode (meestal: jaar)
N = de normale bezetting per periode (meestal: jaar)
V = de totale variabele kosten in die periode
W = het werkelijke aantal eenheden dat in die periode vervaardigd is

In de meeste gevallen wordt in de formule niet van V/W uitgegaan, maar direct van de variabele kosten per eenheid v. De formule wordt dan:

$$StKp = \frac{C}{N} + v$$

VOORBEELD
De variabele kosten van een magnetron van het type HPZX311 met heteluchtoven en grill (1.000 W) bedragen €90 per stuk en de totale vaste kosten €1.280.000 per jaar. De normale productie is 80% van de maximale capaciteit van 20.000 stuks per jaar.
De standaardkostprijs wordt nu dus:

$$StKp = \frac{€1.280.000}{16.000} + €90 = €80 + €90 = €170$$

De standaardkostprijs wordt ook wel de integrale kostprijs genoemd, omdat in deze kostprijs zowel de constante als de variabele kosten zijn opgenomen. Hierin verschilt deze kostprijs dus van de *differentiële kostprijs* (zie hierna). Als aan het eind van het boekjaar blijkt dat de werkelijk geproduceerde hoeveelheid ook precies gelijk is geweest aan de normale productie, dan zijn op deze wijze de vaste kosten precies gedekt. Je hebt namelijk N keer C/N ontvangen. Blijkt er meer of minder te zijn geproduceerd, dan werd er dus meer of minder ontvangen dan voor de dekking van de totale vaste kosten nodig was. Dat resulteert dus in (extra) winst of verlies. Hiervoor wordt de term *bezettingsresultaat* gehanteerd. Berekeningen betreffende het bezettingsresultaat vallen buiten het bestek van dit boek.

Bezettingsresultaat

Winst
In de eenvoudigste vorm wordt de winst als volgt bepaald door de WOK-formule.
Dus: W (winst) = O (opbrengst) − K (kosten). De vraag is nu wat precies onder omzet of opbrengst gerekend moet worden en wat onder kosten. De opbrengst of omzet wordt verkregen door de *verkochte* hoeveelheden (= afzet) te vermenigvuldigen met de (gemiddelde) prijs. De geproduceerde hoeveelheid is dus bij de winstberekening niet van belang. Evenmin is het van belang of de verkochte hoeveelheid zojuist werd geproduceerd of uit de magazijnvoorraad werd gehaald. De prijs is altijd de opbrengstprijs exclusief btw. Afhankelijk van de plaats in de bedrijfskolom van de onderneming gaat het om de consumentenprijs, de verkoopprijs van de groothandel of de af-fabrieksprijs. Deze prijs moet gegeven zijn of hij moet afgeleid worden (bijvoorbeeld een af-fabrieksprijs terugrekenen vanuit de consumentenprijs). Bij het berekenen van de winst moet speciaal gelet worden op investeringen. Dat betreft uitgaven die niet in één keer als kosten worden opgevoerd, maar verdeeld over een aantal jaren ten laste van de winst worden gebracht. Laatstbedoelde bedragen worden dan afschrijvingen genoemd. Hebben we bijvoorbeeld een machine aangeschaft voor €100.000 en schrijven we die in tien jaar volledig af, dan wordt tien jaar lang jaarlijks een bedrag van €10.000 als kosten opgevoerd. Is er wel een restwaarde, dan wordt dat bedrag uiteraard niet als kosten opgevoerd. In ons voorbeeld: als de machine na tien jaar nog een restwaarde van €10.000 zou hebben, dan hoeft er slechts €90.000 in tien jaar afgeschreven te worden, dus €9.000 per jaar.

Omzetsnelheid; omloopsnelheid van de voorraad
Zoals we zagen, is winst het verschil tussen opbrengst en kosten. Bij één enkele eenheid product wordt dat de *marge* genoemd. Op zich zegt een hoge of lage marge nog niet zoveel. Minstens even belangrijk is hoe vaak die marge wordt 'verdiend'. Dat wordt aangegeven door de omzetsnelheid of door de omloopsnelheid van de voorraad.

Omloopsnelheid van de voorraad

Hoe de *omloopsnelheid van de voorraad* wordt berekend, laten we zien aan de hand van een voorbeeld. Aan het begin van 2012 heeft een autodealer 15 auto's van een bepaald type in voorraad. Aan het eind van dat jaar zijn dat er 13. In de loop van het jaar heeft hij 84 auto's van dat type verkocht. De omloopsnelheid van de voorraad wordt nu berekend door het aantal verkochte auto's te delen door de gemiddelde voorraad van die auto's. Die gemiddelde voorraad is in feite niet bekend, maar wordt benaderd door de voorraadposities aan het begin en het eind van het jaar bij elkaar op te tellen en door 2 te delen. De gemiddelde voorraad is dus: (15 + 13) / 2 = 14. En de omloopsnelheid van de voorraad is: 84 / 14 = 6.

Omzetsnelheid van de voorraad

De berekening van de *omzetsnelheid van de voorraad* gaat ongeveer op dezelfde manier, maar nu vullen we bedragen in, in plaats van aantallen. Dus we gaan uit van de voorraad in geld en van de omzet, en niet van de afzet. We moeten hierbij twee zaken in het oog houden:
- Voorraad en omzet moeten allebei óf tegen inkoopprijzen óf tegen verkoopprijzen worden gewaardeerd.
- De bedragen moeten exclusief btw zijn.

Laten we die auto's weer als voorbeeld nemen. De inkoopprijs per auto is €15.000. De verkoopprijs is €17.000, beide exclusief btw.
We berekenen de omzetsnelheid nu eerst tegen verkoopprijzen. De omzet was 84 maal €17.000, is €1.428.000. De waarde van de gemiddelde voorraad in verkoopprijzen is (15 × €17.000 + 13 × €17.000) / 2 = €238.000 (natuurlijk kan dit sneller berekend worden, maar het gaat om het idee). De omzetsnelheid is dus: €1.428.000 / €238.000 = 6.

De berekening tegen inkoopprijzen die uiteraard op hetzelfde antwoord moet uitkomen, gaat als volgt. De waarde van de gemiddelde voorraad in inkoopprijzen is (15 × €15.000 + 13 × €15.000) / 2 = €210.000. De omzet tegen inkoopprijzen was 84 maal €15.000, is €1.260.000. De omzetsnelheid is dus: €1.260.000 / €210.000 = 6.

Roi en ros

De winst op zich is interessant. Nog interessanter is het als we die winst ergens aan kunnen relateren. In praktisch alle ondernemingen wordt daarom niet alleen de winst, maar ook de zogenoemde *return on investment (roi)* berekend. Dit is de winst over een bepaalde periode, als percentage van het in de desbetreffende periode gemiddeld geïnvesteerde vermogen. Hierbij wordt het gemiddeld geïnvesteerde vermogen, net zoals bij de berekening van de omzetsnelheid, berekend door het geïnvesteerde vermogen aan het begin en eind van die periode bij elkaar op te tellen en door twee te delen. Nemen we als voorbeeld een bedrijf dat aan het begin van 2015 in totaal €2,0 miljoen in het bedrijf heeft geïnvesteerd. Aan het eind van 2015 is dat €2,4 miljoen. In 2015 bedroeg de omzet €4.400.000 en de winst €220.000. Voor de berekening van de roi hebben we eerst het gemiddeld geïnvesteerde vermogen nodig. Dat is (€2,0 miljoen + €2,4 miljoen) / 2, is €2,2 miljoen. De roi is dan: €220.000 / €2,2 miljoen = 10%.

Return on investment (roi)

Een vergelijkbaar kengetal is de *return on sales (ros)*. In dit geval wordt de winst niet gedeeld door het gemiddeld geïnvesteerde vermogen, maar door de omzet (sales). In feite bereken je hiermee dus de nettowinstmarge. In dit voorbeeld bedraagt de ros: €220.000 / €4.400.000 = 5%.

Return on sales (ros)

Direct costing

In de jaren dertig van de vorige eeuw is de direct costing-methode ontwikkeld. Direct costing, ook wel variabelekostencalculatie genoemd, is een systeem van kostencalculatie waarbij alleen de variabele kosten het product worden toegerekend. De constante kosten worden in één keer naar de verlies- en winstrekening gebracht. De berekening van het bedrijfsresultaat op basis van direct costing verloopt anders dan op basis van de integrale kostencalculatie.

Variabelekostencalculatie

VOORBEELD

Opbrengst (afzet × nettoverkoopprijs)	€1.000
Kosten (afzet × variabele kosten per eenheid)	€ 600
Dekkingsbijdrage (contributiemarge)	€ 400
Toegerekende constante kosten	€ 300
Winst	€ 100

18.2 Kostengeoriënteerde prijsstelling

De prijs kan berekend worden op basis van de gemaakte kosten. We noemen dit de kostengeoriënteerde prijsstelling.

Definitie kostengeoriënteerde prijsstelling

> De kostengeoriënteerde prijsstelling is een methode van prijszetting die gebaseerd is op de kostprijs (integrale benadering) of de variabele kosten (differentiële benadering).

In de bedrijfseconomie bestaan verschillende manieren om de kostprijs van een product te bepalen. In het algemeen worden de kosten via verdeelsleutels aan de diverse producten toegerekend. Bij de verdeelsleutels spelen ook kostenplaatsen een rol. Dat zijn kostengroeperingen die de toerekening van de indirecte kosten mogelijk moeten maken. Bijvoorbeeld de afdeling repro of het secretariaat kan een kostenplaats vormen, maar ook huisvesting. Het toerekenen van kosten aan individuele producten is gebaseerd op het idee dat de kosten van een bepaald product door de afzet van dat product terugverdiend moeten worden. Bij een geringe afzet ontstaan dus hoge prijzen. Dit systeem leidt tot een op de kostprijs gebaseerde af-fabrieksprijs. Als we daar dan de distributiemarges bij optellen, ontstaat soms een prijs waarmee we niet kunnen concurreren.

Mark up pricing

Kostprijs-plus-opslagmethode

Bij de kostengeoriënteerde methoden voor het bepalen van de verkoopprijs voor de consument wordt vaak de kostprijs-plus-opslagmethode (mark up pricing) gebruikt. Hierbij wordt meestal uitgegaan van de integrale of standaard fabricagekostprijs. Daar wordt dan een percentage (de opslag) bij opgeteld voor marketingkosten zoals die van verkoop, distributie en promotie. Daar bovenop komt een winstopslagpercentage. Ditzelfde herhaalt zich bij elke distributieschakel.

Opslagpercentage

Soms wordt één opslagpercentage voor de dekking van de marketingkosten en de winst gehanteerd. De winstopslag kan dan een vast of variabel percentage zijn. De hoogte ervan is mede afhankelijk van de concurrentieverhoudingen. Bij de groot- en detailhandel wordt de verkoopprijs meestal op de inkoopprijs gebaseerd, waar dan een percentage voor de vaste kosten en de winst wordt bijgeteld.

> **VOORBEELD**
> Stel dat de directe kosten van een relatief dure fiets, zoals de inkoopkosten van componenten en benodigd arbeidsloon, €150 bedragen. De indirecte productiekosten bedragen 200% van deze directe kosten. Dit percentage is vastgesteld op grond van ervaringen die in het verleden met soortgelijke producten zijn opgedaan. De kostprijs bedraagt dus €450. Er geldt een opslagpercentage van 12% voor marketingkosten (€54 per stuk) en een winstopslag van 10% (over €450 + €54). Dit resulteert in een verkoopprijs van €554,40 aan de groothandel (exclusief 21% btw). De groothandel hanteert een opslag of markup van 8%, waardoor zijn verkoopprijs €598,75 exclusief 21% btw bedraagt. De opslag van de detaillist bedraagt 30% van de inkoopprijs, zodat de verkoopprijs aan de consument wordt:

Inkoopprijs detaillist	€598,75
Opslag 30%	€179,63 +
Totaal	€778,38
Btw 21%	€163,46 +
Consumentenadviesprijs	€941,84

Target rate of return pricing
Target rate of return pricing of target pricing is een opslagmethode waarbij de opslag wordt bepaald door het gewenste rendement op het geïnvesteerde vermogen.

VOORBEELD
Stel, het geïnvesteerde vermogen (V) bedraagt €10.000.000. Hierover willen we een rendement (r) van 16% behalen. De vaste kosten bedragen €3.200.000 voor de productie van 16.000 dvd-spelers. De variabele kosten zijn €250 per stuk. De verkoopprijs (target price) bedraagt dan:

$$\frac{€3.200.000 + 0{,}16 \times €10.000.000}{16.000} + €250 = €550$$

Bij de berekening van de af-fabrieksprijs (target price) worden in de formule dus de constante kosten verhoogd met het gewenste rendement op het geïnvesteerde vermogen.

Differentiële kostprijs
Voor incidentele (export)orders of aparte bestellingen, bijvoorbeeld partij-verkoop van een fancy merk, kunnen we gebruikmaken van de differentiële kostprijs. Daarin zijn alleen de extra productie- en verkoopkosten opgenomen, die moeten worden gemaakt om het product te kunnen leveren. Vaak zijn dat alleen de extra variabele kosten. Het is echter denkbaar dat bijvoorbeeld de productiecapaciteit moet worden uitgebreid, waardoor ook extra constante kosten ontstaan. Dit beleid werkt op lange termijn alleen, als alle vaste kosten worden gedekt door de normale verkopen. Dit zijn dan de verkopen die gerealiseerd worden bij een normale bezetting van de capaciteit tegen een prijs die hoger is dan de totale kostprijs.

Differentiële kostprijs

Als de direct costing-methode wordt gehanteerd, liggen de prijzen nog lager en zou er sprake kunnen zijn van *prijsbederf* of prijsdumping. Dit is eventueel mogelijk voor goederen van een inferieure kwaliteit of om op korte termijn liquide middelen of buitenlandse valuta te verwerven. Een voorbeeld hiervan is het verkopen van een kleine partij magnetrons zonder snoer en stekker aan Rusland, om zo nog wat voor deze partij te krijgen (wat op de reguliere markt niet mogelijk is).

Prijsdumping

Kostprijs-plus-methode in de praktijk
Bij het toepassen van de integrale standaardkostprijscalculatie bestaat er een verband tussen de kostprijs en de afzet. Dit verband is terug te voeren

tot de vraagfunctie. Als de verkoopprijs is afgeleid van de kostprijs en als wordt gewerkt met een vast winstopslagpercentage, geldt dat een lagere kostprijs leidt tot een lagere verkoopprijs. Hiervan ging Henry Ford uit bij de productie van zijn T-Ford.

Lagere verkoopprijs leidt vaak tot een hogere afzet, en omgekeerd

Een lagere verkoopprijs leidt vaak tot hogere afzetcijfers. Als we een lagere afzet verwachten en daarop de normale bezetting (N) baseren, worden de vaste kosten over minder producten verdeeld en zijn de vaste kosten per stuk niet meer minimaal. Er ontstaan dan hoge kostprijzen en bij deze methode hoge verkoopprijzen. Als het bedrijf de enige aanbieder is en het product bevindt zich aan het begin van de levenscyclus, is dat geen bezwaar. Onder meer concurrerende omstandigheden echter moet tegenover die inefficiënte hoge-kosten-verkoopprijs wel een meerwaarde staan, anders zullen de verkopen tegenvallen, vooral als het om een prijsgevoelig product gaat. Omgekeerd kan, uitgaande van een hoge afzet, een lage kostprijs worden bereikt door het hanteren van efficiëntere productiemethoden (schaalvergroting, automatisering en leercurve). Met een lage kostprijs is een lagere verkoopprijs mogelijk en zo kunnen we op een hogere afzet rekenen, zoals bij Ford gebeurde.

18.3 Concurrentiegeoriënteerde prijsstelling

Bij een concurrentiegeoriënteerde prijsstelling wordt de prijs (mede) bepaald op basis van de prijsstelling van de concurrerende aanbieders.

Definitie concurrentiegeoriënteerde prijsstelling

> De concurrentiegeoriënteerde prijsstelling is een methode van prijszetting waarbij het prijsniveau van de (belangrijkste) concurrent als uitgangspunt wordt genomen.

We onderscheiden de volgende vormen van prijsstelling die uitgaan van de concurrentie:
- het volgen van de prijsleider
- me-too pricing
- going rate, premium en discount pricing
- stay-out pricing en put-out pricing.

Passief prijsbeleid

De eerstgenoemde drie vormen zijn voorbeelden van zogenoemd *passief prijsbeleid*. Bij een passief prijsbeleid wordt het initiatief voor het te voeren prijsbeleid aan de markt of de concurrentie overgelaten. Er wordt gekeken naar de prijs van de concurrent. Aan deze afwachtende houding kunnen verschillende factoren ten grondslag liggen, zoals een gebrek aan middelen of kennis, het niet aanwezig zijn van een eigen calculatieafdeling, maar ook bijvoorbeeld de marktvorm waarin we opereren (zie paragraaf 19.2).

Actief prijsbeleid

Laatstgenoemde vormen zijn voorbeelden van *actief prijsbeleid*. Een actieve prijsstrategie stelt een onderneming in staat het differentiële productvoordeel dat zij op een markt heeft of wil verkrijgen, tot uitdrukking te brengen in het te voeren prijsbeleid. Zij trekt dus het initiatief op de markt naar zich toe. Naast stay-out pricing en put-out pricing zijn de nog in paragraaf 18.4 te bespreken prijsdifferentiatie en prijsdiscriminatie en de in paragraaf 19.4 nog te bespreken penetratieprijs- en afroomprijsstrategie voorbeelden van actief prijsbeleid.

Het volgen van de prijsleider

Bij prijsvolgen (follow the leader pricing) wordt de prijs vastgesteld op basis van (stilzwijgende) afspraken met medeaanbieders.

Follow the leader pricing

De marktleider is een onderneming of organisatie met het grootste marktaandeel of het technologisch beste product, wat gebaseerd is op een technologische voorsprong of meer macht in het distributiekanaal, vanwege bijvoorbeeld een breed assortiment aan A-merken. De prijsleider bepaalt als eerste prijswijzigingen. Dit is mogelijk wanneer hij een informatievoorsprong heeft, een betere en/of snellere boekhoud-/calculatieafdeling of een snellere besluitvorming. De prijsvolger kijkt als het ware de prijzen af van de concurrent: de prijsleider. Voor bijvoorbeeld benzine worden vaak langs de snelweg de prijzen, niet alleen in ons land maar ook in het buitenland, van tevoren in grote letters en cijfers aangegeven en kunnen de prijzen vergeleken worden. Dit dwingt een duurder benzinemerk zijn prijzen aan te passen. In Frankrijk kan het voorkomen dat alle benzineprijzen langs een stuk autoroute gelijk zijn. Dit kan overigens ook het gevolg zijn van een gentlemen's agreement of prijskartel, wat binnen de EU verboden is.

Marktleider

Me-too pricing

In marktvormen met een homogeen aanbod wordt vaak getracht de prijsconcurrentie te vermijden. Dat zou immers kunnen leiden tot een prijsoorlog. Er vindt dan noodgedwongen concurrentie plaats met behulp van de overige marketinginstrumenten. We spreken hier ook wel van non-price competition.

Non-price competition

De strategie van me-too pricing kan dus voorkomen bij een homogene vraag, het ontbreken van een uniek productvoordeel, wanneer aanbieders aan een meer bezadigde vorm van concurreren de voorkeur geven of wanneer aanbieders langetermijninstrumenten (productontwikkeling, merkbeeld) prefereren.

Een vorm van mee-too pricing is de prijsvorming bij oerproducenten voor sommige agrarische producten. Zo krijgt elke boer een gelijke prijs voor zijn melk, mits de melk een minimum vetgehalte heeft.

Going rate, premium en discount pricing

Als in een oligopolie geen prijsleider opereert, zullen de meeste aanbieders, wanneer ze zich onvoldoende kunnen onderscheiden, hun prijs in de buurt van de gemiddelde of going rate-prijs bepalen. Een voorbeeld van deze strategie is de benzinemarkt. Vaak verschillen binnen een bepaalde regio de prijzen niet al te veel. Duikt iemand ver onder de gangbare prijs, dan volgen zijn concurrenten direct.

Going rate pricing

De aanbieders van betere, bekendere merken, zullen hun prijs boven de going rate-prijs vaststellen. Zij kunnen dit doen omdat de klant aan de hogere prijs meer voldoening verbindt. Dit wordt premium pricing genoemd.

Premium pricing

Aanbieders van minder bekende merken met mogelijk een kwalitatief minder product, zoals B-merken, zullen een prijs onder de geldende marktprijs hanteren, omdat hun product geen meerwaarde biedt. Er is dan sprake van discount pricing: ze moeten de klant met behulp van de prijs aantrekken. In dit geval bestaat er overeenkomst met de pushstrategie. Ze moeten trachten een plaatsje in de winkel te veroveren, omdat anders de klant niet naar hun product vraagt.

Discount pricing

Volgens het *NIMA Marketing Lexicon* is discount pricing zowel concurrentie- als afnemersgeoriënteerd.

Stay-out pricing en put-out pricing

Stay-out pricing Stay-out pricing dient om eventuele concurrenten af te schrikken. Een te hoge prijs zou concurrenten kunnen uitnodigen ook deze winstgevende markt te betreden. Daarom worden potentiële aanbieders ontmoedigd door een waarschuwing in de vorm van een vaak tijdelijke, lage prijs. Een gewaarschuwde concurrent zal niet zo gauw zijn dure geld investeren in een markt met hoge aanloopkosten in productontwikkeling, productie, distributie en promotie.

Put-out pricing Bij put-out pricing is de doelstelling een bestaande concurrent de markt uit te werken. Dit is mogelijk wanneer de onderneming een langere adem heeft dan de concurrentie. Dit komt zowel voor bij producten in de eindfase van de productlevenscyclus, wanneer het aantal aanbieders afneemt, als in de groeifase, wanneer namaakproducten op de markt worden gebracht om te profiteren van de introductie-inspanningen van de innovator. Soms is het een pure prijzenoorlog, waarin de financieel zwakkere concurrenten worden geëlimineerd. Zo'n prijsbeleid kan alleen op korte termijn gevoerd worden. Bovendien moet de onderneming over voldoende weerstandsvermogen of kostenvoordeel beschikken.

Dumping In dit kader noemen we ook de term *dumping*. Dumping is de concurrentie- of kostengeoriënteerde prijszetting, waarbij een bepaalde aanbieder zijn producten op de markt brengt tegen een prijs die aanmerkelijk lager is dan de gemiddelde marktprijs. In sommige gevallen worden zelfs prijzen gehanteerd die lager zijn dan de kostprijs. Dit gebeurt soms uit concurrentieoverwegingen, bijvoorbeeld om snel een bepaald marktaandeel te veroveren of uit kostenoverwegingen, bijvoorbeeld om op korte termijn de winstgevendheid of de kasstroom te vergroten.

In het kader van de internationale marketing wordt dumping overigens anders gedefinieerd, namelijk als het verkopen van goederen in een importland of gastland tegen prijzen die lager zijn dan de werkelijke kostprijs in de thuismarkt van de exporterende onderneming dan wel van de lokale ondernemingen in het importland of gastland. Bij de wereldhandelsconferenties is dumping al lang een zeer belangrijk politiek punt van gesprek.

18.4 Vraaggeoriënteerde prijsstelling

Bij de vraaggeoriënteerde prijsstelling wordt de prijs bepaald vanuit de vraagzijde, ofwel wat een consument bereid is voor het product of de dienst te betalen.

Definitie vraag- of afnemersgeoriënteerde prijsstelling
> De vraag- of afnemersgeoriënteerde prijsstelling is een methode van prijszetting die gebaseerd is op de prijzen die de (potentiële) afnemers bereid zijn voor het product te betalen, rekening houdend met psychologische aspecten van de prijs.

Uitgaande van het marketingconcept zou theoretisch alleen deze prijsstellingsmethode gehanteerd mogen worden. Op die manier komt namelijk voor ieders portemonnee het gewenste product beschikbaar. Dat dit niet eenvoudig is, zien we in de gezondheidszorg, ons grootste goed, dat echter nog nauwelijks betaalbaar is. Bij de vraaggeoriënteerde prijsstelling vormt de marktvraag het uitgangspunt. De perceptie van de kopers kan zodanig zijn, dat zij een aanmerkelijk hogere prijs willen betalen dan de kosten of de concurrentie zouden kunnen rechtvaardigen. Het is ook mogelijk dat de afnemers minder willen of kunnen betalen.

We behandelen hier vier vormen van vraag- of afnemersgeoriënteerde prijsstelling: de eindprijs-min-methode, prijsdiscriminatie, prijsdifferentiatie en psychologische prijszetting.

Eindprijs-min-methode
De eindprijs-min-methode, ook wel inverse prijszetting of backward pricing genoemd, houdt rekening met de gebruikelijke marges voor de tussenhandel. Uitgaande van de prijzen van vergelijkbare producten van de concurrenten of van een aantrekkelijke prijs voor de klant (pk), worden daarvan de marges voor de detailhandel (md) en groothandel (mg) afgetrokken en resteert de prijs (pp) die de producent ontvangt. Dus: pk – md – mg = pp.

Het verschil tussen de kosten en opbrengsten in geld of procenten per eenheid product heet de *marge*. De marge wordt meestal bepaald in de vorm van een opslag in geld of procenten, over de kost-, inkoop- of verkoopprijzen. Als de marge in een percentage wordt uitgedrukt, moet duidelijk zijn waarvan het percentage wordt genomen. Een marge van 20% van de verkoopprijs komt bijvoorbeeld overeen met een marge van 25% van de inkoopprijs.

> **VOORBEELD**
> Laten we weer het voorbeeld van de fiets nemen. Een mooie fiets kost in de winkel bijvoorbeeld €907,50, inclusief 21% btw. Exclusief btw is dat: €907,50/1,21= €750. We stellen de marge voor de detailhandel op 35% van de verkoopprijs exclusief btw en de opslag voor de groothandel op 8% van de inkoopprijs. Wat is dan de af-fabrieksprijs?
> Let goed op het verschil in berekening tussen marge (als percentage van de *verkoopprijs* zoals hier bij de detaillist) of als opslag (als percentage van de *inkoopprijs* zoals hier bij de grossier). Het begrip marge wordt soms slordig gebruikt: zowel voor marge (van de verkoopprijs) als voor opslag/mark-up (van de inkoopprijs). Kijk daarom naar de grondslag waarover het percentage berekend wordt, dus dient het percentage van de verkoopprijs of van de inkoopprijs genomen te worden. Bij de detailhandel is meestal het eerste het geval, bij de groothandel het tweede. Dus:
> - Als de marge 35% van de verkoopprijs is, is de inkoopprijs 65% van de verkoopprijs.
> - Als de opslag 8% van de inkoopprijs is, is de verkoopprijs dus 108% van de inkoopprijs en is de inkoopprijs gelijk aan de verkoopprijs gedeeld door 108%, ofwel gedeeld door 108/100, is 1,08.
>
> We krijgen nu:
>
> | | |
> |---|---|
> | Winkelprijs inclusief btw | €907,50 |
> | Winkelprijs exclusief btw: €907,50/1,21 = | €750,00 |
> | Inkoopprijs detaillist (verkoopprijs grossier): 0,65 × €750 = | €487,50 |
> | Inkoopprijs grossier (af-fabrieksprijs): €487,50/1,08 = | €451,39 |

Als de fabrikant het product goedkoper kan produceren dan de berekende prijs, zou hij het op de markt kunnen brengen en winst behalen. Hij moet dan ook nog een bedrag uittrekken voor de marketing van het product om een deel van de markt te veroveren. Als de markt nog groeit, gaat dat gemakkelijker dan in een verzadigde markt. Als hij het product niet voor die prijs kan produceren, moet hij iets aan het product wijzigen waardoor de productie goedkoper wordt, of hij moet van productie afzien.

Alhoewel de eindprijs-min-methode vraaggeoriënteerd wordt genoemd, zou je deze methode ook concurrentiegeoriënteerd kunnen noemen. In het *NIMA Marketing Lexicon* staat bij eindprijs-min-methode (inverse prijszetting): afnemersgeoriënteerde methode van prijszetting (...), terug te rekenen vanuit de gewenste consumentenprijs, de prijzen van concurrenten of de prijs die in de markt haalbaar is.

Prijsdiscriminatie

Prijsdiscriminatie

Prijsdiscriminatie bestaat uit het vragen van verschillende prijzen voor in principe hetzelfde product aan verschillende groepen afnemers. Er is dus geen sprake van verschillende producten, maar van verschillende marktsegmenten.

Criteria voor prijsdiscriminatie

Prijsdiscriminatie kan worden gevoerd op basis van de volgende discriminerende criteria:
- *Geografisch gescheiden gebieden.* Als in één deel van de markt de koopneiging geringer is dan in andere regio's, kan getracht worden met een lagere prijs de consumenten in dat gebied over de prijsdrempel te helpen. Hierbij moet worden gewaakt voor herimport en dus voor *prijsbederf*.
- *Afnemersgroepen.* Voor verschillende afnemersgroepen zijn de prijzen aangepast aan hun koopkracht: 65+-kaart, CJP, OV-jaarkaart enzovoort.
- *Het afnamemoment.* De vraag naar veel producten is onregelmatig en vertoont dus pieken en dalen, zoals het spitsuur (vraag naar treinvervoer), seizoensdrukte (vraag naar consumptie-ijs) en piekbelasting (vraag naar telefoondiensten). Door te trachten de vraag naar slappere perioden te verschuiven, kan de capaciteit beter benut worden en dus een hogere winst worden gerealiseerd. Denk bijvoorbeeld aan het voordelige bioscoopkaartje op maandagavond, het voordelige avondtarief voor de telefoon, het nachtstroomtarief voor de elektriciteit, de dalurenkaart van de Nederlandse Spoorwegen en de tarieven van hotels en andere vakantieverblijven in het voor- en naseizoen.
- *Het product zelf.* Hierbij is sprake van productdifferentiatie, waarbij de hogere prijs van de luxere variant niet in verhouding staat tot de extra kosten. Voor bonbons in een luxe doosje moet bijvoorbeeld vaak veel meer extra worden betaald dan de kosten van dat extra doosje.

Voorwaarden voor prijsdiscriminatie

Een van de voorwaarden voor prijsdiscriminatie is dat de verschillende marktsegmenten verschillen in prijsgevoeligheid. Een tweede voorwaarde is, dat er sprake is van gesloten grenzen. Dat daar steeds minder sprake van zal zijn, is duidelijk. Nu wordt al veel goedkoper over de grens gekocht, bijvoorbeeld benzine in Duitsland. Zo kopen de Belgen bijvoorbeeld Nederlandse merkfietsen goedkoper in Nederland dan in hun eigen land. Door de invoering van de euro zijn prijsvergelijkingen nog eenvoudiger geworden en wordt dit gedrag nog meer gestimuleerd.

Prijsdifferentiatie

Prijsdifferentiatie

Prijsdifferentiatie is het vragen van verschillende prijzen voor verschillende producten, gebaseerd op verschillen in kosten en producteigenschappen.

Prijsdifferentiatie komt vaak voort uit productdifferentiatie (assortiments-verbreding). Dit onderwerp kwam uitgebreid aan de orde in hoofdstuk 15. Met een dergelijk prijsbeleid, prijsdifferentiatie in combinatie met productdifferentiatie, zijn de totale opbrengsten groter dan wanneer van een product alleen een eenheidsuitvoering tegen een standaardprijs zou worden aangeboden.

Psychologische prijszetting
Bij afnemersgeörienteerde prijszetting zijn de zogenoemde psychologische aspecten van de prijs van groot belang. Wij zullen er hier enkele bespreken: psychologische prijzen met daaraan verbonden de termen prijsdrempel en oneven eindprijzen, prijsgrenzen, prestigeprijzen en optisch verkleinde prijzen.

Psychologische aspecten

Het verloop van de vraag is in het algemeen niet zo gelijkmatig als met de gewone vraagcurve wordt gesuggereerd. Er zitten knikken in, die worden veroorzaakt door psychologische prijzen (zie figuur 18.1).

FIGUUR 18.1 Vraagcurve bij psychologische prijzen

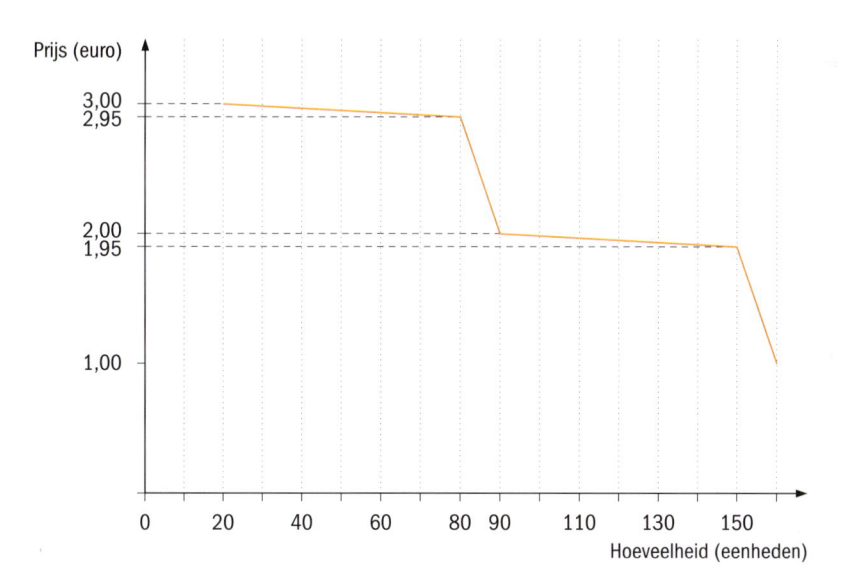

Dit zijn prijzen die juist onder de prijsdrempel liggen, waarop de kopers sterker reageren.

Prijsdrempel

Bijvoorbeeld net onder €1, zoals €0,98 of net onder een veelvoud van tientjes, zoals €79. Daarbij lijkt het voor de consument of hij €70 uitgeeft, terwijl het in werkelijkheid (bijna) €80 is.

Wanneer we de prijzen op een dergelijke manier vaststellen, ziet de vraagcurve eruit als een soort trap. Bij een prijs boven een prijsdrempel loopt de vraag plotseling sterk terug. Van €0,99 naar €1 is de vraag sterk elastisch. Van €1 naar €1,01 is de vraag inelastisch. Vooral bij prijzen onder een macht van tien (dus €10, €100, €1.000 enzovoort) is de elasticiteit groter dan daar juist boven: dus tussen de €5 en €10 is die elasticiteit groter dan tussen €10 en €15. In figuur 18.1 wordt een vraagcurve bij psychologische prijzen weergegeven: €2,95 en €1,95 zijn psychologische prijzen, met de daarbij behorende afzet (respectievelijk 80 en 150 eenheden). Deze prijzen worden ook wel oneven, dus niet afgeronde eindprijzen genoemd; in het Engels heet dit: odd-end pricing.

● www.z24.nl

Waarom ook de maffia in Italië blij is met de zonnepanelen

Zonne-energie is inmiddels goed voor 7,5 procent van de stroomproductie in Italië – meer dan in welk land ter wereld. Met dank aan het grote aantal zonne-uren én genereuze subsidies voor duurzame energie. Maar ook in deze sector is de maffia inmiddels actief. Dat schrijft persbureau AFP in een reportage. Justitie op Sardinië waarschuwde vorig jaar voor de infiltratie van de maffia in de snelgegroeide bedrijfstak voor alternatieve energie. Politieorganisatie Europol had in 2013 al hetzelfde signaal afgegeven. Subsidies die eigenlijk bedoeld waren voor boeren die investeerden in groene energie, zouden zijn opgestreken door de georganiseerde criminaliteit.

Het gaat hierbij onder meer om subsidies voor de installatie van bijvoorbeeld zonnepanelen door boerenbedrijven. Daarvan blijken ook firma's te profiteren die wel zonnepanelen plaatsen, maar verder niets met landbouw te maken hebben.

Naast de maffia profiteren ook grote buitenlandse bedrijven van de gulle geldstromen uit Rome. Een Chinees bedrijf kreeg op Sardinië geld voor een kassenbedrijf dat stroom opwekt via zonnepanelen op het dak. Wat blijkt: er liggen panelen op de daken van de kassen die het licht tegenhouden, maar met de kassen zelf wordt niets gedaan. In plaats van aloë vera groeit er nu onkruid.

Biomassa en wind
Behalve in zon pompte de Italiaanse overheid ook volop geld in de verwerking van biomassa en in wind. Meer dan 300 Italiaanse gemeenten zouden nu zelfvoorzienend zijn elektriciteit, met name door windmolens.

Maar het stimuleringsprogramma kost de betalingbetaler wel een vermogen: gemiddeld betaalt elke Italiaan 93 euro mee aan de subsidies als onderdeel van zijn jaarlijkse energierekening. Vorig jaar besloot het Italiaanse kabinet de subsidies voor fabrieken voor zonne-energie te verlagen met 6 tot 25 procent, afhankelijk van de grootte.

De bestaande opwekkers van duurzame energie hebben daar geen last meer van. Die hebben hun subsidie gehad. En uiteraard zijn er ook genoeg bonafide bedrijven die zich netjes aan de subsidieregels hebben gehouden. Wees niet verbaasd als de boer die je op vakantie tegenkomt, z'n ricotta maakt op zonne-energie.

28 juni 2015

De consument hanteert de hoogte van de prijs vaak als maatstaf voor de kwaliteit van een product, omdat hij niet terzake kundig is.
In het algemeen hanteert de consument voor elk product twee prijsgrenzen. Dat zijn de twee uiterste grenzen die voor afnemers van een product nog acceptabel zijn. Bij hogere prijzen wordt het product te duur gevonden, bij lagere prijzen wordt de kwaliteit van het product niet meer vertrouwd. Dit wordt geïllustreerd in figuur 18.2.

Prijsgrenzen

Dat boven p_{max} minder gekocht wordt, geldt echter niet voor elke consument. Er zijn consumenten die een prijs als een prestigeprijs beschouwen, om te laten zien dat zij zich die kunnen veroorloven. Dit geldt uiteraard vooral voor bepaalde statusproducten zoals bijvoorbeeld Rolls Royce-auto's en Cartier-horloges.

Prestigeprijs

FIGUUR 18.2 Koopresponscurve

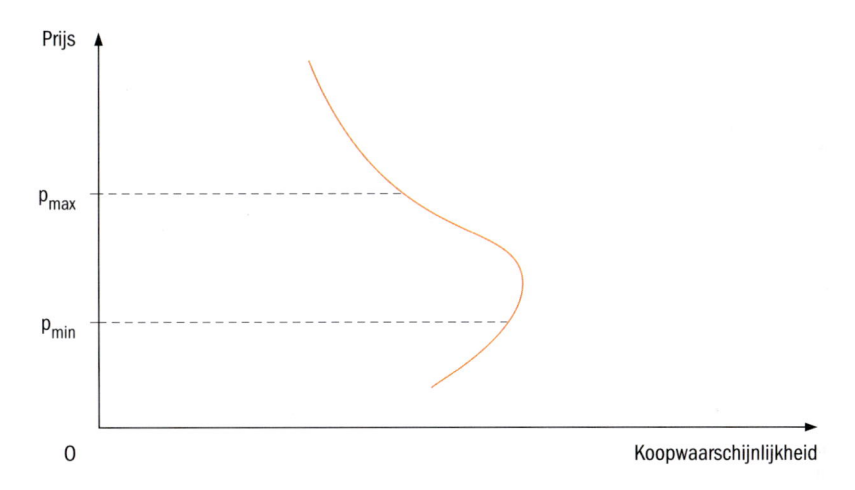

Een andere vorm van psychologische prijzen zien we bij de vele kortingsacties: 'van €2,20 voor €1,90', of zelfs: 'NU €2,95'. Consumenten zijn in het algemeen zeer gevoelig voor dit soort prijsaanbiedingen. Dit is overigens het meest toegepaste instrument binnen sales promotion. Een andere vorm van prijsaanbiedingen is het leveren van meer product, extra service of betere aankoop- of betalingsvoorwaarden voor dezelfde prijs, bijvoorbeeld 'nu 15% meer product', of 'nu met één jaar langer garantie'. Ook aanbiedingen als 'drie halen, twee betalen' zorgen vaak voor extra omzet.
Sommige producten worden per twee of meer stuks in één verpakking aangeboden, zoals gebruikelijk is bij tandpasta en candybars. Hiermee appelleert de aanbieder aan het voordeelinstinct van de consument. Bijvoorbeeld drie pakken koffie (in één verpakking) voor slechts €10. Daar is de consument happig op.
Ten slotte wordt als verkoopargument nog gebruikgemaakt van de optische prijsverkleining. Door uit te rekenen wat de consument per week of per dag moet betalen, zal hij eerder over de koopdrempel stappen dan wanneer hij het hele bedrag in één keer moet verwerken. Zo werkt het principe van de financiering: de koper betaalt per maand een klein bedrag in plaats van de volledige aankoopsom. In Engeland hadden consumenten bij de introductie

Optische prijsverkleining

van de televisie geen geld (gespaard) om zo'n apparaat in één keer te betalen. Daarom was het huren als introductiemethode daar een groot succes, omdat £10 per week beter te overzien was dan £1.000 in één keer (denk aan Skala). Het mag duidelijk zijn dat de huurders uiteindelijk toch meer betaalden.

• www.vkoverzekeringen.nl

Consument verzekert prijsbewust; flinke groei VKO-zorgverzekerden

Consumenten kiezen hun zorgverzekering steeds later én steeds prijsbewuster. Eind 2014 wisselden 1,15 miljoen Nederlanders (6,8%) van zorgverzekeraar. Zij kozen vaker een budgetoplossing en saneerden hun tandartspolis. VKO zorgverzekering groeide flink.

Dat blijkt uit analyse van de definitieve cijfers van zorgverzekeraars over de overstapperiode van eind 2014. Landelijk gezien viel vooral de opkomst van selectief- of budgetpolissen op.

Minder tandartsdekking
Bovendien sloten minder mensen naast de basisdekking ook een tandartsverzekering af. Dit mede naar aanleiding van berichten over dalende behandeltarieven van tandartsen, terwijl de premies voor deze extra pakketten wel stegen.

Steeds later kiezen
Verder viel op dat overstappers steeds later beslissen, vaak zelfs pas vlak voor de deadline. In 2014 hakte maar liefst 45% van al de 'switchers' de knoop pas door in de dagen tussen Kerst en Oudjaar, de uiterste deadline voor het overstappen.

Opvallend was ook dat minder mensen overstapten via vergelijkingssites. Dat waren er afgelopen jaar circa 250.000 – ongeveer 21% van het totaal.

Gezonde groei VKO zorgverzekeringen!
Het aantal mensen dat hun zorgverzekering heeft afgesloten via VKO Verzekeringen is afgelopen jaar flink toegenomen. Het aantal polissen, ondergebracht bij Zilveren Kruis Achmea, steeg eind 2014 met 6,8%.

Van de nieuwe inschrijvers koos 64% de basisverzekering Basis Zeker combinatiepolis, 17% de Basis Exclusief restitutiepolis en 19% de Basis Budget naturapolis.

Voorjaar 2015

18.5 Break-evenanalyse

Zoals al aan het begin van dit hoofdstuk gezegd, verdient het bij de vaststelling van een prijs de voorkeur zowel te kijken naar de kosten als naar de concurrentie en de afnemers. Wat betreft de combinatie van kosten en afnemers –

eigenlijk de vraagomvang – kan de zogenoemde *break-evenberekening* een rol spelen. De break-evenberekening combineert vaste kosten, variabele kosten, afzet en prijs om antwoord te geven op de vraag bij welke afzet er sprake is van winst noch verlies. De hierbij gehanteerde formule kan ook antwoord geven op de vraag vanaf welke prijs er winst wordt gemaakt bij een bepaalde veronderstelde of gewenste afzet en bij gegeven vaste en variabele kosten. We bespreken nu enkele varianten van de break-evenberekening.

Break-evenanalyse bij homogene producten

> De break-evenanalyse omvat het bepalen van de kritische omvang van productie en verkoop, waarbij de totale opbrengsten van die hoeveelheid producten (tegen een bepaalde verkoopprijs) exact gelijk zijn aan de totale productie- en verkoopkosten van die hoeveelheid (totale kosten = totale opbrengsten).

Definitie break-evenanalyse

We noemen de totale vaste kosten C, de verkochte hoeveelheid q, de verkoopprijs (exclusief btw) p en de variabele kosten per stuk v. De totale kosten zijn dan $C + q \times v$. De totale opbrengst is $q \times p$. Totale kosten en totale opbrengst zijn dus aan elkaar gelijk, als $C + q \times v = q \times p$. Dit kan ook geschreven worden als $C = q \times p - q \times v$, of als $C = q \times (p - v)$. We zien nu ook bij welke verkochte hoeveelheid kosten en opbrengsten gelijk zijn, namelijk:

$$q = \frac{C}{p - v}$$

Deze hoeveelheid heet de break-evenafzet en ligt op het break-evenpunt genoemd.

VOORBEELD

We keren weer terug naar de magnetron van het type HPZX311. Figuur 18.3 toont de break-evengrafiek voor de magnetronfabrikant. De constante kosten bedragen €1.280.000, onafhankelijk van de afzet. De variabele kosten worden bij de constante kosten geteld, die stijgen met de afzet. De totale opbrengstencurve start bij nul en gaat schuin omhoog met elke eenheid die verkocht wordt. De hellingshoek van de totale opbrengstencurve wordt bepaald door de prijs van €450 per eenheid.

De curven van de totale opbrengsten en die van de totale kosten kruisen elkaar bij 3.556 eenheden. Dit is de *break-evenafzet*. Bij een verkoopprijs van €450 dient de onderneming ten minste 3.556 eenheden te verkopen om quitte te spelen. Dan dekken de totale opbrengsten de totale kosten. De totale kosten zijn €1.280.000 + q × €90

De break-evenafzet is dan:

$$q = \frac{\text{constante kosten}}{\text{prijs} - \text{variabele kosten}} = \frac{€1.280.000}{€450 - €90} = 3.556 \text{ eenheden}$$

Let op: bij de berekening van de break-evenafzet altijd afronden naar boven. Dit betekent, dat er minstens 3.556 magnetrons moeten worden verkocht, voordat er winst gemaakt wordt.

Bij een afzet lager dan de break-evenafzet – in het voorbeeld is dat 3.556 stuks – wordt verlies geleden. Boven de break-evenafzet maken we winst. Voor een onderneming is het van belang te weten, of de verwachte afzet bij een bepaalde prijs hoger ligt dan het break-evenpunt.

FIGUUR 18.3 Break-evensituatie magnetronfabrikant

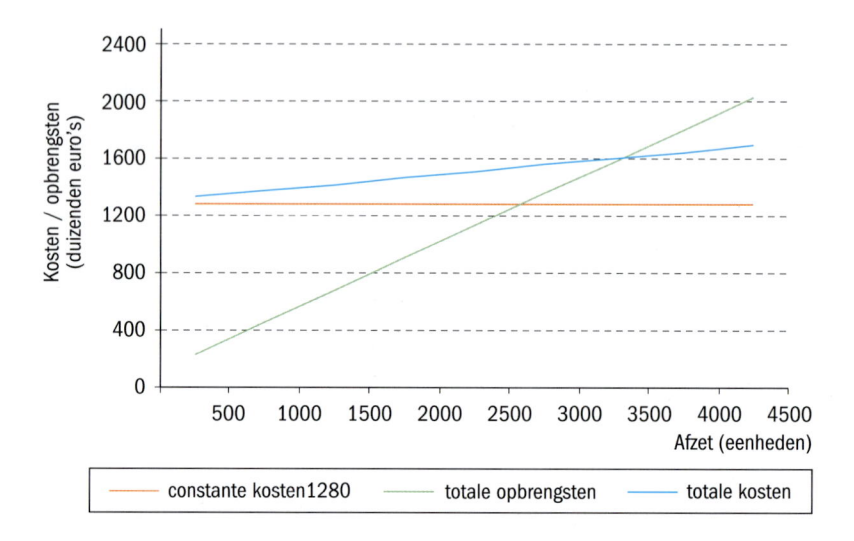

[Grafiek met op de x-as Afzet (eenheden) van 0 tot 4500 en op de y-as Kosten/opbrengsten (duizenden euro's) van 0 tot 2400. Lijnen: constante kosten 1280, totale opbrengsten, totale kosten.]

Eigenlijk staat de break-evenberekening op gespannen voet met de vraagcurve. De vraagcurve leert ons immers, dat bij elke vraagprijs een eigen gevraagde hoeveelheid hoort. Hoe hoger de prijs, des te minder wordt er gevraagd en andersom. Bij de break-evenberekening gaan we echter uit van een gegeven vraagprijs en doen net of daar verschillende gevraagde hoeveelheden bij kunnen horen. Dat betekent, dat je je bij een berekening van de break-evenafzet steeds moet afvragen, of die afzet bij die gegeven prijs wel realiseerbaar is. Ook het marktaandeel dat behoort bij de gevonden break-evenafzet, dient dan in de beschouwing betrokken te worden. Als een bepaalde break-evenafzet immers zou betekenen, dat we daar een marktaandeel van 80% voor nodig hebben, moeten we ons serieus afvragen of dat een haalbare kaart is.

Anders dan bij de break-evenanalyse houden we bij de flexibele break-evenanalyse, zie hoofdstuk 17, wel rekening met de vraagcurve, dus met de samenhang tussen vraagprijs en gevraagde hoeveelheid. Er is ook een belangrijk verschil in vraagstelling. Vragen we ons bij de break-evenanalyse af, bij welke geproduceerde hoeveelheid – bij een gegeven prijs – er winst noch verlies is, bij de flexibele break-evenanalyse vragen we ons af bij welke prijs de hoogste winst wordt gemaakt.

In het voorgaande hebben we de q, ofwel de break-evenafzet berekend. Hieruit zouden we vervolgens de break-evenomzet kunnen berekenen, door de break-evenafzet te vermenigvuldigen met de prijs. Nog een stap verder gaan we, door ons af te vragen welk marktaandeel (in geld) benodigd is om de break-evenomzet te realiseren. Dat benodigde marktaandeel berekenen we eenvoudigweg door de break-evenomzet te delen op de marktomvang.

Bedenk, dat de gebruikte break-evenformule vier variabelen bevat (C, q, p, v), waarvan er drie gegeven zijn en de vierde (in dit geval q) op grond daarvan moet worden uitgerekend. Maar ook elke andere combinatie van drie variabelen uit die formule zou gegeven kunnen zijn, met de vraag de vierde variabele uit te rekenen. Als voorbeeld: de constante kosten zijn €100.000, de variabele kosten zijn €10 per stuk, de verwachte afzet is 20.000 stuks. Bij welke prijs exclusief btw is de genoemde 20.000 stuks de break-evenafzet? Anders geformuleerd: vanaf welke prijs is er winst? Hier is dus de p de onbekende en zijn de andere drie variabelen gegeven. Invulling in de formule levert het antwoord: €15.

Break-evenberekening bij heterogene producten

Bij de hiervoor besproken break-evenberekening gaan we ervan uit dat elke eenheid evenveel kost. Het betreft dus meer van hetzelfde, ofwel homogene producten. Maar wat, als een tegelhandel allemaal verschillende soorten tegels in verschillende prijsklassen verkoopt? Hoeveel tegels moet hij dan verkopen om quitte te spelen? Deze vraag kan niet worden beantwoord. Wel kan worden berekend bij welke omzet er winst noch verlies is. Maar dat kan alleen als de tegelhandelaar op elke tegel dezelfde nettomarge realiseert. Hierbij gaat het om een gecorrigeerde marge, als percentage van de verkoopprijs exclusief btw. De gebruikte formule is dan:

$$Beo = C / m$$

waarbij Beo staat voor break-evenomzet, C voor de totale constante (vaste) kosten en m voor de beschikbare marge.

Laten we dit aan de hand van een voorbeeld verduidelijken.

VOORBEELD
De Audiokeizer opent een filiaal in een nabijgelegen stad.
Per maand heeft hij te maken met de volgende kosten:
Vast:
Huur   € 6.000
Personeel   €18.000
Diversen   € 2.000
Variabel: opslag, transport en diversen 12% van de omzet.

Het gemiddelde aankoopbedrag per klant is €500.
De gemiddelde brutowinstmarge is 25% van de verkoopprijs.
Hoeveel klanten moet de Audiokeizer per maand in dit filiaal hebben om kostendekkend te kunnen opereren? Met btw hoeft geen rekening te worden gehouden.

Uitwerking:
De totale constante kosten (C) bedragen €26.000.
De beschikbare marge, als percentage van de verkoopprijs, is 25% − 12% = 13%.
We kunnen nu de formule invullen: Beo = €26.000 / 0,13 = €200.000.
Het aantal benodigde klanten is dus €200.000 / €500 = 400.

Target break-evenberekening

Bij de beide hiervoor besproken berekeningen wordt gezocht naar een bepaalde hoeveelheid, afzet dan wel omzet, waarbij winst noch verlies wordt gemaakt. Het kan echter ook voorkomen dat er bijvoorbeeld naar een bepaalde winst (target) wordt gestreefd. De vraagstelling is dan bijvoorbeeld: 'Bij welke afzet of omzet is er een winst van €20.000?' Bij het beantwoorden van deze vraag kunnen in principe de beide eerder besproken formules worden gebruikt. We doen daarbij net alsof de te realiseren winst deel uitmaakt van de kosten en voegen het gewenste bedrag dus toe aan de C. Als we voor de winstdoelstelling de letter W gebruiken, zien de formules er dus als volgt uit:

$$q = (C + W) / (p - v) \text{ en } Beo = (C + W) / m$$

Minimaal factuurbedrag om quitte te spelen

Een ander soort break-evenberekening laten we zien in het volgende voorbeeld.

VOORBEELD

Een fabrikant van sanitair levert aan de groothandel met een gemiddelde brutowinst van 24%. De orderverkrijgings- en afhandelingskosten van de fabrikant bedragen per order:
- vertegenwoordigerskosten €45
- verwerking, fysieke distributie en facturering €25 plus 4% van het factuurbedrag.

Wat is het minimale factuurbedrag waarbij de kosten worden gedekt door de brutowinst?

Uitwerking:
We noemen het factuurbedrag F en drukken zowel de kosten als de opbrengsten in F uit. Daarna stellen we ze aan elkaar gelijk.

De opbrengst is dan $0,24 \times F$.
De kosten zijn €70 + $0,04 \times F$.
Kosten en opbrengsten zijn gelijk, als: $0,24 \times F = €70 + 0,04 \times F$
Dus $0,20 \times F = €70$ en $F = €70/0,20 = €350$.

Terugverdientijd

In voorgaande berekeningen werd steeds naar een evenwicht gezocht tussen opbrengsten en kosten. Iets dergelijks gebeurt ook bij de berekening van de zogenoemde *terugverdientijd (pay-back period)*. Dit is de periode waarin een bepaalde investering, bijvoorbeeld de uitgaven voor ontwikkeling en introductie van een nieuw product, door een organisatie wordt terugverdiend. De terugverdientijd wordt rekenkundig bepaald door voor de opeenvolgende perioden vanaf de eerste investering zowel de geschatte kosten als de geschatte opbrengsten die met die investering samenhangen, op te tellen. Dit noemen we de kasstroom. Zodra de kasstroom positief is, dus de cumulatieve inkomsten hoger zijn dan de cumulatieve kosten, is daarmee de pay-back period bepaald. In tabel 18.1 geven we een voorbeeld.

De jaarlijkse geschatte kosten en opbrengsten van een in het jaar 2011 gedane investering van €30.000 zijn gegeven. Op grond daarvan berekenen we eerst het jaarlijkse resultaat, de winst of het verlies. Door dit resultaat te cumuleren vinden we het jaar, in dit geval 2016, waarin het cumulatieve resultaat positief wordt en dus de investering is terugverdiend.

TABEL 18.1 Terugverdientijd

	2011	2012	2013	2014	2015	2016	2017
Opbrengsten	0	5.000	10.000	20.000	20.000	20.000	20.000
Kosten	30.000	2.500	5.000	10.000	10.000	10.000	10.000
Jaarresultaat	− 30.000	+ 2.500	+ 5.000	+ 10.000	+ 10.000	+ 10.000	+ 10.000
Cumulatief resultaat	− 30.000	− 27.500	− 22.500	− 12.500	− 2.500	− 7.500	+ 17.500

Merk op dat bij deze berekening van de terugverdientijd de in 2011 enzovoort verdiende of betaalde euro's even zwaar meewegen als de euro's van 2017. Er wordt dus geen rekening gehouden met de geldontwaarding door inflatie. Er is een andere berekening waarbij wél met de geldontwaarding rekening wordt gehouden. Dat is de zogenoemde *contante waarde berekening*. Die valt buiten het bestek van dit boek.

Samenvatting

- Drie factoren (*oriëntaties*) spelen een rol bij het vaststellen van een prijs: kosten, concurrentie en vraag. Bij voorkeur een *geïntegreerde prijsstelling*, waarbij we met alle drie rekening houden.
- Onderscheid tussen *vaste* en *variabele kosten*, *directe* en *indirecte kosten*.
- Bij het berekenen van een *standaardkostprijs* (of: integrale kostprijs) wordt uitgegaan van een *normale bezetting*. Eventueel is er een *bezettingsresultaat*.
- Bij een *winstberekening* gaat het niet alleen om de behaalde marge per verkocht product, maar ook om het aantal verkochte producten.
- *Omloopsnelheid van de voorraad*: afzet (in stuks) / gemiddelde voorraad (in stuks) en *Omzetsnelheid van de voorraad*: omzet (in euro's) / gemiddelde voorraad (in euro's), berekend voor een bepaalde periode.
- De winst wordt vaak gerelateerd aan het geïnvesteerde vermogen (*return on investment*) of aan de omzet (*return on sales*; in feite de nettowinstmarge).
- Bij de *kostengeoriënteerde prijsstelling* onderscheiden we: cost-plus pricing (mark up pricing), target rate of return pricing, direct costing en de differentiële kostprijs.
- Bij de *concurrentiegeoriënteerde prijsstelling* onderscheiden we:
  - passief prijsbeleid: follow the leader pricing, me too pricing, going ratepricing, premium pricing, discount pricing;
  - actief prijsbeleid: stay-out pricing en put-out pricing.
- Bij de *vraaggeoriënteerde prijsstelling* onderscheiden we: de eindprijsminmethode (*backward pricing* of *inverse prijsstelling*), prijsdiscriminatie, prijsdifferentiatie en de psychologische prijsstelling.

- Bij *de eindprijs-min-methode* rekent men terug vanuit de (gangbare of gewenste) marktprijs en houdt men rekening met de gebruikelijke marges voor de tussenhandel.
- Bij *prijsdiscriminatie* vraagt de aanbieder voor hetzelfde product verschillende prijzen aan verschillende groepen afnemers.
- Bij *prijsdifferentiatie* worden verschillende prijzen voor verschillende producten gevraagd, gebaseerd op verschillen in kosten (vaak gekoppeld aan productdifferentiatie).
- *Psychologische aspecten van de prijs*: prijsdrempels, prijsgrenzen, prestigeprijs (statusproducten), optische prijsverkleining.
- Bij de *break-evenanalyse* wordt nagegaan hoe groot de afzet van een product moet zijn om quitte te spelen. Dat is dan de *break-evenafzet*. We kennen ook de *break-evenomzet*.
- Als we ook nog een bepaalde winst willen realiseren, wordt de *target break-evenberekening* toegepast.
- Als er sprake is van *heterogene producten* kan geen break-evenafzet worden berekend, maar alleen een break-evenomzet.
- Een variant bij de break-evenberekening is een berekening van het minimale factuurbedrag dat nodig is om net geen verlies te lijden.
- Een ander criterium (naast de break-evenafzet) om een bepaalde investering wel of niet te doen is de *terugverdientijd* (*pay-back period*).

GUERLAIN
GUERLAIN
GUERLAIN
La légende de
SHALIMAR
GUERLAIN.COM
GUERLAIN
GUERLAIN
SHALIMAR
DOLCE&GABBANA
YVES SAINT LAURENT
DE LA MER

19
Randvoorwaarden, enkele specifieke prijsbeslissingen

19.1 Onderscheidend prijsbeleid
19.2 Marktvormen en prijsstelling
19.3 Juridische aspecten van het prijsbeleid
19.4 De prijs van nieuwe producten
19.5 Assortimentsprijsbeleid
19.6 Kortingenbeleid

In een onderneming berust de verantwoordelijkheid voor het te voeren prijsbeleid veelal bij één afdeling of persoon. Dat kan de marketingmanager zijn of de commercieel directeur, die in overleg met andere afdelingen die bij de prijsstelling betrokken zijn, bijvoorbeeld de financiële afdeling, de uiteindelijke prijzen vaststelt. De beleidsruimte die een onderneming heeft, berust vaak op de wisselwerking tussen prijs en marktmacht. Als de vraag naar een product groot is, kan de prijs op een hoger niveau worden vastgesteld. Dagelijks worden we als consument of businessafnemer met de diverse aspecten van dit operationele prijsbeleid geconfronteerd. Een verkoper kan, binnen bepaalde grenzen, ook een offerteprijs aanbieden. In dit hoofdstuk kijken we eerst naar de manieren waarop een ondernemer zich door zijn prijsstelling van de concurrentie kan onderscheiden (paragraaf 19.1). Vervolgens gaan we in op een tweetal extra randvoorwaarden – naast de drie in het vorige hoofdstuk besproken oriëntaties – waar een aanbieder bij de vaststelling van zijn prijs rekening mee moet houden. Dat betreft de marktvorm waarin hij opereert en bepaalde juridische aspecten.
De marktvorm is bepalend voor de mate van prijsvrijheid die een ondernemer heeft (paragraaf 19.2). Ook de wetgever doet een duit in het zakje: die beperkt óf aan de bovenkant óf aan de onderkant de ruimte voor het prijsbeleid (paragraaf 19.3).
Brengt een ondernemer nieuwe producten op de markt, dan kan hij kiezen tussen twee specifieke strategieën: een penetratieprijsstrategie of een afroomprijsstrategie. Beide strategieën worden besproken in paragraaf 19.4. Tot nu toe hebben we ons beziggehouden met allerlei overwegingen die bij het vaststellen van de prijs van één bepaald product een rol spelen. Ook het feit dat een product in het algemeen onderdeel uitmaakt van een veelal

samenhangend assortiment is echter van belang. In paragraaf 19.5 besteden we daarom aandacht aan het assortimentsprijsbeleid. Ten slotte richten we in paragraaf 19.6 onze aandacht op een ander specifiek aspect van het prijsbeleid, namelijk het kortingenbeleid.

19.1 Onderscheidend prijsbeleid

Gebruik van het prijsinstrument door de handel

Een product moet niet alleen geprijsd, maar ook aangeprezen worden. Op de dagmarkt doet de marktkoopman dat door zo luid mogelijk zijn prijzen rond te bazuinen: 'Vier bossen tulpen voor vijf euro!' Vooral tegen sluitingstijd van de markt wil hij zo snel mogelijk van zijn nog verse, bederfelijke waar af. We zien dan ook dat de prijzen, naarmate het einde van de markt nadert, steeds lager worden. Ook detaillisten gebruiken de prijs om hun waar aan te prijzen en de klant hun winkel binnen te lokken door op het trottoir borden met dagprijzen neer te zetten ('1 kilo prei voor €0,69') of de ramen van hun winkel met prijsaffiches te behangen. In de media brengen aanbieders hun producten in een aantal gevallen met vanaf prijzen onder de aandacht, bijvoorbeeld in de vakantie- en autobranche. Door deze prijsuitingen trachten ze zich van het aanbod van concurrenten te onderscheiden. Meestal om aan te geven dat ze goedkoper zijn, maar soms ook om door het vermelden van de (advies)prijs aan te geven dat hun producten van een hoge kwaliteit zijn.

Gebruik van het prijsinstrument door (merk)artikelfabrikanten

In het algemeen maken fabrikanten van (merk)artikelen minder gebruik van het prijsinstrument dan de detailhandel. Zij hanteren dit instrument vooral bij de introductie van nieuwe of verbeterde producten als promotie-instrument. De winkelorganisaties echter zijn als gevolg van het loslaten van de verticale prijsbinding en onder invloed van de voortgaande concentratietendens, steeds meer een eigen marketingbeleid gaan voeren en dus ook een eigen prijsbeleid.

Onderscheidend vermogen van groot belang bij prijsbeleid

De belangrijkste factor voor het prijsbeleid is het onderscheidend vermogen van het product. Een product dat op één of meer onderdelen beter is dan dat van een concurrent mag dan ook wel wat meer kosten, variërend van iets tot veel duurder. Dat hangt niet alleen af van de technische productverschillen, maar in belangrijke mate ook van de verschillen zoals deze ervaren worden, zoals het imago, het merkbeeld en de emotionele meerwaarde die het product bij de gebruiker oproept. Hieruit volgt dan logischerwijs een hogere prijs, omdat de consument uit de doelgroep dat bedrag er graag voor overheeft.

Daar een consument gewend is voor een in zijn ogen beter product een hogere prijs te betalen, is een hoge prijs synoniem geworden van hogere kwaliteit, vooral als de consument niet echt in staat is de technische kwaliteit van het product te beoordelen. Hij moet dan afgaan op het merk, de reputatie van de onderneming en ziet de prijs als een soort kwaliteitsgarantie. Het is duur, dus dan moet het ook wel goed zijn. In de tests van de Consumentenbond blijkt dat dit in de praktijk niet altijd het geval is.

Vaak komen bijvoorbeeld producten van de Hema als het beste uit deze tests, omdat ze veel waar voor hun geld bieden. Dus een goede prijs-kwaliteitverhouding hebben.

Voor de consument kan een hoge prijs juist een reden zijn het product te kopen. Die hogere prijs wordt door hem vertaald in een grotere mate van exclusiviteit van het product. Veel andere consumenten zullen niet in staat zijn dit duurdere product te kopen. De prijs dient dan niet alleen als onderscheidend middel van de fabrikant en de detaillist, maar ook van de consument, die zich met dat product van andere consumenten kan onderscheiden.

19.2 Marktvormen en prijsstelling

De prijsstelling is in de praktijk afhankelijk van de ruimte die de omgeving biedt. Deze omgeving bestaat uit de concurrentie en de wetgeving. Uiteraard wordt de prijsstelling ook beïnvloed door de afnemers en hun adviseurs, vooral door organisaties als de Consumentenbond en adviesbureaus zoals makelaars en taxateurs. In deze paragraaf behandelen we de rol van de concurrentie met betrekking tot de prijsstelling. Daarbij gaan we uit van de marktvormen zoals die in paragraaf 3.5 zijn behandeld. De rol van de overheid in het kader van het prijsbeleid komt in de volgende paragraaf aan de orde.

In principe is de vrijheid van een monopolist om zelfstandig de prijs vast te stellen groot. Bij overheidsmonopolies zal die vrijheid vaak beperkt worden door politieke organen, zoals parlement, Provinciale Staten en gemeenteraden. Bij andere monopolies kan de monopolist wel een extreem hoge prijs vaststellen, maar dat levert hem weinig kansen op en geen maximale winst. Een monopolist heeft tenslotte ook altijd te maken met de prijselasticiteit van de vraag. Naarmate het door de monopolist aangeboden product bijvoorbeeld minder noodzakelijk is, zal de vraag bij een hogere prijsstelling sneller wegvallen.

Monopolie

Bij de marktvorm oligopolie zijn er weinig aanbieders en veel vragers. Het goed kan homogeen of heterogeen zijn.
Er is in deze markt een grote mate van prijsstarheid. Deze prijsstarheid wordt gevoed door de angst voor een prijzenoorlog. De reactie van concurrenten is voorspelbaar. Als één bedrijf de prijs van zijn product verlaagt, zullen de andere oligopolistische ondernemingen in het algemeen volgen. Andersom, als één bedrijf de prijs verhoogt, zullen de andere in het algemeen *niet* volgen. Dit leidt in deze marktvorm tot de geknikte afzetcurve (zie paragraaf 3.5). Er is op de markt de neiging om tot samenwerking over te gaan in de vorm van een kartel of prijsleiderschap. Het prijskartel is echter verboden, zie de volgende paragraaf.
In het algemeen zal getracht worden prijsconcurrentie te vermijden, dus passief prijsbeleid, en via andere marketinginstrumenten dan de prijs een vorm van niet-prijsconcurrentie (non-price competition) te voeren. De prijs per liter superbenzine is bijvoorbeeld bij Esso gelijk aan die bij Shell, maar bij de een kunnen we Air Miles sparen en bij de ander niet. In feite zijn dit allemaal manieren om het eigen product in de ogen van de afnemers heterogener te maken en zich zo onafhankelijker te maken van de concurrentie.

Oligopolie

Prijsstarheid

Niet-prijsconcurrentie

De marktvorm monopolistische concurrentie wordt gekenmerkt door veel aanbieders bij veel vragers en een heterogeen goed. Gezien de sterke concurrentie en het ontbreken van samenwerkingsvormen is de vrijheid van de ondernemer die binnen deze marktvorm opereert om de prijs zelf vast te

Monopolistische concurrentie

stellen, zeer beperkt. Alleen door de marketinginstrumenten beter op een zorgvuldig geselecteerde doelgroep af te stemmen, kan deze ondernemer een beperkt eigen prijsbeleid voeren.

Volledige mededinging

Bij de marktvorm volledige mededinging is het aantal aanbieders groot, evenals het aantal vragers. Het goed is homogeen. Een individuele aanbieder heeft geen enkele invloed op het tot stand komen van de marktprijs. Die prijs is voor hem een gegeven. Hij kan de door hem aan te bieden hoeveelheid slechts afstemmen op die marktprijs. Ondernemingen die binnen deze marktvorm opereren, worden dan ook hoeveelheidsaanpassers genoemd. Aangezien de aanbieder de prijs niet als instrument kan hanteren, kan hij zijn marge alleen vergroten door goed op de kosten te letten en zo efficiënt mogelijk te produceren.

19.3 Juridische aspecten van het prijsbeleid

De nationale overheid voert ook een prijsbeleid. Enerzijds ten aanzien van haar eigen prijzen en tarieven en anderzijds heeft ze bemoeienis met het prijsbeleid van ondernemingen. Ze treedt regulerend op, omdat de overheid ongewenste prijsontwikkelingen wil tegengaan.

Overheid beïnvloedt prijsbeleid van ondernemingen

De Nederlandse overheid kan op verschillende manieren invloed uitoefenen op het prijsbeleid van ondernemingen. In de eerste plaats door wetgeving, zoals de Mededingingswet en de Prijzenwet. Daarnaast kan zij dat ook doen door indirecte belastingen, zoals de belasting op de toegevoegde waarde (btw) en de accijnzen, bijvoorbeeld die op alcohol, tabaksartikelen, suiker en benzine.

In elke georganiseerde markt volgen prijzen bepaalde wetmatigheden. Ingrijpen in dit prijsmechanisme van bovenaf is voor een economie, die uitgaat van het vrijemarktmechanisme, bijna altijd gevaarlijk. Het prijsbeleid is echter voor elke regering in oost en west een belangrijk instrument.

Belastingen die deel uitmaken van de prijs

Belasting toegevoegde waarde

De belasting toegevoegde waarde (btw) is een omzetbelasting, die deel uitmaakt van de prijs. Er worden drie btw-percentages gehanteerd. Op enkele goederen geldt het nultarief, op de meeste dagelijkse gebruiksartikelen bedraagt de btw 6% en het hoge btw-tarief op luxegoederen bedraagt 21%. Het is voor een product van belang in welk btw-tarief het wordt ingedeeld. Dat geldt vooral als het aan de andere kant van de landsgrens in een andere categorie valt.

Accijns

Accijns is een extra heffing op speciale goederen, zoals tabak, sterke drank, suiker en aardolieproducten. De bedoeling is in eerste instantie het gebruik van deze producten te ontmoedigen. Daarnaast gebruikt de overheid de accijnsheffingen om haar uitgaven te financieren teneinde haar doelstellingen te realiseren.

Invoerrechten

Bij de invoer van goederen van buiten de EU worden invoerrechten geheven, die in de prijs worden doorberekend. Vandaar dat bepaalde Japanse auto's in de EU worden geassembleerd.

Mededingingswet

De Mededingingswet verbiedt afspraken en gedragingen die de concurrentie beperken. De Nederlandse wetgeving is hiermee in lijn gebracht met de mededingingsregels in het EG-verdrag. De uitvoering van de wet is in handen gegeven van de Autoriteit Consument en Markt (ALM). Daar kunnen ook klachten worden ingediend. De wet geldt voor alle ondernemingen en verenigingen van ondernemers die actief zijn op de Nederlandse markt. Een onderneming die in strijd handelt met de Mededingingswet kan daarvoor beboet worden.

De Mededingingswet verbiedt kartels (mededingingsafspraken) en concentraties van ondernemingen zonder voorafgaande melding.

Kartels verboden

● www.z24.nl

Delhaize beboet voor prijsafspraken

Belgische supermarkten zoals Delhaize en Carrefour en bekende internationale leveranciers hebben jarenlang prijsafspraken gemaakt.

Maandag kregen achttien betrokken ondernemingen een boete van 174 miljoen euro van de Belgische Mededingingsautoriteit. Door de afspraken stegen de prijzen voor consumenten van drogisterij-, parfumerie- en hygiëneproducten.

De hoogste boetes zijn voor supermarkten Carrefour (36,4 miljoen euro), Colruyt (31,6 miljoen euro). Delhaize, dat fusiegesprekken voert met het Nederlandse Ahold, moet bijna 25 miljoen euro betalen. Betrokken leveranciers zijn onder meer Procter & Gamble (P&G), L'Oreal, Henkel, GSK en Unilever. Onder hen is de hoogste boete voor P&G, van 29 miljoen euro.

Colgate-Palmolive bracht de praktijken, die plaats vonden tussen 2002 en 2007, aan het licht. Het concern krijgt daarom geen boete.

22 juni 2015

Het kartelverbod is van toepassing op alle vormen van concurrentiebeperkende afspraken: schriftelijke en mondelinge, horizontale en verticale. Ook misbruik van een economische machtspositie is verboden. Van kartelvorming kan bovendien sprake zijn wanneer ondernemingen hun marktgedrag op elkaar afstemmen zonder uitdrukkelijke afspraken. Horizontale afspraken zijn afspraken tussen ondernemingen die feitelijk met elkaar in concurrentie zijn. Met dergelijke onderonsjes kan de concurrentie worden verhinderd of vervalst. Concurrenten worden bondgenoten, zij strijden niet langer om de gunst van de klant maar vormen een blok, om zodoende bijvoorbeeld met de prijs de markt te dicteren of deze onderling te verdelen. Verticale afspraken zijn afspraken tussen ondernemingen die niet met elkaar in concurrentie zijn, bijvoorbeeld een leverancier en zijn distribuanten. Voorbeelden van deze afspraken zijn bindende verkoopprijzen en absolute gebiedsbescherming voor distribuanten. Dergelijke verticale afspraken beperken de onderlinge concurrentie tussen de distribuanten van bepaalde producten.

Daardoor kan de stimulans tot efficiëntie in de distributie afnemen met als gevolg dat prijzen hoger zijn dan noodzakelijk. Kleine, onbeduidende kartels zijn toegestaan, waarbij het gaat om minder dan acht deelnemers en een omzet van minder dan €2,3 miljoen. Franchiseovereenkomsten mogen geen prijsbeding bevatten. Sectoren die een ontheffing hebben, zijn onder meer de dagbladuitgevers en de boekwinkels. Daarnaast mogen inkoopcombinaties in de detailhandel, zoals de Spar, bij reclameacties tijdelijke prijzen blijven afspreken, omdat ze anders nadeel zouden ondervinden ten opzichte van giganten als Albert Heijn en Jumbo.

Prijzenwet
De Prijzenwet is van toepassing op roerende goederen en diensten. Zij biedt de overheid de mogelijkheid tot het uitvaardigen van de volgende beschikkingen:
- maximumprijsvoorschriften
- specificatievoorschriften voor de prijsopbouw
- prijsaanduidingsvoorschriften
- meldingsplicht voor nieuwe prijzen en prijsveranderingen.

Maximumprijs

Als er een maximumprijs voor een product geldt, is een prijsverhoging slechts toegestaan na toestemming van de minister van Economische Zaken. Niet alle kostenverhogingen mogen volledig in de prijs worden doorberekend. Voor diverse sectoren zijn afzonderlijke prijsbeschikkingen ontworpen en van kracht, zoals voor medische hulp, boeken en bouwkundige architecten.

Verdere invloed van de overheid bestaat uit het bevorderen van de duidelijkheid en doorzichtigheid van de markt door het uitvaardigen van voorschriften ten aanzien van de prijsaanduiding, de aanduiding van de verkoopeenheid en de specificatie van rekeningen. Iedereen die een bedrijf uitoefent en daarin goederen aan particulieren te koop aanbiedt, moet de gevraagde prijs vermelden op de goederen of in de bijbehorende prijslijst.

Minimumprijzen

In een markt van vraag en aanbod is de prijsvorming vrij. De aanbieder mag zijn wederverkoper dus niet verplichten een product tegen een bepaalde prijs aan te bieden. Toch kan de overheid minimumprijzen instellen om producenten een adequaat inkomen te verschaffen wanner de marktprijs hier niet in slaagt. Een voorbeeld hiervan is de langere tijd afgeschafte minimumprijs voor brood en die voor melk. De controle op de uitvoering van minimumprijzen ligt bij de ministerie van Ecconomische Zaken.

Het Besluit prijsaanduiding producten (2003) betekent een verplichting voor verkopers die aan consumenten verkopen om producten van een

Prijsaanduiding

prijsaanduiding te voorzien en verder de prijs per meeteenheid bij het product te vermelden. De verkoopprijs is de uiteindelijke prijs voor een eenheid van het product. De prijs per meeteenheid is het bedrag dat voor een bepaald product – uitgerekend voor een bepaalde standaardhoeveelheid – moet worden betaald. Bij alle producten waarop een hoeveelheid aanduiding staat, bijvoorbeeld in grammen, deci-, centi- of milliliter, kunnen consumenten de prijs per meeteenheid verwachten. Zij kunnen hierdoor de prijzen van dezelfde soort producten, maar van verschillende merken, gemakkelijk vergelijken. Wanneer de prijs per meeteenheid gelijk is aan de verkoopprijs, bijvoorbeeld een literpak melk, hoeft alleen de verkoopprijs vermeld te worden. Voor los verkochte producten, zoals 150 gram vleeswaren of kaas, geldt dat alleen de prijs per meeteenheid vermeld dient te worden. De prijs per meeteenheid moet bij de prijs en op, in of nabij het product staan. Deze kan op een productverpakking, op een sticker op de schappen of op een bord worden vermeld.

De Prijzenwet is uitsluitend geldig op de Nederlandse markt en geldt dus niet voor de prijzen van exportgoederen. Overtredingen van de Prijzenwet zijn strafbare feiten op grond van de Wet Economische Delicten (WED). De controlerende en uitvoerende instantie is de Economische Controledienst, een soort economische politie dus.

19.4 De prijs van nieuwe producten

Bij het op de markt brengen van een nieuw product – dat wil zeggen: het product is nieuw voor de markt – komen in principe twee prijsstrategieën in aanmerking, namelijk de afroom- en de penetratieprijsstrategie. De keuze tussen beide strategieën wordt bepaald door het soort product, de concurrentie en de marktomstandigheden. Daarbij legt de onderneming zich voor langere termijn vast, waarbij zij rekening moet houden met de afnemers en de concurrentie.

Afroomprijsstrategie
Een afroomprijsstrategie is een gecombineerde introductie- en prijsstrategie in een bepaald marktgebied, waarbij voor een product eerst een hoge prijs wordt vastgesteld die in een latere fase geleidelijk lager wordt gesteld. Dit laatste gebeurt soms tegelijk met productdifferentiatie. Daarbij wordt het product in eerste instantie gekocht door de innovators. Deze consumenten zijn bereid een hogere prijs te betalen. Vervolgens glijdt de prijs van het product langs de vraagcurve naar beneden en worden achtereenvolgens nieuwe afnemers aangeboord: consumenten die bereid zijn op dat moment die prijs te betalen. Per afnemersgroep wordt dus steeds de hoogst mogelijke prijs ontvangen. Daarom wordt ook wel gesproken van skimming of skim pricing, omdat de winst van de bovenkant van de markt wordt afgeschept.

Skimming

Het voeren van een afroomprijsstrategie is mogelijk:
- als de vraag vrij prijsongevoelig (inelastisch) is.
- als er weinig concurrentie is tijdens de introductieperiode.
- bij relatief hoge variabele kosten en geringe contributiemarge.

Voorwaarden voor een afroomprijsstrategie

De afroomprijsstrategie wordt voornamelijk toegepast bij de introductie van nieuwe, duurzame gebruiksartikelen zoals bijvoorbeeld de ultra hd-tv. Dat heeft als extra voordeel dat de markt geleidelijk aan wordt veroverd en er dus geen snelle marktverzadiging optreedt. Een bijkomend voordeel is dat de onderneming haar productiecapaciteit langzaam kan uitbreiden en distributiekanalen en merkbekendheid kan opbouwen. Door de hoge winstmarges komen geldmiddelen beschikbaar voor een royale marktbewerking. Ook worden de investeringen in het nieuwe product snel terugverdiend. Door een kunstmatige schaarste vanwege het beperkte aanbod en een hoge beginprijs, ontstaat een statusimago voor het product, waardoor nieuwe afnemerssegmenten eerder worden aangetrokken.

Polaroid heeft bijvoorbeeld jarenlang kunnen profiteren van de patenten op zijn instantcamera. Een concurrent werd van de markt gewerkt door juridische procedures op grond van inbreuk op het patent (Landcamera). In veel andere gevallen hebben concurrenten echter snel een technisch gewijzigd product op de markt kunnen brengen, waardoor het voordeel om als eerste op de markt te komen met een nieuw product, snel werd achterhaald. Denk aan de verschillende videosystemen in de jaren tachtig van de vorige eeuw. Hierbij zullen de concurrenten niet meteen de prijs drastisch verlagen, omdat ze ook willen profiteren van de hogere winstmarge.

Penetratieprijsstrategie

Een penetratieprijsstrategie is een gecombineerde introductie- en prijsstrategie in een bepaalde markt, waarbij de prijs voor een product eerst zeer laag en in een latere fase langzaam hoger wordt gesteld. Ook deze strategie wordt na enige tijd al dan niet gecombineerd met productdifferentiatie. Het doel is de markt snel te penetreren (veroveren), teneinde de concurrentie een slag voor te zijn. Het behalen van een groot marktaandeel is belangrijk vanwege de herhalingsaankopen op basis van merktrouw. Hierbij dient onderscheid gemaakt te worden tussen duurzame en niet-duurzame producten. Bij duurzame producten is namelijk de penetratie in de vorm van het bezit belangrijker dan het aantal eenheden dat in een bepaalde periode wordt verkocht.

Voorwaarden voor een penetratieprijsstrategie

Voorwaarden voor het voeren van een penetratieprijsstrategie zijn:
- zeer prijsbewuste afnemers (elastische vraag)
- veel (potentiële) concurrenten
- relatief lage variabele kosten en grote contributiemarge

Dit prijsbeleid wordt dan ook voornamelijk toegepast bij niet-duurzame consumptiegoederen. Een succesvol voorbeeld is de Bic-ballpoint. Eerst was de ballpoint een zeldzaam en exclusief cadeauartikel. Marcel Bich maakte er een massa-artikel van, dat overal te koop was voor een lage prijs. Zo nam de ballpoint de plaats in van de vulpen.

Als eenmaal een groot deel van de markt veroverd is, kan de prijs iets worden bijgesteld, zodat de brutowinstmarge groter wordt. Door merktrouw en eventuele prijsacties kan na toetreding van meer concurrenten het marktaandeel worden behouden. Het handhaven van een hoge prijs in een markt met een geringe merktrouw kan een groot verlies aan marktaandeel met zich brengen, vooral als de markt groeit en veel nieuwe kopers de markt betreden.

Zoals al werd opgemerkt, wordt de productlevenscyclus ook door de keuze van het prijsbeleid beïnvloed. Hoe lager de prijs, hoe hoger vooral de adoptiesnelheid, hoe eerder de consument het product gaat en blijft kopen en hoe eerder het verzadigingspunt wordt bereikt.

19.5 Assortimentsprijsbeleid

Ook binnen het assortiment wordt de prijs gehanteerd om de kwaliteitsverschillen te onderstrepen en daarmee de exclusiviteit aan te geven. Bovendien moeten de prijzen van de verschillende producten in een assortiment op elkaar worden afgestemd. In het kader van het assortimentsprijsbeleid onderscheiden we vier vormen: loss leader pricing, price lining, full line pricing of product-line pricing en prijsbundeling. Ook trading up en trading down, behandeld in hoofdstuk 15, hebben gevolgen voor het prijsniveau van een assortiment.

Loss leader pricing

Bij de bepaling van het prijsbeleid kan de producent of detaillist overwegen een *loss leader* in het assortiment op te nemen, om de aandacht van de consument te trekken en hem een keus uit het assortiment te laten maken. Loss leader pricing is een vorm van prijspolitiek, waarbij één of enkele producten uit het assortiment – zoals de aanbiedingen van de week – zodanig laag worden geprijsd, dat er verlies op wordt geleden of geen winst op wordt gemaakt. De bedoeling is om klanten te trekken, *traffic* te genereren, die dan ook andere producten of een completer, duurder product uit het assortiment kopen.

Detaillisten hanteren deze vorm van prijspolitiek om bij de afnemers het beeld te creëren dat ze een laaggeprijsd assortiment hebben. Loss leader pricing wordt ook wel bait pricing genoemd.

Price lining

Een speciale manier om een assortiment te prijzen is price lining. Dit is een vorm van assortimentsprijsbeleid waarbij de detaillist zich beperkt tot een aantal prijsniveaus waarvoor het gehele assortiment wordt aangeboden. Dit komen we bijvoorbeeld tegen in de bouwmarkten, waar producten zoals gereedschappen in bakken liggen die elk één prijs hebben. Zo zal er een bak zijn met producten van €5, een met producten van €7,50 enzovoort. Er zijn dan geen tussenliggende prijzen. Het zal meestal gaan om merkloze producten of in ieder geval producten van mindere kwaliteit, meestal geen A-merken.

Het verschil tussen de hoogste prijs en de laagste prijs wordt de prijsrange genoemd. Er is hier als het ware sprake van het inspelen op de prijs die een klant voor een product overheeft. Het resultaat is een harmonische prijsladder, waarvan de sporten een aantal discrete sprongen voorstellen. Naast productdifferentiatie kan ook marktsegmentatie voor gelijksoortige goederen tot prijsverschillen leiden.

Full line pricing of product-line pricing

Full line pricing of product-line pricing is een vorm van assortimentsbeleid, waarbij de verschillende producten en productvarianten in het assortiment die op basis van consumptie- en/of gebruiksverwantschap bij elkaar horen – in het algemeen door de producent – in samenhang worden geprijsd. Hiermee kan de omzet of de winst op het totale assortiment worden geoptimaliseerd.

De prijs van de nieuwste Gillette-scheermeshouder is relatief laag, maar de speciale scheermesjes die bij dit scheersysteem horen, zijn relatief duur met een hoge winstbijdrage. Op de eenmalige aankoop van het scheermeshoudertje volgt een groot aantal aankopen van de daarvoor benodigde scheermesjes. De winsten worden dan ook vooral dankzij deze scheermesjes gerealiseerd. Ook bij printers zien we een dergelijk verschijnsel. De printer zelf is tamelijk goedkoop, maar de inktpatroon is vaak zeer duur. De vraag naar een inktpatroon is immers zeer prijsinelastisch: heb je eenmaal een bepaalde printer, dan is de bijpassende inktpatroon absoluut noodzakelijk, terwijl er veelal geen substituten zijn.

Prijsbundeling

Vaak worden complementaire producten tezamen als één pakket aangeboden, zoals een computer met toetsenbord, monitor, printer en software, en wel voor één prijs. We noemen dit *prijsbundeling*. Price unbundling of anders gezegd prijsontkoppeling, is ook mogelijk als een klant in plaats van een 13 inch monitor een 17 inch monitor bij zijn computer wil hebben. Dan zal hij daarvoor toch enkele honderden euro's meer moeten betalen.

19.6 Kortingenbeleid

Een belangrijk onderdeel van het prijsbeleid op strategisch niveau is het kortingenbeleid. We kunnen hierbij onderscheid maken tussen handelskortingen, die gericht zijn op de tussenhandel, en consumentenkortingen. De korting kan zowel tijdelijk als voorwaardelijk zijn.

Handelskortingen

Als de fabrikant levert aan de handel, zal er een bepaalde prijs worden afgesproken. Deze prijs is voor de handel de inkoopprijs. De handel telt hierbij een bepaalde opslag om de verkoopprijs aan de volgende schakel, bijvoorbeeld van groothandel aan de detaillist of van detaillist aan de consument, te kunnen berekenen.

Prijsbinding

Adviesprijs

In een aantal gevallen zal de fabrikant zelf invloed hebben op de verkoopprijs aan de consument. Het vaststellen van de verkoopprijs, de zogenoemde individuele verticale prijsbinding, is tegenwoordig in bijna alle gevallen verboden. Steeds vaker wordt wel een consumentenadviesprijs afgegeven. De handel is echter niet verplicht zich aan deze adviesprijs te houden. In het laatste geval zal de fabrikant korting in de vorm van rabat aan de handel geven op de voor de consument bepaalde verkoopprijs.

Handelskortingen worden onder meer gegeven voor het verrichten van bepaalde diensten, zoals vervoer, opslag, het voorraadrisico en het in het assortiment opnemen van het product.

Functionele korting

Hoogte van de handelsmarge

De hoogte van de handelsmarge wordt bepaald door de diensten (functies) die de tussenhandel verricht voor de voortstuwing van de producten: hoe meer de tussenhandel doet, hoe hoger de marge. Verder speelt de omzetsnelheid een belangrijke rol: hoe hoger de omzetsnelheid van het product, des te lager de marge en omgekeerd. De totale hoogte van de marges is ook afhankelijk van de lengte van het kanaal. Een importbedrijf heeft een lagere marge dan een groothandel en de marge van een groothandel is doorgaans lager dan die van een detaillist. De marges in de detailhandel zijn vaak traditioneel gegroeid. Margeverhoging vindt alleen plaats om voor een (nieuw) product meer medewerking van de detaillist te verkrijgen. Margeverlaging stuit vaak op weerstand en betekent meestal een vermindering van het aantal verkooppunten.

Actiekorting

Handelskortingen zijn dus een instrument om de medewerking van de tussenhandel te verkrijgen. Soms kunnen bepaalde kanalen tijdelijk of permanent een tweede korting bedingen. Dan wordt gesproken van een actiekorting. Voor de duidelijkheid geeft tabel 19.1 de opbouw van een kortingsysteem weer.

TABEL 19.1 Kortingen

Verkoopadviesprijs	€ 100
Functionele marge bijvoorbeeld 20%	€ 20[1]
Normale prijs voor winkelier	**€ 80**
Actiekorting, bijvoorbeeld 10%	€ 8[2]
Actieprijs voor winkelier	**€ 72**
Contante betaling 5%	€ 3,60
Netto-inkoopprijs – uiteindelijk te betalen	**€ 68,40**

[1] percentage van de verkoopprijs
[2] vanwege de actie

Naast de vaste, vooraf afgesproken functionele korting bestaan er voorwaardelijke kortingen voor het handelskanaal, namelijk de prestatiekorting, de seizoenkorting en de kwantumkorting.

Voorwaardelijke kortingen

Prestatiekorting
Een prestatiekorting is een functionele korting die door een aanbieder aan de afnemer wordt verleend, als de distribuant voldoet aan bepaalde eisen van deze aanbieder met betrekking tot ondersteuning van zijn product of merk, bijvoorbeeld bepaalde schapruimte of plaatsing in het schap. Ook wordt wel een prestatiekorting achteraf gegeven. Deze bestaat uit een omzetpremie of omzetbonus als de omzet per jaar boven een bepaald streefcijfer komt. Die prestatiekorting kan ook bestaan uit diverse handelspromotievoordelen, aantrekkelijke aankoop- en betalingscondities of een hoger kredietplafond.

Omzetbonus

Seizoenkorting
Oorspronkelijk is de seizoenkorting bedoeld om in slappe tijden toch een redelijke afzet en daardoor regelmatige productie voor het bedrijf te bewerkstelligen of om restanten en niet-gangbare modellen op te ruimen. Voorbeelden hiervan zijn de seizoen- en verbouwingsopruiming en seizoenproducten, zoals tuinmeubelen, schaatsen, paraplu's en modecollecties.

Kwantumkorting
Bekend is het verschijnsel kwantumkorting. Hoe meer er besteed wordt, des te hoger is het kortingspercentage. Dit gaat volgens een bepaald staffelsysteem, bijvoorbeeld: tot 1.000 stuks geen korting, van 1.000 tot 5.000 stuks 3%, van 5.000 tot 10.000 stuks 5% en bij 10.000 stuks en meer 6%. De fabrikant verleent een kwantumkorting om het plaatsen van grote orders te bevorderen. Dit levert de fabrikant besparingen op door schaalvoordelen ten aanzien van bestel-, transport- en voorraadkosten. Eventueel is levering in termijnen of op afroep mogelijk, maar dan dient wel de betaling binnen dertig dagen na ontvangst van de eenmalige factuur te zijn voldaan.
Er zijn verschillende vormen van kwantumkorting, gericht op de handel:

Kwantumkorting Staffelsysteem

- *materieel*, bijvoorbeeld dertien fietsen van hetzelfde type voor de prijs van twaalf of bij twaalf toerfietsen één racefiets gratis voor de showroom
- *financieel*, bijvoorbeeld een percentage van de netto-inkoopprijs of gratis transport bij bestellingen van een bepaald volume, bijvoorbeeld een volle container of één wagonlading
- *cumulatief*, die wordt toegekend over meer bestellingen of over diverse productgroepen tijdens een langere periode.

Verschillende vormen van kwantumkorting

Kredietbeperking en korting voor contante betaling
In sommige gevallen wordt nog een korting gegeven als er direct bij aflevering wordt betaald ('boter bij de vis'). Door directe betaling vervallen de kosten van facturering en het risico van wanbetaling.

Kortingen voor contante betaling wordt steeds meer vervangen door de kredietbeperkingstoeslagen. Door op rekening te leveren geeft de fabrikant krediet. Hij moet op het geld wachten en brengt de kosten daarvan al bij voorbaat in rekening. Daarbij wordt uitgegaan van een betaling binnen 30 dagen. Als de klant binnen een bepaalde termijn van bijvoorbeeld acht dagen betaalt, mag hij van de rekening de opgevoerde kredietbeperking aftrekken. Daarbij moet hij wel rekening houden met het daarover berekende btw-bedrag.

Consumentenkortingen

Redenen om consumentenkortingen te geven, zijn:
- meer te verkopen, bijvoorbeeld de twaalfde fles wijn gratis
- de consument over te halen tot aankoop (bij twijfel, impuls, introductie of follow-up)
- van overtollige en overjarige voorraden af te komen, bijvoorbeeld via uitverkoop en opruiming (en de rode stickers)
- het goedkope prijsimago extra te benadrukken door scherpe aanbiedingen (het V&D Prijzencircus, de Drie Dwaze Dagen van De Bijenkorf)

Consumentenkortingen kunnen worden opgezet door de fabrikant of de handel met als doel aan het product extra aandacht te geven of extra omzet te genereren. Consumenten zijn vaak meer korting- dan prijsgevoelig. Het zogenoemde prijsvoordeel is voor de koopjesjager vaak van doorslaggevende betekenis bij de aankoop. Vooral bij impulsaankopen werkt de combinatie prijskorting en speciale standplaats (ingang, winkelpad, schapeinde, kassa, toonbank) en een opvallende schapkaart heel sterk. Een tijdelijke prijskorting in plaats van een prijsverlaging voorkomt het probleem van een latere prijsverhoging.

● www.nac.nl

Kortingsactie bij NAC-Heerenveen

NAC wil op 26 november, NAC-Heerenveen, een vol stadion en komt daarom met een speciale kortingsactie. Mobiliseer je vrienden, familie en schreeuw NAC naar drie punten in een uitverkocht stadion!

Mensen die hun kaart via NACtickets.nl, de S&I-desk of op de wedstrijddag aan de stadionkassa kopen, ontvangen een korting van €5.... **per kaart!** Dit houdt in dat volwassenen de wedstrijd al kunnen bijwonen vanaf €10 (Vak G, B-Side, Vak I). Jeugd is zelfs al van de partij vanaf €5. De prijzen voor alle tribunes vind je op deze pagina. Indien u uw kaart via NACtickets.nl koopt, kunt u tevens zelf uw kaart printen.
Mobiliseer al je vrienden, kennissen, familie en maak er samen met 18.999 andere NAC-fans een gigantisch mooi avondje NAC van!

Introductie- en actiekortingen
Introductie- en actiekortingen op de prijs (*introductie-* of *intekenprijs*) worden zowel door de fabrikant als de detaillist tijdelijk aan de consument verleend, teneinde de afzet van een nieuw of bestaand product te stimuleren. Dit zijn consumer promotions. Ze worden tegenwoordig veel meer dan vroeger gezamenlijk door fabrikant en detailhandel georganiseerd.

Consumer promotions

Ook de inruilkorting (en inruilprijs bij auto's) is, evenals andere actiekortingen, een soort prijsverlaging. Het doel is oude producten van de markt te halen om meer nieuwe te kunnen verkopen. De klant hoeft niet het gehele bedrag op tafel te leggen, maar slechts een gedeelte bij te betalen.

Inruilkorting

Samenvatting

- Bij een *monopolie* is de prijs in principe vrij, maar vaak politiek beperkt.
- Bij een *oligopolie* is er sprake van prijsstarheid (vandaar: *geknikte vraagcurve*). Daarom op die markt vaak *non-price competition*.
- Bij *monopolistische concurrentie* wordt de prijs vaak door de concurrentie beperkt.
- Bij *volledige mededinging* (volkomen concurrentie) is de prijs voor een individuele aanbieder gegeven.
- Volgens de *Mededingingswet* zijn *kartels* verboden. Ontheffing is mogelijk. Uitvoering is in handen van de Autoriteit Consument en Markt (ALM).
- Op grond van de *Prijzenwet* kan de overheid onder andere *maximumprijsvoorschriften* en *prijsaanduidingsvoorschriften* uitvaardigen.
- Bij een *afroomprijsstrategie*, ook wel *skimming* of *creaming* genoemd, wordt de prijs aanvankelijk relatief hoog gesteld. Daarna laat de aanbieder de prijs geleidelijk zakken.
- Het tegenovergestelde is een *penetratieprijsstrategie*. Hierbij begint de aanbieder met een relatief lage prijs, om daarmee snel marktaandeel te veroveren.
- Bij het vaststellen van prijzen binnen een *assortiment* onderscheiden we loss leader pricing, price lining, full line pricing (product-line pricing) en prijsbundeling.
- Bij *loss leader pricing* wordt een *loss leader* in het assortiment opgenomen: op dat product wordt geen winst gemaakt of zelfs verlies geleden. Dit moet *traffic* genereren.
- Bij *price lining* wordt slechts een beperkt aantal prijsniveaus gehanteerd (de bakken met gereedschap in bouwmarkten).
- Bij *full line pricing* of *product-line pricing* worden assortimentsonderdelen die bij elkaar horen in samenhang geprijsd (printers en inkt).
- Bij *prijsbundeling* worden complementaire producten als één pakket aangeboden (bijvoorbeeld computer + toetsenbord + monitor).
- Ook het *kortingenbeleid* is onderdeel van het prijsbeleid. Zo kennen we de handelskorting, functionele korting, actiekorting, prestatiekorting, seizoenkorting, kwantumkorting en introductiekorting.

DEEL 7
Distributie

20 Distributiestructuur 417
21 Distributiebeleid 441

Het zal duidelijk zijn, dat een onderneming niet kan volstaan met het ontwikkelen en vervaardigen van producten alleen. Deze producten zullen ook verkocht moeten worden. In de marketing spreken we dan van distributie. Vroeger werd marketing vrijwel uitsluitend als distributie gezien ('getting to market'). Het werd beschouwd als de feitelijke verplaatsing – letterlijk verdeling – van de goederen. Tegenwoordig interpreteren we het distributiebeleid als een van de marketingmixinstrumenten echter veel ruimer. De logistiek, ofwel de daadwerkelijke verplaatsing van de goederen, is niettemin een in belang toegenomen onderdeel van het distributiebeleid.

Producten kunnen op verschillende manieren worden gedistribueerd. Bijvoorbeeld bij gebruikmaking van het internet, kunnen ze rechtstreeks aan consumenten of organisaties geleverd worden. Maar ook kunnen distribuanten worden ingeschakeld, zoals groot- en detailhandels. Kenmerkend voor het distributiebeleid is, dat een onderneming voor langere tijd gebonden is aan een eenmaal genomen distributiebeslissing. Dergelijke beslissingen worden genomen in het kader van het marketingplan. Dat betekent dat dit soort beslissingen niet op zichzelf staan, maar gericht moeten zijn op de gewenste marktpositie en afgestemd moeten zijn op de beslissingen rond de andere marketingmixinstrumenten.

Teneinde verantwoorde beslissingen op distributiegebied te kunnen nemen, moet de marketeer inzicht hebben in de structuur van de bedrijfskolom en in de ontwikkelingen die zich daarin afspelen. In hoofdstuk 20 wordt aandacht besteed aan deze distributiestructuur.

In hoofdstuk 21 staat de vraag welke beslissingen genomen moeten worden, centraal. Uitvoerig wordt ingegaan op de factoren die bij dit keuzeproces een rol spelen. In hetzelfde hoofdstuk wordt ten slotte aandacht gegeven aan het onderwerp logistiek.

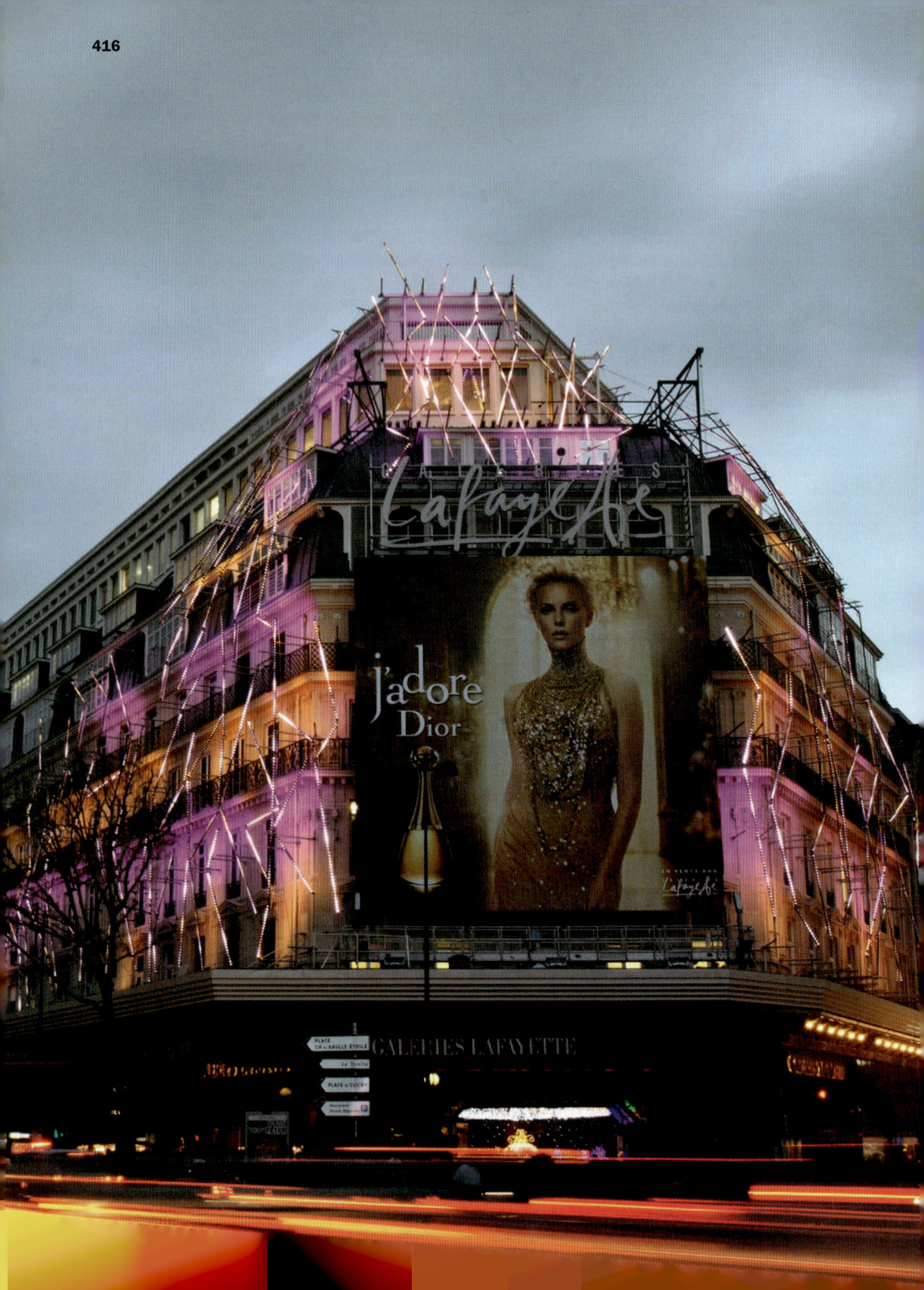
Lafayette
j'adore
Dior
GALERIES LAFAYETTE

20
Distributiestructuur

20.1 Van oerproducent naar consument
20.2 Groothandel
20.3 Groothandelsvormen
20.4 Detailhandel
20.5 Integratie van groothandel en detailhandel
20.6 Ontwikkelingen in de bedrijfskolom

Het distributiebeleid van een onderneming heeft tot doel de juiste producten op het juiste moment en op de juiste plaats aan de doelgroep aan te bieden. Naarmate een onderneming meer afnemers moet bedienen en de afstand tot die afnemers groter is, wordt rechtstreekse levering niet alleen moeilijker, maar ook duurder. Veelal zal dan overwogen worden distribuanten in te schakelen. Vooral consumentenproducten worden door een groot scala aan distributieschakels gedistribueerd. De opeenvolgende distributieschakels vormen tezamen een distributiekanaal. De distributiestructuur omvat alle distributiekanalen die door een onderneming worden gebruikt. In dit hoofdstuk komt deze distributiestructuur uitgebreid aan de orde. De distributie, ofwel de tussenhandel, is in essentie nodig om ervoor te zorgen dat de producten hun weg vinden van producent naar consument. We beginnen in paragraaf 20.1 met een bespreking van de diverse functies die de tussenhandel in dit verband kan vervullen. De weg van oerproducent naar consument wordt vaak schematisch weergegeven in een bedrijfskolom. Deze bespreken we in de eerste paragraaf. We zullen daarin ook kennismaken met de begrippen distributiekanaal, kanaalstructuur, distributiestructuur en distributiediagram. Vervolgens gaan we in op twee belangrijke geledingen uit de bedrijfskolom, namelijk de groothandel (paragraaf 20.2 en 20.3) en de detailhandel (paragraaf 20.4). Verder zullen de recente ontwikkelingen binnen de bedrijfskolom geschetst worden, die onder meer geleid hebben tot een integratie van groot- en detailhandel (paragrafen 20.5 en 20.6).

20.1 Van oerproducent naar consument

De distributie, ofwel de tussenhandel, is nodig om ervoor te zorgen dat de producten hun weg vinden van (oer)producent naar consument. In deze paragraaf bespreken we de diverse functies die de tussenhandel in dit verband vervult en gaan we in op de bedrijfskolom en het begrip distributiekanaal.

Functies van de handel

Functie

De functie van de handel is in het algemeen het overbruggen van de afstand tussen productie en consumptie. Afstand dient hier als een abstractie te worden opgevat. Het gaat niet alleen om de geografische afstand, maar vooral om de verschillen in plaats, hoeveelheid, kwaliteit, tijd, bezit en kennis. In het distributieproces onderscheidt het NIMA de volgende functies:

Definitie distributiefuncties

> Het distributieproces bestaat uit de volgende functies: transport, opslag, informatieverschaffing, promotie, onderhandelen, bestellen, financieren, risico nemen, betalen en eigendom overdragen. Distributiefuncties kunnen met behulp van directe of indirecte distributie worden vervuld.

Een aantal van deze distributiefuncties zullen we hierna nader toelichten. Daarbij gaat het om verschillen in plaats, hoeveelheid, kwaliteit, tijd, bezit en kennis.

Het verschil in plaats
In ons land komen geen cacaoplantages voor, omdat de klimatologische omstandigheden dat onmogelijk maken. Toch is Nederland de grootste exporteur ter wereld van de drie belangrijkste halffabricaten die uit ruwe cacaobonen verkregen worden: cacaomassa, cacaoboter en cacaopoeder. Bovendien is Nederland de grootste exporteur ter wereld van chocolade. In veel gevallen vinden de productie en consumptie van producten dus in verschillende geografische gebieden plaats.

Het verschil in hoeveelheid
Een chocoladefabrikant als Verkade produceert een groot aantal repen chocolade, maar een consument zal er slechts één of enkele tegelijk willen kopen. De tussenhandel overbrugt dit verschil in hoeveelheid. In de eerste plaats zal de zoetwarengrossier in grote hoeveelheden en grote verpakkingseenheden repen chocolade van Verkade kopen en deze vervolgens in kleinere hoeveelheden aan de detaillist leveren. De consument kan bij de detaillist in zeer kleine aantallen deze repen chocolade kopen.

Het verschil in kwaliteit
Een groot aantal producten wordt in verschillende soorten en kwaliteiten geproduceerd. Denk bijvoorbeeld aan de verbouw van tabak of aan de verschillende koffie- en theesoorten. Door sortering en gradering zorgt ook hier de handel ervoor dat de verschillen tussen vraag en aanbod worden overbrugd. Bij koffie leidt dit bijvoorbeeld tot een gevarieerd aanbod van smaken.

Het verschil in tijd

We kunnen het hele jaar door chocolade kopen, maar cacaobonen worden maar twee keer per jaar geoogst: een hoofd- en een tussenoogst die in elkaar overlopen. Ook suiker wordt het hele jaar door verkocht, maar de suikerfabrieken produceren maar gedurende drie maanden per jaar suiker. Anderzijds zijn er ook producten waaraan de consument maar in een bepaalde periode van het jaar behoefte heeft. Badkleding wordt het hele jaar door geproduceerd, maar de aanschaf en het gebruik ervan vinden in slechts een beperkte periode van het jaar plaats. Productie en consumptie vinden dus vaak op verschillende momenten plaats. Door het opslaan en in voorraad houden van dit soort producten overbrugt de handel dit tijdsverschil.

Het verschil in bezit

Tussen het moment van productie en consumptie gaat een product vele malen in andere handen en eigendom over. Iedere keer vindt er tussen de verschillende geledingen van de bedrijfskolom koop en verkoop plaats. De ruwe cacaobonen worden bijvoorbeeld door een buitenlandse exporteur van de teler in Brazilië gekocht en vervolgens doorverkocht aan een handelaar in Nederland. Deze handelaar zal op zijn beurt de ruwe cacaobonen doorverkopen aan een eerste verwerker, die vervolgens het uit de cacaobonen vervaardigde halffabricaat zal doorverkopen aan de fabrikant van chocoladeproducten.

De verschillende tussenschakels overbruggen dus het verschil in bezit, waarbij de handel door financiering van de voorraad en het verstrekken van krediet mede risico draagt.

Het verschil in kennis

Daar er tussen de producent en de consument meestal geen direct contact bestaat, verloopt de communicatie vooral via de handel. Immers, de handel heeft direct contact met zowel vragers als aanbieders op de markt en is dan ook een belangrijke informatiebron. Daardoor kunnen vraag en aanbod beter op elkaar worden afgestemd.

De handel zorgt er dus voor dat al die verschillen worden overbrugd. Waneer een producent die taak zelf op zich zou nemen, zouden zijn producten onbetaalbaar worden. Doordat de handel de contacten met de consumenten legt, wordt het aantal contacten van de producent sterk beperkt. Deze beperking van contacten staat bekend als het Van Muiswinkel-effect (zie figuur 20.1).

FIGUUR 20.1 Het Van Muiswinkel-effect: afname van het aantal contacten door inschakeling van de tussenhandel

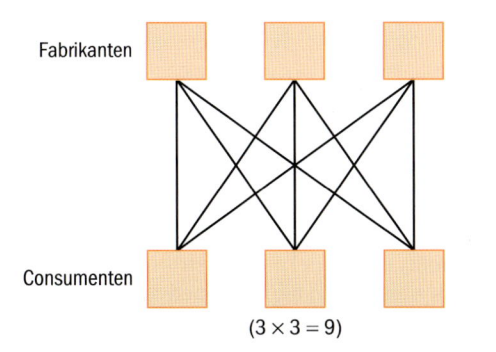

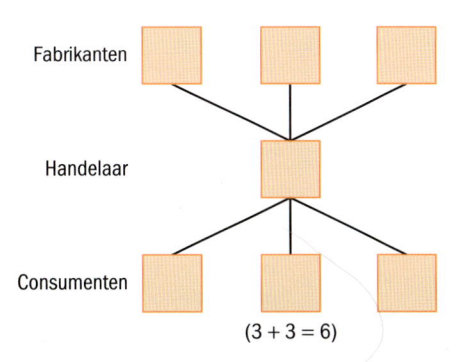

De bedrijfskolom

Goederen stromen als het ware van de oerproducent naar de consument, waarbij ze in fasen door verschillende soorten bedrijfshuishoudingen worden voortgestuwd. De bedrijfskolom geeft dit voortstuwingsproces weer. Het *NIMA Marketing Lexicon* geeft de volgende definitie:

Definitie bedrijfskolom

> Een bedrijfskolom omvat alle opeenvolgende participanten en hun onderlinge positie in het voortbrengingsproces van een bepaald product, van oerproducent tot finale afnemer.

Een bedrijfskolom is dus een verticale structuur bestaande uit een aantal horizontale geledingen, waarin we soortgelijke bedrijfshuishoudingen aantreffen. Daarbij gaat het om de verschillende takken van voortbrenging (industrie), handel en distributie, alsmede de verbruikers (consumenten). Zo'n bedrijfskolom kent in het algemeen een structuur (zie figuur 20.2), waarin we verschillende goederenstromen kunnen onderscheiden. Daarbij vervullen productiehuishoudingen (I), handelshuishoudingen (II) en gezinshuishoudingen (III) allemaal een andere functie. In de afgebeelde bedrijfskolom is alleen de goederenstroom weergegeven. Daarnaast kennen we ook verschillende andere stromen, zoals een geldstroom en een informatiestroom.

FIGUUR 20.2 De bedrijfskolom

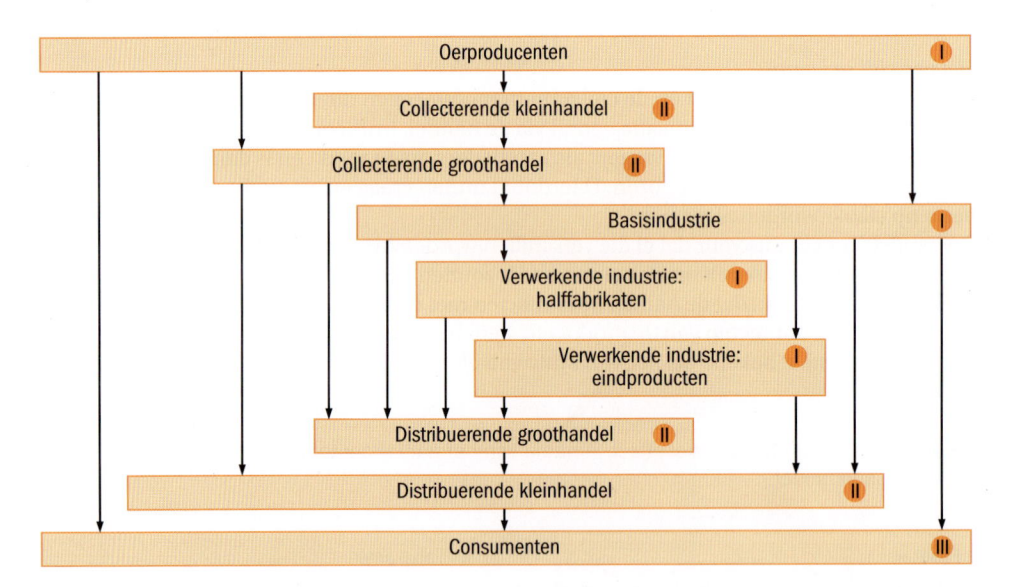

```
Oerproducenten                                          I
   │
   ├──> Collecterende kleinhandel                       II
   │
   ├──> Collecterende groothandel                       II
   │
   ├──> Basisindustrie                                  I
   │
   ├──> Verwerkende industrie: halffabrikaten           I
   │
   ├──> Verwerkende industrie: eindproducten            I
   │
   ├──> Distribuerende groothandel                      II
   │
   ├──> Distribuerende kleinhandel                      II
   │
   └──> Consumenten                                     III
```

De geldstroom beweegt zich in tegengestelde richting. De informatiestroom beweegt zich zowel van boven naar beneden als omgekeerd.

De in figuur 20.2 afgebeelde bedrijfskolom bestaat uit een aantal geledingen, waarin we soortgelijke bedrijfshuishoudingen aantreffen. Die bedrijven kunnen betrokken zijn bij de productie, de handel en de distributie. Deze productie- of handelsgeledingen die zich op één bepaalde activiteit richten, noemen we een bedrijfstak. Bekende bedrijfstakken zijn de detailhandel en de grafische bedrijfstak.

Een bedrijfstak is een horizontale geleding in de bedrijfskolom. Deze geleding betreft organisaties die eenzelfde dan wel gelijksoortige functie vervullen in het voortbrengingsproces van verschillende variëteiten van een bepaald product.

Definitie bedrijfstak

Bedrijfstakken zijn weer opgebouwd uit branches. Een branche is een groep organisaties die binnen een bedrijfstak grote overeenkomsten vertonen ten aanzien van de productietechniek en de geleverde producten. Voorbeelden van branches zijn de levensmiddelenhandel in de bedrijfstak detailhandel en de boekbinderij in de grafische bedrijfstak. Tabellen 20.1 en 20.2 geven voorbeelden van winkels in de levensmiddelenbranche en de drogisterij/parfumeriebranche.

Branche

TABEL 20.1 Winkelaantallen supermarkten december 2014

Albert Heijn	933	Spar holding	459
Jumbo groep	623	Spar formule	233
C1000	124	Attent	145
Jumbo	499	Spar overig	81
Superunie	**1.571**	Jan Linders	57
Plus	255	Poiesz	68
Detailresult	189	MCD	40
Detailconsult	106	**Aldi**	**496**
Dekamarkt	83	**Lidl**	**388**
EMTE	127		
Coop	241	**Totaal**	**4.011**
Hoogvliet	65		
Deen	70		

Bron: Nielsen

Distributiekanalen

In het algemeen legt een product een vrij lange weg af voordat het bij de eindverbruiker is. Oorspronkelijk werd geproduceerd in opdracht van de eindafnemer en was sprake van rechtstreekse levering door de producent aan de afnemende consument. Tegenwoordig kunnen zich verscheidene schakels tussen producent en afnemer bevinden.

TABEL 20.2 Aantal winkels in de drogisterij-/parfumeriebranche januari 2015

Totaal filiaalbedrijven (excl. Dirx)	**2.144**	**Totaal parfumerieën** (excl. Sephora)	**483**
Etos	538	Douglas	110
Kruidvat	869	ICI Paris XL	165
Trekpleister	145	De Bijenkorf	10
V&D	63	DA Parfumerie	47
Hema	529	Pour Vous	27
Totaal zelfstandige drogisterijen	**1.161**	Overige zelfstandigen	124
DA	323		
Uw Eigen Drogist	58		
D.I.O.	154		
Overige zelfstandige drogisterijen	626		
Totaal drogisterijen	**3.305**		

Bron: Nielsen

Kanaallengte

Hiervoor wordt de term *distributiekanaal* of *afzetkanaal* gehanteerd. Dat zijn de opeenvolgende distribuanten die een functie vervullen bij de distributie van een bepaald product van (oer)producent naar eindgebruiker. De fabrikant zal een beslissing moeten nemen over de lengte van het distributiekanaal. De volgende twee kanaallengten worden onderscheiden.

- *Het indirecte kanaal.* Hierbij kan sprake zijn van:
  - een lang kanaal door levering via de groothandel en de detailhandel, ook de klassieke keten genoemd, en
  - een kort kanaal door levering via de detailhandel.

  Indirecte distributie is dus distributie door een producent met inschakeling van ten minste één distribuant of tussenschakel, die eigenaar van de goederen wordt, voordat het product de finale afnemer bereikt.

- *Het directe kanaal.* Dit betreft het rechtstreeks leveren aan de consument. Directe distributie, het directe kanaal, is een distributievorm waarbij de producent rechtstreeks, zonder gebruikmaking van distribuanten, aan de eindgebruikers levert. Zowel de groothandel als de detailhandel wordt in dat geval uitgesloten. Ook als een producent via eigen winkels verkoopt, valt dat onder directe distributie.

Kanaalstructuur

In figuur 20.3 wordt dit schematisch weergegeven. In verband met de verschillende kanalen spreken we van de *kanaalstructuur*. Dit is een beschrijving van het distributiekanaal aan de hand van het aantal verschillende typen distribuanten dat van het kanaal deel uitmaakt. De kanaalstructuur kan dus bijvoorbeeld zijn: 'indirect lang'. Let op het verschil met de nog te bespreken *distributiestructuur*.

FIGUUR 20.3 Indirecte en directe distributie en lengte van het distributiekanaal

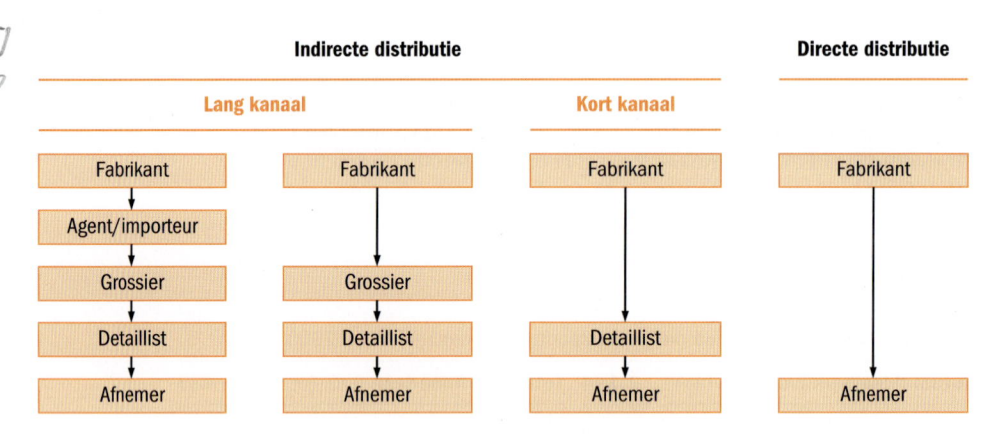

Indirecte distributie			Directe distributie
Lang kanaal		**Kort kanaal**	
Fabrikant	Fabrikant	Fabrikant	Fabrikant
↓	↓	↓	↓
Agent/importeur			
↓			
Grossier	Grossier		
↓	↓		
Detaillist	Detaillist	Detaillist	
↓	↓	↓	↓
Afnemer	Afnemer	Afnemer	Afnemer

Een onderneming zal zich regelmatig moeten afvragen welke kanaallengte het meest wenselijk is. Niettemin is de kanaallengte in vergelijking met de andere marketinginstrumenten weinig flexibel. Is de kanaallengte eenmaal gekozen, dan zit de aanbieder er namelijk voor langere tijd aan vast. De factoren die van invloed zijn op deze keuze, komen in het volgende hoofdstuk ter sprake.

Distributiestructuur en distributiediagram

In het begin van deze paragraaf bespraken we diverse soorten distributiekanalen en schakels waarvan een onderneming, afhankelijk van de functies die we in willen schakelen, gebruik zou kunnen maken. Hiervoor gebruiken we de term *distributiestructuur*. Die is gedefinieerd als aard, aantal, omvang en spreiding van de verschillende distribuanten in een bepaald gebied voor alle producten of een specifiek product.

Vaak wordt een bepaalde distributiestructuur schematisch weergegeven met behulp van een stroomdiagram. Dat wordt dan een *distributiediagram* genoemd. In dat distributiediagram kunnen weer bepaalde distributiekengetallen worden aangegeven, zie ook het volgende hoofdstuk.

Distributiestructuur

Distributiediagram

Wanneer de behoeften en de wensen van de finale afnemers door alle binnen het ketenmanagement betrokken partijen als uitgangspunt worden genomen, spreken we van efficient consumer response (ecr).
Efficient consumer response is dus een manier van werken waarbij bedrijven in de keten samenwerken om de consument beter te bedienen. Door de focus op de consument verdwijnen barrières tussen bedrijven en tussen vakgebieden en kunnen bedrijven gezamenlijk een beter resultaat bereiken. Daarbinnen wordt onderscheid gemaakt tussen:

Efficient consumer response

- *category management*, behandeld in hoofdstuk 15
- *product replenishment*, de aanvulling van voorraden op diverse niveaus in de keten, afgestemd op de afnemersbehoeften en -wensen en
- *enabling technologies*, de toepassing van informatietechnologie gericht op het tot stand brengen van category management en product replenishment.

Hierbij kan *electronic data interchange* een belangrijke rol spelen. Hieronder wordt volgens het NIMA verstaan:

> De elektronische uitwisseling van gestructureerde en genormeerde gegevens tussen computers van bijvoorbeeld leverancier, afnemers en logistieke dienstverleners naar aanleiding van het afsluiten en afwikkelen van verkooptransacties.

Definitie electronic data interchange

20.2 Groothandel

De groothandel vormt de schakel tussen fabrikanten en winkeliers en/of andere organisaties. De betekenis van de groothandel is in diverse bedrijfskolommen sterk afgenomen. Belangrijke oorzaken daarvoor zijn de schaalvergroting in de detailhandel, de groei van de inkoopcombinaties en de steeds sterkere wens van fabrikanten om het marketingbeleid te controleren.

Betekenis groothandel is sterk afgenomen

> De groothandel (grossier) is de intermediair tussen producent en detaillist. Als basisfuncties kunnen voor de groothandel het collecteren en distribueren worden gezien.

Definitie groothandel (grossier)

Onder de collecterende handel worden distribuanten zoals groothandelaars of exporteurs verstaan die van verschillende organisaties veelal kleine partijen goederen kopen. Daarmee stellen ze een leveringsprogramma samen, dat aantrekkelijk is om aan de volgende schakel in de bedrijfskolom, zoals

Collecterende handel

Distribuerende handel

detaillisten en importeurs, door te verkopen. In plaats van collecterende handel wordt ook wel van verzamelende handel gesproken.

Onder de distribuerende handel, ook wel verdelende handel genoemd, verstaan we de schakel binnen het distributiekanaal die grote partijen inkoopt van de voorgaande schakel en kleine partijen doorverkoopt aan de volgende schakel. Zo koopt bijvoorbeeld een winkelier in het algemeen grote(re) hoeveelheden in om die vervolgens in kleinere hoeveelheden zoals die door de consumenten worden gevraagd, te verkopen.

Een groothandel is dus een commerciële onderneming die voor eigen rekening en risico goederen verhandelt die buiten de eigen onderneming zijn vervaardigd en die aan bedrijfsmatige afnemers, geen consumenten, worden afgeleverd. De hoofdfunctie van de groothandel is het voortstuwen van goederenstromen. De groothandel fungeert als schakel tussen de mogelijkheden die de leverancier heeft om te verkopen en de mogelijkheden die de afnemer heeft om te kopen.

● www.logistiek.nl

Groothandel voelt concurrentie logistiek dienstverlener

SUPPLY CHAIN
De Nederlandse groothandel groeide jaren harder dan andere sectoren maar hapert sinds 2012 mede door de toenemende concurrentie van logistiek dienstverleners. Om die concurrentie het hoofd te bieden moeten groothandels meer inzetten op ICT-(keten)innovaties, blijkt uit onderzoek van ING.

In het vandaag verschenen onderzoek stellen de economen van ING Economisch Bureau vast dat groothandelssector, goed volgens het CBS voor een totale toegevoegde waarde op jaarbasis van 47 miljard euro, zich de afgelopen jaren steeds breder is gaan profileren als serviceprovider, maar dat heeft niet geresulteerd in het juiste prijskaartje. Ook neemt, zo concluderen de opstellers van het rapport, de concurrentie toe van met name logistiek dienstverleners alsmede retailers die zelf de inkoop en opslag verzorgen.

Onderscheiden met logistiek
Consequentie van deze concurrentie is dat groothandels hun toegevoegde waarde tegenover grote retailers meer en meer moeten bewijzen. "De uitdaging is om aanvullende diensten, zoals logistieke dienstverlening, niet alleen als onderscheidend middel te gebruiken, maar dit ook richting opdrachtgevers te gelde moeten maken. Als er geen marge tegenover staat zal de productiviteit omhoog moeten om de winst op peil te houden of zelfs te verhogen."

> **Meer ketensamenwerking**
> Ook constateren de opstellers van het rapport onder andere dat groothandels de voordelen van ketensamenwerking onvoldoende benutten. "Ondanks dat de groothandel zich breder profileert ten opzichte van klanten, verkeren groothandels in de praktijk vaak niet in de positie van ketenregisseur. In veel gevallen is dat de grote retailer of de fabrikant. Hoewel de invloed beperkt is, zijn groothandels vaak wel in de mogelijkheid om de voordelen van ketensamenwerking te benutten."

20.3 Groothandelsvormen

Groothandelsondernemingen komen in verschillende vormen voor. Daarbij nemen niet alle groothandels de functie van risicodrager op zich. Opkopers, exporteurs, importeurs en grossiers verkrijgen het eigendom over de producten. Commissionairs, handelsagenten en makelaars daarentegen houden zich uitsluitend met bemiddeling bezig. We zullen eerst ingaan op de diverse grossiers.

Full-service- en limited-servicegroothandel
Worden door een groothandelaar vrijwel alle genoemde functies vervuld, dan is er sprake van een full-servicegroothandel.

> Een full-servicegroothandel is een groothandelsvorm waarbij alle distributiefuncties worden verricht, zoals het overbruggen van tijds-, hoedanigheids-, plaats- en hoeveelheidsverschillen en het bieden van assortiment, maar ook het financieren van de voorraden en het nemen van voorraad- en afzetrisico's, alsmede het leggen van contacten, het verzorgen van de betaling en het transport van de goederen.

Definitie full-servicegroothandel

Full-servicegroothandelaren zijn onder te verdelen in algemene en gespecialiseerde ondernemingen. De algemene groothandel (*general wholesaler*) kent een groot aantal afdelingen voor producten zonder verdere marketingverwantschap. Er wordt dus een breed assortiment gevoerd, dat uiteen kan lopen van kleding tot autogereedschap. Deze groothandelsvorm komt in Nederland niet of nauwelijks voor, wel op grotere schaal in bijvoorbeeld de Verenigde Staten.

Algemene groothandel

De gespecialiseerde groothandel (*specialty wholesaler*) zien we in Nederland vaker. Hierbij beperkt de groothandelaar zich tot één specifieke branche, bijvoorbeeld landbouwwerktuigen, bouwmaterialen, zoetwaren of tabaksartikelen. De full-servicegedachte komt, vooral bij nonfoodproducten in het levensmiddelenkanaal, sterk tot uitdrukking in het merchandisingconcept.

Gespecialiseerde groothandel

Het verzorgen van het winkelbeeld door het aantrekkelijk opstellen van de producten en het gebruik van displaymateriaal wordt merchandising genoemd. Ter voorkoming van misverstand: in het kader van het communicatiebeleid heeft merchandising een andere betekenis. Daar staat de term voor het commercieel uitbaten van het imago van stripfiguren, acteurs, popsterren, televisie- en romanfiguren enzovoort.

Merchandising

Merchandising gebeurt door de merchandiser, die een expert is op het gebied van de display binnen de winkel van specifiek de producten van zijn onderneming. Hij tracht met de detaillist een goed contact op te bouwen, dat zo ver kan gaan dat hij de volle verantwoordelijkheid krijgt voor het tijdig aanvullen van de voorraden en de opstelling van de producten op de hem toegewezen plaats. Een merchandiser geeft uitvoering aan de accountplannen op de winkelvloer. Het *NIMA Marketing Lexicon* geeft hiervan de volgende omschrijving:

Definitie merchandiser

> Een merchandiser is de functiebenaming voor een vertegenwoordiger die vooral een verkoopondersteunende taak voor de detaillist vervult, meer dan een verkopende taak vanuit de producent. Deze verkoopondersteunende taak omvat alle activiteiten die op de plaats van verkoop het product zichtbaar of beter grijpbaar maken.

Service merchandising

Bij service merchandising pacht een onderneming als het ware een plaats in een winkel voor haar permanente presentatie, waarin zij haar (veelal specialistisch en voor de winkelier branchevreemd) assortiment aanbiedt.

Rack jobbing (stelling grossier)

Voorheen stond service merchandising bekend als rack jobbing. Tot de activiteiten van de service merchandiser behoren bijvoorbeeld het voorprijzen van artikelen, het bijhouden van de verkopen aan de hand van facturen en het terugnemen van artikelen die niet lopen of waarvan de houdbaarheidsdatum is overschreden. Voor service merchandising komen productgroepen in aanmerking die logistiek gezien moeilijk te distribueren zijn.

Tegenover de verleende service staat een percentage van de omzet, waardoor de brutowinstmarge van de winkelier afneemt. Efficiëntie en hogere omloopsnelheid moeten dit compenseren. Daar waar aan deze voorwaarden wordt voldaan, is sprake van een effectieve reactie op de uitschakelingstendensen die de groothandel bedreigen. Een bekende service merchandiser is Nedac-Sorbo, een groothandel in slow moving products, zoals schoonmaakartikelen, kruiden en geneesmiddelen.

Het *NIMA Marketing Lexicon* geeft de volgende definitie:

Definitie service merchandiser

> Een service merchandiser of rack jobber is een functionaris in dienst/opdracht van een producent of distribuant/groothandel die, naast een groothandelstaak (het leveren van producten), ook detailhandelstaken vervult. Hij adviseert de betreffende detailhandel over de prijs- en assortimentssamenstelling, de schappresentatie, vult de voorraad in de winkel aan en verzorgt het schap. Service merchandisers worden veelal ingeschakeld als de detailhandel in de productgroep op inkoop- of fysiekedistributiegebied onvoldoende gespecialiseerd is.

Wordt er door een groothandel slechts een beperkt aantal functies vervuld, dan is sprake van een zelfbedieningsgroothandel. Deze vorm van specialisatie kunnen we zien als reactie van de groothandel op de uitschakelingstendensen.

Zelfbedieningsgroothandel

Bij de zelfbedieningsgroothandel (cash-and-carry-groothandel) halen detaillisten artikelen uit de schappen, is er contante betaling en zijn er relatief hoge kortingen. De zelfbedieningsgroothandel streeft naar een hoge omloopsnelheid en een zo hoog mogelijke marge per product, wat soms leidt tot een vrij beperkt assortiment.

Groothandelaren die eigenaar van de goederen worden
Tot de groothandelaren die het eigendom over de goederen verkrijgen, behoren naast de full-service- en limited-servicegroothandels, de opkopers, de exporteurs en de importeurs.

De exporteur heeft veelal een steviger positie, hoewel die wordt bedreigd door exportorganisaties die worden opgericht door groepen van producenten, vooral in de agrarische sector. De exporteur is gespecialiseerd in één of meer landen en heeft kennis van transportmogelijkheden, douanevoorschriften, gebruiken en gewoonten, de politieke situatie, het betalingsgedrag en de kredietwaardigheid van afnemers enzovoort. Bij industriële producten vindt uitschakeling van exporteurs plaats, doordat individuele fabrikanten hun eigen belangen onvoldoende vertegenwoordigd zien. Exporteurs verkopen meestal elkaar beconcurrerende producten, zodat zij aan elke fabrikant maar beperkte aandacht kunnen besteden. Dit zet fabrikanten aan tot het in eigen beheer nemen van de exportfunctie.

Exporteur

De importeur is belast met het voldoen aan de binnenlandse vraag naar buitenlandse goederen. Hij moet dus op de hoogte zijn van het aanbod in andere landen. Die kennis vergaart hij vooral door contacten met exporteurs in het buitenland. Ook importeurs hebben onder druk van bijvoorbeeld grote detailhandelsorganisaties die zelf importeren, te maken met uitschakelingstendensen.
Erkende importeurs hebben het exclusieve invoerrecht op een bepaald product. Iedere binnenlandse gebruiker zal het product via hem moeten betrekken. Dit komt vooral bij merkartikelen voor. De zogenaamde parallelimporten vormen steeds vaker het antwoord op de monopoliepositie van de erkende importeurs. Dit houdt in dat niet-erkende importeurs zelf de producten kopen van groothandelaren of fabrikanten in het land van herkomst. De producten worden dan beneden de officiële inkoopprijs aangeboden.
In de autobranche wordt ook gewerkt met importeurs. Soms zijn deze importeurs zelfstandige groothandelaren, maar steeds meer zijn zij eigendom van de buitenlandse fabrikant. In beide gevallen worden de importeurs eigenaar van de auto's en werken zij dus voor eigen rekening en risico.

Importeur

Groothandelaren die alleen bemiddelen
Er zijn ook groothandelaren die uitsluitend bemiddelen bij het tot stand komen van koopovereenkomsten. We spreken hier van een tussenpersoon die bij handelstransacties alleen zijn bemiddeling verleent, zonder daarbij eigenaar te worden van de goederen. Daarbij gaat het om commissionairs, handelsagenten en makelaars.

Een commissionair (broker) is iemand die zijn bedrijf maakt van het sluiten van transacties op zijn eigen naam of die van zijn onderneming en tegen een vergoeding, provisie of commissie, in opdracht en voor rekening van een ander. Hij kan inkoopcommissionair zijn of verkoopcommissionair. Een inkoopcommissionair wordt vaak ingeschakeld voor het kopen van goederen op vreemde markten of beurzen, omdat de opdrachtgever daarmee niet bekend is. De inkoopcommissionair komt nog voor in bijvoorbeeld de graanhandel en de houthandel.

Commissionair (broker)

Een handelsagent houdt zich bezig met het bemiddelen bij het tot stand komen van overeenkomsten tussen iemand tot wie hij in vaste betrekking staat

Handelsagent

(principaal) en derden, of met het afsluiten van overeenkomsten op naam en voor rekening van de principaal. De handelsagent en de opdrachtgever sluiten een agentuurovereenkomst. Net als de commissionair ontvangt de handelsagent provisie of commissie, met daarnaast een kostenvergoeding.

Makelaar

Een makelaar is een door de arrondissementsrechtbank beëdigd persoon, die zijn bedrijf maakt van het sluiten van overeenkomsten tegen een zeker loon of provisie (*courtage*), op order en op naam van personen tot wie hij *niet* in een contractuele verhouding staat. Makelaars bemiddelen voor één product waarin zij gespecialiseerd zijn, bijvoorbeeld suiker, tabak of thee. Naast bemiddelen houdt de makelaar zich bezig met het bemonsteren en taxeren van partijen goederen, het organiseren van veilingen, het optreden als arbiter in geval van geschillen enzovoort. De bekendste makelaar is die in onroerend goed. Bij een transactie van een huis zijn doorgaans twee partijen betrokken. Daarom bestaat er naast de makelaar die bemiddelt bij verkoop ook een makelaar die helpt bij de aankoop van een woning. Een makelaar handelt dus in opdracht van één partij en ontvangt dus provisie van één partij. In de praktijk komt het ten onrechte voor dat de belangen van beide partijen door een en dezelfde makelaar worden behartigd.

20.4 Detailhandel

Hoewel we de detailhandel meestal associëren met winkelverkoop, vindt een deel van de detailhandelsactiviteiten niet plaats door winkelverkoop.

Definitie detailhandel

> De detailhandel (kleinhandel, retail) wordt gevormd door distribuanten die producten, meestal in kleinverpakkingen, aan de finale afnemers (eindgebruikers en -verbruikers) leveren. Het is de laatste schakel in het distributiekanaal, veelal leverend aan de consument.

Detaillisten die hun bedrijf uitoefenen in vestigingen, behoren tot de eerste categorie en detaillisten die niet aan een bepaalde winkellocatie gebonden zijn, behoren tot de tweede categorie. De winkelverkoop vindt enerzijds plaats vanuit speciaalzaken en anderzijds vanuit geparallelliseerde winkeloperaties.

Bij retailmarketing 7 P's

Bij de marketing uitgevoerd door detaillisten, detailhandelsmarketing of retailmarketing genaamd, onderscheiden we vaak zeven P's in plaats van de bekende vier. Het zijn: product, prijs, vestigingsplaats, promotie en fysieke distributie, presentatie en personeel. Dit wordt de detailhandels- of retailmix genoemd.

Winkelverkoop

Gevestigde handel

We zullen ons eerst bezighouden met de belangrijkste vormen van winkelverkoop (de zogenoemde gevestigde handel). Daarbij wordt onderscheid gemaakt tussen de volgende winkeltypen: speciaalzaken, warenhuizen, zelfbedieningswarenhuizen supermarkten, en discounters.

Speciaalzaken
De meest voorkomende winkelvorm is de speciaalzaak, die we in vrijwel alle branches tegenkomen. Het gezamenlijke aandeel van de speciaalzaken in de detailhandelsverkopen bedraagt 70%. Het assortiment van een speci-

aalzaak is veelal te typeren als smal, lang en hoog. Daarbij ligt de nadruk op service en kwaliteit en is de prijs van secundaire betekenis. Dit komt tot uiting in een relatief geringe omzetsnelheid en relatief hoge marges.

Specialisatie kan volgens diverse dimensies plaatsvinden, zoals:
- doelgroepspecialisatie. Hierbij kunnen in principe alle denkbare segmentatiecriteria worden gehanteerd, alhoewel de segmentatie zich in toenemende mate richt op levensstijlen. Zo komen er steeds meer kledingspeciaalzaken die trachten met een uitgekiend modebeeld een bepaalde levensstijl aan te spreken. Een voorbeeld in deze categorie is Bever Sport voor de outdoorliefhebber. **Doelgroepspecialisatie**
- assortimentsspecialisatie (superspecialisatie). Het gaat hier om specialisatie in een deel van een assortiment, zoals uitsluitend Perzische tapijten, versmarkten, diepvrieswinkels en sportzaken die zich op één sport richten (skishops). **Assortimentsspecialisatie**
- specialisatie in gebruiksverwante producten, wat ook wel totaalconcept genoemd wordt. Het betreft hier speciaalzaken die artikelen in samenhang met elkaar laten zien, zoals adventure stores met producten voor buitensport, wandelen en reizen, en kookwinkels. Door deze totaalconcepten vervagen de traditionele branchegrenzen. **Specialisatie in gebruiksverwante producten**
- merk(en)specialisatie. Hierbij omvat het assortiment slechts één of enkele merken. Voorbeelden van brand stores zijn die van Benetton, McGregor, Esprit. **Merk(en)specialisatie**

• insights.abnamro.nl

Visie op Foodretail

door: Mathijs Deguelle

Branche in cijfers

- 4.713 supermarkten kent Nederland in totaal. Deze hebben gemiddeld een vloeroppervlak van 846,5m2. Naast de supermarkten kent Nederland nog 19.402 overige levensmiddelenzaken (denk aan biologische winkels of foodcorners bij tankstations) en 13.427 speciaalzaken.
- 180.537 Is het totaal aantal fte bij levensmiddelenzaken en foodspeciaalzaken. Dit is 39% van de totale werkgelegenheid in de detailhandel. Het grootste deel van de werkgelegenheid wordt door supermarkten gecreëerd: ruim 108.000 fte.
- 69,2% van iedere foodeuro in Nederland, wordt bij retailers besteed. Supermarkten zijn goed voor bijna 52%, speciaalzaken voor ruim 13%. De overige retailkanalen, denk hierbij aan pick-up points of avond/gemakwinkels, ontvangen ruim 4% van de foodbestedingen.

Bron: Locatus, Panteia, FSIN

- Omzet foodretail neemt toe, voornamelijk door volumegroei
- Supermarkten trekken de kar, herstel speciaalzaken blijft nog achter
- Bedrijven zullen keuzes moeten maken om zich te onderscheiden in de markt

Ontwikkelingen – volumegroei is daar

Over heel 2014 groeide de omzet van de detailhandel in voedingsmiddelen met 1,5%. Deze omzetgroei was vrijwel volledig toe te schrijven aan een volumegroei van 1,3%, prijzen stabiliseerden nagenoeg. De branche wist daarmee een einde te maken aan drie jaren van dalende volumes op rij. Vooral speciaalzaken in voedingsmiddelen zagen hun resultaten verbeteren ten opzichte van een jaar eerder. Daalden hun volumes in 2013 nog met bijna 6%, in 2014 bleef de volumedaling beperkt tot 0,6%. Hoewel het volume daarmee negatief bleef, zorgde een prijsstijging ervoor dat de omzet stabiliseerde.

Ook supermarkten zagen hun volumes toenemen. Na een daling van de volumes met 1,1% in 2013, wisten supermarkten in 2014 weer een volumestijging te realiseren van 1,6%. De hoogste stijging sinds 2010. In tegenstelling tot speciaalzaken kenden supermarkten geen prijsstijging, maar stabiliseerde het prijsniveau gedurende 2014. De prijsdruk is vooral bij supermarkten groot. Men kampt met een steeds groter marktaandeel van discounters, in een sowieso overbezette markt. Supermarkten blijven naar het prijswapen grijpen in een poging zich ten opzichte van hun concurrentie te profileren. De promotiedruk, hoewel iets gedaald in 2014, blijft dan ook hoog.

De hoge promotiedruk zorgt er waarschijnlijk ook voor dat net als in 2014 het aandeel private label in de verkopen weer is gedaald. Waarschijnlijk juist doordat (promoties met) A-merken door full-servicesupermarkten worden ingezet als wapen in de strijd tegen discounters.

Warenhuizen

Een warenhuis is een grote detailhandelsvestiging met een uitgebreid assortiment van verschillende, niet noodzakelijkerwijs verwante artikelgroepen die vanuit afzonderlijke afdelingen worden verkocht. De winkeloppervlakte ligt veelal tussen de 10.000 en 20.000 m². De meeste warenhuizen zijn vooral in de centra van de grote steden gevestigd en in de winkelcentra aan de stadsranden. Het assortiment is breed, lang en diep; de hoogte verschilt per warenhuis. Het omvat voornamelijk nonfoodartikelen. Bekende voorbeelden zijn Vroom & Dreesmann (V&D), De Bijenkorf en Marks & Spencer (M&S). Warenhuizen hebben onder andere een belangijk marktaandeel in lederwaren, in papierwaren en kantoorartikelen en in kleding en textiel.

Concessionair — Een concessionair is een zelfstandige detaillist die ruimte huurt in een bestaande detailhandelszaak, een warenhuis of supermarkt, en daar zelfstandig en voor eigen risico een speciaalzaak drijft. Zo werkt De Bijenkorf in haar filialen samen met verschillende concessionairs. Deze concessiepartners, zoals bijvoorbeeld Gaastra, Escada en WMF, beschikken over een eigen verkooppunt binnen het filiaal, en veelal werken hier ook eigen medewerkers.

Variety stores — Binnen de groep warenhuizen heeft zich de afgelopen jaren een verschuiving ten gunste van de variety stores voorgedaan. Variety stores, zoals in ons land Hema, hebben een minder breed, minder lang en diep, en minder hoog assortiment dan de conventionele warenhuizen, alhoewel er sprake is van upgrading.

Zelfbedieningswarenhuizen
Deze winkelvorm, ook wel aangeduid als hypermarkt of superstore, is een warenhuisachtige distributievorm met een breed, lang en ondiep assortiment van food- en nonfoodartikelen, die in zelfbediening worden verkocht. Het is een combinatie van een supermarkt en een warenhuis. In tegenstelling tot de warenhuizen bevinden zelfbedieningswarenhuizen, zoals de ruim 20 Albert Heijn XL-winkels en Nijhof in Baarn, zich buiten of aan de rand van grote steden. Ze hebben meestal een verkoopoppervlakte van tussen de 20.000 en 50.000 m² en beschikken over een ruime parkeergelegenheid. In tegenstelling tot bijvoorbeeld in Frankrijk komt de hypermarkt in Nederland minder vaak voor, vooral als gevolg van het gebrek aan ruimte en van het koopgedrag van de Nederlandse consument.

Hypermarkt (superstore)

Supermarkten
Supermarkten zijn grote zelfbedieningszaken met een assortiment van vooral food- en – in mindere mate – nonfoodartikelen en een oppervlakte van meer dan 400 m². Het aandeel in de totale detailhandelsverkopen bedraagt circa 15%. Supermarkten maken veelal deel uit van een grootwinkelbedrijf, een vrijwillig filiaalbedrijf, een inkoopcombinatie en/of een franchiseorganisatie. Nederland kent met zo'n 4300 supermarkten de unieke situatie dat iedereen op korte afstand boodschappen kan doen. Elke dag doen vier miljoen mensen hun boodschappen in de supermarkt. Volgens het centraal bureau levensmiddelenhandel (cbl) steeg in 2014 de omzet met 1,5% naar €34,2 miljard.
Sinds ongeveer het midden van de jaren tachtig van de vorige eeuw is een duidelijke tendens tot upgrading waarneembaar, waarbij getracht wordt niettemin zoveel mogelijk tegen lage prijzen, vaak in de vorm van kortingen, aan te bieden.
Upgrading komt tot uitdrukking in aspecten als meer bediening, meer gezelligheid, meer ruimte, meer non food groepen en meer verswaren. Dit leidt tot kostenverhoging, doch tegelijkertijd trachten supermarkten hun kosten te beheersen door onder meer schaalvergroting en concentratie, het gebruik van nieuwe technologieën (bijvoorbeeld scanning) en huismerken. Supermarkten profiteren ook van de steeds groter wordende behoefte van consumenten aan one-stop-shopping. Dat wil zeggen, dat de consument zoveel mogelijk boodschappen in één winkel wil kunnen doen. Dat heeft onder meer geleid tot het uitbreiden van het assortiment met versafdelingen, waarbij vaak samengewerkt wordt met concessionairs. Als een supermarkt een deel van zijn winkeloppervlakte verhuurt aan bijvoorbeeld een zelfstandige bakker of slager, ontstaat een zogenoemde shop-in-the-shop.

One-stop-shopping

Shop-in-the-shop

Discounters
Discounters zijn winkels waarin producten worden aangeboden tegen belangrijk lagere prijzen dan in de branche gebruikelijk is. In vrijwel alle branches komen ze voor. Bekende voorbeelden zijn Zeeman en Wibra (textiel), Aldi en Lidl (levensmiddelen) en Xenos (huishoudelijke artikelen). In het levensmiddelenkanaal veroveren de zogenoemde harde discounters terrein. Vertegenwoordigden Aldi en Lidl in 2000 slechts 9% van de markt, in 2015 was dit aandeel volgens Nielsen opgelopen tot ruim 17%. Die groei komt geheel voor rekening van Lidl, dat zijn marktaandeel zag stijgen tot bijna 10%.

Niet-winkelverkoop
Naast winkelverkoop zijn er verschillende detailhandelsvormen die we kunnen rangschikken onder de noemer niet-winkelverkoop. Daarbij gaat

het om de ambulante handel, postorderbedrijven, colportage, partyverkoop, teleshopping en internet.

Ambulante handel
Ambulante handel is het meest bekend in de vorm van marktkramen, rijdende snackbars, kiosken, vis- en oliebollenkraampjes en bloemenstalletjes; maar ook de ouderwetse scharensliep en modernere verkopers aan de deur horen erbij. De ambulante handel speelt zich voornamelijk af op een openbaar terrein of althans binnen een gebied dat voor het publiek vrij toegankelijk is. Deze handel wordt op grond van een speciaal daartoe verleende vergunning gedreven. Nederland telde volgens het CBS in 2010 bijna 7.800 markthandelaren en 900 straathandelaren.

Markthandel

De bekendste en ook meest tot de verbeelding sprekende vorm van ambulante handel is ongetwijfeld de markthandel. De kracht van de warenmarkt ligt vooral in het attractieve en recreatieve spel van vraag en aanbod, dat zich van oudsher afspeelt in een ongedwongen en gemoedelijke sfeer op pleinen en straten. De vermeende of werkelijk lage prijzen op de markt en de mogelijkheid om vrij rond te snuffelen zijn pluspunten, die nog worden verhoogd door de geanimeerde verkooptechniek van de marktkooplieden.

Webwinkels
Met de opkomst van het internet in de jaren negentig verschenen ook de eerste internetwinkels met een soort digitale catalogus waaruit men kon bestellen. Vooral boeken, kleding, huishoudelijke apparaten, reizen en verzekeringen worden nu op deze manier gekocht. Tegenwoordig kopen mensen steeds vaker online de producten die ze nodig hebben. Het kan zijn omdat ze tijd willen besparen, het leuk vinden om online te snuffelen, maar het is ook erg gemakkelijk (24/7 toegang, overzicht van aanbod). De producten op het internet zijn meestal goedkoper, een webwinkel heeft geen winkelruimte en minder personeel. Betaling gebeurt contant, soms achteraf, en op afbetaling. Er zijn verschillende manieren om de bestelling door te geven: fax of e-mail, of bijvoorbeeld per telefoon. De producten worden dan vervolgens thuis of op het aangegeven adres afgeleverd.

Webwinkels zijn er in drie soorten: die welke als pure webwinkel zijn opgericht, die welke tot webwinkel zijn geëvolueerd (de postorderbedrijven) en die welke naast een fysieke winkel ook va het web verkopen. Deze laatste groep realiseert zich dat overleve met alleen een fysiek verkooppunt in veel branches onmogelijk is geworden.

Er wordt bijna niet meer met catalogi gewerkt, bestellingen worden via de website gedaan. De traditionele postorderbedrijven profileren zich dan ook als online warenhuizen. In Nederland zijn Wehkamp, Otto, bol.com, De Bijenkorf, V&D, Zalando, Klingel en HEMA de belangrijkste online warenhuizen. Begin 2013 telde het CBS telde 19.700 actieve, vier keer zoveel als in 2007. Het online winkelen groeit nog steeds: in 2015 vindt ongeeer 11% van de detailhandelsomzet van de totale detailhandelsverkopen via webwinkels plaats. De online omzet van de detailhandel groeit flink harder dan de totale sectoromzet. Het zijn vooral de fysieke winkels met een webshop die hun omzet zien groeien. Voor een verdere behandeling van koop en verkoop via het internet verwijzen we naar hoofdstuk 26.

Verkoop buiten de verkoopruimte
Verkoop buiten de verkoopruimte gaat over deur-tot-deurverkoop, verkoopdemonstraties bij iemand thuis of verkoop op straat. Voor ondernemers zijn

deze verkoopmethoden een goede manier om producten te verkopen. Er is dan één-op-ééncontact met de consument.

Consumenten kunnen zich overrompeld voelen als een ondernemer voor de deur staat, dit heet colportage. Daardoor kopen ze iets waar ze niet over hebben nagedacht. Consumenten hebben daarom meer rechten bij verkoop buiten de verkoopruimte dan bij gewoon winkelen. Zo hebben ze bijvoorbeeld recht op bedenktijd. Vanaf juni 2014 zijn consumenten niet alleen beschermd via de Colportagewet, maar ook gelden andere regels bij bijvoorbeeld straatverkoop.

Colportage

Telefonische verkoop en telemarketing vallen niet onder colportage, maar onder de regels van kopen op afstand.

Teleshopping

Telefonische verkoop wordt op de consumentenmarkt steeds vaker toegepast. De potentiële klant kan worden gebeld of belt zelf naar de aanbieder. Deze tweede mogelijkheid, ook wel aangeduid als *teleshopping*, lijkt betere kansen te hebben, maar bevindt zich in Nederland nog in een experimenteel stadium. In de levensmiddelenbranche is Albert, de bestelservice van Albert Heijn, een voorbeeld van deze vorm van verkoop.

Telefonische verkoop

20.5 Integratie van groothandel en detailhandel

De ontwikkelingen in de distributie hebben onder meer geleid tot allerlei samenwerkingsverbanden tussen groot- en detailhandel. Het initiatief tot samenwerking kan van beide kanten komen. De belangrijkste samenwerkingsvormen zijn de inkoopcombinatie, het vrijwillig filiaalbedrijf, franchising en het grootwinkelbedrijf. De verschillende samenwerkingsvormen vertonen steeds meer overeenkomsten. Ze worden gekenmerkt door strakke, centraal geleide winkelformules met een kleinere beleidsvrijheid voor de individuele detaillisten. Met behulp van een bepaalde winkelformule kan een detaillist zich onderscheiden en met standaardisatie, vaste procedures, uniformiteit in assortiment en winkeldesign profiteren van schaalvoordelen bij inkoop, logistiek en marketing.

Een verticaal marketingsysteem is volgens het NIMA een professioneel geleid en centraal opgezet netwerk van organisaties die gezamenlijk trachten voor een bepaald product of assortiment een zo groot mogelijke marktinvloed te behalen. De marktinvloed kan gebaseerd zijn op vrijwillige samenwerking (contractuele systemen), op de macht van een van de partijen in het distributiekanaal (geadministreerde systemen) of op de eigendomsverhoudingen in het kanaal (geïntegreerde systemen).

Verticaal marketingsysteem

Verschijningsvormen van een verticaal marketingsysteem zijn franchising, het het vrijwillig filiaalbedrijf en het grootwinkelbedrijf. Ook het eerder besproken service merchandising wordt daartoe gerekend.

Onder een horizontaal marketingsysteem wordt verstaan: distributiekana(a)l(en) waarin tussen organisaties op hetzelfde niveau wordt samengewerkt.
De samenwerking kan plaatsvinden op vrijwillige basis of kan worden afgedwongen. Een voorbeeld van een horizontaal marketingsysteem is de inkoopcombinatie.

Horizontaal marketingsysteem

Inkoopcombinatie

De inkoopcombinatie is een samenwerkingsvorm tussen in principe gelijkwaardige detaillisten uit één branche. De grotere inkoopcombinaties (zoals Euretco en Intres op het gebied van mode, wonen en sport) omvatten veelal meer dan één branche. Door orders te bundelen kunnen detaillisten die deel uitmaken van een inkoopcombinatie, lagere prijzen bedingen en ook van andere schaalvoordelen profiteren. In feite trekken ze de groothandelsfunctie naar zich toe.

Veel inkoopcombinaties hebben hun terrein verbreed in de richting van verkoopbevordering en verkoopbeleid. Hoewel de aangesloten detaillisten in principe een grote mate van commerciële en economische vrijheid hebben, is een steeds sterkere ontwikkeling waarneembaar naar vrij vaste winkelformules met een centraal marketingbeleid.

Vrijwillig filiaalbedrijf (vfb)

Het vrijwillig filiaalbedrijf is een veelal onder een eenheidsnaam werkende, centraal geleide organisatie, bestaande uit één of meer grossiers en een in de regel groot aantal detaillisten. Het vfb komt alleen voor in de levensmiddelenhandel.

Voor de groothandel ontstaat efficiënte distributie en voor de detaillisten een grotere inkoopmacht. Bekende voorbeelden van het vfb zijn Spar en Plusmarkt. Deze organisatievorm lijkt sterk op de franchise (zie hieronder). Iedere aangesloten onderneming blijft zelfstandig, maar steeds vaker is sprake van samenwerkingsovereenkomsten waarin afnameverplichtingen centraal staan, naast bepalingen ten aanzien van de assortimentssamenstelling, het prijsbeleid en de winkelinrichting. Kortom: gestandaardiseerde winkelformules spelen een steeds grotere rol.

Franchising

Franchisegever en -nemer

Een samenwerkingsverband dat snel aan populariteit heeft gewonnen is franchising. Het is een continue relatie tussen twee onafhankelijke partijen, gebaseerd op contractuele overeenkomsten, waarbij een franchisegever tegen een vergoeding, materiële en immateriële activa (bijvoorbeeld een bedrijfsnaam), begeleiding, training en expertise aan een franchisenemer verschaft.
Het NIMA omschrijft franchising (het franchisesysteem) als volgt:

Definitie franchising

> Franchising is een samenwerkingsvorm waarbij een franchiseovereenkomst tussen een franchisegever en een franchisenemer is gesloten, waarbij de franchisegever de franchisenemer het recht verleent om tegen betaling een bepaald door hem ontwikkeld of gebruikt exclusief exploitatiesysteem toe te passen, aan welke toepassing de franchisenemer zich bij genoemde overeenkomst dan ook bindt.

Voorbeelden van franchiseorganisaties zijn Dixon's, Febo, Sport2000, Hubo, Holiday Inn-hotels, McDonald's, sommige HEMA- en Albert Heijn-vestigingen.

Franchising is een min of meer complete zakenformule, waarbij het in het algemeen gaat om overdracht van handelsnaam, merk, kennis en kunde.

Een van de voordelen voor de detaillist (franchisenemer) is, dat hij gebruik kan maken van een beproefde en bekende formule. Bovendien wordt hij ingewerkt door de franchisegever en kan hij gebruikmaken van professionele ondersteuning. Daartegenover staan voor hem ook nadelen. Hij moet een deel van zijn winst afstaan aan de franchisegever en moet zich ook houden aan de contractueel vastgelegde regels en verplichtingen.

Ook voor de franchisegever is er sprake van voor- en nadelen. Een van de voordelen is, dat hij met relatief geringe middelen snel een markt kan opbouwen. Daarnaast heeft hij in het algemeen te maken met sterk gemotiveerde franchisenemers, terwijl hij minder personeelsproblemen heeft. Daartegenover staat dat de franchisegever toch minder zeggenschap heeft over de franchisenemer dan als er sprake zou zijn van bijvoorbeeld een winkelchef. Bovendien moet hij een deel van de winst afstaan aan de franchisenemer.

● www.nu.nl

Franchisenemers AH eisen miljoenen van Ahold

Franchiseondernemers van Albert Heijn eisen miljoenen van moederbedrijf Ahold en zijn daarvoor nu naar de rechter gestapt.

Dat bevestigde een woordvoerder van Ahold dinsdag na berichtgeving door Quote. De franchiseondernemers voelen zich over een reeks van jaren benadeeld door Ahold op het gebied van prijzen, bonussen en kosten.

Onder meer zouden de franchisenemers, die de winkelformule Albert Heijn huren bij Ahold, niet evenredig meeprofiteren van bulkkortingen van leveranciers. Daarnaast zouden de ondernemers moeten meebetalen voor het aanhouden van voorraden, terwijl het moederbedrijf daar helemaal geen kosten voor maakt.

Ahold maakte eerder al bekend dat het bedrijf een claim van ruim 200 miljoen euro boven het hoofd hangt van de franchisenemers vanwege het conflict, dat speelde in de jaren 2008 tot en met 2012. Een woordvoerder van Ahold sprak dinsdag van een vervelende situatie met betrekking tot "een issue uit het verleden".

Het bedrijf zette in verband met de kwestie reeds 17 miljoen euro opzij en blijft ook na de dagvaarding bij dat bedrag.

6 januari 2015

De voor- en nadelen van een franchiseovereenkomst voor franchisegever en franchisenemer zetten we uiteen in tabel 20.3.

TABEL 20.3 Voor- en nadelen van een franchiseovereenkomst

	Voordelen	Nadelen
Voor franchisegever	• weinig kapitaal nodig • snelle expansie • minder personeelsproblemen • motivatie van franchisenemer	• minder zeggenschap • minder winst
Voor franchisenemer	• succesformule en image franchisegever • ingewerkt door franchisegever • professionele ondersteuning • soepel krediet	• startkapitaal nodig • winstdeel afstaan • invloed franchisegever

Grootwinkelbedrijf (GWB)

Onder een grootwinkelbedrijf wordt verstaan een onder een eenheidsnaam werkende centraal geleide organisatie die ten minste vijftien vestigingen exploiteert. Voorbeelden van grootwinkelbedrijven zijn Vroom & Dreesmann, C&A, Gamma, Xenos en Albert Heijn. Het ontstaan van het grootwinkelbedrijf moet gezocht worden in de behoefte van de tussenhandel aan tegenwicht tegenover de concentratie aan fabrikantenzijde. In de jaren tachtig van de vorige eeuw heeft het grootwinkelbedrijf zijn positie in de detailhandel aanmerkelijk versterkt.

Jumbo, een gwb in het levensmiddelenkanaal, gaf in 2011 nieuwe impulsen aan de al tijden voortdurende concentratietendens in dit kanaal. In dat jaar nam zij de deels gefranchisede supermarktketens Super de Boer en C1000 over en werd daarmee een geduchte concurrent van marktleider Albert Heijn. Een versterking van het gwb ten koste van het vfb (dat hiervoor al wel behandeld) is daardoor in gang gezet.

● www.jumbosupermarkten.nl

Supermarktketen Jumbo neemt branchegenoot C1000 over (...)

Daarmee wordt Jumbo een veel grotere concurrent van Albert Heijn.

De nieuwe combinatie telt 725 winkels, heeft een omzet van 7,5 miljard euro en een marktaandeel van circa 23%. Met de supermarktcombinatie Jumbo-C1000 zou een grote concurrent voor Albert Heijn worden gevormd. Albert Heijn heeft nu een aandeel van zo'n 35%, terwijl C1000 goed is voor 15%. Jumbo is nog druk bezig met het ombouwen van Super de Boer-filialen. In maart 2012 zou Jumbo dan ook op 15% moeten zitten. Jumbo-C1000 komt dus op 30% uit en kan door die schaalgrootte goedkoper opereren en dus scherper op de prijzen letten.

24 november 2011

20.6 Ontwikkelingen in de bedrijfskolom

Een bedrijfskolom heeft een dynamisch karakter en is dus aan veranderingen onderhevig. Deze veranderingen kunnen zich in vier richtingen voltrekken, namelijk integratie, differentiatie, specialisatie en parallellisatie.

Integratie

Integratie betekent dat één of meer geledingen in de bedrijfskolom worden uitgeschakeld. Hierbij gaat het om een verticale verandering. Integratietendensen zijn doorgaans aanwezig als een bepaalde schakel in de bedrijfskolom een zodanige schaalgrootte krijgt, dat het overnemen van de functie van de voorgaande of opvolgende schakel aantrekkelijk wordt vanuit een oogpunt van kosten of machtspositie.

Voor- en achterwaartse integratie

We spreken van voorwaartse integratie wanneer bijvoorbeeld een meubelfabrikant besluit om zijn meubelen niet meer via de groothandel, maar via eigen toonzalen te verkopen. Er is sprake van achterwaartse integratie wanneer een grootwinkelbedrijf besluit zelf de grossiersfunctie te gaan vervullen (zie figuur 20.4).

Naast de verticale integratie, voorwaarts of achterwaarts, kennen we ook de *horizontale integratie*. Hiervan is bijvoorbeeld sprake bij een fusie of bedrijfsovername. Zie in dit verband ook paragraaf 3.3.

FIGUUR 20.4 De bedrijfskolom vóór en na integratie

Vóór integratie: Fabrikant → Grossier → Detaillist → Consument
Na integratie: Fabrikant → Detaillist → Consument

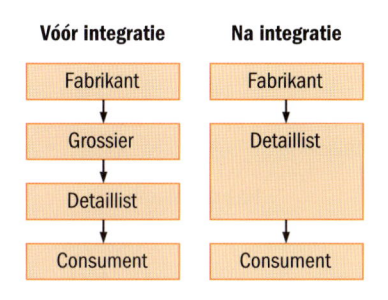

FIGUUR 20.5 De bedrijfskolom vóór en na differentiatie

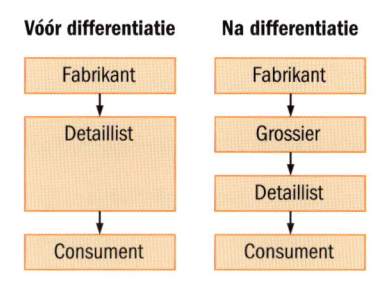

Vóór differentiatie: Fabrikant → Detaillist → Consument
Na differentiatie: Fabrikant → Grossier → Detaillist → Consument

Differentiatie

Differentiatie wil zeggen dat een extra schakel aan de bedrijfskolom wordt toegevoegd. Het is dus het tegengestelde van integratie. Ook differentiatie is een verticale verandering in de bedrijfskolom. Differentiatie vindt plaats als de functies die eerst door de voorliggende of opvolgende schakel werden uitgevoerd, beter of goedkoper door een afzonderlijke schakel kunnen worden uitgevoerd. Wanneer een fabrikant besluit om de voor zijn product benodigde componenten niet zelf meer te vervaardigen, maar daarvoor een toeleveringsbedrijf in te schakelen, is er sprake van differentiatie.

Dat geldt ook voor de detaillist die niet meer rechtstreeks van een fabrikant afneemt, maar in het vervolg gebruikmaakt van de diensten van een grossier (zie figuur 20.6).

FIGUUR 20.6 De bedrijfskolom vóór en na specialisatie

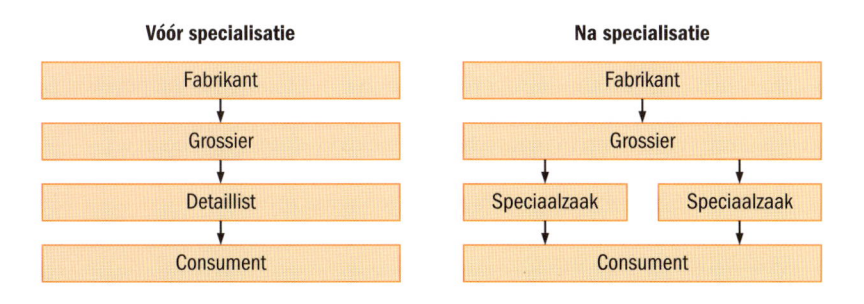

Vóór specialisatie: Fabrikant → Grossier → Detaillist → Consument
Na specialisatie: Fabrikant → Grossier → Speciaalzaak / Speciaalzaak → Consument

Specialisatie

Het is ook mogelijk dat een bepaalde schakel in de bedrijfskolom zich op een gedeelte van de totale productie gaat toeleggen. Deze horizontale verandering in een bedrijfskolom wordt aangeduid met de term specialisatie (zie figuur 20.6). Een platenzaak legt zich bijvoorbeeld voortaan uitsluitend toe op klassieke cd's, een zuivelhandelaar gaat zich specialiseren in de verkoop van kaas (kaasboetiek), en een herenkledingzaak besluit zich in het vervolg uitsluitend te richten op de verkoop van overhemden.

Parallellisatie

Een tegengestelde horizontale verandering wordt aangeduid als parallellisatie.

De activiteiten van een bepaalde schakel worden dan juist uitgebreid.

Branchevervaging

Parallellisatie wordt ook wel branchevervaging genoemd (zie figuur 20.7). De computerzaak die naast pc's en laptops ook foto- en videoapparatuur gaat verkopen is daarvan een voorbeeld. In meer algemene zin zijn ook supermarkten en warenhuizen vormen van parallellisatie.

FIGUUR 20.7 De bedrijfskolom vóór en na parallellisatie

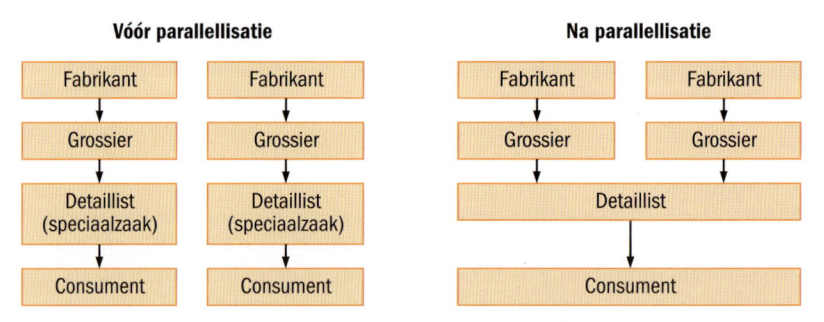

Vóór parallellisatie		Na parallellisatie	
Fabrikant	Fabrikant	Fabrikant	Fabrikant
Grossier	Grossier	Grossier	Grossier
Detaillist (speciaalzaak)	Detaillist (speciaalzaak)	Detaillist	
Consument	Consument	Consument	

Parallellisatie kan betrekking hebben op productie- en/of distributieverwantschap. In het eerste geval liggen de producten qua productietechniek en gebruikte materialen dicht bij elkaar: een fietsenfabrikant die ook bromfietsen gaat produceren. In het tweede geval gaat het om eenzelfde soort koopgedrag en koopmotieven van de consument met betrekking tot verschillende producten: een detaillist die naast kruidenierswaren ook brood en verse groenten gaat verkopen.

Samenvatting

- De functie van de handel: overbruggen van de afstand tussen productie en consumptie.
- Afstand: verschillen in plaats, hoeveelheid, kwaliteit, tijd, bezit en kennis.
- Een *bedrijfskolom* is de weergave van genoemd proces.
- De geledingen in een bedrijfskolom noemen we *bedrijfstakken* met verschillende *branches*.
- De opeenvolgende distribuanten van een bepaald product noemen we samen een *distributiekanaal* of *afzetkanaal*.
- Bij de lengte van zo'n kanaal (ook genoemd: de *kanaalstructuur*) onderscheiden we: *direct kanaal, indirect kort kanaal* en *indirect lang kanaal*.
- Inschakeling van de tussenhandel reduceert het aantal contactlijnen tussen fabrikant en afnemer.

- *Distributiestructuur*: aard, aantal, omvang en spreiding van de verschillende distribuanten in een bepaald gebied met betrekking tot alle producten of een specifiek product. De schematische weergave hiervan heet een *distributiediagram*.
- *Ketenmanagement* (of: *supply chain management*): het beheersen van de opeenvolgende economische activiteiten van (oer)producenten, groothandel en detailhandel tot aan de finale aflevering van het product.
- Efficient consumer *respons (ecr)*: samenwerking tussen de verschillende schakels in het distributiekanaal, met als uitgangspunt de behoeften en wensen van de finale afnemers.
- *Electronic data interchange (edi):* elektronische informatie-uitwisseling tussen de verschillende schakels in de distributiekolom.
- *Category management*: er wordt gedacht in termen van complete, consistente en coherente (deel)assortimenten en/of productgroepen.
- Bijzondere *groothandelsvormen: service merchandiser (rack jobber)* en *cash-and-carry groothandel*. Daarnaast de *exporteur* en *importeur, commissionair, handelsagent* en *makelaar*.
- De *detailhandel* levert producten, meestal in kleinverpakking, aan de finale afnemer (veelal de consument).
- Naast de speciaalzaken kennen we *het warenhuis, het zelfbedieningswarenhuis, de supermarkt* en *de discounter*.
- Niet-winkelverkoop via de *ambulante handel, postorder-/internetbedrijven, telefonische verkoop (teleshopping)*.
- Verkoop buiten de verkoopruimte via *deur-tot-deurverkoop, verkoopdemonstraties bij iemand thuis* of *verkoop op straat* is geregeld via de Colportagewet en andere regels.
- Bij de marketing, uitgevoerd door detaillisten (*detailhandelsmarketing* of *retailmarketing*), onderscheiden we vaak zeven P's: product, prijs, vestigingsplaats, promotie en fysieke distributie, presentatie en personeel.
- Samenwerkingsvormen tussen en binnen groot- en detailhandel: *horizontaal marketingsysteem* en *verticaal marketingsysteem*.
- Franchising heeft voor zowel *franchisegever* als *franchisenemer* voor- en nadelen.
- Bewegingen in de bedrijfskolom; naar functie: *integratie* (voorwaarts/achterwaarts) en *differentiatie*; naar assortiment: *specialisatie* en *parallellisatie* (= branchevervaging).

440

21
Distributiebeleid

21.1 Keuze van het kanaal
21.2 Distributie-intensiteit
21.3 Machtsverhoudingen in het kanaal
21.4 Keuze van het type distribuant
21.5 Distributiekengetallen
21.6 Logistiek

In het kader van het distributiebeleid moeten keuzes worden gemaakt met betrekking tot de lengte van het distributiekanaal, de intensiteit van de distributie, het type distribuant en de wijze waarop met distribuanten wordt omgegaan. Beslissingen over deze onderwerpen zijn nauw met elkaar verweven. In dit hoofdstuk zullen we de verschillende aspecten die betrekking hebben op dit keuzeproces behandelen. In paragraaf 21.1 beginnen we met de keuze van het distributiekanaal, om vervolgens in paragraaf 21.2 te kijken naar de gewenste mate van distributie-intensiteit. In paragraaf 21.3 besteden we aandacht aan de machtsverhoudingen in het distributiekanaal. De keuze van het type distribuant komt in paragraaf 21.4 aan de orde en de doelstellingen van het distributiebeleid in paragraaf 21.5. Daarbij gaat het vooral om de verschillende zogenoemde distributiekengetallen. Ten slotte behandelen we in paragraaf 21.6 in vogelvlucht de logistiek. Daarbij zullen we vooral aandacht besteden aan het fysieke distributiemanagement.

21.1 Keuze van het kanaal

Zoals we in het vorige hoofdstuk hebben gezien, heeft een fabrikant de keuze uit het directe kanaal, het korte kanaal en het lange kanaal. Om een verantwoorde keuze te kunnen maken moet hij alle relevante externe factoren, de kenmerken van de marketingomgeving, in de beschouwing betrekken. De in tabel 21.1 genoemde factoren hebben zowel betrekking op de keuze tussen directe en indirecte distributie, als op de keuze tussen het korte en het lange distributiekanaal.

TABEL 21.1 Factoren die van invloed zijn op de keuze van de kanaallengte

Interne factoren	Externe factoren
Doelstellingen	*Afnemerskenmerken*
• ondernemingsdoelstellingen	• aantal afnemers
• marketingdoelstellingen	• geografische spreiding
• distributiedoelstellingen	• omzet per afnemer
• distributie-intensiteit	• bestelfrequentie
• gewenste beheersbaarheid	• bestaande koopgewoonte
• gewenste flexibiliteit	• gevoeligheid verkoopkanalen
• gewenst omzetniveau	• belang van persoonlijke relatie
• gewenst kostenniveau	
Ondernemingspositie	*Distributiekenmerken*
• financiële positie	• beschikbaarheid van distribuanten (kwantitatief, kwalitatief)
• omvang, marktaandeel, merkvoorkeur	• aansluiting op doelstellingen fabrikant
	• bereidheid tot samenwerken
	• machtsverhouding
Productiekenmerken	*Concurrentiekenmerken*
• houdbaarheid	• strategieën van concurrenten
• mate van standaardisatie	• macht en invloed in bestaande kanalen
• breedte/diepte assortiment	
• bulk/niet-bulkgoederen	
• vereiste servicegraad	
Prijskenmerken	*Kenmerken macro-omgeving*
• waarde per eenheid product	• ontwikkeling inkomensniveaus
• marge per eenheid product	• wettelijke bepalingen
• prijsonderhandeling	• nieuwe distributietechnologieën
Marketingmix	
• aansluiting op andere marketinginstrumenten	

Het zou te ver voeren om hier alle elementen die in tabel 21.1 aan de orde komen uitgebreid te bespreken. We beperken ons dan ook tot de gewenste mate van distributie-intensiteit.

21.2 Distributie-intensiteit

De keuze van de distributie-intensiteit heeft betrekking op het aantal in te schakelen distribuanten en vindt in principe pas plaats na de keuze van de kanaallengte. Er bestaat echter een belangrijke wisselwerking tussen de kanaallengte enerzijds en de distributie-intensiteit anderzijds. Naarmate een meer intensieve distributie wordt nagestreefd, zal de kanaallengte in het algemeen groter zijn. We kunnen hierbij het onderscheid maken tussen intensieve, selectieve en exclusieve distributie.

Intensieve distributie
Bij intensieve distributie streeft de fabrikant naar een zo groot mogelijke verkrijgbaarheid: de distributiespreiding is dus zeer groot. Dit zien we vooral bij fabrikanten van convenience goods. Consumenten zijn daarbij slechts bereid tot een geringe koopinspanning, wat tot gevolg heeft dat de winkelkeuze veelal voorafgaat aan de productkeuze. Zorgt de fabrikant niet voor een grote distributiespreiding, dan zullen consumenten vrij gemakkelijk overstappen op een wel gemakkelijk verkrijgbaar merk. Voor nieuw geïntroduceerde convenience goods wordt de situatie steeds problematischer. De schapruimte bij de detaillisten is immers beperkt. De fabrikant zal vooral producten in zijn assortiment voeren die hun rendement bewezen hebben.

Intensieve distributie vooral bij convenience goods

Selectieve distributie
Selectieve distributie komt veelal voor bij shopping goods, waarbij consumenten gewoonlijk wel tot enige koopinspanning bereid zijn. Bij selectieve distributie tracht de fabrikant niet zoveel mogelijk distributiepunten te verkrijgen, maar wel de belangrijkste. De distributiepunten passen bij het product en dragen bij tot de imagovorming. Ook dit kan tot een behoorlijk marktaandeel leiden. Hoewel selectieve distributie inhoudt dat kansen onbenut blijven – die dan wel door concurrenten kunnen worden aangegrepen – zorgt dit ook voor lagere kosten en zijn distribuanten eerder bereid wat voor het product te doen.

Selectieve distributie vooral bij shopping goods

Sommige convenience goods worden selectief gedistribueerd. De aanbieder meent dan dat de kleinere verkooppunten relatief weinig opbrengen of zelfs meer kosten dan zij opbrengen, bijvoorbeeld als gevolg van vertegenwoordigersbezoek.
Convenience-merken vergen in het algemeen echter landelijke reclameondersteuning, die gewoonlijk pas economisch verantwoord is bij een marktbereik van minimaal 60 tot 70%.

Exclusieve distributie
Bij exclusieve distributie verkrijgt een distribuant het alleenverkooprecht voor een bepaald geografisch gebied. Gelet op de daartoe bij consumenten vereiste koopinspanning, komen vooral specialty goods hiervoor in aanmerking.
De distribuant verkrijgt in feite een aantrekkelijke monopoliepositie. Hij is dan ook vaak bereid daar veel tegenover te stellen op het gebied van verkoopondersteuning, het geven van service, het aanhouden van voorraden enzovoort. De kosten zijn voor de fabrikant belangrijk lager, de beheersbaarheid is vrij groot, maar de verkrijgbaarheid en de flexibiliteit zijn belangrijk minder.
Shopping goods kunnen ook in aanmerking komen voor exclusieve distributie.

Exclusieve distributie vooral bij specialty goods

Dit is aan de orde als de winkels een minimale voorraad en assortimentsgrootte moeten aanhouden voor voldoende keuzemogelijkheden voor de consument. Dat laatste is juist voor shopping goods een belangrijk aspect. Verder is bij een beperkt marktpotentieel exclusieve distributie de aangewezen weg om distribuanten voor het product te interesseren.

21.3 Machtsverhoudingen in het kanaal

Door de in het vorige hoofdstuk gesignaleerde ontwikkelingen in de bedrijfskolom en het grotere belang van samenwerking verschuift de macht in het distributiekanaal steeds meer in de richting van de distribuant. De invloed die hiervan uitgaat op de keuze van de kanaallengte is al beschreven.

Channel captain

Verder is duidelijk dat dit van invloed is op de te realiseren distributieintensiteit. Vroeger was meestal de fabrikant de zogenoemde channel captain, degene die bepaalt wat er gebeurt. Nu zijn het vooral de grootwinkelbedrijven en inkoopcombinaties die deze functie vervullen. In tabel 21.2 wordt aangegeven door welke factoren de machtsverhoudingen in het distributiekanaal worden bepaald.

TABEL 21.2 Factoren die de machtsverhoudingen in het distributiekanaal bepalen

Fabrikant	Groothandel/detaillist
• marktaandeel in de productgroep	• marktaandeel in de productgroep
• merkvoorkeur	• winkelvoorkeur
• beschikbare alternatieve distribuanten	• beschikbare alternatieve leveranciers
• te bieden ondersteuning	• behoefte aan ondersteuning

Naarmate distribuanten zelf een belangrijkere positie innemen in een productgroep, hun afnemers een sterkere voorkeur voor hun winkels hebben, ze kunnen kiezen uit meer leveranciers en minder behoefte hebben aan ondersteuning, is hun onderhandelingspositie sterker. Dit is van directe invloed op de marge van de fabrikant en in ruimere zin op de beheersbaarheid door de fabrikant. De fabrikant is dan bijvoorbeeld nauwelijks meer bij machte te bepalen wat er gebeurt met het prijsniveau en met de presentatie van het product.

Duale distributie en multikanaaldistributie

Het is mogelijk dat een fabrikant zijn producten via verschillende kanalen afzet, bijvoorbeeld enerzijds via het lange kanaal, anderzijds via het korte of het directe kanaal. Wanneer de fabrikant gebruikmaakt van meer dan één kanaal, dan wordt dat multipele, meervoudige distributie of multikanaalstrategie genoemd. Betreft dat twee verschillende kanalen, dan spreken we ook wel van duale distributie of van een duale kanaalstrategie.

Multipele distributie

Het gebruikmaken van meer dan één kanaal doet zich vooral voor wanneer de afnemers – detailhandel, industrie of instellingen – qua grootte sterk verschillend zijn. In de levensmiddelenbranche bijvoorbeeld worden de grote samenwerkingsverbanden zoals GWB's en inkoopcombinaties veelal direct

● www.dutchcowboys.nl

BMW zet in op autoverkoop via internet

BMW wil een webshop voor auto's openen. Eerder was al kenbaar gemaakt dat het nieuwe model i3 via het internet verkocht ging worden, maar de Duitse site Wirtschaftwoche maakt bekend dat BMW heeft aangekondigd alle modellen via het web te willen verkopen. Ook concurrent Mercedes-Benz heeft plannen in die richting.

BMW wordt in Duitsland niet alleen via autohandelaren, maar ook via eigen verkooppunten verhandeld. Er zijn 20 BMW-winkels waarvan het Duitse bedrijf er 5 of 6 wil behouden. De rest van de verkoop moet dan via dealers of via het internet gaan. Hiermee drukt BMW een aanzienlijk deel van de kosten.

Het personeel van BMW verheugt zich niet op deze stappen van hun directie. Ondanks dat er een speciaal team voor de internetverkoop van zijn auto's komt, zullen er ook medewerkers moeten gaan uitkijken naar ander werk door het sluiten van filialen. Ook de BMW-dealers reageren niet enthousiast en zeggen dat het verkopen van auto's via het web oneerlijke concurrentie is.

21 juli 2013

bewerkt en beleverd. De kleinere, onafhankelijke detaillisten worden via de groothandel bewerkt en beleverd. De in veel bedrijfstakken steeds verdergaande branchevervaging werkt dit proces alleen maar in de hand. Als de verschillende kanalen met elkaar concurreren, ook wel aangeduid met kanaaloverlapping, kan dat op korte termijn aantrekkelijk zijn voor de fabrikant. Maar op langere termijn kunnen conflicten ontstaan, met als gevolg dat winkels het merk afstoten. Kanaaloverlapping kan dus algauw leiden tot een *kanaalconflict*. Dit is een situatie binnen een bepaald distributiekanaal of tussen verschillende distributiekanalen, waarbij het gedrag van één of meer distribuanten in strijd is met de belangen van andere distribuanten in dat kanaal of in andere kanalen, ofwel voorkomt of verhindert dat deze andere distribuanten hun doelen bereiken. Zo kan het gebeuren dat producten door een fabrikant zowel rechtstreeks als via de handel aan eindgebruikers worden verkocht. De handel zal weinig enthousiast zijn over deze leverancier, wanneer zijn verkoopprijs onder die van de handel ligt. We onderscheiden intrakanaalconflicten en interkanaalconflicten.

Kanaaloverlapping

Bij een *intrakanaalconflict* is er een kanaalconflict tussen deelnemers in hetzelfde kanaal, bijvoorbeeld tussen detaillist en producent of tussen detaillisten onderling. Bij een *interkanaalconflict* is er een kanaalconflict tussen deelnemers van verschillende distributiekanalen. Het belang van de machtspositie komt hier duidelijk naar voren: als de fabrikant een sterke positie heeft, kan hij door zijn retailmix, de marketingmix die hij hanteert in de richting van de detailhandel, trachten het ontstane nadeel voor de oorspronkelijke distribuanten te compenseren. Ook kan het nieuwe kanaal een alternatief bieden in de vorm van een ander merk.

Intrakanaalconflicten en interkanaalconflicten

● www.nrc.nl

Hof: notarisservice Hema mag – geen hoger beroep mogelijk

De notarisservice van de Hema heeft ook in het hoger beroep stand gehouden. Dat heeft de hoogste tuchtrechter, de Notariskamer van het gerechtshof in Amsterdam, vandaag bepaald (uitspraak).
De klacht van beroepsorganisatie KNB tegen een notaris die deelneemt aan de Hemaservice, was eerder al afgewezen door een lagere rechter. Volgens de KNB heeft de notaris onvoldoende regie, zeggenschap en toezicht, en schendt hij zijn zorgplicht. Ook heeft de KNB kritiek op de lage prijs en op de vrijheid van cliënten om contracten aan te passen. Eerder al riep de KNB notarissen op niet deel te nemen aan de service.

Maar volgens het hof is de notarisservice van de Hema niet in strijd met wetten en regels.

De rechter:
"Onder de voorwaarde dat de notaris voldoet aan zijn 'Belehrungspflicht' is het meewerken van de notaris aan de Hema-notarisservice op het punt van de zorgvuldigheid niet tuchtrechtelijk verwijtbaar. Niet gebleken is dat de notaris op het punt van de wilscontrole tekortschiet."

Lage prijs trekt nieuwe klanten aan

Een Hema-testament of -samenlevingscontract kost 125 euro per akte, ongeveer de helft van het normale tarief. Dat is veel te weinig, zegt de KNB. Maar het hof honoreert die klacht niet, omdat notarissen vrij zijn hun tarieven te bepalen.

Aan Hema-klanten verdienen notarissen inderdaad weinig, zeiden deelnemers eerder tegen NRC. Omdat er voor de Hema ook wat moet overblijven, krijgt de Hema-notaris ongeveer 70 procent. Maar de service trekt mensen die uit zichzelf niet komen: jongeren die net samenwonen en een goedkoop samenlevingscontract willen, of lageropgeleiden die toch een samenlevingscontract willen, schreef NRC Q.

'Eigenlijk is het een soort experiment, zeggen verschillende kantoren. Om te kijken of ze de beroepsgroep wat kunnen moderniseren. Voorbeeld: het taalgebruik in de Hema-aktes is begrijpelijk voor iedereen. Een gewone notarisakte is "nogal archaïsch", zegt notaris Kamps. "Die begint met 'Heden'. Een Hema-akte gewoon met 'Ik'." Mensen die via de Hema komen hebben daardoor "bijna geen vragen" meer, zegt notaris Michels.'

De beslissing van het hof is definitief: er kan geen cassatie tegen worden ingesteld

16 juni 2015

Tweedoelgroepenbenadering
De verschuivende machtsverhoudingen noodzaken fabrikanten in toenemende mate hun beleid af te stemmen op de behoeften en belangen van distribuanten. Distribuanten kunnen, evenals consumenten, gezien worden als een aparte doelgroep die een eigen beleid vergt. De dubbele of tweedoelgroepenbenadering wordt door het NIMA omschreven als:

> Een marktbewerkingsstrategie van een producent, waarbij niet alleen onderscheid wordt gemaakt naar verschillende doelgroepen finale afnemers, maar waarbij de distribuanten (groot- en/of detailhandel) als aparte afnemersgroepen worden beschouwd, met hun eigen specifieke wensen en verlangens.

Definitie tweedoelgroepenbenadering

Naast consumentenmarketing ontstaat het gebied van de detailhandelsmarketing:
marketingprincipes worden hierbij toegepast op de distribuant in zijn hoedanigheid van afnemer van de fabrikant. De fabrikant verplaatst zich dan in de problemen waarmee de distribuant geconfronteerd wordt, zowel wat betreft het marketingbeleid van de distribuant als wat betreft interne organisatorische problemen.

Push- versus pull-strategie
Wanneer de marktbewerking van een fabrikant primair gericht is op de distribuanten, spreken we van een push-strategie, ook wel duwdistributie genoemd. De doelstelling van de fabrikant is dan het pousseren van het product door de tussenschakels. Het instrumentarium van de fabrikant bestaat uit enerzijds ondersteuning van het marketingbeleid van de distribuant (bijvoorbeeld door displays en coöperatieve reclame), anderzijds uit het vergroten van de aantrekkelijkheid van het product voor de distribuant (bijvoorbeeld door het prijs- en margebeleid).

> De push-strategie is een gecombineerde distributie- en communicatiestrategie waarbij de producent vooral de distribuanten bewerkt en deze bijvoorbeeld met kortingen en ondersteuning stimuleert tot opname en verkoopbevordering van het bepaalde product of merk. Het product of merk wordt als het ware door het kanaal naar afnemers geduwd.

Definitie push-strategie

Bij een *pull-strategie*, ook wel trekdistributie genoemd, tracht de fabrikant een zodanige merkvoorkeur bij consumenten op te bouwen, dat er vraag ontstaat bij de detaillist (zie figuur 21.1).

> De pull-strategie is een gecombineerde distributie- en communicatiestrategie, waarbij de producent rechtstreeks met de consumenten communiceert en daarmee voorkeur voor het merk opbouwt. Hierdoor wordt de selectieve vraag naar dit product door de afnemers gestimuleerd, zodat de distribuanten als het ware gedwongen worden het merk in hun assortiment op te nemen. Afnemers worden daardoor als het ware naar het kanaal, en het product of merk door het kanaal getrokken.

Definitie pull-strategie

Thematische reclamecampagnes, verpakking en promotionele acties zijn in dit verband belangrijke instrumenten. Door het opbouwen van merkvoorkeur verschuift in feite de machtsverhouding in de richting van de fabrikant.

FIGUUR 21.1 De pull- en push-strategie in hoofdlijnen

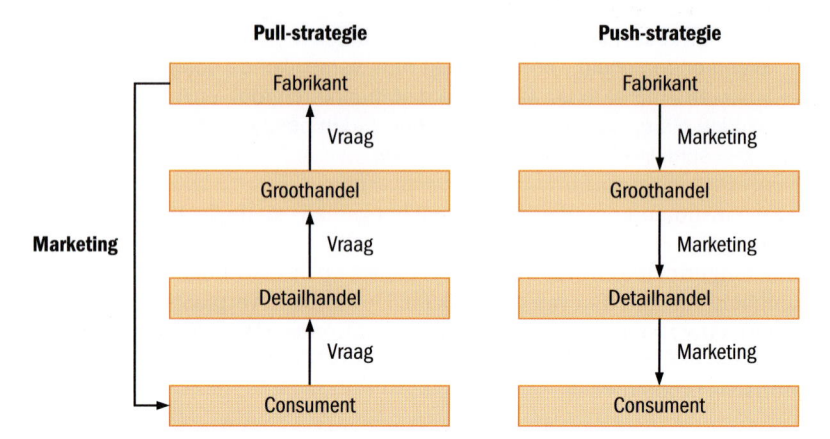

Pull-strategie	Push-strategie
Fabrikant ↑ Vraag	Fabrikant ↓ Marketing
Groothandel ↑ Vraag	Groothandel ↓ Marketing
Detailhandel ↑ Vraag	Detailhandel ↓ Marketing
Consument	Consument

Marketing (pijl van Fabrikant naar Consument, links)

21.4 Keuze van het type distribuant

Naast het vaststellen van de gewenste kanaallengte en de distributie intensiteit, moet een fabrikant ook een keuze maken uit individuele distribuanten. Hij moet dus weten van welke distributieschakels hij gebruik zal gaan maken. In geval van intensieve distributie is dit probleem nauwelijks relevant. De fabrikant streeft dan immers naar een zo groot mogelijk aantal distribuanten. De distribuantenkeuze is aan de orde nadat eerst een keuze is gemaakt voor de gewenste kanaallengte en distributie-intensiteit. De eerder bij de externe analyse genoemde factoren spelen ook nu weer een rol, maar nu op het niveau van de individuele distribuant. Het gaat vooral om concrete, 'harde' criteria, zoals zijn omzetaandeel bij de distribuant, zijn verzorgingsgebied en de dekking daarin, de positie van concurrenten bij deze distribuant, het gehanteerde logistieke systeem en de financiële positie.

Maar daarnaast zijn ook 'zachte' criteria van belang, zoals de positionering, de doelgroep, het service- en kwaliteitsniveau en de reputatie. De fabrikant kan kiezen tussen twee uitersten: prijsdistributie en servicedistributie.

Prijsdistributie en servicedistributie

Bij *prijsdistributie* selecteert de fabrikant alleen distribuanten die voor een low-margin-retailing-strategie hebben gekozen. Distribuanten dus die genoegen nemen met lage verkoopprijzen en lage marges, maar die dan ook weinig service kunnen bieden. Bij *servicedistributie* selecteert hij alleen distribuanten die voor een service-retailingstrategie hebben gekozen. Dat zijn distribuanten die veel service bieden en mede daardoor relatief hoge prijzen (kunnen) vragen voor hun producten. Goed geïnstrueerde vertegenwoordigers moeten in staat zijn om in dit opzicht belangrijke informatie te verschaffen.

Met een zekere regelmaat, bijvoorbeeld jaarlijks, zullen de prestaties van individuele distribuanten moeten worden geëvalueerd. Naast de oorspronkelijke

criteria die bij de selectie zijn gehanteerd moeten voorafgaand aan de samenwerking prognoses worden gemaakt wat betreft omzet en winst.
Enerzijds kunnen trends uit het verleden daarbij helpen, anderzijds is natuurlijk ook een vergelijking met soortgelijke distribuanten zinvol.

21.5 Distributiekengetallen

Door zijn distributiebeleid kan een fabrikant zowel kwalitatieve als kwantitatieve doelstellingen nastreven. Deze doelstellingen worden afgeleid van de ondernemingsdoelstellingen (bijvoorbeeld een bepaalde omzet), die weer vertaald worden in marketingdoelstellingen (bijvoorbeeld een zeker marktaandeel).
Zo kan de marketingdoelstelling van bijvoorbeeld 31% marktaandeel worden vertaald in de distributiedoelstelling van 90% distributiespreiding.

Teneinde distributiedoelstellingen te kwantificeren, wordt in het algemeen gebruikgemaakt van vier distributiekengetallen: de distributiespreiding, het marktbereik, de selectie-indicator en het omzetaandeel.

Distributiekengetallen

We zullen aansluitend ook het kengetal direct product profitability (dpp) bespreken.

Distributiespreiding
Bij distributiespreiding gaat het om het procentuele aantal verkooppunten dat het merk in het assortiment voert als percentage van alle verkooppunten. Het zou kunnen zijn dat we een distributiespreiding van 80% nastreven, wat bijvoorbeeld het geval kan zijn bij convenience goods. Andere benamingen voor distributiespreiding, afgekort ds, zijn numerieke distributie en ongewogen distributie.

> Distributiespreiding is het kengetal waarmee de intensiteit van de distributie van een bepaald product of merk door een bepaalde producent wordt weergegeven. Het is de verhouding tussen het aantal distribuanten van het betreffende merkartikel en het aantal verkopers van de productklasse.

Definitie distributiespreiding (ds)

De formule voor distributiespreiding luidt:

$$\text{Distributiespreiding} = \frac{\text{aantal distribuanten van het merkartikel M}}{\text{aantal distribuanten van de productklasse P}} \times 100\%$$

FIGUUR 21.2 Distribuanten van Heineken

Stel, er zijn tien distribuanten met bier in hun assortiment. Van deze distribuanten voeren er zeven het merk Heineken. Deze situatie is schematisch uitgebeeld in figuur 21.2. De numerieke distributie bedraagt in dit geval:

$$DS = \frac{7}{10} \times 100\% = 70$$

Geconcludeerd kan worden dat Heineken door tamelijk veel winkels verkocht wordt.

Marktbereik

We zouden tevreden kunnen zijn over het aantal van onze distribuanten, maar dienen ons ook af te vragen wat het belang is van de ingeschakelde winkels voor de afzet van de gehele productgroep. Met andere woorden: wat is het aandeel van de gekozen distribuanten in de markt? Dit zogenoemde marktbereik, afgekort MB, wordt ook aangeduid als gewogen of effectieve distributie. In dit kengetal vinden we niet alleen het aantal distribuanten terug, maar ook hun belang in de markt. Als zodanig is het dus een belangrijker gegeven dan de distributiespreiding.

Definitie marktbereik (mb)

Het marktbereik is het kengetal waarmee wordt aangegeven wat de relatieve positie is van de gekozen/ingeschakelde distribuanten van een bepaalde producent voor een specifiek product of merk, ten opzichte van alle aanwezige distribuanten van de productklasse.

$$\text{Marktbereik} = \frac{\text{omzet in productklasse P van de distribuanten die merk M voeren}}{\text{omzet in productklasse P van alle distribuanten}} \times 100\%$$

We zullen dit aan de hand van ons voorbeeld (zie figuur 21.3) toelichten.

FIGUUR 21.3 Omzetten Bavaria, Grolsch, Heineken (x €1000)

B - 20 G - 50 H - 60	B - 40 H - 70	B - 50 H - 40	G - 90	G - 40 H - 30
G - 60	B - 10 G - 30 H - 60	G - 80	H - 70	B - 65 G - 80 H - 55

De omzet in bier van de winkels waar Heineken verkrijgbaar is, bedraagt €770.000. De totale marktomzet in bier is €1.000.000. Het marktbereik van Heineken bedraagt dus:

$$mb = \frac{770}{1000} \times 100\% = 77\%$$

Geconcludeerd kan worden dat Heineken een groot deel van de markt bereikt.

Selectie-indicator

Hierboven zagen we dat het belang van de distribuanten van een merk niet alleen gemeten kan worden door naar hun aantal te kijken (ds), maar vooral door naar hun omzet in de productklasse te kijken (mb). De verhouding tussen beide kengetallen wordt bepaald door de relatieve grootte van de verkooppunten. Zijn de verkooppunten van een merk net zo groot als alle verkooppunten in de markt, dan is de verhouding 1. Het marktbereik is dan gelijk aan de distributiespreiding. Voor een merk is het nog beter als het marktbereik groter is dan de distributiespreiding, dus in verhouding groter dan 1. In dat geval verkopen de betreffende distribuanten gemiddeld meer van de producten in de productklasse (niet van het merk) dan alle distribuanten tezamen. Dit verhoudingsgetal tussen marktbereik en distributiespreiding noemen we de selectie-indicator (afgekort si, of grootte-indicator). Deze geeft dus aan hoe groot de verkooppunten zijn die het merk voeren in relatie tot de gemiddelde omvang van mogelijke verkooppunten.

> De selectie-indicator is het kengetal waarmee wordt aangegeven of producten of merken van een producent worden gedistribueerd via distribuanten die relatief groot dan wel relatief klein zijn in verhouding tot de gemiddelde grootte van alle distribuanten van de betreffende productklasse.

Definitie selectie-indicator (si)

In formule:

$$\text{Selectie-indicator} = \frac{\text{gemiddelde omzet in productklasse P van de distribuanten die merk M voeren}}{\text{gemiddelde omzet in productklasse P van alle distribuanten}}$$

Aan de hand van figuur 21.3 kan worden vastgesteld dat de gemiddelde omzet in bier van de distribuanten die Heineken voeren €770 : 7 = €110 is. De gemiddelde omzet in bier van alle distribuanten is €1.000 : 10 = €100. De selectie-indicator van Heineken bedraagt dus:

$$si = \frac{110}{100} = 1{,}10$$

Geconcludeerd kan worden dat de winkels die Heineken voeren een bovengemiddelde omzet in bier hebben.

Merk op dat de selectie-indicator niet door een percentage wordt weergegeven, maar door een quotiënt, de uitkomst van een deling van twee percentages.
Dit in tegenstelling tot de overige distributiekengetallen. Dit is louter een kwestie van afspraak, want 0,98 is immers hetzelfde als 98%.

SI > 1 relatief belangrijke outlets ingeschakeld

Een selectie-indicator van meer dan 1 duidt erop dat de aanbieder veel relatief belangrijke winkels heeft ingeschakeld. Vooral in geval van selectieve distributie is de selectie-indicator een belangrijk criterium. Verder kan in het algemeen een nuttig gebruik van de selectie-indicator worden gemaakt om er de bezoekfrequentie van vertegenwoordigers op af te stemmen. De selectie-indicator geeft dus informatie over 'groter' en 'kleiner'.

Omzetaandeel

Het is goed dat een aanbieder voor zijn merk veel distribuanten heeft gevonden en dat deze distribuanten belangrijk zijn in de markt, maar van belang is ook dat het merk bij de distribuanten een aanzienlijk deel van de omzet in de productklasse behaalt. Een volgende doelstelling kan dus betrekking hebben op het aandeel in de omzet van de winkels die het merk van de fabrikant voeren. Het omzetaandeel, afgekort oa, is dus het aandeel van een producent in de omzet van zijn distribuanten.

Definitie omzetaandeel (oa)

> Het omzetaandeel is het kengetal waarmee wordt aangegeven welk deel de verkopen (in geld) van het merk/product van een bepaalde producent bij een bepaalde distribuant of een bepaald kanaal uitmaken van de totale verkopen (in geld) van die distribuant of dat kanaal in die betreffende productklasse.

In formule:

$$\text{Omzetaandeel} = \frac{\text{omzet van het merk M}}{\text{omzet van de productklasse P bij de distribuanten die merk M voeren}} = 100\%$$

In figuur 21.3 bedraagt de totale omzet van Heineken bij de al eerder genoemde zeven winkels €385.000. De totale omzet in bier bij de winkels die merk Heineken voeren bedraagt €770.000. Het omzetaandeel bedraagt dus:

$$oa = \frac{€385.000}{€770.000} \times 100\% = 50\%$$

Geconcludeerd kan worden dat Heineken in de winkels waar het verkocht wordt een belangrijk merk is. Van elke euro aan bieromzet komt €0,50 voor rekening van Heineken.
Als de verkopen niet luiden in geld, maar in hoeveelheid (stuks, liters, ton enzovoort), spreken we niet van het omzetaandeel maar van het afzetaandeel.
In de formule wordt het woord omzet dan vervangen door afzet.

Samenhang tussen de distributiekengetallen
Uit de in het voorgaande gegeven definities van de vier distributiekengetallen kan de volgende samenhang worden afgeleid:
We voorzien de volgende formules ook van de getallen uit het voorgaande voorbeeld.

$$\text{Distributiespreiding} = \frac{\text{marktbereik}}{\text{selectie-indicator}}$$

Of verkort weergegeven:

$$ds = \frac{mb}{si} \quad \text{in ons voorbeeld : } ds = \frac{77\%}{1,10} = 70\%$$

Dit is ook te schrijven als: mb = ds × si (in ons voorbeeld: 70% × 1,1 = 77%) en ook:

$$si = \frac{mb}{ds} \quad \text{in ons voorbeeld : } si = \frac{77\%}{70} = 1,10$$

Betrekken we ook het vierde kengetal (oa) in de beschouwing, dan is de volgende samenhang te geven:

Marktaandeel = distributiespreiding × selectie-indicator × omzetaandeel

En ook:
Marktaandeel = marktbereik × omzetaandeel

Geven we het marktaandeel verkort weer met ma, dan is deze samenhang in symbolen weer te geven als:

$$ma = ds \times si \times oa$$

In ons voorbeeld: ma = 70,0% × 1,10 × 50,0% = 38,5%.

Nu geldt ook: ds × si = mb, dus we mogen schrijven:

$$ma = mb \times oa$$

$ma = mb \times oa$. In ons voorbeeld: $ma = 77{,}0\% \times 50{,}0\% = 38{,}5\%$.

Er is dus een 'lange' en een 'korte' formule waarmee het marktaandeel kan worden berekend. Het hangt af van de beschikbare gegevens welke formule in een bepaalde situatie wordt gebruikt.

Met behulp van de genoemde formules kunnen we nu de distributiekengetallen en het marktaandeel van alle drie biermerken berekenen. Reken de uitkomsten in tabel 21.3 na. Controleer daarbij ook altijd of de marktaandelen van de gezamelijke merken tot 100% optellen.

TABEL 21.3 Distributiekengetallen en marktaandelen Bavaria, Grolsch, Heineken

	ds	si	mb	oa	ma
Bavaria	50,0%	1,26	63,0%	29,4%	18,5%
Grolsch	70,0%	1,01	71,0%	63,4%	45,0%
Heineken	70,0%	1,10	77,0%	50,0%	38,5%

Marktaandeeldoelstelling

Uit de samenhang tussen het marktaandeel en de distributiekengetallen kan informatie worden geput over een marktaandeeldoelstelling. Luidt de marketingdoelstelling dat het marktaandeel met x% moet stijgen, dan kan getracht worden de distributiespreiding met y% te verhogen, de selectie indicator met z% te verhogen of het omzetaandeel met x% te verhogen.
In de praktijk kunnen de verschillende doelstellingen echter strijdig zijn. Wanneer we bijvoorbeeld de distributiespreiding verhogen, is het vermoedelijk noodzakelijk ook kleinere winkels in te schakelen. Dit gaat dus ten koste van de selectie-indicator. Het verbeteren van de retailmix kan echter wel leiden tot een verhoging van het omzetaandeel. Een combinatie van de genoemde mogelijkheden is gewoonlijk de meest reële keuze. De totale gewenste stijging van x% komt dan dus tot stand door bijvoorbeeld het opvoeren van de distributiespreiding, een lichte daling van de selectie-indicator en een verhoging van het omzetaandeel.

Direct product profitability (dpp)

Direct product profitability

Een centraal begrip bij winstmaximalisering, assortimentsbeleid en beleid ten aanzien van winkellay-out is de *direct product profit*. Hiermee wordt de directe winst per product bedoeld. De directe winst is het verschil tussen opbrengsten en kosten die rechtstreeks aan het product gerelateerd kunnen worden. Kosten van aanvoer, bijvullen, kassaverwerking en verpakking worden als directe kosten gezien. Hiervoor wordt de term dpc (direct product cost) gehanteerd. Het blijft in veel gevallen echter arbitrair hoe bepaalde kosten moeten worden toegerekend. In NIMA Marketing-A-examens speelt dpp onder andere een rol bij calculaties waarbij een van vier producten op het schap moet worden vervangen door een nieuw product.
Daarbij wordt van elk van de vier huidige producten de totale dpp per strekkende meter schap uitgerekend, waarna het product met de laagste dpp het te vervangen product is.

VOORBEELD

Een winkelier heeft nu vier producten van één categorie in zijn assortiment. Hij overweegt om hieraan een nieuw product toe te voegen. Hij beschikt echter niet over voldoende ruimte. Daarom zal de ruimte voor het nieuwe product ten koste moeten gaan van een van de vier huidige producten (P1 tot en met P4). De winkelier beschikt voor zijn afweging over de volgende gegevens:

DPP voor vier producten

	P1	P2	P3	P4
Verkoop in eenheden	1.500	800	300	900
Brutomarge per eenheid (euro)	0,15	0,30	0,70	0,40
Verwerkingskosten per eenheid (euro)	0,06	0,07	0,15	0,05
Ruimtebeslag in het schap (meter)	1	1	1,5	2

Welk product komt het meest in aanmerking om schapruimte af te staan?

Uitwerking:
We berekenen per product de dpp per meter schapruimte. De verwerkingskosten per eenheid vormen, naast de inkoopprijs, de direct product cost.
P1: 1.500 × (0,15 − 0,06) / 1 =   €135
P2: 800 × (0,30 − 0,07) / 1 =   €184
P3: 300 × (0,70 − 0,15) / 1,5 =   €110
P4: 900 × (0,40 − 0,05) / 2 =   €157,50

We constateren dat product P3 de laagste dpp per meter schap heeft. Dit product komt dus het eerst in aanmerking om schapruimte af te staan (als er geen andere overwegingen gelden!).

21.6 Logistiek

De feitelijke verplaatsing van producten van de ene naar de andere schakel in de bedrijfskolom wordt in het algemeen aangeduid met de term logistiek. In plaats daarvan spreken we ook wel van business logistics. In het *NIMA Marketing Lexicon* komen we hiervoor de volgende omschrijving tegen:

> Logistiek omvat alle activiteiten in het kader van de fysieke distributie die worden ondernomen om de goederenstroom in de bedrijfskolom te beheersen.

Definitie logistiek

In de marketing wordt vaak nog de term fysieke distributie gebruikt, wat eigenlijk alleen maar betrekking heeft op een deel van het totale logistieke proces. Het terrein van de fysieke distributie wordt voor de marketeer steeds belangrijker, omdat het invloed heeft op zowel de effectiviteit van het totale marketingbeleid als op het kostenniveau. Omdat fysieke distributie deel uitmaakt van de totale goederenstroom, beginnen we met een beschrijving van het logistieke systeem.

Logistiek management

Een van de twee trajecten binnen het bredere gebied dat wordt aangeduid als logistiek management, ook wel integrale goederenstroombesturing of business logistics genoemd, is fysieke distributie. Het andere traject wordt aangeduid met materials management. De plaats en activiteiten van beide trajecten worden weergegeven in figuur 21.4.

We kunnen materials management als volgt definiëren:

Definitie materials management

> Materials management omvat het analyseren, plannen, uitvoeren en evalueren van activiteiten die worden ontplooid om de grondstoffen- en halffabricatenstromen zo efficiënt mogelijk naar en door het productieproces te voeren en de daarmee gepaard gaande gegevensstromen te verwerken, alsmede de werkzaamheden om een zo efficiënt mogelijke benutting van het productieapparaat te bewerkstelligen.

FIGUUR 21.4 Logistiek management valt uiteen in materials management en fysieke distributie

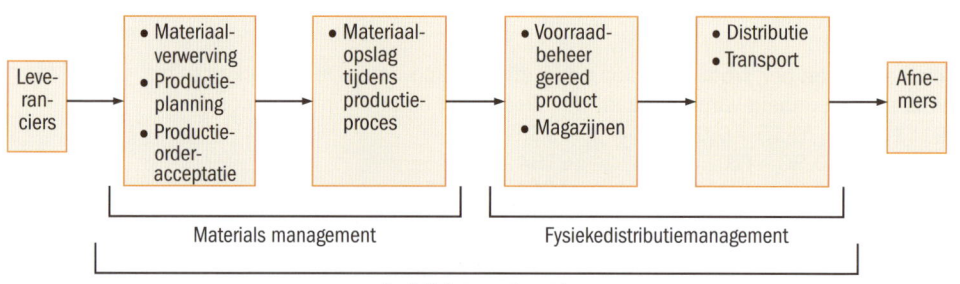

Bron: J. J. A. M. Reijniers, Kan marketing zonder logistiek?, *Tijdschrift voor Marketing*, september 1986

Hierbij gaat het dus om het traject vanaf de leverancier van grondstoffen, halffabrikaten en onderdelen tot en met de opslag van het gereed product in het magazijn van de producent. Het materials management omvat dus de activiteiten die in het bedrijf voor en tijdens de productiefase plaatsvinden. Daartoe kunnen de volgende uitvoerende taken gerekend worden:
- de orderbehandeling
- de inkoop van grondstoffen, halffabricaten en onderdelen
- de opslag van deze goederen
- de productie- en materialenplanning
- het voorraadbeheer van de gerede producten
- het intern transport.

Fysiekedistributiemanagement

In het kader van dit boek dienen we ons te beperken tot de fysieke distributie (ook wel physical distribution management genoemd). We kunnen dit als volgt omschrijven:

Definitie fysieke-distributie-management

> Fysiekedistributiemanagement omvat het analyseren, plannen, uitvoeren en beheersen van beslissingen omtrent de voortstuwing van goederenstromen tussen producent en afnemers, zodanig dat de producten op de juiste tijd, de juiste plaats en in de juiste hoeveelheid en kwaliteit aanwezig zijn bij de afnemers.

Hierbij gaat het dus om alle activiteiten voor het verplaatsen van de eindproducten vanaf het magazijn van de producent naar de eindgebruikers. Fysieke distributie kan dus betrekking hebben op producten die bestemd zijn voor de consument, maar ook op producten die nog verder door een ander bedrijf verwerkt moeten worden. Voor de ontvangende onderneming zijn het grondstoffen, halffabricaten of onderdelen, maar voor de leverancier zijn het eindproducten. De fysieke distributie speelt zich meestal, na de productiefase, *buiten* het bedrijf af. Daarbij kunnen we denken aan het voorraadbeheer van gerede producten, de opslag en de handling daarvan, de magazijnen en het extern transport.

Binnen het marketingbeleid dienen de verschillende instrumenten van de marketingmix zo goed mogelijk op elkaar afgestemd te zijn. Dit komt concreet tot uitdrukking in de fysieke distributie. Alle fraaie marketingprogramma's verliezen hun waarde als het product niet verkrijgbaar is. In de praktijk komt het regelmatig voor dat het traject van de fysieke distributie wordt 'vergeten' en als sluitstuk wordt behandeld. Consumenten worden bijvoorbeeld op de hoogte gebracht van een bepaalde actie, maar de winkeliers blijken daarvan niets te weten. Ook de fysieke distributie moet dus behandeld worden als een integraal onderdeel van de marketingmix.

Fysiekedistributiesysteem
In het licht van het voorgaande kunnen we de doelstelling van fysieke distributie duidelijker omschrijven.

> Fysieke distributie streeft ernaar de juiste goederen in de juiste hoeveelheid op de juiste plaatsen en op het juiste tijdstip ter beschikking te stellen, tegen zo laag mogelijke kosten.

Definitie fysieke distributie

In het fysiekedistributiesysteem kunnen verschillende deelactiviteiten worden onderscheiden, namelijk de bestelprocedures, het voorraadbeheer, de materials handling, de opslag en het extern transport.

Deelactiviteiten in het fysiekedistributiesysteem

Bestelprocedures
Bestelprocedures vormen in het fysiekedistributiesysteem het directe contactpunt met de klant. Ze bieden verschillende mogelijkheden voor klantenservice enerzijds en kostenbesparingen anderzijds. Formulieren dienen gemakkelijk te kunnen worden ingevuld en verwerkt, communicatielijnen moeten soepel zijn, betalingsregelingen eenvoudig en aantrekkelijk. Automatisering kan hierbij een belangrijke rol spelen.

Make to order, ook wel build to order genoemd, is een productiewijze waarbij een product pas wordt gemaakt nadat het besteld is. Daardoor kan de voorraad sterk worden verminderd, en is het werkkapitaal ook lager. Het tegenovergestelde is made to order. Hierbij wordt bewust een voorraad aangehouden. Dan is de levertijd weliswaar korter – de producten zijn direct beschikbaar – maar is maatwerk voor de klant moeilijker te realiseren.

Make to order

Voorraadbeheer
Voorraadbeheer is het beheer over en de beheersing van de hoeveelheid materialen en onderdelen voor de productie en van de voorraden eindproduct.

De voorraad vormt een buffer tussen de aanvoer en de afvoer. Daarbij staan twee hoofdproblemen centraal, te weten:
- Wanneer moet de voorraad worden aangevuld?
- Met hoeveel eenheden moet de voorraad steeds worden aangevuld?

Als er van een product geen voorraad meer is, spreken we van uit voorraad zijn (*out-of-stock*).

● www.iculture.nl

Apple Watch vanaf juni in de winkel, belooft Tim Cook

Tim Cook heeft beloofd dat de Apple Watch vanaf juni in de Apple Stores ligt. Het gaat hierbij om de 9 landen waar de Apple Watch nu al online verkrijgbaar is, dus Nederland en België zijn nog niet van de partij. Cook deed zijn belofte tijdens een reis door China, waar hij op het hoofdkantoor van Apple in China meerdere medewerkers sprak. Momenteel is de Apple Watch alleen online verkrijgbaar. Tijdens de bespreking van de kwartaalcijfers gaf Tim Cook eerder al aan, dat Apple zo snel mogelijk probeert om voldoende voorraad te hebben zodat de Apple Watch in de volgende groep landen verkrijgbaar zal zijn.

Bij die tweede groep landen is grote kans dat Nederland en België aan de beurt zijn, maar zeker is dat nog niet. Rond dezelfde periode hoopt Apple ook voldoende voorraad te hebben om de Apple Watch gewoon via de retailwinkels te gaan verkopen. In de Apple Store in Duitsland, Frankrijk en andere landen kun je wel terecht om de Apple Watch-modellen in een vitrine te bekijken, maar je kunt er niet meteen eentje mee naar huis nemen.

Apple-topvrouw Angela Ahrendts gaf in een video voor het winkelpersoneel eerder al aan, dat de Apple Watch waarschijnlijk vanaf juni gewoon via de winkels verkocht kan worden. Cook bevestigt nog eens dat ze op schema zitten.

Tijdens zijn reis naar China opende Tim Cook een account op Weibo, de Chinese tegenhanger van Twitter. Ook vertelde hij aan medewerkers dat hij verwacht dat China op termijn meer omzet gaat opleveren dan de VS. "Het is slechts een kwestie van tijd", aldus de CEO.

19 mei 2015

Orderpunt en bestelniveau

Er moet een moment, het orderpunt, bepaald worden waarop een nieuwe order geplaatst wordt ter aanvulling van de geslonken voorraad. De hoogte van het order, ook wel aangeduid als het bestelniveau, is in het algemeen afhankelijk van de levertijd, de gebruiksgraad en de servicegraad.

De levertijd is de periode die verstrijkt tussen het moment van bestellen en het moment van ontvangst van de order. In dit verband wordt gesproken over efficient consumer respons (ECR).

De gebruiksgraad geeft aan hoe snel een voorraad door klantenorders wordt opgebruikt. De servicegraad is het percentage klantenbestellingen dat een bedrijf uit de voorraad wenst te kunnen voldoen. Wanneer de gewenste levertijd vijf dagen is en de gebruiksgraad is vijftien eenheden per dag, dan is het minimale orderpunt bij een servicegraad van 100%: $5 \times 15 = 75$. Het NIMA verstaat onder de servicegraad de mate van zekerheid waarmee we kunnen garanderen aan bepaalde leveringseisen te zullen voldoen.

Levertijd

Gebruiks- en servicegraad

In dit verband is ook het begrip customer service van belang: de aan het fysieke product toegevoegde waarde als gevolg van de distributieactiviteiten. Er wordt een onderscheid gemaakt in pretransactie-, transactie- en posttransactie-service-elementen. Voor de transactie heeft de service betrekking op het gemak waarmee de afnemer de order kan afsluiten en de leveringscondities. Tijdens de transacties blijkt de servicegraad onder meer uit de betrouwbaarheid, dat wil zeggen het nakomen van de afspraken. Na de transacties komt de service tot uiting in het optreden bij onderhoud en defecten.

Customer service

Just-in-time (JIT) is een distributiemethode die erop gericht is, de benodigde producten van de benodigde kwaliteit en in de benodigde hoeveelheid precies op het moment dat ze nodig zijn bij de afnemer af te leveren. De methode is vooral gericht op het primaire proces – zoals inkoop, productie, logistiek en verkoop – waarbij voortdurend gezocht wordt naar verbeteringen in dat proces om de beheersing te vereenvoudigen, doorlooptijden te verkorten en voorraden te reduceren of te elimineren.

Just-in-time (JIT)

Materials handling

Materials handling met betrekking tot het gereed product betreft de ontvangst van gerede producten of fabricage ervan tot en met de aflevering van deze producten aan de distribuanten.

> Materials handling omvat de activiteiten met betrekking tot de goederenontvangst, het in opslag nemen van goederen, de opslag en de daarmee samenhangende verplaatsingsactiviteiten, het uit opslag halen van goederen, het verzendgereedmaken van goederen en de goederenafvoer.

Definitie materials handling

Naast de keuze van distributiecentra (depots die niet bij de fabriek gelegen zijn) en het type en de plaats van magazijnen (opslagplaatsen bij de fabriek), maken ook de keuze van de te gebruiken apparatuur en uitrusting daarin deel uit van materials handling. Belangrijke efficiëntieverhogende ontwikkelingen die op dit gebied de laatste jaren hebben plaatsgevonden zijn palletisering, containerisatie en de opkomst van speciale verpakkingen.

Opslag

Verder moeten beslissingen worden genomen over het aantal distributiecentra en magazijnen en de vestigingsplaatsen daarvan. Ook hierbij dienen we ons te baseren op enerzijds het kostenniveau en anderzijds het serviceniveau dat wordt nagestreefd. Vanuit kostenoogpunt kan een groot aantal distributiecentra aantrekkelijk zijn (dalende transportkosten per eenheid product) of juist onaantrekkelijk (toenemende voorraadkosten per eenheid product). Daarbij moeten we dan nog de kosten betrekken van neen-verkopen.

Naarmate het aantal distributiecentra groter is, dalen de kansen op gemiste verkopen doordat de voorraden voor afnemers gemakkelijker en sneller bereikbaar zijn. Vanuit serviceoogpunt is dit juist aantrekkelijk. Randvoorwaarden bij de bepaling van het aantal distributiecentra hebben betrekking op de bederfelijkheid van de producten en op de snelheid van de gebruikte transportmiddelen.

Extern transport

Bij extern transport gaat het om het transport van de goederen van producent naar distribuanten of eindafnemers. De belangrijkste beslissingen betreffen de keuze van transportmiddelen en de keuze tussen het zelf transporteren of het uitbesteden daarvan.

Transportmogelijkheden

Goederen kunnen worden verplaatst via:
- vervoer over land (per spoorwagon, vrachtwagen of pijpleiding)
- vervoer te water (per binnenschip, kust- of zeevaartuig)
- vervoer door de lucht (per vliegtuig).

Elk van deze wijzen van vervoer heeft specifieke kenmerken, die ze in een bepaalde situatie meer of minder geschikt maken. Evenals bij de andere aspecten van het fysiekedistributiebeleid dienen we ons bij de keuze van transportmiddelen te laten leiden door het gewenste serviceniveau en het gewenste kostenniveau. Concreet betekent dit, dat vooral de volgende criteria van belang zijn:
- de snelheid (het vliegtuig is in principe het snelst)
- de bereikbaarheid (vooral vrachtwagens zijn in staat iedere locatie te bereiken)
- de kosten (veelal het gunstigst bij vervoer per schip)
- de bruikbaarheid (vooral schepen zijn voor vele soorten producten bruikbaar)
- de inzetbaarheid (pijpleidingen zijn in principe op ieder moment inzetbaar)
- de risico's (beschadiging bij vervoer per pijpleiding).

In het algemeen is hierbij de afstand een medebepalende factor, alsmede de mogelijkheid om voor een bepaald product een bepaald transportmiddel te gebruiken.

Samenvatting

- Een producent moet een beslissing nemen over het in te zetten *kanaal*: direct, indirect kort of indirect lang.
- Ook over de *distributie-intensiteit*: intensieve, selectieve of exclusieve distributie.
- Een producent kan, wat het aantal in te schakelen distributiekanalen betreft, kiezen uit een *enkelvoudige*, een *duale* en een *multikanaalstrategie*.
- Als er sprake is van kanaaloverlapping is er kans op een *kanaalconflict* (intra- of interkanaalconflict).

- De *tweedoelgroepenbenadering* houdt in, dat een producent de aandacht niet alleen richt op de eindgebruiker, maar ook op de tussenhandel.
- Vervolgens is er een keuze uit een *push-* en een *pullbenadering*.
- Wat betreft de keuze van het type distribuant onderscheiden we *prijsdistributie* en *servicedistributie*.
- Bij de *distributiekengetallen* onderscheiden we:
  - *distributiespreiding (ds)*, ook wel *ongewogen distributie* genoemd;
  - *marktbereik (mb)*, ook wel genoemd *gewogen distributie*;
  - *selectie-indicator (si)* of *grootte-indicator* en
  - *omzetaandeel (oa)* of *afzetaandeel*.
- Met genoemde kengetallen kan uiteindelijk het *marktaandeel* in het desbetreffende kanaal berekend worden met:
  marktaandeel = ds × si × oa = mb × oa.
- Een belangrijk kengetal is ook de *direct product profitability* (dpp). Dit is de (bruto)marge van een product minus de *direct product costs*.
- *Logistiek* omvat alle activiteiten in het kader van de fysieke distributie. Belangrijke onderdelen hiervan zijn: *materials management* en *fysieke-distributiemanagement*.
- *Made-to-order*: een product wordt pas geproduceerd zodra de klant daarom vraagt, volgens specificaties van de klant.
- Als er van een product geen voorraad meer is, spreken we van uit voorraad zijn *(out-of-stock)*.
- Rond de logistiek speelt het onderwerp *just-in-time* een steeds belangrijker rol.

DEEL 8
Communicatie

22 Communicatie en communicatiemix 465
23 Persoonlijke verkoop en reclame 477
24 Sales promotion, sponsoring en public relations 505
25 Direct marketing 521
26 Internetmanagement 535

Communicatie is het instrument dat misschien wel het meest tot de verbeelding spreekt. Velen identificeren marketing zelfs met reclame en dat is ook wel begrijpelijk. Dagelijks worden we overstroomd met uitingen ervan. Als we 's morgens vroeg de krant lezen, dan blijkt deze voor een belangrijk deel uit advertenties te bestaan. Tijdens de rit naar het werk luisteren we ontspannen naar de radio. De muziek of de gesprekken worden regelmatig onderbroken door reclameboodschappen. En zo gaat het de hele dag door. Lopend op straat zijn er de affiches, de posters in abri's, de reclame op en in streekbussen en de billboards die we tegenkomen.

In dit deel wordt uitgebreid aandacht besteed aan al deze facetten van de marketingcommunicatie.

In hoofdstuk 22 wordt ingegaan op wat communicatie inhoudt, waarbij ook een overzicht gegeven wordt van de verschillende communicatie-instrumenten. Achtereenvolgens worden persoonlijke verkoop en reclame (hoofdstuk 23) en sales promotion, sponsoring en public relations (hoofdstuk 24) als instrumenten behandeld.

Direct marketing (hoofdstuk 25) en internetmanagement (hoofdstuk 26) sluiten dit deel af.

DOLCE & GABBANA

22
Communicatie en communicatiemix

22.1 Communicatieproces
22.2 Communicatietheorieën en -modellen
22.3 Communicatiemix

Marketingcommunicatie, en meer in het bijzonder reclame, is zonder twijfel voor velen het meest tot de verbeelding sprekende aspect van marketing. Maar de communicatie door een ondernemer gaat verder dan alleen marketingcommunicatie. Immers, een onderneming communiceert ook met andere dan marketingdoelgroepen. Denk hierbij aan de communicatie met aandeelhouders, overheidsorganen, journalisten en leveranciers. Het belang dat door ondernemingen aan communicatie wordt gehecht neemt voortdurend toe. Het groeiende besef dat mensen op de hoogte moeten worden gesteld, zelfs overtuigd moeten worden, van datgene waarmee de onderneming bezig is, ligt hieraan ten grondslag. Communicatie wordt daarom ook wel de smeerolie van een goedlopend bedrijf genoemd.
De eerste twee paragrafen van dit hoofdstuk behandelen het fascinerende vraagstuk hoe communicatie nu precies werkt. In paragraaf 22.1 beschrijven we het communicatieproces en in paragraaf 22.2 de verschillende communicatietheorieën en -modellen. Vervolgens wordt in paragraaf 22.3 ingegaan op de communicatie-instrumenten (de communicatiemix) en diverse communicatiemedia.

22.1 Communicatieproces

Communicatie gaat om de overdracht van informatie. Communicatie is een proces waarbij informatie wordt uitgewisseld tussen personen, organisaties en apparatuur. Bij dit proces draagt de zender informatie (de boodschap) direct of indirect (via een medium) over aan een ontvanger. Het communicatieproces is voltooid als de ontvanger de informatie op de een of andere manier heeft verwerkt.

Communicatieproces

Communicatie is dus een *proces*. Dit proces wordt in figuur 22.1 schematisch weergegeven.

FIGUUR 22.1 Communicatieproces

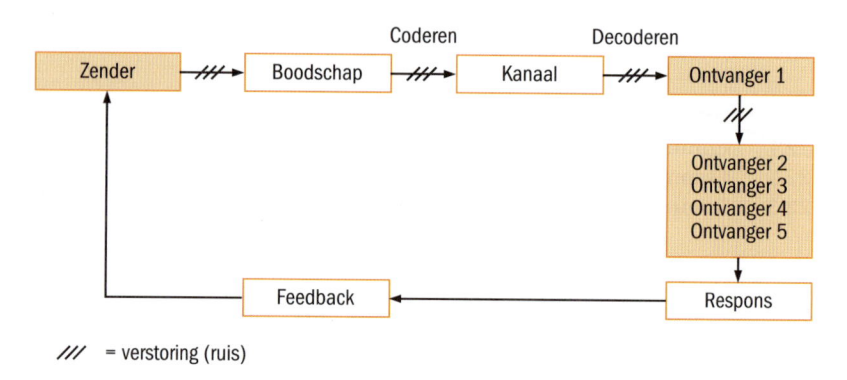

```
              Coderen              Decoderen
Zender ─/// → Boodschap ─/// → Kanaal ─/// → Ontvanger 1
  ↑                                               │///
  │                                               ▼
  │                                         Ontvanger 2
  │                                         Ontvanger 3
  │                                         Ontvanger 4
  │                                         Ontvanger 5
  │                                               │
  └──────────── Feedback ◄──────────────────── Respons

   /// = verstoring (ruis)
```

Zender, ontvanger en boodschap

Er is dus altijd sprake van een zender die een boodschap wil overdragen aan een ontvanger. Zijn er meer ontvangers, dan spreken we in de marketing van een communicatiedoelgroep. De boodschap is datgene wat de zender aan de ontvanger wil laten weten.

Verbale en non-verbale communicatie

De boodschap kan zowel verbaal als non-verbaal zijn. Verbaal wil zeggen dat er gebruikgemaakt wordt van taal, non-verbaal houdt in dat gebruikgemaakt wordt van andere middelen dan taal. Denk aan muziek (bijvoorbeeld de jingle in een tv-commercial), gebaren, gelaatsuitdrukkingen, symbolen en andere beelden (bijvoorbeeld foto's). Zelden bevat communicatie uitsluitend verbale of uitsluitend non-verbale elementen. Ook in de marketingcommunicatie wordt altijd gebruikgemaakt van een combinatie van beide. Woorden alleen zijn vaak wel het meest duidelijk, maar bezitten daarmee nog niet zomaar overtuigingskracht. Beelden, symbolen, gebaren en dergelijke kunnen vaak op zichzelf minder duidelijk zijn, maar toch veelzeggend, meer overtuigend dan woorden. 'Een beeld zegt meer dan duizend woorden', stelt een oude wijsheid. Zeker in combinatie met woorden ter verduidelijking, kan in principe de benodigde overtuigingskracht ontstaan.

Medium

De zender (in de marketingcommunicatie is dit de adverteerder) wil aan de ontvanger (de doelgroep) iets duidelijk maken over zijn product. Dat gebeurt niet rechtstreeks, maar er is altijd een *kanaal* ofwel een medium voor nodig: televisie, radio, dagblad, website, folder, vertegenwoordiger enzovoort.

Daarom moet de zender de boodschap die hij wil overdragen eerst coderen, dat wil zeggen vertalen in taal of andere symbolen. Via het medium komt de boodschap terecht bij de ontvanger, die de boodschap moet decoderen. Dit impliceert dat de zender op de hoogte moet zijn van de manier waarop de ontvanger zijn boodschap zal gaan decoderen. Als hij bijvoorbeeld voor de ontvanger onbekende symbolen gebruikt – in het meest simpele voorbeeld: een vreemde taal – dan zal de ontvanger niet altijd in staat zijn de boodschap zodanig te decoderen als de zender bedoeld heeft.

Coderen en decoderen

Op verschillende plaatsen in het communicatieproces kan *ruis* optreden. Dat is een verstoring van het communicatieproces, waardoor de boodschap verkeerd wordt begrepen. Voor de zender van de boodschap is het noodzakelijk om op een of andere wijze feedback (terugkoppeling) te krijgen van de ontvanger. Alleen dan kan de zender controleren of de boodschap, zoals hij die bedoeld heeft, is aangekomen, dat wil zeggen op de door hem bedoelde wijze is gedecodeerd.

Ruis en feedback

Vaak is de communicatiedoelgroep niet dezelfde als de gebruikersgroep. In dat geval wordt gewerkt via het two-step-flow of communication-model. Dit houdt in dat informatie, onder meer via beïnvloeders en adviseurs (opinieleiders), andere personen of organisaties (volgers), de doelgroep bereikt. Dus door een tussenstap (two step). Mensen bewegen zich in tal van sociale verbanden, zowel op hun werk als in hun vrije tijd. We bevinden ons als individu binnen een aantal netwerken van interpersonele verbanden. Binnen deze verbanden worden boodschappen ontvangen en doorgegeven.

Two-step-flow of communication-model

De hypothese van de two-step-flow-theorie stelt, dat er binnen sociale verbanden individuen zijn die meer gevoel hebben voor nieuws van buiten dan de meeste andere leden van deze groeperingen. Zij fungeren als doorgever naar de andere groepsleden die minder alert zijn. De functie van opinieleider houdt ook de selectie van nieuws in. De opinieleider geeft niet zomaar alles door. Hij fungeert als gatekeeper, aangevuld met eigen commentaar.

Opinieleider of gatekeeper

Persoonlijke invloed, vooral sociale beïnvloeding, komt vooral in twee gevallen voor:
- als het product duur is en de consument hieraan een groot risico verbindt en bovendien als het product niet vaak wordt aangeschaft.
- als het product een sociaal karakter heeft, zoals modeartikelen (kleding) en statusproducten (auto's). Een van de bekendste onderzoeken op dit gebied toonde aan dat vrouwen zich door jonge ongetrouwde vrouwen laten leiden met betrekking tot mode-informatie en dat vooral de communicatoren die anderen beïnvloeden, afkomstig zijn uit dezelfde sociale klasse.

Persoonlijke invloed

22.2 Communicatietheorieën en -modellen

De communicatietheorieën en -modellen proberen een verklaring te geven voor de manier waarop communicatie werkt. Dat er meerdere theorieën en modellen bestaan geeft aan, dat hierover geen eenduidigheid bestaat. Dit gebrek aan eenduidigheid heeft te maken met de verschillen in attitude tussen verschillende doelgroepen en tussen verschillende producten. Het maakt nogal wat uit of de reclame over een auto gaat of over een pot pindakaas: de kennis en betrokkenheid, en daarmee ook de aandacht van de con-

Hoe werkt communicatie?

sument, zijn in deze situaties geheel verschillend van aard. Dit is terug te vinden in de verschillende communicatietheorieën en modellen.
De verschillen ertussen zijn terug te voeren op de mate van betrokkenheid die bij de doelgroep wordt verondersteld aanwezig te zijn en op de volgorde waarin bij consumenten de attitudecomponenten een rol spelen.

Klassieke hiërarchische modellen
In de klassieke modellen wordt uitgegaan van een rationele benadering, van een klassiek leerproces: mensen moeten eerst kennis opdoen over een product (*cognitieve component*), anders kunnen zij er vervolgens geen gevoel (*affectieve component*) bij ontwikkelen. En voldoende kennis en een positief gevoel worden dan verondersteld voorwaarden te zijn om een bepaald, door de adverteerder gewenst gedrag (*conatieve component*) te gaan vertonen.

AIDA-formule van Strong

Het alleroudste model is de AIDA-formule van Strong. Dit model gaat ervan uit dat reclame eerst aandacht voor het product moet vragen, daarna interesse moet opwekken, vervolgens verlangen stimuleren en ten slotte tot actie moet aanzetten. Ofwel:

aandacht (**a**ttention) → belangstelling (**i**nterest) → verlangen (**d**esire) → actie (**a**ction)

Het gaat hierbij om een dwingende volgorde van de genoemde fasen. Andere klassieke hiërarchische modellen zijn op dezelfde gedachte gebaseerd.

Model van Lavidge en Steiner

De theorie van Lavidge en Steiner is een model over de werking van communicatie, waarbij een afnemer een zestal stadia in dwingende volgorde doorloopt, alvorens tot een aankoop over te gaan. De stadia zijn (zie ook figuur 22.2):

bewustwording (**a**wareness) → kennis (**k**nowledge) → voorkeur (**p**reference) → overtuiging (**c**onviction) → aankoop (**p**urchase)

Deze theorie gaat uit van een situatie van *grote betrokkenheid* bij de doelgroep. In product-/ marktcombinaties waar van hoge betrokkenheid sprake is, wordt dit model nog steeds gehanteerd, en met succes.

FIGUUR 22.2 Rol van marketing in de fasen van het model van Lavidge en Steiner

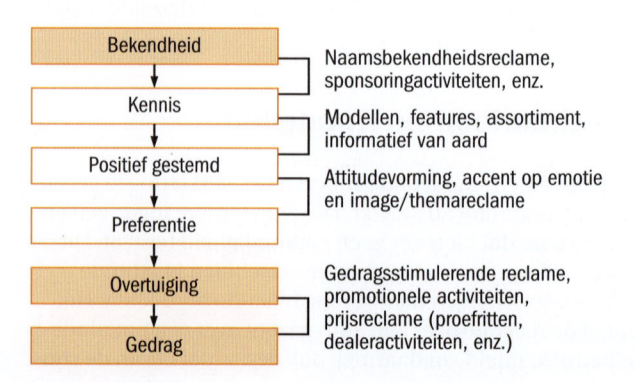

Bekendheid — Naamsbekendheidsreclame, sponsoringactiviteiten, enz.
↓
Kennis — Modellen, features, assortiment, informatief van aard
↓
Positief gestemd — Attitudevorming, accent op emotie en image/themareclame
↓
Preferentie
↓
Overtuiging — Gedragsstimulerende reclame, promotionele activiteiten, prijsreclame (proefritten, dealeractiviteiten, enz.)
↓
Gedrag

Een model dat hiermee verwantschap vertoont is het adoptiemodel van Rogers. Wij hebben dit model reeds besproken in paragraaf 7.6. Het ziet er als volgt uit:

Adoptiemodel van Rogers

bewustwording (**a**wareness) → belangstelling (**i**nterest) → beoordeling (**e**valuation) → uitproberen (**t**rial) → adoptie (**a**doption).

Ook Starch heeft een klassiek hiërarchisch model ontwikkeld, met als stadia:

Model van Starch

opmerken → waarnemen → geloven → herinneren → actie

Het Starch-model is in principe advertentiegeoriënteerd, in tegenstelling tot de andere klassieke hiërarchische modellen. Wil een advertentie effectief zijn, dan moet deze volgens Starch de bovengenoemde doelen in volgorde bereiken.

Om doelstellingen te formuleren en meetbaar te maken, heeft Russel Colley een ander hiërarchisch model geformuleerd. De hiërarchie is gebaseerd op communicatiemodellen als die van Lavidge en Steiner. De primaire doelstelling is die van (merk)bekendheid. Eerst moet de doelgroep de naam immers kennen; daarna kunnen aan die naam kennis en waardering gekoppeld worden. Vervolgens kunnen we begrip bij de gebruiker creëren voor wat het product voor hem kan betekenen, waarna de potentiële afnemer nog ervan overtuigd moet worden dat het bezit of gebruik van het product voor hem van belang is. Ten slotte moet een vorm van (koop)actie teweeg worden gebracht (zie tabel 22.1).

Formuleren en meten van communicatie-doelstellingen

TABEL 22.1 Werking van reclame volgens het DAGMAR-model

	A	B
Onbekendheid	80% kent het product	85% kent het product
Bekendheid (kennis merk, naamsbekendheid)	30% kent of herkent de productkenmerken	35% kent of herkent de productkenmerken
Begrip (begrip merk/product)	25% kent het product, begrijpt de functie(s) van het product	30% kent het product, begrijpt de functie(s) van het product
Overtuiging (waardering)	20% is overtuigd maar heeft het product (nog) niet gekocht	15% is overtuigd maar heeft het product (nog) niet gekocht
Actie (kopen)	5% is gebruiker product	10% is gebruiker product

A Uitgangssituatie
B Verdeling na actie ondersteund met actiereclame

In dit zogenoemde DAGMAR-model (defining advertising goals for measuring advertising results) wordt ervan uitgegaan, dat het aantal mensen in een 'hogere' fase altijd slechts een deel is van het aantal in een voorgaande fase. Met andere woorden: het percentage personen van de doelgroep dat de voordelen kan aangeven van een product, is kleiner dan het percentage personen van de doelgroep dat het betreffende merk kent. Het percentage personen dat productvoordelen van een merk kan aangeven, is weer kleiner dan het percentage personen uit de doelgroep dat overtuigd is van het nut van het betreffende product. Dit model gaat uit van een klassieke hiërarchie

DAGMAR-model

in het leerproces bij consumenten. Deze hiërarchie behoeft echter niet per definitie geldig te zijn. Dit is vooral afhankelijk van de betrokkenheid van de consumenten bij het product. Voor sommige producten gaat de hiërarchie die achter het DAGMAR-model zit (bekendheid → kennen → waarderen → kopen) niet op. Bij impulsgoederen wordt dit bijvoorbeeld: zien → kopen → waarderen → kennis. Voor dergelijke producten is het gevaarlijk het DAGMAR-model toe te passen: de effectiviteit van de reclame-uitingen wordt er dan niet mee gemeten, want hier gaat een puur emotionele waardering vooraf aan het hebben van inhoudelijke productkennis. Zelfs de koop van het product gaat daaraan vooraf.

FIGUUR 22.3 Klassiek hiërarchische modellen

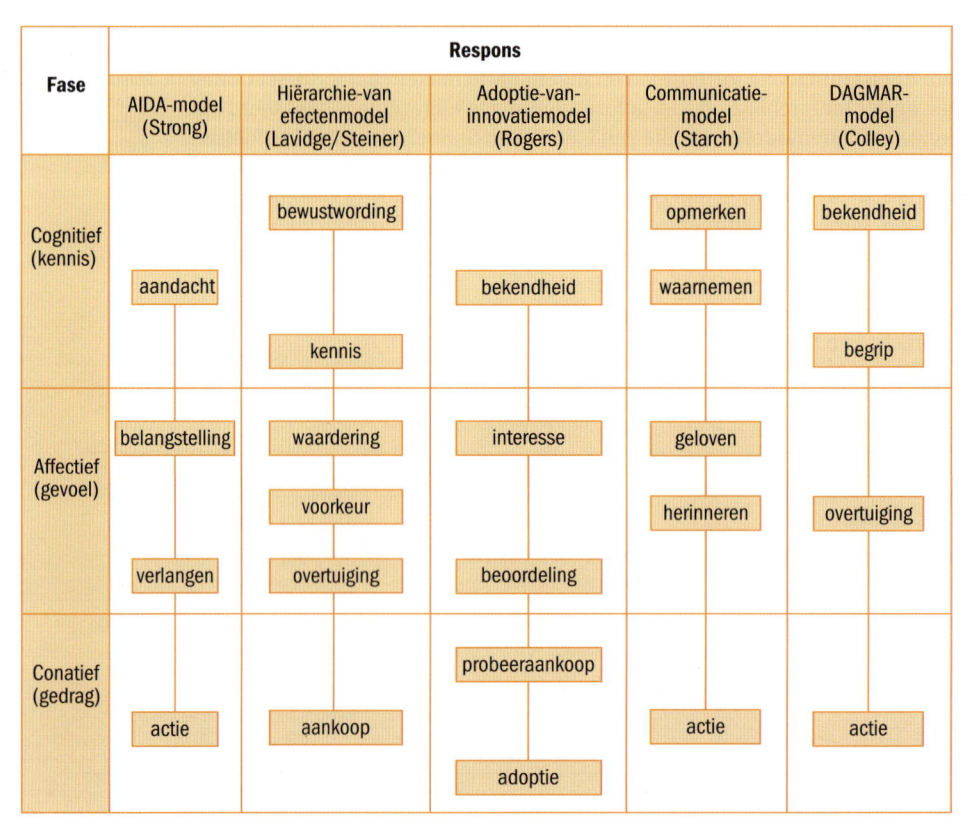

Fase	Respons				
	AIDA-model (Strong)	Hiërarchie-van efectenmodel (Lavidge/Steiner)	Adoptie-van-innovatiemodel (Rogers)	Communicatie-model (Starch)	DAGMAR-model (Colley)
Cognitief (kennis)	aandacht	bewustwording / kennis	bekendheid	opmerken / waarnemen	bekendheid / begrip
Affectief (gevoel)	belangstelling / verlangen	waardering / voorkeur / overtuiging	interesse / beoordeling	geloven / herinneren	overtuiging
Conatief (gedrag)	actie	aankoop	probeeraankoop / adoptie	actie	actie

Niet-hiërarchische modellen

Meetbaar van communicatie inspanning

Recentelijk is veel aandacht ontstaan voor de vraag hoe effectief marketingcommunicatie – in het bijzonder reclame – nu feitelijk is. Steeds meer ontstaat bij ondernemingen de behoefte de resultaten meetbaar te maken. Standaarden op dit gebied bestaan nog niet; veel onderzoekbureaus hebben modellen ontwikkeld, maar deze verschillen sterk van elkaar. Veel aandacht gaat in de reclamewereld tegenwoordig uit naar de *Effies*, de prijzen voor de meest effectieve reclame.

Duidelijk is dat elk van de genoemde modellen uitgaat van een hiërarchische, logisch lijkende volgorde in de manier waarop consumenten informatie uit reclame verwerken. Deze modellen gaan uit van het learning- response-model: de consument wordt zich bewust van het bestaan van een bepaald product, gaat het waarderen en besluit vervolgens het product te kopen. Ray heeft hiernaar onderzoek gedaan en ziet dit learning-response-model vooral bestaan bij duurzame consumptiegoederen, zoals televisies en wasmachines.

Learning-response-model

Michael Ray heeft ook een ander model ontwikkeld, namelijk het dissonance-attribution-response-model. De volgorde is bij dit model precies andersom: kopen → al dan niet waarderen → kennis vergaren. In deze andere (extreme) situatie vindt de aankoop toevallig plaats en door het product te gaan gebruiken, ontstaat al dan niet waardering en vervolgens verkrijgt de gebruiker meer kennis over het product, ook doordat hij nu met meer aandacht naar reclame erover gaat kijken. Het dissonantiereductiemodel is een niet-hiërarchisch model.

Het dissonance-attribution-response-model

Richard Vaugn heeft op basis van de verschillende situaties een theorie ontwikkeld over welk model in welke situatie het meest van toepassing is. Hierbij maakt hij onderscheid in situaties op grond van de mate van betrokkenheid van de consument enerzijds en op de volgorde van de attitudecomponenten anderzijds.
In hoofdstuk 7 zijn de termen grote en geringe betrokkenheid al aan de orde geweest.
Een en ander is weergegeven in figuur 22.4.

Model van Vaugn

FIGUUR 22.4 Relatie tussen koop- en communicatiegedrag

	Denken	Voelen
Geringe mate van betrokkenheid	Gewoontevorming Kennis-gevoel-gedrag	Satisfactie Gevoel-kennis-gedrag
Grote mate van betrokkenheid	Informatief Kennis-gevoel-gedrag	Affectief Gevoel-kennis-gedrag

Dit soort modellen toont slechts de extremen. In werkelijkheid gaat het om graduele verschillen. Het geeft echter wel aan waarop de adverteerder zich in een gegeven situatie dient te baseren, wil zijn communicatie de door hem gewenste effecten kunnen bewerkstelligen.
Hierbij is het van belang zich te realiseren dat nog steeds geen goede graadmeter is ontwikkeld om de mate van betrokkenheid van consumenten bij een bepaald product te meten. Ook is het onderscheid tussen denken en voelen niet eenduidig vast te stellen. Dit alles geeft aan dat er weliswaar belangrijke inzichten zijn ontwikkeld in de wijze waarop reclame in bepaalde situaties in principe werkt, maar dat die inzichten globaal zijn en niet altijd gemakkelijk in de praktijk zijn toe te passen.

Mate van betrokkenheid

Betrokkenheid is een cruciaal begrip: zonder een goede inschatting van het betrokkenheidsniveau van de doelgroep bij het product kan geen goed reclameplan worden ontwikkeld, of het moet bij toeval zijn. Het probleem is dat het begrip betrokkenheid niet eendimensionaal is, maar een samenstel van diverse factoren. Het is dan ook niet eenvoudig concreet te maken.

Situaties van high involvement

Wel zijn er duidelijke aanwijzingen dat de betrokkenheid van consumenten het grootst is als zich één of meer van de volgende situaties voordoen:
- *De aankoop brengt een groot risico met zich mee.* Het gaat om een *groot geldbedrag* (auto of huis bijvoorbeeld), om een product met een *sociale waarde* waarbij we reacties van anderen kunnen verwachten (kleding, cosmetica), of om een product met een *gezondheidsrisico* (zonnebank, geneesmiddelen).
- *Het gaat om een moeilijke keuze* omdat het voor de consument niet goed mogelijk is de kwaliteiten en eigenschappen van de diverse merken met elkaar te vergelijken. De consument moet op de informatie van anderen vertrouwen. Het is moeilijk om een eigen oordeel te vormen (personal computer, levensverzekering).
- *De consument kan kiezen uit een groot aantal min of meer gelijksoortige merken.* Door het productaanbod dreigt hij door de bomen het bos niet meer te zien (wasmachines, hypotheken).
- *Er zijn weinig of geen betrouwbare (bekende) aanbieders,* zoals bij tweedehands auto's.
- *Consumenten hebben weinig ervaring met het product.* Dat is het geval bij een infrequent aan te schaffen product (home video systeem, meubels).

22.3 Communicatiemix

In deze paragraaf komen de middelen aan bod om informatie over te dragen tussen de verschillende marktpartijen. Het is van belang onderscheid te maken tussen de instrumenten waarmee deze communicatiemiddelen worden ingezet: de communicatiemedia.

Communicatie-instrumenten

Communicatie-instrumenten

De middelen die kunnen worden ingezet om informatie over te dragen tussen aanbieders, afnemers en overige marktpartijen, als onderdeel van het marketingbeleid, worden communicatie-instrumenten genoemd. Dat zijn bijvoorbeeld reclame, sales promotion, sponsoring, direct mail, persoonlijke verkoop, beurzen en tentoonstellingen. Deze instrumenten worden in de volgende hoofdstukken uitgebreid besproken.

Communicatie- en promotiemix

Themacommunicatie

Themamix

De feitelijke inzet, combinatie en afstemming van de communicatie instrumenten gericht op een specifieke doelgroep door een bepaalde organisatie, noemen we de communicatiemix. Marketingcommunicatie heeft twee doelen:
- de kennis en affectie van de doelgroep te beïnvloeden. Deze vorm van communicatie wordt themacommunicatie genoemd. De combinatie van instrumenten die daarbij worden ingezet, wordt themamix genoemd. Deze omvat instrumenten als reclame (voor zover deze tot doel heeft de houding van consumenten te beïnvloeden), public relations en sponsoring.
- het gedrag van de doelgroep direct te beïnvloeden. Deze vorm van communicatie wordt actiecommunicatie genoemd. De communicatie is gericht op het vergroten van de omzet door het stimuleren van aankopen.

Actie-communicatie

Actiemix

De combinatie van instrumenten die daarbij worden ingezet, wordt actiemix genoemd. Deze omvat instrumenten als reclame (voor zover deze tot doel heeft consumenten tot actie aan te zetten), persoonlijke verkoop, sales promotion, direct marketing, elektronische communicatie en exposities & beurzen.

Een andere opdeling van communicatie is die naar het onderwerp van de communicatie. In dit opzicht is het gebruikelijk de volgende tweedeling te maken:
- communicatie die als doel heeft de kennis, de affectie en het gedrag van de doelgroep te beïnvloeden ten behoeve van de producten of merken van de organisatie. Deze vorm van communicatie wordt marketingcommunicatie genoemd. De combinatie van instrumenten die daarbij worden ingezet, wordt marketingcommunicatiemix genoemd. Deze omvat instrumenten als marketing- of productreclame, marketing public relations (voor zover deze tot doel heeft de houding van consumenten te beïnvloeden), sales promotion, direct marketing, persoonlijke verkoop en elektronische communicatie.

Marketing-communicatie

Marketing-communicatiemix

- communicatie die als doel heeft de kennis en affectie van alle belanghebbenden te beïnvloeden ten gunste van de organisatie als geheel. Deze vorm van communicatie door middel van interne en externe communicatie wordt corporate communication genoemd. De communicatie heeft tot doel het begrip van de organisatie zowel bij interne (medewerkers, aandeelhouders) als bij externe doelgroepen (leveranciers, handelspartners, eindgebruikers, publieksgroepen, intermediairs en andere belanghebbenden) te promoten. De combinatie van instrumenten die daarbij worden ingezet, wordt corporate communicatiemix genoemd. Deze omvat instrumenten als institutionele reclame, corporate public relations en public affairs, en elektronische communicatie voor zover deze gericht is op de organisatie als geheel.

Corporate communication

Corporate communicatiemix

FIGUUR 22.5 De communicatiemix

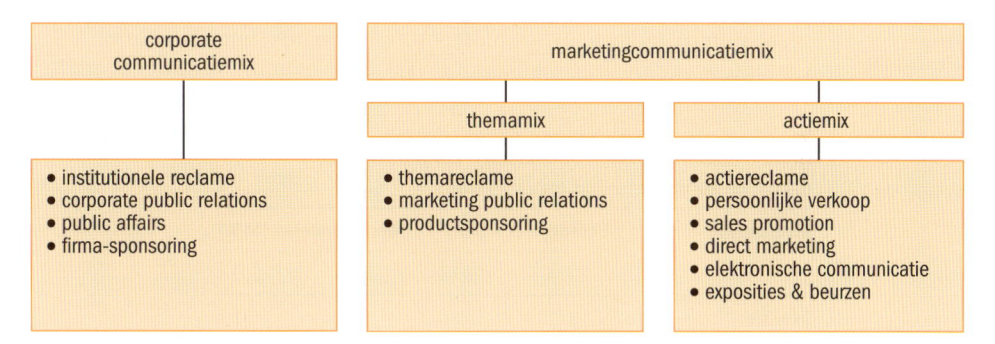

corporate communicatiemix
- institutionele reclame
- corporate public relations
- public affairs
- firma-sponsoring

marketingcommunicatiemix

themamix
- themareclame
- marketing public relations
- productsponsoring

actiemix
- actiereclame
- persoonlijke verkoop
- sales promotion
- direct marketing
- elektronische communicatie
- exposities & beurzen

Communicatiemedia
Elk communicatievorm van promotie (communicatie-instrument) heeft zijn eigen middelen: Die middelen noemen we communicatiemedia. Bij reclame gaat het om drukwerk-, audiovisuele, buitenreclame en andere vormen.

Communicatie-media

Persoonlijke verkoop kent verkooppresentaties, beurzen en incentiveprogramma's. Bij sales promotion kunnen we denken aan displays op de plaats van verkoop, premiums (gratis artikelen), kortingen, waardebonnen, speciale handelsadvertenties en demonstraties. Direct marketing kent catalogi, telemarketing, faxberichten en een internettoepassing zoals e-mailberichten.

Dankzij technologische innovaties kunnen marketeers nu niet alleen meer via traditionele media (kranten, radio, telefoon en televisie) communiceren, maar ook via nieuwere media (mobiele telefoons, websites, gps-systemen).

Het is van belang onderscheid te maken tussen de verschillende communicatie-instrumenten en de communicatiemedia waarin deze instrumenten (kunnen) worden ingezet. Zoals we eerder zagen, is een communicatiemedium een kanaal waarlangs informatie wordt geleid. We zouden het medium ook de informatiedrager kunnen noemen. Denk bijvoorbeeld aan de (glasvezel)kabel, waarlangs onder andere televisiekanalen (de 'content') worden geleid.

Mediumtypen

We onderscheiden diverse mediumtypen. Een *mediumtype* is een groep soortgelijke media die grote overeenkomsten vertonen in de wijze waarop de boodschap zintuiglijk wordt waargenomen. Mediumtypen zijn bijvoorbeeld de visuele media (bijvoorbeeld de pers, buitenobjecten en direct (non-mail), de auditieve media (bijvoorbeeld radio, telefoon en megafoon) en de audiovisuele media (zoals televisie, video, internet en bioscoop).

In theorie kan elk communicatie-instrument van elk medium gebruikmaken om de boodschap over te brengen aan de communicatiedoelgroep, hoewel sommige combinaties in de praktijk niet voor de hand liggen of zelfs onmogelijk zijn. Voor reclame kan bijvoorbeeld zowel print als etherreclame worden ingezet. Persoonlijke verkoop kan plaatsvinden via de telefoon, maar niet via een tijdschrift of krant.

Massamedia

Veel media kunnen beschouwd worden als massamedia. Een *massamedium* is een medium dat in principe onafhankelijk van de adverteerders of zenders van marketingcommunicatieboodschappen wordt geëxploiteerd, dat een grote doelgroep bereikt en tegen betaling kan worden gebruikt. Onderscheiden worden: gedrukte massamedia (bijvoorbeeld kranten en tijdschriften), radio, televisie, bioscoop en billboards (buitenreclame).

Massacommunicatie

Communicatie via deze media wordt vaak massacommunicatie genoemd.

Bruto mediabestedingen en aandelen per mediumtype
(index vs. vorig jaar) 2013 en 2014

Mediumtype	Bedragen (x € mln)		Marktaandelen (in %)	
	2014	2013	2014	2013
Televisie	3.646 (111)	3.280	54,5	51,5
Dagbladen	853 (98)	871	12,7	13,7
Radio	695 (105)	660	10,4	10,4
Out of home	485 (106)	458	7,2	7,2
Direct mail	417 (88)	472	6,2	7,4
Publiekstijdschriften	304 (93)	328	4,6	5,1
Folders	163 (101)	161	2,4	2,5
Vaktijdschriften	118 (92)	128	1,8	2,0
Bioscoop	13 (106)	12	0,2	0,2
Totaal	6.694	6.371	100.0	100,0

Bron: Nielsen

Samenvatting

- Bij het *communicatieproces* onderscheiden we: zender, ontvanger, ruis, respons/feedback.
- De zender *codeert* de boodschap, de ontvanger *decodeert*.
- Vaak is de gebruikersgroep niet dezelfde als de communicatiedoelgroep. Er is dan sprake van *two-step-flow* of *communication*. Daarbij kunnen opinieleiders een belangrijke rol spelen.
- Bij de zogenoemde *klassiek hiërarchische modellen* wordt uitgegaan van een leerproces, waarbij mensen eerst kennis opdoen (cognitief), dan een gevoel ontwikkelen (affectief) en vervolgens tot actie overgaan (conatief). Deze modellen zijn:
    - Strong (AIDA): aandacht (attention) → belangstelling (interest) → verlangen (desire) → actie (action);
    - Lavidge en Steiner (AKLPCP): awareness (bewustwording) → knowledge (kennis) → liking (waardering) → preference (voorkeur) → conviction (overtuiging) → purchase (aankoop);
    - Rogers (AIETA): bekendheid (awareness) → interesse (interest) → beoordeling (evaluation) → probeeraankoop (trial) → adoptie (adoption);
    - Starch (OWGHA): opmerken → waarnemen → geloven → herinneren → actie;
    - Colley / DAGMAR (BBOA): bekendheid → begrip → overtuiging → actie. Of het proces inderdaad in de volgorde cognitief → affectief → conatief verloopt, hangt vooral af van de betrokkenheid bij de (potentiële) afnemer. Bij impulsgoederen is de volgorde bijvoorbeeld: zien → kopen → waarderen → kennis.
- *Niet-hiërarchische modellen*: het dissonance-attribution-responsemodel.
- *Communicatie-instrumenten*: de middelen die kunnen worden ingezet om informatie over te dragen tussen aanbieders, afnemers en overige marktpartijen. Voorbeelden: reclame, sales promotion, trade promotion, consumer promotion, sponsoring, directe communicatie (zoals direct mail), persoonlijke verkoop, beurzen en tentoonstellingen, en public relations.
- *Communicatiemix*: de feitelijke inzet, combinatie en afstemming van de communicatie-instrumenten ten behoeve van een specifieke doelgroep door een bepaalde organisatie. Deze mix bestaat uit:
    - coroperate communicatiemix
    - marketingcommunicatiemix bestaande uit de actiemix en de themamix.
- *(Communicatie)medium*: een kanaal waarlangs informatie wordt geleid; een informatiedrager. Voorbeelden: pers, print, rtv, projectie, internet, buitenreclame, bioscoop, winkelobjecten. Dat zijn bijna allemaal massamedia.
- We onderscheiden diverse *mediumtypen*: groepen soortgelijke media die grote overeenkomsten vertonen in de wijze waarop de boodschap zintuiglijk wordt waargenomen.
- Een *massamedium* is een medium dat in principe onafhankelijk van de adverteerder of zender van marketingcommunicatie wordt geëxploiteerd, dat een grote doelgroep bereikt en tegen betaling kan worden gebruikt.
- Bij de inzet van massamedia spreken we van *massacommunicatie*.
- Heeft de communicatie betrekking op de organisatie zelf, dan spreken we van *corporate communication*.

Spanish government moves from Valencia to Barcelona
Romania annexes Bessarabia
Mount Rushmore sculptures completed
Arthur Conan Doyle's "The Adventures of Sherlock Holmes" published
Journalists demand greater press freedom in Yugoslavia
Samuel Alito nominated for the Supreme Court by President George W. Bush
Nguyen Van Thieu to be 1st President of South Vietnam
ion
ORCHARD

23
Persoonlijke verkoop en reclame

23.1 **Persoonlijke verkoop**
23.2 **Reclameplanning**
23.3 **Informatie over het product en de markt**
23.4 **Beschrijving van de doelgroep**
23.5 **Reclamedoelstellingen**
23.6 **Propositie**
23.7 **Richtlijnen voor teksten en vormgeving**
23.8 **Mediavoorkeur**
23.9 **Mediabudget**
23.10 **Wet- en regelgeving**

Wie de tv-commercials van de afgelopen jaren vergelijkt met die van moet wel tot de conclusie komen dat het reclamevak zich in snel tempo aan het professionaliseren is.
Deden veel tv-commercials zelfs in het begin van de jaren negentig van de vorige eeuw nogal knullig aan, tegenwoordig zijn de meeste tv-commercials verrassend goed, creatief vormgegeven. De totale effectiviteit ervan neemt echter niet toe, doordat het totale aanbod tegelijkertijd ook enorm is toegenomen. Goede creatie is een randvoorwaarde geworden. Reclame als verschijnsel is door deze professionalisering populairder geworden; het is zelfs een aantrekkelijk vak geworden voor hbo'ers en academici.
Dit hoofdstuk beginnen we met een korte uiteenzetting over persoonlijke verkoop (paragraaf 23.1). Daarna bespreken we de reclameplanning en de verschillende stappen in dit planningsproces (paragraaf 23.2). Deze stappen komen vervolgens in de daaropvolgende paragrafen aan de orde. Daarbij gaat het om informatie over het product (de dienst) en de markt (paragraaf 23.3), de beschrijving van de reclamedoelgroep (paragraaf 23.4), het bepalen van de reclamedoelstellingen (paragraaf 23.5), de propositie (paragraaf 23.6), de richtlijnen voor teksten en vormgeving (paragraaf 23.7), de mediavoorkeur (paragraaf 23.8), het vaststellen van het mediabudget (paragraaf 23.9) en de wet- en regelgeving die van belang is bij het maken van reclame (paragraaf 23.10).

23.1 Persoonlijke verkoop

Wanneer de afnemer al wat verder gevorderd is in zijn koopproces, is persoonlijke verkoop het meest doeltreffende communicatiemiddel. Het is bij uitstek geschikt om bij de afnemer voorkeur te creëren, hem te overtuigen en tot actie te doen overgaan. Een vergelijking met reclame ligt voor de hand en dan ontdekken we enkele unieke kenmerken. Er is sprake van persoonlijke interactie tussen twee of meer personen, waarbij ieder de behoeften en wensen van de ander(en) kan vaststellen en daarop kan inspelen. Ook is er sprake van relatiemarketing, in de zin dat soms zelfs een hechte band en samenwerking ontstaat tussen de verkoper en de afnemer. Sterker dan bij de overige communicatiemiddelen staat het marketingconcept voorop: het belang van de afnemer wordt voortdurend in het oog gehouden. Ten slotte is er tweerichting verkeer, waarbij de afnemer in principe bereid is zijn aandacht te geven, ook al leidt dit niet altijd tot een transactie. In ieder geval krijgt de verkoper reacties op wat hij naar voren brengt.

Maar persoonlijke verkoop kent ook nadelen. Zo kan het veel inspanning en geld kosten om een verkoopafdeling op te zetten. Eisen aan de nieuwe medewerkers moeten worden vastgelegd en ook recrutering, selectie en training kosten veel tijd, net als het begeleiden van de verkopers. Het besluit een verkoopafdeling in het leven te roepen wordt dan ook niet lichtzinnig genomen. Bovendien zijn de kosten van dit middel hoog, vooral in relatie tot het relatief beperkte aantal contacten met (potentiële) afnemers. Een verkoopgesprek kan, afhankelijk van de deelnemers, plaats en omstandigheden, vele honderden euro's kosten. De kenmerken van persoonlijke verkoop en reclame zijn in onderstaande tabel weergegeven.

TABEL 23.1 Verschillen tussen persoonlijke verkoop en reclame

Persoonlijke verkoop	Reclame
• direct	• indirect (via media)
• individueel gericht	• massaal gericht
• persoonlijk	• onpersoonlijk
• indringend	• oppervlakkig
• tweerichtingsverkeer	• eenrichtingsverkeer
• effect direct te zien en te meten	• effect moet via marktonderzoek gemeten worden
• grote aanpasbaarheid	• minder direct aanpasbaar
• duur en tijdrovend	• goedkoop per contact
• duweffect	• trekeffect

De aard en de rol van de persoonlijke verkoop zijn in de eerste plaats afhankelijk van het soort product of dienst en in de tweede plaats van het type en aantal afnemers dat benaderd moet worden. Daarnaast speelt de inzet van de andere marketinginstrumenten een rol. Zo zal de keuze voor een pushstrategie en een lage distributiedekking niet alleen invloed hebben op het aantal afnemers dat wordt bezocht, maar ook op de vorm en inhoud van het verkoopgesprek.

Zoals we eerder zagen, kunnen we kiezen uit verschillende wijzen van persoonlijke verkoop (media). Is een vluchtig contact voldoende, dan zullen we kiezen voor een telefoongesprek of een e-mailbericht. Willen we tamelijk veel informatie overdragen, dan is een schriftelijk contact zoals bijvoorbeeld een offerte de gewenste manier. Willen we een diepgaander contact met reactie van de (potentiële) afnemer, dan maken we beter een afspraak voor een persoonlijk verkoopgesprek. Willen we contact met een grotere groep van afnemers tegelijk, dan is deelname aan een beurs of een congres een mogelijkheid.

Een verkoper kan verschillende soorten gespreksschema's gebruiken. Daarnaast kan hij van een ander hulpmiddel gebruikmaken, namelijk van het sellogram. In een sellogram worden de eigenschappen van een bepaald product afgezet tegen de behoeften van een klant. Sluit een eigenschap van het product aan bij één of meer behoeften van de klant, dan biedt dat de verkoper een verkoopargument. Andersom is zo'n combinatie voor de potentiële koper een koopmotief. *Sellogram*

Zeker bij persoonlijke verkoop wordt vaak een lost-order analyse gemaakt. Bij een dergelijke analyse gaan de betrokken verkopers na welke overwegingen (potentiële) klanten hebben gehanteerd om (toch) voor een andere leverancier te kiezen of helemaal af te zien van de order. Op grond van dergelijke analyses is het wellicht in de toekomst te voorkomen dat bepaalde orders verloren gaan. Het is hierbij van belang – maar tegelijk erg moeilijk – dat de betrokken verkopers proberen 'objectief' te oordelen over de verloren order en bijvoorbeeld niet te gemakkelijk als reden aangeven 'was te duur'. *Lost-order analyse*
Lost-order analyse kan leiden tot aanvullende training van de verkoopstaf, tot aanpassing van de klantenservice of tot productverbeteringen.

Vooral als de persoonlijke verkoop als communicatie-instrument wordt ingezet, wordt vaak gebruikgemaakt van een verkoopinformatiesysteem (vis). Dit is een verzameling van voor de verkoop relevante interne en externe gegevens, die gewoonlijk met behulp van een computer wordt opgeslagen op een zodanige manier dat de informatie ook weer gemakkelijk toegankelijk is. Dergelijke systemen worden onder meer gebruikt voor de analyse van verkopen en doelgroepen, de analyse van individueel klantgedrag en voor verkoopautomatisering. *Verkoop-informatie-systeem*

Afnemers (accounts) zijn niet altijd gelijk: er zijn grote en kleine klanten, vaste en incidentele, klanten van verschillende aard (markten, sectoren enzovoort). Een eerste stap om te komen tot een meer individuele benadering van klanten is het maken van een indeling. Een veelgebruikte indeling is de ABC-indeling, een indeling naar omvang die leidt tot een klantenpiramide, opgebouwd uit kleine klanten (C-klanten), middelgrote klanten (B-klanten en grote klanten (A-klanten). Welke maatstaven genomen worden voor deze indeling is voor elke branche en zelfs elk bedrijf verschillend. Voor Unilever zorgt een grote klant als Albert Heijn of Jumbo uiteraard voor meer omzet dan de grootste cliënt doet voor een advocatenkantoor. De ABC-indeling is belangrijk om de ondernemingsactiviteiten effectief te sturen. Grote klanten verdienen uiteraard meer inzet van mensen en middelen dan middelgrote of kleine. *ABC-indeling Klantenpiramide*
Overigens worden ook producten qua belangrijkheid op een vergelijkbare manier ingedeeld in veelgevraagde (A-artikelen), matig gevraagde (B-artikelen) en weinig gevraagde (C-artikelen).
De hele grote klanten, die essentieel zijn voor het voortbestaan van een onderneming, worden ook wel strategische klanten genoemd. Albert Heijn en Jumbo vallen voor levensmiddelenketens zeker in deze categorie. *Strategische klanten*

Een andere manier om klanten in te delen naar belangrijkheid is de toepassing van de zogenaamde 20/80-regel, ook wel de Wet van Pareto genoemd. De Italiaan Vilfredo Pareto ontdekte dat 80% van de Italiaanse economie beheerst werd door 20% van de bevolking. Anderen ontdekten dat deze wetmatigheid ook geldt voor andere verschijnselen. In de marketing bijvoorbeeld:
- 20% van het assortiment zorgt voor 80% van de omzet.
- 20% van de klanten zorgt voor 80% van de omzet.
- 20% van de vertegenwoordigers zorgt voor 80% van de omzet.

Het zal duidelijk zijn, dat de belangrijkste producten, klanten en vertegenwoordigers onze meeste aandacht verdienen.

Een marketingbenadering die leveranciers toepassen voor grotere klanten (accounts), wordt accountmanagement genoemd. Hans Verra definieert accountmanagement als volgt:

Definitie accountmanagement

> Accountmanagement is de filosofie en de set van instrumenten en technieken die dienen om de relatie met (potentieeel) grote klanten te bewaken en door gerichte beïnvloeding te verbeteren en daarmee de omzet en winst te vergroten.

Met het oog op haar winstgevendheid zal een organisatie er dus voor kiezen haar doelstellingen vooral te bereiken via deze grote klanten. De concentratietendens, in de detailhandel in het bijzonder, heeft de deskundigheid, professionaliteit en macht van de distribuanten vergroot. Daardoor kennen zij hun eigen wensen beter en kunnen zij die beter op tafel leggen bij hun leveranciers. Het gaat dan om commerciële (bijvoorbeeld promotie), financiële (margeproblematiek) of logistieke zaken (leveringsfrequentie/wijze).

Accountmanager

De leverancier heeft als antwoord daarop veelal een accountmanager aangesteld. Deze geeft het beleid ten aanzien van de account(s) vorm en coördineert binnen zijn eigen organisatie de activiteiten ten behoeve van deze accounts. Zijn gesprekspartners daarbij zijn inkopers en category managers (aan accountzijde) en product-, marketing- en andere verkoop- en accountmanagers (aan leverancierszijde). Vaak wordt de accountmanager ondersteund door een accountteam, collega's met speciale kennis van marketing, logistiek, financiële en andere zaken.

Category manager

Een category manager draagt de integrale verantwoordelijkheid voor de analyse, planning, uitvoering en evaluatie van de marketing van een (deel) assortiment of productgroep. Zo kent Albert Heijn een aantal category managers voor de near/nonfoodproducten, bijvoorbeeld wasmiddelen en tijdschriften.

23.2 Reclameplanning

Wanneer is er sprake van reclame? Sinds 1 januari 2011 hanteren de Reclame Code Commissie en het College van Beroep de volgende definitie:

Definitie reclame

> Onder reclame wordt verstaan: iedere openbare en/of systematische directe dan wel indirecte aanprijzing van goederen, diensten en/of denkbeelden door een adverteerder of geheel of deels ten behoeve van deze, al dan niet met behulp van derden. Onder reclame wordt mede verstaan het vragen van diensten. Een adverteerder is een organisatie of een persoon niet zijnde een consument.

Met de inzet van het instrument reclame is over het algemeen veel geld gemoeid. Vandaar dat het de moeite waard is bij deze inzet weloverwogen en planmatig te werk te gaan.

Het ontwikkelen van een reclamecampagne is geen opzichzelfstaande activiteit. De reclamecampagne moet immers aansluiten op de overige marketingcommunicatie-uitingen en op de overige elementen van de marketingmix, zodat ze een perfect geheel vormen. De marketingmix dient afgeleid te zijn van het marketingplan, dat op zijn beurt een afgeleide is van het ondernemingsplan. Dit kunnen we schematisch weergeven als in figuur 23.1.

FIGUUR 23.1 Van ondernemings- naar reclameplan

```
Ondernemingsplan
      ↓
  Marketingplan
      ↓
Marketingcommunicatieplan
      ↓
   Reclameplan
```

Het marketingcommunicatieplan dient aan te geven wat de doelstellingen van de marketingcommunicatie zijn en welke middelen, uitgedrukt in geld, daarvoor beschikbaar zijn. In het marketingcommunicatieplan kiezen we de communicatie-instrumenten. Er dient dan te worden bepaald welke mix van reclame, persoonlijke verkoop, public relations, sponsoring en sales promotion dient te worden ingezet. Daarbij moet een synergie-effect van deze onderdelen een doelstelling zijn. Want pas als reclame onderdeel is van het marketingcommunicatieplan, kan het reclameplanningsproces beginnen.

Het reclameplanningsproces verloopt zoals alle planningsprocessen: eerst kijken we waar we zijn, waar we willen zijn, hoe we daar moeten komen en uiteindelijk of we daar gekomen zijn (zie figuur 23.2). Daarom zijn in het reclameplanningsproces de volgende fasen te onderscheiden:
- onderzoek naar het product en de markt
- kiezen van de reclamedoelgroep
- formuleren van de doelstellingen
- bepalen van de strategie
- ontwikkelen van het concept
- bepalen van het reclamebudget
- bepalen van het mediaplan.

Fasen van het reclameplanningsproces

Het zal duidelijk zijn dat bij de inzet van andere instrumenten uit de communicatiemix, zoals sales promotion of direct marketing, ook een dergelijk planningsproces – voor zover van toepassing – doorlopen zal worden.

FIGUUR 23.2 De planningscyclus

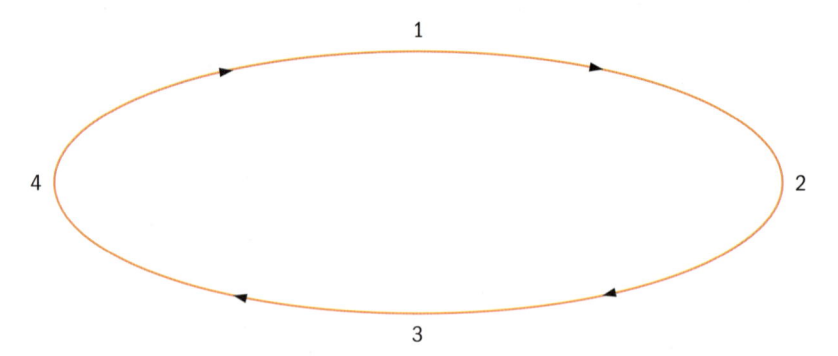

```
        1
    ┌───────┐
  4 │       │ 2
    └───────┘
        3
```

1 Waar zijn we nu?
2 Waar willen we naartoe?
3 Hoe komen we daar?
4 Zijn we gekomen waar we willen zijn?

Voorafgaand en deels parallel aan het reclameplanningsproces, moet het reclamebureau gebriefd worden. In het *NIMA Marketing Lexicon* komen we voor briefing de volgende omschrijving tegen:

Definitie briefing

> Een briefing is een instructie waarin de opdrachtgever het reclamebureau informeert over het product, de markt en de organisatie, de doelgroep, de reclamedoelstellingen, de propositie (het belangrijkste verkoopargument), richtlijnen voor onder meer teksten, visuals, vormgeving, media, budget en tijdplanning.

In het vervolg van dit hoofdstuk gaan we in op de volgende elementen van de reclamebriefing:
- de informatie over het product en de markt (paragraaf 23.3)
- de beschrijving van de doelgroep (paragraaf 23.4)
- de reclamedoelstellingen (paragraaf 23.5)
- de propositie (paragraaf 23.6)
- de richtlijnen voor teksten en vormgeving (paragraaf 23.7)
- de mediavoorkeur (paragraaf 23.8)
- het mediabudget (paragraaf 23.9)
- de wet- en regelgeving (paragraaf 23.10).

23.3 Informatie over het product en de markt

Fundament van het reclameplan

De basis voor het verstrekken van informatie over het product en de markt wordt gevormd door onderzoekgegevens. Gezegd wordt dan ook wel, dat het onderzoek naar de markt en het merk het fundament is van het reclameplan.

Daar markten steeds in beweging zijn, is onderzoek ernaar ook onmisbaar. We moeten weten hoe groot de markt voor het product is en hoe deze zich ontwikkelt. Hoe kunnen we de markt het beste segmenteren? En hoe ontwikkelen deze segmenten zich? Wie zijn de concurrenten? Wat zijn hun sterke en zwakke punten? Hoe zijn zij gepositioneerd? Welke ontwikkelingen zien we daarin? Hoe verschuiven de voorkeuren van consumenten? Zijn er substituutproducten in andere productcategorieën? Concurreert een bungalowpark alleen met andere bungalowparken of ook met hotelketens en nog andere accommodatievormen? Concurreert een levensverzekering ook met een spaarplan? Hoe groot is de merktrouw? Wat betekent het product voor de consument? Welke voordelen verbindt hij eraan voor zichzelf? Zijn die voordelen vooral functioneel of vooral emotioneel van aard? Hoe wordt het product gebruikt? Bestaan er bepaalde vooroordelen of misvattingen? Hoe bekend is het merk, mede in vergelijking tot concurrerende merken? Wat is precies het imago van het merk? Hoe ziet de evoked set van consumenten eruit en hoe de consideration set?

Het aantal te stellen vragen is vrijwel eindeloos. We laten met opzet vele vragen zien, want hoe meer inzicht we hebben in de markt, hoe beter we in staat zullen zijn de reclamecampagne af te stemmen op de marktsituatie. Dit soort marktkennis wordt steeds belangrijker. Achterstand op dit gebied kunnen we ons niet meer veroorloven, terwijl voorsprong zich vertaalt in effectievere campagnes. Toch moeten we hier ook opmerken dat er nog steeds reclamemakers zijn die vertrouwen op de 'grote creatieve ingeving', evenals adverteerders die hierop vertrouwen. Het is duidelijk dat creativiteit cruciaal is in de huidige marketingomgeving, waarin consumenten werkelijk gebombardeerd worden met reclame vanaf alle kanten. Maar die creativiteit moet dan wel ontwikkeld worden binnen het kader van de opgedane marktkennis, anders blijft het een gok. Creativiteit en effectiviteit behoeven niet haaks op elkaar te staan. Ceativiteit is, als het goed is, een van de voorwaarden voor effectiviteit.

Creativiteit voorwaarde voor effectiviteit

Bij het onderzoek naar de effectiviteit van een reclamecampagne kan op twee momenten onderzoek daarnaar worden uitgevoerd. Voorafgaande aan de reclamecampagne kunnen we de reclameboodschap testen. Dit wordt pretesting genoemd. Daarbij gaat het om de vraag of en hoe de reclameboodschap overkomt bij de doelgroep en of er sprake is van communicatiedrempels.

Pretesting

We kunnen ook tijdens of na de reclamecampagne onderzoek doen naar het effect of het resultaat van een reclameboodschap. Dat noemen we dan posttesting.

Posttesting

Reclamebureaus worden steeds vaker aangesproken op (meetbaar) behaalde resultaten. We spreken dan van accountability. Dit is het kunnen verantwoorden van bepaalde (marketing)activiteiten, door het leggen van een relatie tussen een bepaalde marketinginspanning en het effect daarvan. Posttesting speelt in dat kader een belangrijke rol. Een belangrijk probleem daarbij blijft dat er buiten de eigenlijke reclamecampagne ook altijd andere factoren van invloed zijn op het uiteindelijke marketingresultaat. De invloed van die andere factoren is in het algemeen moeilijk te meten (vergelijk laboratoriumexperiment en veldexperiment).

Accountability

Aanbieders zijn gewend op een bepaalde manier naar de markt te kijken, zoals dat in de branche gebruikelijk is en zoals zij dat altijd al hebben gedaan. Zo zijn gewoonlijk aanbieders van producten van mening dat zij wel weten wie de belangrijkste concurrenten zijn. Maar waar het om gaat is wie in de ogen van consumenten de belangrijkste concurrenten zijn. Dat wil

De betekenis van marktonderzoek

zeggen: welke concurrerende producten in de ogen van de consumenten dezelfde functies vervullen als het product van de aanbieder. Ook de manier waarop een markt gesegmenteerd wordt, kan vaak voor verrassende nieuwe gezichtspunten zorgen. Marktonderzoek, zowel in de vorm van desk research, kwalitatief als kwantitatief onderzoek, is nodig om het antwoord te vinden op eerdergenoemde en nog vele andere vragen.

23.4 Beschrijving van de doelgroep

Reclamedoelgroep kan groter zijn dan marketingdoelgroep

Kennen we eenmaal de markt en de positie van het merk, dan kunnen we de reclamedoelgroep vaststellen. Deze kan gelijk zijn aan de marketingdoelgroep, maar vaak is dat niet het geval en is de reclamedoelgroep ruimer. Immers, we willen vaak niet alleen de potentiële kopers en bestaande gebruikers bereiken, maar ook de zogeheten beïnvloeders. Bij het omschrijven van de reclamedoelgroep vragen we ons af: tegen wie praten we eigenlijk? Wat motiveert hen? Hoe trouw zijn zij? Kennen zij het merk? Zijn ze erin geïnteresseerd? Wat verwachten zij van een product? Welke rol spelen zij in het oriëntatie- en keuzeproces? Bijvoorbeeld: huisvrouwen zijn een belangrijkere communicatiedoelgroep als het gaat om frisdranken dan de gebruikers zelf: de kinderen. Daarnaast zijn ook sociodemografische gegevens zoals opleiding en inkomen van belang, alsmede gegevens over het mediagebruik. Waar kijken ze naar? Wat lezen ze?

Primaire en secundaire reclamedoelgroep

Bij het bepalen van de reclame- of communicatiedoelgroep maken we onderscheid tussen de primaire doelgroep en de secundaire doelgroep. De primaire doelgroep bestaat uit personen voor wie we de meeste belangstelling hebben en die heel precies kan worden omschreven. De secundaire doelgroep bestaat uit personen in wie we wel geïnteresseerd zijn, maar die voor de organisatie toch van minder betekenis zijn. Voor een Nederlands woordenboek zou de primaire doelgroep kunnen bestaan uit docenten in de Nederlandse taal, omdat dit de groep is die in het algemeen binnen het onderwijs bepaalde woordenboeken aan de leerlingen of studenten voorschrijft.
De secundaire doelgroep bestaat dan bijvoorbeeld uit de leerlingen of studenten, of meer in het algemeen: alle andere potentiële gebruikers van woordenboeken Nederlands.
Als we ons willen richten op een heel specifieke doelgroep, dan zullen we daarmee bij de inzet van de media ook rekening moeten houden. Het benaderen van specifieke doelgroepen op een specifieke plaats en op specifieke momenten wordt narrowcasting genoemd. De inhoud van de boodschap is dan op maat gesneden voor die doelgroep. Tegenover narrowcasting staat de term broadcasting. Hierbij richten we ons op het algemene publiek of op een relatief grote communicatiedoelgroep.

Narrowcasting

Broadcasting

23.5 Reclamedoelstellingen

Na het marktonderzoek en het vaststellen van de doelgroep kunnen we beginnen met het vaststellen van de doelstellingen. Wat dit betreft brengen we het in het vorige hoofdstuk beschreven DAGMAR-model onder meer in herinnering.

In het algemeen kan onderscheid worden gemaakt tussen doelstellingen op cognitief, affectief en conatief niveau. Op cognitief niveau gaat het om doelstellingen zoals spontane en geholpen bekendheid van het merk. Op affectief niveau om imago- en attitudeverandering, op conatief niveau om daadwerkelijke gedragsverandering.

Doelstellingen op drie niveaus

Voorbeelden van veelvoorkomende reclamedoelstellingen zijn:
- het ondersteunen van de persoonlijke verkoop
- het besluit van de tussenhandel het product in het assortiment op te nemen
- het bereiken van beïnvloeders
- het bekendmaken van het distributiesysteem
- het bekendmaken van promotionele acties
- het bekendmaken van productverbeteringen
- het wijzigen van de gebruiksgewoonte
- het verminderen van de prijsgevoeligheid van een product
- de kopers na de aankoop ervan overtuigen dat ze een goede keus gedaan hebben
- het creëren of verbeteren van een imago
- het verhogen van het aantal probeeraankopen (trials)
- het verhogen van het aantal herhalingsaankopen (repeat)
- het verhogen van de merktrouw
- het aanvragen van informatie.

Voorbeelden van reclamedoelstellingen

23.6 Propositie

De volgende fase in het reclameplanningsproces is het kiezen van de juiste reclamestrategie. De doelgroep en de doelstellingen zijn bekend. Nu gaan we kijken hoe we onze doelstellingen kunnen realiseren. De strategiekeuze is in feite niets anders dan het vaststellen van wat we de consument gaan vertellen, opdat we het in de doelstelling geformuleerde gewenste effect bereiken. Dit noemen we ook wel de propositie: de omschrijving van de (belangrijkste) voordelen of het nut van een product voor de (potentiële) klant. Dit kunnen zowel de instrumentele als expressieve productaspecten zijn, alsmede de overige aspecten van het productaanbod. Het formuleren van een goede propositie vereist diepgaand inzicht in de beweegredenen achter het gedrag van de klanten en prospects. Het is een stelling die waarheid (of geen waarheid) inhoudt. Een voorbeeld van een duidelijke propositie is die van Dreft afwasmiddel. Het merk stelt dat het 75% langer meegaat dan niet-geconcentreerde imitaties.

Propositie

Het begrip propositie moet onderscheiden worden van het begrip positionering. Hieronder wordt verstaan de gerealiseerde (relatieve) positie van een organisatie, een sbu, een merk of een product in de perceptie van de afnemers, ten opzichte van vergelijkbare concurrenten. In het geval van Dreft afwasmiddel zou dit kunnen zijn: geconcentreerder dan andere afwasmiddelen. We kunnen dus concluderen dat de propositie voortkomt uit en in overeenstemming moet zijn met de positionering van een merk.

De strategie, dus de keuze van de reclameboodschap, moet in staat zijn de geformuleerde doelstellingen te realiseren. Veelal zal dit in belangrijke mate samenhangen met de fase van de productlevenscyclus waarin het product

Keuze van de reclameboodschap

zich bevindt. Zo zal in de introductiefase de nadruk worden gelegd op de centrale functionele producteigenschappen; consumenten moet worden uitgelegd wat zij aan het product kunnen hebben. In de groeifase zullen daaraan affectieve eigenschappen kunnen worden toegevoegd. In de volwassenheidsfase zal de nadruk steeds meer gaan liggen op de werkelijk onderscheidende eigenschappen. In de neergangsfase kan getracht worden nieuwe eigenschappen toe te voegen of te belichten, zodanig dat het product geherpositioneerd kan worden en de levenscyclus kan worden verlengd.

Institutionele reclame

We kunnen niet alleen reclame maken voor een bepaald product of merk, maar ook kunnen we reclame maken voor de organisatie als geheel. Dit wordt institutionele reclame of corporate advertising genoemd. Hierdoor proberen we het corporate imago van de organisatie (een bedrijf, organisatie of instelling) onder de belangengroepen (de zogenoemde corporate stakeholders) te bevestigen of te veranderen. Ko Floor en Fred van Raaij noemen de volgende doelstellingen voor het inschakelen van corporate advertising:
- het bekendmaken van een organisatiewijziging
- het weerleggen van negatieve publiciteit
- het wekken van belangstelling van de financiële wereld
- het kweken van goodwill bij toekomstig personeel
- het bijsturen van het bedrijfsimago

Ideële reclame

We kunnen ook reclame maken voor ideële, niet-commerciële doeleinden. Dit wordt ideële reclame genoemd. Hierbij kan gedacht worden aan de reclamecampagnes van SIRE, de Stichting Ideële Reclame, opgericht door reclamebureaus, media en adverteerders. Hierbij gaat het erom door reclame aandacht te vragen voor onderwerpen van algemeen maatschappelijke betekenis. Voorbeelden hiervan zijn de capagnes rond sportief gedrag op sportvelden, het veilig omgaan met vuurwerk en voedselverspilling (zie hieronder).

● www.biojournaal.nl

SIRE bindt strijd aan met voedselverspilling

Voedselverspilling is al jaren een veel besproken onderwerp, maar consumenten vinden het lastig om hun eigen verspilling terug te dringen. Via een massamediale campagne krijgen Nederlanders voor het eerst een oplossing voor dit probleem aangereikt door de Stichting Ideële Reclame (SIRE).

SIRE lanceert een campagne tegen voedselverspilling en vraagt daarbij aandacht voor het gebruik van overgebleven ingrediënten en kliekjes. Via de speciaal ontwikkelde website Kliekipedia.nl kan de consument inspiratie opdoen om van kliekjes iets lekkers te maken. Kliekipedia.nl wordt ondersteund met een TV- en radiocommercial. Deze bestaat ook uit 'kliekjes' van iconische reclamespots uit het verleden en roept consumenten op om in actie te komen. "Nog nooit eerder is een campagne van deze schaal ingezet, die de consument op een leuke en concrete manier activeert om minder voedsel te verspillen."

De website Kliekipedia.nl biedt informatie, inspiratie, tips en recepten om verspilling terug te dringen. Ook zijn hier video's te vinden van bekende Nederlanders zoals Anita Witzier en Quintis Ristie waarin zij laten zien hoe zij met kliekjes omgaan. Kliekipedia.nl wordt ondersteund met een TV-commercial, radiocommercial, online campagne, social media en PR. In de TV-commercial worden bekende spots met onder meer Cora van Mora, Petje Pitamientje 'Stom hè' (Calvé), Martine Bijl (Hak), Harry Piekema (AH) en Peer Mascini (Melkunie) hergebruikt. Op ludieke wijze vraagt SIRE hiermee aandacht voor voedselverspilling bij de consument en reikt via Kliekipedia.nl oplossingen aan om echt in actie te komen.

Consument aan zet
Nederland gooit jaarlijks tussen de 1,7 en 2,6 miljard kilo voedsel weg, van de boer, via de winkel tot horeca en consument. De consument zelf blijkt de grootste verspiller met 50 kilo per persoon per jaar. Ruim 14% van alle etenswaren die we kopen, gaat ongebruikt de prullenbak in. "Zonde", vindt directeur Lucy van der Helm van SIRE. "Het doel van deze campagne is consumenten te laten realiseren dat zij zelf aan zet zijn om voedselverspilling terug te dringen. Dit doen wij nu door te laten zien dat koken met overgebleven ingrediënten en kliekjes lekker, leuk en ook nog eens goed voor de portemonnee is."

Samenwerking
Hans Peters, die binnen het SIRE bestuur dit project leidt, is trots op de samenwerking met veel partijen: "Naast de gebruikelijke bijdrage van de bureau- en mediawereld zijn nu ook andere partijen betrokken: A-merken, supermarkten, het Voedingscentrum, auteurs en BN'ers. Bij dit onderwerp lopen de belangen soms nogal uiteen. Daarnaast was het een enorme klus om de rechthebbenden van de spotjes die we hebben hergebruikt te vinden en hun akkoord te krijgen, maar iedereen werkte fantastisch mee", aldus Peters.

10 februari 2015

Thema- en actiereclame
Een andere strategische keuze heeft betrekking op de vraag of we van thematische dan wel actiereclame gebruik gaan maken. Themareclame wordt vooral ingezet om de kennis en affectie van de doelgroep positief te beïnvloeden. Met de inzet van deze instrumenten worden langetermijneffecten beoogd. Naast reclame zijn marketing, public relations en sponsoring communicatie-instrumenten die hierbij kunnen worden ingeschakeld. Actiereclame is reclame ter ondersteuning van sales promotion-activiteiten. Wanneer we spreken van actiecommunicatie bedoelen we het geheel van instrumenten dat is gericht op het vergroten van de omzet door het stimuleren van aankopen. Tot de actiecommunicatie rekenen we sales promotions, displays, direct-marketingcommunicatie, artikelpresentatie, verpakking en persoonlijke verkoop. Daarbij moet worden bedacht dat direct-marketingcommunicatie en verpakking ook thematisch gebruikt kunnen worden.

Themareclame

Actiereclame

Themareclame door Jumbo

Direct-marketingcommunicatie
Ook zal besloten moeten worden, mede als uitvloeisel van de beslissing om thematisch dan wel actiematig te werk te gaan, in hoeverre en op welke wijze direct-marketingcommunicatie zal moeten worden ingezet om de beoogde doelstellingen te realiseren. Op direct marketing wordt in hoofdstuk 25 uitgebreider ingegaan.

Andere vormen van reclame
Er zijn heel wat meer soorten reclame te onderscheiden. Hierna noemen we er enkele:

- *Point-of-purchase-reclame.* Dit wordt ook wel winkelreclame of point-of-sale-reclame genoemd. Dit is reclame die gemaakt wordt op of in het verkooppunt. Dat wil zeggen alle reclame-uitingen op de plaats van aankoop, dus in de winkel. Daarbij gaat het om activiteiten die verkoopbevorderend moeten werken, zoals displays, posters, mobiles enzovoort.
- *Online reclame.* Dit is de verzamelnaam voor alle reclame via internet. Er gaat steeds meer geld van adverteerders richting internet. Een logische ontwikkeling, er wordt immers steeds meer tijd op internet doorgebracht.

Extra winterse aanbiedingen om het warm van te krijgen.

Het is ouderwets Nederlands winterweer. Dus hebben wij een aantal ouderwets winterse aanbiedingen. Want of u nu buiten of binnen van de ijspret geniet, voor deze prijzen loopt u zeker warm. Het zijn er 11, trouwens. Maar dat is natuurlijk toeval.

Gewoon bij Albert Heijn.

Actiereclame door Albert Heijn

Bovendien betaalt de adverteerder over het algemeen per click, dus weet deze wat reclame – in dit opzicht – oplevert.
- *Vergelijkende reclame.* Dit is een vorm van reclame waarbij twee of meer specifiek genoemde merken uit dezelfde productcategorie expliciet met elkaar worden vergeleken. Deze manier van reclame maken is alleen toelaatbaar als:
  - er een vergelijking wordt gemaakt met 'vergelijkbare' producten;
  - er geen sprake is van misleiding;
  - de vergelijking volledig en objectief is;
  - het niet denigrerend is voor andere producten.
- *Sluikreclame.* We noemen dit ook wel product placement. Het is communicatie die tot stand komt doordat een product of merk wordt genoemd of in beeld komt zonder dat daar een standaardhonorering in geld tegenover staat. Dit gebeurt nogal eens in televisiesoaps, maar ook in bioscoopfilms (iemand die nadrukkelijk vraagt om Heineken bier of in een scène staat Wasa knäckebröd op tafel).

Vergelijkende reclame

Sluikreclame

23.7 Richtlijnen voor teksten en vormgeving

In de volgende fase wordt het reclameontwerp ontwikkeld. Dat is het creatieve idee dat het uitgangspunt vormt van een reclamecampagne of marketingcommunicatie-uiting. Het reclameontwerp bestaat uit drie fasen:
1 Het bepalen van het hoofdthema van de tekst dat in de communicatie-uiting naar voren wordt gebracht. Dit wordt het copyplatform genoemd. Het gebruik van meer thema's in een reclame-uiting maakt de boodschap moeilijker te begrijpen en soms zelfs ongeloofwaardig. Uit onderzoek blijkt dat de consument zelden meer dan één (product)voordeel in zich opneemt. Het copyplatform van Dreft, het eerdergenoemde merk, zou kunnen zijn: met een klein beetje Dreft kan een heel grote hoeveelheid vaat gedaan worden.
2 De bepaling van het reclameconcept. Hierbij gaat het om het thema dat de drijfveer van de doelgroep op de meest concrete en effectieve manier oproept. Het idee mag niet verzwakt worden door niet ter zake doende beelden. Bekende komieken, beeldschone meisjes, vertederende kinderen enzovoort hebben de neiging alle aandacht op te eisen in plaats van het reclamethema te ondersteunen. Het reclameconcept voor de Dreft-commercial kan zijn: een theelepeltje Dreft is voldoende om de hele vaat mee te doen.

Bepalen van het copyplatform

Bepalen van het concept

3 Het vaststellen hoe we de consument met ons concept benaderen, wordt de uitvoering genoemd. Zowel het concept als de uitvoering draagt bij tot het beeld dat de consument van het product krijgt. Dit beeld (imago) vormt een belangrijk element in het koopgedrag van de consument. In het geval van Dreft stelde het communicatieadviesbureau voor het product te situeren na een bruiloft in een Spaans dorp. De vaat van de hele dorpsbevolking na de paellamaaltijd zou het merk met een theelepeltje product moeiteloos aankunnen.

Bepalen van de uitvoering

Een concept is in essentie het idee hoe de reclamecampagne moet worden uitgevoerd. Het is als het ware de rode draad van de campagne. Onderdeel van zo'n concept kan de (sluit)regel van een advertentie zijn (Belastingdienst: 'Leuker kunnen we het niet maken. Wel makkelijker', Achmea: 'Even Apeldoorn bellen'). Zo'n sluitregel wordt ook pay-off genoemd. Soms is een visueel element onderdeel van een concept (de supermarktmanager in de Albert Heijn-reclamespotjes). Een goed reclameconcept moet aan een aantal voorwaarden voldoen:
- Het concept moet voldoende sterk zijn om het langere tijd te kunnen gebruiken.
- Het concept moet in alle in te schakelen mediumtypen toegepast kunnen worden.
- Het concept moet stroken met de briefing en de strategie.
- Het concept moet origineel en onderscheidend zijn.

Pay-off

23.8 Mediavoorkeur

Parallel aan de conceptontwikkeling kan het mediaplan worden ontwikkeld. In dit onderdeel van het totale reclameplan komen de volgende stappen aan de orde:
- het formuleren van de mediadoelstellingen
- de selectie van mediumtypen
- de selectie van individuele media
- de inzet van de media
- kostenbegroting
- plaatsingsschema.

Fasen in het mediaplan

Dit behoort tot het werkterrein van de mediaplanner, degene bij het reclamebureau die bepaalt welke media het meest geschikt zijn om een bepaalde boodschap te communiceren.

Formuleren van de mediadoelstellingen
De media die worden ingeschakeld, moeten bijdragen aan het realiseren van de reclamedoelstellingen. De mediadoelstellingen worden daarvan afgeleid, waarbij rekening wordt gehouden met de reclamedoelgroep, het marktgebied, de timing, de mediadruk, het creatief concept en het mediabudget.
Bij de genoemde vraagstukken dient ook te worden gekeken naar de concurrentie.

Selectie van mediumtypen
Een groep soortgelijke media die grote overeenkomst vertoont in de wijze waarop de boodschap zintuiglijk wordt waargenomen, wordt een *mediumtype* genoemd. We maken onderscheid in vier typen media: gedrukt, outdoor, audiovisueel en interactief.

Bij outdoor mediawordt meestal gesproken van buitenreclame. Dit is gedefinieerd als een vorm van visuele communicatie voor commerciële doeleinden via elk object dat zich permanent buitenshuis bevindt. Voorbeelden van buitenreclame zijn: affiches op abri's, lantaarnpalen, billboards, teksten op gevels, vlaggen en spandoeken.

Buitenreclame

De mogelijkheden die vooral internet de consument biedt om over allerlei producten en diensten informatie te verzamelen, worden steeds intensiever en enthousiaster benut. Voor een aantal consumenten is het wel een omschakeling om zelf actief op zoek te gaan naar informatie. Voor aanbieders is het een uitdaging een site te ontwikkelen die eenvoudig, overzichtelijk en toch aantrekkelijk is. Zeer belangrijk is ook dat de site gevonden wordt. Er zijn diverse technieken om dat te bereiken. In ieder geval moeten in andere communicatie-uitingen verwijzingen naar de eigen site worden opgenomen.

● www.adformatie.nl

PwC: internetreclame in 2018 wereldwijd groter dan tv-reclame

Onderzoek voorspelt een jaarlijkse groei in mobiele internetreclame van 23% voor de komende vijf jaar.

De totale bestedingen binnen de wereldwijde entertainment- en mediamarkt blijven de komende vijf jaar groeien met gemiddeld 5% per jaar. De grootste groei komt van digitale reclamebestedingen. Deze zullen naar verwachting toenemen met gemiddeld 12% per jaar, tegenover een bescheiden groei van 1,2% per jaar in niet-digitale uitgaven.

Dit blijkt uit de PwC Global Entertainment & Media Outlook 2015-2019. Internetreclame groeit met 10,7% per jaar en zal in 2018 de bestedingen aan tv-reclame voorbij streven.

Basis onder deze groei is de toenemende petetratie van mobiel internet. In 2017 heeft meer dan de helft van de wereldbevolking toegang tot mobiel internet. Ennél van Eeden, mediaspecialist bij PwC: "Het mobiele internetgebruik is een belangrijke katalysator voor onder andere betaalde muziek- en videostreaming diensten. De consument besteedt steeds meer tijd op mobiele apparaten en dit trekt weer forse reclamebestedingen aan." De Global Entertainment & Media Outlook 2015-2019 van PwC voorspelt een jaarlijkse groei in mobiele internetreclame van 23% per jaar gedurende de komende vijf jaar.

Van Eeden ziet de manier waarop wij videocontent tot ons nemen in rap tempo veranderen. Door aanbieders als Netflix raakt de consument gewend aan reclamevrije content van hoogwaardige kwaliteit die hij overal kan consumeren. Ook 'binge viewing' – de hele televisieserie in één keer achter elkaar kijken – is een belangrijke trend. Dit veroorzaakt krimp in het aantal tv-aansluitingen en zet een rem op de groei in traditionele tv-reclame.

> Er zijn ook lichtpuntjes voor niet-digitale mediabestedingen. Volgens de Global Entertainment & Media Outlook van PwC groeit de komende 5 jaar de wereldwijde bioscoopmarkt met ruim 4% per jaar. In China groeit deze zelfs met 15% per jaar. Verder blijven live muziekconcerten razend populair, dit segment groeit een kleine 3% per jaar.
>
> 10 juni 2015

Mediumtypekeuze en betrokkenheid

Ook wat betreft de keuze van het mediumtype is het concept van betrokkenheid weer doorslaggevend. In het geval van grote betrokkenheid bij de doelgroep kan de aanbieder in principe veel cognitieve informatie aanbieden, omdat de ontvangers bereid zijn deze te verwerken. Maar niet-betrokken consumenten leren passief. In die situatie zal een consument niet zelf informatie gaan zoeken. Radio en televisie zijn dan geschikte media om informatie te verstrekken. Juist deze media, maar ook internet, lenen zich er goed voor om de aangeboden informatie zodanig te 'verpakken' dat van de consument maar weinig inspanning wordt vereist. Horen en zien kosten minder inspanning dan lezen. Ook gedrukte media kunnen zich lenen voor het communiceren met consumenten die weinig betrokken zijn. Plaatsing van eenvoudige boodschappen is dan van groot belang.

Inzet van de media

Eerder hebben we al aandacht geschonken aan de weerstand van consumenten tegen het over zich heen krijgen van een overvloed aan commerciële informatie. In dit gedeelte van het mediaplanningsproces dient aandacht te worden geschonken aan methoden die de aandacht van mensen voor de reclame-uiting kunnen vergroten, dan wel de selectie kunnen verminderen. Voorbeelden daarvan zijn:

- *Het ongewone en het contrast.* Een in zwart gedrukte tekst met een ongebruikelijk grote witruimte eromheen valt bijzonder sterk op. Zo krijgt ook een commercial als onderbreking van een klassiek concert extra aandacht.
- *Plaats en afmeting van een advertentie.* Het aantal lezers van een advertentie stijgt, wanneer de advertentie groter is en eerder opvalt. Advertenties in tijdschriften die op de eerste 10% van het aantal pagina's of op de achterpagina worden geplaatst, krijgen ook meer aandacht. Voor advertenties die op of naast de redactionele tekst worden geplaatst, geldt hetzelfde.
- *Televisiecommercials in kleur.* Deze zijn normaliter zo'n 50% effectiever dan wanneer deze commercials in zwart-wit zouden worden vertoond. Ook het gebruik van kleur in een dagbladadvertentie levert een grotere attentiewaarde op.

Communicatievermogen

Het hiervoor behandelde begrip communicatievermogen is in dit verband van belang. Het profiel van een medium wordt bepaald door factoren als de vorm waarin een medium verschijnt (bijvoorbeeld kleur of zwart-wit). Ook de reproductiekwaliteit is hierbij van belang. Zo is deze aanzienlijk beter bij de zogenaamde glossy's dan bij huis-aan-huisbladen. Het maakt ook een groot verschil of er bijvoorbeeld van beweging gebruikgemaakt kan worden (audiovisuele middelen, interactieve middelen). Demonstreren van nieuwe apparatuur kan nu eenmaal niet statisch gebeuren.

Selectie van individuele media; kostenbegroting
Bij het kiezen van een reclamemedium gaat men uit van de volgende criteria:
- het communicatievermogen van een medium
- het bereik en de dekking
- de kosten per 1.000 (doelgroeppersonen).

Communicatievermogen van een medium
In hoeverre een medium in staat is de bedoelde boodschap over te brengen, is van een groot aantal factoren afhankelijk. Belangrijke factoren zijn in het algemeen de volgende:
- de betrokkenheid bij het medium
- de sfeer die een medium met zich meebrengt door redactionele inhoud, actualiteit, soort en aantal advertenties
- de confrontatiesituatie, dat wil zeggen de omstandigheden waaronder het contact tot stand komt (internetten is iets anders dan in een luie stoel een krant doorbladeren).

In dit verband is het begrip 'Umfeld' van belang. Dit is Duits voor 'omgeving' of 'context'. Er wordt mee bedoeld de invloed van redactionele tekst en andere communicatie-uitingen op de impact van een communicatie-uiting in een bepaald medium.

Umfeld

Bereik en de dekking
Met bereik wordt bedoeld het aantal personen dat met het medium geconfronteerd wordt. Dekking betreft het specifieke bereik binnen de doelgroep. In dit verband hanteren mediaplanners een veelheid van criteria. Een overzicht wordt gegeven in tabel 23.2.

TABEL 23.2 Soorten bereik

Soort bereik	Betekenis
Bereik	Aantal personen (veelal uitgedrukt in een percentage van het totale aantal personen dat bereikt had kunnen worden) dat is geconfronteerd met het medium of de reclameboodschap. Het bereik kunnen we onderverdelen in mediumbereik, dat de confrontatie met het medium beschrijft, en reclamebereik, dat de confrontatie beschrijft met dat deel van het medium waarin de reclameboodschap is opgenomen. Er is een groot aantal variaties bekend waarop het bereik wordt gemeten. De meest bekende en gangbare zijn: actueel bereik, blokbereik, brutobereik, dekking, gecumuleerd bereik, nettobereik, reclamecontact, effectief bereik, totaalbereik en gross rating points (GRP's).
Mediumbereik	Het aantal personen conform volgende items. Te onderscheiden van reclamebereik.
Reclamebereik	Het aantal personen (veelal uitgedrukt in een percentage van het totale aantal personen dat bereikt had kunnen worden) dat is geconfronteerd met de communicatie-uiting in het medium.
Totaalbereik	Het aantal personen (veelal als percentage van het totaal dat bereikt had kunnen worden) dat wel eens met het medium is geconfronteerd.
Gemiddeld bereik	Het gemiddelde aantal personen dat op verschillende momenten van uitzending en/of plaatsing wordt geconfronteerd met de communicatie-uiting.
Cumulatief bereik	Het aantal personen (veelal als percentage van het totale aantal dat bereikt had kunnen worden) dat na enige verschijningen of uitzendingen ten minste eenmaal is geconfronteerd met het medium.
Actueel bereik	Het aantal personen dat binnen een verschijningsinterval van een medium, bijvoorbeeld een tijdschrift, is geconfronteerd met het medium. Is belangrijk bij tijdgebonden reclame-uitingen. Een advertentie voor Moederdag is bijvoorbeeld niet relevant als deze na Moederdag wordt gezien.

TABEL 23.2 Soorten bereik (vervolg)

Soort bereik	Betekenis
Brutobereik	De som van de bereikcijfers van verschillende media. Hierbij kan dubbeltelling ontstaan, doordat er individuen zijn die geconfronteerd zijn met meer dan één uitzending of verschijning van een medium of met meer media.
Nettobereik	De som van de bereikcijfers van verschillende media, gecorrigeerd voor dubbeltellingen die ontstaan door er individuen zijn die met meer dan één bepaald medium zijn geconfronteerd.
Dekking	Het aantal personen uit de communicatiedoelgroep dat door een bepaald medium wordt bereikt, uitgedrukt in een percentage van die doelgroep.

Bruto- en nettobereik

De begrippen bruto- en nettobereik lichten we hier nog verder toe. Hiermee krijgen we te maken als we in ons mediaplan verschillende media opnemen. Stel, dat we in een mediaplan een aantal bladen (titels) opnemen. Elk van deze bladen heeft een bepaald bereik:

Blad	Bereik
A	22%
B	16%
C	42%
D	19%
E	36%
Totaal	135%

We zien nu dat deze bladen in totaal een bereik hebben van 135%. Dat we boven 100% uitkomen, komt doordat we het hier hebben over het brutobereik. In de praktijk bestaan doublures. Er zijn lezers die we met meer dan één blad bereiken. Het nettobereik zal dan ook lager zijn. In dit geval misschien 85%.

Sponsored magazine

Een sponsored magazine wordt in opdracht van een aanbiedende organisatie vervaardigd, waarbij de keuze van de doelgroep en de redactionele inhoud dienstbaar zijn aan de marketingdoelstellingen van de betrokken opdrachtgever. Een voorbeeld is *AllerHande* van Albert Heijn.

AllerHande van Albert Heijn is een voorbeeld van een sponsored magazine

Kosten per duizend
Bij de keuze van media spelen natuurlijk ook de kosten een belangrijke rol. Wanneer een medium een hoog bereik en een goede dekking heeft, wil dat per definitie nog niet zeggen dat het binnen ons budget past. Om verschillende media met elkaar te kunnen vergelijken maken we meestal gebruik van een vergelijking op basis van de *kosten* per 1.000 doelgroeppersonen. We illustreren dit aan de hand van een voorbeeld.

Blad	Paginaprijs	Bereik in de doelgroep
A	€1.780	4.200
B	€2.830	2.800
C	€2.205	3.400
D	€1.76	2.400
E	€1.225	2.600

Tot zover is deze opsomming erg onoverzichtelijk. We weten nu weliswaar wat het bereik per medium is en wat een pagina kost, maar we kunnen dat duizend.
Een voorbeeld: een pagina in blad A kost €1.780. Met die advertentie bereiken we in ons voorbeeld 4.200 doelgroeppersonen. De kosten per duizend zijn dan:
€1.780 : 4,2 = €423,80. Op die manier kunnen we van alle titels de kosten per duizend berekenen en kunnen we de verschillende bladen qua kosten met elkaar vergelijken. De algemene formule luidt:

$$KPD = \frac{\text{kosten advertentie}}{\text{mediumbereik} : 1.000}$$

In dit voorbeeld is blad A, ondanks het feit dat de paginaprijs niet het laagst is, toch het goedkoopst.

Gross rating point is een term in de reclame om de omvang van het publiek te meten dat door een speciek medium of mediaplan bereikt wordt. Het is het product van het percentage van de doelgroep dat bereikt wordt maal de frequentie waarmee deze bereikt wordt. Dus de formule luidt: GRP = frequentie × % bereik. Bijvoorbeeld een tv-reclame die vijf keer uitgezonden wordt en 50% van de doelgroep bereikt, zou 250 GRP's hebben. Om tot onze totale gross rating points te komen, dienen we de individuele berekeningen voor alle ingezette media bij elkaar op te tellen. Het begrip GRP wordt gehanteerd voor radio en televisie.

Gross rating point

Voorbeelden van tarieven in € voor STER-spots van 30 seconden, mei 2015

zondag10, NPO1

8.14 uur	Nederland in beweging	190
12.11 uur	Buitenhof	2.150
16.28 uur	Hockey NL competitie	1.870
17.52 uur	NOS Journaal	4.680
19.54 uur	NOS Journaal (na NOS Studio Sport Eredivisie)	25.730
22.52 uur	Aan tafel: achter de schermen van DWDD	8.850

Bron: Ster

Plaatsingsschema

Plaatsingsschema

Het plaatsingsschema (schedule) is het overzicht waarin wordt aangegeven wanneer welke media worden ingezet voor specifieke communicatie-uitingen. Pulsing is een specifiek plaatsingsschema, waarbij perioden van communicatiestilte worden ingebouwd waartussen uitingen in korte tijd frequent worden uitgezonden of geplaatst. Bursting is een plaatsingsschema waarbij uitingen binnen korte tijd frequent worden uitgezonden of geplaatst. Daartegenover staat spreading, een plaatsingsschema waarbij de uitzending of plaatsing van communicatie-uitingen gespreid wordt over een langere periode.

Wear in en wear out

Bij het plaatsingsschema moet rekening worden gehouden met wear in en wear out. Wear in is het verschijnsel dat een communicatie-uiting pas haar maximale effect bereikt nadat de communicatiedoelgroep eraan gewend (wear in) is geraakt. Wear out betreft de slijtage (wear out) die een reclameboodschap oploopt, zodat het effect in de loop van de tijd vermindert.

Carry over-effect

Verder moet rekening worden gehouden met het carry over-effect (*overdrachtseffect*), het verschijnsel dat voorgaande communicatie-uitingen langer kunnen doorwerken dan de planningsperiode, waardoor het effect van de huidige communicatie-uitingen moeilijker is te meten.

Share of voice

Het plaatsingsschema werkt toe naar een beoogde share of voice, het aandeel (in tijd) van een bepaalde reclame-uiting in de totale zendtijd voor reclame-uitingen in een bepaalde periode en voor een bepaalde productklasse.

Inschakelingsvariabelen

De bij de keuze voor een bepaald medium betrokken variabelen worden samen wel inschakelingsvariabelen genoemd. Dit zijn variabelen die tot het inschakelen leiden van bepaalde communicatiemedia. Voorbeelden (grotendeels al hiervoor beschreven) zijn formaat, kleur, frequentie, aantal grp's, interval, tijdstip, plaatsingsschema en kosten.

23.9 Mediabudget

Methoden ter bepaling van mediabudget

Het bepalen van het budget dat aan reclame moet worden uitgegeven, is voor veel ondernemingen een lastige afweging. Niet iedereen ziet het nut van reclamebestedingen in. Er moet dus weerstand binnen de onderneming worden overwonnen. De opbrengsten van de reclamegelden komen pas na enige tijd binnen en zijn dus onzeker. Een andere vraag is welk reclamebudget optimaal is. Om aan een aantal van deze vragen tegemoet te komen, dienen we goed te kijken naar de uitgangspunten die we kunnen hanteren bij de bepaling van het mediabudget. Onderscheiden kunnen onder meer worden:

- de naïeve methoden
- de concurrentiegeoriënteerde methoden
- de anticyclische methode
- de taakstellende methode
- gezamenlijke reclame.

Naïeve methoden

Deze groep van methoden heet naïef, omdat hier in feite niet wordt uitgegaan van een verband dat bestaat tussen reclame en uiteindelijke afzet. Voorbeelden van naïeve methoden zijn:

- het vaststellen van het budget als een vast percentage van de omzet van het voorafgaande jaar of van de geschatte omzet van het komende jaar
- het budget vaststellen op basis van de afzet van het voorafgaande jaar
- het vaststellen van een zo hoog mogelijk budget

- het bepalen van het budget als percentage van de reclamebestedingen in de vorige periode
- de sluitpostmethode: datgene wat de onderneming overheeft, wordt besteed aan reclame.

Sluitpostmethode

De voorkeur voor de eerste methode is ontstaan door de eenvoud. De meeste bedrijven passen deze methode dan ook in de praktijk toe. De tweede, ook eenvoudige methode, wordt vaak bij duurzame consumptiegoederen gebruikt (personenauto's, wasmachines). Het gevaar van deze methoden is dat wanneer een bedrijf in de situatie verkeert waarin meer reclamegeld nodig is (afzet/omzet loopt terug), het juist minder aan reclame uitgeeft, waardoor de afzet/omzet nog verder terug kan lopen.

Concurrentiegeoriënteerde methoden
Bij de concurrentiegeoriënteerde methoden richten we ons op het bedrag dat de concurrent aan reclame besteedt en proberen we daarmee een relatie te leggen met het eigen te besteden budget. Dit kan op de volgende manieren:
- een percentage van de reclame-uitgaven van de concurrent
- een relatie leggen tussen het reclameaandeel en het marktaandeel.

Percentage van de reclame-uitgaven van de concurrent
Voor deze methode moeten de reclamebestedingen van de concurrent bekend zijn. Dit kan voor een groot deel worden bepaald door wat we aan reclame van de concurrent zien, om te rekenen in uitgegeven reclamegelden. Immers, de tarieven van de media zijn bekend.

Relatie tussen reclameaandeel en marktaandeel
Hier moet eerst bekend zijn wat het reclameaandeel in de markt is. Dit wordt bepaald door de eigen reclame-uitgaven te delen door de totale reclamebestedingen in een bepaalde periode. Bijvoorbeeld: stel, dat het reclameaandeel van Douwe Egberts 30% is (de reclame-uitgaven van Douwe Egberts bedragen €3 miljoen, tegenover een totaal van €10 miljoen op de koffiemarkt). Het marktaandeel van Douwe Egberts voor koffie is 50%. Dan is de verhouding reclameaandeel/marktaandeel: 30/50 = 0,6. In dit voorbeeld adverteert Douwe Egberts dus minder dan met haar marktaandeel zou overeenkomen.

Relatie reclame- en marktaandeel

De concurrentiegeoriënteerde methode wordt ook wel aangeduid als de pariteitenmethode.

Anticyclische methode
De veranderingen in het bestedingsniveau hangen bij de anticyclische methode omgekeerd evenredig samen met de verandering in de omzet. Dus bij een omzetdaling wordt juist meer aan reclame uitgegeven en bij een omzetstijging minder.

Anticyclische methode

Taakstellende methode
Dit is de methode waarbij het budget wordt bepaald op grond van de te behalen doelstelling (of taak). Als de doelstelling is: bereik van een miljoen huisvrouwen minimaal driemaal in de eerstkomende zes maanden, kan deze doelstelling bijvoorbeeld gehaald worden door:
- driemaal een pagina Margriet (3 × €30.000) = €90.000
- driemaal een pagina Libelle (3 × €35.000) = €105.000
- het benodigde budget is dan €195.000.

Taakstellende methode

Deze methode heeft de meeste voorkeur. Het wordt echter lastig om deze methode te hanteren als er doelstellingen gebruikt worden die niet eenvoudig in taken zijn om te zetten.

TABEL 23.3 Top-100 adverteerders 2013-2014

2014	2013	Adverteerder	Uitgaven €	2014	2013	Adverteerder	Uitgaven €
1	1	Unilever	243.669.481	6	7	Jumbo	123.852.151
2	4	RVD	161.923.171	7	6	Procter & Gamble	116.341.943
3	3	Ahold	141.357.704	8	10	Liberty Media	92.723.885
4	2	KPN	131.943.390	9	9	Vodafone	89.756.904
5	5	AS Watson	127.621.945	10	8	Lidl Nederland	86.471.689

Bron: Nielsen

Gezamenlijke reclame

We kunnen eventueel de communicatiekosten verlagen door op een of andere manier een combinatie te vormen met andere bedrijven. We hebben iets dergelijks ook bij onderzoek gezien. Vormen van gezamenlijke communicatie zijn:

- *Collectieve reclame.* Dit is reclame die door of namens een groep organisaties wordt gevoerd. Het kan reclame voor een bedrijfstak zijn of voor een gezamenlijk product. Voorbeeld: de bloemen houden van mensen-campagne van de gezamenlijke Nederlandse bloemisten.

Collectieve reclame

- *Combinatiereclame.* Dit is gezamenlijke reclame door verschillende niet direct met elkaar concurrerende ondernemingen (bijvoorbeeld van textiel en een wasmiddel). Onderscheid wordt gemaakt tussen horizontale combinatiereclame waarbij twee of meer organisaties op hetzelfde niveau in de bedrijfskolom samenwerken, en verticale combinatiereclame, waarbij de samenwerking plaatsvindt tussen organisaties op verschillende niveaus in de bedrijfskolom. Voorbeeld: wasverzachter Calgon wordt aanbevolen door de belangrijkste fabrikanten van wasmachines (onder andere AEG, Bosch, Siemens, Whirlpool).

Combinatie-reclame

- *Coöperatieve reclame.* We spreken hierbij ook wel van co-op-reclame. Dit is een vorm van combinatiereclame van producent en wederverkoper voor hetzelfde product. De kosten kunnen op verschillende manieren worden verdeeld. Voorbeeld: supermarktketen Dirk van den Broek plaatst een aanbieding van het biermerk Amstel in zijn advertentie.

Coöperatieve reclame

23.10 Wet- en regelgeving

In de reclame moeten adverteerders zich onder andere houden aan de *Wet oneerlijke handelspraktijken* en aan de voorschriften van de *Nederlandse Code voor het Reclamewezen* en de *Voorschriften voor de Nederlandse Etherreclame*.

Wet oneerlijke handelspraktijken

Deze wet regelt oneerlijke handelspraktijken, waarbij een handelaar in strijd met zijn professionele toewijding handelt of waarbij hij zijn handelspartner beperkt in zijn besluitvorming. De handelaar handelt, met andere

Oneerlijke handelspraktijken

woorden, agressief of misleidend. Hierdoor neemt de benadeelde een beslissing die hij anders niet zou hebben genomen.

Oneerlijke handelspraktijken vormen in feite een grijs gebied tussen eerlijke handelspraktijken en oplichting. Weliswaar mankeert meestal niets aan het product zelf en is de handelaar keurig ingeschreven en geregistreerd, maar is de manier waarop hij zijn producten aan de man brengt agressief of misleidend.
Misleidende verkooptechnieken, waarbij de handelaar de consument onjuiste informatie verstrekt over het product zelf, of over daaraan verwante zaken (prijs, voorwaarden, herkomst en fabricage) worden als oneerlijke handelspraktijken aangemerkt. Het verzwijgen van bijkomende kosten bij een bestelling is daar een voorbeeld van. Ook *agressieve verkooptechnieken* vallen in de categorie oneerlijke handelspraktijken. De verkoop is niet misleidend, maar er wordt op een of andere manier druk uitgeoefend op de consument.

Nederlandse Code voor het Reclamewezen

In de Stichting Reclamecode is een aantal organisaties verenigd, zoals de Bond van Adverteerders (BvA), het Genootschap voor Reclame (GvR), de Nederlandse Dagblad Pers (NDP), de Nederlandse Organisatie van Tijdschrift Uitgevers (NOTU), de Nederlandse Nieuwsblad Pers (NNP), de Nederlandse Vereniging van Erkende Reclame Adviesbureaus (VEA) en de Consumentenbond. Het doel van de door deze stichting opgestelde gedragsregels is het bevorderen van de bescherming van het publiek tegen misleiding en de ontwikkeling van goede smaak in reclame-uitingen. Behalve deze regels bevat de code nog enkele gedragsregels rond onder meer geneesmiddelen, cursussen, postorderreclame, consumptief krediet, beleggingen en onroerend goed, alcoholhoudende dranken, suikerhoudend snoepgoed en sigaretten en shag.

Stichting Reclamecode

De naleving van de gedragsregels wordt gecontroleerd door de Reclame Code Commissie. De Code Commissie kan een klacht terzijde leggen, afwijzen of toewijzen. In het geval een klacht wordt toegewezen, kan de Code Commissie een interne of externe aanbeveling geven. De externe of *openbare aanbeveling* wordt in de (vak)pers geplaatst. De sancties gaan hier natuurlijk minder ver dan bij de Wet misleidende reclame, maar in de praktijk betekent een openbare aanbeveling ook stopzetting. Een adverteerder kan het zich niet permitteren door te gaan met een campagne, nadat in de pers de misleidende vorm van de campagne uitgebreid is besproken.

Reclame Code Commissie

Voorschriften voor de Nederlandse Etherreclame

Behalve op de naleving van de code, ziet de Code Commissie ook toe op de naleving van de Voorschriften voor de Nederlandse Etherreclame.

BEPALINGEN UIT DE VOORSCHRIFTEN VOOR DE NEDERLANDSE ETHERRECLAME

Artikel 1
Een reclameboodschap mag niet in strijd zijn met de wet, de openbare orde of de goede zeden. Verder is in dit artikel nog bepaald dat een reclameboodschap de waarheid moet bevatten, van fatsoen en goede smaak moet getuigen en niet mag kwetsen.

Artikel 2
Zonder te rechtvaardigen redenen mag een reclameboodschap niet appelleren aan gevoelens van angst of aan bijgelovigheid.

Artikel 3
Een reclameboodschap moet duidelijk als zodanig zijn te onderscheiden.

Artikel 4
Een reclameboodschap mag geen enkele misleiding bevatten. In dit artikel worden met name misleiding met betrekking tot prijs, inhoud, herkomst, samenstelling, eigenschappen of doelmatigheid van een product of dienst genoemd.

Artikel 5
Het op enigerlei wijze geheel of gedeeltelijk nabootsen van enige reclameboodschap van anderen is ongeoorloofd.

Artikel 6
De etherreclame behoort naar vorm, inhoud en uitvoering te zijn gescheiden van het etherprogramma.

Artikel 7
In reclameboodschappen behoren wetenschappelijke termen, statistische gegevens en aanhalingen met grote omzichtigheid te worden gebruikt, teneinde begripsverwarring te voorkomen.

Artikel 8
Het is verboden in reclameboodschappen in strijd met de waarheid getuigschriften, attesten of andere deskundige verklaringen te vermelden of deze op onjuiste wijze aan te halen.

Artikel 9
Waar in een reclameboodschap over 'garantie' wordt gesproken, dient deze betrekking te hebben op een bepaalde specifieke omschrijving of eigenschap.

Artikel 10
Reclameboodschapen die kennelijk geheel of gedeeltelijk bestemd zijn voor kinderen, mogen niets in woord of beeld bevatten of suggereren, waardoor inbreuk kan worden gedaan op het gezag van de ouders of andere opvoeders.

Voordat de commercials door de STER worden uitgezonden, worden ze getoetst aan de voorschriften. Commercials die naar het oordeel van de STER niet aan de voorschriften beantwoorden, worden niet toegelaten. Toch kan het gebeuren dat er op een commercial ook na goedkeuring toch klachten komen. Deze, bij de Code Commissie ingediende klachten, worden dan in het licht van de voorschriften bekeken en aan de hand daarvan gegrond of ongegrond verklaard.

De voorschriften omvatten een groot aantal bepalingen, waarvan een belangrijk deel betrekking heeft op meer algemene zaken zoals we die ook bij de Nederlandse Code voor het Reclamewezen zagen.

De andere artikelen in de Voorschriften bevatten meer specifieke bepalingen en verboden. Het gaat daarbij onder meer om reclame voor postorderbedrijven, geneesmiddelen en -wijzen, alcoholhoudende dranken, tabaksproducten en suikerhoudend snoepgoed. Artikel 17 (suikerhoudend snoepgoed) stelt onder andere dat commercials die betrekking hebben op suikerhoudend snoepgoed geen personen jonger dan veertien jaar mogen laten zien of horen.

KOAG

De farmaceutische industrie, artsen, apothekers en drogisten spannen zich in om tot een zorgvuldige geneesmiddelenverstrekking te komen.
Goede informatie over geneesmiddelen en professionele samenwerking tussen de betrokken partijen zijn daarbij van groot belang.
De Geneesmiddelenwet stelt regels rond geneesmiddelenreclame die een goede informatievoorziening en samenwerking in het veld moeten waarborgen. Het veld zelf heeft de normen van geneesmiddelenreclame nader vormgegeven in drie zelfregulerende organen waarin de betrokken belangenorganisaties participeren: de Stichting Keuringsraad Openlijke Aanprijzing Geneesmiddelen (KOAG), de Keuringsraad Aanprijzing Gezondheidsproducten (KAG) en de Stichting Code Geneesmiddelenreclame (CGR).
Publieksreclame voor zelfzorggeneesmiddelen is toegestaan, voor receptgeneesmiddelen niet. De Keuringsraad hanteert daarbij een preventieve controle: dat wil zeggen dat reclame uitingen voor plaatsing aan de Raad moeten worden voorgelegd.

Samenvatting

- *Persoonlijke verkoop* verschilt van *reclame* onder andere in de volgende aspecten: persoonlijke verkoop is individueel gericht, indringend, in twee richtingen, aanpasbaar, duur en tijdrovend.
- Een verkoper maakt vaak gebruik van een *sellogram*.
- Als een koop niet doorgaat, kan een *lost-order analyse* worden gemaakt.
- Bij de communicatiedoelgroep onderscheiden we de *primaire* en *secundaire reclamedoelgroep*.
- De communicatiedoelgroep kan een andere zijn dan de *marketingdoelgroep*.
- Er is een keuze tussen *themareclame* en *actiereclame*.
- Er kan ook sprake zijn van *institutionele reclame* of van *ideële reclame*.
- Bij de communicatieboodschap staat de *propositie* centraal.
- De vormgeving (codering) van de boodschap is een *creatief proces*. Hierbij is de *briefing* belangrijk. In de briefing informeert de opdrachtgever het reclamebureau over het product, de markt, de eigen organisatie, de doelgroep, de reclamedoelstellingen, de propositie (soms verwoord in een usp, een unique selling proposition) en richtlijnen met betrekking tot andere teksten, media, budget en tijdsplanning.
- Het creatief proces leidt tot een bepaald *reclameconcept*. In dit kader is de *pay-off* van belang. Daarnaast ook het *copyplatform*.

- In een *pretest* kan de codering worden gecheckt bij de doelgroep. Wordt onderzoek gedaan naar het reclame-effect ná de campagne, dan heet dat *posttesting*.
- Uitvoeren van een posttest heeft alleen zin als er ook een *nulmeting* (situatie vóór de campagne) gedaan is.
- Reclamebureaus worden steeds vaker aangesproken op (meetbaar) behaalde resultaten: *accountability*. Posttesting speelt in dat kader een belangrijke rol.
- Bij de invulling van de boodschap zullen we ons moeten houden aan de *Wet misleidende reclame* en de *Nederlandse Code voor het Reclamewezen*, waarvan de naleving wordt gecontroleerd door de *Reclame Code Commissie*.
- *Vergelijkende reclame* is niet verboden, maar aan strikte voorwaarden gebonden: geen misleiding, een vergelijking met vergelijkbare producten, volledig en objectief, niet denigrerend.
- *Mediatypen*: gedrukte media (pers, direct mail), outdoormedia (buitenreclame), auditieve media (radio), audiovisuele media (televisie, bioscoop) en interactieve media (bijvoorbeeld internet).
- Ook de winkelvloer is een medium. In dat verband kennen we de *point-of-purchase reclame*.
- Bij de keuze van de mediatypen en van de individuele media spelen een rol: het *communicatievermogen*, het *bereik* en de *dekking* (bruto, netto, cumulatief; oplage; aantal GRP's) en de *kosten* (per 1.000). Ook de flexibiliteit kan een rol spelen.
- Het communicatievermogen van een medium hangt af van onder andere: de betrokkenheid met het medium, de sfeer die het medium met zich meebrengt (Umfeld, context), de communicatieve mogelijkheden en de confrontatiesituatie.
- Andere mogelijkheid: het *sponsored magazine*.
- *Inschakelingsvariabelen*: formaat, kleur, frequentie, interval, tijdstip, plaatsingsschema en kosten.
- Het communicatie-/promotiebudget kan in sommige gevallen worden beperkt door een bepaalde samenwerking. Zo kan er sprake zijn *collectieve reclame, combinatiereclame* of *coöperatieve reclame*.
- Ook bij *sluikreclame* (veelal: *product placement*) zal er over het algemeen sprake zijn van een andere kostenstructuur.
- Vier methoden om het *communicatiebudget* vast te stellen: *naïeve methode, concurrentiegeoriënteerde methode, anticyclische methode* en *taakstellende methode*.
- Bij de meting van het communicatie-/promotieresultaat zal ook rekening moeten worden gehouden met het *carry-over effect*.

UNITED COLORS OF BENETTON.

Golden Week Fair
−20%
selected items
2012.4.27 - 2012.5.6

24
Sales promotion, sponsoring en public relations

24.1 **Actiemix**
24.2 **Doelstellingen en doelgroepen**
24.3 **Sales promotion-technieken**
24.4 **Wettelijke regelingen**
24.5 **Sponsoring**
24.6 **Public relations**
24.7 **Communicatie geïntegreerd**

De promotiemix kan worden onderscheiden in de actiemix en de communicatiemix. De communicatiemix bestaat uit instrumenten waarmee doelstellingen als bekendheid en voorkeur gerealiseerd kunnen worden. In dit hoofdstuk gaan we in op de actiemix, die bestaat uit instrumenten die vooral geschikt zijn om de afnemers tot actie te bewegen (paragraaf 24.1). De wijze waarop dit te werk gaat, hangt nauw samen met de doelstelling die een bedrijf nastreeft en de doelgroep die het voor ogen heeft (paragraaf 24.2). Vervolgens komen in paragraaf 24.3 de verschillende sales promotion-technieken aan de orde, waarbij afzonderlijk zal worden ingegaan op de sales promotion door de detailhandel.
Uiteraard besteden we ook aandacht aan de wettelijke regelingen die van invloed zijn op de sales promotion-activiteiten (paragraaf 24.4). Ook behandelen we in dit hoofdstuk twee andere vormen van communicatie, namelijk sponsoring (paragraaf 24.5) en public relations (paragraaf 24.6). Ten slotte gaan we in paragraaf 24.7 in op het belang van het afstemmen van de communicatie naar de verschillende doelgroepen.

24.1 Actiemix

De actiemix kunnen we onderscheiden in twee groepen activiteiten:
- *Activiteiten met als doel de communicatie extra te stimuleren.* Dit geven we weer door de term communicatie en promotie bij elkaar te trekken. We komen dan tot het woord commotie of commotion. Een voorbeeld hiervan is een prijsvraag die extra aandacht vraagt voor een product of merk en waaraan geen aankoopverplichting is verbonden.
- *Activiteiten met als doel op korte termijn omzet te behouden of extra omzet te genereren.*

Commotie

Het geheel van deze activiteiten vatten we ook wel samen onder de term sales promotion (sp) of verkoopbevorderende activiteiten.

Definitie sales promotion

> Sales promotion is een (tijdelijke) verbetering van de prijs-waardeverhouding van een product door een tijdelijk prijsvoordeel of een (tijdelijke) verhoging van de waarde met als doel het vergroten van de omzet op korte termijn.

Er zijn vele manieren om de prijs-waardeverhouding te verbeteren. De prijs kan tijdelijk worden verlaagd, maar het is ook mogelijk aan het product iets toe te voegen, waardoor de aankoop aantrekkelijker wordt gemaakt. De meeste sales promotion-activiteiten hebben een tijdelijk karakter. Er kan echter eventueel ook een permanent karakter aan gegeven worden, zoals spaaracties in de vorm van spaarzegels. Sales promotion-activiteiten worden niet alleen gevoerd door de producent in de richting van de consument. We treffen ze in alle geledingen van de bedrijfskolom aan en naar alle soorten afnemers. Het deel van het promotiebudget dat besteed wordt aan directe verkoopbevordering, neemt procentueel toe. De redenen hiervoor zijn een grotere belangstelling voor directe-resultatenmarketing, toenemende concurrentie en, daaraan gekoppeld, het belang om het product te onderscheiden. Ten slotte is ook de machtsverschuiving in de bedrijfskolom ten gunste van de detailhandel een factor die de belangstelling voor meer actiegerichte communicatie verklaart.

24.2 Doelstellingen en doelgroepen

Sales promotion-activiteiten kunnen op verschillende niveaus in de bedrijfskolom betrekking hebben (zie figuur 24.1). Hierbij maken we een onderscheid tussen:
- sales promotion door de fabrikant
- sales promotion door de detaillist.

Sales promotion door de fabrikant

De belangrijkste doelen van de sales promotion-activiteiten voor de fabrikant zijn te onderscheiden in:
- Het aantrekken van nieuwe afnemers of gebruikers. Hierdoor wordt soms marktuitbreiding gerealiseerd. Dat wil zeggen, dat personen die het product tot op heden niet gebruikten, het nu wel gaan gebruiken. Is er sprake van substitutie, met andere woorden: worden de nieuwe afnemers weggetrokken bij de concurrentie, dan zullen deze acties veelal reacties oproepen. Als we hiernaar streven, spreken we van de *breedtewerking* (of *horizontale werking*) van promotions.

Horizontale sales promotion-activiteiten

- Het verhogen van de verbruikersintensiteit bij de bestaande gebruikers of het verhogen van de merktrouw. Dit wordt soms samengevat als de diepte-werking (of verticale werking) van promotions.

Verticale sales promotion-activiteiten

FIGUUR 24.1 Doelen en doelgroepen van sales promotion

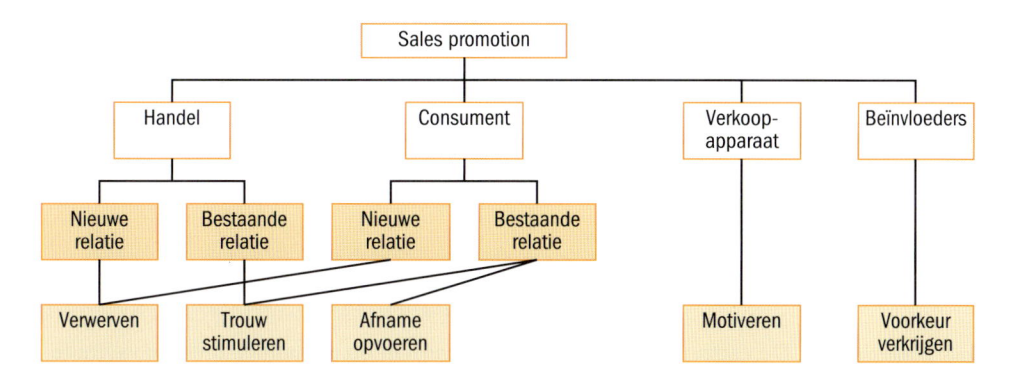

```
                           Sales promotion
        ┌──────────────┬──────────┴──────┬──────────────┐
      Handel        Consument        Verkoop-       Beïnvloeders
                                     apparaat
      ┌───┴───┐      ┌───┴───┐
    Nieuwe Bestaande Nieuwe Bestaande
    relatie relatie  relatie relatie

   Verwerven  Trouw   Afname         Motiveren    Voorkeur
              stimuleren opvoeren                 verkrijgen
```

Naast de promoties met breedtewerking of met dieptewerking onderscheiden we nog directe promoties en indirecte promoties. Directe promoties zijn promoties waarbij het voordeel direct bij de koop (aankoop) wordt behaald. Voorbeelden zijn een prijskorting ('drie halen, twee betalen') en een premium.
Indirecte promoties zijn promoties waarbij het voordeel pas ná de aankoop wordt behaald. Voorbeelden zijn spaarzegels en AirMiles. Een dergelijk systeem werkt over het algemeen op lange termijn en wordt gehanteerd om dieptewerking te verkrijgen. Langlopende spaarsystemen leiden meestal niet of nauwelijks tot breedtewerking.

Directe promoties en indirecte promoties

Sales promotion door de detaillist
De doelstellingen van sales promotion door de detaillist zijn het aantrekken van nieuwe klanten, winkeltrouw creëren en het opvoeren van de bestedingen in de winkel. De detailhandel beschikt over meer mogelijkheden om deze doelstellingen te realiseren dan de fabrikant. In de winkel zelf (in store-activiteiten) kunnen speciale aanbiedingen bekendgemaakt worden via displays of met een geluidsinstallatie. Het doel van dit soort activiteiten is vooral het opvoeren van de bestedingen in de winkel. Regelmatige aanbiedingen kunnen echter ook de winkeltrouw bevorderen. Etalages kunnen bij het aantrekken van nieuwe klanten soms een rol spelen.

In store-activiteiten

Activiteiten buiten de winkel (out store-activiteiten), zoals het verspreiden van huis-aan-huisbladen, folders, actiereclame en een eigen orgaan of sponsored magazine (het eerdergenoemde AllerHande van Albert Heijn) kunnen eveneens zorgen voor nieuwe klanten en het behouden van het bestaande klantenbestand.

Out store-activiteiten

Tailor made promotions zijn handelspromoties die specifiek op een bepaalde detaillist zijn afgestemd. Dit komt vooral voor in de levensmiddelenbranche. Zo kan een fabrikant of leverancier bijvoorbeeld samen met Albert Heijn een promotie ontwikkelen die alleen bestemd is voor de filialen van dit grootwinkelbedrijf (en dus ook alleen voor hun klanten).

Tailor made promotions

Joint promotions

Naast tailor made promotions zijn er ook joint promotions. Deze worden ook wel combinatiepromoties genoemd. Daarbij gaat het om sales promotion activiteiten die gezamenlijk uitgevoerd worden door twee of meer fabrikanten.

Dit soort promotions zijn alleen maar zinvol als beide partners zich op dezelfde doelgroep richten. Zo kan een fabrikant van frisdranken iets doen met een aanbieder van cd's en een fabrikant van koffie iets met een exploitant van een bungalowpark.

Goededoel-promotions

In de jaren tachtig en negentig van de vorige eeuw nam maatschappelijke betrokkenheid van mensen toe. Fabrikanten haakten daarop in door aan hun promotionele actie een donatie aan een goed doel te koppelen. Denk maar aan Blue Band dat het World Food Programme van de Verenigde Naties ondersteunt.

Doelgroepen van sales promotion

Bij sales promotion kunnen we vier doelgroepen onderscheiden:

1 *De handel*

Trade promotions

De verkoopbevorderende acties gericht op de handel noemen we trade promotions (handelsacties). Deze hebben een tweeledig doel:
- Het verkrijgen van breedte- en dieptewerking. Dit 'volstouwen van de pipe-line' (selling in) past vooral in een pushstrategie.
- Het verhogen van de activiteit van de handel naar de consument toe (selling out). Een producent kan bijvoorbeeld een extra beloning geven voor het vergroten van de schapruimte voor zijn merk.

Selling in

Selling out

2 *De consument*

Consumer promotions

De verkoopbevorderende acties gericht op de consument noemen we consumer promotions (consumentenacties). Deze acties worden meestal samen met het winkelbedrijf gevoerd en afgestemd op de wensen van de winkelbedrijven. Het zijn dus zogenoemde tailor made-acties.

3 *Het verkoopapparaat*

Sales force promotions

Activiteiten gericht op de verkoopstaf ofwel de sales force promotions, hebben als doel het verkoopapparaat te motiveren en te activeren. Dit gebeurt door extra beloningen, die kunnen bestaan uit geldelijke beloningen of uit beloningen in natura. In het laatste geval wordt dikwijls een wedstrijdelement ingebouwd, waarbij duurzame consumptiegoederen of buitenlandse reizen zijn te verdienen. We spreken ook wel van incentive, letterlijk: prikkel of stimulans. Er zijn diverse bedrijven die zich gespecialiseerd hebben in het aanbieden van incentive-mogelijkheden.

4 *De beïnvloeders*

Professional promotions

Door het geven van relatiegeschenken kunnen personen binnen of buiten de onderneming die invloed kunnen uitoefenen op aankopen of op de keuze van leveranciers, worden bewerkt. De doelgroep voor promotions bestaat dan dus niet uit de beslissers, maar uit de beïnvloeders. Deze groep is bij industriële koopprocessen van groot belang. Echter ook bij moeilijk te beoordelen diensten die consumenten gebruiken, spelen (professionele) beïnvloeders een rol (artsen, tandartsen). Deze vorm van promotions noemen we ook wel professional promotions.

24.3 Sales promotion-technieken

Een sales promotion kan ofwel direct aan de prijs gekoppeld worden (en producten dus goedkoper maken), of waarde toevoegen aan het product (dus de 'value for money' verbeteren). Daarnaast kan sales promotion een kans inhouden, zoals het meedoen aan een prijsvraag. Binnen deze drie mogelijkheden om voordeel te behalen, bestaat een groot aantal promotietechnieken.

Promotions met voordeel in geld

Er zijn verschillende promotietechnieken waarbij het gaat om het verkrijgen van een geldelijk voordeel. We spreken ook wel van geldpromoties. Daartoe kunnen gerekend worden:

- *De prijskorting.* Dit is een van de oudste en bekendste promotietechnieken, waarbij tijdelijk de verkoopprijs in de winkel wordt verlaagd, bijvoorbeeld: 'Vicks Blue keelpastille van €1,25 voor €1,05 per zakje'.
- *De proefverpakking* (sample). Hierbij wordt een product in een al of niet kleine verpakking (bijna) voor niets aangeboden, teneinde de probeeraankopen te bevorderen. Wanneer het gaat om gratis verstrekken via huis-aan-huisverspreiding, uitdelen in winkelcentra enzovoort van verpakkingen, spreken we van monsterverspreiding of sampling (bijvoorbeeld van een nieuw soort waspoeder).
- *De geld-terugactie* (cash refund-actie). De geld-terugactie is eigenlijk een normale kortingsactie met dien verstande, dat de consument eerst de normale winkelprijs betaalt en later de korting op zijn bankrekening ontvangt. Daartoe dient hij natuurlijk wel een aankoopbewijs in te sturen. Soms wordt zelfs het volledige aankoopbedrag teruggestort.
- De *couponkorting*. Hierbij ontvangt de consument een coupon of waardebon, die bij aankoop van het product in de winkel recht geeft op een bepaalde korting. Dit soort coupons kunnen huis aan huis verspreid worden of in een winkelstraat worden uitgedeeld. Ook is het mogelijk dat ze deel uitmaken van een advertentie of op de verpakking van een ander product zijn aangebracht.

Geldpromoties

Prijskorting

Proefverpakking

Geld-terugactie

Couponkorting

Promotions met voordeel in goederen

Evenals bij de geldpromoties, zijn ook verschillende soorten goederenpromoties ontwikkeld. De belangrijkste daarvan zijn:

- *Premiums.* Bij het product wordt een cadeautje van geringe waarde verstrekt, bijvoorbeeld een gratis bierglas bij aankoop van een krat bier. Vroeger werden deze weggevertjes vaak door de winkelier bij het afrekenen aan de kassa overhandigd. Tegenwoordig kunnen ze in het schap bij het product liggen (*near pack*), aan het product zelf bevestigd (*on pack*) zijn of meeverpakt zijn in het product (*in pack*).
- *Product plus-promotie.* Hierbij gaat het om een prijskorting zonder de prijs van het product te verlagen. Alleen de inhoud van de verpakking wordt tijdelijk meer, waarbij tijdens de actie de normale prijs wordt gehanteerd. Bijvoorbeeld: de inhoud van de normale verpakking van De Ruyter Chocoladevlokken Melk wordt tijdelijk met 15% vergroot. Tot deze soort promotions worden ook de 'drie halen, twee betalen'-acties gerekend.

Goederenpromoties

Premiums

Product plus-promotie

Een van de langstlopende spaarsystemen is dat van koffieproducent Douwe Egberts

Free mail-actie
- De *free mail-actie*. Bij deze actie wordt aan de consument (vrijwel) gratis een artikel aangeboden, waarvoor hij alleen maar een aankoopbewijs hoeft in te sturen. Hij ontvangt dan zonder verdere kosten het geschenk thuis. Bijvoorbeeld door zes streepjescodes van Buitoni melbatoast in te sturen, krijgt hij gratis een voorraadbus thuisgestuurd.

Clubpromotie
- De *clubpromotie*. Hierbij worden consumenten in de gelegenheid gesteld lid te worden van een club, waarvan de leden allerlei voordelen krijgen aangeboden. Meestal krijgen zij een clubpasje. De Nespresso Club en Pampers Village zijn hier voorbeelden van.

Self liquidating premium
- Het *self liquidating premium*. Bij aankoop van een bepaald product wordt een artikel met bijbetaling aangeboden. Deze bijbetaling is in principe kostendekkend voor de inkoop, de handling en de verzending van het premium. Bijvoorbeeld: 'Bij aankoop van twee potten jam nu een unieke verzilverde jamlepel voor slechts €4,50 met uw naam erin gegraveerd'.

Spaaracties/ zegelsystemen
- *Spaaracties/zegelsystemen*. In tegenstelling tot de vorige promotievorm, zijn spaaracties langlopend (langer dan een jaar). De consument verzamelt aankoopbewijzen in de vorm van punten, zegels of merkjes met als doel, al of niet met bijbetaling, te sparen voor een artikel of contant geld. Bekend voorbeeld hiervan zijn de koffiepunten van Douwe Egberts. Een moderne variant op de traditionele spaaracties zijn AirMiles.

Promotions met voordeel in kansen

Tot deze promotietechniek worden gerekend:

Prijsvragen en wedstrijden
- *Prijsvragen en wedstrijden*. Hierbij gaat het om actievormen waarbij de deelnemers kunnen meedingen naar een vooraf vastgesteld prijzenpakket. Het uitsluitend oplossen van een rebus is niet toegestaan, omdat er wettelijk sprake moet zijn van een jureerbare prestatie. Door de deelnemer daarnaast bijvoorbeeld een slagzin of limerick te laten afmaken, kan hij de wettelijk vereiste overwegende invloed uitoefenen. Een voorbeeld is de wedstrijd die Coca-Cola organiseerde met als hoofdprijs een gezinstrip naar Disneyland bij Parijs. De deelnemers dienden naast het insturen van een streepjescode een slagzin af te maken.

- *Sweepstakes.* In tegenstelling tot de meeste andere promotietechnieken is bij sweepstakes geen sprake van een aankoopverplichting. Het zijn loterijen waarbij de winnende nummers vooraf door een notaris zijn vastgesteld. Het wordt steeds moeilijker deze promotietechniek toe te passen als gevolg van verschillende rechtbankuitspraken. De Wet op de kansspelen verbiedt namelijk gelegenheid te geven om mee te dingen naar prijzen en premies, wanneer de aanwijzing van de winnaars plaatsvindt door enige kansbepaling waarop de deelnemers in het algemeen geen overwegende invloed kunnen uitoefenen.

Sweepstakes

24.4 Wettelijke regelingen

Bij het hanteren van sales promotion-technieken worden we geconfronteerd met wettelijke beperkingen, die zijn opgenomen in de Wet op de kansspelen. De Wet op de kansspelen is ingesteld om de speelzucht tegen te gaan. In Nederland zijn commerciële loterijen in principe verboden. Voor een loterij voor een goed doel zoals charitatieve instellingen, een algemeen belang of een winkeliersvereniging, is toestemming nodig van het ministerie van Justitie of de Kamer van Koophandel. Prijsvragen en wedstrijden zijn in principe wel toegestaan, mits er aan drie voorwaarden wordt voldaan:

Wet op de kansspelen

1. De deelnemers moeten invloed kunnen uitoefenen op de uitslag door een bepaalde prestatie te leveren.
2. De prestatie van de deelnemers moet jureerbaar zijn. Een wedstrijd waarbij de prestatie bestaat uit een slagzin, het schrijven van een verhaal of het maken van een foto, is in principe toegestaan.
3. De prijs mag niet meer dan €2.300 waard zijn, daarboven moet een vergunning worden aangevraagd. Als deelname aan de wedstrijd of prijsvraag gekoppeld is aan een aankoopverplichting, mag de prijs alleen uit een dienst of een geldbedrag bestaan.

Eisen te stellen aan prijsvragen en wedstrijden

24.5 Sponsoring

Er worden twee belangrijke vormen van sponsoring onderscheiden, namelijk sportsponsoring en kunstsponsoring. Daarnaast bestaan er nog enkele specifieke vormen van sponsoring, zoals het sponsored magazine, het sponsored program en bijvoorbeeld sponsoring door de farmaceutische industrie.

Het sponsored magazine is een meestal gratis verspreid tijdschrift dat door een organisatie of bedrijf wordt uitgegeven, waarbij de titel niet aangeeft wie de uitgever is. Bij de inhoud wordt dit wel duidelijk, maar niet alle artikelen hebben betrekking op dit bedrijf. Voorbeelden zijn *AllerHande* van Albert Heijn en *Spoor* van de NS.

Sponsored magazine

Een sponsored program is een radio- of televisieprogramma dat geheel of gedeeltelijk is bekostigd en/of gemaakt of gekocht door sponsoring. Vrijwel elk programmatype leent zich hiervoor, zoals sportuitzendingen, het weerbericht, een documentaire. Op de commerciële zenders komen we steeds vaker programma's tegen die speciaal ten behoeve van de sponsors zijn geproduceerd. Voorbeelden zijn programma's over klussen of tuinieren, zoals Eigen Huis & Tuin (Praxis) en.Benelux en Next Top Model (C2A). De naam van de sponsor wordt bij de aftitelingg vermeld.

Sponsored program

Voor de publieke omroep geldt in principe een sponsorverbod. Alleen culturele programma's en verslagen van sportevenementen en evenementen ten behoeve van ideële doeleinden mogen worden gesponsord. Deze programma's mogen niet worden gesponsord als zij geheel of gedeeltelijk bestaan uit nieuws, actualiteiten of politieke informatie, of als zij bestemd zijn voor minderjarigen beneden de leeftijd van twaalf jaar.

Sportsponsoring

De definitie van sportsponsoring, opgesteld door de Vereniging van Sportsponsoring Nederland (VSN) en de Nederlandse Sport Federatie (NSF) luidt als volgt:

Definitie sportsponsoring

> Sportsponsoring is een overeenkomst waarbij de ene partij (de sponsor) een op geld waardeerbare prestatie levert, waartegen de andere partij (de gesponsorde) communicatiemogelijkheden verschaft voortvloeiende uit haar sportbeoefening, welke overeenkomst is gericht op de bevordering van de sportbeoefening.

Via massamedia hoopt de sponsor gratis publiciteit te verwerven. Sportsponsoring kent echter enkele beperkingen, namelijk:

Beperkingen van sportsponsoring

- In het algemeen is er geen boodschap over te brengen en beperkt de communicatie zich tot het vergroten van de naamsbekendheid.
- De media zijn nauwelijks beheersbaar. Sportsponsors weten vooraf niet wanneer, hoe frequent en hoelang ze in de media verschijnen.
- Door de sport is de aandacht afgeleid. Er bestaat daardoor geen inzicht in het doordringende vermogen.
- Negatieve resultaten of het slechte optreden van de supporters kunnen/kan een negatieve uitstraling tot gevolg hebben.
- De overheid kan maatregelen nemen om zich te verzetten tegen sluikreclame.

Geconstateerd kan worden dat de belangstelling voor sportsponsoring groeiende is. Aanvankelijk waren vooral ondernemingen geïnteresseerd in sportsponsoring die producten op de markt brachten, die geassocieerd werden met sport, zoals fabrikanten van sportkleding, -schoenen of -dranken. Tegenwoordig zijn allerlei bedrijven actief op dit gebied. Dit wordt mede veroorzaakt door de toename van de mogelijkheden, zoals shirtreclame. Denk bijvoorbeeld aan de Rabobank.

Shirtreclame

Reclameborden

De reclameborden op sportvelden nemen een tussenpositie in. Soms is het echte sponsoring en komen de gelden ten goede aan de sportclub, maar vaak ook is de opbrengst bestemd voor de eigenaar van het sportveld, die geheel losstaat van de club.

Sponsoren van evenementen

Een bijzondere vorm van sportsponsoring is het *sponsoren* van een gehele tak van sport of een evenement, zoals ING (Nederlands voetbalelftal), Rabobank (Nederlandse hockeyelftallen), KLM (Dutch Open golftoernooi). Vooral het sponsoren van evenementen komt steeds meer in de belangstelling. De sponsoring van de Champions League-wedstrijden door een aantal grote bedrijven, waaronder Heineken, is hiervan een voorbeeld.

Kunstsponsoring

Wanneer het woord sport in de definitie vervangen wordt door kunst, is zij ook bruikbaar voor sponsoring van kunst. In vergelijking met sportsponsoring vallen wel enkele zaken op:

- Negatieve uitstraling komt bij kunstsponsoring nauwelijks voor.
- Door kunstsponsoring wordt niet massaal gecommuniceerd.
- Bij kunstsponsoring is het effect op het merk minder duidelijk, doordat de ondernemingsidentiteit onderwerp van communicatie is.

Vergelijking tussen sport- en kunstsponsoring

De belangstelling voor kunstsponsoring neemt ook toe. Ondernemingen voelen zich meer betrokken bij maatschappelijke ontwikkelingen. Zo is in Italië de belangstelling van het bedrijfsleven voor sponsoring bij restauraties van monumenten zeer groot. De Italianen raken er meer en meer van overtuigd dat in het verleden grote kunstwerken niet tot stand zouden zijn gekomen zonder giften en de bedrijven voelen zich verplicht een deel van de winst aan kunst te besteden. Het gevoel bestaat dat het sponsoren van kunst bij het publiek zeer sympathiek overkomt.

24.6 Public relations

Tot slot besteden wij in dit hoofdstuk kort aandacht aan public relations (pr) als subinstrument van de communicatiemix. Het NIMA definieert public relations als volgt:

> Het stelselmatig bevorderen van wederzijds begrip tussen een organisatie en haar publieksgroepen (doelgroepen).

Definitie public relations

Het gaat om het stelselmatig bevorderen. Hierbij wordt gebruikgemaakt van een public relations-plan, waarin de publieksgroep waarop de pr-campagne is gericht, de doelstellingen en de strategie met betrekking tot pr worden omschreven.

Publieksgroepen

Onder een publieksgroep verstaan we een categorie personen of een bepaalde groep uit het publiek in de ruimste zin waarvan de organisatie voor haar functioneren afhankelijk is. Met elke publieksgroep zal een organisatie veelal op een andere manier communiceren. De wijze waarop dat gebeurt zal naar vorm en inhoud in overeenstemming moeten zijn met de mogelijkheden en verwachtingen van de publieksgroep. Een onderneming of organisatie kent een groot aantal publieksgroepen. Daarbij kan een onderscheid gemaakt worden tussen interne en externe publieksgroepen.

Tot de interne publieksgroep kunnen gerekend worden het eigen personeel, hun gezinsleden, de gepensioneerden en degenen die gebruik hebben gemaakt van een vut-regeling. Gaat het om een vereniging, stichting of maatschappelijke organisatie, dan behoren ook het bestuur en de leden (contribuanten, bedrijfsleven, donateurs enzovoort) tot de interne publieksgroep. Gaat het om een onderneming, dan kunnen bovendien de commissarissen als interne groep worden aangemerkt, evenals de aandeelhouders, ondanks het feit dat het bij grote ondernemingen om duizenden personen kan gaan.

Interne publieksgroep

De externe publieksgroepen verschillen onderling sterk van elkaar. Dat betreft verschillen in informatiebehoefte, kennis- en acceptatieniveau, oordeelsvorming, belang van de organisatie, plaats in de samenleving enzovoort.

Externe publieksgroepen

Voorbeelden van externe publieksgroepen zijn verenigingen van werkgevers en werknemers, banken, brancheorganisaties, afnemers en leveranciers, omwonenden, de overheid (zowel het Rijk, de provincie als de gemeente), de pers (vakbladen, lokale, regionale en landelijke dagbladen enzovoort), onderwijsinstellingen en collega-bedrijven of organisaties. Een specifiek onderdeel wordt gevormd door de community relations, die is gericht op lokale publieksgroepen, zoals gemeente, omwonenden, lokaal onderwijs, plaatselijke verenigingen en instellingen. Voor pr kunnen diverse communicatie-instrumenten worden ingezet. Typische instrumenten voor pr zijn: persbijeenkomsten, persberichten, speeches, seminars, jaarverslagen, donaties, sponsoring, publicaties, community relations, lobbyen, identity media, huisblad, evenementen, productrecalls en dergelijke.

Identity media zijn alle visuele media die een organisatie kan gebruiken om snelle herkenning door het publiek te bewerkstelligen. Voorbeelden zijn het logo van de organisatie, de brochures en andere publicaties, gebouwen (architectuur, gevels; denk aan McDonald's), visitekaartjes en kledingvoorschriften voor het eigen personeel.

Vormen van public relations
Er zijn duidelijk twee verschillende vormen van public relations te onderscheiden: corporate en marketing public relations.

Corporate public relations

Corporate public relations

Bij corporate public relations gaat het om de bescherming van de onderneming tegen kritiek, door het kweken van begrip of respect voor de organisatie. Het doel hiervan is het imago van de onderneming te verbeteren.
Daarbij kan onderscheid gemaakt worden tussen het door de onderneming gewenste beeld (corporate identity) en het werkelijke beeld (corporate imago). Een belangrijke factor hierbij is de publieke opinie. Belangrijke instrumenten voor corporate-pr zijn free publicity / gratis publiciteit of nietbetaalde mediacommunicatie, huisorganen, (personeels)advertenties, lobbying, persconferenties enzovoort.

● www.unilever.nl

Unilever ziet dat duurzaamheid bijdraagt aan groei

Merken met een missie
Unilever is nu vier jaar op weg met haar ambitieuze en uitgebreide Sustainable Living Plan en meldt dat het Plan een steeds grotere en positieve impact heeft op haar activiteiten in termen van groei, kostenefficiëntie en veerkracht. In een tijd waarin steeds meer bedrijven het hebben over 'merken met een missie', heeft Unilever meer definitie en meetbaarheid gegeven aan wat zij 'merken gericht op duurzaam leven' noemt – oftewel merken die bijdragen aan een of meer doelen uit Unilevers Sustainable Living Plan en die duurzaam leven hebben geïntegreerd in hun doelstelling.

Veel van Unilevers merken die op het gebied van duurzaam leven het voortouw hebben genomen, zoals Dove, Lifebuoy, Ben & Jerry's en Comfort, realiseren meer dan gemiddelde groei, met hoge enkel- en dubbelcijferige verkopen de afgelopen drie jaar.

Deze bevindingen werden gedeeld met duurzaamheidsexperts van NGO's, de overheid, de academische wereld en bedrijven die op 5 mei bijeen waren in het hoofdkantoor van Unilever in Londen om van gedachten te wisselen over de voortgang na vier jaar Unilever Sustainable Living Plan.

Paul Polman, CEO van Unilever: "In een onstabiele wereld met toenemende sociale ongelijkheid, een groeiende bevolking, uitdagingen op ontwikkelingsgebied, en een veranderend klimaat is het overduidelijk dat bedrijven zich moeten aanpassen; ook de voordelen en de kansen zijn duidelijk. Als we willen blijven groeien, is een transformationele aanpak nodig binnen de totale waardeketen. Consumenten zien dat ook en zij eisen meer en meer dat bedrijven en merken hun verantwoordelijkheid nemen. Het is onze ervaring dat merken die met hun missie en producten inspelen op die eis – 'merken gericht op duurzaam leven' – sterker en sneller groeien. Die merken waren goed voor de helft van onze groei in 2014 en zij groeiden tweemaal zo snel als de rest van ons bedrijf."

Veelbelovende voortgang
Binnen onze toeleveringsketen is de voortgang veelbelovend. Meer dan 55% van Unilevers landbouwgrondstoffen wordt nu duurzaam ingekocht, wat het risico op leveringsproblemen verkleint. Daarmee zijn we over de helft van onze doelstelling van 100% tegen 2020. Het doel om binnen ons totale fabrieksnetwerk geen niet-gevaarlijk afval meer naar de vuilstort te brengen hebben we behaald en we hebben zowel de CO_2-uitstoot uit energie als ons waterverbruik aanzienlijk verlaagd – met respectievelijk 37% en 32% per ton productie sinds 2008.

25 mei 2015

Marketing public relations
Marketing public relations is een vorm van public relations die erop gericht is de marketinginspanningen te ondersteunen en alle communicatieaspecten ervan te binden en te versterken. Geïntegreerde communicatie brengt met zich dat we vele media en middelen vanuit één centrale gedachte en thematiek willen sturen. In de praktijk valt dat niet mee, omdat er een natuurlijke neiging bestaat bij de verschillende disciplines om de middelen tot doel te verheffen. Zo zal het reclamebureau direct aan een themacampagne in de klassieke media denken, terwijl de sales promotion-adviseur de doelstelling vertaalt in een verkoopbevorderingsactie van korte termijn en het direct-marketingbureau onmiddellijk zal denken aan een gefaseerd plan om de doelgroep via actie- en reactiestappen met product en boodschap te confronteren. Marketing-pr is echter niet aan klassieke media of middelen gebonden. Zij laat juist de samenhang tussen alle inspanningen zien door de essentie van een merk of onderneming op originele wijze tot leven te brengen. Marketing-pr kan zo een integrerende rol spelen bij het vormgeven van het communicatiebeleid.

Marketing public relations

> ● www.effie.nl
>
> ## Biologische soep
>
> Biologisch heeft nog altijd te kampen met het negatieve imago 'te' bewust, 'te' ontoegankelijk en 'te' geitenwollenachtig.
> Tegelijk weet 33 procent van de Nederlanders niet hoe groente groeit! Zet dan maar eens een biologische soep in de markt. 'Eerlijk is heerlijk' luidt de pay-off. En eerlijk is eerlijk, Unox heeft Nederland aan de biologische soep gekregen door het beladen begrip biologisch luchtiger en toegankelijker te maken.

24.7 Communicatie geïntegreerd

Zoals ook uit de vorige hoofdstukken al is gebleken, gebruikt een onderneming verschillende media om met allerlei mensen te communiceren. Het is belangrijk dat de verschillende manieren waarop in verschillende media gecommuniceerd wordt, op elkaar zijn afgestemd. Een onderneming is een geheel en moet voor iedereen eenzelfde duidelijke identiteit uitstralen. De onderlinge afstemming van alle communicatie-uitingen van een organisatie noemen we geïntegreerde communicatie. De integratie kan plaatsvinden tussen corporate en marketingcommunicatie, tussen de marketingcommunicatie-instrumenten onderling en binnen een marketingcommunicatie-instrument (mediaplanning). De onderlinge afstemming heeft overigens niet alleen betrekking op de communicatie-uitingen, maar ook op de verschillende doelgroepen waarmee de onderneming communiceert. In figuur 24.2 is in een schema samengevat met welke doelgroepen een onderneming communiceert.

Geïntegreerde communicatie

FIGUUR 24.2 Communicatiedoelgroepen van de onderneming

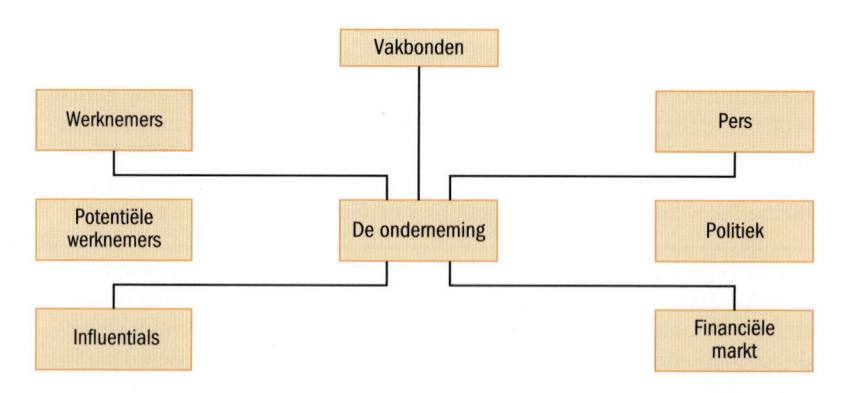

```
                    ┌──────────────┐
                    │  Vakbonden   │
                    └──────┬───────┘
  ┌──────────────┐         │         ┌──────────────┐
  │  Werknemers  │─────────┤─────────│     Pers     │
  └──────────────┘         │         └──────────────┘
  ┌──────────────┐  ┌──────┴───────┐ ┌──────────────┐
  │  Potentiële  │──│De onderneming│─│   Politiek   │
  │  werknemers  │  └──────┬───────┘ └──────────────┘
  └──────────────┘         │         ┌──────────────┐
  ┌──────────────┐         │         │  Financiële  │
  │  Influentials│─────────┘─────────│    markt     │
  └──────────────┘                   └──────────────┘
```

Het besef dat de communicatie met alle doelgroepen belangrijk is en professioneel moet worden benaderd, is sterk groeiende. Een onderneming is namelijk niet alleen afhankelijk van de afnemers in directe zin, maar ook van de populariteit op de arbeidsmarkt of van het beeld dat de massamedia van de onderneming hebben. De diverse doelgroepen moeten verschillend benaderd worden. Iemand die bij een bedrijf wil gaan werken, vindt andere dingen belangrijk dan de klant die in de winkel overweegt een product van dat bedrijf te kopen. Toch is er één wezenlijk punt dat in de communicatie naar alle doelgroepen vooropstaat: de identiteit van de onderneming. Om welke doelgroep het ook gaat, er is een algemeen beeld van de onderneming dat gedeeld wordt met leden van andere doelgroepen. Daarnaast is er een specifiek beeld van de onderneming rond de rol die de betreffende persoon op dat moment speelt en de doelgoep waarvan deze persoon deel uitmaakt.

VOORBEELD
Iemand overweegt bij Philips te gaan werken. Hij denkt na over de arbeidsvoorwaarden (specifiek beeld), maar de waarneming daarvan wordt gekleurd, doordat hij Philips een innovatief bedrijf vindt, dat volop in beweging is (algemeen beeld). Een consument overweegt allerlei alternatieve merken cd-spelers. Hij kiest voor Philips, omdat de vormgeving en de kenmerken van het apparaat hem aanspreken, maar het imago van Philips als innovatieve onderneming die de cd-speler heeft uitgevonden, geeft uiteindelijk de doorslag. Een grote investeerder overweegt Philips-aandelen te kopen, omdat hij het gevoel heeft dat de koers geen juiste reflectie is van de waarde van Philips als innovatief bedrijf.

Uit dit voorbeeld blijkt, dat mensen weliswaar kunnen verschillen op specifieke punten in hun reactie op een onderneming, maar dat ze een essentiële algemene houding gemeenschappelijk hebben. Die gemeenschappelijke houding is alleen positief, duidelijk en eenduidig bij iedereen, als ze in alle communicatie terugkomt en versterkt wordt. Dus zowel in de corporate campagne als in het persoonlijk verkoopgesprek, zowel in een direct-mail-campagne als in het sociaal jaarverslag, zowel bij een excursie van een Tweede Kamercommissie als in de prospectus van een beursemissie. De afstemming van media en middelen is daarvoor essentieel, evenals de consensus over de gewenste identiteit bij iedereen binnen en buiten de onderneming die met doelgroepen communiceert. Om die reden gaan aan externe communicatie vaak interne communicatieprogramma's vooraf. Eerst alle neuzen in dezelfde richting en daarna pas in de media naar buiten treden.

Samenvatting

- *Sales promotion* is een tijdelijke verbetering van de prijs-waardeverhouding van het aanbod, met als doel het vergroten van de omzet op korte termijn. Gericht op de conatieve component van de attitude.
- We onderscheiden *trade promotions, sales force promotions* en *consumer promotions*.
- De prijs-waardeverhouding kan worden verbeterd door de prijs te verlagen dan wel de waarde te verhogen;
  - verbetering prijs: *korting, cash-refund, couponkorting*
  - verbetering waarde: *product-plus, sampling, premium, selfl liquidating premium, waardepunten, spaarsysteem.*

- *Commotie*: evenementen, clubpromotie, prijsvragen, wedstrijden en sweepstakes.
- Loterijen, prijsvragen en wedstrijden zijn onderworpen aan de *Wet op de kansspelen*. Drie voorwaarden: deelnemers moeten invloed kunnen uitoefenen op de uitslag (prestatie), prestatie moet jureerbaar zijn, waarde van de prijs is aan een maximum gebonden.
- Onderscheid tussen *promoties met horizontale werking en promoties met verticale werking* (ook genoemd: *breedtewerking* respectievelijk *dieptewerking*).
- Daarnaast is er ook onderscheid tussen *directe* en *indirecte promoties*.
- Promoties waarbij aanbieders samenwerken, heten *joint promotions*.
- Bij *trade promotions* onderscheid tussen *selling in* en *selling out*.
- *Selling in* is gericht op zo groot mogelijke verkoop aan de handel (in de breedte en in de diepte).
- *Selling out*: bijvoorbeeld het aanbieden van displays, posters, schapstroken, demonstraties, sampling enzovoort (*in store-activiteiten*).
- Bij *sales force promotions* wordt vaak gebruikgemaakt van *incentives*.
- *Sponsoring*: een partij biedt geld en dergelijke. De andere partij biedt communicatiemogelijkheden in ruime zin.
- Veelvoorkomend: *sportsponsoring*, *kunstsponsoring* en *sponsoring van evenementen*.
- Via sportsponsoring hoopt de sponsor op (positieve) *free publicity*.
- *Public relations* is het stelselmatig bevorderen van wederzijds begrip tussen een organisatie en haar publieksgroepen (doelgroepen). Die publieksgroepen kunnen *intern* en *extern* zijn.
- Onderscheid tussen *corporate-pr* en *marketing-pr*.
- Belangrijke instrumenten van (corporate-)pr: persbijeenkomsten, persberichten, speeches, seminars, jaarverslagen, donaties, sponsoring, publicaties, community relations, lobbyen, identity media, huisblad, evenementen, productrecalls enzovoort.
- *Identity media* zijn alle visuele media die een organisatie kan gebruiken om snelle herkenning door het publiek te bewerkstelligen. Voorbeelden: het logo van de organisatie, de brochures en andere publicaties, gebouwen (architectuur, gevels), visitekaartjes en kledingsvoorschriften voor het eigen personeel.
- Bij *marketing public relations* zijn de inspanningen erop gericht de marketinginspanningen te ondersteunen en positieve publiciteit te krijgen in de media.

motivates
purchased
customer's
face
directory
opinion
database
service
list
web
conducted
phone
associations
manner
customers
political
buy
via
solicit
process
home
associated
purchase
spam
telesales
done
determine
UK
past
brand
prospective
particular
pitches
information
telephone
programmed
history
entry
involve
customer
acceptance
companies
method
business
identified
competition
public
techniques
intended
electronic
recorded
appointment
determine
Names
services
dialing
marketing
scheduled
automatic
case
products
series
sales
obtained
make
consumer
solicits
market
order
broadcasting
company's
Charitable
salesperson
satisfaction
applied
limit
frequently
product
alumni
messages
polls
effective
receivers
requests
calls
call
likely
means
organization
previous
subsequent
final
application
client's
direct
forms

25
Direct marketing

25.1 Wat is direct marketing?
25.2 Ontstaan en ontwikkeling van direct marketing
25.3 Vormen van direct marketing
25.4 Adressenbeheer
25.5 Wettelijke regelingen en zelfregulering
25.6 Financiële analyse

Soms kiest een ondernemer voor een marketingstrategie waarbij hij rechtstreeks in contact treedt met de afnemers. Daarbij schakelt hij dus de tussenhandel en de massamedia uit.
De distributie en de communicatie verlopen dan rechtstreeks. In zo'n direct marketingstrategie speelt communicatie een zeer voorname rol. De aanbieder komt in direct contact met de consument via media met responsemogelijkheid. Bij direct marketing is geen sprake van eenrichtingscommunicatie. De eindverbruiker reageert namelijk op de boodschap van de aanbieder door bijvoorbeeld een bestelling te plaatsen of (nadere) informatie aan te vragen. Direct marketing wordt daarom ook wel direct response marketing genoemd. In paragraaf 25.1 gaan we in op de vraag wat onder direct marketing wordt verstaan en in paragraaf 25.2 geven we een schets van het ontstaan en de ontwikkeling ervan. De verschillende vormen van direct marketing komen in paragraaf 25.3 aan de orde. Omdat adressen bij direct marketing in het algemeen een belangrijke rol spelen, schenken we daaraan in paragraaf 25.4 aandacht. Vervolgens komen in paragraaf 25.5 de belangrijkste juridische aspecten aan de orde en gaan we in paragraaf 25.6 in op de vraag hoe men het al dan niet succesvol zijn van een direct-marketingactie kan berekenen.

25.1 Wat is direct marketing?

Er bestaat nog steeds veel verwarring over de naamgeving en de inhoud van het begrip direct marketing, veelal afgekort tot DM. Met betrekking tot de naamgeving komen we naast direct marketing bijvoorbeeld ook de volgende begrippen tegen:

Dialoogmarketing
- *Dialoogmarketing*. Hierbij ligt de nadruk op het interactieve aspect van deze vorm van marketing. De DDMA (Dutch Dialogue Marketing Association) gebruikt deze term om haar activiteitengebied aan te duiden.

Interactieve marketing
- *Interactieve marketing*. Hierbij wordt ook benadrukt dat interactie tussen aanbieder en afnemer essentieel is. Het gebruik van multimedia – interactieve informatiezuilen, internet – speelt hierbij een grote rol.

Databasemarketing
- *Databasemarketing*. Hierbij gaat het om marketing die gebaseerd is op computertechnologie, waardoor een directe interactie met de gegevensverzameling mogelijk is voor het verrichten van analyses en het bewerken van marketinggegevens, teneinde meer inzicht te verkrijgen in het marketingproces en het te voeren marketingbeleid, dat uiteindelijk moet leiden tot een directe, gerichte marketingcommunicatie. De DDMA, de branchevereniging van direct marketeers, spreekt over data driven marketing.

Maximarketing
- *Maximarketing*. Deze term wordt gehanteerd voor een combinatie van direct marketing en traditionele marketing, gericht op het maximaliseren van de marketinginspanningen. Zo kan een catalogus als functie het genereren van directe verkopen hebben, maar ook dienen om klanten naar de winkel te trekken. Dit is het geval wanneer niet alleen van directe verkoop, maar ook van 'traditionele' winkels gebruikgemaakt wordt.

Actiemarketing
- *Actiemarketing*. Hierbij is sprake van een integratie van direct marketing en sales promotion, bijvoorbeeld het verstrekken van een eenmalige korting aan trouwe klanten.

Een van de eerste en algemeen geaccepteerde definities van direct marketing is die van de Amerikaanse Direct Marketing Association (DMA), die stelt: 'Direct marketing is an interactive system of marketing which uses one or more advertising media to effect a measurable response and/or transaction at any location.'

Centrale begrippen van directe marketing
Uitgaande van deze definitie kan direct marketing door de volgende vier centrale begrippen worden gekarakteriseerd:
- *Interactie*, omdat er sprake is van tweerichtingscommunicatie tussen aanbieder en (potentiële) afnemer, ofwel aanbieder en afnemer kunnen beiden met elkaar in contact treden.
- *Meetbaar*, omdat de response en vaak ook de non-response gemeten kan worden.
- *Response*, waarbij de (potentiële) afnemer de mogelijkheid wordt geboden te reageren (schriftelijk, telefonisch, via e-mail of persoonlijk).
- *Op elke willekeurige plaats*, omdat zowel communicatie als levering daar kan plaatsvinden waar toegang bestaat tot communicatiemedia, zoals de telefoon, de post, internet of een interactief kabelnetwerk.

Hieraan dient nog een belangrijk element van direct marketing te worden toegevoegd, namelijk het tot stand brengen van een structurele, dat wil zeggen, duurzame, directe relatie tussen een aanbieder en zijn afnemers, waarbij de aanbieder activiteiten van de traditionele tussenhandel overneemt.
In verband met het tot stand brengen van een duurzame relatie met de afnemer wordt tegenwoordig vaak gesproken van relatiemarketing). Dit is een

Relatiemarketing

vorm van marketing, gericht op het opbouwen, onderhouden en commercialiseren van relaties, zodanig dat de doelstellingen van beide partijen worden gerealiseerd. De doelstelling van relatiemarketing komt overeen met die van direct marketing. Direct marketing geeft daarbij ook nog het instrumentarium om de doelstellingen te realiseren. Het grootste voordeel van direct marketing is de flexibiliteit uit het oogpunt van het rechtstreeks en gepersonaliseerd inspelen op de behoeften en de wensen van de markt. Voor ons doel kunnen we direct marketing nu als volgt nader definiëren:

> Direct marketing is een vorm van marketing die is gericht op het verkrijgen en onderhouden van directe relaties tussen een aanbieder en de afnemers, waarbij de marketingactiviteiten gebaseerd zijn op kennis van de individuele (potentiële) klanten en de inzet van de marketinginstrumenten afgestemd kan worden op de individuele afnemer.

Definitie direct marketing

Joop Roomer geeft het volgende overzicht (tabel 25.1) van de overeenkomsten en verschillen tussen 'klassieke' marketing en direct marketing.

TABEL 25.1 Klassieke marketing versus direct marketing

Marketing	Direct marketing
marktgericht	marktsegmentgericht
markten	klantenbestanden
massacommunicatie	massale, individuele communicatie
one way communication	two way communication
passieve communicatie	interactieve communicatie
monoloog	dialoog
lange verbindingslijnen	korte verbindingslijnen
massamedia	rechtstreekse media
advertising	direct response advertising
moeilijk beheersbare reclamekosten	controleerbare reclamekosten
hoge verkoopkosten	lagere verkoopkosten
indirecte distributie	directe distributie
indirecte verkoop	directe verkoop

Bron: J. Roomer, 'Het direct marketing concept: een poging tot verklaring', adformatie, Bijlage Direct Marketing, 27 april 1989

De laatste jaren zijn we in de marketing steeds meer overtuigd geraakt van het belang van een goede relatie met de afnemers. Een klant houden is immers veel gemakkelijker dan een nieuwe klant verwerven. Direct marketing speelt hierbij vaak een centrale rol.

Tegenwoordig zijn dm-strategieën (via mail, telefoon, internet en direct response) een essentieel hulpmiddel voor bedrijven om klanten te benaderen, te informeren en te behouden, maar ook om klantgerichte diensten te leveren. De ontwikkeling van verfijnde databestanden, telemarketing en e-marketing heeft ervoor gezorgd dat direct marketing als marketingstrategie steeds populairder werd en heeft geleid tot sterke investeringen daarin. Zowel in de business- als in de consumentenmarkt wordt zo getracht een langdurige relatie met de klant op te bouwen.

Direct marketing ook thematisch gericht

Direct marketing is niet alleen actiegericht, maar kan ook thematisch gebruikt worden, bijvoorbeeld om kennis over te dragen of attitudes bij de doelgroep te veranderen. Het is eigenlijk een systeem dat tracht de voordelen van massacommunicatie en persoonlijke verkoop te combineren. Massacommunicatie is relatief goedkoop (lage kosten per duizend) en heeft een betrekkelijk geringe impact op de doelgroep. Persoonlijke verkoop heeft vaak een zeer grote impact, maar wordt daarentegen ook gekenmerkt door zeer hoge kosten per klant. Direct marketing wil daar net tussenin zitten: een persoonlijke benadering tegen relatief lage kosten.

25.2 Ontstaan en ontwikkeling van direct marketing

Direct marketing is in de negentiende eeuw ontstaan toen fabrikanten luxegoederen rechtstreeks aan de consumenten gingen aanbieden. Daarmee was de postorderverkoop een feit geworden. Montgomery Ward, die in 1872 met zijn postorderactiviteiten startte, wordt gezien als de pionier van de postorderverkoop. Hij voorzag in de Verenigde Staten in een belangrijke behoefte, door potentiële kopers in de gelegenheid te stellen thuis te kopen, zonder daarvoor vaak zeer grote afstanden af te hoeven leggen. In ons land kwam pas na de Tweede Wereldoorlog het postorderbedrijf goed van de grond. In 1952 plaatste Herman Wehkamp een advertentie met coupon, die de geschiedenis in zou gaan als de eerste Nederlandse postorderadvertentie. Nu wordt postorderverkoop toegepast door profit- en non-profitorganisaties en zowel door bedrijven die consumptiegoederen verkopen als door bedrijven die industriële producten vervaardigen.

Natuurlijk zijn er producten en diensten die meer dan andere in aanmerking komen voor organisaties die direct marketing toepassen. Er zijn altijd producten die daarvoor minder geschikt zijn. Beperkingen worden veelal opgelegd door breekbaarheid en bederfelijkheid. Voor producten als geneesmiddelen of producten die demonstraties vereisen, is direct marketing minder geschikt.

25.3 Vormen van direct marketing

Er kan op verschillende manieren gebruik worden gemaakt van direct-marketingcommunicatie.

Peter Leeflang onderscheidt zes vormen van direct marketing, namelijk:
- met overwegend gebruik van massamedia zoals couponadvertenties
- per post, e-mail, telex of telefax en verkoop per brief
- met behulp van telefonische verkoop
- met behulp van persoonlijke verkoop aan finale afnemers via bijvoorbeeld colportage, vertegenwoordigers, demonstraties
- met behulp van interactieve apparatuur ook wel teleshopping genoemd, waarbij gebruikgemaakt wordt van interactieve kabeltelevisie
- met behulp van combinaties van media zoals couponadvertenties of een verkoopbrief laten volgen door telefonisch contact en daarna eventueel de persoonlijke verkoop.

Rechtstreekse reclame

De reclame-uiting en het medium zijn vaak twee afzonderlijke zaken. Doorgaans betaalt de adverteerder de mediumexploitant voor het gebruik van het medium. Het is echter ook mogelijk dat de reclame-uiting en het medium samenvallen, dus één onlosmakelijk geheel vormen. Bij verkoopbrieven, folders en brochures is dat bijvoorbeeld het geval. We spreken dan van rechtstreekse reclame.

> Rechtstreekse reclame omvat alle reclame-uitingen die rechtstreeks aan de doelgroep worden gericht, zoals geadresseerde en ongeadresseerde brievenbusreclame, commerciële boodschappen via de telefoon en andere interactieve media.

Definitie rechtstreekse reclame

Het voordeel van rechtstreekse reclame is, dat de adverteerder zaken als de uitvoering van zijn uiting, de oplage en het verschijningstijdstip zelf kan bepalen. Ook hoeft hij geen rekening te houden met het 'Umfeld' (redactie en eventuele andere adverteerders), waarin zijn boodschap verschijnt. Naar de wijze van verspreiding kunnen we bij rechtstreekse reclame onderscheid maken tussen direct mail en direct non-mail. Ook direct advertising en direct response advertising vallen onder rechtstreekse reclame. Deze begrippen worden hierna toegelicht en tevens wordt ingegaan op *direct response advertising en telemarketing.*

Umfeld

Direct mail
Direct mail is alle op naam gestelde rechtstreekse reclame die voor het merendeel per post verspreid wordt. We spreken daarom ook wel van postreclame. Dit betekent overigens niet dat deze reclame alleen via PostNL wordt verspreid. PostNL spreekt bij direct mail niet voor niets van 'de geadresseerde rechtstreekse boodschap die door de brievenbus wordt ontvangen'. Het centrale kenmerk van direct mail is het feit dat de boodschap geadresseerd moet zijn, ongeacht de organisatie die voor de bezorging ervan zorg draagt.

Postreclame

> Direct mail is een op naam gestelde, geschreven commerciële boodschap, die via een vervoersbedrijf bij de geadresseerde wordt bezorgd. Het omvat bijvoorbeeld een envelop, een brief, toelichtingsmateriaal, een responsedrager, een stuffer en een antwoordenvelop.

Definitie direct mail

Een stuffer is een extra bijsluiter, naast een brief, antwoordkaart, folder en antwoordenvelop.

Ten opzichte van andere media heeft direct mail de volgende voordelen:
- Er wordt een direct contact gelegd met de prospect, de potentiële klant.
- Men kan de gehele doelgroep via één medium bereiken.
- De boodschap kan binnen die doelgroep op een deelgroep worden afgestemd.
- Men kan relatief veel informatie verstrekken.
- De resultaten zijn aan de hand van de response direct te meten.

Voordelen direct mail

Direct non-mail
Hieronder wordt alle ongeadresseerde rechtstreekse reclame verstaan. Daarbij kunnen we denken aan het huis-aan-huis verspreiden van folders, het onder ruitenwissers achterlaten van een eenvoudig vouwblad, hand-outs op een beurs of een ander evenement enzovoort. De verspreiding van direct non-mail kan zowel plaatsvinden door een postbedrijf als door gespecialiseerde verspreidingsorganisaties. Daarbij kan de verspreiding zowel huis-aan-huis gebeuren als geselecteerd, door bijvoorbeeld alleen te verspreiden in bepaalde wijken, straten, steden of regio's.

Definitie direct non-mail

Direct non-mail is een vorm van direct advertising, ongeadresseerd verzonden brievenbusreclame met een directe schriftelijke, telefonische of elektronische responsemogelijkheid.

Brievenbusreclame

Direct mail en huis aan huis verspreide direct non-mail worden ook wel aangeduid met de term brievenbusreclame (zie figuur 25.1).

Direct advertising

Bij direct advertising is sprake van communicatie-uitingen waarbij geen gebruik wordt gemaakt van een medium dat door een derde wordt geëxploiteerd.

Een voorbeeld van geadresseerde direct advertising is direct mail en een voorbeeld van ongeadresseerde direct advertising is het huis aan huis verspreiden van communicatie-uitingen. Andere voorbeelden zijn de al genoemde hand-outs (zoals folders) op beurzen, reclameactiviteiten op de verpakking van een product, brochures in winkelstandaards en de flyer onder de ruitenwisser.

FIGUUR 25.1 De verschillende vormen van brievenbusreclame

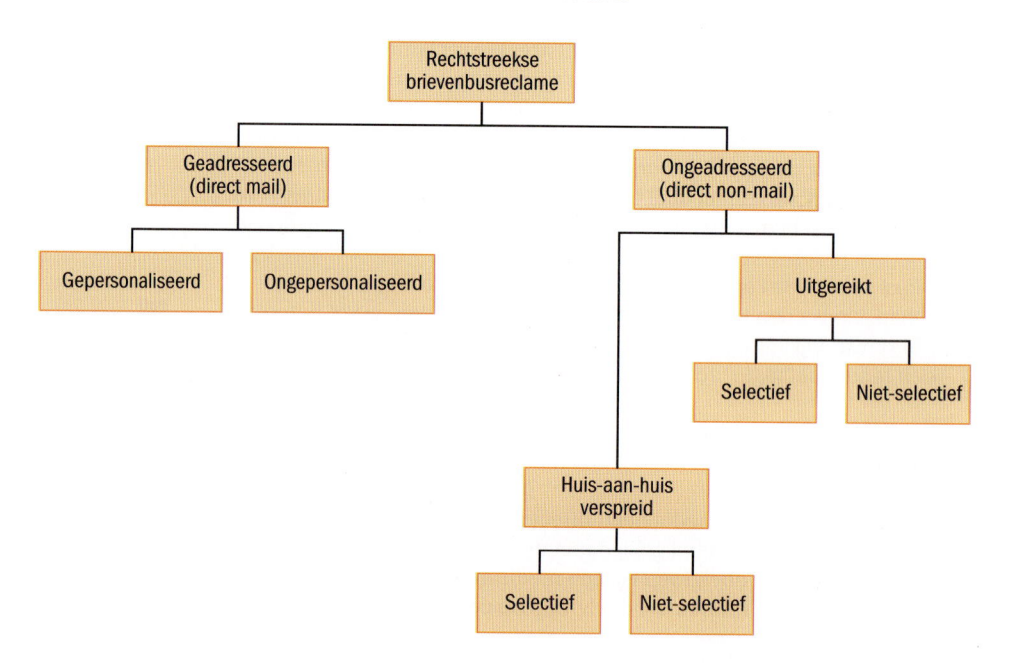

```
                    Rechtstreekse
                    brievenbusreclame
                    /              \
          Geadresseerd          Ongeadresseerd
          (direct mail)         (direct non-mail)
          /        \                  |
Gepersonaliseerd  Ongepersonaliseerd  Uitgereikt
                                      /        \
                                Selectief   Niet-selectief
                                      
                              Huis-aan-huis
                              verspreid
                              /          \
                         Selectief    Niet-selectief
```

Direct response advertising

Direct response advertising is reclame waarbij om een directe schriftelijke, elektronische of telefonische reactie van de ontvanger wordt gevraagd. Zo kan de doelgroep bijvoorbeeld opgebeld worden nadat zij een tv-commercial heeft gezien waarin een telefoonnummer werd getoond.

Direct response commercial

In het laatste geval spreken we van een direct response commercial. Dit is een commercial met een direct meetbaar en gedragsbeïnvloedend element. De kijker wordt erin opgeroepen direct te reageren door een bepaald (gratis)

servicenummer te bellen. Die reactie kan betrekking hebben op een informatieaanvraag of een bestelling. Wanneer de televisie gebruikt wordt voor direct-marketingcommunicatie, noemen we dat direct response television. Wanneer de radio hiervoor wordt gebruikt, noemen we dat direct response radio.

Telemarketing
Telemarketing is eigenlijk een misleidend begrip. We kunnen beter spreken van *telefonische communicatie* of van *direct-marketingcommunicatie per telefoon*. Een benadering van de klant per telefoon is persoonlijker dan een schriftelijke benadering, maar geeft geen mogelijkheden om afbeeldingen van het product te tonen. In sommige gevallen kan een telefonische benadering door de opgebelde als een 'overval' gezien worden. Een telefonische benadering wordt daarom vaak in combinatie met een mailing of een vertegenwoordigersbezoek gebruikt. Eigenlijk staat deze benadering per telefoon tussen de schriftelijke direct-marketingcommunicatie en persoonlijke verkoop in.

In het *NIMA Marketing Lexicon* wordt gesteld dat het begrip telemarketing ten onrechte gezien wordt als een vorm van marketing:

> Bij telemarketing gaat het om het systematisch gebruiken van de telefoon als marketingcommunicatie-instrument.

Definitie telemarketing

De telefoon wordt in de marketing op allerlei manieren gebruikt: als verkoopinstrument en voor marktonderzoek, maar ook als ondersteunend medium bij andere vormen van marketingcommunicatie, bijvoorbeeld bij het oplossen van klachten en het tevreden houden van klanten in de aftersalesfase. Een ander voorbeeld is het van tevoren per telefoon aankondigen van een mailing, om zodoende de attentiewaarde en daarmee de respons te vergroten. De telefoon is een snel en effectief medium.

● www.nuon.nl

Ik wil geen lastige telefoontjes meer

U wilt geen lastige telefoontjes waarin men u aanbiedingen doet?
Dat kan. De Stichting Infofilter heeft vanaf 1 oktober 2009 een Bel-me-niet Register.

Wat is het Bel-me-niet Register?
Het Bel-me-niet Register is een lijst met namen en telefoonnummers.
Dit wordt het blokkaderegister genoemd. Organisaties en bedrijven zijn verplicht deze lijst te bekijken. Ze zien in de lijst welke mensen niet gebeld willen worden voor aanbiedingen.

Hoe kom ik in het Bel-me-niet Register?
U kunt zichzelf makkelijk aanmelden via de website www.bel-me-niet.nl.
Wilt u dat bepaalde organisaties of bedrijven u wél bellen? U wilt bijvoorbeeld wel gebeld worden voor een goed doel? Dan kunt u dat ook aangeven in het Bel-me-niet Register. Bedrijven waar u al klant van bent, kunnen u nog steeds bellen.

Bij telemarketing kan een onderscheid gemaakt worden tussen binnenkomend telefoonverkeer (inbound, ook wel aangeduid als passieve telemarketing) en uitgaand telefoonverkeer (outbound, ook wel actieve telemarketing genoemd).

Voice-responsesysteem

In het geval van binnenkomend telefoonverkeer kan ook gebruikgemaakt worden van een zogenoemd voice-responsesysteem. Dit is een computersysteem dat met digitaal opgeslagen menselijke boodschappen ofwel computersimulatie mondeling antwoord geeft op vragen over een bepaald onderwerp. Door voice-responsesystemen kunnen bijvoorbeeld ook bestellingen worden doorgegeven. Een van de eerste gebruikers van dit soort systemen was postorderbedrijf Wehkamp.

Callcenter

In het kader van de opvang van binnenkomend telefoonverkeer speelt ook het callcenter een voorname rol. Een callcenter is een combinatie van een telefooncentrale en computerfaciliteiten. Het biedt mogelijkheden voor een optimale capaciteitsbenutting door binnenkomende telefoongesprekken door te sturen naar de telefonist(e) die op dat moment niet in gesprek is.

Gesprekken die via een centraal telefoonnummer binnenkomen kunnen naar de juiste persoon worden doorgeschakeld, die dan ook meteen op zijn computerscherm de relevante gegevens beschikbaar heeft.

Electronic commerce

Niemand kan er meer omheen: e-commerce, de populaire benaming van electronic commerce, beïnvloedt het denken van marketeers. Dit nieuwe communicatiemedium en distributiekanaal is ontstaan vanuit de combinatie van drie al wat langer bestaande disciplines, namelijk: direct marketing, internettoepassing en informatietechnologie.

Aan electronic commerce besteden we uitgebreid aandacht in hoofdstuk 26.

Niveaus van direct marketing

Direct marketing kan op twee niveaus worden toegepast, namelijk: als essentie van de marketingstrategie (strategische direct marketing) en als hulpmiddel voor de marketingstrategie (tactische direct marketing).

Strategische direct marketing
Sommige organisaties bouwen hun volledige beleid rondom de mogelijkheden van direct marketing. Dit betekent dat het distributiekanaal wordt uitgeschakeld en alle functies daarvan worden vervuld door de verschillende dm-methoden en -technieken. Voorbeelden zijn organisaties zoals Centraal Beheer Achmea (verzekeringen), LOI (schriftelijk onderwijs) en Readers' Digest (uitgeverij).

De wijze waarop de producten (goederen of diensten) worden gedistribueerd en gecommuniceerd, is bij strategische dm de essentie van de marketingstrategie en daarmee van het concurrentiële voordeel. Dergelijke organisaties doen gewoon op een andere manier zaken dan gangbaar is in hun branche en kunnen daardoor aanzienlijke marktaandelen veroveren. Gaat het om diensten, dan richt dit type organisaties zich tot het marktsegment dat 'doe-het-zelven' niet schuwt en de voorkeur geeft aan een relatief laag prijsniveau.

Tactische direct marketing
Veelal wordt direct marketing door organisaties slechts als onderdeel van het marketingbeleid gehanteerd, bijvoorbeeld in het kader van een reclamecampagne. De distributie vindt bijvoorbeeld indirect plaats, maar er worden couponadvertenties geplaatst om de vraag te ondersteunen.

25.4 Adressenbeheer

Een direct marketingbeleid staat of valt met de aanwezigheid van een goed en geautomatiseerd adressenbestand (database). Met een goed adressenbestand bedoelen we niet alleen dat een bestand goed moet zijn qua afstemming op het bereik in de doelgroep, maar ook dat elk afzonderlijk adres correct moet zijn. De kwaliteit van het bestand is daarbij nog belangrijker dan de kwantiteit.

Adressenbestand

Er zijn drie mogelijkheden om een goed adressenbestand te verkrijgen:
- *Door het zelf opbouwen van een bestand.* Het zelf opbouwen van een adressenbestand kan bijvoorbeeld op basis van het huidige klantenbestand plaatsvinden. Voor een uitbreiding van dit bestand met potentiële klanten kunnen gegevens worden opgenomen van mensen die al eerder informatie hebben aangevraagd of die de desbetreffende aanbieder op een beurs bezocht hebben.
- *Door het huren of kopen van een bestand.* Er bestaan verschillende leveranciers van adressen, zoals Cendris (onderdeel van PostNL), de Schober Groep en de Kamers van Koophandel. Deze beschikken over adressenbestanden onderverdeeld in branchegroepen en adviseren bedrijven bij het aanleggen en verbeteren van eigen bestanden. In veel gevallen zijn er selecties van deze bestanden mogelijk. Er kunnen bijvoorbeeld selecties gemaakt worden naar omzetgrootte, naar aantal werknemers of naar een geografisch gebied. Vaak gaat het hierbij om bedrijfsgerichte bestanden.
- *Door het inschakelen van een listbroker.* Een listbroker is een onafhankelijk persoon wiens voornaamste taak het is contacten te leggen tussen de potentiële gebruikers en de eigenaren van adresbestanden. Hij is intermediair tussen de verhuurder en de huurder van adressen. Doorgaans heeft de listbroker een exclusieve overeenkomst gesloten met een aantal lijsteigenaren dat hun adressenbestand aan derden ter beschikking stelt. Meestal gaat het om consumentgerichte adressen.

Listbroker

Met een gegevensbestand kunnen we op relatief eenvoudige wijze inzicht verkrijgen in de verzamelde gegevens en vragen beantwoorden als:
- Welke prospects zouden geïnteresseerd kunnen zijn?
- Wanneer is een product aan vervanging toe?
- Hoeveel response heeft een mailing opgeleverd?
- Wie zijn mijn trouwe klanten?

Bij de analyse van het klantenbestand wordt dit bestand soms opgedeeld in de vorm van een *klantenpiramide*. Dit is een indeling van de afnemers in een aantal categorieën aan de hand van bijvoorbeeld de duur van de relatie, de omzet per tijdseenheid en de afzet per tijdseenheid. In zo'n piramide zouden bijvoorbeeld de volgende groepen kunnen worden onderscheiden: kleine klanten, middelgrote klanten, grote klanten. Binnen zo'n piramide kunnen we bijvoorbeeld proberen geselecteerde individuele klanten naar een hogere categorie te laten 'promoveren'. Direct marketing speelt hierbij een sleutelrol.

Klantenpiramide

> • Ondernemingsdatabank.indicator.be
>
> ## 2012: maak een klantenanalyse
>
> Het begin van het jaar is een prima tijd om een omzetanalyse van uw klanten te maken. Tips om dit aan te pakken en uw aanpak voor 2012 te verduidelijken.
>
> **Analyseer verschillende producten per klant.** Start met klanten onder te brengen in groepen met dezelfde kenmerken, bv. sector of regio. Zet vervolgens per klantengroep de omzet per product op een rijtje. Blijven sommige producten bij sommige sectoren in omzet achter? Dan zitten daar waarschijnlijk groeimogelijkheden.
>
> **Maak een klantenpiramide.** Een aantal jaren geleden ontwikkelde marketingexpert Jay Curry een klantenpiramide op winstbasis. Bovenaan komt 1% van de topklanten met de meeste winst. Gevolgd door respectievelijk: 4% grote klanten, 15% medium klanten, 80% kleine klanten, passieve klanten (die momenteel niets afnemen), prospects en suspects. Stel uzelf dan de volgende vragen:
> - Hoe afhankelijk bent u van de 1% grote klanten? Is dit risicovol? Hoe kunt u risico's beperken?
> - Kunt u – en zo ja hoe? – meer verkopen bij de top en bij grote klanten?
> - Wat gaat u doen om van suspects prospects te maken en om van prospects klanten te maken? Hoe maakt u van kleine klanten grote klanten en hoe behoudt u bestaande klanten?
>
> **Maak een ABC-analyse.** Heeft u niet meteen winstcijfers ter beschikking? Dan kan een ABC-omzetanalyse ook werken. Door drie omzetgrenzen te bepalen (kleiner dan, tussen A en B en groter dan) deelt u uw klanten in. Onze rekentool helpt u daarbij.
>
> **Bepaal de trend.** Zet uw jaaromzetten (in euro's) of afzetten (in stuks) op een rij en bepaal de trend. Dat kan met een zogenaamde lineaire trendlijn of op basis van een voortschrijdend gemiddelde. Met dat laatste corrigeert u sterke pieken en dalen in de omzet. U kunt dit ook per product en/of per klant doen. Ook hiervoor is er een rekentool beschikbaar.
>
> Met omzetanalyses bent u beter in staat om uw strategie en plannen voor 2012 te bepalen. Zowel per klant als per product en in totaliteit.
>
> 23 januari 2012

25.5 Wettelijke regelingen en zelfregulering

Bij grote groepen consumenten bestaat er angst voor misbruik van adressenbestanden. Door de Wet bescherming persoonsgegevens (Wbp) zijn deze bestanden dan ook onderworpen aan privacybescherming. Bovendien is er door de direct mailers – in de vorm van zelfregulering – een aantal maatregelen genomen waarbij strenge eisen worden gesteld aan de inhoud van databestanden. Consumenten moeten de gegevens altijd kunnen inzien en kunnen desgewenst hun naam uit een bestand laten verwijderen.

Voordat de wetgever door regelgeving de privacy van de klanten van direct-marketingorganisaties beschermde, was de direct-marketingbranche zelf al toe overgegaan zogenoemde zelfregulerende codes op te stellen.
De DDMA heeft verschillende codes en reglementen opgesteld, waarin rekening wordt gehouden met belangen van consumenten. Voorbeelden hiervan zijn de DDMA-codes voor privacy, e-mail, listbroking, telemarketing, verspreiding van ongeadresseerd drukwerk en streetmarketing.

Zelfregulerende codes

Wet bescherming persoonsgegevens (Wbp)
In het kader van direct marketing is van overheidswege vooral de Wet bescherming persoonsgegevens (Wbp) van belang. In de wet staat de verwerking van persoonsgegevens centraal. Daaronder wordt verstaan: 'Elke handeling of elk geheel van handelingen met betrekking tot persoonsgegevens, waaronder in ieder geval het verzamelen, vastleggen, ordenen, bewaren, bijwerken, wijzigen, opvragen, raadplegen, gebruiken, verstrekken door doorzending, verspreiding of enige andere vorm van terbeschikkingstelling, samenbrengen, met elkaar in verband brengen, alsmede het afschermen, uitwissen of vernietigen van gegevens.'

Verwerking van persoonsgegevens

Gegevensverwerking is volgens de wet geoorloofd wanneer de verantwoordelijke (dat is degene die verantwoordelijk is voor het vaststellen van het doel van de registratie) vooraf voldoet aan één of meer van de volgende eisen:
- De gegevensverwerking gebeurt met ondubbelzinnige toestemming van de betrokkene.
- De gegevensverwerking is noodzakelijk voor de uitvoering van een overeenkomst waarbij de betrokkene partij is.
- De gegevensverwerking is noodzakelijk om een wettelijke verplichting na te komen waaraan de verantwoordelijke onderworpen is.
- De gegevensverwerking is noodzakelijk voor de behartiging van het gerechtvaardigde belang van de verantwoordelijke of van een derde aan wie de gegevens worden verstrekt, tenzij het belang of de fundamentele rechten en vrijheden van de betrokkene (waaronder het recht op bescherming van de persoonlijke levenssfeer) prevaleren.

Wanneer voldaan is aan één of meer van deze eisen, dan dient het bedrijf zich te houden aan enkele aanvullende voorwaarden. Zo moeten de persoonsgegevens op behoorlijke en zorgvuldige wijze worden verwerkt, moet het gerechtvaardigde doel van de registratie goed en duidelijk worden omschreven en dienen passende technische en organisatorische maatregelen te worden genomen om de gegevens te beschermen tegen verlies of onrechtmatige verwerking.

Bepaalde gegevens mogen, behoudens uitzonderingen, niet worden verwerkt. Het gaat dan om gegevens die betrekking hebben op iemands godsdienst of levensovertuiging, ras, politieke gezindte, gezondheid, seksuele leven of lidmaatschap van een vakbond. Ook strafrechtelijke persoonsgegevens mogen door particulieren niet worden verwerkt. Al dit soort gegevens noemen we ook wel gevoelige gegevens.

Gevoelige gegevens

Overigens moet de registratie gemeld worden bij de *Registratiekamer* of bij een speciale functionaris die binnen de eigen organisatie belast is met taken op het gebied van de bescherming van de privacy. Niet elke persoonsregistratie hoeft afzonderlijk gemeld te worden. Wanneer sprake is van meerdere registraties voor hetzelfde doel of van diverse samenhangende doelen, kan volstaan worden met één melding.

Recht van verzet

Onder de Wbp geldt het recht van de betrokkene om te weten of van hem gegevens worden verwerkt. Is dat het geval, dan kan de betrokkene inlichtingen vragen over het doel van de registratie, de soort gegevens die worden verwerkt, de ontvangers van de informatie en de herkomst van de gegevens. Als de gegevens niet juist zijn, kan de betrokkene verbetering van de gegevens eisen. De betrokkene kan ook verzet aantekenen tegen bepaalde verwerkingen. Dit is onvoorwaardelijk van toepassing op direct-marketing-organisaties of fundraisers: zodra de betrokkene verzet aantekent, dienen dergelijke bedrijven de verwerking van de gegevens direct te beëindigen.

25.6 Financiële analyse

Een van de voordelen van direct marketing is, dat het zich goed leent voor een kosten-batenanalyse. Is het bij niet-direct-marketingtechnieken veelal moeilijk om een directe relatie te leggen tussen baten en lasten, bij direct marketing is dat veel beter mogelijk.

Soorten dm-kosten

Er kan onderscheid gemaakt worden tussen productkosten, fulfilmentkosten, communicatiekosten en overheadkosten. De productkosten bestaan uit de kosten van de productie. De zogenoemde fulfilmentkosten bestaan uit enerzijds de kosten van de fysieke distributie en anderzijds de kosten van de responseverwerking. De communicatiekosten zijn alle kosten die betrekking hebben op het verkrijgen en het gebruik van adresbestanden. Tot slot omvatten de *overheadkosten* de eventueel niet toe te rekenen kosten, waaronder de kosten van gebouwen en personeel. Deze worden door een verdeelsleutel alsnog toegewezen.

Bij de analyse van het succes van een direct-marketingactiviteit kan onderscheid gemaakt worden tussen response, redemptie en conversie.

Response en redemptie

Response is in dit verband het aantal reacties op een dm-actie, veelal uitgedrukt in een percentage van bijvoorbeeld het totale aantal verzonden mailings. *Redemptie* is het aantal coupons, meestal uitgedrukt in procenten van het aantal uitgezette coupons, dat wordt ingediend bij de aanbieder.

Conversie

Onder *conversie* verstaan we het uiteindelijke aantal gerealiseerde verkopen of het omzetten van een bepaalde response in werkelijke orders, bijvoorbeeld de omzetting van informatieaanvragen in bestellingen. In dit verband wordt ook wel gesproken over de conversieverhouding, ofwel de verhouding tussen het aantal gerealiseerde opdrachten of bestellingen en de responses, zoals aanvragen van informatie en verzoeken om een vertegenwoordigersbezoek.

Customer life time value

Bij de financiële analyse kan ook de customer life time value een belangrijke rol spelen. Dit is de netto contante waarde van een toekomstige stroom van bijdragen aan overhead en winst die wordt verwacht van een afnemer gedurende de totale periode van de relatie met die afnemer. Het is dus het geheel van toekomstige opbrengsten die een onderneming verkrijgt van een gemiddelde klant, teruggerekend naar nu. Het zal duidelijk zijn dat deze opbrengsten in sterke mate bepaald worden door de klantentrouw die de onderneming weet te realiseren.

De customer life time value wordt vooral gebruikt bij besluitvorming over het werven en reactiveren van afnemers. Daarbij trachten we na te gaan in hoeverre investeringen in (nieuwe) klanten rendabel zijn. De customer life time value kan bijvoorbeeld bij direct marketing worden gehanteerd in een break-evenanalyse van voorgenomen DM-activiteiten.

Samenvatting

- Hoofdkenmerken van *direct marketing* (dm): interactief, meetbaar, er is response, gestreefd wordt naar een duurzame relatie tussen aanbieder en afnemers en voor zover mogelijk wordt de inzet van de marketinginstrumenten afgestemd op de individuele afnemer.
- DM kan worden gezien als een poging de voordelen van massacommunicatie en persoonlijke verkoop te combineren.
- Meestal is direct marketing *actiegericht*, maar dm kan ook *thematisch* gebruikt worden.
- Vormen (instrumenten) van direct marketing: via massamedia, post en *telemarketing*.
- Als reclame-uiting en medium samenvallen, spreken we van rechtstreekse reclame (ook wel *directe reclame* genoemd). Daaronder vallen bijvoorbeeld direct mail, direct non-mail en telemarketing.
- Binnen direct marketing neemt *e-commerce* een steeds belangrijkere plaats in.
- Direct marketing kan op twee niveaus plaatsvinden: *strategisch* en *operationeel/tactisch*.
- Adressenbestanden kunnen we op drie manieren verkrijgen: zelf een bestand opbouwen, een bestand huren of kopen, inschakelen van een *listbroker*.
- Bij de analyse van het klantenbestand wordt dit bestand soms opgedeeld in de vorm van een *klantenpiramide*.
- De verwerking van persoonsgegevens is geregeld in de *Wet bescherming persoonsgegevens* (Wbp).
- Een dergelijke verwerking is slechts geoorloofd als aan verschillende eisen wordt voldaan. Bepaalde gegevens mogen niet worden verwerkt. Registratie moet veelal worden gemeld bij de *Registratiekamer*.
- Betrokkenen (geregistreerden) hebben bepaalde rechten.
- Bij een dm-actie kunnen de resultaten onder andere worden gemeten aan de hand van *response, redemptie* en *conversie*.
- De *conversieverhouding* is de conversie gedeeld door de responses, zoals het aanvragen van informatie.
- Bij de financiële analyse van dm-acties speelt ook de (verwachte) *Customer life time value* een rol.

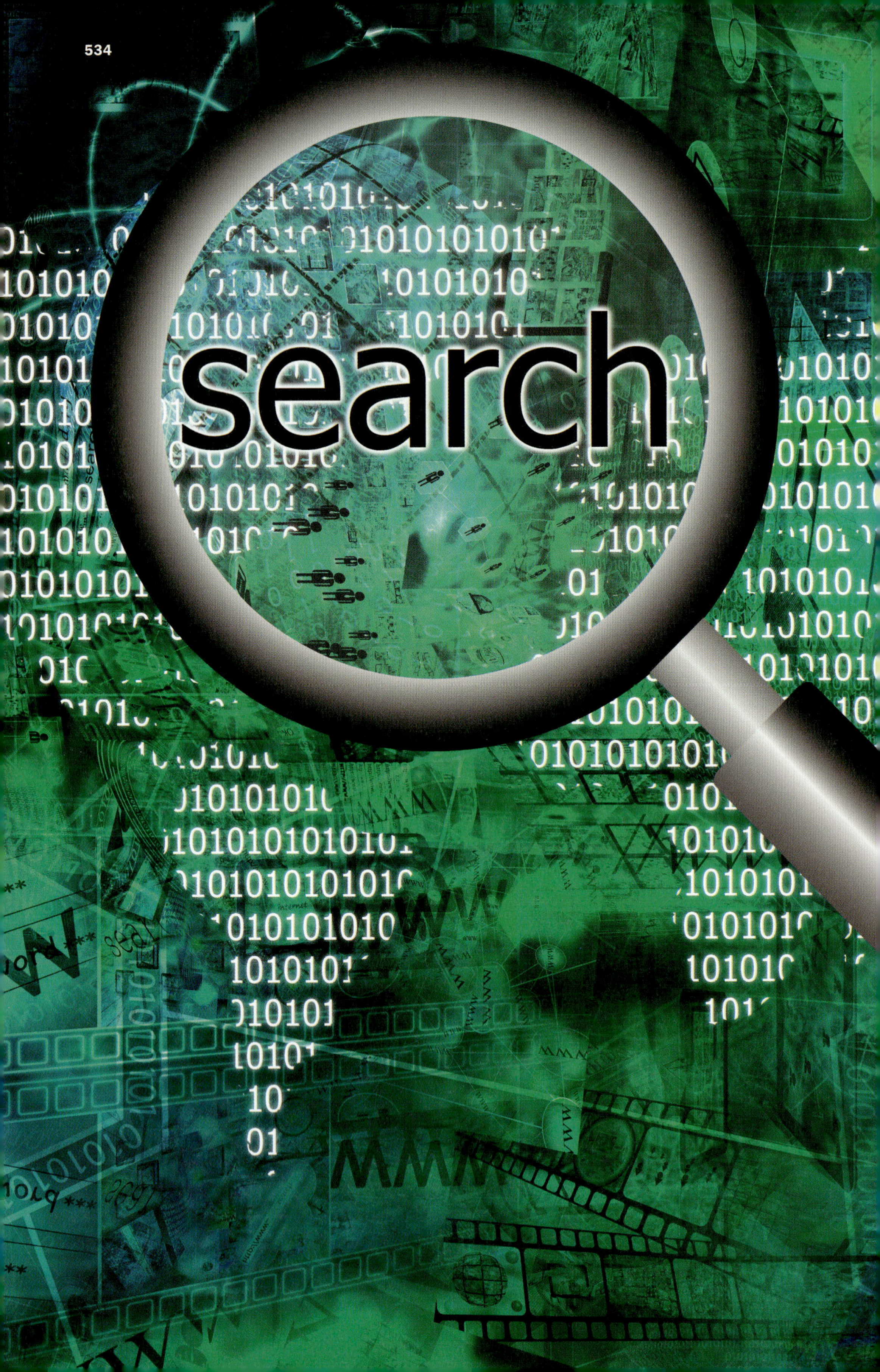
search

26
Internetmanagement

26.1 **De nieuwe economie**
26.2 **E-business**
26.3 **E-marketing**
26.4 **E-commerce**

In dit hoofdstuk staat marketing via het internet centraal. In paragraaf 26.1 wordt de opkomst van de nieuwe economie beschreven. De opmars van het gebruik van internet voor commerciële activiteiten is niet te stuiten. Het kopen en verkopen via het internet vraagt een duidelijke strategie en aanpak. In paragraaf 26.2 staan we vooral hierbij stil. We behandelen dan e-business. Rekening houdend met de verschillende fasen van e-business, ontwikkelen we met het back to basics-model een e-businessstrategie.
In paragraaf 26.3 behandelen we e-marketing. Dit is het toepassen van internet en digitale technologieën om de voor de marketing geformuleerde doelstellingen te halen. Naast het marketingdomein besteden we aandacht aan de marketingactiviteiten met behulp van het SIVA-model. Centraal in de marketingactiviteiten via het internet staat de website. Belangrijk is te weten aan welke eisen die moet voldoen. Bij online marketingcommunicatie besteden we onder meer aandacht aan webvertising: het adverteren via het internet.
Uiteindelijk is het doel: verkopen via het internet. Dit staat centraal in de afsluitende paragraaf 26.4: e-commerce.

26.1 De nieuwe economie

Nieuwe economie

In het laatste decennium van de vorige eeuw deed zich een aantal krachten voor die de marketing- en bedrijfspraktijk in het algemeen grondig hebben veranderd. Deze ontwikkelingen leidden tot een situatie die de nieuwe economie wordt genoemd, als tegenstelling tot de tot dan toe geldende traditionele economie (de 'oude economie'). In deze periode ontstond de zogenoemde *internetzeepbel* (in het Engels dot-com bubble), een hausse waarbij de waarden op de aandelenmarkt snel stegen als gevolg van de groei van de internetsector en daarvan afhankelijke bedrijven.

Kenmerkend voor die periode was de snelle oprichting en soms even snelle, onverwachte ondergang van vele internetbedrijfjes, de zogenoemde dotcombedrijfjes.
De combinatie van de snel stijgende aandelenkoersen, grootschalige beursspeculatie en gemakkelijk verkrijgbare investeringen creëerde een euforische stemming, waarin mensen aloude economische wetmatige zekerheden als voorbij gingen beschouwen. Toen de zeepbel in 2001 knapte, veroorzaakte dit een wereldwijde, lichte recessie die onverwacht langdurig was in de meeste westerse landen.

De grote aandacht voor het internet als nieuw marketinginstrument heeft niet de ingrijpende veranderingen gebracht ('de oude economie is dood'), die aanvankelijk voorspeld werden. Toch is het koopgedrag van afnemers, zowel consumenten als organisaties, alsmede het marketinginstrumentarium voor de marketeer wezenlijk veranderd. In dat opzicht wordt dan ook nog steeds over de nieuwe economie gesproken, het communiceren, kopen en verkopen via on-line media. Naast de traditionele marketing – reclame via massamedia, sales promotion, bezoeken door vertegenwoordigers – is er een nieuwe vorm van marketing ontstaan, genaamd e-marketing.
Marketingprofessor Philip Kotler attendeerde ons als eerste op de marketingmogelijkheden in de nieuwe wereld. Hij signaleerde daarbij een viertal trends:

1 *Digitalisering en connectiviteit.* De traditionele systemen zoals telefoons, horloges en audio/videoapparatuur werkten met analoge informatie. Tegenwoordige apparaten werken nagenoeg allemaal digitaal, waardoor tekst, beeld en geluid in enorme hoeveelheden en in fracties van seconden kunnen worden gecommuniceerd.

Intranet

Tegelijk met de digitalisering ontstonden netwerken van digitale informatie, individuele personen en organisaties. Deze zogenoemde intranetten verbinden (in het Engels: connect) gebruikers, opdat zij op willekeurige plekken en tijdstippen met elkaar in contact kunnen zijn (de 'information highway').

2 *Disintermediation en reintermediation.* De nieuwe mogelijkheden die het internet bood als marketinghulpmiddel brachten allerlei individuen en organisaties ertoe zich als handelspartner via dit medium te presenteren. Dit tot angst van de bestaande traditionele handel, die omzet zag wegvloeien. Daarmee werd de handel dus uitgeschakeld en werd rechtstreeks geleverd aan de eindgebruiker. Een voorbeeld van deze trend was de komst van computerfabrikant Dell, die het internet als enige afzetkanaal voor zijn producten koos.
Niet veel later presenteerden zich allerlei tussenpersonen op het internet die producenten en eindgebruikers met elkaar in contact brachten.

Bekende voorbeelden zijn de websites amazon.com, bol.com en marktplaats.nl en de zoekmachines zoals bijvoorbeeld Google voor consumenten. Voor bedrijven zijn er vergelijkbare sites.

3 *Customization en customerization.* De oude economie was gebaseerd op massaproductie via gestandaardiseerde processen. De nieuwe economie daarentegen maakt gebruik van informatie die gedifferentieerd, gepersonaliseerd en vervolgens snel over het net kan worden gestuurd.
Met behulp van deze informatie kunnen producten worden aangepast aan de eisen en wensen van de individuele klant (customization). Een voorbeeld hiervan is weer Dell, dat haar klanten vraagt exact te specificeren wat zij in hun computer willen hebben, om deze enkele dagen later op maat gemaakt af te leveren.
Customerization gaat nog een stap verder: niet alleen het product is op de individuele klant afgestemd, maar ook de interactie tussen aanbieder en afnemer. Zo heeft de klant de keuze het product persoonlijk, via de telefoon of online te bestellen. De klant wordt daarmee wat Kotler noemt een prosumer, een zelf-producerende afnemer.

4 *Branchevervaging.* De oude economie was gebaseerd op ondernemingen die zich op activiteiten concentreerden in één of enkele sectoren. Tegenwoordig strekken die activiteiten zich al snel uit tot aanverwante markten en soms totaal branchevreemde sectoren. In bouwmarkten als Gamma, Karwei en Praxis is tegenwoordig ook snoep, tuingereedschap en meubilair (Jan des Bouvrie) te koop. Het fenomeen doet zich op het internet in nog sterkere mate voor. Bij amazon.com is alles te koop van automotive producten en keukenkasten tot diervoeding toe. In de eerste categorie bestaat het aanbod uit niet minder dan vier miljoen items!

26.2 E-business

Negen van de tien Nederlanders zijn in hun vrije tijd dagelijks op het internet te vinden. In 2011 was de Nederlander gemiddeld 3 uur en 6 minuten online. Veel gebruikers hebben ook steeds meer profijt van het internet. Dit blijkt uit het Trendrapport 'Computer- en Internetgebruik 2011 van de Universiteit Twente in opdracht van Digivaardig & Digibewust. De onderzoekers zien internet uitgroeien tot een eerste levensbehoefte vergelijkbaar met eten en drinken. Het internet doet er nu echt toe. Mensen vinden werk via internet, kopen producten online goedkoper dan in de winkel, handelen via marktplaatsen en vinden geliefden via datingsites. Jongeren en hoogopgeleiden profiteren meer van de mogelijkheden die het internet te bieden heeft dan ouderen en laagopgeleiden, aldus professor Jan van Dijk.
In 91% van de Nederlandse huishoudens is minimaal één pc of laptop met internetaansluiting te vinden. Daarmee neemt Nederland, achter IJsland, de tweede positie op de Europese ranglijst in. Social media zoals Twitter, LinkedIn en Facebook worden steeds populairder. Professor Van Dijk geeft aan: De cijfers laten zien dat het gebruik van internet structureel onderdeel uitmaakt van het dagelijkse levenspatroon van de meeste Nederlanders.

Samenhang in de e-begrippen
Het toenemend gebruik van het internet heeft ook gevolgen voor de manier van zakendoen. We komen dan op het terrein van e-business. E-business of electronic business heeft betrekking op alle zakelijke handelingen die op elektronische wijze worden uitgevoerd ter verbetering van de efficiënte en

E-business

effectieve markt- en bedrijfsprocessen. E-business wordt nogal eens verward met e-commerce en e-marketing. We volstaan hier met een korte toelichting op de begrippen en gaan hier in de volgende paragrafen verder op in.

E-marketing

E-marketing is het toepassen van internet en digitale technologieën om de voor de marketing geformuleerde doelstellingen te halen.

E-commerce

E-commerce is het elektronisch verkopen van producten en diensten.

Top tien internetactiviteiten

1. E-mail
2. Algemeen websurfen
3. Lezen van nieuws
4. Winkelen
5. Zoeken en lezen van entertainmentnieuws
6. Zoeken van informatie over hobby's
7. Online bankieren
8. Zoeken en lezen van medische informatie
9. Instant messaging
10. Zoeken van reizen en reisinformatie

Het online winkelen of shoppen neemt sterk toe

Digital Future Projects

Er is samenhang in de begrippen door uit te gaan van een organisatie die gebruikmaakt van elektronische vormen van communicatie. Een organisatie kent altijd afdelingen, bijvoorbeeld de afdelingen productie, marketing, verkoop en inkoop. Zodra een organisatie gebruikmaakt van elektronische vormen van communicatie, spreken we van e-business. Maakt de afdeling marketing hiervan gebruik, dan noemen we dat e-marketing. Het daadwerkelijk kopen en verkopen via elektronische communicatie wordt e-commerce genoemd (zie figuur 26.1).

FIGUUR 26.1 Samenhang tussen e-begrippen

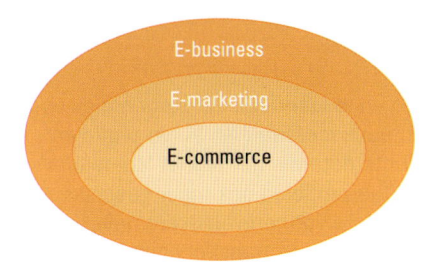

- E-business
- E-marketing
- E-commerce

Redenen voor invoering van e-business

Elke organisatie zal haar eigen reden(en) hebben om e-business toe te passen. Voor bedrijven die e-business zien als een uitbreiding van hun bestaande activiteiten, zal e-business moeten leiden tot *waardecreatie* (value extension). Dit is het verbeteren van de toegevoegde waarde van de aangeboden producten en diensten voor de consument, uitgaande van het huidige goederen- en dienstenaanbod. De waarde kan bestaan uit een breder en/of dieper assortiment, het aanbieden van meer informatie rond het assortiment, het aanbieden van klantspecifieke producten en assortimenten, en/of het voorzien in een klantspecifieke omgeving die inspeelt op de behoeften van gelijkgezinden. Zo tracht Procter & Gamble, fabrikant van huishoudelijke en verzorgingsproducten, waarde te creëren voor zijn consumenten.

Voor elk van de producten, zoals bijvoorbeeld Always, Pampers en Dreft, is er een website waarop consumenten informatie, advies en service kunnen krijgen en soms via fora met elkaar in gesprek kunnen komen.

Klanten van Albert Heijn die niet naar de winkel kunnen of willen gaan, bestellen hun levensmiddelen via Albert.nl, de thuisbezorgservice. Daartoe behoren niet alleen de producten in het vaste assortiment, maar ook de producten die op dat moment 'in de bonus' zijn.

Naast waardecreatie kunnen belangrijke redenen zijn:
- Via het internet is het mogelijk om nieuwe afnemersgroepen te creëren en contacten te onderhouden met bestaande afnemers via e-mail, website of nieuwsgroepen.
- Klantenbehoeften kunnen in kaart worden gebracht. Dit kan met enquêtes via e-mail of het registreren van voorkeuren van klanten die de website bezoeken.
- Met deze verkregen informatie wordt het goederen- en dienstenaanbod aangepast en zo mogelijk via internet aangeboden.

Waardecreatie

● www.marketingfacts.nl

Database marketing: je eigen pot met goud?

Vrijwel iedereen heeft tegenwoordig een database voor diverse marketingdoeleinden. Sommige organisaties beschikken zelfs over centrale datawarehouses of marketingdatabases met daarin de meest uitgebreide klantprofielen. Wij merken echter dat de meeste organisaties nog veel te weinig doen met deze rijkdom aan data. De communicatie is vaak nog veel te algemeen in plaats van klantgericht en persoonlijk. Kortom, duik eens in je data, ontdek en leer.

Waar haal je die data vandaan?
Gebruik niet alleen de informatie die je van je klanten krijgt bij een nieuwsbriefaanmelding of het invullen van een aankoopformulier. Vul je profielen binnen de database aan met alle relevante data die het profiel 'completer' en 'waardevoller' maken. Die data maakt je profielen ook meer geschikt voor customer lifecycle campagnes en andere vormen van event driven marketing. Denk bijvoorbeeld aan het koppelen van transactiegegevens, callcenter gegevens, social media, klachtenregistratie, data die voortkomt uit loyaliteit- spaarprogramma's, website clickstream data etc.

Het is noodzakelijk deze data op de juiste wijze te koppelen aan het klantprofiel. Zorg voor slimme 'connectors' om je klantprofiel te verbinden aan de data uit externe systemen zoals bijvoorbeeld je webwinkel platform of CRM-systeem. Dit kan tegenwoordig prima binnen e-mailmarketingsystemen door de uitgebreide API-services en multi-dimensionele database opbouw.

[…]

Geschreven door Hans Meijer van CloseContact, registered partner van Copernica Marketing Software

Michael Linthorst, Copernica BV, 3 februari 2012

Fasen in e-business

Een organisatie die zich met e-business gaat bezighouden doorloopt een aantal fasen. Boudewijn Raessens onderscheidt de volgende fasen:
1 informatiefase
2 interactieve fase
3 transactiefase
4 transformatiefase.

Informatiefase In de *informatiefase* wordt het internet uitsluitend gebruikt als reclamemedium.
Internet is een soort uithangbord om aan de bezoekers van de website de producten en diensten die de organisatie aanbiedt, te promoten: een soort digitale versie van de brochure.

Interactieve fase In de *interactieve fase* is er interactie met de gebruiker. Het is van belang dat de interactieve processen goed verlopen. Op deze wijze kan de organisatie efficiënter en effectiever werken om beter, sneller en goedkoper tegemoet te komen aan de wensen en behoeften van de klant. Voordelen worden behaald in inkoop, productie en logistiek.

Transactiefase Internet wordt niet alleen als reclamemedium gebruikt; er kunnen ook bestellingen worden geplaatst (*transactiefase*). In deze fase is e-business: e-commerce.

Transformatiefase In de *transformatiefase* is er sprake van een virtuele organisatie. Niemand ziet waar de producten worden geassembleerd. Het bedrijf doet alleen dat-

gene waar het goed in is en besteedt de rest uit. Elke nieuwe order verschijnt via het internet direct in het systeem van alle partners in de waardeketen. Vervolgens kunnen zij directe actie ondernemen, zoals inkopen of het regelen van transport. Alles verloopt via het internet.
E-business is volledig ingebouwd in de organisatie.

Samenhang in processen
In de definitie van e-business wordt verbetering van de efficiënte en effectieve markt- en bedrijfsprocessen centraal gesteld. Een belangrijk kenmerk van e-business is, dat het bijna alle processen in de organisatie raakt. De laatste fase van e-business kenmerkt zich ook door een volledige integratie van de bedrijfsprocessen. De bedrijfsprocessen bij e-business (eb) zijn:
- e-commerce (ec)
- business intelligence (bi)
- customer relationship management (crm)
- supply chain management (scm)
- enterprise resource planning (erp).

TABEL 26.1 Bedrijfsstrategie, functionaliteit en ict-strategie

Fase	Informatie	Interactie	Transactie	Transformatie
	Aanwezigheid	*Werving en ondersteuning*	*In- en verkoop*	*Virtuele organisatie*
Bedrijfs-strategie	• weinig toegevoegde waarde • defensief gebruik nieuw medium	• gerichte marketing • ondersteuning in- en verkoop • klantenbinding en service	• 1-op-1 marketing • nieuw in- en verkoop-kanaal • omzetgeneratie • offensief, concurrentievoordeel	• unieke toegevoegde waarde • nieuw bedrijfsmodel • integratie waarde-keten • kennisdeling • innovatief
Functionaliteit	• webbrochure • algemene product-, dienst- en prijsinfo	• webetalage, webcatalogus • interactieve marketing • persoonlijke toegang tot informatie • e-mail support	• web in- en verkoop • veilige transactie via authenticiteit en autorisatie • koppeling info met backofficesystemen • klantprofielen	• web value chain • ketenbesturing • totaal nieuwe functie • uitwisseling info met partners • integratie met backoffice
Ict-strategie	• weinig • stand-alone webserver • standaard bewezen producten • standaard outsourcing	• ontwerp applicatie • beheer content • e-mailkoppelingen • basisbeveiligingen • standaard outsourcing • selectieve outsourcing	• applicatie architectuur • integratie van systemen • customization en maatwerk • selectieve outsourcing • geavanceerde beveiliging	• nieuwe informatiesystemen • BPR • integratie met informatiesystemen met derden

Bron: Boudewijn Raessens, *E-business your business. Van website tot strategie*, Boom onderwijs, derde druk, 2007

E-business is dan de som van deze bedrijfsprocessen, ofwel:

$$eb = ec + bi + crm + scm + erp$$

We zullen deze bedrijfsprocessen kort toelichten.

EC
E-commerce komt in paragraaf 26.3 uitvoerig aan de orde.

BI

Business intelligence

Business intelligence is een activiteit die nauw verwant is aan marktonderzoek. Hierbij wordt alle relevante informatie verzameld die nodig is om het e-businessconcept optimaal neer te zetten. Alle vormen van informatie worden verzameld, zoals klantprofielen, bedrijfsvergelijkingen en concurrentieanalyses.

Het bewerken, analyseren en interpreteren van deze gegevens wordt datamining genoemd. Door steeds betere technieken nemen de gegevensbronnen steeds meer in omvang toe. Het goed afstemmen van deze gegevens is dan ook een vereiste. Door alle gegevens en informatie op te nemen in een datawarehouse, kan hieraan tegemoet worden gekomen.

Een datawarehouse is een databank die bestaat uit drie onderdelen:
- een opslagplaats voor een groot aantal gegevens uit diverse bronnen
- een onderdeel dat het transport van de gegevens regelt, zoals aanpassingen, controle, opschoning en koppeling van de gegevens
- toepassingen voor datamining.

CRM

Customer relationship management

Customer relationship management is het continu en systematisch ontwikkelen van relaties met individuele klanten met als doel wederzijdse voordelen te creëren. In de kern houdt CRM in, dat elke persoon die contact met een klant heeft gehad, de anderen in de organisatie op de hoogte brengt.

Zie figuur 26.2 voor een schematisch overzicht.

FIGUUR 26.2 Customer relationship management

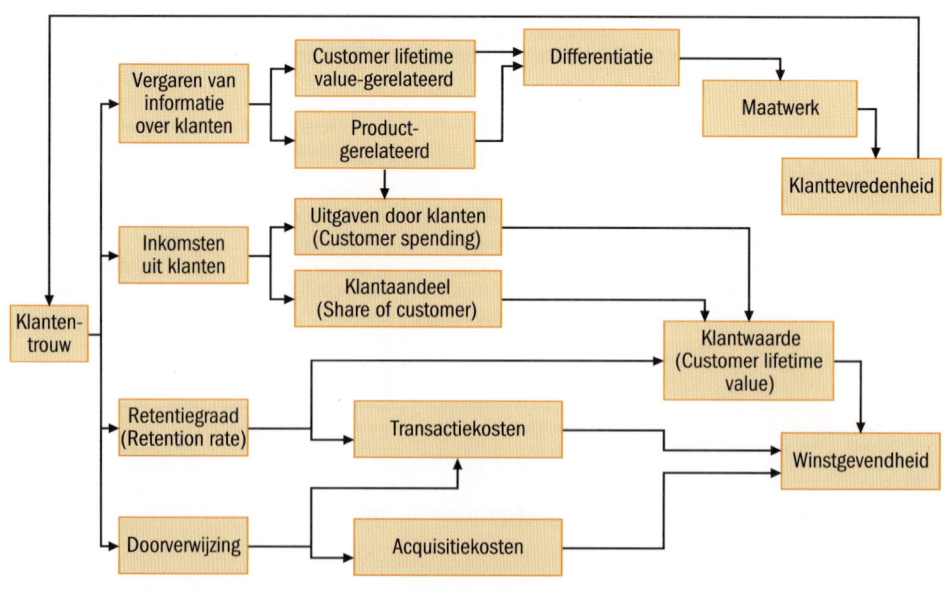

Bron: ICBS 2000

SCM
Supply chain management is het op elkaar afstemmen van logistieke activiteiten binnen de afzonderlijke schakels, zodat de logistieke processen als een geïntegreerd geheel worden bestuurd. In feite komt het erop neer dat we de opeenvolgende activiteiten van producent naar groothandel en naar detailhandel tot aan de levering bij de consument zo optimaal mogelijk willen beheersen en afstemmen. Bij e-business is dit een belangrijk proces, omdat de verschillende functies vaak tegelijk worden vervuld.

Supply chain management

ERP
Enterprise resource planning is een intern gericht systeem om binnen de organisatie efficiënter te kunnen werken door de koppeling van primaire bedrijfsprocessen, zoals inkoop, productie, voorraadbeheer, verkoop en financiën. Door al deze processen optimaal op elkaar af te stemmen, kunnen kostenvoordelen worden behaald.

Enterprise resource planning

E-business-strategie
Voor de ontwikkeling van een e-businessstrategie geldt dat zowel het aantal mogelijkheden, de snelheid als de impact op de organisatie zeer groot is. Hierbij ontstaan vragen als: 'Welke keuze moeten we maken?', 'Welke techniek moeten we toepassen?' en 'Kunnen mensen uit verschillende disciplines wel samenwerken?' Dit wordt wel de e-business-spagaat genoemd. Hiermee wordt aangegeven dat veel managers moeite hebben met het invoeren van e-business. Enerzijds geeft het kansen, maar anderzijds vergt het ook veel van de organisatie. Om weloverwogen het e-businessconcept toe te passen, wordt vaak gebruikgemaakt van het back-to-basics-model (zie figuur 26.3). Dit model geeft op gestructureerde wijze aan hoe e-business in de organisatie toe te passen.

E-business-spagaat

FIGUUR 26.3 Back to basics-model

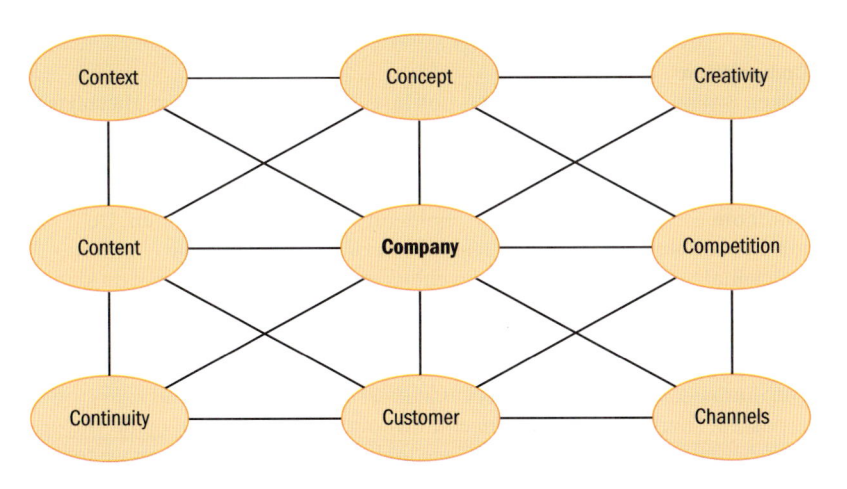

Bij ieder onderdeel kunnen we nagaan of het toepassen van e-business voor de onderneming een haalbare kaart is. De onderdelen hangen met elkaar samen en beïnvloeden elkaar. Het model start in het midden bij de 'company' en volgt daarna tegen de klok in via 'customer' de onderdelen en eindigt bij 'continuity'. In deze volgorde worden hierna de onderdelen toegelicht.

Company

Company

Centraal in het midden staat het eigen bedrijf (de company). Het maken van een sterkte-zwakteanalyse is van belang. Door deze interne analyse kan gekeken worden of invoering van e-business succesvol kan verlopen. Ook moet hier antwoord worden gegeven op de vraag waarom een organisatie wil starten met e-business.

Customer

Customer

De volgende stap is het bepalen wie de potentiële klant (customer) is. Hoe ziet die eruit? Welke informatie wenst die? Hoe wil die communiceren? Ook moeten zijn gedragskenmerken in kaart worden gebracht. Een hulpmiddel om te bepalen of de klant echt klaar is voor e-commerce, is de AID-formule. Hierbij gaat het om de volgende drie elementen:

- *Acceptance* (acceptatie). Accepteert de klant dat het product of merk via e-commerce wordt aangeboden? De acceptatie hangt af van de meerwaarde die de nieuwe distributievorm biedt boven de oude distributievorm. Als bijvoorbeeld EasyJet voor de klant geen meerwaarde biedt boven een reisbureau, zal de klant geen gebruikmaken van de internetdiensten van EasyJet.
- *Information profile* (informatieprofiel). Van belang is te weten welke informatie de klant op prijs stelt of noodzakelijk vindt. Als de klant overbodige informatie krijgt, zal de acceptatie verminderen. EasyJet stelt door middel van marktonderzoek vast of de webpagina de informatie bevat die de klant wil.
- *Digital competence* (digitale vaardigheden). Heeft de klant wel voldoende vaardigheid op de digitale snelweg? Kan hij omgaan met de pc, modem, zoeken op het internet? Als de doelgroep die vaardigheid mist, is het maar de vraag of het verstandig is om e-commerce toe te passen. Denk bijvoorbeeld aan ouderen.

Competition

Competition

Kijken wat de concurrentie doet is ook bij e-business van belang Hierbij is het marktaandeel van de concurrent belangrijk. Maar ook moet gekeken worden naar de bekendheid en trouw. Hoe groter het marktaandeel van de concurrent of de trouw van de klant aan de concurrent, des te moeilijker het wordt om e-commerce als onderscheidend instrument in te zetten. De macht over het kanaal is essentieel. Wie bezit de macht over de communicatiekanalen (telefoon, kabel, brievenbus en ether) waarlangs met de klant kan worden gecommuniceerd?

Concept

Concept

Een duidelijk *marketingconcept* is essentieel om met succes e-business toe te passen. Hierbij moet onder meer antwoord gegeven worden op de vragen: 'Hoe benaderen we de doelgroep?' en 'Welke positionering passen we toe?'

Creativity

Creativiteit

Creativiteit bij e-business is een van de belangrijkste middelen om zich te onderscheiden ten opzichte van de concurrent. Door opvallende webpagina's of slimme e-mails is de consument meteen gevangen bij de eerste hit, de eenheid voor het bepalen van het aantal mensen dat een website bezoekt. Actiemarketing kan ervoor zorgen dat de gewekte belangstelling overgaat in koop of een reactie. In de perceptie van de klant hebben we dan een voorsprong. Relatiemarketing moet er dan voor zorgen dat we een blijvende relatie onderhouden met de klant. Feitelijk zou de klant zo'n webpagina moeten opnemen in zijn 'bookmarks'. Een bookmark is een bladwijzer die dient voor het opslaan van interessante webpagina's ten behoeve van het herhaald raadplegen. Het adres van de pagina wordt in het menu van de browser opgeslagen, opdat de pagina direct kan worden geselecteerd. Een (web)browser is een programma dat wordt gebruikt om internetpagina's te lezen, zoals Internet Explorer en Google Chrome.

Context
Onder *context* verstaan we het neerzetten van de juiste omgeving, waarin de doelgroep zich maximaal thuis voelt en graag terugkeert. De vraag is of we zelfstandig het internet op gaan of aansluiting zoeken bij een community dan wel gebruik gaan maken van een mall. Een community is een verzameling van verkooppunten onder één internetadres.

Context

Content
Onder *content* verstaan we de input van multimedia, bestaande uit film, spel, muziek of informatie. De inhoud moet voldoende aantrekkelijk zijn en blijven om de relatie met de klant niet alleen aan te gaan, maar ook voort te zetten.

Content

Continuity
Continuïteit is waar iedere ondernemer naar streeft. Een goed opgezette relatiemarketing kan deze continuïteit waarborgen. Ruil komt pas tot stand als een relatie is opgebouwd met potentiële klanten. De relatie komt tot stand als de reputatie van het product of de onderneming in overeenstemming is met de wensen van de potentiële klant.

Continuïteit

Terug naar C
De laatste stap in het back-to-basics-model is weer terug naar de 'C' van company. Als alle elementen positief zijn beoordeeld, kan de implementatie in de organisatie plaatsvinden.

26.3 E-marketing

Als besloten is om het internet te gaan gebruiken bij de marketingactiviteiten, dan is de volgende stap na te gaan, op welke wijze we dit gaan toepassen. We hebben het nu over e-marketing. E-marketing is het toepassen van internet en digitale technologieën om de voor de marketing geformuleerde doelstellingen te halen. E-marketing is een van de marketinginstrumenten die een organisatie kan inzetten. De e-marketingactiviteiten kunnen worden ondergebracht in een *e-marketingplan*, dat deel uitmaakt van het marketing- en communicatieplan.

E-marketingdomein
E-marketingactiviteiten richten zich niet uitsluitend op de consument. We kunnen de volgende vormen van e-marketing onderscheiden:
- *B2c*. Business to consumer is de bekendste vorm van e-marketing. Het gaat hier om de handel tussen een bedrijf en de consument via het internet. Veel websites van bedrijven bieden de mogelijkheid om te kopen. De website van Apple (www.apple.nl) is hiervan een voorbeeld. Ook zijn er

websites waar verschillende producten verkocht worden, de zogenaamde consumentenmarkten (www.bol.com).
- *B2b.* Business to business is het meest voorkomende e-marketingdomein. B2b houdt in dat bedrijven onderling met elkaar handelen. Ook hierbij kennen we het onderscheid tussen websites van individuele bedrijven, bijvoorbeeld www.dell.com, en zakelijke markten, zoals www.verticalnet.com.
- *C2c.* De marktplaatssite is een vorm van consumer to consumer e-marketing. Consumenten kunnen hier onderling producten te koop aanbieden en verkopen. Een bekend voorbeeld is www.marktplaats.nl.
- *C2b.* Een voorbeeld van consumer to business e-marketing is de site www.letsbuyit.com. Deze site heeft als doel het goedkoop aanbieden van producten. De opzet is dat grote groepen mensen meer korting krijgen door samen in te kopen. De website onderhandelt als het ware namens een grote groep mensen bij verschillende bedrijven.

● www.wikipedia.nl

Een **vergelijkingssite** is een website waar consumenten en bedrijven producten of diensten van verschillende ondernemingen met elkaar kunnen vergelijken. Hierbij wordt gebruikgemaakt van een database waarin op specifieke kenmerken geselecteerd (gefilterd) wordt. Het voordeel van een vergelijkingssite is de mogelijkheid om een grote hoeveelheid informatie snel, transparant en overzichtelijk weer te geven, waardoor een objectieve keuze uit het totale aanbod gemaakt kan worden. Daarnaast kan men veelal ook secundaire gegevens met elkaar vergelijken (zoals populariteit en consumentenwaardering) en is het mogelijk om ervaringen en recensies van andere gebruikers na te lezen.

Eventueel kan het product of de dienst bij de producent worden aangekocht via de website. De vergelijkingssite treedt dan op als tussenpersoon. In de meeste gevallen is de site gratis te gebruiken en ontvangt deze een commissie per bestelling. Ook kunnen er inkomsten uit reclame (banners) gegenereerd worden.

E-marketing en de marketingmix

In de traditionele marketing worden de marketinginstrumenten, de vier P's, gebruikt om de marketingdoelstellingen te implementeren. Vaak ligt hier een sterke nadruk op het denken vanuit het product naar de afnemer. Een organisatie brengt via promotie een aantrekkelijke prijs en via de kanalen een nieuw product naar de afnemer. Marc Mulders stelt op basis van het door Chekitan Dev en Don Schultz ontwikkelde *SIVA-model*, dat er door ontwikkelingen van het internet steeds meer informatie beschikbaar is. Deze informatie dient in breder perspectief te worden gezien. Via internet bestaan mogelijkheden om de look and feel van producten te beleven. Door de mogelijkheden van internet worden de eisen van de afnemer steeds individueler. Ondernemingen communiceren niet meer met de afnemers op basis van de vier P's, maar met SIVA. Dit staat voor: solution (product), information (promotie), value (prijs) en access (plaats).

SIVA-model

Marketeers die deze activiteiten combineren, bieden oplossingen in plaats van goederen en diensten. Ze bieden hiervoor informatie aan in plaats van standaardreclame en promotie. In plaats van zich te richten op de prijs, creëren ze waarden en maken ze hun oplossingen toegankelijk via ieder kanaal.

Solution
In feite koopt de consument geen product of dienst meer, maar een oplossing (solution) voor zijn behoefte. De oplossing voor bijvoorbeeld de behoefte 'even weg van de dagelijkse sleur', kan een dagje strand zijn of het bezoek aan een attractiepark. Via internet – zoekmachines zoals Google en Ilse – kan de consument oplossingen vinden.

Solution (margin)

Information
Afnemers kunnen via het internet zelf op zoek gaan naar de oplossing van hun probleem of invulling van hun behoefte. Bij het zoeken alsook bij de uitwerking geeft internet mogelijkheden om informatie beschikbaar te stellen. Heeft de afnemer informatie gevonden en voorziet die informatie in de oplossing van zijn probleem, dan is het van belang om de afnemer over te halen terug te keren naar de website. De promotie hiervoor, het website-ontwerp zelf en de methoden voor het trekken van bezoekers, behandelen we later in deze paragraaf.

Value
Mulders omschrijft waarde (value) als datgene waarop de afnemer de aanschaf baseert. Dit zijn meestal de *voordelen* en de *prijs*. De waarde van de oplossing ligt niet alleen in de voordelen van de functionaliteit van het product, maar ook in andere bronnen van waarden, zoals vertrouwen, imago, service, toegang tot informatie, snelheid en gemak. Hiertoe biedt het internet (website) vele mogelijkheden.

Value (margin)

De prijs is een van de elementen waarop de afnemer zijn aanschaf baseert. Internet heeft ook invloed op de prijs. Volgens Dave Chaffey zijn de belangrijkste gevolgen: meer prijstransparantie en een neerwaartse druk op prijzen. Meer prijstransparantie, doordat de klant beschikt over meer informatie over de verschillende prijzen. De klant kan gemakkelijk de prijs van de concurrent vergelijken. Ook zijn er speciale websites voor prijsvergelijking, bijvoorbeeld El Cheapo en www.vergelijk.nl. En er is een neerwaartse druk op de prijzen, doordat internet kostenvermindering bewerkstelligt door middel van digitalisering. Denk bijvoorbeeld aan de reisbranche.

Internet maakt consumenten ook veel prijsbewuster. Uit onderzoek van Multiscope blijkt dat van de groep e-shoppers ruim 60% het eens is met de stelling 'Doordat ik mij via internet op producten oriënteer, winkel ik prijsbewuster in de binnenstad.'

Access
Op access heeft het internet de meeste invloed. Internet geeft de afnemers de mogelijkheid overal ter wereld informatie te zoeken op het moment dat zij dat wensen. De klant kan overal iets bestellen en laten bezorgen. De toegevoegde waarde van internet zit vooral in het opbouwen van een interactieve relatie met de klant. De consument zit meer zelf aan de knoppen en ontwikkelt hierdoor macht. Er is sprake van ketenomkering: van push naar pull.

Access (margin)

Internet heeft, zoals we in het vorige hoofdstuk zagen, ook invloed op de traditionele kanaalstructuur. Producenten kunnen rechtstreeks zakendoen met de eindafnemers, waardoor schakels in het distributiekanaal kunnen worden overgeslagen. Via iTunes kan de klant muziek bestellen. Zowel de groothandel als de detailhandel (intermediatie) wordt hierbij uitgeschakeld (desintermediatie). Tegelijkertijd kan *herintermediatie* optreden. Dit is het creëren van nieuwe tussenschakels. Herintermediatie kan ontstaan doordat informatieovervloed op het internet de markt minder transparant maakt. Deze ondoorzichtigheid biedt partijen de mogelijkheid de markt weer doorzichtiger te maken. Dit vindt plaats door *infomediairs*. Dit zijn bedrijven met een informatie- of adviesfunctie. Naast bekende zoekmachines als Google, Yahoo en Ilse zijn er ook themagerichte informatieportals, bijvoorbeeld travelocity in de reiswereld.

Desintermediatie
Herintermediatie

Infomediairs

Een ander type infomediair bemiddelt tussen consumenten en bedrijven die profielen willen van die consumenten. Met andere woorden: zij verkopen klantgegevens, zodat bedrijven via internet specifieke klantgroepen kunnen benaderen.

De website
Het doel van alle e-marketingactiviteiten is dat bezoekers van het internet naar de website van de aanbieder worden getrokken. Dit vereist:
- een goede website
- online marketingcommunicatie.

Goede website
Raessens stelt dat het succes van een website afhankelijk is van:
- de *strategie*; dit is behandeld in paragraaf 26.1
- de *functionaliteit*. Voorwaarden hiervoor zijn:
  - gemakkelijke toegang tot de website
  - klantvriendelijke woorden en jargon
  - afgestemd op de muisklikkende internetgebruiker
  - snelle downloadtijd
  - geen tijdrovende inspanningen
  - accurate zoekfunctie
  - relevante informatie.
- *het onderhoud*; de website moet up-to-date zijn
- *de vindbaarheid*; de website moet op het internet gemakkelijk te vinden zijn. De vindbaarheid op het internet kan vergroot worden door de website te registreren bij zoekmachines zoals Google en Yahoo.

Zoekmachine-optimalisatie

De activiteiten van de organisatie zullen erop gericht zijn om een prominente plaats in de lijst van zoekresultaten te verkrijgen. Dit noemen we *zoekmachineoptimalisatie* of search engine optimalization (SEO). In feite komt het erop neer de website zo optimaal mogelijk vindbaar te maken tegen zo laag mogelijke kosten. Een *webbrowser*, ook wel (internet)browser of bladerprogramma genoemd, is een computerprogramma om webpagina's te bekijken. Populaire browsers zijn Internet Explorer, Mozilla Firefox, Safari, Opera en Google Chrome. Het gebruik van een browser is in de volksmond synoniem aan surfen op het internet.

Om de effectiviteit van de website te meten, zijn de volgende ratio's van belang:
- de doorklikratio
- de conversieratio

De *doorklikratio* is als volgt te berekenen:

Doorklikratio

$$\frac{\text{het aantal doorverwijzingen via deze advertentie naar de de eigen site}}{\text{het aantal malen van het tonen van de advertentie}} \times 100\%$$

Het percentage geeft de mate aan waarin de advertentie de gebruiker ertoe beweegt door te klikken naar de eigen site. Bijvoorbeeld: een percentage van 75% geeft aan dat in 75% van de keren dat de advertentie is getoond, deze ook is aangeklikt en er verbinding is gemaakt met de website.

De conversieratio is:

Conversieratio

$$\frac{\text{het aantal bezoekers dat tot actie overgaat}}{\text{het totale aantal bezoekers}} \times 100\%$$

Een conversieratio van 60% wil zeggen dat 60% van de bezoekers van de website tot actie overgaat.

Online marketingcommunicatie
Bij online marketingcommunicatie kunnen we denken aan de volgende begrippen:
- *electronic advertising* (digital advertising), communicatie via alle elektronische en interactieve media, zoals mobiele telefoons, cd-rom, interactieve televisie en internet
- *internet advertising* (online advertising, webvertising), communicatie via internetmedia zoals websites, e-mail, gesponsorde software, tekstberichtgeving en iPhones.

Online marketing-communicatie

Electronic advertising

Internet advertising

De meest bekende vormen van webvertising zijn buttons en banners. Een *banner* is een advertentie op een website, meestal in de vorm van een animatie. Door te klikken op de banner komen we op de site van de adverteerder terecht.
Een *button* is een banner in het klein. Een grafische weergave op het scherm van een drukknop die met de muis of met de entertoets kan worden ingedrukt, waardoor een bepaalde functie in het programma start.
Het aanklikken van banners en buttons kan gemeten worden. Op die manier krijgen we een indicatie of de banner effectief gebruikt wordt.

Banner

Button

Banners en buttons worden vaak gebruikt als er geen relatie is tussen de onderneming en de ontvanger. Is die relatie er wel, dan is e-mail een effectief middel. De bezoeker kan e-mail vragen. Dit is dan gewenste e-mail. Ongevraagde e-mail wordt aangeduid met de term *spam*.

Spam

Webvertising kan op twee manieren worden ingezet:
- om de doelgroep te attenderen op een product zonder dat er een respons wordt verwacht. Webvertising is dan traditionele reclame.
- als vorm van direct marketing, waarbij een respons wordt verwacht.

Het is van belang om op de *portal* van de gebruiker te komen. In internetverkeer wordt een portal gebruikt als een webpagina die dienst doet als toegangspoort tot een reeks andere websites die over hetzelfde onderwerp

Portal

gaan. Soms is de portal dus synoniem voor een start- of hoofdpagina, maar vaak is de portal vertrekpunt en overzichtstabel voor verdere navigatie binnen een onderwerp.
Een voorbeeld van een portal is www.marketing-rss.nl.

Viral marketing

Een bijzondere vorm van e-marketing is viral marketing. Bij toepassing van *viral marketing* wordt op dezelfde wijze gecommuniceerd als een virus dat doet. De boodschap wordt passief door de gebruiker gecommuniceerd. Iedereen die de boodschap ontvangt, kan ook weer de zender van de boodschap worden. Een goed voorbeeld hiervan is Incredimail. Incredimail is een gratis te downloaden e-mailprogramma. Wanneer een gebruiker via Incredimail een e-mail verstuurt, krijgt de ontvanger een tekst onderaan het bericht. Wanneer deze e-mail weer wordt doorgestuurd, verspreidt de boodschap zich dus als een virus.

Ook bij Hotmail wordt deze techniek gebruikt. In de eerste anderhalf jaar van haar bestaan wist Hotmail 12 miljoen mensen aan zich te binden tegen $ 500.000 marketingkosten. Normaal gesproken bereiken we met een traditionele advertentie 100.000 mensen. Tegenwoordig schrijven zich dagelijks 150.000 nieuwe mensen in bij Hotmail. De voordelen van virale marketing zijn duidelijk. De boodschap verspreidt zich snel. De boodschap kan snel aangepast worden, dit in tegenstelling tot drukwerk.

26.4 E-commerce

In zijn meest eenvoudige definitie is e-commerce: het doen van zakelijke transacties via het internet. Hiervoor is nodig:
- een computernetwerk
- een domein: een geregistreerde eigen locatie op het internet
- een website: een binnen een domeinruimte afgebakende verzameling documenten binnen het wereldwijde web (world wide web, bijvoorbeeld www.opel.nl).
- elektronische verkoop
- elektronisch en beveiligd betalen

Webwinkel

In 1994 werd er voor het eerst via het web iets verkocht. Het was Pizza Hut die haar pizza's ook op die manier verkocht. Daarna zorgden vooral bedrijven als Amazon en eBay ervoor dat de verkopen via het web snel toenamen. In Nederland was Wehkamp met de verkoop van kleding via haar webwinkel (webshop) een van de eerste aanbieders. Dit is een online etalage waarbij goederen en diensten kunnen worden aangeschaft via het internet. In 1999 startte bol.com, nu eigendom van Ahold, en de grootste webwinkel van Nederland.

E-commerce is ruimer dan alleen het kopen en verkopen van goederen en diensten. Ravi Kalakota en Andrew Whinston onderscheiden de volgende perspectieven voor e-commerce:

Perspectieven voor e-commerce

- *het communicatieperspectief*, het geven van informatie over producten, diensten en betaling via het internet
- *het bedrijfsprocesperspectief*, digitale technologieën voor zakelijke transacties
- *het dienstenperspectief*, het verbeteren van de kwaliteit van de dienstverlening

- *het online perspectief*, het online kopen en verkopen van goederen, diensten en informatie.

Zoals uit het online perspectief blijkt, heeft e-commerce betrekking op zowel het kopen als het verkopen. In dit verband is er onderscheid tussen buy-side en sell-side e-commerce. Buy-side e-commerce zijn de transacties via het internet tussen een inkopend bedrijf en de leveranciers. Sell-side e-commerce zijn de transacties via het internet tussen een leverancier en zijn afnemers. Om uiteindelijk online te kopen moeten twee stappen worden doorlopen, en bij iedere stap horen e-commerce-activiteiten:

Buy-side e-commerce

Sell-side e-commerce

- van zoeker naar bezoeker
- van bezoeker naar koper

Van zoeker naar bezoeker
In de traditionele marketing proberen bedrijven met behulp van allerlei vormen van promotie contact te leggen met de potentiële klant en de aandacht van de klant te trekken. Willen we klanten bereiken via e-commerce, dan zijn er verschillende mogelijkheden. Het belangrijkste is natuurlijk het hebben van een website. Op de site wordt informatie over het bedrijf en het goederen- of dienstenaanbod gegeven, bijvoorbeeld www.apple.nl. Teneinde de klant te binden, hebben veel websites de mogelijkheid van nieuwsbrieven. De klant geeft op de website aan dat hij via zijn e-mailadres een nieuwsbrief wil ontvangen. De klant ontvangt dan een nieuwsbrief met informatie. Ook kan het bedrijf een geïndividualiseerd aanbod doen. Deze vorm van direct e-mail is krachtiger dan het zenden van ongevraagde e-mail (spam). Daarnaast zijn er diverse vormen van webvertising die eerder werden behandeld.

Nieuwsbrieven

● www.consuwijzer.nl

Praktisch advies van de overheid over uw rechten als consument

Wat is kopen op afstand?
Als u iets koopt op afstand, gaat u niet naar een echte winkel. U koopt dan iets via internet, telefoon, fax of via een bestelbon uit een catalogus.
In de wet staat dat u zeven werkdagen bedenktijd krijgt als u een product op afstand koopt. U kunt het product dan thuis bekijken en bedenken of het product echt wel is wat u wilt hebben. Wilt u het product toch niet hebben? Dan kunt u uw geld terugkrijgen als u het product tijdens de bedenktijd terugstuurt. Deze bedenktijd heet ook wel zichttermijn.

Wanneer gaat uw bedenktijd in?
Uw bedenktijd begint één dag nadat u het product hebt gekregen. Koopt u geen product maar een dienst? Dan gaat de bedenktijd in op het moment dat u de dienst bestelt. Niet elke aankoop via de telefoon of internet is een koop op afstand. Belt u een winkel in de plaats waar u woont om een koelkast te bestellen? Dan is dat waarschijnlijk geen koop op afstand. De zeven werkdagen bedenktijd geldt alleen voor producten die u koopt bij een bedrijf

dat normaal gesproken alleen verkoopt via telefoon, internet, televisie of catalogus.

Bij welke producten krijg ik geen bedenktijd?
U krijgt geen bedenktijd als u een van de volgende producten op afstand koopt:
- reizen die u op internet boekt
- tijdsgebonden producten, zoals tijdschriften
- producten die u speciaal laat maken, bijvoorbeeld een maatpak
- producten die snel kunnen bederven, zoals eten of bloemen.

Sluit u een dienst af die u meteen wilt laten beginnen? Bijvoorbeeld een abonnement voor mobiel bellen? Dan hebt u geen bedenktijd.
Cd's en dvd's zijn vaak verzegeld. U mag deze producten alleen terugsturen als u de verzegeling niet hebt opengemaakt.

Van bezoeker naar koper
Bij deze stap vindt de handelstransactie plaats via de website. Een goed logistiek systeem is belangrijk om de orders die via internet binnenkomen, te verwerken. Het logistieke systeem moet hiermee overweg kunnen. Het moet snel, flexibel en wereldwijd kunnen leveren. De online winkel van Dell (www.dell.com), waar consumenten hun eigen pc kunnen samenstellen en bestellen, is een voorbeeld van e-commerce in optima forma.

● www.thuiswinkel.org

Sint levert online retailers 36% extra omzet op

Ook dit jaar zorgt Sinterklaas voor een extra boost in de omzet (+36%) bij online webwinkels. In de periode van 1 november tot en met 5 december verwachten de Nederlandse webwinkels een omzet van €110 miljoen per week. In de periode voor Sinterklaas was de omzet van de online retailers nog €81 miljoen per week. De komst van de goedheiligman brengt daarmee, ondanks de daling in het consumentenvertrouwen, een extra omzet van €29 miljoen per week in het laatje van de webwinkels. In totaal is deze Sinterklaasperiode €146 miljoen via internet uitgegeven aan sinterklaascadeaus. Dit blijkt uit een in opdracht van Thuiswinkel.org uitgevoerd online onderzoek door onderzoeksbureau Blauw Research onder de leden van Thuiswinkel.org, de belangenvereniging van bijna 1.500 webwinkels in Nederland.

Samenvatting

- De aanzet voor de nieuwe vormen van marketing was de opkomst van het internet als marketingmedium (de nieuwe economie).
- Kotler signaleerde vier trends die online marketing stimuleerden: *digitalisering* en *connectiviteit*, *desintermediation* en *reintermediation*, *customization* en *customerization*, en *branchevervaging*.

- *E-business of electronic business* betreft alle zakelijke handelingen die op elektronische wijze worden uitgevoerd. Doel is het verbeteren van de efficiënte en effectieve markt- en bedrijfsprocessen.
- *E-marketing* is het toepassen van internet en digitale technologieën. Doel is het halen van de geformuleerde marketingdoelstellingen.
- *E-commerce* is het elektronisch verkopen van goederen en diensten.
- *Value extension* is het verbeteren van de toegevoegde waarde van de aangeboden goederen en diensten voor de consument.
- In e-business worden *vier fasen* onderscheiden: informatiefase, interactieve fase, transactiefase en transformatiefase.
- Bij e-business worden de volgende *bedrijfsprocessen* onderscheiden: e-commerce (er), business intelligence (bi), customer relationship management (crm), supply chain management (scm) en enterprise resource planning (erp).
- Bij toepassen van het e-businessconcept wordt gebruikgemaakt van het *back-to-basics-model*.
Het back-to-basics-model bestaat uit de volgende onderdelen: company, customer, competition, concept, creativity, context, content en continuity.
- De *AID-formule* is een hulpmiddel om vast te stellen of een klant echt klaar is voor e-commerce en bestaat uit: *acceptance* (acceptatie), *information profile* (informatieprofiel) en *digital competence* (digitale vaardigheden).
- Vormen van e-marketing zijn: *business to consumer* (b2c), *business to business* (b2b), *consumer to consumer* (c2c) en *consumer to business* (c2b).
- Bij e-marketing communiceren ondernemingen aan de hand van het *SIVA-model:* solution, information, value en access.
- Het rechtstreeks zakendoen met eindafnemers, waardoor schakels in het distributiekanaal worden uitgeschakeld, wordt bij e-marketing *desintermediatie* genoemd. *Herintermediatie* is het creëren van nieuwe tussenschakels.
- *Zoekmachineoptimalisatie* is het zo optimaal mogelijk vindbaar maken van de website tegen zo laag mogelijke kosten.
- Het *doorklikpercentage* geeft de mate aan waarin de webadvertentie de gebruiker ertoe heeft gebracht door te klikken naar de site van de adverteerder.
- De *conversieratio* is het aantal bezoekers dat tot actie overgaat ten opzichte van het totale aantal bezoekers.
- *Vormen van online marketingcommunicatie* zijn: electronic advertising, internet advertising en webvertising.
- *Spam* is het ongevraagd versturen van e-mails. Spam is een ongevraagd, meestal commercieel e-mailbericht.
- Een *portal* is een website die ernaar streeft om voor zoveel mogelijk internetgebruikers de toegangspoort tot het internet te zijn.
- *Viral marketing* is een onderdeel van de online marketingstrategie waarbij individuen worden aangemoedigd een marketingboodschap door te sturen naar iemand anders.
- Bij e-commerce onderscheiden we *buy-side e-commerce* (transacties via het internet tussen een inkopend bedrijf en de leveranciers) en *sell-side e-commerce* (transacties via het internet tussen een leverancier en zijn afnemers).

DEEL 9
Enkele specifieke toepassingsgebieden

27 Business marketing 557
28 Dienstenmarketing en non-profitmarketing 567
29 Internationale marketing 585

In de voorgaande hoofdstukken werd aangegeven wat marketing is en hoe we de diverse marketinginstrumenten kunnen inzetten om afnemers te verwerven en te behouden. In alle gevallen vormt de (potentiële) afnemer het uitgangspunt, zal eerst een marketingstrategie moeten worden ontwikkeld en zal elke van de P's moeten worden ingevuld. Toch zal er in de marketingpraktijk sprake zijn van accentverschillen. Er kan sprake zijn van een specifieke categorie afnemers, een bepaald soort product of een bepaald type aanbieder, op grond waarvan marketinginstrumenten een eigen invulling dienen te krijgen. Als de afnemers geen consumenten zijn, spreken we van business marketing. De marketeer zal met bepaalde eigenschappen van dergelijke afnemers terdege rekening moeten houden. In hoofdstuk 27 wordt hier aandacht aan besteed. Ook als het aangeboden product geen goed is, maar een dienst, zullen bepaalde marketingactiviteiten een aangepaste invulling moeten krijgen. Dienstenmarketing is het onderwerp van hoofdstuk 28. In ditzelfde hoofdstuk wordt de situatie behandeld, waarbij de aanbieder een niet op winst gerichte organisatie is.

Hoofdstuk 29 ten slotte heeft betrekking op internationale marketing. Elke aanbieder van goederen of diensten die zijn product ook in andere landen wil afzetten, zal zich terdege moeten afvragen in hoeverre bepaalde marketinginstrumenten een aangepaste invulling behoeven. Bijvoorbeeld vanwege een andere cultuur, een andere distributiestructuur of een afwijkende wetgeving.

Bij de behandeling van deze toepassingsgebieden hebben we ons globaal beperkt tot de onderwerpen die deel uitmaken van de examenstof voor het NIMA A-examen.

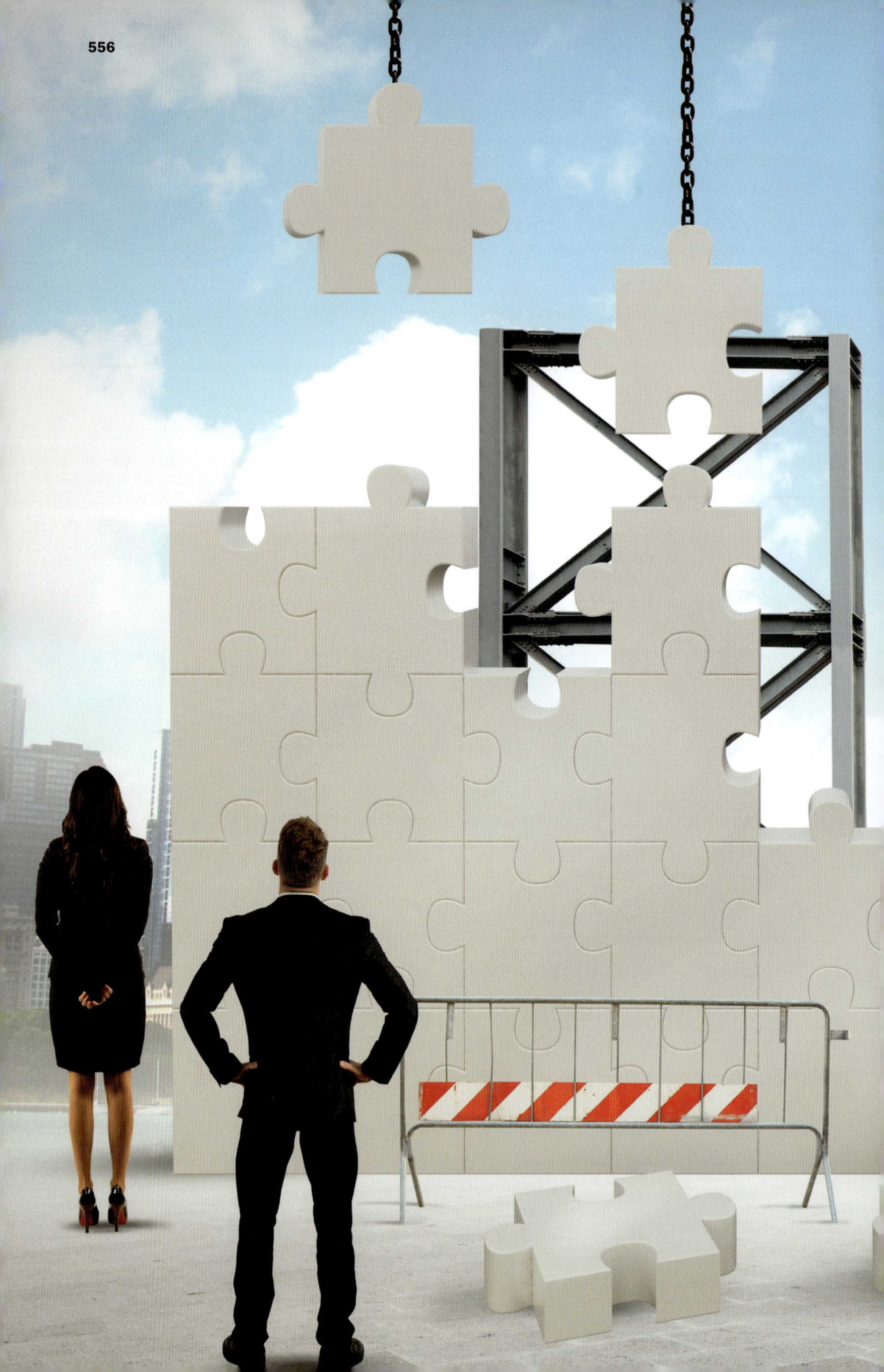

27
Business marketing

27.1 Karakteristieken van de businessmarkt
27.2 Industrieel koopproces

Of de te ontwikkelen, te produceren en te verkopen producten nu voor consumenten of voor niet-consumenten zijn bestemd, in alle gevallen zal er marketing bedreven worden zoals in de voorgaande hoofdstukken beschreven is. Dat houdt volgens het marketingconcept ook in, dat de aanbieder zich zo goed mogelijk moet proberen te verplaatsen in de wensen en eventuele eigenschappen van de afnemer. Nu blijkt, dat afnemers die geen consument zijn – zoals scholen, kantoren, fabrieken of ziekenhuizen – bepaalde eigenschappen hebben waarin ze afwijken van de consument. Daarover gaat dit hoofdstuk. In paragraaf 27.1 houden we ons bezig met een aantal specifieke eigenschappen van de businessmarkten. De marketeer die zich op dergelijke markten richt, doet er verstandig aan met deze karakteristieken rekening te houden. Bijvoorbeeld bij het segmenteren worden andere criteria gehanteerd dan op consumentenmarkten. In paragraaf 27.1 wordt ook aan het onderwerp segmentatie op businessmarkten aandacht besteed. In paragraaf 27.2 wordt het industriële koopproces besproken. We zien onder andere dat de decision making unit (DMU) op dit soort markten vaak een belangrijke rol speelt. Ook dit heeft gevolgen voor de marktbenadering.

27.1 Karakteristieken van de businessmarkt

Een van de belangrijkste kenmerken van business marketing is dat deze plaatsvindt tussen bedrijven (en organisaties).

Definitie business marketing

> Business marketing ook wel business-to-business marketing of industriële marketing genoemd, omvat de marketingactiviteiten van een organisatie die gericht zijn op andere organisaties. Dit betreft dus alle marketingactiviteiten die niet gericht zijn op particulieren.

Kijken we naar de bedrijfskolom, dan zien we dat zeer veel producten diverse industriële markten passeren, voordat ze uiteindelijk aan de consument worden verkocht. De omzet op de businessmarkten is dan ook beduidend groter dan die op de consumentenmarkt. De businessmarkt bedraagt in de geïndustrialiseerde landen zo'n 80% van het bnp.

Kenmerken van businessmarkten

Voor de businessmarkten geldt in het algemeen een aantal specifieke kenmerken, waar de marketeer rekening mee dient te houden (uiteraard gelden niet al deze kenmerken even sterk voor elke industriële markt):
- aantal en omvang van de afnemers
- relatie afnemer/aanbieder, reciprociteit
- geografische concentratie
- afgeleide vraag
- sterk fluctuerende vraag
- (relatief) inelastische totale vraag
- professioneel en rationeel inkoopgedrag
- veel betrokkenen bij het inkoopproces.

● www.greenport-zh.nl

Greenport Zuid-Holland

Greenport Zuid-Holland is een sterke en dynamische economische cluster, die haar oorsprong vindt in de nauwe samenwerking en fysieke vervlechting van productie, handel, logistiek, toelevering en kennis.
De nabijheid van de mainports Rotterdam en Schiphol en de grote bevolkingsconcentratie in de randstad zijn voordelen, waardoor de Greenport Zuid-Holland mondiaal een dominante rol kan spelen in de tuinbouw.

Het cluster in Zuid-Holland vertegenwoordigt ca 60% van de totale Nederlandse tuinbouwsector. De belangrijkste aanjagers in Greenport Zuid-Holland zijn het glastuinbouw- en handelscluster voor voedingstuinbouw en sierteelt (Greenport Westland-Oostland, waaronder ook Zuidplas en Barendrecht), het cluster voor de boomkwekerij (Greenport regio Boskoop) en het bollencluster (Greenport Duin- en Bollenstreek).

Aantal en omvang van de afnemers

Klein aantal afnemers van grote omvang

Het aantal afnemers is relatief gering, terwijl de omvang van de bedrijven die afnemen relatief groot is. Dat wil allereerst zeggen dat er weinig klanten zijn en dat er niet veel klanten meer bij komen, tenzij van de concurrent.

Daarnaast zijn de klanten groot qua omzet en/of het aantal personeelsleden, vaak regionaal en steeds meer ook internationaal gespreid en zijn zij vaak (een onderdeel van) internationale concerns. Soms vertegenwoordigen enkele klanten meer dan driekwart van de markt, zodat de vraag sterk geconcentreerd is. De vaak grote ondernemingen en overheden beschikken veelal over enorme inkoopbudgetten.

Relatie afnemer/aanbieder
De relatie tussen de afnemer en de aanbieder is vaak langdurig en tweezijdig (reciprociteit). Dat betekent dat ze al heel lang zaken met elkaar doen (en dus naar tevredenheid) en daarbij veelal zowel klant als leverancier zijn.

Relatie langdurig en tweezijdig

> Reciprociteit is een situatie waarbij leverancier en afnemer over en weer producten van elkaar afnemen.

Definitie reciprociteit

Geografische concentratie
Een deel van de afnemers is verspreid over de hele wereld, vooral als het gaat om een zeer specialistisch product op een smalle markt, zoals de pneumatische deuren voor trein en metro. Wanneer het bijvoorbeeld een algemeen product op een brede markt betreft kan de markt geografisch sterk *geconcentreerd* zijn, zoals een automatiseringsadviesbureau in een industriegebied of een kopieershop in een studentenstad. Evenals de afzetmarkt kan ook de productiemarkt sterk geconcentreerd zijn in veelal historisch bepaalde gebieden door de aanwezigheid van grondstoffen, transportmogelijkheden of kennis. Voorbeelden daarvan zijn de Rotterdamse haven, het Ruhrgebied en Silicon Valley.

Afgeleide vraag
In de businessmarkt is sprake van een afgeleide vraag. Dat wil zeggen dat de industriële vraag afgeleid is van de consumentenvraag.

> De afgeleide vraag is de vraag naar producten door organisaties, die ontstaat als gevolg van de vraag van consumenten (finale afnemers) naar een bepaald product.

Definitie afgeleide vraag

Er bestaat dus indirect een relatie met de finale vraag van de consument.

Sterk fluctuerende vraag
Een probleem is, dat veranderingen in de consumentenvraag niet direct, maar sterk vertraagd en soms versterkt doorwerken. Daardoor worden marktvoorspellingen bij in- en verkoopsituaties ernstig bemoeilijkt. Toen de bierbrouwerijen bijvoorbeeld overschakelden van de pijpjes naar de euroflessen, betekende dat zowel extra orders voor de glasindustrie als voor de leveranciers van kratten. Ook het productieproces, de bottelarij, moest aangepast worden. Dit vereist de nodige planning. De toeleveranciers van flessen en kratten kunnen niet tegelijk voor alle bierfabrikanten deze eenmalige grote orders verwerken. Het is duidelijk dat de afgeleide vraag moeilijk voorspelbaar is en in omvang sterk kan fluctueren.

(Relatief) inelastische totale vraag
Een inelastische vraag betekent dat bij een prijsverhoging van een bepaald product met bijvoorbeeld 10%, de vraag naar dat product met minder dan 10% daalt (zie ook paragraaf 17.3). In het algemeen is op businessmarkten de totale vraag minder elastisch dan de vraag naar een specifiek merk.

HET ONVOORSPELBARE VAN DE AFGELEIDE VRAAG

Het onvoorspelbare karakter van de afgeleide vraag heeft gevolgen voor een aantal marketingaspecten:

- Het marktonderzoek moet sterk gericht zijn op de eindgebruiker, omdat de samenhang met de consumentenvraag in kaart gebracht moet worden. Wat is bijvoorbeeld het effect van het streven naar gewichtsverlaging door het gebruik van meer kunststof onderdelen in de autobranche voor de aanbieders van plaatstaal?
- De gekozen product-marktcombinaties moeten zowel samenhangen qua technologie als qua afzetkanalen en gespreid zijn over diverse afnemers, zodat de risico's ook gespreid worden. Mogelijk zou in voorgaand voorbeeld Tata Steel zich kunnen richten op andere gebruikers van plaatstaal (marktontwikkeling) of op het produceren van kunststofgranulaat (productontwikkeling) door fusie of overname of verdere diversificatie van product-marktcombinaties.
- De communicatie met de markt (afnemers, leveranciers, concurrenten, overheid en consumenten) moet onverminderd doorgaan, ook al loopt de omzetontwikkeling of conjunctuur terug. Ook het verkoopapparaat moet niet direct ingekrompen worden om toekomstige orders bij herstel van de conjunctuur niet te hoeven missen of om andere meerbelovende markten aan te kunnen boren.
- In de businessmarkt is een kort kanaal belangrijk om de verticale informatie in de bedrijfskolom snel heen en weer te kunnen spelen, bijvoorbeeld via fax of internet. Dit is vooral van belang om snel te kunnen ingrijpen bij prijsveranderingen, klachten of specificatiewijzigingen van klanten verderop in de bedrijfskolom.
- Een stabiel prijsbeleid is gebruikelijk in de oligopolistische businessmarkt. Dat houdt in dat in perioden van hoogconjunctuur de prijzen wat hoger mogen zijn – deze worden immers toch doorberekend - teneinde een reserve op te bouwen voor slechtere tijden. In een laagconjunctuur staan de prijzen, zeker bij een overcapaciteit, onder druk en is het beter met verlies te leveren dan helemaal niet.

Als een fietsenfabrikant zijn dynamo's normaliter van een bepaald merk koopt, zal hij bij prijsverhoging van dat merk wellicht kunnen uitwijken naar alternatieven.

De vraag naar dat merk zal dan elastisch zijn. Maar de fietsenfabrikant blijft toch dynamo's kopen, want anders kan hij geen fietsen afleveren.

Dat betekent dat de totale vraag, ondanks een prijsverhoging bij een of meer aanbieders, niet of nauwelijks minder wordt.

Professioneel en rationeel inkoopgedrag

Rationeel koopgedrag

In het algemeen wordt op businessmarkten professioneel ingekocht, wat duidt op een grotendeels rationeel koopgedrag, dat gebaseerd is op technische en economische motieven. Er zijn vaak grote bedragen mee gemoeid, waarvoor alle bij het inkoopproces betrokken medewerkers gezamenlijk verantwoordelijk zijn. Het inkoopproces is complex, waarbij ook emotionele aspecten een rol spelen als gevolg van de gedwongen samenwerking met mensen met andere belangen en motieven. Bestaande procedures, of juist het ontbreken ervan, kunnen de bewegingsruimte van een industriële inkoper danig beperken.

Veel betrokkenen bij het inkoopproces

De verantwoordelijkheid voor het inkoopgebeuren ligt bij een inkoopgroep, waarbij diverse functionarissen uit de organisatie betrokken kunnen worden.

Deze vaak per aankoop van samenstelling wisselende inkoopgroep, wordt ook wel koopcentrum of decision making unit (DMU) genoemd. In de volgende paragraaf komen we hier nog uitgebreid op terug.

Vaak wordt er een bewuste rationele keuze gemaakt wat betreft het aantal leveranciers van een bepaald goed of dienst. Het voordeel van slechts één leverancier (single sourcing) is onder andere dat vaak kwantumkorting kan worden bedongen. Als nadeel geldt in dat geval echter, dat we van die leverancier afhankelijk zijn. Als die ene leverancier niet meer wil of kan leveren, moeten we snel naar een andere leverancier kunnen overschakelen. Of dat gemakkelijk kan, hangt van de specifieke situatie af. Vanwege dit nadeel wordt soms structureel voor twee of meer leveranciers (multiple sourcing) gekozen.

Koopcentrum of decision making unit (DMU)

Een overzicht van de verschillen tussen de consumentenmarkt en de businessmarkt wordt in tabel 27.1 gegeven.

TABEL 27.1 Verschillen consumentenmarkt en businessmarkt

	Consumentenmarkt	Businessmarkt
Aantal afnemers/ behoeften	• groot aantal gezinnen • elk gezin grotendeels dezelfde behoeften	• relatief klein aantal vragers • veelal specifieke behoeften
Koopmotief	• bevrediging van persoonlijke behoeften	• behoeften mede gericht op grote(re) efficiëntie
Koophoeveelheid	• per aankoop veelal weinig; vaak enige voorraadvorming	• per aankoop hoge waarde en/of grote hoeveelheden
Koopgedrag	• mogelijk emotionele invloeden	• voornamelijk rationele benadering
Woon/vestigingsplaats afnemers	• gezinnen wonen geografisch gespreid	• veelal geconcentreerd; gemeentelijke industriegebieden
Beslissingstijd	• kort	• veelal lang(er)
Koopgebied	• binnen enge grenzen	• onbegrensd; vaak internationaal
Verpakking	• in kleine hoeveelheden • draagt (vaak) bij in koopproces	• in grote hoeveelheden • is functioneel tegen beschadiging en diefstal
Prijsverloop	• veelal geleidelijk	• veelal grote fluctuaties (wereldmarkt)
Product	• meestal eenvoudig te gebruiken; zo niet, dan uitgebreide handleiding, ontwikkeling onafhankelijk	• veelal technisch gecompliceerde ontwikkeling, vaak in nauw overleg met afnemers
Distributie	• lang: (veelal) via grossier en detaillist	• kort: (veelal) directe levering
Verkoop	• vaak geen persoonlijke verkoop (zelfbediening)	• nagenoeg uitsluitend door specialisten

Segmentatie in businessmarkten

In businessmarkten zijn de segmentatiecriteria die in consumentenmarkten worden gehanteerd uiteraard niet bruikbaar. In de businessmarkt is daarom meestal sprake van macrosegmentatie en microsegmentatie.

Bij macrosegmentatie wordt als eerste stap in de segmentatieprocedure de totale markt opgedeeld in afnemersgroepen met gemeenschappelijke karakteristieken die niet direct aan het koopgedrag gerelateerd zijn. Dit zijn bijvoorbeeld grootte, locatie of SBI-code. Ieder bedrijf dat zich inschrijft in het Handelsregister krijgt een SBI-code. Deze code geeft aan wat de belangrijkste activiteit van een bedrijf is. SBI staat voor Standaard Bedrijfsindeling 2008 en is opgesteld door het Centraal Bureau voor de Statistiek (CBS). Het gebruikt dit om bedrijven in te delen naar hun hoofdactiviteiten. Ook de

Kamers van Koophandel maken tegenwoordig gebruik van de SBI-code (vroeger: de BIK-code). We geven een voorbeeld van deze codering:

01	Landbouw, jacht en dienstverlening voor de landbouw en jacht
011	Teelt van eenjarige gewassen
0111	Teelt van granen, peulvruchten en oliehoudende zaden
0113	Teelt van groenten en wortel- en knolgewassen
011301	Teelt van groenten en champignons
011302	Teelt van aardappels, suikerbieten en overige wortel- en knolgewassen

Bij microsegmentatie worden de macrosegmenten verder opgedeeld in subsegmenten. Dat gebeurt op basis van overeenkomsten in aankoopgedrag, de grootte van de decision making unit, de mate van aankoopcomplexiteit enzovoort.

27.2 Industrieel koopproces

Net zoals bij consumenten (zie paragraaf 7.1), wordt in businessmarkten een aantal fasen in het *industrieel aankoopproces* onderscheiden:
1 probleemherkenning en -definitie
2 bepalen van de karakteristieken van de oplossing
3 specificeren van karakteristieken en kwantiteit, keuze orderprocedure
4 selectie van potentiële leveranciers, aanvragen en evaluatie offertes, vendor rating, selectie leverancier, single source, orderafwikkeling en controle, evaluatie leverancier na gebruik en feedback
5 make-or-buy-beslissingen

Het industriële koopproces is vaak zeer complex. Afhankelijk van de mate van complexiteit worden drie koopsituaties onderscheiden, namelijk:

Straight rebuy
- *straight rebuy* (sr), een ongewijzigde heraankoop. Hierbij is meestal sprake van bestellen, waarbij alleen de hoeveelheid varieert.

Modified rebuy
- *modified rebuy* (mr), een situatie waarin een organisatie verkeert als deze weliswaar al eerder een bepaald product heeft aangeschaft, maar zich voor de komende aanschaf opnieuw wenst te oriënteren of enkele wijzigingen wil doorvoeren.

New task buy
- *new task buy* (nt), een situatie waarin een organisatie voor de eerste maal een bepaald goed of bepaalde dienst wil aanschaffen. Hoe groter het daarmee gepaard gaande (financiële) risico, des te complexer en uitgebreider is het aankoopbeslissingsproces.

We behandelen nu eerst deze verschillende koopsituaties. Daarna gaan we na wie er bij het inkoopproces betrokken (kunnen) zijn.

Koopsituaties

Kenmerken van straight rebuy
De sr is een routinematige situatie, waarbij de eisen bekend zijn en er weinig aanvullende informatie nodig is. Er is vaak sprake van een langdurige relatie tussen de bedrijven met veel, vaak positieve ervaringen. In aantal gaat het om meer dan de helft van alle industriële aankopen. Dat betreft bijvoorbeeld het aankopen van leermiddelen door scholen, de wekelijkse of dagelijkse bestellingen bij grossier of fabrikant door de detailhandel, de aankoop van administratieve benodigdheden door kantoren uiteenlopend van papier tot nietjes of het inkopen van bouten, moeren en schroeven door technische bedrijven.

Bij de mr treedt er een behoorlijke verandering op in de koopsituatie: het kan gaan om een ingrijpende productwijziging, maar ook om een gewijzigde leverancierssituatie. Een voorbeeld van het eerste geval is de Audi-fabriek in Ingolstadt, die een andere machine nodig heeft voor de gewijzigde spatborden van de destijds nieuwe Audi A6. Daarvoor wordt in eerste instantie de huidige leverancier van de spatbordenmachines aangezocht. In het tweede geval heeft een concurrent een beter, licht gewijzigd of goedkoper alternatief, of kan de huidige leverancier niet meer of niet genoeg of van onvoldoende kwaliteit leveren. Dan wordt gezocht naar een alternatieve of aanvullende leverancier. Kortom: er treden problemen op; relaties staan onder druk.

Kenmerken van modified rebuy

De kenmerken van deze drie koopsituaties zijn uiteraard verschillend. Bij de nt is er sprake van een geheel nieuwe situatie, zowel voor de aanbieder als voor de afnemer. Er bestaat grote onzekerheid, zowel ten aanzien van de nieuwe relatie als ten aanzien van het te verwachten eindresultaat. Het is voor beide partijen een nieuw probleem met een nog niet geheel bekend eisenpakket. Er is nog veel informatie nodig, zowel technisch, financieel als commercieel. Persoonlijk vertrouwen is onmisbaar. Er staan grote investeringen op het spel. Zo kan DAF Trucks op zoek zijn naar een leverancier van robots, die in staat is een robot met minstens vijf 'handen' voor het assembleren van de versnellingsbak te maken.

Kenmerken van new task buy

Betrokkenen bij de inkoop

Uit verschillende onderzoeken is gebleken, dat bij het inkoopproces diverse functionarissen betrokken zijn. De inkoper kan het niet altijd alleen af. Hij is de contactpersoon tussen de inkopende partij en de verkoper van de leverancier. Naarmate de koopsituatie complexer en dus het risico groter is, worden er meer personen bij de inkoopbeslissing betrokken. Per inkoopsituatie bestaat er een inkoopgroep: de hiervoor al genoemde *decision making unit (dmu)*.

> Een decision making unit (dmu of buying centre) is een tijdelijke of permanente groep personen in een organisatie, die zich bezighouden met de aankoopbeslissing omtrent een bepaald product. De dmu bestaat in het algemeen uit personen afkomstig uit verschillende onderdelen van de organisatie.

Definitie decision making unit

Deze wordt niet altijd formeel samengesteld. De betrokkenheid hangt af van het belang van de desbetreffende functionaris of zijn afdeling en de prioriteit en aandacht die aan de inkoop gegeven worden. In uitzonderlijke situaties wordt de inkoper niet of heel laat bij het inkoopproces betrokken of worden de uiteindelijke gebruikers niet geraadpleegd over de aanschaf van de machines waarmee zij moeten werken.

De ontwikkeling naar een dmu met functionarissen uit verschillende disciplines hangt samen met de ontwikkeling bij de leveranciers, waar de verkoper ook door een team wordt ondersteund. Zo ontstond bij de fabrikanten van consumentenproducten het accountmanagement naar de detaillistenorganisaties toe. Bij de reclamebureaus kwam de account executive, ondersteund door diverse mensen. Ook bij sommige industriële bedrijven deed accountmanagement zijn intrede. De verkoper of accountmanager stelt een team van deskundigen samen met de bedoeling gezamenlijk het product te helpen verkopen, vooral om alle problemen en obstakels uit de weg te ruimen. Immers, de inkoper en verkoper zijn veelal geen technische of financiële deskundigen.

Problem solving unit

Zo'n verkoopondersteuningsteam wordt ook wel problem solving unit (psu) genoemd. De samenstelling moet ongeveer overeenkomen met die van de DMU van de inkopende partij: dezelfde functionarissen van hetzelfde niveau.

Samenstelling van de inkoopgroep (dmu)

Samenstelling van de dmu verschilt naar koopsituatie

In de meest uitgebreide situatie (nt) bestaat de dmu uit de volgende functionarissen: de directie, de productiemanager, een financieel deskundige, de inkoper, de chefs van de betrokken afdeling(en), specialisten (productontwikkeling en productvoorbereiding) en de gebruiker(s). Zijn de risico's van technische aard, dan worden er vooral technici ingeschakeld. Bij commerciële risico's worden ook de financiële en commerciële deskundigen geraadpleegd, dan wel in de inkoopgroep opgenomen. Komen beide soorten risico's voor, dan is de permanente aanwezigheid van iemand van of namens de directie vereist.

Bij de mr- en sr-koopsituaties is de samenstelling van de dmu van geringere omvang. Bij een gewijzigd product zullen de technici worden ingeschakeld en bij een verandering van leverancier de financieel deskundige.
Bij de sr kan de inkoper het vaak alleen af of delegeert hij het bestellen aan de desbetreffende afdeling, maar houdt zelf uiteindelijk ter controle de vinger aan de pols.

Rolbezetting van de inkoopgroep (dmu)
Binnen een dmu kunnen verschillende rollen of manieren waarop functionarissen bij het inkoopproces functioneren, onderscheiden worden. Deze min of meer professionele taakinvulling heeft te maken met aan de ene kant de gevraagde deskundigheid van de persoon en aan de andere kant zijn of haar geldingsdrang.

Gatekeeper

De rol die de inkoper zelf speelt is die van gatekeeper: de contactpersoon die over alle informatie van de leveranciers beschikt en deze al dan niet doorgeeft aan de andere leden van de dmu. Dit hoeft niet altijd de inkoper te zijn. Soms is er ergens in het bedrijf informatie over een leverancier aanwezig, maar komt deze pas later – en soms te laat – beschikbaar aan de dmu.

Initiatiefnemer

De initiatiefnemer (of: initiator) is de persoon die als het ware het balletje aan het rollen brengt en die ervoor zorgt dat er actie wordt ondernomen. De impulsen kunnen van bovenaf van de directeur komen, het kunnen geluiden van de verkoopafdeling zijn, ideeën van de werkvloer of er kan gewoon sprake zijn van vervanging van versleten machines en aanvulling van de verbruikte grond- en hulpstoffen.

Beïnvloeder

De beïnvloeder van binnen of buiten de onderneming is iemand die óf op basis van deskundigheid óf op basis van macht invloed uitoefent op het koopproces. Hij stuurt de beslissingen in een bepaalde richting door zich voor of tegen leveranciers of producteisen uit te spreken. Voorbeelden zijn de externe adviseur of de expert van TNO.

Adviseur

De adviseur draagt bij aan de besluitvorming door te adviseren over specifieke aspecten van het aan te schaffen product. Zo wordt bij de keuze van een (nieuw) reclamebureau vaak een externe adviseur ingehuurd. Ook door de overheid worden regelmatig externe adviseurs ingezet. Het verschil met de beïnvloeder is, dat de adviseur officieel voor deze taak is aangesteld en voor zijn adviesrol wordt betaald.

Beslisser De beslisser is de persoon die de bevoegdheid heeft gekregen om een bepaalde hoeveelheid geld uit te geven. Als dit niet geregeld is, komen alle aanvragen op het bureau van de directeur. Deze is dan wel van elke uitgave op de hoogte, maar het gevaar bestaat dat hij zich te veel met de kleinigheden bemoeit en zich te weinig met zijn eigenlijke werk bezighoudt. Meestal wordt er een bepaald budget voor voorspelbare aanschaffingen vastgesteld. Daarbinnen kunnen de inkoper of de desbetreffende afdeling hun gang gaan. De uiteindelijke beslissing gaat natuurlijk niet alleen over het te besteden bedrag, maar ook over de keuze van de leverancier en de definitieve vaststelling van het aan te schaffen product. Dit is zo mogelijk een unanieme beslissing in de dmu, met een iets zwaardere stem en soms het vetorecht van de directie.

Koper De koper is degene die daadwerkelijk de koopdaad verricht. Meestal is dat de inkoper zelf, maar ook wordt dit wel gedaan door andere functionarissen van het bedrijf door bijvoorbeeld een bonnensysteem. Zo kon er gemakkelijk bij het Rijksinkoopbureau (RIB) besteld worden door verspreid over het land liggende afdelingen. Het ministerie werd belast. (Inmiddels is het Rijksinkoopbureau geprivatiseerd en omgedoopt tot het Nederlands Inkoopcentrum, het NIC.)

Gebruiker Eigenlijk de belangrijkste persoon in het koopproces is de gebruiker. Deze zal met het gekochte moeten werken. Als hij iets op het product heeft aan te merken, is de beslissing verkeerd genomen. Zo zijn er wel eens vrachtwagens retour leverancier gegaan met collegebanken en leerlingensets (tafeltjes en stoeltjes), omdat die te klein waren voor de steeds maar langer wordende Nederlandse student.

Bij bedrijven – evenals in een gezin – is het natuurlijk mogelijk dat één persoon meer rollen vervult. Dit komt vooral voor in kleinere bedrijven zonder de specifieke functie van inkoper. Daarentegen functioneert in grote bedrijven vaak meer dan één inkoopgroep.

Samenvatting

- *Business marketing (business-to-business marketing, b-to-b of b2b)* omvat de marketingactiviteiten die niet gericht zijn op particulieren, maar op organisaties.
- *Karakteristieken*: aantal en omvang afnemers, reciprociteit, geografische concentratie, afgeleide vraag, sterk fluctuerende vraag, (relatief) inelastische totale vraag, professioneel en rationeel inkoopgedrag, veel betrokkenen bij inkoopproces (dmu).
- Bij het *industrieel koopproces* drie koopsituaties: *straight rebuy, modified rebuy* en *new task buy*.
- Bij de *decision making unit* (dmu) de volgende *rollen*: gatekeeper, initiatiefnemer, beïnvloeder, adviseur, beslisser, koper en gebruiker.
- Tegenover de dmu bij de inkopende organisatie staat aan de verkoopkant vaak een *problem solving unit* (psu).
- Andere segmentatie dan op consumentenmarkten: eerst *macrosegmentatie* en vervolgens *microsegmentatie*.

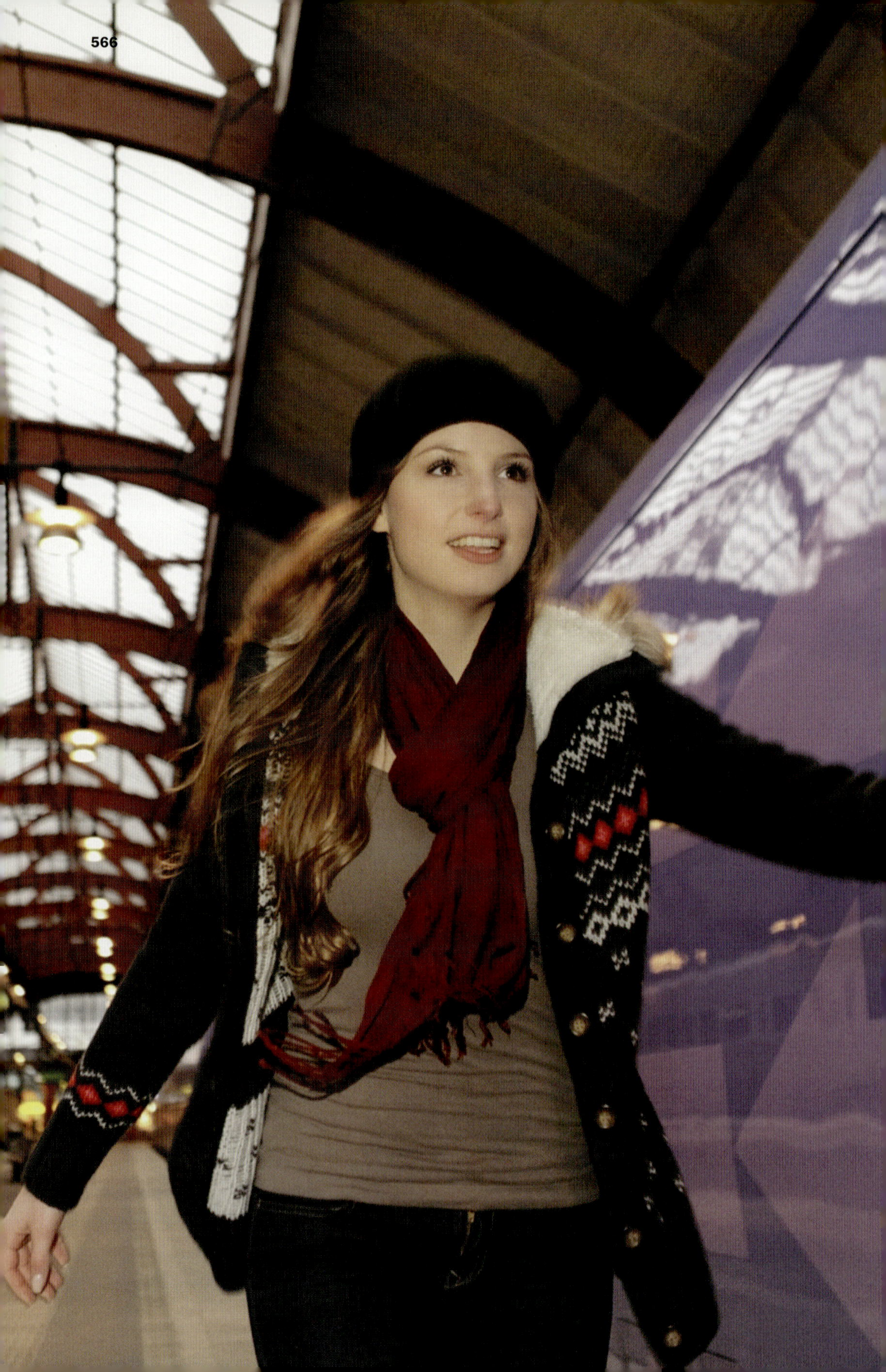

28
Dienstenmarketing en non-profitmarketing

28.1 Kenmerken van diensten
28.2 Dienstverleningsproces
28.3 Classificaties van diensten
28.4 Marketingbeleid voor diensten
28.5 Non-profitmarketing
28.6 Classificatie van organisaties

Het raadplegen van een advocaat, het bezoeken van een café, het aangaan van een verzekeringsovereenkomst, het inhuren van een babysitter, het ontvangen van een hypotheekadvies en het laten repareren van een fiets zijn slechts enkele voorbeelden van diensten zoals we die met regelmaat gebruiken. De marketing in de dienstensector vertoont weliswaar overeenkomsten, maar ook belangrijke verschillen met die van goederen. Kennis hierover is van groot belang, want ruim de helft van de economische bedrijvigheid in Nederland bestaat uit commerciële diensten, zoals handel, vervoer, horeca, zakelijke en financiële dienstverlening, en informatie en communicatie.
In dit hoofdstuk bespreken we eerst de kenmerken van diensten (paragraaf 28.1) om vervolgens in paragraaf 28.2 een beschrijving te geven van het dienstverleningsproces. Ook besteden we aandacht aan de wijze waarop diensten kunnen worden ingedeeld (paragraaf 28.3). In paragraaf 28.4 bespreken we in vogelvlucht het vermarkten van diensten. Daar non-profitmarketing vaak dienstenmarketing is, behandelen we deze bijzondere vorm van marketing ook in dit hoofdstuk.
In paragraaf 28.5 gaan we in op de doelstellingen van non-profitmarketing en besteden we aandacht aan de manier waarop dit soort organisaties hun middelen verkrijgt. Dat daarbij sprake is van een grote mate van diversiteit in organisaties, blijkt uit paragraaf 28.6.

28.1 Kenmerken van diensten

Diensten verschillen van goederen voor wat betreft de manier waarop de prestatie wordt geleverd en de behoeftebevrediging plaatsvindt. Bij een goed wordt de prestatie geleverd door een tastbaar voorwerp. Bij diensten wordt de prestatie geleverd door een kortere of langere reeks van activiteiten die plaatsvinden als een interactieproces tussen dienstaanbieder en dienstafnemer.

Definitie dienst

> Een dienst is een ontastbare en relatief snel vergankelijke activiteit, waarbij tijdens de interactieve consumptie directe behoeftebevrediging centraal staat en er geen materiële bezitsvorming wordt nagestreefd.

Uit deze definitie vloeit een aantal verschillen voort tussen goederen en diensten (zie figuur 28.1). Deze verschillen worden meestal aangeduid als de basiskenmerken van diensten. In hoeverre deze verschillen een gradueel dan wel een essentieel karakter hebben, is afhankelijk van het type dienst. Als belangrijke kenmerken van diensten worden meestal de volgende vier aspecten beschouwd: ontastbaarheid, vergankelijkheid, moeilijk te standaardiseren en samenvallen van productie en consumptie.

Ontastbaarheid (intangibility)

Een dienst is ontastbaar

Diensten zijn abstracte producten in die zin, dat deze voorafgaand aan de aankoop niet kunnen worden gezien, aangeraakt, geproefd enzovoort. We zeggen ook wel dat diensten immaterieel zijn. Alleen de materiële elementen die gebruikt worden in het dienstverleningsproces kunnen worden waargenomen. Naarmate een dienst ontastbaarder is, naarmate er dus minder materiële elementen aan de dienst verbonden zijn, is de onzekerheid bij de (potentiële) afnemers over de kwaliteit veelal groter. Zal de nog te verrichten prestatie wel overeenkomen met de verwachtingen?
Om deze onzekerheid te verminderen, zullen afnemers naar bewijs zoeken van de kwaliteit van de dienst. De aanbieder heeft dus de taak het ontastbare tastbaar te maken. Dat kan op allerlei manieren: de plaats van verkoop (exterieur en interieur van de bank), mensen (hulpvaardigheid enzovoort), hulpmiddelen (geavanceerde internetsite), communicatiemateriaal (folder enzovoort), symbolen (ABN AMRO, De Bank), prijzen (€5 vergoeding bij lang wachten).

Vergankelijkheid (perishability)

Een dienst is vergankelijk

Wanneer een fysiek product niet wordt afgenomen, kan het in het magazijn worden opgeslagen en later alsnog worden verkocht. Wanneer er echter op een bepaald moment geen gebruik gemaakt wordt van een dienst, is die dienst verdwenen. De niet-bezette stoelen in een vliegtuig leveren niets op, en als een managementconsultant enkele uren niets te doen heeft, kunnen die onbenutte uren daarna ook nooit meer iets opleveren. In tegenstelling tot fysieke producten kunnen diensten niet op voorraad geproduceerd worden. Diensten zijn dus vergankelijk. Er is geen voorraadvorming mogelijk. Dienstverleners zullen de vraag en het aanbod op elkaar af moeten stemmen door beide te sturen. Vooral als de vraag aan sterke schommelingen onderhevig is, zien ondernemingen zich genoodzaakt tot het nemen van maatregelen die aangeduid worden met de algemene noemer van capaciteitsmanagement.

Capaciteitsmanagement

Kort gezegd gaat het hierbij om maatregelen die ofwel de vraag, ofwel het aanbod beïnvloeden. Een overzicht van de belangrijkste maatregelen wordt in tabel 28.1 gegeven.

TABEL 28.1 Overzicht van de belangrijkste vormen van capaciteitsmanagement

Beïnvloeding van het aanbod	Beïnvloeding van de vraag
• inzetten van parttime medewerkers	• toepassen van prijsdifferentiatie
• maximeren van de efficiëntie	• ontwikkelen van vraag buiten piekperioden
• vergroten van participatie door de klant	• toevoegen van complementaire diensten
• gezamelijk gebruikmaken van capaciteit	• gebruikmaken van een reserveringssysteem
• anticiperen op expansie	

De in de linkerkolom opgesomde maatregelen hebben de bedoeling het aanbod van de dienst te beheersen. Dit wordt in het kader van capaciteitsmanagement aanbodbeheersing (level capacity strategy) genoemd: het aanbod wordt verruimd. Dit in tegenstelling tot beïnvloeding van de vraag (chase demand strategy), waarbij de vraag gestuurd wordt.

Wat het capaciteitsprobleem betreft, is het uiteraard de eenvoudigste oplossing om de capaciteit aan te passen aan de maximale vraag. Een dergelijke maximale capaciteit zal echter in de meeste gevallen niet gebruikt worden. Er ontstaat dan gedurende langere tijd overcapaciteit en dus onderbezetting. Om de kosten van een dergelijke overcapaciteit te vermijden, wordt vaak gekozen voor het aanhouden van een optimale capaciteit die lager ligt dan de maximale capaciteit. Hierbij wordt een evenwicht gezocht tussen enerzijds de lagere kosten en anderzijds de hogere kosten vanwege onder andere irritatie bij de afnemers ('Er zijn nog tien wachtenden vóór u.') en het inhuren van extra capaciteit bij piekbelasting.

De vergankelijkheid van het aanbod: vorige trein gemist, te laat op je afspraak

Moeilijk te standaardiseren (variability)

Geen kwaliteitstandaards vast te stellen

Het produceren van een dienst vindt pas plaats op het moment dat een consument er expliciet om vraagt. Daarbij spelen in vrijwel alle gevallen mensen een centrale rol, waardoor het bijna onmogelijk is een kwaliteitsstandaard vast te stellen. Wanneer een hostess overbelast is door de vele netelige vragen van vakantiegangers, kan ze daardoor geïrriteerd raken en onbeleefd worden, met als gevolg dat de kwaliteit van haar product vermindert. De mentale toestand van de hostess is aan wisselingen onderhevig, zodat ook de kwaliteit niet constant is.

Dienstverleners kunnen drie stappen nemen om het kwaliteitsprobleem aan te pakken. Zij kunnen investeren in werving en training, het dienstverleningsproces in de organisatie standaardiseren (denk aan protocollen in ziekenhuizen) en klanttevredenheid monitoren. Een goed voorbeeld van standaardisering van producten en processen zijn de fastfoodrestaurants van McDonald's.

Samenvallen van productie en consumptie (inseperability)

Geen voorraadvorming mogelijk

Diensten kunnen niet op voorraad gehouden worden, omdat ze pas worden geproduceerd op het moment dat de consument ernaar vraagt. Vrijwel tegelijkertijd wordt de gevraagde dienst door de consument ook geconsumeerd. Bijvoorbeeld: een popgroep in een discotheek produceert (het maken van muziek) terwijl het jonge publiek tegelijkertijd consumeert (het luisteren naar muziek). Dit betekent dat er bijna altijd sprake is van rechtstreeks contact tussen dienstverlener en vaak ook inbreng van de afnemer in het dienstverleningsproces.

Bij diensten bestaat altijd op één of meer momenten tijdens het dienstverleningsproces rechtstreeks contact tussen de dienstaanbieder en de dienstafnemer.

Een dienst is dus persoonsgebonden. Daarbij zijn langdurige (vertrouwens)relaties en relatiebeheer veelal kenmerkend. Het contactpersoneel van de dienstverlenende organisatie speelt daarom een essentiële rol.

Die rechtstreekse relatie krijgt overigens tegenwoordig steeds meer invulling door schriftelijke communicatie (insturen van antwoordcoupon), via internet (telebanking) en de telefoon ('een ogenblik geduld alstublieft, al onze medewerkers zijn op dit moment in gesprek.').

Grote afnemersparticipatie

We hebben gezien dat de productie van een dienst pas plaatsvindt op het moment dat de consument erom vraagt. Daarbij geeft de consument vaak aan hoe het product eruit moet zien. De producent en de productie zijn dus afhankelijk van de wensen en de uitingen van de afnemer. Een reclamemaker kan pas een goed voorstel voor een reclamecampagne ontwikkelen als de opdrachtgever een juiste en volledige briefing heeft gegeven. De afnemer heeft dus een grote inbreng in het dienstverleningsproces en bepaalt mede de kwaliteit van de dienst. Met andere woorden: de afnemer produceert in feite mee. Een en ander impliceert onder meer dat diensten in belangrijke mate mensenwerk zijn, wat veelal leidt tot de al genoemde niet-constante kwaliteit van de prestaties. Dienstverleners kunnen inspelen op dit vierde aspect van diensten door te leren met grotere groepen te werken, meer aandacht te geven aan dienstverlening en vertrouwen bij de klant op te bouwen.

28.2 Dienstverleningsproces

Het dienstverleningsproces kunnen we zien als een gezamenlijke activiteit van dienstverlener en cliënt, de consument of dienstafnemer, met als doel een prestatie te leveren die voorziet in de behoefte van de cliënt. Binnen het dienstverleningsproces kunnen we twee componenten onderscheiden, namelijk de front office en de back office.

Voor de consument is in het algemeen het dienstverleningsproces maar ten dele zichtbaar. De afnemer heeft in het algemeen te maken met de front office. Dat is dat gedeelte van de organisatie waarin de medewerkers directe contacten onderhouden met de afnemers. Voorbeelden zijn het baliepersoneel van een bank, de rij-instructeur, de ober in het restaurant en de telefoniste. De front office heeft behalve de commerciële functie ook een uitvoerende en producerende taak. Dienstverleners in de front office moeten dan ook deskundig zijn ten aanzien van de uitvoerende taken en over contactuele en commerciële vaardigheden beschikken.

Dienstverleningsproces
Front office

De elementen van een dienst waarmee de consument niet in contact komt, wordt de back office genoemd. Hierbij kunnen we bijvoorbeeld denken aan de keuken van een restaurant waar de maaltijden door de koks bereid worden of aan de inspectie door een touroperator van de touringcars die ingezet worden voor busvakanties naar buitenlandse bestemmingen.

Back office

Er kan pas sprake zijn van goede dienstverlening als de front office en de back office goed op elkaar zijn afgestemd. Daarbij kunnen drie uitgangspunten worden onderscheiden:
- *De beschikbaarheidsfunctie.* De back office dient ervoor te zorgen dat de relevante elementen van het dienstverleningsproces, die noodzakelijk zijn voor het front-officeproces, in gebruikers- en afnemersvriendelijke vorm worden aangeboden.
- *De toegankelijkheidsfunctie.* De back office dient optimaal toegankelijk te zijn voor het front-officemanagement, opdat een optimale ondersteuning wordt geboden bij de verkoop van diensten.
- *De logistieke functie.* De back office moet voorwaarden scheppen waarbinnen een doeltreffende en snelle verwerking van informatie mogelijk is. Immers, de productiefunctie waarmee het back-officeproces zich bezighoudt, bestaat uit het verwerken van informatie. Daarop dienen logistieke principes te worden toegepast, namelijk het bevorderen van de effectiviteit en de efficiëntie van het informatieproductieproces.

Aansluiting back office en front office

28.3 Classificaties van diensten

De dienstensector bestaat uit een grote verscheidenheid aan diensten. Daarnaast is ook sprake van een heterogene groep van dienstaanbieders. In de eerste plaats kunnen we binnen de dienstensector een onderscheid maken tussen commerciële en niet-commerciële dienstverlening. De commerciële dienstverlening noemen we ook wel de tertiaire sector, waarbij de prijs bepaald wordt door het mechanisme van vraag en aanbod. Hierbij kunnen we denken aan reparatiebedrijven, computerservicebedrijven, de horeca, banken en verzekeringsmaatschappijen. De niet-commerciële dienstverlening wordt ook wel de quartaire sector genoemd. Hier wordt de

Niet-commerciële dienstverlening
Commerciële dienstverlening

prijs meestal bepaald door andere dan marktfactoren. We spreken ook wel van de non-profitsector (zie paragraaf 28.5). Hier zullen we ons uitsluitend bezighouden met de commerciële dienstverlening. Diensten kunnen op vier manieren worden ingedeeld, en wel naar:

- de aard van de afnemer (consumenten- en zakelijke diensten)
- de aard en functie van de dienst (kennis/kunde-, uitbestedings- en facilitaire diensten)
- de mate van ontastbaarheid (zeer ontastbare, tamelijk ontastbare en tamelijk tastbare diensten)
- de aard van het productieproces (mens-, machine- en systeemgebonden diensten).

Indeling naar de aard van de afnemer

Het eerste onderscheid dat we binnen de commerciële dienstverlening kunnen maken, is dat naar de aard van de afnemer.

Consumentendiensten
- *Consumentendiensten* zijn in belangrijke mate afhankelijk van het koopgedrag van de consument, dat onder meer wordt beïnvloed door de hoogte van zijn besteedbare inkomen, de beschikbare vrije tijd en de wijze van tijdsbesteding. Voorbeelden van consumentendiensten zijn diensten die geleverd worden door kappers, schoonheidssalons, horeca-etablissementen, garagebedrijven, recreatiebedrijven, pretparken, banken, verzekeringsmaatschappijen, uitzendbureaus, fitnesscentra, sportscholen en wasserettes.
- *Zakelijke diensten* worden vooral aangeboden op de businessmarkt. De afnemers zijn meestal andere bedrijven, organisaties of instellingen. Voorbeelden van zakelijke diensten zijn adviesdiensten van allerlei bedrijfsadviseurs, architecten enzovoort.

Indeling naar aard en functie van de dienst

Deze indeling heeft weliswaar een relatief karakter, maar daarnaast ook belangrijke gevolgen voor het marketingbeleid. Wij onderscheiden namelijk:

Kennis- en kundediensten
- *Kennis- en kundediensten.* Het leveren van specifieke vakinhoudelijke kennis (bijvoorbeeld door een adviesbureau) of kunde (bijvoorbeeld door een chirurg) staat hierbij centraal. Deze diensten worden veelal door specialisten aangeboden, zodat het vaak om het leveren van maatwerk gaat. Dat is niet het geval bij de twee andere soorten diensten die meestal meer gestandaardiseerd zijn. Soms is er sprake van diensten waarbij zowel kennis als kunde een rol speelt, zoals bijvoorbeeld in een opleiding voor de horeca.

Uitbestedingsdiensten
- *Uitbestedingsdiensten.* Bij dit soort diensten is het overnemen van activiteiten die de afnemer in principe ook zelf zou kunnen uitvoeren, de primaire functie. Om economische, technische en emotionele redenen worden bepaalde activiteiten zoals schoonmaak (van kantoren), reparatie (van machines) en onderhoud (van machines en gebouwen) uitbesteed. De aanbieders van deze diensten zijn in belangrijke mate afhankelijk van de bedrijfsactiviteiten van de afnemers. De conjunctuur is hierop van grote invloed. In tijden van recessie zal minder uitbesteed worden dan in tijden van hoogconjunctuur.

Facilitaire diensten
- *Facilitaire diensten* worden ook wel infrastructurele diensten genoemd. Voor de voortbrenging van dit soort diensten moeten grote investeringen worden verricht en voor de afnemer hebben facilitaire diensten het karakter van een voorziening. Denk bijvoorbeeld aan de diensten van telecommunicatiebedrijven, de waterleidingbedrijven, luchtvaartmaatschappijen en banken.

Indeling naar de mate van ontastbaarheid
De grens tussen goederen en diensten is niet altijd even scherp te trekken. Niet alleen goederen, maar ook diensten bevatten zowel materiële (concrete, tastbare) als immateriële (abstracte, ontastbare) elementen. Daarom worden zeer ontastbare, tamelijk ontastbare en tamelijk tastbare diensten onderscheiden.
De producten en diensten die door de diverse branches worden voortgebracht, kunnen worden geplaatst op een zogenoemd goederen/dienstencontinuüm.
Adviesdiensten kunnen als zeer ontastbaar gezien worden, een treinreis als een tamelijk ontastbare dienst en het serveren van een hamburger als een tamelijk tastbare dienst. Het goederen/dienstencontinuüm werd al besproken in paragraaf 14.3.

Indeling naar de aard van het productieproces
Afhankelijk van de aard van het productieproces kunnen de volgende diensten worden onderscheiden:
- *Mensgebonden diensten.* Dit zijn diensten die voor een groot deel worden voortgebracht door mensen en niet door machines. Hierbij kunnen we denken aan kappers, advocaten, belastingconsulenten enzovoort. — **Mensgebonden diensten**
- *Systeemgebonden diensten.* Dit zijn diensten waarvan het voortbrengingsproces voor een belangrijk deel zowel afhankelijk is van mensen als van machines. Kenmerkend voor systeemgebonden diensten is de relatie tussen front office en back office. Gedacht kan worden aan horeca, banken en dergelijke. — **Systeemgebonden diensten**
- *Machinegebonden diensten.* Dit zijn diensten die voor een groot deel worden voortgebracht door machines en niet door mensen. Voorbeelden zijn betaalautomaten en bepaalde drukkerijen. — **Machinegebonden diensten**

28.4 Marketingbeleid voor diensten

De genoemde kenmerken van diensten, zoals ontastbaarheid, rechtstreeks contact en klantenparticipatie zijn op velerlei manieren van invloed op het marketingbeleid. Ook bij dienstverlening vinden de eerder in dit boek beschreven marketingactiviteiten – met als uitgangspunt het marketingconcept – gewoon hun toepassing. De marketing van diensten is dus gewoon marketing. Vanwege de specifieke eigenschappen van een dienst worden de onderscheiden marketinginstrumenten echter soms iets anders ingevuld. We zagen ook al, dat bij diensten een vijfde marketinginstrument, personeelsbeleid, een belangrijke rol speelt. Hierna bespreken we hoe de verschillende marketinginstrumenten bij de marketing van diensten een aangepaste invulling moeten of kunnen krijgen. Achtereenvolgens komen het productbeleid, het distributiebeleid, het prijsbeleid, het communicatiebeleid en het personeelsbeleid aan de orde.

Productbeleid
Het productbeleid van ondernemingen in de dienstensector is, naast de gebruikelijke productgerelateerde beslissingen – zoals het bepalen van de samenstelling van het assortiment – vooral te karakteriseren als procesmanagement. — **Procesmanagement**

In verband hiermee wordt in de marketingmix van diensten vaak nog een zesde instrument ('P') genoemd, naast de bekende vier P's en personeelsbeleid, namelijk procesmanagement.

De kwaliteit van de dienstverlening wordt bepaald door het overeenkomen van de verwachtingen van de klant met de prestatie die door de aanbieder wordt geleverd. Het beïnvloeden van de kwaliteit kan dus plaatsvinden door het beïnvloeden zowel van de verwachtingen als van de prestaties. Naast de *kerndienst* kan daarbij de *ondersteunende dienst* een belangrijke rol spelen. Dit is bijkomende dienstverlening bij het tot stand komen van de kerndienstverlening.

Bijvoorbeeld bij een luchtvaartmaatschappij kan de kerndienst geformuleerd worden als vervoer door de lucht van goederen en personen. Ondersteunende diensten kunnen dan zijn: verzorging van de tickets, verwerking van bagage, catering en het boeken van hotels of van huurauto's.

Tot de belangrijkste beslissingen op het gebied van het productbeleid behoren de verdere uitwerkingen van de strategische keuzes over de mate van participatie door de afnemers, de mate van standaardisatie enzovoort. Het personeel, vooral het contactpersoneel, speelt bij dit alles een bijzonder belangrijke rol.

Distributiebeleid

De aard van de interactie tussen dienstaanbieder en -afnemer bepaalt in belangrijke mate hoe aan de distributie van diensten vorm gegeven kan worden. Varianten zijn:
- de afnemer gaat naar de dienstverlenende organisatie.
- de dienstverlenende organisatie komt naar de afnemer.
- de interactie vindt plaats via postale of elektronische media.

Als bij de eerste variant de organisatie slechts over één vestiging beschikt, kunnen we nauwelijks van distributie spreken. De derde variant betekent dat gebruikgemaakt wordt van direct marketing.

Een bekend voorbeeld hiervan is de zogeheten direct-writing methode die door enkele verzekeringsmaatschappijen wordt gehanteerd, zoals Centraal Beheer Achmea ('Even Apeldoorn bellen'), Ohra en FBTO.

Prijsbeleid

Vanuit de afnemer bezien is de prijs slechts één element van het totale offer dat hij moet brengen om het product te verkrijgen. Naast het financiële aspect gaat het ook om een investering in tijd en moeite. De betekenis hiervan neemt toe naarmate dienstverleningsprocessen complexer en langduriger zijn en de afnemer daarin zelf een groter aandeel heeft.

Een ander aspect van het prijsbeleid betreft het relatief grotere belang van de prijs als kwaliteitsindicator. De prijsgevoeligheid zal bij diensten in het algemeen groter zijn naarmate de dienst voor de consument van minder groot belang is, er meer substitutiemogelijkheden voorhanden zijn en de onzekerheid omtrent de kwaliteit geringer is.

Communicatiebeleid

Bij het communicatiebeleid voor diensten zijn twee aspecten van relatief groot belang, namelijk:
- de rol van het contactpersoneel
- het verminderen van onzekerheid bij (potentiële) afnemers.

In de ogen van afnemers is het contactpersoneel vaak de dienst. Worden fysieke producten in de fabriek gemaakt, diensten moeten worden waargemaakt.

Onzekerheid bij potentiële afnemers is een van de kernproblemen waarmee dienstverlenende organisaties te maken hebben. De bedoelde onzekerheid vloeit voort uit de perceptie van de risico's die de afnemer meent te lopen. Door het verschaffen van inhoudelijke argumenten en van surrogaten daarvoor, kunnen dienstaanbieders trachten deze onzekerheid te verminderen. Bij het verschaffen van inhoudelijke en andere ('pseudo-argumenten') daarvoor, gaat het om informatie over:

Wegnemen onzekerheid bij potentiële afnemers

Kernprobleem

- het resultaat van de dienstverlening, bijvoorbeeld een kapper die door computersimulatie een indruk geeft van het te verwachten resultaat.
- het dienstverleningsproces, vooral van belang bij complexe, ondoorzichtige processen.
- de dienstverlenende organisatie: in communicatieve uitingen is de boodschap relatief vaak geformuleerd op het niveau van corporate imago, minder op dat van een individueel product.
- de contactpersoon of -personen.

Belangrijke pseudo-argumenten zijn onder meer:
- de bron van de communicatie (vandaar dat 'derden' een belangrijke rol spelen)
- het prijsniveau
- de mate van specialisatie
- het front-officedesign (exterieur, interieur, materialen).

In algemene zin wordt wel gesteld dat dienstenmarketing 'het ontastbare tastbaar moet maken', daar waar bij goederenmarketing het accent juist ligt op het toevoegen van emotionele meerwaarde, ofwel op het meer ontastbaar maken van het tastbare.

Personeelsbeleid

Bij dienstverlenende organisaties speelt het contactpersoneel vaak een cruciale rol bij de uitvoering van het marketingbeleid. Immers, de kwaliteit van de dienst wordt in de meeste gevallen bepaald door het personeel. De periode dat personeel, van welke organisatie dan ook, uitsluitend gezien werd als een kostenpost en als een potentiële storingsfactor, ligt gelukkig ver achter ons. Tegenwoordig wordt het personeel, zeker in de dienstensector, steeds meer gezien als een belangrijke diepte-investering en als sleutelfactor voor het behalen van succes. Het personeelsbeleid heeft zich dan ook ontwikkeld tot strategisch humanresourcesmanagement . Daarbij gaat het dus om het beleid met betrekking tot de menselijke hulpbronnen.

Humanresourcesmanagement

Het contactpersoneel dient naast operationele vaardigheden ook te beschikken over commerciële en dienstverlenende vaardigheden. Bij het werven en selecteren van nieuwe medewerkers dient hiermee dus terdege rekening gehouden te worden. Daarnaast kan de betrokkenheid van het contactpersoneel bevorderd worden door training, motivatie en communicatie.

28.5 Non-profitmarketing

Marketing is in principe bruikbaar voor iedere soort organisatie. Het is dus niet belangrijk of deze organisatie een winstoogmerk heeft of niet. Organisaties zonder winstoogmerk zijn te beschouwen als organisaties die niet gericht zijn op het verdienen van geld *door* het vervullen van een functie, maar op het uitgeven van geld *voor* het vervullen van functies. Vaak wordt dit soort organisaties tot de dienstensector gerekend. Deze sector wordt ook wel de non-profit-, quartaire of zachte sector genoemd. De quartaire sector omvat ook de niet-commerciële dienstverlening. Daarbij gaat het om diensten als openbaar bestuur, defensie, onderwijs, zorg, openbare orde en sociale zekerheid. Deze diensten zijn vooral gericht op het welzijn van de burger, maar faciliteren ook het goed kunnen functioneren van de marktsector.
In de quartaire sector vallen zowel de overheidsdiensten als de door de overheid deels of geheel gesubsidieerde diensten. Voorbeelden zijn ziekenhuizen, verpleeghuizen, brandweer, justitie, defensie, sociaal werk, cultuursector, wetenschapssector en scholen.

Doelstellingen en middelen
Dat betekent overigens niet dat non-profitorganisaties geen winst kunnen maken, maar wel dat zij niet primair naar winst *streven*. In de meeste gevallen zullen deze overigens ook niet in staat zijn winst te maken, omdat tot de non-profitsector juist die organisaties behoren, die onder de werking van het marktmechanisme vermoedelijk niet zouden overleven. Het NIMA geeft de volgende definitie:

Definitie non-profitmarketing

> Non-profitmarketing betreft de algemene marketingbeginselen toegepast in of door organisaties die geen winstoogmerk hebben, waarbij door het aanbrengen van accentverschillen in de te hanteren variabelen rekening wordt gehouden met de specifieke kenmerken van dit soort organisaties.

Non-profitorganisaties zijn dus organisaties zonder winstoogmerk. Zij zijn in het algemeen in het leven geroepen om bepaalde maatschappelijke functies te vervullen. Daarbij kan het zowel om particuliere (bijvoorbeeld orkesten) als om overheidsorganisaties (bijvoorbeeld brandweer) gaan. Hierna zullen wij aandacht besteden aan de missie van de non-profitorganisatie, het meten van de geleverde prestaties en de bronnen van inkomsten.

Missie van de organisatie

Missie: het 'goede doel'

Als winst maken geen doelstelling is, welke doelstellingen worden dan in de non-profitsector wel nagestreefd? Non-profitorganisaties hebben altijd een duidelijk einddoel voor ogen: een missie. Hoewel die missies sterk verschillend zijn – denk maar eens aan ziekenhuizen, musea, openbaarvervoerbedrijven, scholen en dierenasielen – is er steeds één centraal element: het goede doel in ruime zin. De non-profitsector is 'de markt voor welzijn en geluk'. Daarbinnen kan onderscheid worden gemaakt naar het verstrekken van voorzieningen en het veranderen van gedrag.

Het verstrekken van voorzieningen
Hierbij gaat het om voorzieningen, goederen of diensten, die onder de werking van het marktmechanisme niet rendabel of van onvoldoende kwaliteit zouden zijn. Non-profitorganisaties leveren producten of verlenen diensten die:

- hetzij naar hun aard en gelet op de kosten niet afzonderlijk aan afnemers zijn te verkopen (bijvoorbeeld het wegennet),
- hetzij naar maatschappelijke opvattingen niet volgens het marktmechanisme behoren te worden verdeeld (bijvoorbeeld gezondheidszorg en onderwijs),
- hetzij behoren tot een voorzieningenniveau dat, naar maatschappelijke opvattingen, hoger ligt dan het niveau dat onder de werking van het marktmechanisme zou worden gerealiseerd (bijvoorbeeld musea en bibliotheken).

Het veranderen van gedrag
Hierbij gaat het niet alleen om het veranderen van het gedrag van individuen zelf (bijvoorbeeld gezondheid, veiligheid) of van de maatschappij als geheel (bijvoorbeeld milieu, flora, fauna), maar ook om het propageren van een bepaald sociaal idee (waarde). Ongewenst gedrag komt veelal voort uit:
- het laten prevaleren van kortetermijnbehoeften boven langetermijn belangen (roken geeft bijvoorbeeld nu genot, maar vergroot de kans op ziekte later)
- het laten prevaleren van het eigenbelang boven het algemeen belang (glas bijvoorbeeld niet in de glasbak gooien, omdat dat zoveel moeite kost)
- het zich niet bewust zijn van de negatieve aard van het eigen gedrag (wie dronken achter het stuur kruipt, is er zelf van overtuigd dat hij best kan rijden).

Het gaat dus om de marketing van sociaal gedrag, wat meestal wordt aangeduid als de marketing van sociale ideeën of als sociale marketing.

> Sociale marketing is de marketing van ideeën op het terrein van cultuur, religie, de inrichting en het functioneren van de samenleving en het gedrag van de burgers.

Definitie sociale marketing

Overigens hoeft sociale marketing niet het exclusieve terrein te zijn van non-profitorganisaties. Immers, ook commerciële organisaties kunnen vanuit hun maatschappelijke verantwoordelijkheid of hun eigenbelang sociale marketing bedrijven.

In de praktijk biedt een bepaalde non-profitorganisatie meestal een combinatie van goederen, diensten en ideeën aan. Fysieke producten hebben binnen het totale productaanbod gewoonlijk tot doel het eigenlijke product aantrekkelijker te maken en/of de geldstroom te vergroten. Een belangrijk kenmerk van veel non-profitproducten, vooral waar het gaat om sociale ideeën, is immers dat mensen gevraagd wordt iets niet te doen. Voorbeelden hiervan zijn niet te drinken tijdens een avondje uit, niet vrijen zonder condoom, niet roken, het milieu niet vervuilen.

Alle marketingbeslissingen die over fysieke producten en diensten worden genomen door non-profitorganisaties, zijn in principe identiek aan die welke genomen worden door profitorganisaties. De marketing van sociale ideeën is echter min of meer een vak apart.

Meten van de geleverde prestaties

Daar non-profitorganisaties niet naar winst streven, kan de prestatie van de organisatie niet aan de gerealiseerde winst worden afgemeten (effectiviteitsmeting).

Er zijn daarvoor dus andere methoden nodig. De meest gebruikte methode is de *outputmeting*. Daarnaast zijn er twee methoden van *effectiviteitsmeting* die meer kwalitatief gericht zijn en die het beeld van het functioneren kunnen aanvullen: resultaatmeting en oordeelsmeting.

Voor outputmeting wordt de concrete uitvoer in activiteiten gemeten. Voorbeelden zijn: het aantal operaties en het aantal ontslagen patiënten in een zekere periode. Exacte vaststelling van de meetgrootheden is zonder meer mogelijk. De benodigde cijfers zijn doorgaans voorhanden.

Bij resultaatmeting wordt nagegaan in hoeverre bepaalde doelstellingen van de organisatie door haar activiteiten zijn bereikt. Vragen als: 'Is de patiënt door de behandeling genezen van zijn kwaal en heeft de patiënt zijn voedingsgewoonten veranderd, omdat dat beter is voor zijn gezondheid?' spelen hierbij een grote rol. De benodigde gegevens zijn doorgaans te achterhalen, bijvoorbeeld aan de hand van ontslagbrieven en dossiers.

Een moeilijker vorm van effectiviteitsmeting is de oordeelsmeting. Hierbij wordt de vraag gesteld of de klant tevreden is over de dienstverlening. Het gebroken been van de patiënt mag dan perfect genezen zijn, maar hij heeft zich groen en geel geërgerd aan de behandeling door het verplegend personeel, terwijl de uitleg van de behandelende specialist vrijwel ontbrak. Via enquêtes, interviews en groepsgesprekken kan de (on)tevredenheid van de patiënten worden vastgesteld.

Bronnen van inkomsten

Een belangrijk verschil met profitorganisaties is de bron van inkomsten. Bij op winst gerichte organisaties is dat de omzet. Bij non-profitorganisaties kunnen dat verschillende bronnen zijn, zoals contributies of bijdragen van leden. De leden van de Vereniging tot Behoud van Natuurmonumenten in Nederland betalen bijvoorbeeld jaarlijks een van tevoren vastgesteld bedrag. Ook zijn er subsidies van de lokale, provinciale of Rijksoverheid of van de EU, al worden deze onder invloed van de economische crises verminderd.

Verschillende inkomstenbronnen

Naast contributies en subsidies zijn er nog diverse andere bronnen van inkomsten om de geldstroom op gang te houden. De belangrijkste daarvan zijn: sponsoring, liefdadigheid, donaties en fundraising.

Sponsoring

In het algemeen verstaan we onder sponsoring een wederkerige overeenkomst, waarbij de ene partij (de sponsor) een op geld waardeerbare prestatie levert en waarbij de andere partij (de gesponsorde) communicatiemogelijkheden verschaft, direct of indirect voortvloeiende uit haar vakbeoefening (sport, kunst), welke overeenkomst is gericht op profijt voor beide partijen. Bedrijven die non-profitorganisaties sponsoren, doen dat echter voornamelijk uit pr-oogpunt of uit andere overwegingen. Daarbij wordt soms in ruil daarvoor de naam van de sponsor vermeld. Liefdadigheid heeft betrekking op gelden die door bedrijven of particulieren worden geschonken aan een instelling met een filantropische doelstelling, zoals het Rode Kruis en het Leger des Heils. In ruil voor deze schenking wordt geen tegenprestatie verwacht. Dergelijke schenkingen hebben een lowprofilekarakter of zijn zelfs anoniem.

Liefdadigheid

Donaties

Donaties zijn gelden die worden geschonken door bedrijven of particulieren aan een instelling met een andere dan een liefdadige doelstelling. Ook hier wordt geen tegenprestatie verwacht of verlangd. Hierbij kan bijvoorbeeld gedacht worden aan sportverenigingen en culturele instellingen, maar ook aan een plaatselijke kanariefokvereniging. Fondsenwerving is een korter of langer lopende actie die een non-profitorganisatie onderneemt, teneinde gelden bijeen te brengen om een van tevoren bepaalde doelstelling te realiseren. Er zijn bij fondsenwerving altijd meer schenkers. Vooral ten behoeve van fondsenwerving is het gebruik van marketingtechnieken zinvol.

Fondsenwerving

Bij de Alpe d'Huzes-actie ter ondersteuning van het KWF

De bekendste en oudste vorm van fondsenwerving is de collecte. Daarbij gaat het om inzamelingen waarbij gebruikgemaakt wordt van de belangeloze medewerking van een groot aantal vrijwilligers.
Er is nog een groot aantal andere manieren waarop fondsenwerving kan plaatsvinden, zoals:
- verkoopacties (wenskaarten van Unicef)
- postale acties (kinderzegels)
- loterijen en andere kansspelen (de Nationale Postcodeloterij)
- puzzelacties
- radio- en televisieacties (noodhulp Haïti, hulp na tsunami Azië)
- acties naar aanleiding van actuele noden (Afrika sterft van de honger)
- inzamelen en verkopen van tweedehands goederen (Leger des Heils)
- direct-mailacties.

Vooral direct-mailacties worden een steeds belangrijkere methode van fundraising. Aanvankelijk werden donoren aangeschreven met een oproep om voor een bepaald goed doel een bijdrage over te maken. Nadien groeide dit uit tot een methode, waarbij tegenwoordig zelfs voor sommige instellingen een huis aan huisverspreide mailing rendabel geworden is. Voor deze ontwikkeling is vooral de hoge vlucht die het girale geldverkeer genomen heeft van essentiële betekenis geweest. Hierdoor werd het mogelijk op economisch verantwoorde wijze ook fondsen te werven onder brede lagen van de bevolking. Steeds meer landelijk opererende organisaties, zoals het Astma Fonds, passen direct mailacties toe.

Gevaar

Het feit dat activiteiten van non-profitinstellingen dikwijls slechts gedeeltelijk door de afnemers van hun diensten gefinancierd worden, houdt wel een gevaar in. Vaak wordt de omvang van subsidies en andere fondsen afhankelijk gesteld van het functioneren van de organisatie. Dit wordt beoordeeld aan de hand van werkplannen en rapportages. Hoe groter het aandeel in de totale geldstroom dat op gang gehouden wordt door donors en subsidieverschaffers, des te meer zal de organisatie zich oriënteren op deze verschaffers van middelen. Het voortbestaan hangt immers veel sterker van hen af dan van het oordeel, en daarmee de ontvangsten, van de afnemers. De organisatie zal zich meer en meer op hen (de donordoelgroep) gaan richten en dreigt daardoor in toenemende mate van haar afnemersdoelgroep te vervreemden.

● www.reclamewereld.blog.nl

Handen af van onze hulpverleners

SIRE (Stichting Ideële Reclame) start vandaag, bewust net voor Oud & Nieuw, een prima nieuwe campagne met als thema 'Handen af van onze hulpverleners'.
Daarin wordt geweld tegen hulpverleners aan de kaak gesteld. Uit recent onderzoek van Trendbox i.o.v. SIRE blijkt dat acht op de tien Nederlanders het geweld tegen hulpverleners meer dan zat is. Het merendeel van de Nederlanders (88%) vindt dat hulpverleners ongestoord hun werk moet kunnen doen. Dat wordt beschouwd als een verantwoordelijkheid van ons allemaal. Toch geeft de meerderheid (58%) aan niet zelf in te grijpen bij geweld tegen hulpverleners. De campagne werd gemaakt door reclamebureau Selmore.

28.6 Classificatie van organisaties

Het is duidelijk dat de non-profitsector uit een heterogeen gezelschap van organisaties bestaat. De in paragraaf 28.3 vermelde classificatiecriteria kunnen in principe ook op de non-profitsector worden toegepast. Een indeling op grond van specifieke criteria voor de non-profitsector wordt in tabel 28.2 gegeven. Overigens hebben al dit soort indelingen een relatief karakter en daarmee een beperkte bruikbaarheid.

TABEL 28.2 Classificatie van non-profitorganisaties

Primair gericht op	Belang van de eigen groepering	Maatschappelijk belang
verstrekken van goederen, verrichten van diensten	sportvereniging, ANWB	overheidsdiensten, Leger des Heils
gedragsverandering, propageren sociaal idee	zelfhulpgroepen, consumentenorganisaties	Aids-fonds, Greenpeace

Het veranderen van ongewenst gedrag of het propageren van een bepaald sociaal idee kan ook gestalte krijgen door het verrichten van een dienst. Omgekeerd kan het verrichten van een dienst gericht zijn op het veranderen van gedrag. Zo kunnen we stellen dat Greenpeace door het verrichten van diensten (bijvoorbeeld het voeren van acties) tracht ongewenst gedrag (bijvoorbeeld milieuvervuiling) te veranderen. Ook de grens tussen het eigen groepsbelang en het maatschappelijk belang valt niet altijd even scherp te trekken. De ANWB spant zich bijvoorbeeld in allerlei opzichten ook in voor het maatschappelijk belang, bijvoorbeeld de verkeersveiligheid.

Non-profitorganisaties komen overwegend voor in de volgende sectoren:

Non-profitorganisaties

- *gezondheidszorg*, bijvoorbeeld ziekenhuizen, verpleeghuizen, medische dagverblijven
- *welzijns- en sociaal/maatschappelijk werk*, bijvoorbeeld vormingscentra, instellingen voor buurtwerk
- *cultuur*, bijvoorbeeld schouwburgen, musea, orkesten, theater-, toneel- en balletgezelschappen
- *onderwijs en onderzoek*, bijvoorbeeld scholen, sommige opleidingsinstituten, universiteiten, onderzoeksinstellingen
- *sport*, bijvoorbeeld (amateur)sportverenigingen, sommige sportaccommodaties
- *recreatie*, bijvoorbeeld openbare groenvoorzieningen, sommige ontspanningscentra, omroeporganisaties uit het publiek bestel zoals TROS, KRO, EO en VARA
- *belangengroepen*, bijvoorbeeld vakbonden, werkgeversorganisaties, bedrijfstak organisaties, consumentenorganisaties zoals Consumentenbond, ANWB, patiëntenverenigingen, milieu- en natuurbeschermingsorganisaties, actiegroepen
- *liefdadigheidsinstellingen*, bijvoorbeeld organisaties ter bestrijding van ziekten, armoede
- *religieuze organisaties*, bijvoorbeeld kerkgenootschappen, sekten.

Sommige non-profitorganisaties kunnen moeilijk geclassificeerd worden. Zo kunnen bibliotheken zowel bij de sectoren cultuur, onderwijs en onderzoek als bij recreatie worden ingedeeld.

Samenvatting

Dienstenmarketing
- *Dienstenmarketing* omvat de marketingactiviteiten waarbij min of meer ontastbare producten worden aangeboden (denk aan het goederen dienstencontinuüm).
- *Kenmerken*: ontastbaarheid, vergankelijkheid (dus geen voorraadvorming mogelijk), moeilijk te standaardiseren, de afnemer produceert mee, productie en consumptie vallen samen.
- Hoge eisen aan het *capaciteitsmanagement*: maatregelen die vraag dan wel aanbod proberen te beïnvloeden. *Chase demand* en *level capacity* strategies.

- Diensten kunnen op verschillende manieren worden geclassificeerd:
  - *naar aard van de afnemer*: consumentendiensten en zakelijke diensten
  - naar aard en functie: kennis- en kundediensten, uitbestedingsdiensten en facilitaire diensten
  - naar mate van (on)tastbaarheid (goederen/dienstencontinuüm)
  - naar aard van het productieproces: mensgebonden, systeemgebonden (hierbij is de relatie tussen front office en back office van belang) en machinegebonden
  - naar belang voor de afnemer: kerndienst en ondersteunende diensten.
- Het *productbeleid* is vooral procesmanagement.
- Bij de *distributie* speelt de aard van de interactie tussen aanbieder en afnemer een rol.
- Voor de afnemer is de *prijs* niet alleen het geldbedrag dat voor de dienst betaald moet worden, maar is er vaak ook een investering in tijd en moeite nodig.
- De afnemer beschouwt de *prijs* vaak als indicatie voor de kwaliteit.
- Bij de *communicatie* zijn twee aspecten van relatief groot belang: de rol van het contactpersoneel en het verminderen van onzekerheid bij (potentiële) afnemers.
- De kwaliteit van de dienst wordt in de meeste gevallen bepaald door het *personeel*.

Non-profitmarketing
- *Non-profitorganisaties* streven niet primair naar winst, maar willen een bepaalde missie vervullen.
- Voorbeelden van non-profitorganisaties: gezondheidsinstellingen, culturele instellingen, onderwijssector, sportverenigingen en liefdadigheidsinstellingen.
- De meest gebruikte methode om de geleverde prestatie te meten is de *outputmeting*. Daarnaast kennen we de *effectiviteitsmeting* (resultaatmeting en oordeelsmeting).
- Belangrijk verschil met profitorganisaties: de *bronnen van inkomsten*. Naast contributies en subsidies bijvoorbeeld sponsoring, liefdadigheid, donaties of fundraising (onder andere collecte).
- Doordat de inkomsten veelal niet van de afnemers van de producten (meestal: diensten) afkomstig zijn, is er het *gevaar* dat de organisatie zich te veel richt op de verschaffers van middelen.

ION PATERSON LINK • B2
(To Wheelock Place / MRT)
Cartier
Sun Hung Kai Properties

29
Internationale marketing

29.1 Van gelegenheidsexport naar globalisering
29.2 Internationale macro-omgevingsfactoren
29.3 Interculturele aspecten
29.4 Entreestrategieën
29.5 Internationaal communicatiebeleid

De export is de kurk waarop de Nederlandse economie drijft. De totale export, als percentage van het bruto binnenlands product (BBP), bedraagt inmiddels meer dan 70% en stijgt nog steeds. Hiermee heeft Nederland een hoge export-BBP-ratio in vergelijking met andere OESO-landen, die gemiddeld op 25% blijven steken.
Na Duitsland was Nederland in 2008 het tweede exportland van de EU. In dat jaar voerde Nederland bijna evenveel uit als de twaalf nieuwste EU-lidstaten samen. In totaal voerde ons land voor ongeveer 430 miljard euro aan goederen, zoals computers, medicijnen en aardgas, uit. Duitsland had met 994 miljard euro verreweg de hoogste uitvoer van de EU.
Nederland is in 2008 Frankrijk voorbijgestreefd. De hoge positie op de ranglijst van uitvoerlanden is onder meer toe te schrijven aan de belangrijke distributiefunctie die ons land voor het Europese achterland vervult. Nederlandse handelaren kopen bijvoorbeeld Chinese computers, voeren deze in via de Rotterdamse haven, en verkopen ze daarna door aan andere Europese landen. De Nederlandse uitvoer bestaat voor bijna de helft uit deze wederuitvoer, terwijl veel andere landen vooral in eigen land gemaakte producten uitvoeren.

In dit hoofdstuk gaan we eerst in op de motieven om tot internationale handel over te gaan, waarbij we de ontwikkeling schetsen van gelegenheidsexport naar globalisering, zoals we die tegenwoordig kennen (paragraaf 29.1). Vervolgens besteden we aandacht aan de verschillende internationale macro-omgevingsfactoren waarmee een exporterende onderneming te maken krijgt (paragraaf 29.2), waarbij speciaal wordt ingegaan op de interculturele aspecten (paragraaf 29.3). De manieren waarop een internationaal georiënteerde onderneming buitenlandse markten kan benaderen, komen in paragraaf 29.4

aan de orde. Daarbij wordt onderscheid gemaakt tussen directe en indirecte entreestrategieën. Ten slotte behandelen we in paragraaf 29.5 het internationale communicatiebeleid.

29.1 Van gelegenheidsexport naar globalisering

Een individuele onderneming kan verschillende motieven hebben om tot internationalisering over te gaan. Een van die motieven kan zijn om van overtollige productie, *surplusproductie*, af te komen. De Engelse econoom Adam Smith noemde dit 'vent for surplus'. Hierbij is geen sprake van een internationaal georiënteerd beleid, omdat het alleen gaat om het gebruikmaken van incidentele kansen die voor een onderneming overigens relatief winstgevend kunnen zijn. Er wordt in dit verband ook wel gesproken over *gelegenheidsexport*, ofwel het incidenteel en ongepland verhandelen van surplusproductie naar buitenlandse markten. Ook zijn er ondernemingen die handig gebruikmaken van de door de overheid geboden kansen in de vorm van het beschikbaar stellen van ontwikkelingsgelden. Zo kan de overheid om politieke redenen besluiten de export naar een land met een verhoogd risico toch te financieren, waardoor de Nederlandse leverancier vrijwel geen betalingsrisico loopt.

Gelegenheidsexport

Een tweede motief om tot export over te gaan is de te kleine omvang van de binnenlandse markt, de *thuismarkt*. Dat geldt vooral voor ondernemingen die actief zijn in sectoren waarin schaalvoordelen van doorslaggevende betekenis zijn om succesvol te kunnen opereren. Zij worden als het ware gedwongen tot exporteren over te gaan om zo de noodzakelijke omzetgroei te bewerkstelligen. Voor bijvoorbeeld ondernemingen in de chemische sector is Nederland al snel te klein om de uitgaven aan onderzoek & ontwikkeling terug te verdienen. Deze sector is goed voor bijna 20% van onze goederenexport en is daarmee een van de voornaamste als het gaat om onze internationale handel.
Een andere reden kan de concurrentie op de thuismarkt zijn. Als gevolg van een steeds verdergaande internationalisering, – een van de belangrijkste trends die de wereldmarkt kenmerken – worden Nederlandse ondernemingen in hun eigen thuismarkt niet alleen door andere Nederlandse bedrijven beconcurreerd, maar ook door buitenlandse ondernemingen. Door zelf te intertionationaliseren of daarmee verder te gaan, wordt getracht omzetverlies te compenseren.

Een laatste motief om tot internationalisering over te gaan is gelegen in de doelstellingen van een onderneming. Ondernemingen streven naar continuïteit. Groei op exportmarkten kan een belangrijk middel zijn om dat doel te bereiken. Incidenteel kan het voorkomen dat de gewenste omzetgroei in exportmarkten min of meer vanzelf tot stand komt, op grond van een spontane vraag vanuit die markten. Dit wordt *market pull* genoemd. Wereldmerken zoals Apple, Coca-Cola en Levi-Strauss zijn daarvan een voorbeeld. Een grotere risicospreiding is een ander voorbeeld van een ondernemingsdoelstelling die tot verdergaande internationalisering kan leiden. Ook hogere winstverwachtingen op exportmarkten kunnen een belangrijke rol spelen bij de beslissing tot internationalisering.

Market pull

● www.nu.nl

'Nederland verdient flink aan globalisering'

Nederland heeft de afgelopen decennia sterk geprofiteerd van de globalisering van de wereldeconomie.

Die leverde Nederland tussen 1990 en 2011 naar schatting 303 miljard euro op, zo blijkt uit berekeningen die de Duitse denktank Bertelsmann Stiftung deze week heeft gepubliceerd.

De toename van de internationale handel leverde Nederland volgens de onderzoekers tussen 1990 en 2011 jaarlijks gemiddeld 890 euro per inwoner op.

Daarmee staat Nederland op de twaalfde plek van de ranglijst met 42 landen. Per inwoner leverde globalisering het meeste op in Finland (1500 euro per jaar), Denemarken (1420 euro) en Japan (1400 euro).

China
China en India sluiten de rij. Daar leverde globalisering respectievelijk jaarlijks slechts 80 en 20 euro op per inwoner. Dit komt mede door het grote aantal inwoners van die landen. In totaal maakte de globalisering China in de onderzochte decennia bijna 2,2 biljoen euro rijker, voor India kwam de totale winst uit op 412 miljoen euro.

De onderzoekers legden de belangrijkste geïndustrialiseerde en opkomende economieën langs de meetlat. Daaruit bleek dat geen van die landen erop achteruitging door globalisering.

Nederland heeft volgens de stichting na Ierland de meest open economie van alle onderzochte landen. België staat op die lijst vlak achter Nederland, gevolgd door Groot-Brittannië en Denemarken. Argentinië en India staan onderaan.

27 maart 2014

Naar een systematisch exportbeleid
Hiervoor werd de term *gelegenheidsexport* gehanteerd om aan te geven dat het daarbij uitsluitend gaat om de niet-systematische uitvoer van overtollige productie. Vanuit deze gelegenheidsexporten kan zich een meer systematisch exportbeleid ontwikkelen. Hierbij kan gedacht worden aan exportmarketing, internationale marketing en multinationale marketing.

Met *exportmarketing* wordt aangegeven dat een onderneming zich bij het exporteren laat leiden door de behoeften, verlangens en wensen in het gastland. Hoewel het volgens het NIMA een verouderde term is, die beter vervangen kan worden door *internationale marketing*, ziet Fenedex (Federatie Nederlandse Exporteurs) exportmarketing als een stap in het internationaliseringsproces die vergelijkbaar is met de situatie van een bedrijf dat van een product- en verkoopgeoriënteerde visie overstapt naar het marketingconcept.

Exportmarketing

Gesteld wordt dat aan een aantal voorwaarden moet worden voldaan, wil er sprake zijn van exportmarketing:
- Het productenpakket wordt afgestemd op de behoeften in het betreffende land.
- Er vindt een selectie plaats van exportlanden waar het gevoerde productenpakket in een behoefte voorziet.
- Op de onderscheiden doelgroep wordt een doelgroepgericht beleid opgesteld en er moet een organisatorisch kader worden gecreëerd waarbinnen het exportmarketingbeleid kan worden uitgevoerd en beheerst.

Definitie internationale marketing

Internationale marketing gaat weer een stap verder en houdt volgens Fenedex het volgende in:

> International marketing houdt in het gelijktijdig opereren in meer landen of omgevingen, het coördineren van deze activiteiten en het gebruikmaken van ervaringen die zijn opgedaan in het ene land voor het beslissen in andere landen.

Internationale marketing omvat de marketingactiviteiten van organisaties, gericht op doelgroepen die deel uitmaken van meer markten dan uitsluitend de eigen nationale markt.

Internationale marketing is dus marketing over de nationale grenzen heen. De nadruk ligt op de productie in de thuismarkt, van waaruit exportoperaties plaatsvinden. Kenmerkend is het systematisch zoeken naar afzetmogelijkheden op buitenlandse markten binnen de bekwaamheden van de onderneming. Dit maakt een goed exportinformatiesysteem noodzakelijk, alsook een consistente marketingstrategie op de buitenlandse markt of deelmarkt. De aanpassingen van de marketinginstrumenten hebben hierbij nog een beperkt karakter.

In tegenstelling tot internationale marketing wordt bij multinationale marketing ingespeeld op de verschillen die tussen landen bestaan. Beslissingen worden decentraal, dat wil zeggen: in de afzonderlijke landen, genomen. Er is geen sprake van export in de traditionele betekenis van het woord, hoewel grensoverschrijdende transporten kunnen plaatsvinden.

● www.distrifood.nl

Export van Nederlands bier bereikt record

VOORBURG – Nederlandse brouwers hebben afgelopen jaar voor bijna €1,6 miljard aan bier geëxporteerd. Dat is een nieuw record.
Dat blijkt uit cijfers die het Centraal Bureau voor de Statistiek naar buiten heeft gebracht. In waarde bedraagt de toename van de export 4 procent. Van het geëxporteerde bier is 93 procent ook daadwerkelijk in Nederland gebrouwen, het overige gerstenat wordt vanuit Nederland gedistribueerd.

Mexico
Nederland is op het gebied van bierexport nog altijd de nummer twee in de wereld, alleen het snelgroeiende Mexico exporteert nog meer. Dat land zat

vorig jaar op €1,8 miljard. De Mexicaanse bierexport is in tien jaar tijd anderhalf keer over de kop gegaan. In 2010 passeerde het land Nederland als de nummer één op het gebied van bierexport, de populariteit van Mexicaans bier in de Verenigde Staten is daarbij de belangrijkste motor.

VS belangrijkste markt
De VS is ook voor Nederland de belangrijkste afzetmarkt. Van iedere honderd liter geëxporteerd bier komt 37 liter in de Verenigde Staten terecht. Nederlands bier heeft in de VS een marktaandeel van 19 procent onder importbier, zo blijkt uit de cijfers. In totaal ging er voor €599 miljoen aan bier naar de Verenigde Staten, een afname van 4 procent. Dat werd echter meer dan goedgemaakt door toegenomen export naar Frankrijk, China en Taiwan.

Grote voorsprong
Nederland heeft als exportland van bier nog altijd een grote voorsprong op de nummers drie en vier op de wereldranglijst, Duitsland en België. De waarde van de export ligt daar op zo'n €1,1 miljard. Na de Verenigde Staten zijn Frankrijk, het Verenigd Koninkrijk en Taiwan de grootste exportmarkten, al is dit op grote afstand van de VS. België is de nummer vijf op die lijst, terwijl Duitsland de nummer negen is.

31 juli 2015

> Multinationale marketing is de marketingstrategie aanpassen aan en afstemmen op de specifieke situatie en lokale omstandigheden op een buitenlandse markt. Multinationale ondernemingen opereren in een aantal verschillende landen alsof ze lokale ondernemingen zijn en concurreren met vele verschillende strategieën die aangepast zijn aan de lokale markten.

Definitie multinationale marketing

Multinationale marketing kan betrekking hebben op de volgende activiteiten:
- de verkoop van productiekennis aan buitenlandse organisaties, door de verkoop van octrooien en licenties
- het stichten van een eigen verkoop- of productievestiging in het buitenland
- het aangaan van samenwerkingsvormen met buitenlandse ondernemingen (joint ventures)
- het management- en productiecontract, waarbij het gaat om het beschikbaar stellen van specialistische managementkennis.

Naar wereldwijde marketing
De laatste jaren wordt er in het kader van de voortgaande internationalisering vooral gesproken over wereldwijde marketing, globalisering of global marketing.

> Global marketing omvat de marketingactiviteiten door organisaties, gericht op doelgroepen die verspreid zijn over een groot aantal landen, waarbij gestreefd wordt naar een zo groot mogelijke uniformiteit in de marketingactiviteiten.

Definitie global marketing

Wereldwijde marketing kan dus gezien worden als gestandaardiseerde internationale marketing. Hierbij wordt een en hetzelfde marketingprogramma gehanteerd zonder rekening te houden met verschillen tussen landen. De wereld wordt vanuit één hoofdzetel bewerkt, waar in principe alle belangrijke beslissingen worden genomen, die niet in de oorspronkelijke thuismarkt gevestigd hoeft te zijn. Theodore Levitt noemt vier krachten die wijzen in de richting van wereldwijde marketing:

- een universeel welvaartsstreven, dat wordt gevoed door universele behoeften
- universele levensomstandigheden en levensstijl, die een universele markt creëren voor gestandaardiseerde producten
- een universele cultuur ('de technologische republiek'). De westerse cultuur wordt gekenmerkt door convergentie, dat wil zeggen: door het steeds meer naar elkaar toe groeien van afzonderlijke culturen, alles gaat steeds meer op elkaar lijken
- universele media. De ontwikkelingen in de media openen de mogelijkheid tot gestandaardiseerde marketing.

Keuze tussen effectiviteit en efficiency

De keuze tussen multinationale en wereldwijde marketing is in essentie de keuze tussen aanpassen of adapteren en standaardiseren. Daarmee is het ook de keuze tussen *effectiviteit* en *efficiëntie*. Beide strategieën kennen felle voor- en tegenstanders. Zo is Kotler een voorstander van multinationale marketing en Levitt van wereldwijde marketing. Kotler ziet een gebrek aan adaptatie als belangrijke oorzaak voor het mislukken van veel internationale operaties. Levitt noemt multinationale marketing 'middeleeuws'. De basisfilosofie achter wereldwijde marketing is het behalen van een kostenvoorsprong als gevolg van schaalvoordelen. Impliciet wordt verondersteld dat lage prijzen de verschillen in consumentenvoorkeur zullen overwinnen.

Zonder dat zij ontdekken dat consumentenbehoeften steeds meer overeenkomsten vertonen, lijkt bij de voorstanders van wereldwijde marketing toch sprake te zijn van een zekere mate van selectieve perceptie. Het gedeelte van de markt dat afwijkende behoeften vertoont, wordt buiten beschouwing gelaten. Wereldwijde marketing leidt er in de praktijk toe, dat deze groep zich richt op een bepaald segment met overeenkomstige behoeften en kenmerken, dat weliswaar in elk land voorkomt, maar overal een andere omvang heeft. Die segmenten omvatten relatief veel jongeren en zakenmensen. Een strategische middenweg kan bewandeld worden door niet alle beslissingen centraal of juist decentraal te nemen, maar dit per marketinginstrument te variëren. Deze strategie wordt wel aangeduid als Think global, act local en komt in de praktijk veelvuldig voor.

Think global, act local

● www.volkskrant.nl

Philips dreigt in China in problemen te komen

Ook in China dreigt Philips met zijn medische divisie in de problemen te komen. De Chinese autoriteiten zouden vorig jaar een onderzoek hebben gedaan naar mogelijke corruptie bij de verkoop van CT-scanners en andere medische apparaten aan Chinese ziekenhuizen.

Philips' aartsrivalen General Electric en Siemens zijn eveneens onderwerp van onderzoek, blijkt uit de berichtgeving van achtereenvolgens persbureau Reuters en Bloomberg.

Het gaat om een vooronderzoek en dat wil niet zeggen dat Philips en zijn concurrenten ook daadwerkelijk in overtreding zijn, aldus de anonieme bronnen tegen Bloomberg.

Het trio heeft in China de markt voor grote medische apparatuur in handen, wat een doorn in het oog is van de Chinese overheid. Die vindt dat veel van de kleinere staatsziekenhuizen door een gebrek aan concurrentie te hoge prijzen betalen.

De details over het onderzoek zijn grotendeels onbekend. De Chinese handels- en industrieautoriteit beschuldigde Siemens er in ieder geval van medische apparaten te hebben weggegeven. In ruil moesten klanten chemische vloeistof afnemen, nodig om de machines draaiende te houden, zeggen bronnen tegen Reuters.

Afhankelijk van China
De verdachtmaking is hoe dan ook nadelig voor Philips, zegt analist Jos Versteeg. De elektronicagigant realiseerde vorig jaar in China enkele procenten van zijn omzet van bijna 10 miljard euro in de medische divisie. Van het land wordt echter veel verwacht, omdat er jaarlijks vele nieuwe ziekenhuizen gebouwd worden. In Europa en de Verenigde Staten verzadigt de markt juist. Versteeg: 'Philips is van China afhankelijk als groeimarkt.'

De overheid spoort Chinese fabrieken sinds kort echter aan om de concurrentie met Philips, Siemens en General Electric op te zoeken. Door meer CT- en MRI-scanners van Chinese makelij op de markt te brengen dalen de prijzen, is de gedachte.

Volgens Versteeg is de positie van Philips in China fragiel, omdat het bedrijf geen eigen fabrieken in het land heeft. De Nederlanders importeren de apparaten onder meer uit Europa en de Verenigde Staten. 'Dat maakt Philips relatief duur', aldus Versteeg.

4 mei 2015

29.2 Internationale macro-omgevingsfactoren

Internationale marketing is in principe niet afwijkend van marketing op de thuismarkt. Het is de andere, onbekende omgeving die van internationale marketing in de praktijk deels een vak apart maakt. Men zegt wel dat internationaal management 'de kunst is om afstanden te overbruggen'. Dit wordt vooral overdrachtelijk bedoeld, zoals de culturele afstand en de technologische afstand. Het gaat erom zo goed mogelijk in te spelen op alle niet-beheersbare externe factoren. Deze macro-omgevingsfactoren zijn factoren buiten de onderneming, die van invloed zijn op de onderneming, maar waarop de onderneming zelf geen invloed kan uitoefenen. Deze factoren zijn gelijk aan die waarmee de marketeer op de thuismarkt te maken heeft

of kan krijgen. Alleen de invulling ervan is anders en dit maakt internationale marketing niet alleen complex en risicovol, maar ook zo uitdagend. Onderscheid kan worden gemaakt tussen:
- niet-beheersbare algemene factoren
- niet-beheersbare lokale factoren

Niet-beheersbare algemene factoren
De internationale marketeer wordt geconfronteerd met een groot aantal mondiale ontwikkelingen. De belangrijkste hebben betrekking op:
- de economische opkomst van de BRIC-landen Brazilië, Rusland, India en China
- de sterke groei van sub-Sahara-Afrika, waardoor Afrika Azië voorbijstreefde als snelst groeiend continent
- de wereldwijde recessie – gestart in 2007 met de kredietcrisis – aanvankelijk beperkt tot de banken sector en later uitgebreid tot de overheidsfinanciën van een aantal EU-landen
- de dreigende inflatie wereldwijd als gevolg van de herstellende wereldeconomie en
- stijgende grondstofprijzen
- de exponentiële groei van de technologie, onder andere in de telecommunicatie-, audio/video- en automobielindustrieën
- de internationale valutaontwikkelingen en de daaruit voortvloeiende koersrisico's
- de stijgende invloed van de overheid, onder meer door een restrictieve handelspolitiek
- de veranderingen in politieke systemen en structuren, denk bijvoorbeeld aan de Arabische Lente
- de veranderingen in internationale marktstructuren, onder meer ook als gevolg van de informatietechnologie en de snelle opkomst van het internet
- het schuldenprobleem van een groot aantal ontwikkelingslanden.

De afgelopen decennia is het aantal niet-beheersbare algemene factoren alleen maar groter geworden. Daarbij kan gedacht worden aan:
- de internationale energieproblematiek van steeds duurdere fossiele brandstoffen, zoals ruwe olie
- de veranderende klimatologische omstandigheden als gevolg van het opwarmen van de aarde
- de uitbreidingspolitiek van de Europese Unie met momenteel 27 lidstaten en vijf kandidaat lidstaten
- het voortdurende en oplopende begrotingstekort van de Verenigde Staten
- het onvoldoende handhaven van de 3%-norm door de zogeheten eurozone, een aantal landen van de Europese Monetaire Unie
- de toenemende groei van het aantal global fusies tussen multinationals.

Niet-beheersbare lokale factoren
Behalve met de hiervoor genoemde mondiale ontwikkelingen moet de internationale marketeer rekening houden met een aantal niet-beheersbare factoren, waarvan de invulling per land en ook binnen een land belangrijk kan verschillen. Het uiteindelijke doel is zo goed mogelijk aansluiting te vinden bij kennis, houding en gedrag van de consumenten in buitenlandse markten.
Naast een kwantitatieve bepaling van de omvang, de samenstelling en de ontwikkeling van de doelgroep, zijn vooral kwalitatieve factoren als smaken,

voorkeuren en gewoonten van belang. Ook de gevoeligheid voor de diverse marketinginstrumenten kan per land aanzienlijke verschillen vertonen. De hierna beschreven omgevingsfactoren (concurrentie, demografische factoren, economische factoren, politiek/juridische factoren, technologische en geografische factoren) oefenen elk invloed uit op het consumentengedrag.

Concurrentie
Bij het analyseren van de concurrentieomgeving waarin we terechtkomen, zijn aspecten van belang zoals de mate van lokale en internationale concurrentie (concurreren we vooral met binnenlandse of met buitenlandse ondernemingen?), de mate en de kracht van de concurrentie, de marktvorm en de relaties en wisselwerking tussen concurrenten.

Concurrentie

Wanneer we onze concurrentie in beeld brengen speelt een bijzonder fenomeen een rol: het land van herkomst-effect (country of origin effect). Onderzoek heeft aangetoond dat producten die in elk opzicht gelijk waren behalve hun land van herkomst, als verschillend werden gezien door de consument. Niet alleen de kwaliteitsperceptie verschilde, maar ook de voorkeur voor en de bereidheid tot het kopen van het product. Voor een marketeer is land van herkomst een hulpmiddel om het product te differentiëren van de concurrentie. Producten die in dit opzicht een voordeel genieten, zijn Duitse auto's, Franse wijn en Zwitserse horloges.

Land van herkomst-effect

Demografische factoren
De omvang, samenstelling en groei van de bevolking zijn medebepalend voor de marktkansen. Daarbij kan bijvoorbeeld sprake zijn van een groeiende, stationaire of afnemende bevolking. Bij een groeiende bevolking is gedurende een langere periode sprake van een van jaar tot jaar toenemend aantal geboorten. Bij een stationaire bevolking blijft het aantal geboorten gedurende langere tijd jaarlijks constant. Bij een afnemende bevolking neemt het aantal geboorten gedurende een langere periode van jaar tot jaar af. Aan de hand van de bevolkingspiramide kan onder meer de ontwikkeling van de bevolking worden vastgesteld (zie figuur 29.1). Daarnaast wordt inzicht verkregen in de leeftijdsopbouw van het mannelijke en vrouwelijke deel van de bevolking, het aantal ouderen, het aantal mannen en vrouwen in de productieve leeftijd enzovoort.

Bevolkingspiramide

FIGUUR 29.1 De theoretische modellen van de bevolkingspiramide

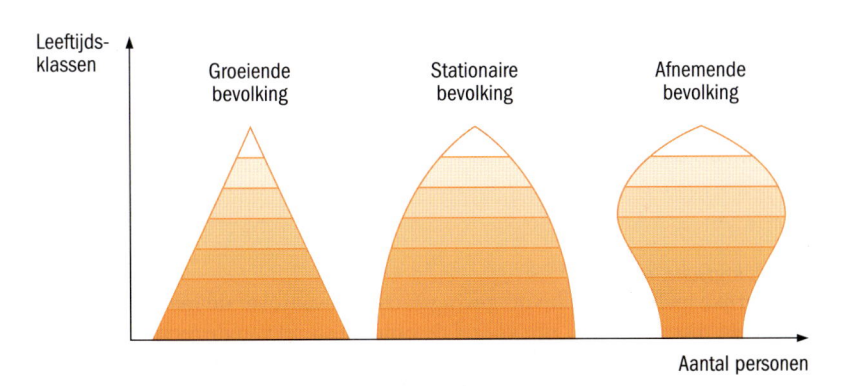

Economische factoren

Economische factoren

Er zijn veel economische factoren die voor de internationale handel bepalend zijn:
- het nationale inkomen, het nationale product
- de inkomensverdeling, de vermogensverdeling
- de inflatie, de ontwikkeling van de conjunctuur
- de organisatie van het bedrijfsleven
- de arbeidsproductiviteit
- het loonniveau, het prijsniveau
- de spaarquote
- de economische orde
- de organisatie van het geld- en bankwezen
- de sterkte van de valuta
- de handels- en betalingsbalans
- de internationale handelsovereenkomsten

De internationale marketeer zal vaak, zeker in onderontwikkelde of minder ontwikkelde landen, geconfronteerd worden met het ontbreken van statistische gegevens. Zijn deze gegevens er wel, dan zijn zij vaak sterk verouderd of onbetrouwbaar.

Politiek/juridische factoren

Politieke structuur

Wat de politieke structuur betreft, zijn aspecten van belang zoals de staatsvorm, het partijsysteem – het aantal politieke partijen in het Verenigd Koninkrijk of de Verenigde Staten is zeer klein in vergelijking met Nederland of België – de programma's van de politieke partijen, de politieke (in)stabiliteit, de houding tegenover eigendomsverhoudingen, de invloed van de overheid op het economische proces en de mate van nationalisme. Bij de juridische factoren gaat het onder meer om het soort rechtssysteem, de bescherming van eigendomsrechten en de voorkeur of bescherming van lokale ondernemingen. Inschakeling van specialisten is hierbij vaak noodzakelijk.

DISTRIFOOD, 24 JULI 2015

Nederlandse export Rusland bijna gehalveerd

De Nederlandse export naar Rusland is in een jaar tijd bijna gehalveerd. In de eerste vier maanden van dit jaar voerde Nederland voor 1,26 miljard euro naar Rusland uit tegenover 2,07 miljard euro in dezelfde periode een jaar eerder. Dat is een daling van meer dan 800 miljoen euro, blijkt uit vrijdag gepubliceerde cijfers van het Centraal Bureau voor de Statistiek (CBS).

Technologische factoren

Technologische factoren

Belangrijke technologische omgevingsfactoren waarover de marketeer zich een beeld moet vormen, zijn vooral de huidige stand van de technologie, de aanwezigheid van technische hogescholen en universiteiten, de houding tegenover de technologie in het algemeen en de mate waarin de bevolking ontvankelijk is voor vernieuwingen op technologisch gebied.

Geografische factoren
De geografische ligging van een land bepaalt niet alleen de bereikbaarheid ervan, maar is bijvoorbeeld mede als gevolg van klimatologische omstandigheden van invloed op het levensritme en de levensstijl van zijn bewoners. Denk bijvoorbeeld aan de verschillen tussen de Noord- en de Zuid-Europese landen.

Geografische ligging

De distributie- en infrastructuur (communicatiemiddelen, weg-, water-, railtransport) verschilt van land tot land en kan zorgen voor belangrijke knelpunten of juist voor belangrijke kansen waaraan bedrijven in de thuismarkt niet gewend zijn. Over het algemeen hangt het niveau van de distributiestructuur samen met het algemene ontwikkelingspeil van een land. Zo is de infrastructuur in een groot aantal Afrikaanse landen zeer gebrekkig en ontbreekt zij zelfs geheel in sommige delen van die landen.

Distributie- en infrastructuur

29.3 Interculturele aspecten

Een in de internationale handel belangrijke macro-omgevingsfactor is de cultuur. Cultuur kan als volgt worden gedefinieerd:

> Cultuur is het complex geheel van kennis, overtuigingen, kunst, wetten, normen en waarden en overige gedragingen, vaardigheden en gewoonten, dat eigen is aan de leden van een bepaalde gemeenschap.

Definitie cultuur

Geert Hofstede verstaat onder cultuur 'de collectieve programmering van de geest waardoor de leden van de ene groep zich onderscheiden van de andere. Cultuur is een systeem van opvattingen en waarden.' Of, zoals de Franse wiskundige en filosoof Blaise Pascal het uitdrukte: 'Er zijn waarheden aan deze kant van de Pyreneeën die onwaarheden zijn aan de andere kant.' Cultuur heeft drie karakteristieken:
- Cultuur is aangeleerd en overgedragen van generatie op generatie.
- Cultuur kent een sterke onderlinge verwevenheid tussen de onderdelen ervan.
- Cultuur wordt gedeeld door de leden van de betreffende gemeenschap en is onderscheidend van andere gemeenschappen.

Kennis van de cultuur heeft betrekking op onderwerpen als taal, religie, opvattingen over schoonheid, onderwijsniveau en sociale en maatschappelijke verhoudingen, de houding ten opzichte van veranderingen en de rol en de functie van de consumptie. Daarmee is de cultuur van invloed op de marketinginstrumenten. De relevantie van communicatieboodschappen kan er bijvoorbeeld door worden bepaald. Zo worden in Griekenland de tanden vrijwel uitsluitend gepoetst om ze wit te houden; in Nederland speelt preventie van cariës een minstens even belangrijke rol. Een complicerende factor is dat binnen een land altijd sprake is van een aantal subculturen.
Een subcultuur is een onderdeel van een cultuur waarbinnen eigen normen en waarden gelden die doorgaans niet voor de hele cultuur gelden.

Subcultuur

DE CULTUURDIMENSIES VAN HOFSTEDE

Hofstede onderscheidt de volgende vijf dimensies waarop nationale culturen van elkaar verschillen:

- *Machtsafstand* is de cultuurdimensie die weergeeft in welke mate een cultuur wordt gekenmerkt door menselijke ongelijkheid/machtsafstand tussen personen, hetgeen wordt weergegeven door de Power Distance Index (PDI).
Hoe hoger de PDI-score, hoe groter de machtsafstand. Voorbeelden van landen met een grote machtsafstand zijn Maleisië, Guatemala en Panama. Voorbeelden van landen met een geringe machtsafstand zijn Australië, Israël en Denemarken.
- *Individualisme versus collectivisme* is de cultuurdimensie die de relatie tussen het individu en de collectiviteit in een bepaalde maatschappij beschrijft, hetgeen wordt weergegeven door de Individualism Index (IDV).
Hoe hoger de IDV-score, hoe meer het individu centraal staat, terwijl een lage score aangeeft dat het collectief belangrijker is. Voorbeelden van landen met een hoge IDV-score zijn de Verenigde Staten, Australië, het Verenigd Koninkrijk en Nederland. Voorbeelden van landen met een lage IDV-score zijn Guatemala, Ecuador, Indonesië en Pakistan.
- *Masculien versus feminien* is de cultuurdimensie die weergeeft in hoeverre een maatschappij wordt gekenmerkt door meer mannelijke waarden (nadruk op carrière, geld) dan wel vrouwelijke waarden (nadruk op sociale doelen zoals relaties, elkaar helpen), hetgeen wordt weergegeven door de Masculinity Index (MAS).
Hoe hoger de MAS-score, hoe mannelijker een maatschappij. Voorbeelden van landen met een hoge MAS-score zijn Japan, Oostenrijk en Italië. Voorbeelden van landen met een lage MAS-score zijn de Scandinavische landen en Nederland.
- *Onzekerheidsvermijding* In welke mate gaan we onzekerheid uit de weg, wat wordt weergegeven door de Uncertainty Avoidance Index (UAI). Hoe hoger de UAI-score, hoe meer onzekerheid uit de weg wordt gegaan. Voorbeelden van landen met een grote mate van onzekerheidsvermijding zijn Griekenland, Portugal en Guatemala. Voorbeelden van landen met een geringe mate van onzekerheidsvermijding zijn Singapore, Jamaica, Denemarken en Zweden.
- *Lange- versus kortetermijnoriëntatie*. In de later toegevoegde vijfde dimensie van het lange- of kortetermijndenken worden (oosterse) volharding in de ontwikkeling en toepassing van innovaties gesteld tegenover (westerse) drang naar waarheid en onmiddellijk resultaat.

Bron: E. Waarts, E. Peelen en J.M.D. Koster (red.), NIMA Marketing Lexicon. Begrippen en omschrijvingen, Wolters-Noordhoff, 4e druk, 2004

Zakelijke gebruiken en gewoonten

Binnen de heersende algemene cultuur heeft ieder land bovendien zijn eigen zakelijke gebruiken en gewoonten, die tot uiting komen in aspecten als:
- de grootte en het juridische eigendom van de onderneming
- de wijze van besluitvorming in bedrijven
- de status van het bedrijfsleven, van zakenlieden en opvattingen over de bedrijfsuitoefening
- het tempo en de mate van vormelijkheid in contacten
- de etiquette
- de zakelijke ethiek
- de acceptatie van moderne methoden, zoals bijvoorbeeld mobiele telefonie en e-communicatie.

Cultuur is voor mensen erg belangrijk. Cultuurgevoeligheid en cultuurtolerantie zijn dan ook belangrijke eigenschappen voor internationale zakenlieden.

Elk land, elke regio heeft zijn eigen gewoonten en folklore, normen en taboes. Hoe buitenlandse consumenten denken over bepaalde producten en hoe zij deze gebruiken, moet door de exportmanager worden onderzocht voordat hij tot export kan overgaan. Door de invloed van een cultuur op het gebruik van een product, kan het noodzakelijk zijn het product aan te passen aan de specifieke behoeften van het land. Dit betekent overigens niet alleen de aanpassing van de technische aspecten, maar ook onderzoek of het aangeboden product wel aansluit bij de leef- en denkwijze van de niet-westerse doelgroep. Het onderzoek dat erop gericht is na te gaan welke overeenkomsten of verschillen er bestaan in het consumentengedrag in twee of meer verschillende culturen of landen wordt *cross-culturele consumentenanalyse* genoemd.

Cross-culturele consumentenanalyse

Voor iedere marketeer is het aspect van de cultuurkennis volledig geaccepteerd. Het effect van cultuur op eet- en koopgewoonten behoort tot zijn normale onderzoeksterrein. Hij weet dat dit van markt tot markt kan verschillen. Hij stelt echter alleen het effect vast, zoals dat zijn neerslag in bepaalde gewoonten vindt. Hij zal daarbij de cultuur zelf nooit aan een onderzoek onderwerpen. Een aantal voorbeelden van de resultaten van dergelijk onderzoek is:
- De gemiddelde Fransman gebruikt bijna tweemaal zoveel cosmetica-artikelen als zijn vrouw.
- Duitsers en Fransen eten meer verpakte spaghetti dan Italianen.
- Franse kinderen eten een reep chocola tussen twee sneetjes brood als tussendoortje.
- Vrouwen in Tanzania geven hun kinderen geen eieren, omdat zij denken dat ze daarvan kaal of impotent worden.

In dit verband kan nog gewezen worden op het eerdergenoemde *country-of-origin-effect*. Dit is het effect vanuit het perspectief van de afnemer, waarbij de aanduiding van het land van herkomst een meerwaarde aan het product geeft. Zo zullen Fransen eerder Franse wijn dan wijn uit andere landen drinken. Duitsers hebben een grote voorkeur voor Duitse auto's en Fransen voor die van Franse makelij. Duitse auto's zoals als BMW, Volkswagen, Mercedes, Opel en Audi worden nog steeds als degelijk ervaren, wat bij de Duitse volksaard past. Franse auto's zoals Citroën, Peugeot en Renault kenmerken zich vooral door vormgeving, wat de Fransman aanspreekt.

Country-of-origin-effect

● www.extra.abnamro.nl

Internationaal zakendoen en cultuur: het zit 'm in de details

In Nederland is het gewoon om te zeggen wat u denkt, want dat schept duidelijkheid. En al zijn we het niet altijd met elkaar eens, uiteindelijk komen we er samen wel uit. Een gevolg van onze eeuwenoude traditie van polderen en het sluiten van compromissen. In het buitenland is men veel minder direct. Daar wordt de Nederlandse manier van communiceren als te confronterend ervaren. Beleefdheidsregels die wij omslachtig noemen, bepalen in andere landen het gesprek.

Belgen kijken de kat uit de boom

De meeste Belgen mogen misschien dezelfde taal spreken, ze communiceren heel anders. In een gesprek stellen ze zich afwachtend op. "Het contact met klanten is anders dan in Nederland. Het duurt even voordat je het vertrouwen hebt gewonnen van een Belg," zegt Kay Hennekens van polyurethaan-producent Nestaan. Een Belg luistert veel en zal de open manier waarop een Nederlander een gesprek aangaat al snel als brutaal ervaren. Voor een Belg komt een Nederlander gauw arrogant over. Bovendien dient u in België altijd rekening te houden met de taalstrijd. Wie zaken wil doen met Walen en geen Frans spreekt, kan maar beter een tolk inhuren.

Fransen doen formeel en hechten aan hiërarchie

Fransen hebben gevoel voor decorum en verpakken hun boodschap in fraaie bewoordingen. In hun taalgebruik blijven ze hoffelijk. Ook al kan het er amicaal aan toegaan, ze zullen u altijd vousvoyeren. "Fransen zijn een stuk hiërarchischer ingesteld dan Nederlanders. Het management en fabriekspersoneel luncht bijvoorbeeld altijd gescheiden" zegt Willem Huijink van bakkerijleverancier Kaak Group. "En als de Franse directeur door de fabriek loopt, krijgt iedereen van hem een hand."

Duitsers blijven degelijk, punctueel en grondig

Duitsers houden hun werk en privéleven graag gescheiden. Ze pakken hun zaken degelijk, punctueel en grondig aan. Dat geldt eveneens voor het maken van afspraken. Maarten de Jager van landbouwautomatiseerder Codema Systems Group: "Het gaat er soms stevig aan toe, maar wel altijd fair. Duitsers proberen een prijs vaak naar beneden af te ronden. Omdat ze veel tijd steken in het regelen van financiën en vergunningen, onderhandelen ze met ons over de levertijd. Ze willen alles zo snel mogelijk hebben. Zorg dat je geen afspraken maakt die je niet na kunt komen, daar houden Duitsers niet van." Wanneer u zakenpartners aanspreekt met du kunnen ze dat als respectloos opvatten. Spreek Duitse relaties daarom altijd aan met Sie.

Britten zetten u graag op een dwaalspoor

Met hun onderkoelde humor en hun beminnelijke manier van praten, zetten Britten u gemakkelijk op een dwaalspoor. Een bekende uitdrukking is: The Dutch are too honest to be embarrassed, and the English are too embarrassed to be honest. Ralph Pinckaers van leverancier voor de medisch-cosmetische industrie BRB BV: "Ook al spreek je Engels, soms sla je de plank mis. Zo zei een klant eens tegen me: 'I'm going to struggle to make it.' Ik dacht dat hij bedoelde: 'Het wordt lastig, maar ik doe er alles aan om te komen.' Maar het betekent: 'Helaas, het gaat niet lukken.' Dat is die beleefdheid van ze."

29.4 Entreestrategieën

De keuze van de entreestrategie is kritisch: het succes in de buitenlandse markt wordt er grotendeels door bepaald. De hulp van een n goede partner kan bijdragen tot een hoge afzet en dito marktaandeel. De gekozen entreestrategie beïnvloedt niet alleen de distributiestrategie maar ook de manier waarop met afnemers wordt gecommuniceerd. Hoe de markt wordt bewerkt –

solo of via derden – bepaalt ook sterk de kosten en dus ook het rendement van de operatie. Er wordt onderscheid gemaakt tussen *directe* en *indirecte entreestrategieën*.

Welke entreestrategie de voorkeur verdient, is afhankelijk van een mix aan factoren. Zo spelen de omvang en de aard van de exporterende onderneming een rol, maar ook haar ervaring in export en ook de aard van het product.

Directe entreestrategieën
Hierbij gaat het om een strategie waarbij geen derden worden ingeschakeld. De afnemers worden rechtstreeks beleverd vanuit de thuismarkt of vanuit een eigen buitenlandse vestiging, zoals bijvoorbeeld een verkoopkantoor. Figuur 29.2 geeft een overzicht van de verschillende directe entreestrategieën die kunnen worden onderscheiden.

> Een directe entreestrategie (ook wel directe markttoetredingsstrategie genoemd) is een strategie waarbij een organisatie onder eigen verantwoordelijkheid en met eigen middelen een startpositie creëert op een buitenlandse markt, en waarbij de beheersing van de marketinginstrumenten vanuit de hoofdvestiging maximaal is.

Definitie directe entreestrategie

FIGUUR 29.2 Directe entreestrategieën

```
                    ┌─────────────────────────────┐
                    │  Exporterende onderneming   │
                    └──┬──────────────┬───────────┘
Thuismarkt             │              │  ┌──────────────┐
                    ┌──┴───┐          │  │ Overname/fusie│
                    │Direct│          │  │ buitenlandse │
                    └──┬───┘          │  │ onderneming  │
                       │              │  └──────┬───────┘
- - - - - - - - - - - -│- - - - - - - │- - - - -│- - - - - -
                       │   ┌────────┐ │ ┌──────┐│  ┌──────────────┐
Buitenlandse markt     │   │Verkoop-│ │ │Verkoop││ │Overname/fusie│
                       │   │kantoor │ │ │kantoor││ │buitenlandse  │
                       │   └────┬───┘ │ └──┬───┘│  │onderneming   │
                       │        │     │    │    │  └──────┬───────┘
                    ┌──┴────────┴─────┴────┴────┴─────────┴──┐
                    │       Buitenlandse afnemers            │
                    │ (groothandel, detailhandel, industriële│
                    │      afnemers, consumenten)            │
                    └────────────────────────────────────────┘
```

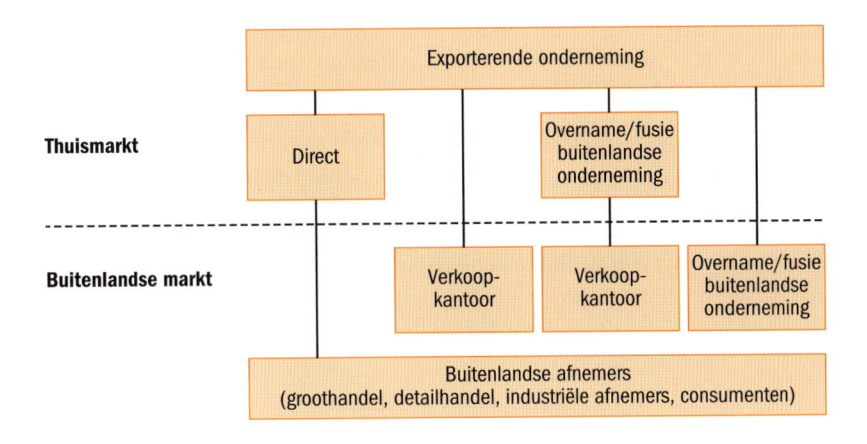

Directe levering
Vooral bij industriële producten en in het geval van dichtbijgelegen landen wordt nogal eens van directe levering gebruikgemaakt. Ook zijn het vooral beginnende exporterende ondernemingen die deze mogelijkheid hanteren. Bemiddeling bij de verkoop is in die gevallen overbodig, dan wel niet nuttig. Denk bijvoorbeeld aan de internationale verkoop van grote industriële installaties en aan de directe verkoop van consumentengoederen aan inkoopcombinaties.

Directe levering

Eigen verkoopkantoor in het buitenland
Een eigen verkoopkantoor in het buitenland is pas zinvol als een bepaalde buitenlandse markt voldoende belangrijk wordt geacht; de kosten zijn immers hoog. Omvang en opzet kunnen sterk variëren. De verantwoordelijk-

Eigen buitenlands verkoopkantoor

heden van een verkoopkantoor zijn afhankelijk van de gekozen marketingstrategie (internationaal, multinationaal of wereldwijd). Afhankelijk daarvan kan soms beter worden gesproken van een buitenlands marketingkantoor dan van een verkoopkantoor. Voordelen van een eigen vestiging zijn onder meer dat:
- het contact met de afnemers loopt via eigen mensen, wat de beheersbaarheid verhoogt.
- de inrichting/outillage in overeenstemming is met de eisen die door het moederbedrijf daaraan worden gesteld.
- volledige controle op het marktbewerkingsprogramma mogelijk is.
- het verzamelen van markt- en verkoopgegevens in eigen hand blijft.
- vaak een betere servicemogelijkheid kan worden geboden.
- er onafhankelijkheid is ten opzichte van eventuele tussenschakels.
- soms van een gunstig fiscaal klimaat kan worden geprofiteerd.

Nadelen eigen vestiging

Nadelen van een eigen vestiging in het buitenland kunnen betrekking hebben op:
- de hoge kosten
- personeelsproblemen die continu aandacht vragen
- het feit dat de overheid in veel landen het vestigen van een eigen kantoor weinig aantrekkelijk maakt.

Fusie of overname van een buitenlandse onderneming
Fusie of overname kan zowel in het binnenland als in het buitenland plaatsvinden (zie figuur 29.2). Zijn overnames en fusies op zich al geen eenvoudige aangelegenheden, bij transnationale overnames of fusies treden bovendien complicerende juridische (denk aan de Autoriteit Consument en Markt (ACM)), fiscale en culturele factoren op.

Indirecte entreestrategieën
Van indirecte entreestrategieën is sprake als derden de internationale onderneming vertegenwoordigen en uitvoering geven aan het marketingbeleid op de buitenlandse markt. De uitbesteding van marketingactiviteiten heeft gewoonlijk een slechtere beheersbaarheid ervan tot gevolg. We kunnen er niettemin voor kiezen uit kosten- en kennisoverwegingen, vanwege onbereikbaarheid van buitenlandse markten of vanwege een te beperkte omvang van het eigen assortiment.

Definitie indirecte entreestrategie

> Een indirecte entreestrategie (ook wel indirecte markttoetredingsstrategie genoemd) is een strategie waarbij een onderneming het organiseren en uitvoeren van alle activiteiten om een startpositie te verkrijgen in een gastland, overlaat aan in dat land gevestigde lokale derden. Hierdoor wordt de door de onderneming geformuleerde marketingstrategie minder beheersbaar dan bij een directe entreestrategie.

Bij de indirecte entreestrategieën kan onderscheid gemaakt worden tussen de individuele en de coöperatieve vorm. In tabel 29.1 worden de mogelijke indirecte entreestrategieën weergegeven.

TABEL 29.1 Indirecte entreestrategieën

Indirecte entree met:	Individueel	Coöperatief
Producenten	• piggy backing • joint selling • licentieverlening • franchising • contractfabricage	• exportcombinatie • exportkartel • joint venture
Handelsondernemingen	• handelsagent • handelshuis	

De individuele vorm

Op *producentenniveau* gaat de onderneming een min of meer langlopend contract aan met een derde, die voor de onderneming het marketingbeleid in de buitenlandse markt verzorgt. Op producentenniveau zijn mogelijke varianten: piggy-back-export, joint selling, internationale licentieverlening, internationale franchising en contractfabricage.

Producentenniveau

- Bij *piggy backing* maakt een onderneming gebruik van de distributiekanalen in de exportmarkt van een andere exporterende onderneming (uit hetzelfde land). Dit komt onder andere voor in de farmaceutische industrie. Kleine en soms ook middelgrote aanbieders hebben niet het productenpakket en de middelen om zelf hun product te vermarkten. Zij brengen het dan onder bij een niet direct concurrerende aanbieder in het exportland. Piggy backing wordt gebruikt om het risico te verminderen.
  Matig of helemaal nog niet ingevoerde bedrijven kunnen de kracht van het merk van een partner gebruiken om snel bewustwording en geloofwaardigheid te verkrijgen die nodig zijn in nieuwe marktsegmenten.

  Piggy backing

- *Joint selling* (assortimentsuitwisseling) is een internationale piggy-back-overeenkomst; twee exporterende ondernemingen maken in twee verschillende landen gebruik van elkaars verkooporganisatie.

  Joint selling

- *Internationale licentieverlening* is een samenwerkingsvorm tussen twee ondernemingen uit verschillende landen. Daarbij gaat het om het tegen een vergoeding gebruik kunnen maken van het recht op een industrieel eigendom (bijvoorbeeld een productieproces, een merk, een patent). Coca-Cola Enterprises Nederland is de Nederlandse licentiehouder van onder andere Capri-Sun, Schweppes, Dr Pepper, Fernandes en Monster energy. Pepsi Cola wordt in ons land onder licentie geproduceerd door Vrumona, een dochtermaatschappij van Heineken.

  Internationale licentieverlening

- Een variant van internationale licentieverlening is *internationale franchising*. Dit is een samenwerkingscontract waarbij de buitenlandse producent of distributeur (de franchisenemer) gebruik kan maken van de marketingstrategie van de franchisegever. Een voorbeeld van international franchising is McDonald's dat in 2011 in 119 landen vestigingen had.

  Internationale franchising

- *Contractfabricage* houdt in dat een internationale onderneming haar producten laat maken door een onafhankelijke plaatselijke producent. De verantwoordelijkheid van de producent blijft beperkt tot productie; de internationale onderneming neemt de verantwoordelijkheid op zich voor alle marketingactiviteiten. Voor deze strategie wordt gekozen wanneer de internationale onderneming (nog) niet wil investeren in productiefaciliteiten of wanneer de overheid in het exportland beschermende belemmeringen opwerpt.

  Contractfabricage

Distributieniveau Indirecte entreestrategieën op het niveau van handelsondernemingen zijn de handelsagent en het handelshuis.

Handelsagent
- De *handelsagent* is de meest gehanteerde entreestrategie. Er kunnen veel soorten agenten worden onderscheiden. Zij hebben allen de onafhankelijkheid tegenover de principaal (opdrachtgever) gemeen. De verantwoordelijkheid voor transacties blijft bij de producent/exporteur liggen, doordat de agent geen eigenaar van de goederen wordt. Met het oog op de verschillende wetgeving tussen landen voor wat betreft agentuurovereenkomsten, is het opstellen van een schriftelijk contract een noodzaak. Gewoonlijk vertegenwoordigt een handelsagent meer producenten. De belangrijkste voordelen daarvan zijn dat de kosten over meer ondernemingen en producten worden verdeeld en de agent in principe een assortiment kan samenstellen dat op zijn klantenkring is afgestemd. Daaruit vloeit direct ook een mogelijk nadeel voort: hij neemt te veel producten en versnippert zijn aandacht. Bovendien zullen agenten gewoonlijk vooral aandacht besteden aan de producten die voor hen het meest winstgevend zijn. Over het algemeen gesproken is de onbeheersbaarheid van de marktbewerking het belangrijkste nadeel van het werken met agenten.

Handelshuis
- Een *handelshuis* is een organisatie die voor eigen rekening en verantwoording bepaalde exportmarkten of marktsegmenten bewerkt met producten die door andere exporterende organisaties worden toegeleverd. Vooral voor kleine ondernemingen kan inschakeling van een handelshuis zinvol zijn. Een belangrijk verschil met de agent is dat het verhandelen plaatsvindt voor eigen rekening en op eigen naam.

De coöperatieve vorm
Coöperatieve indirecte entreestrategieën zijn de exportcombinatie, het exportkartel en de joint venture.
- Een *exportcombinatie* is een groepering van een aantal ondernemingen dat gezamenlijk één of meer marketingfuncties op de exportmarkten laat verrichten door een *centraal orgaan*, dat deze functie(s) voor de aangesloten (zelfstandig blijvende) ondernemingen ter hand neemt. Mogelijke functies van het centraal orgaan zijn:
    - het verrichten van marktonderzoek
    - het leggen van contacten (met agenten, afnemers enzovoort)
    - het formuleren en uitvoeren van de internationale marketingstrategie (doelgroepselectie, marketingbeleid)
    - de exportafwikkeling (distributie, documenten, facturering enzovoort).
- Een variant van de exportcombinatie is de *exportvereniging*, die zich vooral bezighoudt met de eerste twee genoemde functies.
- Het *exportkartel* is een samenwerkingsverband tussen exporterende ondernemingen. Afspraken kunnen betrekking hebben op prijzen, condities, quota, markten enzovoort. Een voorbeeld van een exportkartel is OPEC, een organisatie van overheden van twaalf olieproducerende landen bestaande uit Algerije, Angola, Ecuador, Iran, Irak, Koeweit, Libie, Nigeria, Qatar, Saudi-Arabië, de Verenigde Arabische Emiraten en Venezuela.
- Een *joint venture* is een vorm van samenwerking tussen zelfstandig blijvende ondernemingen, die plaatsvindt in een gezamenlijke, nieuwe onderneming door inbreng van knowhow en participatie in het aandelenkapitaal.
Een internationale joint venture is een strategische alliantie tussen twee of meer ondernemingen van meer dan één land, die onafhankelijk blijven.

Zij komen in allerlei vormen voor, zolang de partners elkaar aanvullen en ondersteunen. Zo kan een joint venture gestart worden door een onderneming die goed is in onderzoek en productie en een tegenpartij die voor de plaatselijke marketing en verkoop zorgt. Voorbeelden van internationale joint ventures zijn die tussen Accenture en Microsoft (Avanade), Ford Motor Company en Mazda (AutoAlliance International), Chevron-Texaco en Shell (Equilon) en General Motors en Toyota (NUMMI).

29.5 Internationaal communicatiebeleid

De communicatiemix (reclame, sales promotion, direct marketing, public relations en persoonlijke verkoop) wordt in de praktijk relatief vaak aangepast aan lokale omstandigheden. Zo wordt Grolsch in Australië gepositioneerd als het bier van de wijnkenner en is daar uitsluitend in de betere wijnwinkels verkrijgbaar. Alle eerdergenoemde omgevingsfactoren, zoals verschillen in consumentengedrag, taal, cultuur en beschikbare media, kunnen daartoe aanleiding geven. Anderzijds is ook de marketingstrategie (internationaal, multinationaal of wereldwijd) daarop van invloed.

Een wereldwijd, gestandaardiseerd communicatiebeleid zoals in principe gevoerd wordt door zogenaamde global brands als Benetton en Coca-Cola, is vrijwel nooit haalbaar. Absolute voorwaarden voor kans op succes zijn:
- de mogelijkheid van een identieke positionering (deze moet overal even krachtig zijn)
- een identieke doelgroep van voldoende omvang in alle landen.

Ongedifferentieerd reclamebeleid

Bij industriële producten wordt doorgaans gemakkelijker aan deze voorwaarden voldaan. Het andere uiterste, een gedifferentieerd reclamebeleid waarbij zowel de reclamestrategie als het creatieve concept wordt aangepast aan lokale omstandigheden, is eveneens meestal niet zinvol. De kosten daarvan zijn bijzonder hoog.

Gedifferentieerd reclamebeleid

Het meest gehanteerd wordt een tussenvorm: sommige beslissingen worden centraal genomen, andere decentraal. De centrale marketingcommunicatieafdeling heeft dan taken als:
- inzicht verschaffen in de mate waarin producten en specifieke producteigenschappen benadrukt moeten worden in lokale reclamecampagnes
- inzicht verschaffen in de mate waarin reclamecampagnes effectief zijn in andere landen en mogelijk aangepast kunnen worden
- leveren van wereldwijde planningsystemen en productieprogramma's
- het lokale management ondersteunen bij het formuleren van de doelgroepen
- organiseren van de coördinatie van lokale reclameplannen
- evalueren van reclamebudgetten om te bezien of de richtlijnen van het hoofdkantoor worden nageleefd
- rekening houden met culturele verschillen. Onderzoeken in welke landen een creatief concept gebruikt en aangepast kan worden
- bijhouden welke campagnes in de wereld succesvol zijn. Het lokale management daarmee helpen een eigen campagne te ontwikkelen
- evalueren van internationale media.

Internationale mediakeuze

De *internationale mediakeuze* wordt beïnvloed door factoren als de beschikbaarheid van media, de aanwezigheid van concurrenten in de diverse media, de beschikbaarheid van gegevens over de diverse media en de mate van grensoverschrijding. Vooral in minder ontwikkelde landen zal de mediakeuze hierdoor belangrijk worden beïnvloed. *Sales promotion* krijgt vooral gestalte door deelname aan buitenlandse beurzen. *Direct marketing* kan internationaal gezien vooral een functie vervullen bij de wijze van marktverkenning en bij de entree op buitenlandse markten. Het internationale imago wordt mede beïnvloed door de *corporate public relations*. De *persoonlijke verkoop* heeft een relatief groot gewicht bij internationale communicatie.

Kotler maakt onderscheid tussen vijf internationale product- en promotiestrategieën (zie figuur 29.3). Daarbij gaat het erom in welke mate bedrijven hun marketingplan willen aanpassen aan de lokale omstandigheden. Voor het product onderscheidt hij drie mogelijke strategieën:
- *straight extension*: het product wordt zonder verandering op de buitenlandse markt geïntroduceerd.
- *product adaptation*: het product wordt aangepast, zodat het voldoet aan de wensen op de lokale (buitenlandse) markt.
- *product invention*: voor de buitenlandse markt wordt een heel nieuw product ontwikkeld.

FIGUUR 29.3 Kotlers internationale product- en promotiestrategieën

Promotion \ Product	Do Not Change Product	Adapt Product	Develop New Product
Do Not Change Promotion	Straight extension	Product adaptation	Product invention
Adapt Promotion	Communication adaptation	Dual adaptation	Product invention

Voor de promotie onderscheidt Kotler de volgende twee strategieën:
1 *communication adaptation*: de promotie wordt aangepast aan de lokale marktomstandigheden.
2 *dual adaptation*: zowel het product als de promotie wordt aangepast aan de omstandigheden op de buitenlandse markt.

Samenvatting

- *Motieven voor internationalisering* zijn: het afzetten van surplusproductie, de te kleine omvang van de thuismarkt, de concurrentie op de thuismarkt en de doelstellingen van de onderneming.
- *Gelegenheidsexport* is de niet-systematische uitvoer van overtollige productie.

- Bij *exportmarketing* laat een onderneming zich leiden door de behoeften, verlangens en wensen in een beoogd gastland.
- Bij de bewerking van internationale markten worden drie stadia onderscheiden:
    1 *Internationale marketing* betreft de marketingactiviteiten van organisaties, gericht op doelgroepen die zich in meer geografische markten bevinden dan uitsluitend de eigen nationale markt.
    2 *Multinationale marketing* is het ontwikkelen van een aantal nationale marketingprogramma's voor verschillende landen en de integratie daarvan in een effectief multinationaal marketingprogramma.
    3 *Wereldwijde marketing* of *global marketing* betreft de marketingactiviteiten door organisaties, gericht op doelgroepen die verspreid zijn over een groot aantal landen, waarbij gestreefd wordt naar een zo groot mogelijke uniformiteit in de marketingactiviteiten.
- Levitt onderscheidt vier krachten die wijzen in de richting van global marketing: *universeel welvaartsstreven, universele levensomstandigheden en levensstijl, universele cultuur en universele media.*
- De *internationale macro-omgevingsfactoren* kunnen worden onderscheiden in niet-beheersbare algemene factoren en niet-beheersbare lokale factoren.
    - Voorbeelden van *niet-beheersbare algemene factoren*: lage economische groeipercentages, inflatie, stijgende overheidsinvloed, gewijzigde politieke systemen en structuren, gewijzigde marktstructuren, internationale energieproblematiek, gewijzigde klimatologische omstandigheden enzovoort.
    - Voorbeelden van *niet-beheersbare lokale factoren*: geografische ligging, distributie- en infrastructuur, demografische kenmerken, economische factoren, politiek/juridische factoren, concurrentie en technologische factoren.
- *Culturele aspecten* zijn een belangrijke macro-omgevingsfactor in de internationale marketing.
- *Cultuur* is het complexe geheel van kennis, overtuigingen, kunst, wetten, normen en waarden en overige gedragingen, vaardigheden en gewoonten, dat eigen is aan de leden van een bepaalde gemeenschap.
- *Cross-culturele consumentenanalyse* is onderzoek, gericht op het nagaan van overeenkomsten of verschillen in het consumentengedrag in twee of meer verschillende culturen.
- *Country-of-origin-effect* is het effect vanuit het perspectief van de afnemer, waarbij de aanduiding van het land van herkomst een meerwaarde aan het product geeft.
- Onderscheid wordt gemaakt tussen:
    - *directe entreestrategieën* zoals directe levering, eigen verkoopkantoor in het buitenland en fusie of overname van een buitenlandse onderneming.
    - *indirecte entreestrategieën* zoals piggy backing, joint selling, licentieverlening, franchising, contractfabricage, handelsagent, handelshuis, exportcombinatie, exportkartel en joint venture.
- Bij het *internationale communicatiebeleid* kan gekozen worden voor een ongedifferentieerd en een gedifferentieerd reclamebeleid.
- Kotler onderscheidt *vijf internationale product- en promotiestrategieën*: straight extension, product adaptation, product invention, communication adaptation en dual adaptation.

Register

20/80-Regel 271, 480

A

Aanbevelingen 234
Aanboddifferentiatie 315
Aanbod versus aangeboden
    hoeveelheid 73
Aandachtspunten 171
Aansluiting back office en front office 571
ABC-indeling 479
Absolute cumulatieve frequentie 263
Absolute frequentie 260
Abstracte doeleinden 112
Abstracte en concrete cultuurelementen 96
Access 547
Accijns 404
Accountability 483
Accountmanager 215, 480
Actiecommunicatie 472
Actief prijsbeleid 384
Actiekorting 410
Actiemarketing 522
Actiemix 472
Actiereclame 487
Activa 167
Additionele vraag 63
Ad hoc-onderzoek 231
Adoptiecategorieën 136
Adoptiefasen 136
Adoptiemodel van Rogers 469
Adoptieproces 136
Adressenbestand 529
Adviesprijs 410
Adviseur 564
Afdankgedrag 86
Affectieve component
    Emoties en gevoelens 122
Afgeleide vraag is afhankelijk van primaire
    vraag 61
Afnemende groeifase 341
Afnemersgerichte organisatie
    (A-indeling) 213
Afrondingsverschillen 263

Afwisselend koopgedrag 139
Afzetcurve 70
AIDA-formule van Strong 468
AIO-variabelen 120
Algemene groothandel 425
Anticyclische methode 497
Aspiratiegroepen 104
Assortimentsspecialisatie 429
Attitudebeïnvloeding 122
Attitude niet tastbaar 121
Attitudeobject 121
Attributen 297
Augmented product 300

B

Back office 571
Banner 549
Bartering 19
Basic product 300
Bedrijfsinterne invloed 191
Bedrijfsresultaat 168
Beeldgrafiek 270
Beeldmerk 318
Beeldmerk creëert merkbeeld 319
Behoefteconcurrentie 37
Beïnvloeder 564
Belang ondernemersfunctie hangt samen
    met soort bedrijf 35
Belasting toegevoegde waarde 404
Benadering van het consumentengedrag
    vanuit verschillende wetenschappen 89
Benelux-Bureau voor de Intellectuele
    Eigendom (BBIE) 328
Bepalen van de doelgroep 181
Bepalen van de uitvoering 490
Bepalen van het concept 489
Bepalen van het copyplatform 489
Beperkingen van sportsponsoring 512
Beroep 108
Beschrijvend marktonderzoek
    (descriptief onderzoek) 229
Beslisser 565
Besteedbaar inkomen 44

Bestek 307
Betekenis gezinslevenscyclus voor marketing 108
Betekenis groothandel is sterk afgenomen 423
Betekenistoekenning 116
Betekenis van de studie van het consumentengedrag voor de marketeer 88
Betrokkenheid 138
Betrouwbaarheid 282
Beurs 59
Beurzen en tentoonstellingen 28
Bevolkingsomvang 41
Bevolkingspiramide 41, 593
Bezettingsresultaat 380
Bij retailmarketing 7 P's 428
Bij trading down lijkt het assortiment goedkoop en minder exclusief 316
Bij trading up lijkt het assortiment duurder 316
Binomiale verdeling 281
Black box 91, 128
Bpo-model 138
Branche 421
Branchevervaging 438
Brand extension 323
Breedte van het assortiment 313
Briefing 235
Brievenbusreclame 526
Broadcasting 484
Bruto- en nettobereik 494
Brutowinstmarge 169
Buitenreclame 491
Bureauonderzoek (desk research) 225
Burstmarketing 344
Business definition 159
Business intelligence 542
Button 549
Buy-side e-commerce 551

C

C4-index 66
Callcenter 528
Capaciteitsmanagement 568
Carry over-effect 496
Cartoontechniek 252
Category management 318
Category manager 480
CATI-systeem 246
Census 279
Centrale begrippen van directe marketing 522
Centrale waarden 298

Ceteris paribus 70
Ceteris paribus-clausule 73
Channel captain 444
Choice set 134
Cijfervergelijkingen 234
Clubpromotie 510
Co-branding 325
Coderen en decoderen 467
Cognitieve component: kennis 121
Cognitieve dissonantie 140
Cognitieve elementen 140
Cognitieve en affectieve processen 84
Collecterende handel 423
Collectief merk 318
Collectieve reclame 498
Collectieve vraagcurve 70
Colportage 433
Combinatiereclame 498
Commercieel directeur 214
Commerciële bronnen 132
Commerciële dienstverlening 571
Commerciële marketing 30
Commerciële testfase 350
Commissionair (broker) 427
Commotie 506
Communicatie- en promotiemix 472
Communicatiegedrag 85
Communicatie-instrumenten 472
Communicatiemanager 216
Communicatiemedia 473
Communicatieproces 466
Communicatievermogen 492
Company 544
Competition 544
Complementaire goederen 303
Complementaire producten 370
Complex koopgedrag 140
Conatieve component: neiging tot actie 122
Concentratiecurve 271
Concentratiegraad concurrentie 65
Concept 544
Conceptontwikkeling 348
Concessionair 430
Concurrentie 593
Concurrentiekrachten van Porter 40
Concurrentieniveaus 37
Concurrentiestrategieën 172
Concurrentiestrijd richt zich vooral op de vervangingsmarkt 341
Confrontatiematrix 171
Conjunctuur 45
Consideration set 134
Consistentie van het assortiment 313

Consumentendiensten 572
Consumentenmarketing 29
Consumentenonderzoek 223
Consumentenproduct en finale vraag 302
Consumenten zijn de belangrijkste marktpartij 39
Consument handelt beperkt rationeel 90
Consumer promotions 413, 508
Consumptie als statussymbool 104
Content 545
Context 545
Continuïteit 545
Continuonderzoek (longitudinaal onderzoek) 231
Contractfabricage 601
Conversie 532
Conversieratio 549
Coöperatieve reclame 498
Core benefit 300
Corporate communicatiemix 473
Corporate communication 473
Corporate public relations 514
Country-of-origin-effect 597
Couponkorting 509
Creativiteit 544
Creativiteit voorwaarde voor effectiviteit 483
Criteria voor prijsdiscriminatie 388
Cross-culturele analyse 98
Cross-culturele consumentenanalyse 597
Culturele trends 98
Culturele veranderingen van belang voor het marketingbeleid 97
Cultuurdimensies 98
Cultuurpatronen 96
Cumulatieve penetratie 64
Customer 544
Customer life time value 532
Customer relationship management 542

D

DAGMAR-model 469
Databasemarketing 522
De betekenis van de prijs voor de afnemer 360
De betekenis van marktonderzoek 483
Deelactiviteiten in het fysiekedistributiesysteem 457
Definitie aanbod 65
Definitie aanbodcurve 72
Definitie accountmanagement 480
Definitie afgeleide vraag 559

Definitie A-merk 326
Definitie assortiment 312
Definitie attitude 121
Definitie bedrijfskolom 420
Definitie bedrijfstak 421
Definitie B-merk 326
Definitie bottom-up-planning 156
Definitie break-evenanalyse 393
Definitie briefing 482
Definitie business marketing 558
Definitie cash cow 163
Definitie centrale tendentie 271
Definitie clustersteekproef 286
Definitie C-merk 326
Definitie concentratiegraad 65
Definitie concurrentiegeoriënteerde prijsstelling 384
Definitie constituerende beslissingen 207
Definitie consumentengedrag 84
Definitie consumentenproduct 302
Definitie contrasegmentatie 200
Definitie cultuur 595
Definitie cumulatieve frequentieverdeling 263
Definitie decision making unit 563
Definitie detailhandel 428
Definitie dienst 568
Definitie directe entreestrategie 599
Definitie direct mail 525
Definitie direct marketing 523
Definitie direct non-mail 526
Definitie dirigerende beslissingen of operationele beslissingen 207
Definitie disproportioneel gestratificeerde steekproef 288
Definitie distributiefuncties 418
Definitie distributiespreiding (ds) 449
Definitie dog 163
Definitie downgrading 317
Definitie elasticiteitscoëfficiënt 365
Definitie electronic data interchange 423
Definitie formele organisatie 208
Definitie franchising 434
Definitie frequentiedichtheid 274
Definitie frequentieverdeling 260
Definitie full-servicegroothandel 425
Definitie fysieke distributie 457
Definitie fysiekedistributiemanagement 456
Definitie geconcentreerde marketing 196
Definitie gedifferentieerde marketing 196
Definitie geringe betrokkenheid 129

Definitie gestratificeerde steekproef 287
Definitie gewogen rekenkundig gemiddelde 273
Definitie gezocht nut 187
Definitie global marketing 589
Definitie groothandel (grossier) 423
Definitie grote betrokkenheid 129
Definitie indirecte entreestrategie 600
Definitie industrieel product 303
Definitie informele organisatie 209
Definitie inkomenselasticiteit 371
Definitie innovatieproces 346
Definitie internationale marketing 588
Definitie kostengeoriënteerde prijsstelling 382
Definitie kruiselasticiteit 370
Definitie levensstijl 184
Definitie logistiek 455
Definitie maatschappelijke marketingoriëntatie 23
Definitie marketing 18
Definitie marketing audit 175
Definitie marketingconcept 18
Definitie marketinginformatiesysteem 166
Definitie marketinginstrument 24
Definitie marketingmix 25
Definitie markt 60
Definitie marktbereik (mb) 450
Definitie marktonderzoek 222
Definitie marktsegmentatie 180
Definitie materials handling 459
Definitie materials management 456
Definitie mediaan 274
Definitie merchandiser 426
Definitie merk 318
Definitie merkartikel 318
Definitie merktrouw 188
Definitie modale klasse 274
Definitie modus 273
Definitie motivatie 112
Definitie multinationale marketing 589
Definitie non-profitmarketing 576
Definitie omzetaandeel (oa) 452
Definitie one-to-one marketing 197
Definitie ongedifferentieerde marketing 195
Definitie organisatie 206
Definitie panelonderzoek 232
Definitie penetratiegraad van duurzame goederen 65
Definitie penetratiegraad van niet-duurzame goederen 64
Definitie perceptie 114
Definitie populatie 279
Definitie portfolioanalysetechniek 161
Definitie positioneren 200
Definitie prijselasticiteit 365
Definitie product 297
Definitie productieoriëntatie 21
Definitie productlevenscyclus 338
Definitie product-marktcombinatie 152
Definitie productoriëntatie 21
Definitie proportioneel gestratificeerde steekproef 287
Definitie prototype 349
Definitie psychografie 184
Definitie public relations 513
Definitie pull-strategie 447
Definitie push-strategie 447
Definitie question mark 162
Definitie quotasteekproef 289
Definitie rechtstreekse reclame 525
Definitie reciprociteit 559
Definitie reclame 480
Definitie referentiegroep 102
Definitie rekenkundig gemiddelde 272
Definitie relatieve frequentieverdeling 262
Definitie sales promotion 506
Definitie selectie-indicator (si) 451
Definitie service merchandiser 426
Definitie sociale marketing 577
Definitie sportsponsoring 512
Definitie spreiding 276
Definitie star 163
Definitie statistiek 258
Definitie steekproef 278
Definitie steekproefkader 279
Definitie systematische steekproef 285
Definitie telemarketing 527
Definitie top-down-planning 156
Definitie trading down 316
Definitie trading up 316
Definitie tweedoelgroepenbenadering 447
Definitie upgrading 318
Definitie verkooporiëntatie 22
Definitie vraag 60
Definitie vraagcurve 70
Definitie vraag- of afnemersgeoriënteerde prijsstelling 386
Definitie waardeketen 164
Definitie Wet van Engel 89
Definitie winkelmerk 327
Definitie zelfbeeld 119
Delphi-methode 232

De prijs als flexibel marketinginstrument 361
De prijs heeft voor de ondernemer twee
   betekenissen 360
Desintermediatie 548
Detailhandelsmarketing 30
De vervuiler betaalt 52
De vijf fasen van een levenscyclus 338
Dialoogmarketing 522
Dichotome vraag 248
Dienstverleningsproces 571
Diepte van het assortiment 313
Differentiatiestrategie 172
Differentiële kostprijs 383
Diffusieproces 137
Directe interactie 90
Directe kosten 378
Directe levering 599
Directe promoties en indirecte promoties 507
Direct marketing 28
Direct marketing ook thematisch gericht 524
Direct product profitability 454
Direct response commercial 526
Direct-writing 574
Discount pricing 385
Discrete variabele 268
Discretionair inkomen 44
Dissonantie-reducerend koopgedrag 140
Distribuerende handel 424
Distributiediagram 423
Distributie- en infrastructuur 595
Distributie is instrument van de langere
   termijn 27
Distributiekengetallen 449
Distributieniveau 602
Distributieonderzoek 224
Distributiestructuur 423
Diversificatie 174
Doelgroep 25
Doelgroepspecialisatie 429
Doelstellingen op drie niveaus 485
Doel van mis 167
Donaties 578
Doorklikratio 549
Downgrading 317
Driecomponententheorie 121
Drie mogelijkheden om een merk op de
   markt te brengen 320
Drie zelfconcepten 120
Drop-error 348
Duale merkenstrategie (dual branding) 323
Dumping 386

Dustbincheck 242
Duurzame producten 303

E
EAN-code 240
Early adopters 188
E-business 537
E-business-spagaat 543
E-commerce 538
Economische factoren 594
Een dienst is ontastbaar 568
Een dienst is vergankelijk 568
Eenheid van bevel en leiding 210
Eenhoofdige leiding 210
Een toepassing
   De adoptiecurve 277
Efficient consumer response 423
Eigen buitenlands verkoopkantoor 599
Eigen vermogen 168
Eisen aan de vragenlijst 247
Eisen te stellen aan prijsvragen en
   wedstrijden 511
Eisen voor een geslaagde technische
   ontwikkeling 349
Elasticiteitsbegrip 365
Electronic advertising 549
E-marketing 538
Emergency goods 305
Emotional appeal 331
Emotionele of expressieve
   eigenschappen 133
Emotionele productwaarden 298
Endorsement 325
Enterprise resource planning 543
Ervaring 138
EU-regelgeving 53
Even aantal waarnemingen 275
Evenwichtsprijs 73
Evoked set 134
Exclusieve distributie vooral bij specialty
   goods 443
Expected product 300
Expertonderzoek 232
Exploratiefase 348
Exploratief onderzoek 229
Exportcombinatie 602
Exporteur 427
Exportmarketing 587
Exposure vaak passief, onvrijwillig 115
Expressieve productfunctie 298
Externe gegevens 226

Externe publieksgroepen 513
Extern zoekgedrag 131

F

Faalfactoren 353
Facilitaire diensten 572
Factoren die de keuze van de onderzoekmethode bepalen 231
Factoren van invloed op de lengte van de levenscyclus 344
Familiemerkenstrategie 321
Fancymerk 326
Fasen in het mediaplan 490
Fasen van het reclameplanningsproces 481
Feitelijk monopolie 74
Flexibele break-evenberekening 372
Focusstrategie 172
Follow the leader pricing 385
Fondsenwerving 579
Formuleren en meten van communicatiedoelstellingen 469
Franchisegever en -nemer 434
Free mail-actie 510
Frequentiepolygoon 264
Frequentietabel 260
Front office 571
Full line pricing of product-line pricing 409
Functie 418
Functionele productwaarden 298
Fundament van het reclameplan 482
Fusie 68
Fysiek product 299

G

Gatekeeper 564
Gebiedssteekproef 286
Gebruiker 565
Gebruiks- en servicegraad 459
Gebruikstest 350
Gebruik van het prijsinstrument door de handel 402
Gebruik van het prijsinstrument door (merk)artikelfabrikanten 402
Gecontroleerd experiment 253
Gedifferentieerd reclamebeleid 603
Geen kwaliteitstandaards vast te stellen 570
Geen voorraadvorming mogelijk 570
Geïntegreerde communicatie 516
Geknikte afzetcurve 75
Geldpromoties 509
Geld-terugactie 509
Gelegenheidsexport 586

Gemaks- of gewoontegoederen 305
Gemengde merkenstrategie 320
Generieke concurrentie 37
Generieke vraag 60
Geografische ligging 595
Geografisch gerichte organisatie (G-indeling) 212
Gesloten vraag 247
Gespecialiseerde groothandel 425
Gestructureerd interview 247
Gevaar 580
Gevestigde handel 428
Gevoelige gegevens 531
Gewoontekoopgedrag 139
Gezinslevenscyclus 183
Global brand 327
Global marketing 99
Goals-down/plans-up-methode 156
Goededoelpromotions 508
Goede positionering door de juiste productattributen 200
Goederen/dienstencontinuüm 302
Goederenpromoties 509
Go-error 348
Going rate pricing 385
Go/no-go-beslissing 350
Groeistrategieën 173
Groepsdiscussie 232
Groepsnormen 102
Grondrechten van de consument 48
Groothandels- en detaillistenmarketing 30
Gross rating point 495
Grote afnemersparticipatie 570

H

Halfgestructureerde interview 252
Handelsagent 427, 602
Handelshuis 602
Handelsmerk 318
Handels- of trade marketing 30
Herintermediatie 548
Het dissonance-attribution-response-model 471
Heterogene shopping goods 306
Het zoeken naar een gat in de markt 201
High involvement 123, 129
Histogram met gelijke klassenbreedten 266
Histogram met ongelijke klassenbreedten 266
Hoeveelheidsaanpassers 76
Hoe werkt communicatie? 467
Homogeen en heterogeen oligopolie 75

Homogene shopping goods 306
Hoogte van de handelsmarge 410
Hoogte van het assortiment 313
Horizontaal marketingsysteem 433
Horizontale en verticale productdifferentiatie 315
Horizontale sales promotionactiviteiten 506
Huisenquêtes 233
Humanresourcesmanagement 575
Hypermarkt (superstore) 431
Hypersegmentatie 198

I

Ict 49
Ideële reclame 486
Identiteit 85
Imago 122
Importeur 427
Impulsgoederen 305
Incidenteel leren 117
Indeling in welstandsklassen 100
In de (snelle) groeifase moet de early majority bereikt worden 340
In de verzadigingsfase neemt de penetratiegraad niet meer toe 341
Indexcijfers 264
Index van het Consumentenvertrouwen 87
Indicatoren voor de sociale klasse 100
Indifferente goederen 303
Indifferente producten 370
Indirecte interactie 90
Indirecte kosten 378
Indirecte vraagstelling 252
Industrieel onderzoek 224
Industriële benodigdheden 308
Industriële diensten 308
Industriële grondstoffen en materialen 308
Industriële producten en afgeleide vraag 302
Industriële uitrusting 307
Inferieure goederen 304
Inferieure producten 372
Inflatie en deflatie 44
Infomediairs 548
Informatiefase 540
Initiatiefnemer 564
Initiële vraag 62
Inkomen 108, 184
Innovatie 346
Inruilkorting 413
Inschakelingsvariabelen 496
Institutionele reclame 486

In store-activiteiten 507
Instrumentele of functionele eigenschappen 133
Instrumentele productfunctie 298
Integrale kostprijs 379
Intensieve distributie vooral bij convenience goods 443
Intentioneel leren 117
Interactieve fase 540
Interactieve marketing 522
Internationale franchising 601
Internationale licentieverlening 601
Internationale mediakeuze 604
Interne gegevens 226
Interne publieksgroep 513
Internet advertising 549
Intern zoekgedrag 131
Interpersoonlijke factoren 91
Intervalschaal 249
Intervalschatting 281
Interview 251
Intrakanaalconflicten en interkanaalconflicten 445
Intranet 536
Intrapersoonlijke factoren 91
Investeringsstrategieën 163
Invloed van de macro-omgeving 191
Invloed van de sociale klasse 101
Invoerrechten 404

J

Joint promotions 508
Joint selling 601
Joint venture 69
Just-in-time (JIT) 459

K

Kanaallengte 422
Kanaaloverlapping 445
Kanaalstructuur 422
Kannibalisatie 196
Kartels verboden 405
Kenmerken van modified rebuy 563
Kenmerken van new task buy 563
Kenmerken van straight rebuy 562
Kennis- en kundediensten 572
Kernactiviteit 159
Kernprobleem 575
Kernwaarden 166
Keurmerk 319
Keuze tussen effectiviteit en efficiency 590
Keuze van de reclameboodschap 485
Klantenpiramide 479, 529

Klantenservice   459
Klantentrouw   189
Klassen   260
Klassenbreedten   260
Klassengrenzen   260
Klassenmidden   273
Klassiek hiërarchisch model   123
Klein aantal afnemers van grote omvang   558
Koopcentrum of decision making unit (DMU)   561
Kooprollen   106
Koper   565
Kopersmarkt   77
Kostenleiderstrategie   172
Kostprijs-plus-opslagmethode   382
Kritische kanttekeningen   345
Kromme van Gauss   277
Kwalitatief onderzoek   229
Kwaliteit   298
Kwantitatief onderzoek   230
Kwantumkorting   411

L
Labeling   329
Lagere verkoopprijs leidt vaak tot een hogere afzet, en omgekeerd   384
Land van herkomst-effect   593
Latente behoeften   113
Learning-response-model   471
Leeftijd   108
Leeftijdscohorten   108
Leidinggevenden niet sterk gespecialiseerd   211
Lengte van het assortiment   313, 315
Levertijd   459
Lidmaatschapsgroepen   104
Liefdadigheid   578
Liggend staafdiagram   269
Lijndiagram   265
Likert-schaal   250
Line extension   317
Line filling   316
Line pruning   317
Line stretching   316
Listbroker   529
Loss leader pricing   409
Lost-order analyse   479
Low involvement   123, 129
Luxegoederen   304
Luxeproducten   372

M
Maatregelen om het nadeel van kannibalisatie te voorkomen   317
Maatschappelijk verantwoord ondernemen (mvo)   23
Machinegebonden diensten   573
Macro-omgevingsfactoren   34
Made-to-order   198
Makelaar   428
Make to order   457
Manieren om bij promotie van referentie-invloed gebruik te maken   104
Manieren om dissonantie op te heffen of te verminderen   142
Manifeste behoeften   113
Marge   387
Market-by-market-segmentatie   197
Marketingcommunicatie   473
Marketingcommunicatiemix   473
Marketingconcept in de dienstensector   22
Marketingconcept in de non-profitsector   22
Marketing controller   216
Marketingdoelstellingen   152
Marketinginspanningen gericht op innovators en early adopters   339
Marketinginstrumentdoelstellingen   153
Marketinginstrumentstrategieën   153
Marketingmanager   214
Marketingplanning   153
Marketing public relations   515
Marketing services manager   215
Marketingstrategieën   152
Market- of branchemanager   215
Market pull   586
Marktaandeel   65
Marktaandeeldoelstelling   454
Marktgroei   162
Markthandel   432
Marktleider   385
Marktleider beschermt marktaandeel   66
Marktonderzoeker als echte klant   240
Marktonderzoeksplan   224
Marktonderzoeksproces   224
Marktontwikkeling   174
Marktpartijen   35
Marktpenetratie   174
Marktpotentieel is geen constante   63
Massacommunicatie   474
Massamarketing   180
Massamedia   474

Massaverschijnsel 258
Mass customization 306
Mate van betrokkenheid 471
Mate van het gebruik 190
Matrixorganisatie 213
Maximarketing 522
Maximumprijs 406
Medium 466
Mediumtypekeuze en betrokkenheid 492
Mediumtypen 474
Meerkeuzevragen 247
Meervoudige vragen 248
Meerwaarde 34
Meetbaar van communicatie inspanning 470
Meetniveaus of schaaltypen 248
Mensgebonden diensten 573
Merchandising 425
Merkbekendheid 119
Merkconcurrentie 37
Merk(en)specialisatie 429
Merkimago of merkbeeld 319
Merknaam 318
Merktrouw 326
Meso-omgevingsfactoren 34
Methoden ter bepaling van mediabudget 496
Micro-omgevingsfactoren 34
Micro-omgevingsfactoren als randvoorwaarden 35
Middle of the road-strategie 173
Minimumprijzen 406
Missie 157
Missie: het 'goede doel' 576
Mission statement 158
Model van Lavidge en Steiner 468
Model van Starch 469
Model van Vaugn 471
Modified rebuy 562
Momentconsument 109
Monopolie 403
Monopolistische concurrentie 403
Motivatie activeert en is doelgericht 112
Multi-clientonderzoek 236
Multipele distributie 444

N
Nadelen eigen vestiging 600
Nadelen van een mondelinge (face-to-face-)enquête 244
Nadelen van een schriftelijke enquête 244
Nadelen van een testmarkt 350
Nadelen van marktsegmentatie 181

Narrowcasting 484
Natuurlijk monopolie 74
Nauwkeurigheid 282
Navulverpakking 330
Nettowinstmarge 170
Neutrale bronnen 132
New productmanager 352
New task buy 562
Niche-marketing 197
Nielsen-methode 241
Nielsen-store audit 241
Niet-commerciële dienstverlening 571
Niet-duurzame producten 303
Niet-prijsconcurrentie 403
Nieuwe economie 536
Nieuwsbrieven 551
Niveau van het merk 325
Nominale schaal 248
Non-price competition 385
Non-profitorganisaties 581
Non-respons geeft vertekening 281
Non-respons laag houden 281
Noodzakelijke goederen 304, 372
Normale bezetting 379
Nutsmaximalisatie 90

O
Observeren van personen en materiële zaken 240
Oligopolie 403
Omgeving beïnvloedt het koopgedrag 184
Omloopsnelheid van de voorraad 380
Omnibusonderzoek 236
Omspanningsvermogen 207
Omzetbonus 411
Omzet- en afzetgroei als doelstelling 362
Omzet- en kostencontroles 175
Omzetsnelheid van de voorraad 380
Ondernemingsdoelstellingen 151
Ondernemingsfuncties 34
Ondernemingsstrategieën 151
Onderscheidend vermogen van groot belang bij prijsbeleid 402
Onderscheid tussen strategische en operationele prijsdoelstellingen 361
Ondersteunende activiteiten 165
Ondersteunende dienst 574
Oneerlijke handelspraktijken 498
One-stop-shopping 431
Ongedifferentieerde marketing 194
Ongedifferentieerd reclamebeleid 603
Online marketingcommunicatie 549
Online reclame 488

Oorzaken van het ontstaan van verval 342
Opbouw marktonderzoeksrapport 234
Openings-, selectie- en afsluitvragen 247
Open interview 252
Open vraag 247
Operationeel plan 154
Op het land afgestemde marketingprogramma's 98
Opinieleider of gatekeeper 467
Opslagpercentage 382
Optische prijsverkleining 391
Orderpunt en bestelniveau 458
Ordinale schaal 248
Organiseren 206
Organogram 208
Osgood-schaal 251
Out store-activiteiten 507
Overheid beïnvloedt prijsbeleid van ondernemingen 404
Overheidsmonopolie 74
Overname 68
Overrapportering 233
Overschrijdingskans 283
Overtuigingen 134

P

Pantrycheck 242
Paraplumerk of familiemerk 321
Parfitt en Collins-analyse 66
Passief prijsbeleid 384
Passiva 167
Pavlov: relatie tussen stimuli en responses 117
Pay-off 490
Perceptieproces is selectief en subjectief 114
Perceptual mapping 201
Persoonlijke factoren 116
Persoonlijke invloed 467
Persoonlijke verkoop 27
Perspectieven voor e-commerce 550
Photosorttechniek 253
Pie-chart 269
Piggy backing 601
Plaatsingsschema 496
Planning en kosten van belang bij eventueel marktonderzoek 222
Planning en plan 150
Point-of-purchase-reclame 488
Politieke structuur 594
Pooling 236
Portal 549
Positieve bekrachtiging 118

Positioneren 181
Positionering 349
Postreclame 525
Posttesting 483
Potential product 300
Potentiële vraag 62
Premium pricing 385
Premiums 509
Prestigeprijs 391
Pretesting 483
Price lining 409
Prijsaanduiding 406
Prijsacceptatie 363
Prijs als kwaliteitsindicator 574
Prijs: bedrag dat consument bereid is te betalen 360
Prijsbelevingsonderzoek 364
Prijsbewustheid 363
Prijsbinding 410
Prijsdifferentiatie 388
Prijsdiscriminatie 388
Prijsdistributie en servicedistributie 448
Prijsdrempel 389
Prijsdumping 383
Prijsgrenzen 391
Prijs is de enige opbrengstvariabele 26
Prijskorting 509
Prijsmechanisme 73
Prijsperceptie 363
Prijsrange 409
Prijsstarheid 403
Prijsvragen en wedstrijden 510
Primaire activiteiten 165
Primaire en secundaire reclamedoelgroep 484
Primaire gegevens 226
Primaire verpakking 329
Primaire vraag 61
Pr-instrumenten 514
Problem solving unit 564
Procesmanagement 573
Producentenniveau 601
Productaansprakelijkheid 332
Productattributen 25
Productbeleid belangrijkste marketinginstrument 296
Productbezit 108
Product-(brand)manager 214
Productconcept 348
Productdifferentiatie 76, 180, 196
Product en distributie 296
Product en prijs 296
Product en promotie 296

Productevaluatiematrix 348
Productgroep 312
Productgroepen 301
Productgroepmanager 215
Productidee 348
Productklasse 312
Productlevenscyclus 338
Product-markt-technologiecombinatie 159
Product-markt-technologiecombinaties 152
Productmix 297
Product- of productgroepgerichte organisatie (P-indeling) 212
Productontwikkeling 174
Productontwikkeling is noodzaak 345
Product plus-promotie 509
Productuitzettingen 254
Productvariant 312
Productvorm 312
Productvormconcurrentie 37
Proefenquête (pilot-onderzoek) 247
Proefverpakking 509
Professional promotions 508
Projectorganisatie 213
Proportioneel, progressief en degressief variabele kosten 378
Propositie 485
Psychologische aspecten 389
Public relations 27, 36
Publieksgroepen 36
Puntschatting 281
Put-out pricing 386

R

Raakvlakken met de sociale psychologie 90
Rack jobbing (stelling grossier) 426
Rag-model 138
Rationeel koopgedrag 560
Ratioschaal 249
Recht van verzet 532
Reclame 27
Reclameborden 512
Reclame Code Commissie 499
Reclamedoelgroep kan groter zijn dan marketingdoelgroep 484
Reclame tracht de herinnering te bevorderen 119
Redenen om consumentenkortingen te geven 412
Rekening houden met de wensen van de consument 18
Relatie 28
Relatief marktaandeel 162
Relatie langdurig en tweezijdig 559

Relatiemarketing 28, 522
Relatie reclame- en marktaandeel 497
Relatieve cumulatieve frequentie 263
Rendement 170
Rentepeil 44
Reputatie 28
Response en redemptie 532
Respons verhogen 281
Restmarkt 343
Retentie 118
Retourverpakking 330
Return on investment (roi) 381
Return on sales (ros) 381
Risico dat de consument meent te lopen 132
Risicoreductiestrategieën 133
Rol van marketing in de samenleving 19
Rol van marketing in een individuele onderneming 19
Rol van marketing op bedrijfskolom- of bedrijfstakniveau 19
Ruil 28
Ruis en feedback 467

S

Sales force promotions 508
Salesmanager 216
Sales promotion 27
Samenstelling van de dmu verschilt naar koopsituatie 564
SBU-doelstellingen 152
SBU-strategieën 152
Scanning 240
Scenario 154
Schaaltechnieken 250
Screeningfase 348
Secundaire gegevens 226
Secundaire verpakking 329
Secundaire vraag 61
Segmenteren van de markt 180
Selecte steekproef 289
Selectieve aandacht 115
Selectieve blootstelling 115
Selectieve distributie vooral bij shopping goods 443
Selectieve herinnering 116
Selectieve interpretatie 116
Selectieve vraag 61
Self liquidating premium 510
Selling in 508
Selling out 508
Sellogram 479
Sell-side e-commerce 551
Service merchandising 426

Share of voice 496
Shirtreclame 512
Shop-in-the-shop 431
SI > 1 relatief belangrijke outlets ingeschakeld 452
Single-clientonderzoek 236
Situaties van high involvement 472
Situaties waarin dissonantie niet meer acceptabel is 142
SIVA-model 546
Skimming 407
Sluikreclame 489
Sluitpostmethode 497
Sociale bronnen 132
Sociale klassen 183
Sociale stratificatie 100
Socialisatie 102
Socio-economische variabelen 183
Solution 547
Soorten dm-kosten 532
Soorten risico's 133
Spaaracties/zegelsystemen 510
Spam 549
Spandiepte 207
Spanwijdte 207
Specialisatie in gebruiksverwante producten 429
Specialisten geven leiding over hun vakgebied 211
Specifieke doeleinden 112
Split-run-test 254
Sponsored magazine 494, 511
Sponsored program 511
Sponsoren van evenementen 512
Sponsoring 27, 578
Spreidingsmaat 276
Staffelsysteem 411
Stakeholders 36
Standaardbezetting 379
Standaarddeviatie 276
Standaardfout 282
Standaardisatie van het productieproces 21
Standaardkostprijs 379
Stapelgoederen 305
Startadressenmethode 286
Stay-out pricing 386
Steekproefkader 279
Stichting Reclamecode 499
Stimuli 114
Stimulusfactoren 116
Straatenquêtes 233
Straight rebuy 562
Strategic business unit 151
Strategische controle 175

Strategische klanten 479
Strategisch marketingplan 153
Strategisch plan: handleiding voor uitvoering van het beleid 150
Subculturen beïnvloeden marketingactiviteiten 99
Subcultuur 595
Substitutiegoederen 303, 371
Succesfactoren 353
Supply chain management 543
Sweepstakes 511
Swot-analyse 170
Systeemgebonden diensten 573

T

Taakstellende methode 497
Tailor made promotions 507
Technische markt 58
Technische testfase 349
Technologische factoren 594
Telefonische verkoop 433
Terugroepactie 332
Testimonials 143
Testmarkt 254, 350
Tevredenstellend gedrag 90
Themacommunicatie 472
Themamix 472
Themareclame 487
Theoretische constructen 91
Think global, act local 590
Tijdloze producten 344
Tijdscontrole 175
Time-to-market 49, 351
Totaalproduct 299
Totaal resultaat 168
Totale frequentie 260
Totale telling 244
Totale vraag bestaat uit initiële vraag en vervangingsvraag 340
Trade promotions 508
Transactiefase 540
Transformatiefase 540
Transparante markt 59
Transportmogelijkheden 460
Turfstaat 260
Two-step-flow of communication-model 467

U

UAC (Uniforme Artikel Codering) 240
Uitbestedingsdiensten 572
Uitbreidingsvraag 63
Uitgebreid product 299
Umfeld 493, 525

Upgrading   317
UPO-model   138

V
Validiteit   280
Value   547
Van een verkopersmarkt naar een kopersmarkt   21
Variabelekostencalculatie   381
Variatiebreedte   260, 276
Variety stores   430
Vaste activa   167
Vaste en variabele kosten   378
Veiling   58
Veldwerk (field research)   228
Veranderen van attitude   123
Verbale en non-verbale communicatie   466
Vergelijkende reclame   489
Vergelijking tussen sport- en kunstsponsoring   513
Verklarend marktonderzoek (causaal onderzoek)   229
Verkleinen van de non-respons   245
Verkoopinformatiesysteem   479
Verkoopleider   215
Verkopersmarkt   77
Verlenging levenscyclus   344
Vermogen   167
Verpakking: technische en commerciële functies   331
Verschillende inkomstenbronnen   578
Verschillende vormen van kwantumkorting   411
Verschillen in koopgedrag   305
Verschil tussen staafdiagram en histogram   269
Verschuiven langs de vraagcurve   70
Verschuiven van de vraagcurve   72
Vertegenwoordiger   216
Verticaal marketingsysteem   433
Verticale sales promotion-activiteiten   507
Vervangingsvraag   63
Vervoersverpakking   329
Verwerking van persoonsgegevens   531
Viral marketing   550
Visie   159
Vlottende activa   167
Voice-responsesysteem   528
Volkomen concurrentie   76
Volkomen elastische vraag   368
Volkomen inelastische vraag   367
Volledig aselecte steekproef   284
Volledige mededinging   404
Voorbeelden van reclamedoelstellingen   485
Voordelen direct mail   525
Voordelen eigen vestiging   600
Voordelen van een mondelinge (face-to-face-)enquête   244
Voordelen van een schriftelijke enquête   244
Voordelen van het voeren van een fabrikantenmerk   321
Voordelen van marktsegmentatie   181
Voor- en achterwaartse integratie   436
Voor- en nadelen productmanagement   215
Voorlopige marketingstrategie bestaat uit drie delen   349
Voorwaardelijke kortingen   411
Voorwaarden voor een afroomprijsstrategie   407
Voorwaarden voor een marktsegment   192
Voorwaarden voor een penetratieprijsstrategie   408
Voorwaarden voor prijsdiscriminatie   388
Vraag versus gevraagde hoeveelheid   71
Vrije woordassociatie   252

W
Waardecreatie   539
Waarden   96
Waarden en normen zijn van invloed op koopmotieven   97
Waar voor je geld   360
Wear in en wear out   496
Webwinkel   550
Wegingscoëfficiënten   273
Wegnemen onzekerheid bij potentiële afnemers   575
Wegwerpverpakking   330
Werkbaarheid   331
Werkgelegenheid   44
Wet op de kansspelen   511
Wetten, richtlijnen en gedragsregels op vier niveaus   53
Wil of kan niet meewerken   280
Winkeltrouw   189
Winst   167
Winstmarge   169
Winst na belasting   168
Winst voor aftrek van belasting   168
Wisselkoers   45, 360

X
X-as   264

Y

Y-as 264
Yesterday's (tomorrow's) breadwinners 343

Z

Zakelijke gebruiken en gewoonten 596
Zelfbedieningsgroothandel 426
Zelfbeeld 102
Zelfregulerende codes 531
Zelfverwezenlijking het ultieme doel 113
Zender, ontvanger en boodschap 466
Zevenstappenprocedure van McCarthy 191
Zichtbaarheid 331
Zinsaanvulling 252
Zoekmachineoptimalisatie 548
Zonder plan 150
Zuiver demografische variabelen 183
Z-waarde 277, 282

Illustratieverantwoording

Shutterstock: p. 16, 24, 51, 256, 310, 319, 336, 340, 341, 376, 400, 464, 476, 520, 534, 538, 556, 584
Getty Images, Amsterdam: p. 32, 38, 82, 94, 105, 151, 178, 204, 294, 301, 304, 416
Hollandse Hoogte/Corbis, Amsterdam: p. 56, 58
ANP Foto, Rijswijk: p. 110 (AFP Photo / William West), 148 (AFP Photo / Fabrice Coffrini), 173 (AFP Photo / Fabrice Coffrini), 173 (AFP Photo / Attila Kisbenedek), 579 (AFP Photo / Jean Pierre Clatot)
Nationale Beeldbank, Amsterdam: p. 126, 129, 132, 220, 227, 233, 241, 301, 322, 510
iStock, Calgary: p. 238, 358, 440, 451, 504, 566, 569